COUTUMES ET INSTITUTIONS

DE L'ANJOU ET DU MAINE

ANTÉRIEURES AU XVIᵉ SIÈCLE

SECONDE PARTIE

TOME PREMIER

COUTUMES ET INSTITUTIONS

DE

L'ANJOU & DU MAINE

ANTÉRIEURES AU XVIe SIÈCLE

PAR

M. C.-J. BEAUTEMPS-BEAUPRÉ

Docteur en Droit,
Conseiller à la Cour d'Appel de Paris.

SECONDE PARTIE

RECHERCHES SUR LES JURIDICTIONS DE L'ANJOU & DU MAINE
PENDANT LA PÉRIODE FÉODALE

TOME PREMIER

PARIS

A. DURAND ET PEDONE-LAURIEL, ÉDITEURS
Libraires de la Cour d'Appel et de l'Ordre des Avocats.

G. PEDONE-LAURIEL, Successeur,
13, RUE SOUFFLOT, 13

1890

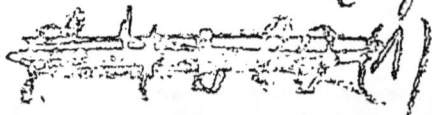

PRÉFACE

Ceux qui ont écrit sur l'histoire du droit français se sont surtout préoccupés des origines et du développement de notre droit civil, et les différentes sources desquelles il tire son origine : droit romain, droit canonique, droit féodal, droit coûtumier, ont été l'objet de nombreux et importants travaux.

Il n'en est pas de même lorsqu'il s'agit des institutions, et surtout des institutions judiciaires de l'ancienne France. A côté de la loi et de la coûtume il y a les pouvoirs chargés de l'appliquer, auxquels doivent s'adresser pour se faire rendre justice ceux dont les droits ont été lésés, et à cet égard, lorsque l'on veut se rendre compte exactement des institutions chargées d'appliquer le droit et de la manière dont elles fonctionnaient, on est étonné des lacunes nombreuses et importantes qu'on rencontre dans cette partie de notre histoire juridique.

Les rédacteurs des anciennes coûtumes, les anciens auteurs qui ont écrit sur le droit coûtumier ne nous ont laissé que fort peu de renseignements sur l'organisation des pouvoirs judiciaires ; souvent les auteurs des coûtumiers étaient ceux qui appliquaient les règles qu'ils avaient écrites ; ils les avaient recueillies surtout pour eux-mêmes ou pour les praticiens qui prenaient part à leurs travaux de tous les jours, et en parlant des juges des diverses juridictions ils parlaient de choses que tout le monde connaissait et dans le détail desquelles il leur paraissait inutile d'entrer.

Les historiens du droit qui se sont occupés de l'histoire des juridictions anciennes ont porté d'abord leur attention sur le Parlement de Paris, cour du Roi de France et sur ses origines. La place qu'il tient dans l'histoire de nos anciennes institutions est tellement considérable, le rôle qu'il a joué est tellement complexe, que ses historiens si remarquables à tant d'égards en ont été comme éblouis et on peut le dire comme fatalement entraînés à négliger ce qui est relatif aux juridictions qui en relevaient.

Immédiatement au-dessous du Parlement, juridiction souveraine du Roi de France à laquelle tout ressortissait, se trouvaient de nombreuses juridictions, la plupart devenues royales à la fin du XVe siècle par diverses causes, et notamment en ce qui concerne l'Anjou et le Maine par l'extinction de l'apanage constitué au profit des descendants du Roi Jean. Toutes ces juridictions presque entièrement renouvelées d'abord par l'institution des sièges présidiaux au XVIe siècle, puis par les réformes apportées dans les âges suivants à la procédure, ont été à l'origine des juridictions seigneuriales dans lesquelles toutes les réformes en ce qui a trait à l'organisation ou à la procédure ont été l'œuvre du seigneur duquel elles dépendaient sous l'autorité et ressort du Roi de France. Il en est résulté que dans chaque grand fief les institutions judiciaires se sont développées séparément, qu'elles présentent d'assez grandes différences avec celles des pays voisins, et que, sauf ce qui est relatif à des détails de procédure provenant souvent de réformes émanées de l'autorité Royale, on ne peut appliquer à un pays ce qui existe dans les pays voisins. Ici, plus encore que quand il s'agit du droit civil, il faut bien se garder de généraliser, l'erreur est inévitable.

Le fait même de la réunion de plusieurs fiefs sous une même autorité politique ou administrative (si ces deux mots peuvent être employés pour les institutions du XIe au XIVe siècle) n'a pas suffi pour produire cette assimilation ; je n'en veux d'autre exemple que la Touraine dont le droit civil différoit notablement de celui de l'Anjou et du Maine, et qui quant à la juridiction avait une organisation différente, bien que faisant partie des états des comtes d'Anjou et du Maine depuis le milieu du XIe siècle, bien que soumise dès avant Guillaume des Roches jusqu'en 1325 à l'autorité des sénéchaux qui avaient le droit d'y percevoir en général les mêmes revenus que dans l'Anjou et le Maine.

Les différences sont bien plus considérables encore lorsqu'on vient à comparer les institutions judiciaires de ces grands fiefs avec celles du Poitou, de la Normandie et de la Bretagne, bien qu'ayant été aussi, mais d'une manière moins intime que la Touraine, réunies dans la main des mêmes souverains,

Ces juridictions intermédiaires si on les regarde d'une manière générale, souveraines quant au fief puisqu'elles n'avaient au-dessus d'elles que la justice du Roi de France, ont un rôle politique à peu près nul ; mais elles exerçaient leur action au milieu des populations ; c'est à elles qu'elles devaient avoir recours pour tous les incidents de la vie quotidienne, et elles se sont trouvées ainsi avoir la part la plus considérable dans la formation du droit et de la procédure. Mais lorsqu'on cherche à approfondir, lorsqu'on se pose des questions sur la mise en action du droit, sur les autorités qui statuent sur les procès de toute nature, sur les autorités supérieures qui doivent connaître des recours contre les autorités inférieures avant de pouvoir les porter à la cour du Roi de France, on se trouve presque en présence du vide, et la plupart de ces questions restent sans réponse. Il semble au premier abord qu'on doive se ranger à l'opinion de ceux qui pensent que jusqu'à une époque relativement récente il n'y avait qu'arbitraire et confusion en dehors des juridictions Royales, et que c'est miracle si les personnes lésées dans leurs droits pouvaient parvenir à se faire rendre justice lorsqu'elles n'occupaient pas elles-mêmes un rang assez élevé dans la hiérarchie féodale et pouvaient se présenter autrement que comme simples plaideurs.

On peut affirmer au contraire qu'à partir du moment où les populations ont commencé à sortir de l'anarchie féodale, c'est-à-dire à partir du XIᵉ siècle, il n'en a pas été ainsi, au moins dans l'Anjou et le Maine. Sans doute l'arbitraire et la confusion ont eu une part toujours trop considé-

rable lorsqu'il s'agit de rendre la justice à ceux qui la
réclament ; mais lorsque les documents permettent de
voir les choses de plus près, on arrive facilement à
reconnaître que les populations ont eu en général des
institutions en rapport avec leurs besoins et leur développement social ; que les institutions judiciaires notamment peuvent être regardées comme le témoignage d'un
état de civilisation très-avancé, puisque dans les cas où
il s'agit de nommer aux fonctions élevées de la magistrature, l'intervention effective des plus notables du pays
en présentant des candidats, vient dès les dernières
années du XIVe siècle entourer les nominations de garanties d'indépendance plus sérieuses que la simple
nomination directement faite par les pouvoirs politiques.

Tel est le caractère général que l'on peut reconnaître
aux institutions de l'Anjou et du Maine dont je vais
essayer de tracer le tableau aussi complet que possible.
Les documents ne manquent pas, même pour les périodes
anciennes ; les chartes des comtes d'Anjou et du Maine
permettent de retracer, dans ses traits les plus essentiels,
ce qu'a été l'administration de la justice à des époques
aussi reculées.

Peut-être trouvera-t-on hardie la conjecture par laquelle
je commence cet exposé historique qui me fait voir dans les
pouvoirs du comte Mérovingien l'origine des pouvoirs des
comtes devenus héréditaires et indépendants ou à peu
près du pouvoir central. Mais ce rapprochement s'impose
lorsqu'après avoir vu celles des *Formulæ Andegavenses*
dans lesquelles il est question du comte, on passe à
l'examen des chartes des comtes et surtout des plus

anciens. Ce sont souvent des expressions identiques
qu'on rencontre dans les formules et dans les actes, et il
me paraît impossible de nier que les uns et les autres se
tiennent par les liens d'une étroite parenté, et de ne pas
voir dans l'ancienne Curie l'origine du conseil, ce corps
à l'organisation si flexible auquel se rattachent tous les
pouvoirs, judiciaire, administratif, et même politique
dans les états féodaux auxquels par des transformations
successives ont donné naissance les anciennes cités
d'Angers et du Mans.

La féodalité en effet, pas plus dans nos pays qu'ailleurs,
n'est le résultat d'un fait supérieur, traité, législation
générale, révolution subite et brutale, qui se serait imposé à toute l'Europe occidentale, à la France en particulier. A mesure que le pouvoir central sous les successeurs de Charlemagne allait en s'affaiblissant, l'anarchie,
le défaut de sécurité allaient croissant, et donnaient lieu
partout au groupement des habitants autour de ceux
que, même à des conditions souvent bien dures et bien
onéreuses, ils pouvaient croire en état de les défendre
contre les exactions et les invasions de voisins plus
rapaces encore.

C'est dans ces rapports forcés entre sujets et seigneurs,
entre seigneurs d'un moindre rang et seigneurs d'un
rang supérieur qu'on trouve les origines de la conception
juridique du régime féodal, conception puissante, d'une
grande originalité, qui ramenait tout aux services que se
devaient entre eux les hommes et les terres, à la fidélité
qu'ils se devaient les uns aux autres, et qui, tout en
conservant le principe d'institutions plus anciennes et

dont l'origine lui était étrangère les rendit, par la force même des choses et par l'usage qu'elle en sut faire, compatibles avec le nouvel état de choses créé par les nécessités de cette lutte du plus faible contre le plus fort. La société féodale est née de cet effondrement d'un pouvoir central que rien ne remplaçait et des rapports nouveaux ainsi créés par la force des choses entre les habitants des diverses parties du territoire.

L'usurpation commise par tous ceux qui exerçaient des fonctions est une conséquence de cet effondrement ; à mesure que la force du pouvoir central diminuait, ils cherchaient à augmenter leurs pouvoirs, et quand le pouvoir central disparut, ils se trouvèrent en quelque sorte naturellement les souverains de la portion de territoire confiée à leur administration sur laquelle ils pouvaient exercer leur action la plus directe. Le temps, les circonstances, l'habileté, la force, firent le reste, et permirent à quelques-uns d'entre eux d'assurer leur domination sur de véritables états plus ou moins étendus.

Telle dût être la situation des comtes d'Anjou et des comtes du Maine à une époque ancienne, celle dont on peut dire que leur existence est certaine, quoique leurs noms soient à peu près inconnus. Ils ont trouvé l'ancienne Curie qui fonctionnait régulièrement, et ils ont gouverné avec elle ou à côté d'elle. Puis la composition de la Curie subit peu à peu des modifications naturellement amenées par les usages du nouveau régime en même temps qu'il s'établissait et devenait plus régulier ; et le rapprochement des anciennes formules avec les actes des comtes indépendants les plus anciens démontre à mon avis que le

passage d'un régime à un autre s'est fait de lui-même,
sans secousse, par une série de transformations successives, et non par la substitution violente et subite d'un
état de choses nouveau à un état de choses ancien.

A partir du moment où le pouvoir des comtes acquiert
une plus grande stabilité, c'est-à-dire, à partir de
Foulques-Nerra, on peut suivre assez facilement les modifications successives que les institutions judiciaires de
l'Anjou et du Maine ont subies, soit par l'effet naturel du
temps, soit par suite de quelques-uns des événements
les plus importants de l'histoire de France, la réunion
de l'Anjou et du Maine à la couronne après le meurtre
d'Artur.

Ces grands fiefs donnés ensuite en apanage d'abord à
Charles d'Anjou, puis à Charles de Valois, puis à Jean,
furent une dernière fois constitués en apanage par le Roi
Jean au profit de son fils Louis en 1356.

Quelques mérités que puissent être les reproches que
sous bien des rapports l'histoire est en droit d'adresser
à Louis Ier, il faut lui rendre cette justice que c'est à lui
et aux conseillers dont il s'est entouré au moment où il
a pris possession de son apanage qu'il faut attribuer
l'établissement sur des bases durables d'institutions dont
l'origine est antérieure, le conseil et la chambre des
comptes qui ont duré tant qu'a duré l'apanage et ont
disparu par la force même des choses quand il a pris fin,
mais seulement après la mort de Louis XI, et cette autre
institution si originale, celle du juge ordinaire et de ses
lieutenants qui remonte à 1358, c'est-à-dire, au moment
même de la création de l'apanage, et a duré pendant près

de deux siècles jusqu'à l'établissement des présidiaux, tout en subissant dans le commencement du XVIe siècle des modifications qui cependant ne portèrent pas une profonde atteinte au principe même de son institution et de sa compétence.

Après la suppression par Charles VIII de la chambre des comptes d'Anjou conservée par Louis XI, ses archives furent transférées à Paris et versées dans celles de la chambre des comptes du Roi de France. Malgré les pertes causées par les incendies de 1625 et de 1737, elles sont encore considérables, et c'est là que j'ai pu établir d'une manière que je crois certaine l'organisation judiciaire de l'Anjou et du Maine à partir du milieu du XIVe siècle.

Il est impossible que dans un travail comme celui que j'ai entrepris il n'y ait pas de nombreuses et importantes lacunes. Bien souvent au cours de ce travail j'ai rencontré des questions auxquelles il m'était impossible de répondre ; j'ai mieux aimé laisser des lacunes que d'essayer de les combler par des hypothèses plus ou moins plausibles, ou par des analogies le plus souvent trompeuses lorsqu'il s'agit des institutions du Moyenâge. Je me suis attaché surtout à ne présenter que des résultats que je me crois autorisé à considérer comme certains et appuyés sur des preuves indiscutables.

CHAPITRE PREMIER

ACTES DU COMTE AYANT UN CARACTÈRE D'INTÉRÊT GÉNÉRAL.

Les actes encore assez nombreux des comtes indépendants d'Anjou et du Maine que j'ai pu réunir au nombre d'environ neuf cents, présentent, à quelques rares exceptions près, le caractère unique d'actes d'intérêt privé, dans lesquels on ne trouve que l'application des principes du droit. Un nombre excessivement restreint proclame des règles générales ; et même une partie de ceux-ci présente les apparences d'actes d'intérêt privé. C'est le plus souvent sur la réclamation de parties intéressées pour conserver leurs droits ou leurs privilèges qu'ils ont été rédigés ; et si cette rédaction est faite dans la forme d'actes d'intérêt privé, de concessions de privilèges à une partie, il ne faut pas nécessairement en conclure que la décision a été prise uniquement dans l'intérêt de celui que paraît seul concerner la charte qui est parvenue ; le soin de faire rédiger les chartes consacrant leurs droits était alors abandonné aux parties, chacune d'elles laissait les autres intéressés pourvoir comme ils jugeraient convenable à la conservation de la preuve de leurs propres intérêts.

Les actes que je range dans cette catégorie ne sont pas assez nombreux pour que je n'en présente pas ici l'analyse sommaire.

Le plus ancien est un acte du mois de septembre 958 que nous a conservé le cartulaire rouge de Saint-Florent de Saumur. Après le retour à Saumur des reliques de Saint-Florent, que les malheurs des invasions normandes avaient fait envoyer jusque sur les confins d'Auvergne, le comte Thibault de Touraine, auquel appartenait alors Saumur, fit reconstruire l'abbaye.

Parmi les anciens privilèges royaux concédés à l'abbaye, figurait celui de pouvoir s'approvisionner de sel ou autres marchandises par la navigation sur la Loire et les autres rivières qui s'y jettent sans être soumis aux droits de *ripaticus, aut pulveraticus, seu teloneum cespaticusque....* Une assemblée des nobles Francs et Bretons se réunit *in Verrore* (à Verron ?) sur les confins de l'Anjou et de la Touraine, sous la présidence de Thibault et de Foulques-le-Bon, comte d'Anjou. L'abbé de Saint-Florent, accompagné de ses religieux, demanda la reconnaissance et la remise en vigueur de tout ce qui avait été accordé à son abbaye par la bienveillance des Rois de France. Sa requête lui fut accordée par les deux comtes, et la charte rédigée par ordre du comte Foulques ; il en est fait expresse mention dans l'acte, *hanc conscriptionem fieri rogavit.* Mais outre sa présence et celle du comte Thibault, l'acte mentionne la présence du comte et évêque de Nantes, du vicomte Gestinus et d'autres seigneurs parmi lesquels plusieurs bretons dont le nom désigne suffisamment la nationalité. Dans cette assemblée, il s'agissait de la navigation sur la Loire et sur ses affluents, les seigneurs qui y comparaissent ont leurs états traversés par ces rivières.

Cette assemblée paraît bien avoir été convoquée, il n'est pas dit par qui, pour remédier aux désordres causés par l'invasion normande, surtout dans le pays de Meauges qui s'étend sur la rive gauche de la Loire entre Angers et Nantes, c'est ce qui explique la présence de l'évêque de Nantes et des seigneurs bretons. L'abbé de Saint-Florent en profita pour faire sa demande, mais il est infiniment probable que ce n'est pas la seule dont fut saisie cette assemblée. Quoiqu'il en soit, il est certain qu'elle ne fut composée que des seigneurs féodaux du pays.

C'est seulement un siècle après environ, en 1040, que je trouve un acte du même genre mais dont le caractère d'intérêt général est mieux établi (1). Le comte Geofroi-Martel réunit à Angers un plaid general pour réprimer les déprédations et corriger les mauvaises coutumes dont avaient été victimes les terres des abbayes en exigeant plus que les coutumes dues ; *in terras sanctorum*, dit la charte, ce qui indique bien qu'il ne s'agissait pas seulement de Saint-Florent, mais qu'on a pu s'y occuper d'autres abbayes se trouvant dans le même cas. Ce qui est certain, c'est que la réclamation faite au nom de Saint-Florent par l'abbé Frédéric nous a seule été conservée. L'évêque d'Angers, Hubert, y assistait. Il est bien

---

(1) Chartes originales de Saint-Florent ; Archives de Maine-et-Loire. Dom Housseau, t. II, n° 444 ; ex Chartulario nigro ejusdem abbatiæ.

difficile de savoir si les autres noms qui se trouvent au
bas de cette charte appartiennent à d'autres qu'à des
personnes faisant partie de la noblesse et relevant directement du comte ; la mention que le plaid a été tenu par
le comte, *cum fidelibus suis*, nous laisse dans l'incertitude à cet égard. Mais comme la charte ne paraît pas
avoir été rédigée par la chancellerie du comte, il est bien
possible que quelques-uns des noms qui y figurent et qui
ne paraissent pas appartenir à des nobles, soient simplement ceux de témoins.

Les deux actes que je viens d'analyser, bien qu'ayant
toute l'autorité attachée aux actes du *placitum generale*,
la plus haute assemblée du pays, correspondant à ce
qu'on a depuis appelé les Grands Jours, ne font cependant que statuer sur des réclamations privées, d'une
manière un peu plus réglementaire et législative (pour
me servir du langage moderne) dans le premier cas que
dans le second. On peut en rapprocher une charte du
comte Foulques V relative encore à des usurpations sur
les terres de Saint-Florent (1) qui excitaient la cupidité
des seigneurs voisins, cupidité qui semble avoir été telle
qu'il ne fallut pas moins que l'autorité du souverain
Pontife pour y opposer un obstacle sérieux. Mais il résulte
de cette charte qui émane du comte que les restitutions
qu'il fit faire par plusieurs usurpateurs, et notamment
par Hardouin de Saint-Mards, furent ordonnées dans sa
cour siégeant à Saumur, ce qui donne aux actes inter-

---

(1) Cartulaire d'argent de Saint-Florent, f° 33, V° ; Archives
de Maine-et-Loire.

venus en cette occasion un caractère exclusivement judiciaire, quelque nombreux d'ailleurs qu'ils aient pu être.

C'est à cette même époque que nous rencontrons des actes qui sont de véritables actes législatifs, tout en ne statuant que sur des intérêts particuliers ; c'est ce que nous appellerions des lois d'intérêt particulier.

Le premier est une ordonnance du comte Foulques-Rechin du 4 décembre 1093, qui interdit aux changeurs et vendeurs d'épices d'exercer leurs commerces ailleurs que dans la cour des chanoines, et qui dit comment les poursuites seront exercées en cas d'infraction (1). Cette ordonnance statue sur une question d'intérêt général, puisqu'elle restreint en faveur de particuliers un commerce que, sans cela, tout le monde serait en droit d'exercer. Mais, en la forme, c'est une concession du comte aux chanoines et dont il met ceux-ci en possession en public, dans la cathédrale d'Angers, et au moyen de la remise d'un couteau, l'un des modes de tradition symbolique les plus employés dans les anciennes coutumes angevines.... *et concessionis meæ donum coram testibus super altare posui per cultellum.* Cela se passe dans la cathédrale, en présence de témoins, d'abord des chanoines de la cathédrale, puis des laïques ; quelques-uns sont nommés, ils paraissent appartenir à la haute

---

(1) Dom Housseau, t. III, n° 957 ; ex Chartulario nigro Sancti-Mauricii Andegavensis.

noblesse de l'Anjou ; la charte ajoute *et multi alii*, ce qui permet toutes les suppositions, mais il ne faut pas oublier que ce sont des témoins.

Peu après, le 30 juin 1135, vient le règlement du comte Foulques V sur le commerce des vins à Angers et sur les coutumes à payer à cette occasion (1) ; le comte le fait *omnium suorum utilitati fideliter providens*. L'acte a été fait publiquement, *in spacio curiæ suæ prato*, et l'intervention des barons et des bourgeois y est constatée de la manière la plus formelle.... *Sciendum est preterea huic concessioni interfuisse barones familiares comitis... De parte vero burgensium interfuere... et multi alii.*

C'est à la même époque que se place un acte analogue, la charte du comte Geofroi V, de 1138, qui accorde aux habitants de Saumur des privilèges pour leurs vignes, et notamment les affranchit du droit de banvin qu'exerçaient le comte et ses prédécesseurs (2). Ces concessions ne sont pas gratuites : les hommes du comte auxquels elles sont faites lui donnent 3000 sous, et un gobelet (*sciphum*) d'argent à chacun de ses fils. Cette concession est faite avec une grande solennité, au Mans, au-devant des portes de Saint-Pierre-de-la-Cour, par conséquent en présence d'un public assez nombreux ; 16 noms seulement ont été conservés.

Il faut remarquer que sur ces 16 noms, un seul appartient avec certitude à un habitant de Saumur, c'est celui de Robin, qui était prévôt de cette ville.

_____

(1) Recueil des Ordonnances, t. IV, p. 632.
(2) Cartulaire d'argent de Saint-Florent de Saumur, fᵒ 33, Rᵒ ; Archives de Maine-et-Loire.

Cette charte avait été écrite en entier par Rainaud du Pin, moine de Saint-Florent ; Thomas, prieur de Loches, notaire du comte, la remit, après qu'elle eut été scellée par le comte, aux habitants de Saumur venus pour cette affaire qui avait été préparée et suivie par un certain nombre de ceux-ci, dont la charte a conservé les noms au nombre de dix ou onze, *hoc factum est per investigationem...;* parmi ceux-ci, on trouve un chevalier, Audebert, et un bourgeois de Saumur, Etienne, dont la qualité est constatée quelques lignes plus loin. Rien ne vient indiquer quelle était la situation des autres, il est plus que probable qu'il devait y avoir à la fois des nobles et des bourgeois.

L'importance de cette concession pour les habitants de Saumur, se fait voir par les soins qu'ils prennent pour la faire confirmer. Ils ne trouvèrent pas suffisante la confirmation par le comte résultant de l'apposition du grand sceau, *sigillo nostri comitatus,* le sceau du comté, et de la remise faite devant les portes de Saint-Pierre-de-la-Cour. Ils demandèrent en outre la signature de la comtesse Mathilde et de ses enfants. Les deux aînés, Henri et Guillaume, étaient à Carrouges avec leur mère ; le comte Geofroi, avec Etienne et Rainaud du Pin, et sans doute la suite du comte, quittèrent Le Mans pour se rendre à Carrouges où la charte fut signée par la comtesse, Henri et Guillaume, en présence du comte Geofroi qui donna aussi sa signature, le troisième jour après que la charte eût été donnée. Puis, Etienne et Rainaud retournèrent à Saumur où Geofroi, troisième fils du comte, était en nourrice chez Goscelin, fils de Rotonard (*Gauscelinum Rotonardi*) ; ils lui donnèrent son gobelet, et le jeune nourrisson apposa sa croix au bas de la charte, en

présence de Mathieu, abbé de Saint-Florent, de son père
nourricier et de plusieurs autres témoins dont la qualité
n'est pas indiquée ; mais il serait fort étonnant que ce
Goscelin, fils de Rotonard, fût un personnage appartenant à la noblesse.

J'ai insisté sur ces détails pour montrer que la solennité et la publicité d'actes rentrant, suivant nos idées
modernes, dans les attributions du pouvoir législatif, ne
résultait pas seulement de la publicité qu'ils recevaient
au moment même où ils étaient faits, mais de circonstances extérieures, et que, dès cette époque, nous trouvons la participation des non-nobles au moins aux
préparatifs de l'acte lui-même, et des faits qui en ont
assuré la perfection et la publicité.

Un autre acte de Geofroi V, qui se place entre 1142 et
1146, contient la même mention relative au grand sceau
que l'acte que je viens d'analyser. Celui-ci statue sur une
véritable question de droit civil, il contient un règlement
sur la succession des Aubains habitant les terres de l'abbaye de Cormeri (1). Outre l'apposition du grand sceau, que
j'identifie avec le sceau du comté, l'acte constate qu'il a
eu lieu en présence de témoins, les uns de la part du
comte, les autres de la part de l'abbaye ; il n'y a d'autre
différence entre eux que celle résultant de l'ordre dans
lequel ils sont énumérés, ceux du comte sont nommés
les premiers. On ne peut trop savoir ce que sont les témoins du comte, mais à coup sûr parmi ceux assez

---

(1) Dom Housseau, t. IV, n° 1523 ; ex Chartulario Cormaricense.

nombreux qui sont témoins de l'abbaye, un receveur de péages (*Hubertus telonearius*) et un meunier (*Rainaldus molendinarius*) doivent être considérés comme étrangers à la noblesse.

La participation des non-nobles aux jugements de la cour du comte, ne peut d'ailleurs être l'objet d'aucun doute, comme je le montrerai plus loin en parlant des jugements prononcés en la Cour du Comte.

Le règne de Henri II ne nous donne pas beaucoup d'actes ayant le même caractère d'intérêt, sinon général, au moins touchant de près à l'intérêt général. Je n'en ai trouvé que trois.

Le premier, auquel j'attribue la date approximative de 1161, est celui par lequel le Roi Henri II accorde des privilèges et exemptions à tous ceux qui habiteraient la levée de la Loire et travailleraient à son entretien (1).

Le second, qui est de 1162, est l'acte de concession sous diverses conditions à Saint-Florent de Saumur du droit de péage sur le pont en bois jeté sur la Loire (2).

Le troisième, qui se place entre 1170 et 1177, est la confirmation de la concession du pont de Sée aux religieuses de Fontevrault (3).

---

(1) Dom Housseau, t. V, nᵒˢ 1767 et 1829 ; ex Chartulario rubro Sancti-Florentii Salmurensis.

(2) Archives nationales, J 178, Anjou, nᵒ 3, vidimus du xiiiᵉ siècle. Les noms des témoins ne se trouvent que dans le cartulaire d'argent et les copies de Dom Housseau.

(3) Archives nationales, J 184, Fontevrault, nᵒ 1, original scellé.

Je me bornerai sur ces actes aux observations suivantes : en la forme, ils ne diffèrent pas essentiellement
des actes de même nature émanés de Geofroi V ; cependant il n'y est fait mention ni du sceau, ni du chancelier
ou de celui par lequel l'acte a été remis aux intéressés.
On n'y trouve que les noms des témoins qui appartiennent en général à une situation élevée. Mais dans l'acte
relatif aux levées de la Loire à côté des témoins, en tête
desquels les abbés de Saint-Florent et de Bourgueil, se
trouvent trois autres témoins avec l'indication *de curia
Regis*, et ce sont trois témoins d'un très haut rang,
Guillaume, comte d'Arundel, Richard du Homet, connétable, et Etienne *de Turre*, chambrier ou chambellan du
Roi.

De même que les actes ci-dessus de Geofroi V, l'acte
relatif au pont de Saumur est, en la forme, une concession précédée d'une convention entre le Roi et les habitants de Saumur. Ce pont avait été construit par les
chevaliers (*milites*) et les bourgeois de Saumur du
temps même du Roi Henri ; les religieux de Saint-
Florent lui adressèrent, en les appuyant sur des
témoignages certains, *sub legitimorum et sufficien-
tium testimonio virorum,* des réclamations fondées sur
ce que le comte Foulques V, lorsqu'il avait transféré
l'abbaye de Saint-Florent du château de Saumur au lieu
où elle était actuellement, leur avait donné, entre autres
choses, le droit de travers sur la Loire devant Saumur,
transitum carreriarum Salmuri de transverso Ligeris (1);
le passage sur le pont leur causait un tort considérable.

_____

(1) Ce passage s'effectuait probablement au moyen d'un bac.

Pour les indemniser, le Roi Henri leur concède le passage du pont et toutes les coûtumes dont suit l'énumération, et cette concession est faite *baronum et proborum hominum meorum consilio*. Ces gens de bien, ces prudhommes du comte, *probi homines mei*, reparaissent encore une fois dans cette charte ; le Roi Henri les avait envoyés, avec Pierre Valin, prévôt de Saumur, auprès du chapitre de Saint-Florent, pour savoir s'il approuvait la demande que l'abbé lui avait adressée ; ils reviennent avec l'abbé et déclarent que le chapitre s'unissait à la demande faite par celui-ci.

Un dernier point à noter est que, en récompense de ce que les chevaliers et les bourgeois de Saumur avaient fait une œuvre si bonne et si utile, ils étaient affranchis de tout droit de péage sur le pont, eux et leurs choses.

Il est tout naturel que quand il s'agit d'une œuvre faite en commun par des chevaliers et des bourgeois, ils interviennent tous pour s'occuper des conséquences qu'elle peut avoir ; mais ce qui doit le plus fixer l'attention, c'est cette intervention des *probi homines* du comte qui sont mentionnés deux fois, la première comme donnant leur avis avec les barons sur l'établissement des péages à percevoir, la seconde comme terminant l'instruction de l'affaire avant que le Roi statue définitivement. Dans de semblables conditions, il me semble indubitable que ces *probi homines* sont des non-nobles faisant partie du conseil du Roi Henri, comme comte d'Anjou.

La charte relative au Pont de Sée ne donne lieu à aucune observation particulière. C'est la confirmation de concessions précédentes, faite sur la demande de l'abbaye, très probablement en la cour du comte à Angers, avec une très-grande solennité puisqu'il s'y trouvait quatre évêques parmi lesquels ceux de Rennes et de Nantes ; mais elle ne contient aucune indication sur les personnes qui ont pu prendre part à la conclusion de cette affaire.

Parmi les témoins de la charte relative aux levées de la Loire et de celle relative au pont de Saumur, figure un personnage nommé Jocelin Roonard ou Goscelin Roognart (ce sont là deux formes du même nom). La première de ces deux chartes a été donnée aux prés de Saint-Florent-en-Vallée ; la seconde à Saumur, d'après une indication que seul donne le cartulaire d'argent de Saint-Florent. Ne faudrait-il pas voir dans ce personnage le même que ce *Goscelinus Rotonardi*, chez lequel le troisième fils du Roi Henri II était en nourrice ? Il n'y a pas 25 ans de distance entre ces actes, il n'est donc nullement impossible qu'il ait pu se trouver encore témoin d'actes dans lesquels les habitants de Saumur pouvaient avoir un intérêt, c'est encore là un témoin d'acte dans des circonstances très-solennelles qui n'appartient pas à la noblesse du pays, et, à cet égard, il faut rapprocher ces deux actes d'autres actes assez nombreux du comte Foulques V dans lesquels intervient *Adamus nutricius*, chez lequel il avait été en nourrice (1).

Je n'insisterai pas sur quelques autres actes de Henri II appartenant certainement au pouvoir législatif, telles que les levées d'impôts en 1166 pour la défense de la Terre-

---

(1) *Adam, sepedicti comitis nutricius*. Donation par le comte Foulques V à Fontevrault le 15 janvier 1127, pour l'anniversaire de la comtesse Eremburge ; Cartulaire de Fontevrault, t. II, p. 31, coll. Gaignières ; Bibl. nat. Lat. 5480.

Sainte (1), et d'autres levées d'impôts accompagnées de dispositions législatives édictées en 1188 au moment des préparatifs de la croisade projetée par Henri, mais qui fut faite par Richard et Philippe-Auguste (2). Bien que ces actes mentionnent d'une manière expresse que les barons de l'Anjou, du Maine et de la Touraine y ont parcipé et que leur exécution dans ces trois fiefs y soit spécialement ordonnée, il faut néanmoins leur reconnaître un caractère plus général ; ils s'appliquent à toutes les possessions continentales du Roi d'Angleterre et aussi du Roi de France, car ces deux actes sont d'abord des traités entre les deux souverains, et ensuite des actes législatifs faits par le roi Henri pour en assurer l'exécution dans ses états.

Il en est autrement d'un acte du commencement d'octobre 1177 qui est un véritable acte législatif touchant, ce qui est bien rare à cette époque, à la législation civile (3). Le Roi Henri revenant de Rouen où il venait d'arrêter les accords du mariage entre son fils Richard et la fille du Roi de France, reçut à son passage à Verneuil les réclamations des Bons-hommes de l'ordre de Grandmont, et, en présence de plusieurs évêques et d'un grand nombre de comtes et de barons de son royaume, il décida que l'on ne pourrait saisir les choses d'un homme pour les dettes de son seigneur, à moins que l'homme ne fût co-

---

(1) Ex epistolis Henrici II Angliæ Regis, n° XXXII ; Rec. des Hist. de Fr., t. XVI, p. 640.

(2) Rogeri de Hoveden annalium pars posterior, apud Rerum Anglicarum scriptores post Bedam, Ed. Savile, Francofurti, 1601, p. 641, 642.

(3) Benedicti Petroburgensis abbatis vita Henrici II Angliæ Regis ; Rec. des Hist. de Fr. t. XIII, p. 171.

débiteur ou plège ; mais les créanciers du seigneur pouvaient exiger que les revenus dûs par les hommes au seigneur leur fussent versés à l'exclusion de celui-ci. C'est le principe de la saisie-arrêt que nous trouvons ainsi proclamé dès la fin du règne de Henri II. L'historien de Henri II qui nous a conservé cet acte ne fait mention d'aucun nom de témoin.

CHAPITRE II

DES ACTES DU COMTE, ET DES CONDITIONS DE LEUR VALIDITÉ
EN GÉNÉRAL.
SI L'ÉCRITURE EST INDISPENSABLE.

En dehors de ces quelques actes que je viens d'analyser et d'autres peut-être, mais en bien petit nombre qu'on peut leur assimiler, il faut reconnaître que quelle que soit l'importance des intérêts sur lesquels ils statuent, les circonstances dans lesquelles ils sont intervenus, la solennité dont ils ont été entourés, le nombre des témoins dont la présence est constatée, tantôt réduits au strict nécessaire, tantôt déclarés innombrables ou presque innombrables par leurs rédacteurs, les actes des comtes d'Anjou et du Maine qui nous ont été conservés ne sont en réalité que des actes d'intérêt particulier, soit qu'il s'agisse de conventions dans lesquelles le comte est directement partie, soit qu'il agisse en vertu de son autorité comme seigneur, en approuvant les actes ou conventions de ses sujets dans les cas où cette approbation était nécessaire.

A quelques rares exceptions près, ce sont — ou des

fondations d'abbayes; les fondations ou reconstructions,
ou réformes intérieures faites par les comtes d'Anjou sont
nombreuses ; c'est à eux entre autres que Fontevrault,
Le Ronceray, la Trinité de Vendôme doivent leur existence ;

Des fondations de prieurés en bien plus grand nombre ;

Des donations d'églises faites soit aux évêques, soit
surtout aux abbayes. On sait en effet que par un abus que
nous avons quelque peine à comprendre des églises en
très grand nombre étaient devenues des propriétés privées ; et, par églises il ne faut pas seulement entendre
les édifices dans lesquels on célébrait le culte, c'étaient
toutes les redevances plus ou moins entachées de simo-
nie, toutes les offrandes souvent divisées à l'infini suivant qu'elles avaient lieu pour telle ou telle cérémonie,
suivant qu'elles étaient faites dans l'église à tel ou tel autel, qui étaient devenues des propriétés particulières,
objet de transactions de toute nature, de transmissions
par succession ou par donation, de stipulations dans des
contrats de mariage. Un abus aussi intolérable fut sévè-
rement combattu par l'Eglise, surtout à partir du ponti-
ficat de Grégoire VII ; mais comme à la faveur du temps
depuis lequel il durait, il s'était établi une sorte de possession sur laquelle les détenteurs de ces droits pouvaient se croire fondés à compter, surtout à une époque
où c'est la possession qui règle à peu près tout, il ne paraît pas que l'Eglise ait prononcé d'interdiction générale
dans l'Anjou et le Maine ; il y eut un grand nombre de
rachats faits par les abbayes, et un nombre non moins
grand de donations pour lesquelles cependant les dona-
teurs reçurent assez souvent des indemnités plus ou moins
considérables. Les comtes d'Anjou et du Maine rendirent

sous forme de donations des biens et des redevances dont ils étaient depuis longtemps en possession, et ce fut souvent l'origine de prieurés importants ; mais c'étaient surtout les seigneurs d'Anjou et du Maine qui se trouvaient détenteurs d'un grand nombre de propriétés de cette nature, et la plupart du temps les actes entre eux et les évêchés ou abbayes donnèrent lieu à l'intervention du comte dont le consentement était nécessaire pour leur validité.

Viennent ensuite les donations faites aux églises et aux abbayes et les approbations de ces actes faits par les seigneurs, et ce sont de beaucoup les plus nombreux :

— Les restitutions de biens enlevés aux églises ;

— Les concessions de franchises, donations de droits, de rentes, renonciation à des redevances, à des exactions ;

— Quelques engagements pris par le comte en faveur d'abbayes ;

— Quelques affranchissements de serfs ;

— Des réparations de dommages causés ;

— Et enfin un petit nombre d'actes isolés ne rentrant dans aucune de ces catégories.

Ce qui m'a frappé au premier abord dans l'examen de ces actes, c'est que, au moins jusqu'à Henri II, ils ont été faits avec une grande publicité ; le sceau, la signature du comte ont été apposés en public. Souvent la publicité n'est établie que d'une manière implicite ; elle ne résulte souvent que de la mention du lieu et des circonstances dans lesquelles les actes ont été faits, du nombre et de la qualité des témoins ; mais souvent aussi on trouve la mention expresse qu'ils l'ont été *in placito publico, publice, in celebri curia, in frequentia curiæ, in plena curia* ou simplement *in curia*, etc... Cette publicité semble faire partie des conditions essentielles de la validité et de la pleine authenticité des actes des comtes d'Anjou et du Maine.

Le sceau et la signature, de quelque manière qu'elle ait été apposée, constatent d'une manière absolument certaine le consentement du souverain et celui des parties ; la présence des témoins, indépendamment du rôle particulier qu'ils remplissent assez souvent, a pour effet de compléter l'existence et d'assurer la liberté et la sincérité des actes.

Faut-il aller jusqu'à dire que la rédaction d'un acte écrit, accompagné des formalités que je viens de rappeler, est nécessaire pour l'existence même de l'acte du comte, qu'il s'agisse d'un acte dans lequel le comte a été partie, tel qu'une donation ou une concession, ou d'un acte dans lequel il agit en vertu de son autorité propre, par exemple en donnant une autorisation dans le cas où elle est nécessaire ?

Ce serait aller bien loin, surtout à une époque où la faculté de tout prouver par témoins n'avait encore reçu aucune atteinte, puisqu'on trouve du temps de Richard une déclaration de Raoul, vicomte de Beaumont, qui reconnaît avoir appris par le témoignage d'hommes honnêtes que Richard, Roi d'Angleterre, avait fait une donation à l'abbaye de Mellinais.... (1).

---

(1) *Ego proborum hominum de Fixa* (La Flèche) *testimonio didici quod Ricardus Rex Angliæ in vita... dedit et concessit in perpetuam elemosinam abbatiæ de Mellinen...* Charte du vicomte de Beaumont dans un vidimus de Guillaume de Beaumont, évêque d'Angers, de 1178 à 1197 (Cartulaire de Mellinais, p. 62, Bibliothèque Sainte-Geneviève).

Les inconvénients et les dangers de cette preuve n'a-vaient pas échappé à nos ancêtres. « *Labilis est homi-num memoria* » disent beaucoup de chartes.... « *Ut mei successores hoc credant....* » dit Foulques-Nerra en 995 (1) ; et parmi les nombreux préambules qui ne sont que le développement de ces deux idées, je n'en citerai qu'un seul qui s'appuie en outre sur ce que la rédaction des actes pour en assurer le souvenir et la preuve n'est que l'application d'un principe depuis long-temps proclamé par les lois.... « *Elemento apicum id-circo scribuntur ut de his de quibus in longitudinem die-rum memoriam recitare debemus litteris prenotemus, et ex quacumque sit causa tam pertinente ad ecclesias quam de rei publicæ utilitatibus propalanda in curte lex anti-qua decrevit quod per caracteres scripta et inconvulsa permaneat....* » (2).

Il s'est passé longtemps avant que ces principes si sa-gement proclamés par les chartes que je viens de citer, surtout par les chartes rédigées sous l'inspiration du clergé, soient devenus des règles absolues ; — mais il y avait une tendance bien marquée à faire dépendre la validité des concessions du comte de l'accomplissement des diverses solennités ; car un grand nombre de chartes proclament que d'après la coûtume certaine du pays, la

---

(1) Dom Housseau, t. II, n° 333 ; ex Cartul. nigro Sancti-Mauricii Andeg.

(1) Acte du 17 janvier 1000, par lequel Foulques Nerra rend à l'église d'Angers des droits de péage sur le pont d'Angers, et renonce à de mauvaises coutumes qu'il avait mises sur les biens de Saint-Maurice (Dom Housseau, t. II, n° 319 ; ex eodem).

signature, le sceau, la présence de témoins sont des conditions qui ont été introduites pour que l'acte ait une plus grande force, pour qu'il soit ferme et stable, que la donation n'ait rien d'imparfait, et pour éloigner toute fraude (1).

---

(1) A. *Ut vero sit firmior hujus elemosinæ donatio, signo crucis feci tum filiis meis et fidelibus nostris et episcopo nostro domino Seinfredo, et sigilli nostri munimine roborari ;* Donation faite à La Couture de plusieurs églises en Saonois par Hugues, comte du Mans, entre 960 et 996 (Cartul. de La Couture, f° 12, R°, Bibl. du Mans ; Ed. D. Gueranger, p. 8).

B... *Ne quid donationi minus perfectum remaneret, etiam litteris in memoriam futurorum mandari in hac carta feci, et ipsam cartam domino meo excellentissimo comiti Gauffredo atque domno Eusebio Andegavensi episcopo presentari, auctorizari, atque signari solenniter feci, presentibus...* Donation par la comtesse Grecia à Saint-Nicolas d'Angers, entre 1052 et 1060, de l'église de Saint-Pierre à Montreuil-Bellay et d'une chapelle hors de l'église (Le Pelletier, Breviculum fundationis Sancti-Nicholai Andegavensis, pag. 17).

C. *Ut vero expetit consuetudo hominum consuetudinaria et ut donum magis ratum existat omni posita longe fallacia datum est in istorum virorum audientia...* Donation par le comte Foulques à Fontevrault des prés de Verron, entre 1109 et 1117 (Cartul. de Fontevrault, c. 304 ; Arch. de Maine-et-Loire). En tête de ces *viri* indiqués comme témoins est inscrit le nom de la Reine Bertrade.

D. En novembre 1117, le comte Foulques V et la comtesse Eremburge fondent le prieuré de Fontaine-Saint-Martin au Maine : la donation est faite au Mans par le comte et la comtesse qui, cependant, ne scelle ni ne signe l'acte. Deux mois après, le comte et son fils le scellent et le signent à La Flèche... *Donum istud factum fuit Cenomanis in aula nostra... Ego vero Fulco et Eremburgis comitissa uxor mea posuimus supradictum donum in manu Radulfi monachi... Et ut hoc donum ratum, inviolabile et ab omni exactione liberum perpetuo perseveret, Ego Fulco et filius meus Gauffridus cartam supradicti doni sigilli nostri munimine fecimus roborari...*

et nos propriis manibus signum crucis carte presenti imposui-
mus. Actum fuit hoc apud castrum Fixe, ubi carta sigillata
fuit et donum confirmatum in aula nostra, Idus januarii...
Testes... (Coll. Gaignières, vol. 180, p. 613).

E... *Ut firmius et certius haberetur, sigilli nostri munimine*
confirmavimus. Testes... de monachis... Donation faite à La
Couture par Helie comte du Maine de la chapelle de Sainte-
Marie de Tanie, entre 1093 et 1097 (Cartul. de La Couture, f° 30,
V°, Bibl. du Mans).

F... *Set ut hoc nostræ largitionis donum majorem obtineret*
firmitatem manu propria crucis signum impressimus, et sigil-
lum nostrum presenti cartulæ apposuimus... Donation faite
à Saint-Maurice par le comte Geofroi V de l'église de Saint-
Jean-Baptiste, en 1131. Cette donation est faite en présence de
nombreux témoins, et c'est après la mention de leurs noms et
de leur présence que se trouve celle relative à la signature et
au sceau (Dom Housseau, t. IV, n° 1535 ; Archives du chapitre d'Angers).

G... *Ut autem firmum et illibatum donum meum perma-*
neat affuerunt isti testes... de canonicis Sancti-Laudi... Concession des Ponts de Cé faite par le comte Foulques à Fontevrault, entre 1117 et 1123 (Cartulaire de Fontevrault, c. 318 ;
Arch. de Maine-et-Loire).

H... *Sigillo suo hoc confirmatum fuisse insignis comes vo-*
luit. Testes qui viderunt et audierunt... ex parte canonico-
rum... Quod vidimus autem testamur et approbamus... Donation en décembre 1123 par le comte Foulques à l'abbaye
de Toussaints à Angers d'une arche d'un pont sur la Loire avec
la *Vicaria* qui en dépend (Dom Housseau, t. IV, n° 1425 ; ex
Cartul. abb. Omnium Sanctorum Andegavensis).

I... *Ut verior credatur et firmior habeatur necessarium*
fuit ut testibus qui hoc viderunt et audierunt hæc pagina con-
tinetur quorum hæc sunt vocabula... De parte monachorum...
Confirmation par le comte Foulques V et la comtesse Aremburge à Saint-Maur-sur-Loire de divers dons, vers 1125 (Cartul. de Saint-Maur-sur-Loire, n° 53 ; Marchegay, Archives
d'Anjou, t. I, p. 393).

K. *Et ut... firma et stabilis... eam scripto tradi et nostro*
sigillo muniri duximus... Concession par le comte Geofroi V
à Payen Arnaud, chanoine du Mans en janvier 1133, du droit
d'avoir une partie de sa maison sur la muraille du Mans et

hors ladite muraille. Cette mention vient après les noms des témoins (Liber albus capituli Cenomanensis, pag. 2).

Cette publicité paraît avoir suffi, car dans la période des comtes indépendants, la seule dont je m'occupe en ce moment, je ne trouve aucune indication relative à une publicité résultant de la proclamation dans des lieux publics, ou par la lecture à haute voix faite dans les cours de justice de tous les degrés.

La publication par la voie des inscriptions si répandue en Grèce et à Rome, en Grèce surtout, est complètement tombée en désuétude, et je n'en aurais même pas parlé si je n'avais pas trouvé dans un acte de décembre 1032, la publicité donnée par des chanoines de Saint-Maurice à un règlement fait par le comte Foulques-Nerra, l'évêque d'Angers et les archidiacres sur l'usage du cimetière de Saint-Nicolas... « *Sculpendo in ipsius ecclesie pariete ut diu servata essent depinxerunt* » (Dom Housseau, t. II, n° 413 ; ex Cartulario Sancti-Nicholai Andegavensis).

CHAPITRE III

De même qu'un grand nombre de chartes des Rois des deux premières races, les plus anciennes chartes des comtes d'Anjou et du Maine étaient souvent à la fois signées et scellées (1); les mentions portées sur la plu-

---

(1) A. Donation faite à l'abbaye de La Couture entre 960 et 996 par Hugues, comte du Maine, ... *sigilli nostri munimine roboravi. Signum ... et sigillatum* (Cartul. de La Couture, f° 12 R° ; Bibl. du Mans).

B. Renonciation par Foulques Nerra à divers droits en faveur de l'abbaye de Saint-Aubin, entre 1001 et 1027 .... *sigilli mei auctoritate communiri feci, et signo manu mea propria facto* ... (Archives nationales, J 178, Anjou n° 38, vidimus de 1276).

C. Dom Housseau, t. II, n° 457, en rapportant la copie de la fondation de la collégiale de Sainte-Geneviève d'Angers, par Geofroi-Martel (entre 1056 et 1060), dont l'original était à la fois signé et scellé, donne ainsi la description de cette charte qu'il a vue : « Signé de deux grandes croix et scellé sur lac de soye violette et blanche et de cire ayant perdu sa couleur de vétusté ».

On trouve des actes portant à la fois le sceau et la signature jusque vers le milieu du XII° siècle. Quoiqu'il n'y ait pas une extrême régularité dans le langage, il est à peu près certain

part de celles dont les copies nous ont été conservées, semblent établir que primitivement les comtes faisaient plutôt usage de la signature, et que cet usage alla en diminuant environ jusqu'au temps de Geofroi-le-Bel, époque à laquelle il devint beaucoup moins fréquent. Mais il ne disparut pas complètement (1), et l'existence bien constante de cette coutume ne résulte pas seulement de ce que ces signatures sont reproduites dans un nombre considérable de chartes, elle est formellement proclamée dans quelques-unes (2).

Il résulte de la nature même des choses que la signature du comte ou des témoins, ou l'apposition du sceau en présence de témoins, ne peut venir qu'après la lecture de l'acte en public (3) ; mais bien que cet ordre de pro-

---

que *signum* doit se traduire par *signature*, et *sigillum* par *sceau*. Il n'y a aucune difficulté quand les deux mots se trouvent dans le même acte, mais il y a un peu d'incertitude quand on ne trouve que l'un d'eux.

(1) ... *Ut ratum ... sigilli mei corroboratione munio et sanctæ crucis signo confirmo* ... Charte de Geofroi V, vers 1150, relative à la juridiction sur ceux qui viennent habiter les terres de Saint-Florent (Cartulaire d'argent, fᵒ 47 Vᵒ ; Archives de Maine-et-Loire).

(2) A. Accord entre le comte Geofroi-le-Barbu et Sigon, abbé de Saint-Florent, au sujet de la garde du château construit près de cette abbaye, en 1061 ... *Hec auctorizata sunt atque firmata ut mos est mea manu* ... (Cartulaire rouge de Saint-Florent de Saumur, fᵒ 28 ; Archives de Maine-et-Loire).

B. Donations faites à Fontevrault par le comte Foulques V, entre 1109 et 1117 .... *Ut vero expetit consuetudo hominum consuetudinaria* .... (Cartulaire de Fontevrault, c. 304 ; Archives de Maine-et-Loire).

(3) ... *Hanc cartam fieri precepi, factam legi, lectam sigillo meo confirmari feci ;* confirmation par le comte Geofroi V, le

céder soit indiqué dans un assez grand nombre d'actes qui nous ont été conservés, il ne paraît pas avoir été suivi d'une manière absolue.

La signature des comtes d'Anjou et du Maine a consisté dans l'apposition d'une croix qu'ils faisaient eux-mêmes, et à côté de laquelle l'écrivain de l'acte faisait mention de l'auteur de la croix ainsi apposée ; cet usage dura fort longtemps (1). Les Rois de France, leurs contemporains, ne faisaient pas autrement (2).

Je n'ai trouvé aucune indication de laquelle on puisse conclure que les comtes d'Anjou se soient servis d'un monogramme, comme l'ont fait les Rois Karolingiens, ni qu'ils aient signé en toutes lettres. Il ne faudrait pas interpréter en ce sens le mot *caracter* qu'ils ont employé quelquefois. Ce mot est synonyme de *signum*, et on trouve même l'expression *crucis caracter* (3).

---

24 février 1147, de donations faites à Vendôme par le comte de Vendôme et par Simon de Beaugency (Dom Housseau, t. V, n° 1724 ; ex Cartulario abbatiæ Vindocinensis).

(1) A ... *Signum sancte crucis Gaufridi comitis ; Signum sancte crucis Burchardi comitis (Vindocinensis)* ; Donation d'une coliberte à Marmoutier, le 19 août 985, par le comte Geofroi-Grisegonnelle (Liber de servis Majoris Monasterii, n° 1).

B ... *Manu propria crucis signum impressimus....* ; Donation de l'église de Saint-Jean-Baptiste, faite à Saint-Maurice d'Angers en 1131 par le comte Geofroi V (Dom Housseau, t. IV, n° 1535 ; Archives du Chapitre d'Angers).

(2) ... *Ipse Rex ... manu propria sigillum sancte crucis pro confirmatione sculpsit* ... ; Confirmation par le Roi Philippe 1er, le 10 octobre 1106, des donations faites à Saint-Nicolas d'Angers (Dom Housseau, t. IV, n° 1259 ; ex Cartulario Sancti-Nicholai Andegavensis).

(3) *Gaufridus Andeg. comes sub crucis caractere sua auctoritate firmavit* ... ; Donation du prieuré et de l'église de Saint-

On trouve même la signature appelée en quelque sorte en témoignage.... *Et hii sunt testes hujus cartulæ Goffredus idem comes et signum quod ipse fecit* (1). C'est une formule analogue à celle dont on se sert plus fréquemment à propos du sceau, *testimonio mei sigilli;* c'est l'équivalent de la formule en français, *en foi de quoi,* etc...

Le sceau, comme la signature, apposé après lecture faite de l'acte, le plus souvent en public, comme nous le verrons plus loin, a pour but de donner à l'acte toute sa force et sa puissance, et d'écarter pour l'avenir les attaques qu'on pourrait diriger contre lui.

La plus ancienne mention du sceau des comtes d'Anjou et des comtes du Maine est celle que j'ai citée plus haut pour établir l'usage simultané dès l'époque la plus reculée, de la signature et du sceau.

Il est assez vraisemblable qu'à l'origine le comte n'avait qu'un seul sceau. Mais avec le temps, les affaires se multipliant, les actes du comte prenant des caractères différents suivant la nature des intérêts sur lesquels il avait à statuer, il se fit d'assez bonne heure une distinction entre le sceau du comté, celui que nous appellerions aujourd'hui le sceau de l'Etat, et celui réservé pour les

---

Jean-Baptiste à Chastoceaux, à Marmoutier, vers 1053 (Prieurés de Marmoutier en Anjou, Chastoceaux, chartes originales n°⁵ 1 et 2 ; Archives de Maine-et-Loire).

(1) Acte postérieur à 1060 par lequel le comte Geofroi-le-Barbu rend à Saint-Maur trois coliberts que son oncle Geofroi-Martel avait enlevés (Cartulaire de Saint-Maur, n° 49 ; Marchegay, Archives d'Anjou, t. I, p. 390).

moindres affaires, pour les actes judiciaires, et enfin celui pour les affaires privées du comte. Nous trouvons l'indication de cette division dès le milieu du xiiᵉ siècle (1). Mais la plupart des chartes se servent le plus ordinairement de l'expression simple, *sigilli mei*, ou *sigilli nostri*.

C'était le comte qui ordonnait qu'il fût fait un acte constatant que telle chose s'était passée devant lui. Cette mention est habituellement comprise dans la même formule que celle relative à l'apposition du sceau et des signatures tant du comte et des parties intéressées que des témoins. Souvent il arrivait qu'on soumettait à l'approbation et à l'autorisation du comte des actes dont les préliminaires n'avaient pas eu lieu en sa présence, mais pour lesquels son autorisation était nécessaire, ce qui avait lieu notamment pour les conventions avec les églises et abbayes. L'acte était fait et ensuite on s'adressait au comte pour avoir son autorisation (2). Mais

---

(1) A ... *Sigillo comitatus nostri* ... ; Règlement de Geofroi V, entre 1142 et 1144, relatif à la succession des Aubains sur le territoire de Cormeri (Dom Housseau, t. IV, nº 1523 ; ex cartul. Cormaricense).

B... *Et hoc totum sigillo mei comitatus confirmo* ... ; Confirmation par le comte Geofroi V, vers 1143, d'une donation faite par son père à Villeloin (Dom Housseau, t. IV, nº 1522 ; ex Cartul. Villalupense).

(2) En voici quelques exemples :
A. En février 971, Sigefroy, évêque du Mans, donne à Saint-Julien de Tours la terre *de Valle Boana* au Maine ... *seniori nostro domno scilicet Hugoni et filiis ejus .... corrobare precati sumus ....* (Cartul. de Saint-Julien de Tours, p. 45, coll. Gaignières ; Bibl. nat. Lat. 5443).

B. Entre 1040 et 1047, Rainaud, chevalier, donne à Marmoutier l'église de Daumeray ... *manu propria ... firmavi, ma-*

quand il s'agissait d'une charte du comte, la mention qu'elle avait été faite par ses ordres était considérée comme assez importante pour que, dans plusieurs circonstances, le rédacteur de la charte ait cru devoir y revenir après l'avoir indiquée d'une manière générale (1).

Le sceau, marque principale on peut le dire que le comte confirmait sa décision, était apposé en public, le plus souvent par le chancelier ou du moins par des gens attachés à son service et placés sous ses ordres, et en présence du comte. Mais il pouvait se faire qu'une circonstance empêchât le comte de se trouver présent à l'accomplissement de cette formalité ; dans ce cas, le comte envoyait son chancelier avec le sceau. C'est ce qui résulte d'une charte de Foulques-Rechin de 1085, rapportée par

---

nibusque senioris mei Landrici Balgenciacensis in presentia comitis Gauzfredi ... affirmare rogavi ... (Prieurés de Marmoutier en Anjou, Daumeray, chartes originales 1 et 2 ; Archives de Maine-et-Loire).

C. En 1093, Aimeri Machel de Saintes fonde en faveur de Bourgueil le prieuré de Saint-Michel-sur-Loire ... *Supplicavi ... Fulconi comiti ... qui mee petitioni libenter assensum præbuit ... confirmavit ...* (Cartulaire de Bourgueil, p. 171 ; Archives de Maine-et-Loire).

(1) Charte de 1146 du comte Geofroi V, relative à des difficultés provenant de ce que l'abbaye du Loroux avait reçu des donations, contrairement aux statuts de l'ordre de Cîteaux. Cette charte est faite au Mans en présence de l'évêque et d'un grand nombre de témoins. Le rédacteur constate qu'elle a été rédigée et scellée par l'ordre du comte et en sa présence. Puis, après avoir énuméré les témoins présents, au moment de mettre la date il revient sur cet ordre du comte ... *facta est autem hec cartula jussu G. suprascripti principis* (Dom Housseau, t. V, n° 1723 ; origine non indiquée, probablement Archives du Loroux).

Dom Housseau (t. III, n° 881, Archives de Marmoutier). Foulques, relevant d'une maladie grave, donna à Marmoutier la forêt de *Canavosa ;* il commença par envoyer à Marmoutier son chapelain et chancelier Robert avec le sceau, et plusieurs témoins en présence desquels la donation fut faite dans le chapitre de Marmoutier ; aussitôt le retour de Robert, une première confirmation a lieu par le comte, encore retenu au lit, en présence de témoins, parmi lesquels.... *Robertus capellanus meus per quem misi et sigillum quo carta signaretur, et donum quod pridie Idus marcii* (14 mars) *datum est fratribus in capitulo congregatis, presentibus nostris qui cum ipso Roberto sicut preceperam testes donationis nostræ et corroboratores venerant....* Quelque temps après, le 7 mai, revenu à la santé, il se rend à Marmoutier, il confirme la donation et en fait la tradition à l'abbaye, cette fois encore en présence de nombreux témoins qui étaient venus avec lui.

Le sceau pouvait aussi être apposé par une autre personne (1) qui remplissait ces fonctions quelquefois en la présence même du chancelier. Mais à partir de Geofroi V et surtout à partir de Henri II, on ne trouve plus que la formule générale *Datum* ou *Data per manum...*

---

(1) ... *Ego Fulco et filius meus Gauffridus cartam supradicti doni sigilli nostri munimine fecimus roborari per manum Fulconis capellani nostri qui ex precepto eam sigillavit...* Donation entre novembre 1117 et le 14 janvier 1118, de la terre de Fontaine-Saint-Martin à l'abbaye *de Monasterio novo* par le comte Foulques V et la comtesse Eremburge (Coll. Gaignières, vol. 180, p. 613). — A cette époque, c'était Guibert, chanoine de Saint-Laud, qui était chancelier du comte Foulques V.

en y ajoutant le nom du chancelier ou du vice-chancelier. Ce haut dignitaire n'avait pas de siège fixe et
accompagnait toujours la personne de son souverain ; le
lieu où la charte était scellée est assez rarement indiqué
antérieurement à Henri II ; à partir de ce prince, cette
indication est beaucoup plus fréquente.

CHAPITRE IV

DE LA PUBLICITÉ DES ACTES DU COMTE.

La publicité dont je viens de parler comme constituant une des conditions de la validité des actes du comte, peut résulter d'abord des circonstances. Je ne citerai que pour mémoire la fondation du Ronceray et celle de la Trinité de Vendôme, dont les chartes furent approuvées par des populations entières. En tenant compte de la différence des temps et des circonstances, on peut les considérer comme de véritables actes législatifs.

A côté de ces actes d'une importance toute exceptionnelle, il s'en trouve un grand nombre d'autres d'une moindre importance, qui cependant se trouvent avoir été entourés d'une très grande solennité, quelquefois égale à celle de la fondation de Vendôme (1). Ces actes

---

(1) A. En 1117, le jour des funérailles de Robert d'Arbrissel, le comte Foulques confirme les donations faites à Fontevrault par Geofroi de Blaison ... *interfuerunt ... multique alii barones cum multitudine populorum* ... (Cosnier, Fontis-Ebraldi exordium, notæ in Baldrici vitam Roberti Arbrisselli, p. 126, ex Chartul. Font. Ebr.).

B. En 1135, accord entre Geofroi V et Ulger, évêque d'Ann'offrent d'ailleurs aucune particularité, et leur rédaction n'attribue aucune situation spéciale aux témoins qui y figurent ; la publicité est établie par l'intervention et la présence constatées de témoins en plus ou moins grand nombre.

Elle l'est aussi par le lieu où se sont passés les actes, par exemple : l'acte a eu lieu dans une église. C'est, à ces époques, l'endroit public par excellence où se passaient un grand nombre des actes de la vie civile ; les registres de la Chambre des comptes d'Angers nous ont, à une époque bien postérieure, conservé des publications faites au prône de la messe paroissiale, pour arriver à des aliénations du domaine public.

Plus encore que l'Eglise, celle faite dans un Concile, alors surtout que c'est un jour où la messe est célébrée par le Souverain Pontife (1).

Puis viennent des actes qui se passent dans le cloître d'une abbaye ou d'un chapitre ; dans le chapitre lui-même, c'est-à-dire dans la salle où se font d'ordinaire les réunions du chapitre, soit de la cathédrale, soit d'une église capitulaire, soit d'une abbaye.

---

gers, pour certaines indemnités, *deliberatum est a rege Angliæ Henrico et legato Gaufrido, et aliis sapientibus viris quorum affuit copiosa multitudo* (Dom Housseau, t. IV, nº 1510 ; Cartul. noir du chapitre de Saint-Maurice d'Angers).

(1) Confirmation le 21 mars 1096 par le comte Foulques-Rechin, de la fondation par Raimond de Craon, de l'église de Sainte-Marie de La Roe, *Turonensi concilio, apostolico viro* (Urbain II), *missam devotissime celebrante* (Clypeus nascentis Fontebraldensis ordinis, t. II, p. 29).

D'autres fois, c'était dans le cloître d'une églisé (1).

Ou encore des actes faits dans des dépendances extérieures de la résidence du comte, *in virgulto ipsius curiœ* (2), *in atriis aulœ* (3), *in aula sua* (4).

Ou bien des actes faits devant le comte pendant qu'il était à se promener (5).

---

(1) A. Entre 1035 et 1060, Geofroi *Banarius* renonce à une contestation sur des vignes appartenant au Ronceray ... *Omnibus astantibus ad placitum apud Sanctum-Mauricium* ... (Cartulaire du Ronceray, Rot. I, c. 29 ; Bibl. d'Angers).

B. Le 24 août 1139, la cour du comte Geofroi rejette les réclamations de Gosbert, fils d'Aleaume (*Gosbertus Alelmi*), sur la terre de Precigny appartenant à Saint-Aubin ... *Hoc autem judicium in capitulo Sancti-Laudi factum recitavit comes in claustro ejusdem Sancti coram superius nominatis personis* (ce sont les juges) ... *videntibus et audientibus idoneis testibus* ... (Cartulaire de Saint-Aubin, fº 3 vº ; Bibl. d'Angers).

(2) Confirmation entre 1060 et 1067 par le comte Geofroi-le-Barbu, d'un droit de pâturage accordé au Ronceray (Cartulaire du Ronceray, Marchegay, nº VII).

(3) Donations faites entre 1040 et 1060 à Marmoutier, par *Odo Langobardus et Rotbertus miles* (Cartularium Majoris-Monasterii Vindocinense, nº 36, fº 8 ; Bibl. Nat. Lat. 5442).

(4) Autorisation donnée en 1092 par le comte Foulques-Rechin, de donations faites à Saint-Florent par Isembert de Thouarcé. Celui-ci, Geofroi de Preuilly et quelques autres vont trouver le comte à Angers et .... *invenerunt eum in aula sua sedentem super mensam, et ante eum Gosfredum Fulcradi dapiferum suum ; stabat quoque ante eum super caballum suum Gilduinus de Doado tenens accipitrem* ... C'est dans ces circonstances, au moment du départ pour une chasse au faucon, que l'autorisation est accordée (Cartulaire blanc de Saint-Florent de Saumur, fº 21 ; Archives de Maine-et-Loire). Il résulte de ce texte que *aula*, qui peut dans bien des circonstances s'appliquer à la demeure même du comte, comprend ici une dépendance extérieure, et qu'il y a publicité à raison du lieu même où l'acte est passé.

(5) Entre 1052 et 1060, Gilbert, neveu d'Aubry de Chinon, re-

La preuve de la publicité peut résulter aussi des expressions employées par les rédacteurs. Ainsi, quand ils font dire au comte que tel acte a eu lieu *coram optimatibus meis* (1), *cum regni sui optimatibus* (2), *omnibus meorum nobilium et clientium in presentia* (3), il est bien évident que ces expressions sont la preuve d'une grande publicité.

Elle résulte aussi de la mention expresse que les actes ont été faits *in placito publico, publice, in celebri curia, in frequentia curiæ, in plena curia, in curia, in sua (comitis) audientia*. Les premières de ces indications, avec ou sans mention de présence de témoins, sont celles qu'on trouve le plus souvent dans les actes les plus anciens (4), puis c'est la mention *in curia* qui a fini par

---

nonce devant le comte Geofroi à des droits qu'il prétendait sur la Cour de Pierre, *in Curia Petræ ;* cette renonciation a lieu *intra insulam Sancti-Albini quæ nominatur Tirimons juxta civitatem Andegavam quo tunc forte comes Gaufridus deambulandi causa secesserat.* L'acte constate la présence de l'évêque d'Angers, de deux abbés et de douze témoins outre le comte et la comtesse (Cartul. du Ronceray, Rot. I, cap. 24, Bibl. d'Angers ; Marchegay, n° CLXXIV, p. 115).

(1) Donation en 1072 par le comte Foulques-Rechin de l'église de Saint-Symphorien de Rochefort à Saint-Serge (Cartul. de Saint-Serge, p. 288, coll. Gaignières ; Bibl. Nat. Lat. 5446).

(2) Reconstruction en 1036 par le comte Geofroi-Martel et la comtesse Agnès du monastère de Glanfeuil ou Saint-Maur-sur-Loire (Cartulaire de Saint-Maur ; Marchegay, Archives d'Anjou, t. I, p. 377).

(3) Abandon à l'abbaye de Villeloin, entre 1067 et 1109, par le comte Foulques-Rechin de coûtumes qu'il prétendait sur Epigné (*Hispaniacum*), (Dom Housseau, t. II, n° 616).

(4) La comtesse Adele, femme de Geofroi-Grisegonnelle, avait donné à Saint-Aubin la terre de La Peregrine et quelques arpents de vignes près Angers ; un nommé Raynard prétend que

prédominer avec ou sans mention de publicité. Ce sont, pour la plupart, des arrangements sur des difficultés naissantes ou sur des procès commencés.

La cour du comte, ainsi que nous l'avons vu, ne paraît pas avoir eu de lieu bien déterminé pour se réunir. Il en était de même lorsqu'elle était tenue par le sénéchal, la cour du comte (ou du Roi) tenue par lui, siégeait tantôt dans un endroit, tantôt dans un autre (1).

Il me paraît d'ailleurs résulter de tous les actes où

---

cette terre est de son fief et veut que l'abbé de Saint-Aubin lui paye un cens. L'affaire est arrangée sur le champ par le comte, sans procédure, et l'acte porte la mention *data .... in placito publico Andegavis civitatis* ... Il porte la date du 6 mars 974 (Mense conventuelle de Saint-Aubin, t. I, p. 79 ; Archives de Maine-et-Loire).

(1) A. La transaction entre le prieuré de Gouiz et Geofroi d'Avers ou Auvers faite sous l'inspiration du sénéchal Etienne de Tours, entre 1162 et 1170, est précédée de pourparlers qui ont lieu à Durestal *in plenaria curia, in porticu domus Gervasii de Troeca.* : c'était sans doute une de ces galeries soutenues par des poteaux comme il en existe encore dans quelques anciennes villes de province, et comme autrefois les piliers des Halles à Paris. La transaction, une fois arrêtée, est publiée à Angers en présence du sénéchal, *in aula domini Regis in plenaria curia,* sans autre indication (Cartulaire de Gouiz, ff. 37 et 38 ; Bibl. Nat. Lat. 5447).

B. La cour du Roi, tenue en 1208 par *Hamelinus de Roorta,* siège à Ballon (Liber controversiarum, etc..., pag. 501).

C. Guillaume des Roches tient sa cour en 1200 *in capitulo Beati-Mauricii,* à Angers (Dom Housseau, t. XII, 2, n° 7579 ; extr. des archives du Ronceray), et en 1209 au Mans, *in aula episcopali* (Cartul. de La Couture, f° 52 r° ; Bibl. du Mans) ; il s'agissait d'un droit de pâturage litigieux entre La Couture et Baudouin des Roches ; celui-ci reconnaît les droits de l'abbaye devant le sénéchal qui est l'auteur de la charte ... *coram nobis ...*

mention est faite de la cour du comte, que le local dans lequel il tenait ses plaids n'était pas toujours bien déterminé, ni même qu'il y ait eu un auditoire spécialement affecté aux réunions soit du *placitum publicum*, soit de la cour statuant sur des contestations. Souvent la cour est tenue dans un lieu qui, par lui-même, n'est pas public ; ainsi on trouve un assez grand nombre d'actes dans lesquels il est dit qu'ils ont été faits dans la chambre du comte, *in camera comitis, in camera consulari*. Quelques-uns même donnent une indication précise sur le lieu où le comte faisait sa demeure (1).

D'autres fois la tenue de la cour où se sont passés les actes contentieux ou non, a eu lieu dans la chambre de l'évêque, dans celle d'un chapelain du comte, dans la maison de l'un des juges, ou même de simples particuliers (2).

---

(1) A. Confirmation en 1073 par le comte Foulques à La Trinité de Vendôme d'usages dans ses forêts ... *actum ... Andegavis ... residente me intra turrem que sita est super portam civitatis respicientum versus meridiem infra domum custodis* (Dom Housseau, t. II, n° 774 ; ex Cart. abb. Vindoc, f° 107).

B ... *Actum Turonus in turre comitis ;* Confirmation le 25 novembre 1124 par le comte Foulques V, d'un droit de pêcherie dans la Mayenne au profit de l'abbaye de Vendôme (Dom Housseau, t. IV, n° 1434 ; ex eodem).

(2) A. Confirmation entre 1040 et 1060 par le comte Geofroi et la comtesse Agnès de donations faites à Saint-Nicolas (Le Pelletier, Breviculum fundationis Sancti-Nicholai Andegavensis, p. 9). L'acte est fait dans la maison de *Hubertus monetarius*, en présence de 34 témoins.

B. Charte entre 1090 et 1110 (Cartulaire du Ronceray, Rot. I, c. 54, Bibl. d'Angers ; Ed. Marchegay, n° CCXLIV, p. 157). Les termes du sacramentum sont en latin les mêmes que ceux qui se trouvent en français dans les plus anciennes coûtumes d'Anjou (V. mon tome I, p. 123, 308). Il s'agit d'un procès entre le

Sous les premiers comtés, et même pendant la durée du xiᵉ siècle, c'est le mot *placitum* qui semble être le plus habituellement employé pour désigner la cour du comte ; ce mot est synonyme de *curia* (1). C'est dans le

---

Ronceray et Guillaume *de Alsinniaco ;* les préliminaires pour ordonner la preuve ont lieu dans la chambre du comte en présence d'un assez grand nombre de témoins.

C. La déclaration par Helie, comte du Maine, qu'il n'a aucuns droits *in Curte Cannei,* entre 1097 et 1110, est faite … *presentibus … Guillelmo de Curte Dominica in cujus domo factum est …* (Hauréau, Gallia Christiana, t. XIV; inter instrumenta eccl. Turonensis, nᵒ LX).

D. Procès entre Saint-Florent et le comte ou quelques-uns de ses vassaux, au sujet de droits de vinage sur les terres de Saint-Florent, entre 1118 et 1126 … *hoc autem factum est in domo Goscelini Roisnardi qui hoc quidem fieri judicavit …* (Cartul. blanc de Saint-Florent, fᵒ 39 vᵒ ; Archives de Maine-et-Loire).

E. Renonciation le 1ᵉʳ juillet 1133 par le comte Geofroi moyennant la somme de 10,000 sous payée par l'abbaye de Saint-Florent au droit de construire un château à Saint-Florent-le-Vieil ; cette renonciation a lieu à Angers dans la maison de Robert, fils de Rainaud, en la présence de barons et de *legitimi viri* dont les noms, au nombre de trente, sont conservés dans l'acte (Charte du 1ᵉʳ juillet 1133 ; Cartulaire d'argent de Saint-Florent de Saumur, fᵒ 48 vᵒ ; Arch. de Maine-et-Loire).

F. Autorisation donnée par le comte Geofroi V en 1133 à l'abbaye de La Couture, relativement au bourg de Tanie … *publice coram omnibus ante curiam supradicti comitis in domo cujusdam burgensis Durbressi nomine …* (Cartulaire de La Couture, fᵒ 9 rᵒ ; Bibl. du Mans ; D. Gueranger, nᵒ XLVI, p. 52).

G. Le 9 août 1142, un plaid où le comte statue sur des difficultés entre Payen de Clairvaux et La Couture au sujet des dîmes de la forêt de Roizé, est tenu dans la maison de Hugues, évêque du Mans (Cartul. de La Couture, fᵒ 19 vᵒ ; D. Gueranger, nᵒ LIII, p. 56 et la note).

(1) Entre 1133 et 1148, procès entre l'abbaye de Fontevrault et *Petrus Pignonus* et sa femme, au sujet de la terre *de Verraria.* Les parties sont présentes *in curia Gaufridi comitis ;*

courant du XIIe siècle que le mot *curia* finit par être exclusivement employé.

Le mot *aula* est assez souvent employé comme synonyme de *curia*. Mais, dans le vrai sens de ces mots, *aula* signifie le lieu où se tient la *curia* (1).

---

l'abbesse est prête à discuter sa cause, *derationare ;* un arrangement a lieu sous la médiation des *barones qui placito huic cum plurimis aderant personis* (Chartes originales de Fontevrault ; Archives de Maine-et-Loire).

(1) A. Accord entre le prieur de Gouiz et Geofroi d'Avers entre 1162 et 1170, devant Etienne, sénéchal d'Anjou ... *pax coram me apud Andegaoum in aula domini Regis in plenaria curia recitata fuit* ... (Cartulaire de Gouiz, f° 38 R^o ; Bibl. Nat. Lat. 5447).

B. *Sedens in aula sua super gradus lapideos* ... Jugement de la cour du comte Foulques-Rechin un 1er mai, entre 1073 et 1075, dans un procès entre le Ronceray et Thomas de Chinon (Cartulaire du Ronceray, Rot. I, c. 87 ; Bibl. d'Angers).

B. Le comte Géofroi, le 14 avril 1135, abandonne à Fontevrault ses coûtumes sur des moulins ... *Petronillam ... fuisse investitam juxta principalem Andegavis aulam, in camera quœ vulgo appellatur Estima* ... (Clypeus nascentis Fontebraldensis ordinis, t. II, p. 226).

CHAPITRE V

§ 1er.

Des actes passés dans la curie au VIIe siècle.

A côté de ces conditions de signature et de sceau qui ont surtout pour but d'assurer la sincérité et l'authenticité de l'acte, comme acte émanant du comte, d'établir qu'il est bien son œuvre, nous trouvons une troisième condition, la publicité, qui me paraît indispensable pour donner à l'acte une existence complète, tant entre les parties qu'à l'égard de tous, et pour assurer sa force exécutoire.

Cette publicité ne résulte pas seulement de ce que l'acte a été fait dans des circonstances déterminées, en présence d'un public plus ou moins nombreux ; elle résulte aussi de ce que l'acte a été fait en présence de témoins ; et ces témoins eux-mêmes n'interviennent pas uniquement comme témoins instrumentaires, tels qu'on les a connus dans les siècles postérieurs ; il y a quelque chose de plus, ils donnent à l'acte une force qu'il n'aurait pas eue sans

eux, ils le confirment ou approuvent ; leur présence et
leur intervention ajoutent quelque chose à l'acte. Cette
action peut se manifester de diverses manières, les documents à cet égard sont nombreux ; et, en les rapprochant
des formules Angevines, il est impossible, à mon avis, de
ne pas être frappé de la ressemblance et de la parenté
entre les actes de la *curia* et ceux des premiers comtes.
Le rôle des témoins dans ces actes est à peu près le même
que celui des membres de la *curia*. C'est dans la persistance et l'influence de ces souvenirs que je crois retrou-
ver la cause qui a fait que peu à peu les témoins se sont
groupés autour du comte et ont donné naissance à son
conseil, un des éléments fondamentaux, à mon avis, des
institutions judiciaires et administratives de l'Anjou et du
Maine. Pour bien comprendre comment cette similitude
a pu se produire, il est nécessaire de remonter aussi haut
que possible.

Il ressort jusqu'à la dernière évidence, pour le Maine,
des testaments de Saint-Dôme (Dumnolus), Saint-Bertram
et Saint-Hadoin, évêques du Mans (1), et pour l'Anjou des
Formulæ Andegavenses (2), que les fonctions de l'ancienne
curie romaine, et on peut même dire son organisation,
s'étaient perpétuées, sans beaucoup de changements, jusque dans le courant du viiie siècle.

---

(1) Gallia Christiana, t. XIV, inter instrumenta ecclesiæ Cenomanensis, p. 103, 104 et 122.

(2) Giraud, Essai sur l'histoire du Droit Français au Moyen-
Age, t. II, p. 433 et suiv. Walter, Corpus juris Germanici, t. III,
p. 497. Une meilleure et plus récente édition en a été donnée par
M. Zeumer, Formulæ Merowingii et Karolini ævi ; collection
des Monumenta Germanicæ historiæ, Hanovre, 1882.

Saint-Dôme fait son testament le 6 mars (*pridie Nonas*) 574. Il commence par s'adresser à son vénérable seigneur le clergé du Mans, *domino venerabili ecclesiæ Cenomannicæ clero*, puis après avoir invoqué la protection de Dieu et de Saint-Vincent, il demande à son clergé de confirmer par ses suffrages la donation qu'il va faire, *vestro quæsumus ut firmetur robore*. Puis, après les diverses donations que constate cet acte, il déclare que c'est le diacre Aunulfus qui l'a écrit, mais la rédaction de cette mention est remarquable en ce qu'elle semble énoncer qu'en écrivant le testament, Aunulfus a obéi aux ordres du clergé....... *hanc paginam donationis quam Aunulfo diacono* unanimiter *rogavimus conscribendam ;* ce mot *unanimiter* ne peut évidemment s'appliquer à une décision prise par une personne seule. Viennent enfin les mentions des souscriptions ou signatures par les clercs du Mans, *subscripsi,* ..... *rogante clero Cenomannis subscripsi, ... consensi et subscripsi, ... consensum nostrum subscripsi...* ; ces deux dernières formules sont les plus employées ; sur 49 souscriptions, elles sont répétées 43 fois.

Le testament de Saint-Bertram est du 27 mars (*6° Kal. Aprilis*) 645. Sain de corps et d'esprit, il le dicte à Ebbon (4) notaire ; puis il le relit et le signe, et après sa signature on trouve la mention de sept signatures, y compris celle d'Ebbon, et il dit formellement que pour se conformer à la loi et pour donner plus de force aux dispositions qu'il vient de prendre, il le fait signer et sceller par

---

(4) *Filio meo*, dit le texte ; il est évident qu'il s'agit de la filiation spirituelle qui unit à l'évêque tous les membres de son clergé. C'est ainsi qu'à la fin de son testament il appelle aussi l'archidiacre *filium meum*.

sept hommes honnêtes : *ut lex docet, septem virorum honestorum subscriptionibus et sigillis credidi muniendum, et pro totius rei firmitate atque stipulatione adnecti precepi.* Enfin, il termine en recommandant que quand son testament sera ouvert, l'archidiacre pour en assurer la conservation, le fasse déposer parmi les actes de la cité, *... gestis municipalibus secundum legem faciat alligari, quo semper firmiter perduret.*

Le testament de Saint-Hadoin qui est du 6 février (8° *Idus*) 642, commence à peu près comme celui de Saint-Bertram. Il est fait en présence de sept *boni homines*, parmi lesquels Cadulfus, diacre, qui l'a écrit sous la dictée de l'évêque ; il n'est fait mention d'aucune confirmation par ces témoins.

Il est suivi d'une clause de nature à faire croire que sa rédaction avait eu lieu en dehors du Mans, ou qu'il avait été confié pour le conserver pendant la vie de son auteur à deux personnages, Bodilo et Audrannus, qui sont qualifiés de *domni magnifici* ; ce sont les exécuteurs testamentaires de Saint-Hadoin, qui les charge, après sa mort, d'aller au Mans, de déposer son testament quand il sera ouvert parmi les actes de la cité, *.... vos prosequentibus apudque publica gestis municipalibus faciatis alligare,* et de distribuer ensuite les dons et legs qu'il a pu faire.

Cette nomination d'exécuteurs testamentaires a lieu à peu près dans les mêmes termes que le testament ; on pourrait presque dire que c'est un mandat, s'il fallait s'en tenir avec une rigueur absolue au sens des mots employés : *quod mandatum manu nostra firmavimus et petimus muniendum Cenomannis civitate...* Suivent les signatures des témoins au nombre de neuf de ce *mandatum* (le mot est répété), parmi lesquels Cadulfus et plusieurs des témoins du testament. Mais ce qu'il importe de remarquer ici, c'est la confirmation par les témoins de cet acte qualifié trois fois de *mandatum* en quelques lignes, rapprochée de l'une des dernières clauses du testament, par laquelle Hadoin maudit ses proches ou ses héritiers et déclare d'avance vaines leurs prétentions quoique ils invoquent à l'appui *chartam aliquam, quamvis bonorum hominum manibus roboratam* (1)...

Ainsi, les trois testaments que je viens d'analyser établissent l'existence au Mans d'une curie dans laquelle se déposaient les testaments pour en assurer la conservation, et l'intervention de témoins non seulement pour assurer la solennité des actes en général, et des testaments en particulier, mais aussi pour confirmer et fortifier les actes autres que les testaments.

De même que les testaments que je viens d'analyser, les *Formulæ Andegavenses*, qui leur sont un peu postérieures, établissent d'une manière que je considère comme complète, l'existence à Angers d'une curie portant le nom de *curia publica* qui, au VIII⁸ siècle, fonctionnait encore régulièrement, et avec les attributions d'une juridiction dont les pouvoirs étaient fort étendus. Si les formules sont muettes sur tout ce qui concerne les formalités des testaments, elles constatent l'intervention fréquente et active de cette *curia publica* dans un grand nombre de circonstances, et l'existence des *acta* ou *gesta municipalia* (2) ; elles constatent en même temps que cette *curia*

---

(1) Gallia Christiana, t. XIV, inter instrumenta ecclesiæ Cenomanensis, p. 123, B, D, E.

(2) V. notamment la formule 40 relative au testament fait au profit l'un de l'autre par deux époux qui n'ont point d'enfants, *in fine*.

agissait sous la direction et l'impulsion des chefs de la cité.

La première de ces formules de ce recueil qui pourrait bien, à raison de la qualité des personnes dont elle constate la présence, remonter à une époque beaucoup plus ancienne, est relative à la constitution de dot. Celui qui la constitue s'adresse au *vir laudabilis illi defensor, illi curator, illi magister militum* ; c'étaient les premiers de la cité, et c'est sans aucun doute sous leur direction que tout se passait dans la *curia* ; c'étaient certainement eux qui disaient toutes les paroles qui sont mises comme prononcées par la *curia*.

D'autres formules nous apprennent quel était celui qui dirigeait les travaux de la cour dans les divers cas où son intervention devait avoir lieu.

Nous trouvons d'abord le cas de *solsadia* (1) qui avait lieu lorsqu'un individu appelé en justice n'y trouvait pas son adversaire ; il devait s'y présenter pendant trois jours consécutifs, depuis le matin jusqu'au soir ; et si l'adversaire n'y venait pas, sa non comparution était constatée par un acte qui était un jugement rendu par la cour du comte, *per judicio inluster illo comite vel auditores suis* (formules 12, 13, 14).

Le second cas où les formules constatent d'une manière expresse l'intervention du comte, est la procédure qui amenait à la confection d'un *appennis* (2) (formule 32). Lorsqu'une personne avait souffert un pillage dans lequel on lui avait enlevé tout son argent, ses biens meubles, ses

---

(1) Du Cange, V° *Solsatire.*
(2) Du Cange, V° *Apennis.*

chartes et titres constatant tous les contrats qu'il avait faits, les jugements rendus en sa faveur, etc., il devait se rendre devant les *rectores civium seu curialis provinciæ*, dans le ressort desquels le fait s'était passé, et il devait faire publiquement la déclaration, accompagnée des preuves qu'il pouvait fournir, *palam ostendere et puplica denonciacionem manifestare*, des pertes qu'il avait souffertes. Cette déclaration devait être faite devant l'évêque et le comte et les notables de la cité, *igitur cum ..... domnus illi episcopus necnon et inlustro vir illi comus in civetate Andecave cum reliquis venerabilibus atquæ magnificis reipuplici viris resedissit....* Cette déclaration était présentée à ceux qui faisaient partie de l'assemblée et que la formule qualifie trois fois de seigneurs, *seniores ;* elle devait être ensuite confirmée par le témoignage de voisins non parents, attestant la vérité des faits qui venaient d'être déclarés. Et si cette vérité paraissait bien établie, il était rendu par l'évêque et le comte et ceux qui étaient avec eux, une décision ayant le caractère d'un jugement qui maintenait le plaignant ou ses héritiers dans la possession de tous les objets dont la déclaration avait ainsi été faite devant eux... *si suprascriptus pontifex et ipsi comus vel qui cum eo aderant.... res suas ipsi aut heredi sui tenire et possedire faciant.* Cette décision était écrite en deux exemplaires dont l'un restait affiché *in foro puplico*.

Enfin, le troisième cas où il est question du comte est relatif à la procédure criminelle. Il s'agit d'une accusation d'homicide portée devant le comte et les racimbourgs, *ante vero inluster illo comite vel reliquis racimburdis qui cum eo aderant* (1). L'accusé était admis à se

____

(1) Formule 50, éd. Zeumer ; 49 § 1ᵉʳ, éd. Giraud. Les cita-

purger par serment, ce qui avait lieu *in ecclesia seniore*, c'est-à-dire dans l'église épiscopale d'Angers.

Ainsi nous trouvons le comte en même temps que l'évêque, prenant une part active aux travaux de la *curia*, la présidant, dirigeant cette assemblée des notables de la cité, et cette intervention avec les caractères que je crois devoir lui assigner, est constatée par trois documents d'une manière formelle, et d'une manière implicite, à mon avis, par celui que j'ai cité en premier lieu.

Quels étaient les personnages dont le nom figure à côté de celui du comte, devant lesquels une déclaration est faite, ou qui interviennent dans les différents actes dont le souvenir nous est conservé par les formules ?

Voici les divers noms sous lesquels ils sont désignés dans les formules :

Boni homines, c'est la désignation la plus fréquente ; déclaration qu'une partie en cause ne fera aucun tort aux choses de son adversaire (form. 5). Assurance donnée par leur médiation qu'une partie n'exercera pas de violence contre son adversaire (form. 6 et 38). Confirmation donnée par eux à la demande présentée en cas d'*appennis* (form. 31, V. ci-dessus). Incident dans un procès sur des vignes (form. 47) (1). Attestation dans le cas d'un procès à propos de vignes qu'une partie s'est présentée en justice et a vainement attendu son adversaire (form. 12 et 53) (2). C'est devant eux que la femme qui poursuit son divorce fait la déclaration qu'elle ne veut plus de son

---

tions qui ne sont accompagnées d'aucune indication, sont faites d'après l'édition Zeumer.

(1) C'est la 46ᵉ des éditions.

(2) C'est la 52ᵉ des éditions.

mari et qu'il peut épouser une autre femme s'il le veut, ... *ante bonis hominibus ut advicem nos relaxare deberemus, quod ita et fecimus* (form. 57) (1).

Racimburdi, (form. 50, § 1 (2), V. ci-dessus).

Viri venerabiles atque magnifici — c'est devant eux et un abbé ayant sans doute juridiction (3), que des *cojuratares* font un serment pour prouver une possession depuis plus de 30 ans (form. 10. § 1). C'est devant eux siégeant avec l'évêque et le comte que se fait la procédure d'*appennis* (form. 32, V. ci-dessus) ; mais il faut remarquer que cette formule les appelle aussi *seniores* par trois fois et qu'évidemment il s'agit des mêmes personnes, puisque, dès la première fois qu'il en est question, elle l'applique à ceux dont elle a déjà parlé, *anté suprascriptus senioris* ; puis cette formule les confond tous sous la même désignation, *suprascriptis pontifex et ipsi comus vel qui cum eo aderant.*

Ce sont les mêmes qui sont appelés simplement *magnifici* dans la formule 28 où il est question du creusement indû d'un fossé, *visus fuit ab ipsis magnificis.*

Il me paraît bien certain que toutes ces expressions, *Boni homines, Racimburdi, Viri venerabiles atque magnifici, Magnifici, Seniores, Viri atque magni opidi* (form. 7), désignent la même catégorie de personnes qui sont comprises d'une manière générale dans d'autres formules sous la désignation de *reliqui qui cum eo aderant* (form. 24 et

---

(1) C'est la 56ᵉ des éditions.

(2) C'est la 49ᵉ des éditions.

(3) La juridiction des abbés est, à mon avis, bien prouvée à l'époque de la rédaction de ces formules par les formules 27, 29 et 30.

30), *curia puplica* (form. 1 et 48) (1), et que c'étaient eux qui, sous une désignation encore plus générale peut-être, rendaient la justice avec le comte, *per judicio inluster illo comite vel auditores suis* (formule 12). Et enfin je n'hésite pas à les assimiler à ceux qui, sous divers noms, viennent plus tard participer d'une manière plus ou moins active aux divers actes des comtes héréditaires.

Si maintenant nous examinons de plus près le rôle des témoins, nous trouvons que l'idée qui domine, on dirait presque la seule, c'est que les témoins interviennent pour confirmer l'acte auquel ils ont participé par leur présence, pour lui donner une force qu'il n'aurait pas sans cela ; *roborare, confirmare, adfirmare, subterconfirmare,* sont les verbes employés pour désigner l'effet produit par l'intervention des témoins.

Cette intervention ne se manifestait pas seulement par l'énumération que le rédacteur de l'acte aurait faite des noms des témoins, mais en outre ceux-ci devaient apposer leur signature à l'acte. Et cette obligation ne résulte pas seulement de la formule générale et un peu vague *eorum manebus roboratas* (form. 32), *manibus eorum subterfirmaverunt* (form. 13, 14), etc..., elle résulte aussi d'expressions beaucoup plus décisives, ... *cujus nomina vel scripcionibus adque signaculum subter teniuntur inserta* (form. 47) (2), ... *quorum nomina per suscripcionibus atque senacola subter tenuntur inserti* (form. 50 § 1) (3).

---

(1) C'est la 47ᵉ des éditions.
(2) C'est la 46ᵉ des éditions.
(3) C'est la 49ᵉ des éditions.

Cette confirmation ou approbation est mentionnée dans les mêmes termes que les signatures données aux actes par les parties elles-mêmes : la formule 37 (1) qui traite d'une donation faite par un père et une mère à leur fils, dit en effet ... *hec volontas nostra cum manus nostras roboratas*, et la formule 39 (2) relative à l'assurance donnée en cas de violence sur les biens ... *hec epistola mano mea firmata firma permaneat.*

C'est dans les mêmes termes qu'est exprimée la confirmation donnée à un contrat unilatéral, celui de garantie donnée à une abbaye pour assurer un droit de retour promis en sa faveur, *ut mus est, virorum atque magnorum opidi* (3) *confirmandum* (form. 7).

Les exemples de confirmation par les témoins sont plus nombreux lorsqu'on arrive aux actes qui se passent en justice, aux déclarations faites devant elle et qui sont confirmées, corroborées par les déclarations des témoins dont l'intervention donne à l'acte une force que sans eux il n'aurait pas. C'est ce que les formules établissent d'une

---

(1) C'est la 36ᵉ des éditions.

(2) C'est la 38ᵉ de l'édition Giraud.

(3) Je crois qu'il faut suivre la correction donnée par Walter, *Corpus juris Germanici*, t. III, p. 502. Les formules d'Anjou sont peut-être celles dont le latin est le plus barbare ; le mot *pidi*, de quelque manière qu'on le torture, ne présente absolument aucun sens : en lisant *opidi* on a une leçon qui n'est contredite par aucune des indications contenues dans les autres formules. Zeumer conjecture qu'il faut lire *petivi*. Le sens général de la formule indique bien qu'il doit être fait mention de la demande de confirmation ; c'est peut-être un mot omis par le copiste qu'il faut ajouter à la formule, mais on ne peut le substituer à *pidi* qui d'après tous les éditeurs serait parfaitement lisible.

manière certaine pour les ajournements donnés pour comparaître en justice (1) ; pour l'attestation que le demandeur a attendu pendant trois jours la comparution en justice de son adversaire, ce qui était l'incident de procédure appelé *solsadia* ou *sonia* (2) ; pour le serment prêté par les *cojuratores*, afin de disculper d'une accusation de vol ou de meurtre (3) ; pour l'attestation donnée aux déclarations de celui qui suivait la procédure pour arriver à l'*appennis* ou à la confirmation de cet *appennis* (4).

---

(1) Le demandeur devait aller trouver le magistrat (c'est bien certainement à lui que la formule 52 donne la qualité de *dominus magnificus ; ...domeno magnifico illo ego illi*) qui donnait un mandement pour ajourner les défendeurs : le demandeur pour lequel cet acte contenait une obligation de se présenter en justice devait le signer et le faire signer par ceux qui avaient pris part à l'exécution de ce mandement...*et ut cercius credatur mano mea supter firmavi et magnorum eorum supterius decrevit adfirmare* (form. 52 ; 51 des éditions).

(2) Formules 12, 13 et 14 ; V Du Cange, v° *Sunnis*. Les actes desquels il résultait que la partie avait obéi aux mandements de justice en attendant son adversaire pendant trois jours devaient être confirmés par les mains des témoins. La formule 12 se sert des mots *manibus roboratas ;* les formules 13 et 14 des mots *manibus eorum subter firmaverunt :* comme il s'agit du même acte, j'en conclus qu'il n'y a aucune conséquence à tirer de ce que le rédacteur des formules s'est servi de deux mots différents, qu'ils doivent être considérés comme synonymes.

(3) Ce serment devait avoir lieu dans une église (form. 15), ou dans l'église principale *ecclesia seniores loci* (form. 50 § 2 ; form. 49 des éditions) : dans le premier de ces deux cas il s'agit du vol d'un cheval, dans l'autre d'un homicide ; peut-être la gravité du cas exigeait-elle que le serment eût lieu dans l'église principale ... *de presente fuerunt, et hunc sacramentum audierunt, et hunc noticia manus eorum subter adfirmaverunt.*

(4) (V. ci-dessus p. 44) *Hanc carthola qui vocatur appennis*

§ 2.

Témoins des actes des comtes indépendants.
Témoins en général.

Il ne faut pas croire que les nombreux témoins dont les noms sont conservés dans les chartes ayent tous eu qualité pour donner aux actes la validité pouvant résulter de leur intervention. Les témoins devaient réunir certaines qualités, et on ne comptait comme tels que ceux qui étaient compris par la coûtume ou par l'usage parmi les *legales* ou *legitimi viri*. Mais, même dans cette catégorie, on semble avoir fait un choix, soit en ne demandant la confirmation d'un acte qu'à ceux qui avaient intérêt à le confirmer (1), soit en désignant parmi les nombreux

---

prefatorum seniorum vel reliquorum vicium eorum manebus roboratas accipere et adfirmare deberet (form. 32). Le mot *vicium* n'a ici aucun sens ; Zeumer propose de lire *civium* ; je ne crois pas que cette correction doive être admise ; dans cette formule de même que dans la suivante, on a employé ce mot pour *vicinorum*. Il est dit plus haut en effet dans cette formule qu'on doit s'enquérir de la vérité de la déclaration auprès des voisins non parents du déclarant ... *ad ipsas bonas stranias personas vicinis circa manentis*. Dans la formule suivante où il s'agit de la confirmation ... *petiat ad ipsius vicinus et judice ... manibus eorum propriis ... noticia relacionis adfirmare deberunt*. Ces deux formules établissent une fois de plus l'identité des expressions *roborare* et *affirmare*.

(1) ... *Fideles meos quorum intererat firmare rogavi* ... Donation entre 1040 et 1048 par Hubert évêque d'Angers à l'abbaye de Saint-Serge, de la cella de Saint-Maurice-de-Chalonne ; cette donation est approuvée par le comte Geofroi-

clercs et laïques, ceux que l'on regardait comme le plus en état de porter un témoignage valable (1). *Boni auctores, boni viri, probi homines, sapientes viri, testes idonei, autentici viri, viri mei* ou *nostri, legitimi testes, legitimi viri, legales ac probabiles personnæ, legales testes,* telles sont les diverses désignations données aux témoins ; il est possible qu'il s'en rencontre encore d'autres. Plusieurs de ces désignations, notamment celles de *legales testes,* à laquelle il faut ajouter celle de *veridici testes,* peuvent aussi désigner les témoins qui viennent déposer en justice devant la cour du comte ; mais ce n'est pas d'eux que je m'occupe ici.

Toutes ces dénominations ont une bien étroite parenté avec celle de *boni homines* que nous avons vu attribuée à ceux que les formules nous montrent comme constituant, sous la direction de l'ancien comte ou de l'évêque, la *curia publica.*

Je ferai observer à cet égard, d'abord que ces témoins, quel que soit le nom qu'on leur donne, se trouvent souvent compris parmi ceux qui sont indiqués comme té-

---

Martel qui signe l'acte (ex. Cartulario Sanctorum Sergii et Bacchi Andeg. Michel Germain ; Bibl. nat. Lat. 13,819, f° 270 r°).

(1) ... *Coram plurimis clericis et laicis ex quibus hic quasdam nominatim causa testimonii subscripsimus* ... Donation faite entre 1060 et 1067 par Rainaldus Vervecarius à Saint-Aubin de ce qu'il avait à Sermaises (Cartulaire de Saint-Aubin, f° 84 v°, Bibl. d'Angers). *Causa testimonii* me semble bien plutôt indiquer la prévision d'un témoignage futur en justice ; on choisit ceux dont le témoignage paraît avoir le plus de poids.

moins du côté de l'une des personnes désignées dans l'acte, le comte, l'évêque, les moines de telle ou telle abbaye (1) ;

Ensuite que très souvent, surtout lorsque le comte confirme des actes que les parties, pour un motif ou pour un autre, viennent soumettre à son approbation, l'acte est passé en la cour du comte et les témoins sont ceux qui composent la cour (2).

---

(1) A ... *Advocatis tam de parte mea quam de parte episcopi, et videntibus et audientibus legalibus ac probabilibus personis quorum nomina subscripta sunt ... Ex parte episcopi* (il y en a 30 dont quatre laïques) ... *Ex parte comitis* (il y en a 15). Donation de l'Ile de Chalonne le 23 juin 1096 par le comte Foulques-Rechin à l'église et à l'évêque d'Angers (Gallia christiana vetus, t. II, p. 128).

B ... *Presentibus testibus idoneis ... de monachis.* Abandon fait le 4 janvier 1113 par le comte Foulques V de droits sur l'aumônerie de Saint-Aubin (Dom Housseau, t. IV, n° 1342, ex Cart. S. Albini).

(2) A ... *Comes Gaufredus ... coram curiœ suœ frequentia firmavit ... Testes ...* Vente à Marmoutier entre 1040 et 1050 par Gauscelinus Bodellus d'un colibert et de son fils (Chartularium Majoris Monasterii Vindocinense, n° cxv, f° 22 r° ; Bibl. nat. Lat. 5442).

B ... *Comes Gauzfridus in sua curia firmavit presentibus istis ...* Remise par le comte Geofroi-Martel à Marmoutier vers 1050 de droits qu'il prétendait sur une de leurs terres (Dom Housseau, t. II, n° 531 ; ex Chartulario Maj. Mon. Turonense).

C ... *In curia Cainonis Castri in presentia domini Fulconis-Rechin aliorum que bonorum virorum ...* Renonciation avant le 26 février 1067 par Rainaud, sa femme et sa mère, à des prétentions sur des coliberts réclamés par Bourgueil (Cartulaire de Bourgueil, p. 88 ; Archives de Maine-et-Loire). Il faut remarquer que dans cette charte les *boni viri* sont placés à un rang égal à celui du comte.

D ... *In curia mea apud Vigerium* (Vihiers) ... *his videntibus et audientibus qui assistebant testibus ...* Renonciation

La plupart du temps, ces actes sont passés dans la cour pendant que le comte tient ses plaids, et ceux qui sont mentionnés comme témoins de ces conventions sont ceux qui composent la cour et qui auraient statué comme juges sur le différend. Les actes de cette nature sont nombreux et je crois qu'il en résulte que la cour se composait de la réunion de tous les *legales* ou *legitimi viri* dont je parle plus loin ; et parmi ceux qui sont mentionnés dans ces actes, il n'y a le plus souvent aucune séparation entre ceux qui auraient statué comme juges, ou qui seraient intervenus comme faisant partie de la cour, ou ceux qui auraient été simplement témoins de sa décision.

Cette distinction entre les juges et les témoins se trouvant simultanément dans la cour, n'est pas une simple hypothèse. Quelquefois, on la trouve expressément indiquée (1) ; plus souvent elle résulte implicitement, mais

---

par le comte Foulques-Rechin, après 1067, au profit de Marmoutier aux coûtumes qu'il prétendait sur la terre de La Gauteresche (Prieurés de Marmoutier en Anjou, Chemillé, Charte originale et Cartulaire ; Archives de Maine-et-Loire).

E ... *Confirmatum publice coram omnibus ante curiam supradicti comitis ... Testes ...* Autorisation donnée en 1133 par le comte Geofroi V de construire des maisons *in burgo Danguy* (Cartulaire de La Couture, fᵒ 9 rᵉ ; Bibl. du Mans) ; c'est au Mans que cette autorisation est donnée.

(1) 14 avril 1159, accord entre le Ronceray et Hubert de Campania au sujet du bourg de Cepia (Seiches). Cet accord a lieu en la cour de Henri II ; *isti viderunt et audierunt ...* suivent dix noms de personnages qu'on rencontre souvent dans les actes de cette époque avec cette mention *isti erant in curia ;* viennent ensuite des témoins accompagnés de cette mention : *ex parte autem Huberti ... ex parte sanctimonialium...* (Cartulaire du Ronceray, Marchegay, nᵒ CXXXII, p. 95).

d'une manière indubitable, des énonciations qui accompagnent les noms des témoins (1).

---

(1) Cette séparation est bien indiquée dans d'autres actes.

A. Entre 1040 et 1050 Gauscelin Bodellus donne à Marmoutier un colibert nommé Guismand avec son fils et ses descendants ; le comte Geofroi alors à Vendôme approuve la donation, et *coram curiæ suæ frequentia firmavit ... Testes omnium que hic dicta sunt ...* Ils sont au nombre de douze parmi lesquels Fulcherius frère de ce Guismand (Chartularium Majoris Monasterii Vindocinense, n° cxv, f° 24 r° ; Bibl. Nat. Lat. 5442). Je cite cet acte sans hésiter malgré la généralité de ses termes ; ce Guismand était probablement un colibert affranchi ; on voit que rien ne l'empêchait d'être témoin, mais je n'admets pas qu'il ait pu faire partie de la cour.

B. Entre 1104 et 1108 Etienne et Gautier de Monsoreau qui avaient contesté à Fontevrault des terres données par leur père et leur mère renoncent à leurs prétentions devant le comte Foulques qui était venu à Fontevrault, et ... *hujus negocii causam in sua statuit audientia ...* Cette renonciation est faite en présence, *presentibus*, de plusieurs personnages pour la plupart de très-haut rang tels que Pierre de Chemillé, Hubert *de Campania*, Amaury de Montfort oncle du comte, Aimery d'Avoir etc., ... et c'est à leur suite que se trouve la mention *et de fratribus loci ;* ces derniers sont évidemment témoins et ne font pas partie de la cour (Cartulaire de Fontevrault, c. 180 ; Archives de Maine-et-Loire).

C. Maurice de Craon condamné par la cour du comte Geofroi-le-Jeune (associé au gouvernement par son père le comte Foulques-Rechin) pour entreprises sur Saint-Clément-de-Craon finit par reconnaître ses torts et s'engage à ne plus rien faire contre l'abbé ; cet accord a lieu en 1105 en présence du comte et de plusieurs qui semblent bien composer sa cour, puis on mentionne la présence *de hominibus ejus ...* (Dom Housseau t. IV, n° 1247 ; Archives de Saint-Clément-de-Craon).

D. Dans l'acte de 1133 cité plus bas relatif à l'autorisation de construire des maisons dans le bourg Danguy, l'autorisation donnée par l'abbé de La Couture est confirmée par le comte en présence de sa cour et publiquement, *publice coram omnibus ante curiam supradicti comitis*, et c'est à la suite de cette constatation formelle que viennent les noms des témoins.

En dehors des personnes appartenant au clergé séculier ou régulier dont la qualité est toujours énoncée avec soin, il est assez rare de trouver quelque indication sur les classes de la société auxquelles appartiennent ces témoins. La qualité de chevalier, *miles*, est assez souvent relevée, le plus souvent d'une manière individuelle et attachée au nom du témoin. La désignation que l'on rencontre le plus souvent d'une manière collective est celle de *fideles*, qui s'applique à tous, nobles ou non.

L'acte le plus ancien, à ce qu'il me semble, dans lequel on puisse trouver une distinction dans l'origine des différents témoins, est l'arrangement qui eut lieu en 1037 entre Saint-Aubin et le comte Geofroi-Grisegonnelle au sujet de la forteresse de Château-Gontier qui se nommait en ce temps-là *Curtis Basilicas* (Cartul. de Saint-Aubin, f° 2). Les témoins sont d'abord toute l'abbaye de Saint-Aubin, des prêtres ou clercs, et enfin six témoins *de familia Sancti-Albini*; il est évident que ces six témoins ne sont pas des *fideles* du comte ni des chevaliers. Des actes contemporains sont encore plus décisifs ; les témoins des actes non-seulement peuvent être des non-nobles, mais on peut les prendre parmi les coliberts affranchis ou même les parents des coliberts (1).

---

(1) A. Entre 1040 et 1050, *Gauscelinus Bodellus* vend à Marmoutier un colibert nommé Guismand et son fils David ; cette vente est confirmée par le comte Geofroi-Martel comme seigneur de Gauscelinus qui tenait de lui ce colibert ; la confirmation a lieu en la cour du comte en présence de témoins parmi lesquels *Fulcherius frater ipsius Guismandi* (Chartularium Majoris Monasterii Vindocinense, n° cxv, f° 24 r° ; Bibl. Nat. Lat. 5442).

B. Vers 1050, Geofroi *Focaldus* abandonne à Marmoutier des coûtumes qu'il avait ou prétendait à Tavent sur des terres

En dehors même de cette participation des gens de condition servile au témoignage dans les actes, il faut tenir pour certain que les non-nobles d'origine libre doivent être classés parmi les hommes du comte, dont le témoignage pouvait intervenir pour confirmer les actes du comte (1).

---

appartenant à cette abbaye. Cette renonciation est faite devant le comte Geofroi-Martel en présence de témoins de toutes conditions parmi lesquels (les noms sont au datif) *Gualterio Quoco* (Dom Housseau, t. II, n° 533).

C. Entre 1060 et 1067 le comte Geofroi-le-Barbu restitue à l'abbaye du Ronceray des vignes et un droit de pêcherie dans la Mayenne qui avaient été usurpés par le comte Geofroi-Martel ; dans ces deux actes figure comme témoin un certain *Constantius* ou *Constantinus Rufus* qui n'est autre qu'un colibert affranchi de l'abbaye du Ronceray, et auquel ces actes donnent la qualité d'homme de l'abbaye ; il figure comme témoin avec Yves de la Jaille, un des plus notables chevaliers de l'entourage du comte (Cartulaire du Ronceray, Rot. I, c. 7 ; Rot. III, c. 33 ; Rot. V, c. 26, Marchegay, p. 55 et 28).

D. On trouve dans plusieurs actes qui se placent de 1104 à 1127 un témoin dont le nom est écrit de plusieurs manières, *Ademus, Adamus, Aenus, Aemus* avec la qualité de *nutritius*. Une charte du 15 janvier 1127 contenant donation à Fontevrault par le comte Foulques V l'appelle *nutritius comitis* Cartulaire de Fontevrault, t. II, p. 31, coll. Gaignières ; Bibl.) Nat. Lat. 5480). C'est celui chez lequel le comte avait été mis en nourrice et qui ensuite était resté auprès de lui.

E. Décision de commissaires nommés par le Roi Henri II en 1158 sur des coutumes que Fontevrault peut réclamer sur le pont de Sée ; accord entre les religieuses et les habitants d'Angers sanctionné en présence de témoins parmi lesquels les prévôts d'Angers et de Brissac, *et tota curia prout plena erat militibus et populo* ... (Cartul. de Fontevrault, coll. Gaignières, t. I, p. 403 ; Bibl. Nat. Lat. 5480).

(1) ... *Plurima nostrorum virorum militum et burgensium attestatione, cum favore omnium* ... Donation en 1095 de Bois-l'Abbé à Saint-Serge par le comte Foulques-Rechin (Car-

Approbation donnée aux actes par les témoins.

Formules teste me ipso, testes mecum.

Ainsi que je l'ai dit, la présence des témoins aux actes n'a pas seulement pour but d'assurer la preuve de leur existence et de leur authenticité ; elle est nécessaire pour leur donner une force qui leur manquerait sans cela : cette idée est tellement répandue à l'époque des comtes d'Anjou devenus héréditaires, qu'on ne la trouve pas seulement dans leurs actes, mais qu'on la voit apparaître au milieu du xie siècle dans ceux des seigneurs d'un ordre inférieur qui font intervenir leurs *fideles*, et leur font approuver et confirmer des actes de donation qui reçoivent en même temps l'approbation du comte (1).

---

tulaire de Saint-Serge, p. 268, coll. Gaignières ; Bibl. Nat. Lat. 5446).

Je reviendrai avec plus de détails sur cette question des témoins quand je parlerai de leur présence et de leurs fonctions dans la cour du comte.

(1) A. Entre 1036 et 1051 fondation par Lodo ou Lovo du prieuré *de Roziaco* dépendant de l'abbaye de La Couture. Cette fondation est approuvée non seulement par le comte du Maine, l'évêque du Mans et leurs *fideles*, mais aussi par ceux d'autres seigneurs et ceux du donateur ... *Hi omnes cum quibusdam fidelibus suis et meis hoc firmaverunt et corroboraverunt scriptum quorum nomina videntur subscripta* ... ce sont les mêmes que ceux dont le témoignage est invoqué quelques lignes plus loin ... *Testes qui viderunt et audierunt hi sunt* ... (Ménage, Histoire de Sablé, p. 351, *preuves*).

B. Entre 1040 et 1052 Gérard et Oda sa femme donnent à Cormery la terre de Rivarennes ... *Hæc omnia dedit Gerardus Sancto-Paulo cum consilio conjugis suæ et fidelium suorum, per roborationem filiorum suorum* ... (Dom Housseau, t. II, n° 410 ; ex Chartul. Cormaric, f° 36 r°).

Quant aux actes des comtes, pendant deux siècles encore, jusqu'au temps de Geofroi-le-Bel, un grand nombre constatent que les témoins sont présents pour les confirmer et leur donner une force qu'ils n'auraient pas eue sans cela ; *roborare, confirmare, subterfirmare* sont les mots que nous retrouvons à la fois dans les formules d'Anjou et dans les actes des comtes, et j'appelle même l'attention sur le dernier de ces mots, d'un usage un peu moins fréquent, mais qu'on retrouve dans ces deux séries de documents.

Le plus ancien des actes des comtes est la donation faite en 929 par Foulques-le-Roux (1), à Saint-Aubin et Saint-Lezin, de la terre de Saint-Remy-la-Varenne qui s'appelait dans ce temps-là *Curtis Chyrriaci.* Il est constaté que cet acte a été fait à Angers ... *coram cunctis qui aderant francis* (2) *seu ecclesiasticis viris* ... et que c'est à eux que le comte Foulques et ses fils se sont adressés pour le faire confirmer... *Signum Fulconis comitis et filiorum ejus qui hanc cartam fieri et firmari rogaverunt...* ; suivent les noms de vingt personnes environ ; l'une d'elles est *Berno cantor,* de Saint-Maurice probablement, qui a écrit cette charte.

Le comte et ses fils demandent la confirmation de cette charte. Elle ne dit pas à qui cette demande est adressée, mais il me paraît bien évident qu'elle ne peut être adressée qu'à ceux qui étaient présents, *cunctis qui aderant,* et qui se trouvaient ainsi à la fois témoins et confirmateurs de la donation du comte.

---

(1) Dom Housseau, t. I, nᵒˢ 155 et 157, ex Chartulario nigro capituli Sancti-Mauricii Andegavensis.

(1) Ce mot a le sens de *nobles.* V. Ducange, Vᵒ *Franci,* 1.

Les expressions de cette charte deviennent parfaitement claires quand on les rapproche de plusieurs autres des xe et xie siècles, desquelles il ressort jusqu'à l'évidence, que la confirmation de l'acte avait lieu sur la demande expresse du comte ou des intéressés, surtout lorsque cet intéressé était un personnage important, tel que l'évêque (1), et que ceux qui confirmaient ainsi étaient en même temps considérés comme témoins (2).

Les noms des témoins sont inscrits à la fin de la charte, tantôt simplement, tantôt précédés du mot *signum* ; on pourrait en induire que leur signature n'est pas un fait constant ; cependant le plus grand nombre des documents qui nous ont été conservés fait mention de la signature.

---

(1) Restitution entre 970 et 977 à Saint-Aubin par l'abbé Guy de terres qu'il avait usurpées ... *Hoc quoque scriptum fratri meo Gauzfrido Andecavorum comiti direxi, qui gratanti animo etiam eam manu propria firmavit, fidelium que suorum manibus roborandum esse decrevit* ... Suit l'indication de 27 témoins (Dom Housseau, t. I, n° 212 ; ex Chartulario Sancti-Albini).

(2) A ... *Litteris mandare decrevi et testibus subnotatis roboranda tradidi* ... Fondation en 1007 de l'abbaye de Beaulieu près Loches par Foulques-Nerra (Dom Housseau, t. II, n° 337, ex autographo).

B ... *Hujus rei visores et auditores ac laudatores fuerunt* ... Transaction entre Saint-Aubin et le seigneur de Craon, entre 1056 et 1060 au sujet de l'église de Saint-Martin-Vertavensis et d'autres choses sises au Lion d'Angers (Cartulaire de Saint-Aubin, f° 51 V°).

C ... *Ut firmior sit et veracius credatur nominibus testium qui huic dono affuerunt subterscribantur et confirmetur* ... Donation de l'église *de Burnonio* en Poitou, par Warinus Francigena et Oravia sa femme à Saint-Maur-sur-Loire en 1066 (Cartulaire de Saint-Maur-sur-Loire, Marchegay, Archives d'Anjou, t. I, p. 358).

Il ,est même quelquefois fait mention, probablement sur sa demande, d'une fonction particulière remplie par un des témoins (1). Ils paraissent d'ailleurs avoir eu le droit de réclamer leur inscription dans la rédaction de la charte, lorsqu'ils avaient été présents à l'acte (2).

Il ne paraît pas d'ailleurs que ce soit la signature ou même le serment des témoins qui ait été le fait constitutif de l'autorisation par eux donnée aux actes auxquels ils ont été présents. De même que les formules Angevines, les chartes des comtes se servent souvent de ces expressions *manibus roborare, manibus affirmare ;* on pourrait, en l'absence d'autres documents, y voir un équivalent des autres expressions et notamment du mot *signum,* pour dire qu'il s'agit d'une signature. Mais il n'en est pas ainsi. D'autres chartes appartenant au milieu du xıᵉ siècle, nous apprennent d'une manière certaine que cette confirmation par les témoins résultait d'une sorte d'imposition des mains qu'ils faisaient sur la charte...*affuerunt testes subscripti et manu eam tangendo roborarunt* (3) ...

---

(1) .... *Radulfo nepote Guillelmi Sancti-Mauricii canonici qui etiam cartam mihi tenuit ad hoc signum faciendum* .... Confirmation, le 27 juillet 1092, par le comte Foulques-Rechin, à Saint-Nicolas, de diverses exemptions. (Dom Housseau, t. III, nº 937 ; ex Chartulario Sancti-Nicholai Andeg.)

(2) ..... *Et alii fideles nostri eam firmaverunt qui et sua nomina subnotari voluerunt* ..... Abolition en 1062, par le comte Geofroi-le-Barbu, de mauvaises coûtumes établies sur les terres de Saint-Florent (Cartulaire rouge de Saint-Florent, fº 29 ; Archives de Maine-et-Loire).

(3) Remise de coûtumes injustes faite [entre 1060 et 1067, à Saint-Florent, par le comte Geofroi-le-Barbu (Cartulaire rouge de Saint-Florent, fº 28 vº; Archives de Maine-et-Loire).

... fideles viros qui presentes aderant contrectatione sua astipulari rogavi (1)...

L'intervention des témoins paraît bien avoir été regardée comme nécessaire pour que l'acte ait sa perfection, et cela non seulement lorsqu'elle a lieu sur la demande du comte lui-même (2), mais encore lorsqu'elle a lieu, comme cela se rencontre assez fréquemment, sur la demande des parties qui demandent son approbation et sa confirmation (3).

---

(1) Donation, le 25 mai 1070, de la terre des Ormes, à Saint-Florent, par le comte Foulques-Rechin (*Eod.* f° 22).

(2) ..... *Hæc autem karta ut verior credatur et firmior habeatur necessarium fuit ut testibus qui hoc viderunt et audierunt hæc pagina muniretur quorum hæc sunt vocabula* ..... *et de aliis quamplurimis* ..... Concession, en 1120, d'une foire à Saint-Maur par le comte Foulques V (Cartulaire de Saint-Maur-sur-Loire, n° 41 ; Marchegay, Archives d'Anjou, t. I, p. 384). V. en outre, ci-après, la donation de la forêt de *Canavosa* à Marmoutier par le comte Foulques-Rechin.

(3) A. En février 971, Sigefroi, évêque du Mans, concède à Saint-Julien de Tours la terre de Valle-Boana au Maine..... *ut inconcussa permaneat* ..... *seniori nostro domno scilicet Hugoni et filiis ejus necnon principibus fidelium ipsorum sub signo sancte crucis corroborare precati sumus* (Cartul. de Saint-Julien de Tours, p. 45 ; coll. Gaignières ; Bibl. nat. Lat. 5443).

B. Entre 1035 et 1055, Hugues de Saumur donne à Saint-Florent le bourg de Saint-Hilaire ; cette donation est approuvée par le comte Geofroi-Martel et la comtesse Agnès, mais c'est Hugues que le rédacteur de la charte fait parler, et dans la bouche duquel il met les paroles relatives à la confirmation ..... *ut autem hæc conscriptio firmior permaneat, manibus propriis eam firmavimus, nobilium que virorum manibus corroborandam tradimus* ..... c'est bien Hugues de Saumur qui tient ce langage (Chartes originales de Saint-Florent-de-Saumur ; Arch. de Maine-et-Loire).

Il n'était pas d'ailleurs nécessaire que cette formalité
fût accomplie au moment même de l'acte. Il résulte de la
première des deux chartes citées ci-dessus en note, que
plusieurs jours pouvaient s'écouler entre ces formalités.
La remise des coûtumes injustes faite par Geofroi-le-
Barbu avait été faite et signée par le comte en présence
de témoins. Puis quelques jours après, un dimanche, la
charte est apportée au comte pour qu'il y appose sa croix,
et c'est aussitôt après qu'elle est remise aux témoins pour
être confirmée par l'imposition de leurs mains (1).

Le plus souvent, tout cela se passait dans le même *trac-
tus temporis*, mais ce n'était, en général, qu'après la si-

C. Entre 1040 et 1047, Landry de Daumeray confirme et fait
confirmer par le comte Geofroi-Martel la donation de l'église
de Saint-Martin-de-Daumeray faite à Marmoutier par *Rainaldus*, chevalier. C'est Landry qui parle dans cet acte .....
*Manu propria eam sub signo sancte crucis firmavi, mani-
bus que senioris mei Guazfridi comitis necnon multorum
virorum fidelium quorum nomina infra scripta sunt affirmare rogavi* ..... (Prieurés de Marmoutier, Daumeray,
chartes originales 2 et 2 bis; Archives de Maine-et-Loire).
Dans cette charte, les témoins signataires au nombre de trente
environ paraissent appartenir à différentes conditions sociales.

(1) Il semblerait même, d'après la rédaction de la charte,
qu'il y en aurait eu deux rédactions, toutes deux en présence
de témoins, et que ce serait la seconde qui aurait été soumise
à la confirmation par ceux-ci. Je crois plutôt à une petite
inexactitude de la part du rédacteur. La remise des coûtumes
aura eu lieu dans une assemblée où étaient en effet les témoins indiqués dans la première liste, et en rendant compte
de cette remise, le rédacteur aura parlé de la signature du
comte comme si la charte avait déjà été rédigée, tandis qu'elle
ne l'a été que quelques jours après, et c'est ce second jour que
les témoins, qui ne sont pas les mêmes que ceux ayant assisté
à la remise, sauf peut-être un ou deux, ont donné leur confirmation à ce qui s'était passé.

gnature ou le sceau du comte que l'acte était confirmé par
les témoins. (1)

C'est, il me semble, à cette idée que le témoin ajoutait
quelque chose à la force de l'acte, qu'il faut rapporter
cette formule qu'on rencontre dans des actes d'une époque postérieure et notamment dans des actes de Henri II
et de Richard, *teste me ipso*, *testes mecum*, formules qui
indiquent bien certainement que le rôle du témoin et celui
du prince, sans toutefois se confondre entièrement, procédaient cependant de la même idée fondamentale.

Ce qui me paraît confirmer cette interprétation, c'est
que ces formules se trouvent pour la première fois à l'époque même où les actes contiennent le plus souvent l'appel
aux témoins pour venir les confirmer, c'est-à-dire au xi°
siècle. Je n'y ai pas trouvé la formule *teste me ipso* ; mais

---

(1) A. *Kartam istam precepto meo conscriptam et in auditu
circumstantium mihi recitatam signo redemptionis nostræ,
hoc est crucis vivificæ, confirmo, atque fidelium meorum
manibus constipulandam porrigo* .... Confirmation, le 24 février 1062, par le comte Geofroi-le-Barbu du don de l'église de
Saint-Jean-sur-Loire fait à l'abbaye de Vendôme par le comte
Geofroi-Martel son oncle et son prédécesseur (Dom Housseau,
t. II, n° 650 ; ex Chartulario abbatiæ Trinitatis Vindocinensis).

B. Une autre charte du 21 février (Dom Housseau, t. II,
n° 649 ; même origine), par laquelle le comte Geofroi-le-Barbu
confirme la concession de droits de navigation faite à l'abbaye
de Vendôme, s'exprime dans les mêmes termes...... *Manibus et testificationi astipulandam tradidi.*

C. J'ai déjà cité la charte constatant la donation que le comte
Foulques-Rechin fait à Marmoutier de la forêt de *Canavosa*
les 14 mars et 7 mai 1085 (Dom Housseau, t. III, n° 881 ;
archives de Marmoutier). Cette donation se divise en trois
phases : 1° Le comte Foulques, malade à Angers, fait la donation ..... *isti auditores affuerunt et testes in presentia mea*

une charte de Geofroi-Martel entre 1056 et 1060 se sert de celle *testes mecum* (1) ; d'autres d'une époque postérieure emploient celle *his mecum testificantibus* (2).

Cette formule est l'équivalent de celle que l'on trouve à une époque plus ancienne, *testes, ...ex parte comitis*, dans des actes même où le comte ne donnait pas seulement son autorisation, mais était partie dans l'acte (3). Le comte, auteur de la charte, dit même quelquefois *ex parte nostra* (4) ; ou bien il se met en tête des témoins,

---

convocati ..... 2° Son chapelain Robert va à Marmoutier, porteur du sceau du comte, faire la tradition..... *presentibus nostris qui cum ipso Roberto sicut preceperam testes donationis nostræ et corroboratores venerant* ..... 3° Enfin le 7 mai, le comte Foulques, revenu à la santé, se rend à Marmoutiers et confirme le don qu'il a fait .... *astantibus idemque corroborantibus his qui mecum venerant* .....

D. Un accord entre les abbayes de Saint-Julien-de-Tours et de Vendôme, au sujet des chapelles de La-Chartre-sur-Loir n'a été définitivement conclu qu'après plusieurs déplacements et entrevues chez les parties en litige ; la charte d'accord rédigée en 1144 par l'abbé de Saint-Julien de Tours dit expressément : *adnotata sunt quæ diversis locis huic concordiæ interfuerunt* ..... (Cartulaire de Saint-Julien du Mans, f° 107; Bibl. nat. Lat. 5419).

(1) Autorisation d'une donation faite à Saint-Laud (Chartes du chapitre de Saint-Laud, Bibl. d'Angers).

(2) Confirmation par le comte Geofroi V, en 1136, des donations faites à Saint-Nicolas (Arch. nat. J 179, Anjou, n° 78).

(3) Donation, en 1010, par le comte Foulques-Nerra et la comtesse Audearde à Saint-Maur-sur-Loire (Marchegay, t. I, p. 356).

(4) Entre 1040 et 1060, le chapitre de Saint-Martin de Tours est menacé par Sulpice d'Amboise et autres qui voulaient attenter aux droits de ce chapitre, il intervient entre eux et le comte Geofroi-Martel une espèce de traité dans lequel figurent les témoins des deux parties, *ex parte nostra* pour le comte,

en faisant parfois intervenir la comtesse en même temps que lui, *testes ... ipse comes et comitissa* (1). Dans la plupart des actes qui contiennent ces formules, (et ceux que je cite en note ne sont que des exemples), les témoins cités comme amenés avec le comte sont opposés à d'autres qui sont témoins *ex parte militum ... canonicorum ... monachorum, ... monialium.*

Quelles personnes peuvent être témoins.

Les témoins en général paraissent avoir été amenés par les parties intéressées dans l'acte, que cette partie soit un simple particulier, ou bien une église, une abbaye, ou un chapitre, ou autre personne morale ecclésiastique, ce qu'on appelait autrefois une religion (2).

Quelquefois il était dit expressément dans la charte du comte que les témoins avaient été appelés en sa présence (3), quelquefois aussi que c'était lui qui les avait convoqués (4).

---

ex parte canonicorum pour les chanoines; les noms de ces derniers ont été omis par Dom Housseau (t. II, n° 455, ex arch. Sancti-Martini Turonensis).

(1) Remise, entre 1118 et 1126, par le comte Foulques V à Saint-Florent d'une rente annuelle de 100 s. (Chartes originales de Saint-Florent; Archives de Maine-et-Loire).

(2) Je me servirai à l'occasion de ce mot qui évite les périphrases employées maintenant, et qui ne correspondent pas toujours à ce que le mot ancien exprimait si bien.

(3) ..... *Testes in presentia mea convocati* ..... Donation à Marmoutier de la forêt de Canavosa par le comte Foulques-Rechin, le 14 mars 1085 (Dom Housseau, t. III, n° 881; Archives de Marmoutier).

(4) ..... *Legales qui hoc audirent adhibui testes quorum*

Mais le plus souvent, lorsque les témoins ont été amenés par une personne privée, cette circonstance est indiquée par les mots *ex parte N.....*, ou bien *testes cum N..... fuerunt*. On se sert aussi quelquefois des mots *affuerunt* ou *interfuerunt*, mais il n'y a aucune conséquence particulière à tirer de l'emploi de ces mots qui doivent être considérés comme un simple équivalent de *presentes .....*

Si c'est l'abbaye ou le chapitre qui a rédigé la charte, la relation des témoins est le plus souvent indiquée par *ex parte nostra*; si la charte concernant la religion a été rédigée par un autre, notamment par la chancellerie du comte, on se sert des expressions *ex parte canonicorum, ... capituli, ... monachorum, ... monialium.* Dans ces cas, on ne peut rien affirmer sur les liens qui unissent les témoins avec les chanoines, etc... qui les ont fait comparaître; car on peut être un témoin produit par tel chapitre, etc... sans pour cela en faire partie.

Il en est autrement si les témoins sont désignés comme étant *de* ou *ex canonicis, etc.*; dans ce cas ce sont des témoins pris parmi les personnes faisant partie de la religion qui comparaissent à l'acte. Il arrive aussi que les témoins qui viennent assister la religion et qui sont produits par elle sont pris parmi ses hommes ou serviteurs à quelque titre que ce soit, c'est ce qui résulte de ces expressions *ex hominibus, ... ex famulis mona-*

---

ista sunt nomina ..... Confirmation par le comte Foulques-Rechin à l'abbaye de Vendôme du droit de prendre du bois dans ses forêts, en 1073 (Dom Housseau, t. II, n° 774; ex Cartul. Abb. Vindocinensis, f° 107).

chorum ..... *ex familia nostra*. Quelquefois même on
voit les signatures de tous les membres d'une abbaye ou
d'un assez grand nombre d'entre eux ; et il n'en est pas
ainsi seulement lorsqu'il s'agit de fondations d'abbayes
ou de prieurés (1), on trouve même des actes de donation qui portent la signature d'un nombre considérable de
moines de l'abbaye ; ces actes sont assez nombreux (2).

La règle de droit qui veut que nul ne puisse être appelé
à témoigner de faits intéressant la corporation dont il
fait partie n'a été proclamée d'une manière nette que
plus tard : elle ne me paraît même pas avoir été indiquée
à l'époque qui nous occupe et la preuve ne résulte pas
seulement de la rédaction des actes dont je viens de parler, elle me paraît résulter encore de ce que, dans les
nombreuses affaires contentieuses soumises par les religions à la décision du comte, elles invoquent le témoignage, qui est accepté, de leurs hommes, ou même de
leurs membres.

C'est dans des conditions semblables qu'on trouve
assez souvent des noms de femmes figurer parmi les témoins d'actes. Les cartulaires d'abbayes de femmes et notamment du Ronceray et de Fontevrault, contiennent un
très grand nombre d'actes dans lesquels non seulement

---

(1) A. Séparation de Villeloin d'avec l'abbaye de Saint-Paul-
de-Cormery en 969 (Dom Housseau, t. I, n° 189).

B. Fondation par Rainaud, évêque d'Angers, de l'église de
Saint-Augustin-des-Ponts-de-Sée, en 1003 (Cartulaire de Saint-
Aubin, f° 43 ; Bibl. d'Angers).

(2) Voy. entre autres les conventions entre Saint-Aubin et le
comte Geofroi-Grisegonnelle, en 1036 et 1037, lors de la construction du château de Château-Gontier (Cartul. de Saint-
Aubin, f° 2).

on trouve comme stipulant pour l'abbaye les abbesses ou les hautes dignitaires, mais encore un grand nombre de religieuses qui figurent comme témoins avec la mention *de monialibus* . . . . . ou *ex parte monialium* . . . . Et dans ce dernier cas leur témoignage est accompagné de celui de leurs hommes ou de leurs serviteurs, *famuli*. Il faut voir encore dans ces cas l'énonciation de témoins dans le sens le plus général du mot qui garantissent la liberté et la sincérité de l'acte, et qui, avant tous autres, seront prêts à témoigner suivant la loi, *secundum legem*, *omni lege*, en cas de contestation soit sur son existence même, soit sur le sens et l'étendue de ses dispositions.

Plusieurs chartes du comte Foulques V, relatives à Fontevrault et qui se placent aux environs de l'année 1109, font mention de la présence de la reine Bertrade sa mère parmi les témoins. Dans une même (v. ci-dessus p. 20, note 1, C), elle est en tête des témoins indiqués de cette manière : *in istorum virorum audientia*.

Beliarde, abbesse du Ronceray, est, le 13 avril 1062, témoin de la confirmation par Geofroi-le-Barbu de dons faits à l'abbaye de Saint-Nicolas (1). La comtesse de Bretagne, sœur de Foulques V, est témoin entre 1110 et 1125 d'une donation faite par le comte Foulques à l'abbaye (2) de la Boissière ; Pétronille, abbesse, et Algardis, prieure de Fontevrault, sont témoins, le 25 novembre 1124, de la donation d'un droit de pêcherie dans la Mayenne, faite à l'abbaye de Vendome (3). Ce sont bien là dans

---

(1) Dom Housseau, t. II, n° 660 ; ex Cartul. Abb. Sancti-Nicholai Andegavensis.
(2) Dom Housseau, t. II, n° 760 ; ex Archiv. abb. Buxeriæ.
(3) Dom Housseau, t. IV, n° 1434 ; ex Cartul. Abb. Vindoc.

ces derniers cas des interventions de femmes qui assistent à ces actes comme témoins. La présence de la reine Bertrade à des actes concernant Fontevrault, où elle s'était retirée jusqu'à sa mort (vers 1116), s'explique naturellement par le grand intérêt qu'elle devait y prendre et qui lui faisait employer en sa faveur le crédit qu'elle avait certainement auprès de son fils le comte Foulques. Aucune circonstance particulière ne paraît expliquer l'intervention de l'abbesse Beliarde, de la comtesse de Bretagne, non plus que de l'abbesse Pétronille ni de la prieure Algardis. Dans tous les cas, ce sont de véritables témoins qui, à raison de leur situation sociale, doivent être classés parmi ceux qui donnent autorité au contrat et dont la présence est une confirmation solennelle.

On peut dire, en général, lorsque la part prise à l'acte par les témoins n'est pas indiquée, que leur intervention doit être considérée comme s'appliquant à l'acte tout entier, à moins que les mentions de la présence des témoins ne soient spéciales à chacune des parties de l'acte, quand même tout se passe en un seul trait de temps (1).

---

(1) Entre 1047 et 1060, arrangement entre Eusèbe évêque d'Angers et *Haimericus*, au sujet d'une vigne donnée à Marmoutier. L'acte constate d'abord que le comte Geofroi a donné son consentement qui était nécessaire, nomme les témoins en présence desquels ce consentement a été donné, puis il ajoute : *et de terra autem et de vinea quicquid gestum est hi testificentur* .... Suivent leurs noms au nombre de 16, parmi lesquels trois *famuli* de Marmoutier (Prieurés de Marmoutier en Anjou, Chalonnes ; Archives de Maine-et-Loire, charte originale n° 5).

Il peut arriver aussi, et cela n'est pas rare, que les témoins dont les noms sont relevés dans les actes ne soient témoins que pour une partie des faits constatés dans lesdits actes. Ainsi il se peut qu'ils ne soient témoins que de l'apposition du sceau ou de la signature (1); — ou du consentement du comte et de l'approbation par lui donnée, ce qui peut arriver même quand les choses se sont passées simultanément et que le tout est constaté par le même acte (2).

Ou bien encore lorsque dans un même acte plusieurs autorisations ont été données, il arrive que chacune est l'objet d'un témoignage séparé, ce qui arrive lorsqu'il s'agit d'une autorisation donnée, soit par la comtesse d'Anjou (3), lorsqu'elle l'a donnée séparément de celle du

---

(1) A. *Sigilli testes sunt* .... : Restitution en 1127 de biens usurpés sur Saint-Florent, charte de Foulques V (Cartulaire d'argent de Saint-Florent, f° 33 v°; Archives de Maine-et-Loire).

B. *Hanc crucem fecit comes Barbatus videntibus istis* .... *Hanc crucem fecit Fulco junior comes videntibus istis* ..... Donation après 1060 faite par Buhardus Brito à Saint-Nicolas (Le Pelletier, Breviculum fundationis Sancti-Nicholai Andegavensis, p. 20).

(2) Restitution, entre 1055 et 1060, de la terre nommée *Curtis Basilicas,* par Eudon et sa femme Orguen à l'abbaye de Saint-Aubin (Extraits des titres et cartulaire de Saint-Aubin, Gaignières, vol. 188, p. 75). Cette restitution est faite en présence de témoins. Aussitôt après le comte Geofroi-Martel donne son approbation ..... *Testes qui affuerunt quando comes Gausfridus auctoramentum suum fecit et cartam istam signo suo firmavit* .....

(3) Entre 1115 et 1126 le comte Foulques confirme les dons de la terre de la Pignonière faits à Fontevrault par Adam de Rochefort ..... *apud Balgeium* ..... *sub virorum istorum testimonio* ..... Autre confirmation dans le même acte par la

comte, soit par le fils du comte, lorsque celui-ci les a de son vivant associés à son gouvernement (1).

Enfin il peut se faire que la charte du comte énumère plusieurs phases diverses du même acte qui se sont passées à diverses époques plus ou moins éloignées les unes des autres et dans des lieux différents. Le tout est constaté par une seule charte, mais chacun des différents faits qui se sont passés est énoncé avec soin avec l'indication spéciale de ceux qui en ont été les témoins. Les exemples sont nombreux ; je n'en citerai qu'un seul, celui de la donation faite à Saint-Florent par le comte Foulques-Rechin et la comtesse Arengarde de tous les droits qu'ils avaient dans le château de Saint-Florent-le-Vieil (2). La donation est faite à Tours, le 9 juin 1080, en présence de Raoul, archevêque de Tours, de l'abbé et de religieux de Marmoutier, de plusieurs religieux de Saint-Florent, et de plusieurs autres personnes tant clercs que laïques, l'acte constate une première signature du comte Foulques. Puis la tradition est faite en plaçant l'acte sur l'autel de Saint-Florent, ce qui a lieu en présence de témoins tant religieux que laïques, ... *interfuerunt isti monachi* ..... *de laicis* ..... La comtesse de Poitiers

---

comtesse Aremburge ..... *videntibus* ..... (Dom Housseau, t. IV, n° 1291, ex Cartul. Fontis Ebraldi).

(1) Le 19 janvier 1105, accord entre Saint-Aubin et Geofroi-le-Jeune au sujet du bois de Pruniers, approuvé par le comte Foulques-Rechin ..... *presentes affuerunt cum Fulcone comite* ..... *cum Gosfrido Martello* .... *cum Fulcone juniore* ..... (Dom Housseau, t. IV, n° 1232; ex Cartul. Sancti-Albini Andegavensis).

(2) Cartulaire blanc de Saint-Florent de Saumur, f° 3; Archives de Maine-et-Loire.

Hildegarde, sœur du comte Foulques, donne à Cunault son approbation en présence de témoins, *interfuerunt isti* ..... Et enfin l'acte est confirmé à Angers par la signature du comte Foulques le lendemain de la nativité de la Vierge (9 septembre) : il y appose sa croix de sa main en présence encore de témoins .... *cum isti interessent* .... ; et cette partie de l'acte se passe dans le cloître du Ronceray, ce qui motive la présence de l'abbesse Richilde au nombre des témoins. Deux autres femmes figurent aussi parmi les témoins, Hadvise abbesse de Beaumont-lez-Tours à qui Saint-Florent devait payer une redevance, Hildegarde sœur du comte qui avait sans doute une part dans les droits abandonnés par le comte d'Anjou (1).

---

(1) Il serait facile de multiplier les exemples qui sont assez nombreux, cela mènerait trop loin. Je me borne à quelques indications :

A. 1026, fondation du prieuré de Montillers par Sigebrand de Passavant, confirmée par le comte Foulques-Nerra et la comtesse Hildegarde (Prieuré de Montillers, t. I, f° 1 ; Archives de Maine-et-Loire).

B. 1036, reconstruction du monastère de Glanfeuil ou Saint-Maur-sur-Loire et abandon par le comte Geofroi de coûtumes qu'il levait sur la terre de Crû (Cartulaire de Saint-Maur-sur-Loire, n° 33 ; Marchegay, archives d'Anjou, t. I, p. 377).

C. Entre 1060 et 1067, remise à Saint-Florent par le comte Geofroi-le-Barbu de coûtumes injustes imposées par son oncle le comte Geofroi-Martel et dont celui-ci avait voulu faire la remise (Cartulaire rouge de Saint-Florent, f° 28 v° ; Archives de Maine-et-Loire).

D. Août 1074, Eudes, seigneur de Blaison, avec le concours du comte Foulques-Rechin, rend aux religieux de Marmoutier l'église de Cheviré qu'il leur avait violemment enlevée. L'acte est fait à Angers, la remise en possession se fait dans l'abbaye de Vendôme par un denier angevin mis sur l'autel et un cou-

teau prêté par un des hommes de l'abbaye (Dom Housseau,
t. III, n° 784 ; ex Cartul. Abbatiæ Vindocinensis).

E. 14 mars 1085, le comte Foulques, malade, donne à Marmoutier la moitié de la forêt de *Canavosa* dont il avait donné
précédemment l'autre moitié ; le 7 mai suivant il se rend à
Tours et fait la tradition en posant la charte sur l'autel (Dom
Housseau, t, III, n° 881 ; ex Archiv. Maj. Mon.).

CHAPITRE VI

DE LA COUR DU COMTE.

§ 1er.

Introduction des instances.

Le comte rendait souverainement la justice. C'était une de ses attributions les plus importantes ; mais il ne paraît pas l'avoir exercée généralement à lui seul ; nous voyons au contraire le plus souvent qu'il agit avec sa cour, et que même lorsqu'il paraît avoir agi seul, les circonstances dans lesquelles il a exercé son action ne sont pas indiquées par les documents d'une manière tellement précise qu'on puisse en induire d'une manière absolue que, dans certains cas, il se soit complètement affranchi d'une action commune avec sa cour. Mais pour bien comprendre l'organisation et le mécanisme de la cour considérée maintenant dans ses fonctions purement judiciaires, il est indispensable d'entrer dans d'assez nombreux détails.

Il faut d'abord observer que la juridiction d'appel, telle que nous la comprenons aujourd'hui, telle qu'elle s'est organisée en même temps que le pouvoir royal a grandi, telle enfin qu'elle existait sous les empereurs romains, *relatio minoris judicis ad majorem judicem*, n'a pas existé sous les comtes indépendants. On voit bien assez souvent des recours formés devant le comte, par des églises ou des abbayes, contre des seigneurs voisins qui les rançonnaient sous prétexte de droits féodaux qu'ils prétendaient leur appartenir, ou contre des officiers du comte qui réclamaient ces mêmes droits comme dûs au comte ; dans tous ces cas, lorsque l'église ou l'abbaye adresse ses réclamations au comte, on ne voit pas qu'elle agisse comme attaquant par la voie de l'appel une décision de l'officier du comte ou du seigneur qui relevait de lui médiatement ou nuement et sans moyen : c'est toujours par voie directe et principale que l'action semble avoir été engagée.

D'ailleurs, à l'époque des comtes indépendants, époque qui correspond à celle où le régime féodal pur était dans son plein développement, la théorie de l'appel suivant les lois de la Rome impériale n'aurait pas été comprise. Les coutumes d'Anjou et du Maine, en effet, n'avaient point adopté la maxime en vigueur dans la plus grande partie de la France féodale que *fief et justice n'ont rien de commun* : elles avaient au contraire admis comme principe *que le fief emporte toujours avec lui la justice* ; celui qui se prétendait mal jugé par son seigneur et son juge n'avait d'autre ressource que de fausser sa cour ; ce recours plus que primitif dans son mode d'exécution ne pouvait avoir lieu que devant le juge immédiatement supérieur. Il a dû sans doute arriver que la cour du comte ait été saisie de semblables recours, mais je n'en ai trouvé aucune trace dans les chartes des comtes. Je me contente de faire une hypothèse, c'est qu'en pareil cas la procédure a dû être la même que devant les autres juridictions, et que la cour était composée des mêmes éléments que quand elle était saisie principalement comme tribunal jugeant directement et sans appel.

Si la théorie romaine de l'appel paraît à cette époque être presque entièrement tombée dans l'oubli, il me semble certain, au contraire, qu'il n'en a pas été de même quant à la manière dont les actions étaient introduites devant la cour du comte ; les parties ou l'une d'elles (1)

---

(1) A... *Convenerunt ad placitum monachi Sancti-Albini et Sancti-Mauri per preceptum Fulconis comitis...* Entre 1067 et 1109, procès entre Saint-Aubin et Saint-Maur à l'occasion d'une boire appartenant à Saint-Aubin dans l'île de Saint-Maur (Cartul. de Saint-Aubin, f° 60 v° ; Bibl. d'Angers).

B... *Guillelmus... fecit clamorem Fulconi comiti de sanctimonialibus. Tunc comes constituto termino fecit in camera sua convenire Guillelmum et sanctimoniales...* Entre 1090 et 1110, procès entre le Ronceray et Guillaume *de Alsinniaco* au sujet de la terre de Gautier *Rabies* (Cartulaire du Ronceray, Rot. 1, c. 54 ; Ed. Marchegay, n° CCXLIV, p. 157).

C... *Terminum et diem denominatum placitandi in mea curia cum predictis monachis posui apud Andegavum in octavas Sancti-Nicholai....* 1095, plainte portée au comte Foulques par les moines de Saint-Nicolas contre Hubert d'Iré, qui leur réclamait une taille (Dom Housseau, t. III, n° 981 ; Titres de Saint-Nicolas).

D... *Monachi comitem adiere, de malefactore suo clamorem fecere ; qui diem constituit quo utrique cum suis, abbas scilicet et monachi, Albericus quoque et sui apud Salmurum audientiam suam conveniret ut querelas suas alter de altero exponerent.... XIIII kal. Martii... convenerunt.... apud Salmurum....* 1092, plainte portée par les moines de Saint-Florent contre Aubry, gendre de Hugues Mange-Breton, qui exigeait d'eux des coûtumes dont remise leur avait été faite (Chartes originales de Saint-Florent ; Archives de Maine-et-Loire).

E.... *Tunc Petronilla ejusdem ecclesiæ* (Fontevrault) *abbatissa super hoc illi justitiam offerens, diem hujus causæ*

allaient le trouver, et le comte indiquait le jour où elles devaient comparaître devant lui. Les expressions dont on se servait sont assez variées, mais elles sont fort explicites ; il en résulte que le jour de la comparution (ou au moins de la première comparution) devant la cour du comte était fixé d'une manière absolue par le comte.

Le lieu de la comparution était indiqué le plus souvent ; mais l'omission de cette indication n'a pas d'importance, car comme dans les premiers temps il n'y avait pas beaucoup de fixité dans les lieux où le comte tenait sa cour, cette indication n'était pas indispensable, d'autant moins que les parties devaient comparaître devant le comte lui-même, et que cette comparution devait avoir lieu même quand le comte était en expédition militaire, souvent à une assez grande distance du domicile des parties (1),

---

discutiendæ statuit in curia Gaufridi comitis Andegavensis... Entre 1133 et 1148, Petrus Pignonus et sa femme contestent à Fontevrault la terre *de Verraria* que Jean Pignonus avait donnée à cette abbaye (Chartes originales de Fontevrault ; Archives de Maine-et-Loire).

F... *Coram Henrico Rege Angliæ.... querimoniam deposuerunt.... utrisque terminum veniendi in curiam posuit. Auditis itaque utriusque partis racionibus in termino a Henrico Rege imposito die crastino Paschæ XVIII kal. maii....* 14 avril 1159, contestation entre les religieuses du Ronceray et Hubert *de Campania* au sujet des revenus du bourg de Seiches, Burgus Cepiæ (Cartulaire du Ronceray, Marchegay, n° 132, pag. 95).

(1) A. Vers 1080, difficultés entre Saint-Nicolas et Mathieu du Plessis (*de Plexicio*) au sujet d'*uvagia*. Les débats ont lieu... *ad terminum indicti placiti.... ad castellum quoddam Johannis Fissa nomine* (La Flèche) *extrema scilicet obsidione qua a comite Andecavorum Fulcone capta est atque diruta...* (Dom Housseau, t. II, n° 621 ; ex Chartulario Sancti-Nicholai).

B. En 1146, Ulger de Bres prétend avoir un droit de *vicaria* sur la chapelle Saint-Baud appartenant à Cormery.... *terminus*

et que par conséquent il pouvait ne pas se trouver au lieu qu'il avait indiqué.

Il faut d'ailleurs bien remarquer que non-seulement le comte tient sa cour dans l'endroit où il se trouve, mais que des affaires commencées devant sa cour tenue à tel endroit se terminent devant la cour tenue à tel autre endroit ; c'est toujours la cour du comte, et on ne se préoccupe pas de ceux qui peuvent s'y trouver en même temps que lui. Et cela s'applique aux décisions purement judiciaires tout aussi bien qu'à celles qui interviennent pour confirmer des acquisitions faites par des abbayes, ou pour faire des règlements sur des matières touchant à l'administration (1).

---

autem positus est Turonis juxta ecclesiam Beati-Martini...; plus tard, pour la conclusion de l'affaire, les parties se trouvent.... *in presentiam meam* (Geofroi V) *apud Curciacum super Divam in exercitu meo....* (Dom Housseau, t. V, n° 1716 ; (Archives de Cormery).

(1) Pour les jugements proprement dits, V. ci-dessus la réclamation d'Ulger de Bres en 1146, relative à un droit de *vicaria* sur la chapelle Saint-Baud.

A. En 1123, procès entre les officiers du comte Foulques et l'abbaye de Cormery au sujet de la forêt de Brenessay. Les moines de Cormery vont d'abord trouver le comte à Chinon, et c'est là qu'est rendu le jugement qui ordonne la preuve par le jugement de Dieu. On rend compte du résultat au comte qui se trouvait à Tours, et c'est là qu'il prononce le jugement définitif qui maintient les droits de Cormery (Dom Housseau, t. IV, n° 1421 ; Cartul. de Cormery).

B. Les plaintes contre les usurpations de Hugues d'Amboise sont portées par les religieux de Marmoutier devant le comte, en premier lieu à Tours ; puis l'affaire se termine après plusieurs délais, au Mans, le jour de l'Ascension 27 mai 1128, qui avait été indiqué par le comte (Dom Housseau, t. IV, n°° 1500 et 1501 ; Arch. de Marmoutier).

C. Parmi les actes qui ne sont pas des jugements purs et

§ 2.

Par qui sont notifiés les mandements du comte.

Je n'ai trouvé aucune indication qui permette de dire d'une manière générale quelles personnes pouvaient être chargées d'une manière permanente de notifier aux intéressés les mandements du comte ou de la cour.

Des difficultés entre les hommes du comte Foulques-Rechin et Saint-Serge, pour des coûtumes qu'ils prétendaient lever sur des terres de Saint-Serge au sujet de la Loire, furent terminées par la déposition d'un témoin nommé Ulric, qui déclara que ces terres étaient franches de coûtumes. Après la déclaration de cet Ulric, le comte Foulques-Rechin reconnaît que la terre est libre comme du temps de son oncle, le comte Geofroi, et il en est rédigé une charte mentionnant plusieurs témoins qui faisaient sans doute partie de la cour ; car la réclamation des religieux de Saint-Serge avait été portée devant le

---

simples, je citerai d'abord l'acte du comte Foulques, de 1108, qui statue sur des difficultés entre l'abbaye de Bourgueil et le comte Geofroi-le-Jeune au sujet de la vente du pain à Chinon... *Comes Fulco quod Molierno fecerat Burgulio concessit* (Cartulaire de Bourgueil, fᵒ 66 ; Archives de Maine-et-Loire).

D. En septembre ou octobre 1177, contestations devant le Roi Henri II au sujet de la confirmation de la donation de Pontvallain, faite à La Couture, par Hugues de Semur ; cette contestation est portée devant le Roi, tenant sa cour à Mayet. La confirmation a lieu à Rouen, au mois d'octobre (Cartulaire de La Couture, fᵒ 13 vᵒ; Bibl. du Mans ; D. Gueranger, nᵒ cxxxix, pag. 114, avec la date approximative de 1180).

comte tenant sa cour. Parmi eux se trouve un nommé *Laurentius filius Witberti camerarii*, qui avait été chargé par le comte d'appeler Ulric pour dire la vérité ... *Per istum Laurentium mandavit comes Ulrico ut veraciter diceret qualiter ...* (1).

Il ne faut pas généraliser et dire que c'étaient toujours des personnes siégeant dans la cour parmi les juges qui faisaient les notifications pour comparaître devant elle, mais il se pouvait qu'ils en fissent partie, puisque dans le procès entre Marmoutier et Robert des Roches, nous voyons une sommation de comparaître devant la cour qui lui est faite par le comte du Mans lui-même, et qu'une seconde sommation lui est faite par deux personnes, *Baucennius* et Sigebrand le connétable qui faisait partie de la cour (2).

Toutes ces notifications se faisaient verbalement. S'il y avait quelques doutes, il fallait entendre des témoins ; le meilleur témoin était celui qui avait fait la notification et qui, en cas de contestation, pouvait venir déposer qu'il avait agi comme exécutant un mandement de cour ; il fallait donc qu'il se tînt à la disposition de la cour pour venir donner sur la procédure les éclaircissements nécessaires (3).

---

(1) Cartulaire de Saint-Serge, p. 147, coll. Gaignières ; Bibl. Nat. Lat. 5446.

(2) Dom Housseau, t. IV, n° 1183 ; Archives de Marmoutier.

(3) Entre 1162 et 1165, procès entre Hamelin d'Antenaise et Marmoutier à propos d'un pressoir à Boire. Deux fois le sénéchal fait citer Hamelin *per litteras meas et per duos prudentes viros*. Quand il s'agit de juger, les juges font jurer *servientes meos* (du sénéchal).... *quod Hamelinum citassent...*; et après ce serment ils prononcent le jugement (Archives de la Sarthe $\frac{H-46}{4}$ n° 1). Quand le rang des parties l'exige, la notification est faite par deux chevaliers.

§ 3.

Qui siège dans la cour du comte — Barons — Bourgeois.

C'est la cour du comte, *curia*, *placitum*, qui prononçait sur toutes les affaires contentieuses.

Nous avons vu ci-dessus de quelles personnes se compose dans les circonstances ordinaires cette *curia* ou ce
placitum, et nous avons vu que les non-nobles y siégeaient, qu'ils intervenaient dans les actes les plus importants du comte. Ils les approuvaient en les signant ou
en touchant de leurs mains les écrits qui les constataient.
On peut donc se demander pourquoi il en aurait été autrement dans les cas où il s'agissait de statuer par un
jugement sur un différend porté devant la cour du comte ;
il eût été singulier, en effet, qu'appelés à donner leur approbation à des actes importants du gouvernement du
comte, ils n'eussent pas été regardés comme pouvant
mériter cette confiance lorsqu'il se serait agi de statuer
sur les conséquences de ces mêmes actes.

Il est difficile d'indiquer, même d'une manière
approximative, l'époque à laquelle les non-nobles ont
pris part d'une manière bien certaine aux jugements rendus par la cour du comte. Les plus anciens documents
ayant une date à peu près certaine que je puisse citer à
propos de procès en la cour du comte, sont de nature à
faire croire que dans la première moitié du XIᵉ siècle, les
nobles seuls participaient aux jugements (1).

_____

(1) A. Charte du roi Robert postérieure à 1010, confirmant
des donations faites à Saint-Serge par Hubert, évêque d'Angers ;

Mais dès une époque contemporaine du second des documents que je cite en note, on en trouve d'autres desquels on peut conclure qu'au nombre de ceux qui jugeaient les procès se trouvaient des personnes n'appartenant pas à la noblesse. C'est en effet vers cette époque qu'est constaté le droit pour les non-nobles de se rendre acquéreurs de fiefs, et cela sans contestation, si même ce droit leur a jamais été contesté dans l'Anjou et le Maine ; et comme c'est surtout la terre, la propriété féodale qui est représentée dans la cour du comte, seigneur féodal, il n'est pas étonnant que nous trouvions dans les listes de témoins d'actes ou de personnes participant à des jugements rendus par la cour du comte, la preuve que des non-nobles y ont pris la même part que les nobles.

Et voici sans doute comment la chose a dû se passer. Les fiefs relevant nuement du comte étaient souvent fort peu étendus, et quant à ceux qui étaient plus considérables, il est arrivé que, malgré les précautions prises pour en éviter l'amoindrissement ou la division, ces résultats se sont inévitablement produits, ne fût-ce que par l'obligation de fournir les dots des filles, si minimes qu'elles

---

il y est question d'une terre que l'évêque avait rachetée *per curtem Fulconis comitis et per judicium nobilium virorum* (Cartul. de Saint-Serge, t. I, f° 11 ; Archives de Maine-et-Loire).

B. Le comte Geofroi-Martel et sa cour sont saisis, entre 1040 et 1047, de réclamations des chanoines de Saint-Jean-Baptiste et Saint-Lezin au sujet de vexations que leur faisait endurer Eudes. Ils finissent par mettre les parties d'accord.... *Huic placito interfuit et hanc concordiam fecit ille comes Gaufridus et episcopus.... et C alii nobiles viri quos tedium est enumerare....* (Dom Housseau, t. II, n° 594 ; extrait d'un manuscrit contenant la vie de Saint-Lezin, etc...).

fussent, et l'entretien des puisnés, si médiocre qu'il pût être. Et enfin, l'aliénation a été le résultat inévitable de cette diminution, de l'acquittement de ces obligations, et dans un grand nombre de cas, de l'acquittement des dettes contractées par le père de famille. Les causes qui agissaient ainsi pour contraindre à la vente des fiefs d'une moindre étendue n'avaient pas une action moins efficace pour paralyser l'exercice du retrait féodal, et c'est sous l'empire de ces causes que des fiefs relevant directement du comte sont devenus la propriété de non-nobles auxquels ils ont donné entrée dans la cour, au même titre que des seigneurs d'un rang élevé pour le jugement des procès appelés devant sa juridiction.

Ce point me paraît établi par deux chartes du temps de Geofroi-le-Barbu (1060-1067). Dans la première (1), il s'agit de vignes contestées par *Gaufridus Banarius* au Ronceray. *Andefredus*, qui en avait la jouissance pendant sa vie, offre dans la cour du comte le combat judiciaire qui est refusé par *Banarius*; ce refus entraînait pour lui la perte de son procès, et il abandonne son gage en présence de témoins au nombre de douze, *omnibus astantibus ad placitum apud Sanctum-Mauricium*. Les noms de ces douze témoins paraissent bien étrangers à la noblesse.

Un peu plus tard, en 1063, jugement rendu par la cour du comte au sujet de coliberts contestés au Ronceray par

---

(1) Cartulaire du Ronceray, Ed. Marchegay, nº CCCX, p. 194. Parmi les témoins figure un certain *Stabilis*, qui était *vicarius* de l'abbaye (*eod.*, nº CCLVIII, p. 163) et dont le nom se rencontre très souvent dans le cartulaire.... *qui de familia comitissæ Hyldeardis fuerat, et cum ea Jerosolimam ierat* (*eod.*, nº XLVII, p. 40).

Fulco Normannus (1) ; un de ceux qui font le jugement par ordre du comte et qui sont simplement désignés par la qualification générale de *homines isti* se nomme *Garinus cellerarius ;* que ce soit son nom ou la désignation de sa profession, on peut affirmer que ce n'était pas une personne appartenant à la noblesse.

La conséquence que je tire de ces documents est confirmée par une charte de Foulques-Réchin, du 17 mars 1076, par laquelle il donne à Saint-Nicolas une partie de sa forêt des Echats (*de Catia*) (2). Cette donation a été faite publiquement en la cour d'Angers .... *ipso comite cum prescriptis optimatibus suis sic tractante, ipsisque annuentibus, et aliis quamplurimis.* Ce ne sont donc pas seulement les *optimates* qui donnent leur consentement, ce sont d'autres en très-grand nombre, *quamplurimi*, et les détails dans lesquels elle entre à cet égard ne laissent sur ce point aucune incertitude, car c'est une charte du comte, rédigée dans sa chancellerie.

La donation est faite *consilio et hortatu optimatum meorum, scilicet...* C'est bien une énumération qu'indique ce mot, ces *optimates* sont au nombre de neuf.

Le comte ajoute : *Feci etiam hoc, consensu et hortatu horum de familia mea, ac de servientibus meis, et suburbanis meis, quorum subjecta sunt nomina.* Les noms des *suburbani* n'ont pas été conservés (3).

---

(1) *Eod., n° XXXVIII, p. 32.... Fecit comes judicamentum fieri quod tenuerunt homines isti.... Garinus cellerarius. His judicantibus....*

(2) Dom Housseau, t. III, n° 789 ; Cartul. de Saint-Nicolas.

(3) Cette suppression est sans doute l'œuvre de l'auteur du Cartulaire ; car Dom Housseau ou son copiste a relevé avec

Soixante ans plus tard environ, les témoignages sont encore plus formels. Le 30 juin 1135, le comte Geofroi V

---

soin les noms des témoins indiqués comme *de familia* ou *de servientibus.*

Clarembaudus ou *Clarembaldus* qui fait partie de ceux *de familia* est juge entre 1084 et 1100 d'un procès jugé en la cour du comte entre Saint-Aubin et *Haimerius Mercator*; le jugement est rendu par le comte *et qui cum eo erant ad faciendum judicium..... Nomina virorum qui hujus causæ judices fuerunt sunt ista ....* (Cartulaire du prieuré de Brion, f° 8; Archives de Maine-et-Loire).

En fait aussi partie *Albericus Ritberti filius* qui est vassal de Marmoutier. Il prend part un 1er mai, de 1073 à 1075, à un jugement rendu par le comte Foulques-Rechin et ses *optimates* ou *primates* (la charte se sert des deux expressions), qui repousse les prétentions élevées par Thomas de Chinon contre le Ronceray (Cartul. du Ronceray, Ed. Marchegay, n° CLXXVII, p. 117). Cette charte n'est peut-être par très explicite, mais une liste de clercs qui commence par l'archidiacre *Marbodus,* et de laïques qui commence par Geofroi-le-Jeune de Mayenne, Berlai de Montreuil et autres, au milieu desquels se trouve cet *Albericus,* est plus qu'une liste de simples témoins; et les expressions *qui affuerunt huic placito hic ad testimonium subnotata sunt* ne doivent pas être entendues dans un sens aussi restreint.

Parmi ceux *de servientibus :*

Girardus Folet, quelquefois appelé *Follulus,* a été prévôt d'Angers de 1075 à 1100; il est juge avec *Clarembaldus* du procès entre Saint-Aubin et *Haimericus Mercator;* en même temps qu'*Albertus filius Ritberti* témoin et juge, *testis et judex,* d'un procès entre Saint-Aubin et *Otgerius forrarius* (celui qui perçoit des feurres), entre 1075 et 1080 (Cartulaire de Saint-Aubin, f° 25; Bibl. d'Angers).

Haimericus Faciens-Malum ou *Fac-Malum* (Faimau) qui fait partie des *servientes* du comte avec son forestier et son chasseur figure parmi les *barones* dans un acte du 5 mars 1073 par lequel le comte Foulques-Rechin confirme à Marmoutier des exemptions accordées par son oncle Geofroi-Martel; de même que *Albericus filius Ritberti* il était vassal de Marmoutier (Dom Housseau, t. II, n° 773 et 776; ex Chartulario Turonense Majoris Monasterii).

accorde certains privilèges aux habitants d'Angers (1).
Ces privilèges sont scellés avec une grande solennité
en présence de témoins dont les uns sont des *barones familiares comitis*, les autres des bourgeois, *de parte vero
burgensium interfuere*, et parmi les noms de ceux auxquels la qualité de bourgeois est ainsi reconnue, il faut
surtout remarquer le nom de *Guido de Suprapontem*. Ce
personnage, qualifié bourgeois en 1135, figure entre 1113
et 1118 parmi les barons, avec d'autres juges qui sont
certainement des seigneurs importants, dans une sentence de la cour du comte Foulques V qui repousse une
action dirigée par *Giffardus Auduini* et ses frères contre
Saint-Nicolas (2) : *nomina baronum qui huic adfuerunt
judicio hœc sunt*. Cette liste commence par Arnoul de
Montgommery et comprend neuf noms, parmi lesquels
Guy est le septième. Dans un jugement de l'évêque Ulger,
de 1132, au sujet de droits de paroisse appartenant au
Ronceray, il figure parmi les témoins *de famulis abbatis-*

Fulcuinus, entre 1088 et 1097, assiste dans la cour
du comte à la renonciation de *Garnerius Bodinus* aux
réclamations qu'il avait élevées contre le Ronceray au sujet
des moulins de Morannes..... *In presentia domni Radulfi
Turonensis archiepiscopi et Fulconis comitis..... et in audientia obtimatorum virorum quorum nomina in subsequentibus non silebuntur, apud castrum Balgiacum, in manu
domnæ Richildis abbatissæ, totas forisfacturas quas calumpniando fecerat legaliter vadiavit..... Hujus rei testes sunt
..... Fulcuinus*. C'est le dernier d'une liste qui commence
par l'archevêque de Tours et le comte Foulques (Cart. du
Ronceray, Ed. Marchegay, nº ccxxi, p. 141). C'est un *de servientibus* du comte qui est compris parmi les *optimates*.

(1) Recueil des Ordonnances, t. IV, p. 632.

(2) Dom Housseau, t. XIII, 1, nº 9672; Cartulaire de Saint-
Nicolas.

sæ avec Pépin de Tours, auquel l'acte reconnaît la qualité de prévôt (1).

Deux autres bourgeois assistent à la concession de ces
privilèges du 30 juin 1135, ce sont Nicolaus Luscus et
Torpinus ; tous les deux font partie des *antiqui et probi
viri*, au nombre de cinq, que le comte Geofroi V appelle
pour décider *in vero dictu*, un procès entre les hommes
du Ronceray et les *benagiores* du comte (2). Turpinus
prend part aux deux jugements rendus en 1151 et 1154,
rendus avec Gozlin de Tours, sénéchal d'Anjou et du
Maine, dans les procès de Nivard contre le Ronceray au
sujet du bois *de Lateio* (3).

---

(1) Cartul. du Ronceray, Ed. Marchegay, n° LVI, p. 48.

(2) Cartul. du Ronceray, Ed. Marchegay, n° LXXXVII, p. 66.
Je crois bien que ce Torpinus ou Turpinus est le même que
le *Turpinus de Superponte* qui prend part au jugement du
procès des *benagiores*.

(3) Cartulaire du Ronceray, Ed. Marchegay, n° CLXXXV,
p. 123. Dans le récit du second procès, qui est un record de
cour rappelant la solution donnée dans le premier, ceux qui
font le record sont qualifiés simplement *probi homines*.
Parmi les bourgeois de 1135 figure un *Gungannus Bibens-so-
lem* ; parmi les juges de 1151 et 1154 figure un *Bertelotus
Biet-solem* ou *Bel-solem*. Il me semble bien que ce sont gens
de la même famille, peut-être le père et le fils. S'il en est ainsi,
ce sont encore des non-nobles qui siègent dans la cour du
comte pour rendre la justice.
D'ailleurs les relations entre le comte Geofroi V et les bourgeois d'Angers paraissent avoir été on ne peut plus cordiales;
la charte concernant le différend entre le Ronceray et les
benagiores du comte est contemporaine de la prise du château de Montreuil, sur Giraud fils de Bellai ou Berlai; l'assistance des bourgeois aida beaucoup le comte, car le jour où il
revint à Angers amenant ses prisonniers il se rendit dans
l'église de la Sainte-Trinité *agere gratias burgensibus suis de
collato beneficio et honore*. Marchegay, op. c. p. 67.

Dans un grand nombre de circonstances, il est certain que tous ceux qui prennent part à un jugemènt ou qui sont comptés parmi les témoins *ex parte comitis*, (et ce sont la plupart du temps ceux qui composaient la cour, dans le cas surtout où il intervient un arrangement sur procès commencé) sont compris sous la désignation générale de *barones* dans son sens le plus étendu (1), et ces

---

. Et ces relations ne se bornaient pas seulement aux bourgeois d'Angers ; elles paraissent s'être étendues à ceux d'autres villes de son domaine dont le comte et autres seigneurs importants de sa cour n'hésitaient pas à se porter comme représentants dans des circonstances importantes, telles que la concession de privilèges accordés, en 1143, par le Roi de France aux bourgeois de Châteauneuf près Tours ..... *ex parte vero burgensium, Gaufridus comes Andegavensis ; Paganus de Claris-Vallibus ; Goffridus de Cleriis ; Matheo preposito ; Asalaudo Roignardo*..... (Dom Housseau, t. V, nᵒ 1699, vidimus de 1325 ; Titres de l'Hôtel de ville de Tours).

(1) A. Ce sont les barons, quelque étendue qu'on doive donner à ce mot, qui composent la cour du comte. Vers 1150, le comte Geofroi accorde à l'abbaye de Saint-Florent le privilège que ceux de ses hommes demeurant dans l'étendue de la *vicaria* de l'abbaye qui n'auront pas suivi le comte dans ses expéditions ou qui auront commis quelque autre forfaiture ne devront répondre à personne ni payer d'amende si auparavant l'abbé et les moines de Saint-Florent n'ont été appelés en justice à Saumur en sa présence ou celle de ses successeurs, et ce sont les barons qui statuent sur le litige..... *illud quod baronum meorum judicio emendatione dignum adjudicatum fuerit*..... (Cartulaire d'argent de Saint-Florent, fᵒ 47 vᵒ; Archives de Maine-et-Loire).

B. Entre 1133 et 1148, accord entre Pétronille abbesse de Fontevrault et Pierre *Pignonus* et sa femme au sujet de la terre *de Verraria*. L'affaire est portée devant la cour du comte à Angers, et on se trouve en présence du comte et des *barones qui placito huic cum plurimis aderant personis.* Sous leur médiation il se fait un accord entre les parties..... *sub istorum virorum testimonio*... Ce sont d'abord le comte

barones sont non seulement tous ceux qui relèvent nuement du comte, soit en foi lige, soit même en foi simple (1),
mais encore ceux qui relèvent de lui en arrière fief, et
auxquels on donne même le nom de *proceres* (2). Et quand

---

d'Anjou, Conan, comte de Bretagne, puis ceux qui composent
la cour, et après eux est mentionnée la présence de plusieurs
religieux de Fontevrault, *ex fratribus loci*..... qui ne viennent là que comme témoins. (Abbaye de Fontevrault, 2ᵉ collection de chartes anciennes, nᵒ 15 ; Arch. de Maine-et-Loire).

(1) A. Entre 1073 et 1085 les *vassi* de Baugé rendent avec
Girois, *Girorius*, un jugement sur une plainte porté par *Odo
Singularis*, moine de Saint-Aubin, contre un nommé Giraud
qui leur contestait une propriété. Ce Girois était sans doute
le sénéchal d'Anjou de cette époque qui juge avec les vassaux
du comte à Baugé..... *Girorius idem et ipse testis et judex*
(Cartulaire de Saint-Aubin, fᵉ 82 ; Bibl. d'Angers).

B. Entre 1150 et 1151, Béchet, vassal du comte à Brissac,
prétendait contre l'abbé de Saint-Serge et le prieur de Saint-
Melaine, que la terre *de Breteleria* devait le *fodrium* au comte.
Gozlin de Tours sénéchal chargé par le comte de terminer
cette affaire .... *precepit ut adjunctis secum vavassoribus
castelli illius* (de Brissac) *aliisque si opus esset indigenis viris
fidelibus, super prefatam terram pergerent, et per fidelem
considerationem justum judicium inde facerent*. Je crois
qu'ici les *vavassores* sont les hommes de foi lige et les *viri
fideles indigeni* sont les hommes de foi simple du pays appelés avec les autres à faire la vue des lieux pour savoir si cette
terre devait ou non le *fodrium* ou feurre. Ces habitants du
pays, *indigeni viri fideles*, ne sont pas appelés seulement
comme témoins ou experts, ils sont appelés comme juges ;
car après avoir examiné les lieux, ces hommes, amenés par le
sénéchal de Brissac, et que l'acte désigne sous le nom
d'hommes du comte *viri comitis*, rendent une décision qui
admet les prétentions de Saint-Serge, sous la condition d'un
serment qui sera prêté par un des anciens du pays. Cela se
passe dans la cour du comte, car le texte dit formellement
qu'on est allé *ante comitem* (Dom Housseau, t. V, nᵒ 1753 ;
Cartulaire de Saint-Serge).

(2) Procès entre le bourg de Cheviré et l'abbaye de Ven-

on voit ces mots de *barones, proceres, optimates, principes,
primates, clarissimi viri*, et même *homines mei*, il faut
considérer que ces expressions sont synonymes (1), à
moins que le contraire ne résulte de l'acte ; mais il ne faut

---

dôme. Hugues de Cleers sénéchal de La Flèche et Baugé, délégué par le comte Geofroi pour terminer cette affaire, mande
à Gaudin de Malicorne, dans le fief duquel se trouvaient les
hommes de Cheviré, de faire comparaître *proceres, suos* en
la cour à Baugé ..... *qui libenter suis vavassoribus precepit.*
Les *proceres* de Gaudin sont ceux qui relèvent immédiatement de lui, de même que ceux du comte relèvent immédiatement du comte. Il est peu probable qu'ils fussent tous chevaliers, quoique le texte ajoute que le jour où la cour se réunit,
8 avril 1146, il fût présent *cum militibus suis* (Dom Housseau,
t. V, n° 1722; ex Chartulario Vindocinensi).

(1) Outre les citations que j'ai faites, V. au sujet de cette
synonymie :

A. Charte du comte Geofroi, entre 1142 et 1146, à la suite du
jugement qui maintient Cormery, dans le droit exclusif de
four à Azay : après avoir dit qu'il a terminé cette affaire *in
presentia mea consilio baronum meorum*, il ajoute quelques
lignes plus loin en rapportant le jugement ..... *jussu itaque
meo homines mei in partem abierunt, et justo judicio adju-
dicaverunt quod si .....* (Dom Housseau, t. IV, n° 1514;
Archives de Cormery).

B. Un chevalier de Vihiers nommé *Gosbertus Alelmi* (Gosbert fils d'Aleaume), revendique contre Saint-Aubin la terre
de Precigné (*Priscinniacum*). Après que la cause a été débattue le 24 août 1139, le comte ..... *secedens in locum secretum vocavit secum dominum Ulgerium Andegavensem épis-
copum aliosque clarissimos viros ad faciendum judicium.....*
Leurs noms se trouvent plus loin : le rédacteur de la charte
ne leur attribue aucune qualification ; mais ces noms qui se
retrouvent plus loin dans plusieurs autres chartes appartiennent à la noblesse du pays (Cartulaire de Saint-Aubin, f° 3 v°;
Bibl. d'Angers).

C. Le comte Foulques-Rechin tenant sa cour à Saumur *cum
optimatibus suis* juge un 1ᵉʳ mai entre 1073 et 1075 un procès
entre le Ronceray et Thomas de Chinon; *judicavit comes*

pas non plus oublier que Guito de Superpontem, bourgeois, figure parmi les *barones* entre 1113 et 1118, qu'Aubry, fils de Ritbert, *de familia comitis*, figure parmi les *primates* ou *optimates*, entre 1073 et 1075, et que *Fulcuinus*,
de servientibus, est parmi les *optimates*, entre 1088 et 1097.

§ 4.

*Présence des gens d'église dans la cour du comte. — Inter-
vention du comte dans les affaires portées devant la cour
ecclésiastique.*

Aussi loin que j'ai pu remonter dans la série des actes
des comtes d'Anjou et du Maine, j'ai trouvé qu'à toutes
les époques, dans le conseil du comte, dans sa cour, en
prenant le mot dans son sens le plus étendu, on pouvait
constater la présence de membres du clergé, et non seulement de ceux qui, comme les évêques et les abbés, étaient
à la tête de l'ordre ecclésiastique, ce sont, il est vrai, ceux
qu'on y rencontre le plus souvent, mais on y voit encore
ceux qui viennent après eux, et même de simples prêtres
ou de simples moines, souvent rapprochés du comte par

---

primatesque sui... (Cartulaire de Ronceray, Rot. I, c. 87;
Bibl. d'Angers).

D. En février 1092, les moines de Saint-Florent adressent
au même comte Foulques des réclamations contre Aubry
gendre de Hugues Mange-Breton. Le comte les fait venir à
Saumur où il tenait *audientiam suam et optimatum suorum...*
Au jour qui avait été indiqué et après les explications des parties .... *comes et procerum cetus censuerunt* .... (Chartes
originales de Saint-Florent; Archives de Maine-et-Loire).

des fonctions ecclésiastiques ou civiles de chancelier, aumônier, chapelain ou notaire, mais souvent aussi ne remplissant aucune fonction. Ils font partie du conseil ou de la cour, *curia* ; ils prennent part aux décisions du comte ou de ses barons dans un très grand nombre de circonstances, par exemple s'il s'agit d'autoriser des donations ou de prendre d'autres mesures concernant ce que nous appellerions aujourd'hui les actes d'administration et de gouvernement.

Le nombre des actes dans lesquels nous trouvons l'intervention des membres du clergé à ses divers degrés est très considérable, et ils interviennent dans des conditions telles qu'il est impossible de ne pas voir en eux de véritables membres du conseil du prince, et de ne pas les reconnaître comme les héritiers directs du défenseur de la cité ou de l'évêque, que les formules d'Anjou nous représentent si souvent comme ne séparant pas leur action de celle du comte. C'est jusque-là, ainsi que je l'ai établi pour les témoins, qu'il faut remonter pour trouver l'origine des droits du clergé en cette matière (1).

---

(1) Les actes de cette nature sont très nombreux ; en voici quelques-uns :

A. 28 février 973, après que le comte Geofroi-Grisegonnelle a remplacé par des moines le chapitre de chanoines établi à Saint-Aubin par Saint-Germain, évêque de Paris, et le Roi Childebert, il s'adresse, de concert avec Aubert qui venait d'être nommé par les moines d'accord avec lui, à Nefingue, évêque d'Angers, pour faire confirmer en faveur des moines les privilèges accordés au chapitre par ses fondateurs ...*hæc igitur omnia ...firmamus* (c'est l'évêque qui parle) *manibus quoque Gaufridi comitis et fratrum nostrorum clericorum ac nobilium laicorum firmanda tradimus... S. Nefingi episcopi ; S. Gaufridi comitis... et 22 autres ...Actum Andecavis civitate publice...* (Extraits des titres et cartulaire de Saint-Aubin, coll.

Le clergé faisant partie de la cour du comte devait être naturellement appelé à prendre part au jugement des procès qui lui étaient soumis, et dans les mêmes conditions que celles que nous venons de voir. Mais il faut remarquer aussi que des affaires considérées comme purement ecclésiastiques, telles que des difficultés sur la pro-

---

Gaignières, vol. 188, pag. 373 et 374). Cet acte est incomplet dans le cartulaire de Saint-Aubin conservé à la bibliothèque d'Angers. Outre l'arrachage d'un feuillet, ce cartulaire a été l'objet de nombreux grattages qui avaient pour but évident de faire disparaître les traces de l'intervention du comte dans l'élection des abbés; mais les lacunes qui en résultent peuvent être facilement remplies, les copies de Gaignières étant antérieures à ces mutilations.

B. Neuf paroisses rurales dans les domaines ruraux de l'abbaye de Saint-Florent se trouvaient encore au milieu du xie siècle n'avoir été soumises à l'autorité d'aucun évêque et ne faire partie d'aucun diocèse. Entre 1047 et 1055, par un accord entre le comte Geofroi-Martel, l'abbé Frédéric et l'évêque d'Angers, elles sont soumises à l'autorité de l'évêque d'Angers ...*per deprecationem domni abbatis Frederici et dilectissimæ congregationis monachorum Sancti-Florentii, necnon per favorem clarissimi comitis nostri Gosfredi....* (Dom Housseau, t. II, n° 519 ; Cartulaire noir du chapitre de Saint-Maurice).

C. Le 6 janvier 1049, le chapitre d'Angers cède l'église de Toussaints près la porte Saint-Aubin avec toutes ses propriétés à l'abbaye de Vendôme ; cette cession a lieu avec le consentement de l'évêque d'Angers, du comte et de la comtesse. L'acte commence ainsi : ...*In Dei nomine Gosfredus... comes, atque Agnes ...uxor...* Cet acte est signé par l'évêque d'Angers, l'archidiacre Béranger, quinze prêtres, diacres ou sous-diacres, faisant probablement partie du chapitre, les abbés de Vendome et de Saint-Serge, le comte et la comtesse d'Anjou, Guillaume de Parthenay et son fils, le duc d'Aquitaine et son fils, douze autres noms de seigneurs appartenant pour la plupart à l'Anjou (Coll. Gaignières, vol. 650, p. 51 ; Bibl. Nat.).

D. Des discussions au sujet d'une donation faite à l'abbaye de La Couture par Hugues de Semur, et qui avaient donné lieu

priété de dîmes, étaient jugées par le comte (1) et sa cour seuls, sans qu'on y trouve un seul membre du clergé parmi les membres composant ladite cour.

Nous trouvons encore la cour du comte statuant, sans qu'on y rencontre des membres du clergé dans quelques affaires où il s'agissait de litiges, soit entre une religion

---

à une première réunion de la cour du Roi Henri II, à Mayet, sont terminées par la confirmation de cette donation en septembre ou octobre 1177. L'évêque de Winchester assiste à cette confirmation qui est donnée à Rouen (Cartulaire de La Couture, f° 13 v° ; Bibl. du Mans).

E. V. plus haut l'accord en la cour du roi Henri II relatif aux chapelles de La Chartre-sur-Loir litigieuses entre Saint-Julien de Tours et la Trinité de Vendome (p. 65, note D).

(1) A. Entre 1023 et 1037, Arnoul, archevêque de Tours, élève contre Marmoutier des réclamations au sujet des dîmes de Montreuil et des *exampla* de Blimars. Une réunion a lieu *apud villam quam nuncupant Viduam* entre le comte d'Anjou Foulques-Nerra et Eudes, comte de Blois et de Touraine, pour plaider cette cause, *placitandi inter se causa publicum fecere conventum.* Le comte Eudes paraît intervenir moins comme juge que comme appuyant la réclamation de l'une des parties, et c'est le comte Foulques qui juge avec l'assentiment de toute sa noblesse que la réclamation de l'archevêque n'est pas fondée …*ibique postulante Odone comite judicasse comitem Fulconem atque universam assensisse nobilitatem reclamationem episcopi nequaquam esse probabilem* (Cartulaire de Marmoutier, coll. Gaignières, t. III, p. 41 ; Bibl. Nat. Lat. 5441).

B. Il faut, je crois, ajouter un arrangement fait le 9 août 1143 dans la cour du comte Geofroi, entre l'abbaye de La Couture et Payen de Clairvaux, au sujet des dîmes de la forêt de Roizé ou Rouessé au Maine. Les parties étaient en présence devant la cour du comte, au Mans ; la charte constatant l'accord avait été sans doute rédigée par les moines, car ils y parlent en leur nom …*ne amplius esset contentio inter nos et predictum Paganum…* Mais bien que la transaction ait été passée en la demeure de l'évêque Hugues, la charte constate la présence de six témoins laïques en tête desquels Payen de Clairvaux, l'une

et un seigneur du pays (1), soit entre deux religions pour leurs intérêts purement temporels (2)..

Mais les documents en bien plus grand nombre qui nous ont été conservés sont ceux dans lesquels la présence et la participation du clergé au jugement des procès est constatée comme un fait se reproduisant fréquemment. On la trouve même dans des cas où il ne se pré-

---

des parties et de plusieurs témoins pris parmi les moines, *de monachis*, c'est-à-dire l'autre partie au procès. Comme parties, ils pouvaient être témoins, mais ils ne pouvaient figurer comme juges faisant partie de la cour ; quant à l'évêque, il ne figure que comme ayant prêté sa demeure pour la confection de cette convention (Cartulaire de La Couture, f° 19 v° ; Bibl. du Mans).

C. Procès entre les habitants du bourg de Cheviré et l'abbaye de Vendôme au sujet de dîmes, jugé par Hugues de Cleers, sénéchal de La Flèche et Baugé, délégué par le comte pour terminer cette affaire (Dom Housseau, t. V, n° 1722 ; ex Chartulario Vindocinensi). L'abbé ne paraît avoir fait aucune observation sur ses juges, et accepte sans observation la sentence qui, à son égard, prend un peu le caractère d'un arrangement.

(1) Un partage de terres avait eu lieu en 1014 sous les auspices du comte Foulques-Nerra, entre Saint-Aubin et Saint-Lezin. Vers 1029, Eudes de Blaison fait des entreprises sur les terres de Saint-Aubin. Ses prétentions sont repoussées par jugement de la cour du comte ...*Hoc judicaverunt Adhelardus de Castro-Guntherii et Gaufridus Crassus de Albiniaco coram comite Gaufrido in camera sua Andecavis. Hoc viderunt...* Suivent les témoins parmi lesquels plusieurs pour les moines, *ex parte monachorum...* aucun membre du clergé n'est mentionné parmi les juges (Cartulaire de Saint-Aubin, f° 58 v° ; Bibl. d'Angers).

(2) Entre 1067 et 1109, difficultés entre Saint-Aubin et Saint-Maur à l'occasion d'une boire appartenant à Saint-Aubin dans l'île Saint-Maur ; on en était même venu aux voies de fait. Un plaid est indiqué *per preceptum Fulconis comitis* à Saint-Jean entre Saint-Remi et Saint-Maur. L'affaire est jugée par plusieurs barons *quos comes in loco sui ad placitum miserat...* Saint-Maur perdit son procès (Cartulaire de Saint-Aubin, f° 60 v° ; Bibl. d'Angers).

sentait aucune question ecclésiastique ou touchant les intérêts temporels d'une religion ; c'est ainsi que nous trouvons l'évêque d'Angers au nombre de ceux en présence desquels a lieu l'arrangement entre le comte Foulques-le-Jeune et *Audefredus*, fils de Guy, au sujet du fief de Jerleta, et qui auraient composé la cour si l'affaire était restée contentieuse (1).

Cette intervention est bien plus fréquente lorsqu'il s'agit de procès dans lesquels des religions étaient intéressées et où les questions qui se présentaient étaient relatives, soit à des intérêts personnels débattus entre les religions et des seigneurs des pays, ou entre deux religions, soit même à des questions de l'ordre purement ecclésiastique, dans la solution desquelles l'intervention du comte et de ses barons peut nous paraître étrange ; car non seulement on y voit siéger l'évêque dans le diocèse duquel était né le litige, ce qui explique la présence de l'archevêque de Tours et des évêques du Mans et d'Angers, mais on y voit encore des évêques appartenant à d'autres provinces ecclésiastiques. C'est ainsi qu'en 1160, un procès entre les religieuses du Ronceray et leurs chapelains au sujet des oblations pour les messes des morts, est terminé par un accord dans la cour du roi Henri II, à Chinon, où se trouvaient l'archevêque de Tours, les évêques d'Angers, Poitiers et Périgueux, le sénéchal d'Anjou et du Maine et un grand nombre de barons. L'affaire fut débattue devant la cour ainsi composée, et c'est après les débats qu'un accord eut lieu sous ses auspices entre les

---

(1) Bibliothèque Nationale, cabinet des titres, pièces originales, Vol. 762, Chourses, n° 74.

parties. Outre les sceaux de l'archevêque et des évêques, il est fait mention des sceaux des archidiacres de Tours et d'Angers, en même temps que du sénéchal et de plusieurs autres (1).

Il s'agissait ici du partage d'oblations, ce qui est une question purement ecclésiastique. Il en était de même s'il s'agissait de la propriété d'une église, mais la question avait un caractère mixte, étant données les idées de ce temps sur la propriété des églises que l'on considérait comme biens dans le commerce, et qui étaient l'objet des mêmes transactions que les autres biens, vente, donation, apports en mariages, partages, etc...

Suhard l'ancien, seigneur de Craon, avait donné à Saint-Aubin l'église de Saint-Clément de Craon, mais il n'avait pas fait approuver cette donation par Foulques-Nerra dont il relevait immédiatement. Ses héritiers s'étant rendus coupables de félonie envers le comte Geofroi, perdirent leur fief dans lequel se trouvait toujours l'église de Saint-Clément, puisque le comte n'avait pas approuvé la donation qui en avait eu lieu ; à son égard, elle n'avait pas cessé de faire partie de son patrimoine, et quelque temps après, conjointement avec la comtesse Agnès, il la donna à l'abbaye de la Trinité de Vendôme qu'ils venaient de fonder. Les moines de Saint-Aubin adressèrent leurs réclamations à plusieurs synodes du diocèse d'Angers, puis à d'autres assemblées qui, sans doute, étaient ecclésiastiques, et enfin à un concile tenu à Tours sous la présidence d'Hildebrand, légat du Pape ; partout leurs réclamations furent repoussées. En désespoir de cause, ils les

(1) Cartulaire du Ronceray, Ed. Marchegay, n° XXI, page 25.

portèrent devant la cour du comte devant laquelle l'abbaye de Vendôme ne fit aucune difficulté de comparaître. Il ne paraît avoir été élevé aucune contestation ni sur la compétence, ni sur l'exception de la chose jugée, qui cependant pouvait être admise sans la moindre hésitation. Une fois de plus Saint-Aubin perdit son procès. Il nous en est parvenu deux relations, celle de la Trinité et celle de Saint-Aubin. La Trinité qui a eu gain de cause raconte simplement les faits. Saint-Aubin se plaint amèrement et du comte et des autres juges, prétend que ceux-ci qui étaient bien disposés pour l'abbaye ont cédé à la pression et à l'intimidation que le comte exerçait sur eux ; mais à travers leurs plaintes ils n'en reconnaissent pas moins chez lui tout aussi bien que chez l'évêque d'Angers et chez les autres la qualité de juge... *Gosfridus comes dijudicationem de negotio isto in curia sua proposuit, sed non ut causa ista legitima puritate examinaretur, sed ut monachis Sanctæ-Trinitatis retentionem illius rei suis cavillationibus confirmaret. Affuerunt autem presentes auditores potius voluntatis principis quam veritatis judices domnus Eusebius Andecavensis presul et domnus Vulgrinus Sancti-Sergii tunc abbas, nunc Cenomanensis episcopus cum aliis plurimis personis illustribus. Ubi cum juri Sancti-Albini faverent pene cuncti, comes sicut sæpe alias ad libitum suum rem moderans* (1)...

---

(1) Ces appréciations d'un plaideur qui a perdu son procès sont empruntées au récit de Saint-Aubin (Prieuré de Saint-Jean-sur-Loire, f° 2, original ; Archives de Maine-et-Loire). Le récit de l'abbaye de la Trinité se trouve dans Dom Housseau, t. II, n° 538, extrait du Cartulaire de l'abbaye de Vendôme.

Dans une autre circonstance les moines de Saint-Aubin attaquent vivement l'impartialité du comte Geofroi. Ils avaient

Dans les cas que nous venons de voir, il est bien certain que de semblables litiges étaient portés devant la cour du comte dans laquelle siégeaient l'évêque et d'autres ecclésiastiques. Mais il est des cas dans lesquels les rédacteurs des chartes paraissent ne pas vouloir se prononcer : tel est le litige qui s'est élevé entre 1073 et 1081, entre le Ronceray et Saint-Nicolas, au sujet du droit de paroisse de ces deux abbayes et des limites qui les séparaient (1). Il s'agissait de l'enterrement d'un jeune homme fait par les moines de Saint-Nicolas, au préjudice de ce que le Ronceray prétendait être ses droits. Les rédacteurs de la charte qui appartiennent à l'abbaye du Ronceray, constatant l'accord des deux abbayes survenu à la suite de ces discussions, évitent de dire que la cause a été portée devant la cour du comte ou devant celle de l'évêque ; ils disent que du temps de l'évêque Eusèbe et du comte d'Anjou Foulques, on est venu à ce sujet devant l'évêque et le comte... *clamore facto et termino placiti constituto, ventum est in judicium ante Eusebium episcopum et Fulconem comitem ubi multa tam clericorum quam laïcorum nobilium turba convenerat ;* une monstrée a lieu ... *ex jussione Eusebii episcopi cum suis et ex precepto comitis Fulconis cum suis baronibus... ;* et enfin *sedata omnium controversia coram Eusebio episcopo et Fulcone*

échangé une terre en Beauvoisis avec le comte Foulques-Nerra contre une autre terre. Ils reprochaient au comte Geofroi de s'être emparé injustement de cette terre. *Clamoribus eorum* (des officiers du comte) *aures comitis obsurduerunt : maluit namque paternæ culpæ sicut et honoris heres esse quam se vel patrem a peccato injustitiæ liberare...* (Extr. des titres et Cartulaire de Saint-Aubin, coll. Gaignières, vol. 188, p. 75).

(1) Cartulaire du Ronceray, Ed. Marchegay, n° XLVII, p. 40.

comite cum suis baronibus... Le cas pouvait être douteux, mais il me semble bien qu'il était porté devant la cour du comte dont l'évêque faisait partie, et il me semble que la preuve en résulte du soin même avec lequel a été rédigée cette charte pleine de réticences sur ce point.

Il est d'autant plus probable qu'il en est ainsi, que dans d'autres circonstances, on n'hésite pas à dire qu'une cause a été portée devant la cour de l'évêque à laquelle assistait le comte, et dans des cas où il ne s'agit pas de matières ecclésiastiques ou ayant un caractère presque entièrement ecclésiastique, terminées quelquefois par un arrangement ; c'étaient des réclamations au sujet de droits temporels, semblables à ceux qui donnaient lieu à des actions portées devant la cour du comte dans des circonstances où l'évêque y siégeait (1).

---

(1) A. Entre 1082 et 1094, Eudes de Blaizon envahit les prés du Ronceray ; les religieuses portent leurs réclamations devant le comte Foulques et devant l'évêque d'Angers, *et isti fecerunt Eudonem venire in curia episcopi* (Cartulaire du Ronceray, Rot. III, c. 29 ; Bibl. d'Angers).

B. Discussions entre Saint-Aubin et Saint-Nicolas au sujet de la forêt des Echats... *unde ad judicium in curia Goffridi Andegavensis episcopi utriusque congregationis abbates et monachi venerunt... Fulco quoque comes et multi ex suis baronibus adfuerunt...*, 8 novembre 1098 (Dom Housseau, t. III, nᵒˢ 1022 et 1022 *bis*).

(C). Entre 1144 et 1151, une contestation entre le prieur de Château-du-Loir et *Marsilius* de Fai est terminée par un jugement rendu par l'évêque du Mans et le comte Geofroi ...*in curia Willelmi episcopi Cenomanensis... Marsilius communi judicio convictus est...* (Cartulaire de Marmoutier, coll. Gaignières, t. II, p. 244 ; Bibl. Nat. Lat. 5441). *Communi judicio* doit probablement être traduit par « jugement rendu en commun » ; mais les courts extraits de cet acte conservés par Gaignières ne permettent pas de dire avec certitude comment le comte et

La cour du comte et celle de l'évêque pouvaient d'ailleurs être composées des mêmes personnes ; et quand les rédacteurs des chartes s'en sont expliqués, ils ont nommé l'évêque le premier quand il s'agissait de la cour épiscopale, c'est le comte lorsqu'il s'agissait de la cour du comte (1).

---

l'évêque se sont trouvés réunis pour statuer en commun sur cette affaire, quelle a été la part de chacun dans sa solution, si les cours ont siégé ensemble, et comment elles se sont trouvées d'accord.

(1) Lambert, abbé de Saint-Nicolas en 1096, traduit Aimeri de Trèves pour déprédations sur les terres de Cumeri et de Richebourg devant la cour de l'évêque... *per comitem et episcopum et alios nostros amicos in episcopali curia eum placitandi causa adduxit...* La cour se compose de l'évêque Geofroi, le comte Foulques, l'archidiacre Marbeuf (Marbodus) qui n'était pas encore évêque de Rennes, Warnerius, l'archidiacre Guillaume, Robert le Bourguignon, Foulques de Matefelon, Hardouin de Maillé et autres en grand nombre; l'évêque est nommé le premier. Après discussion, la cour met fin aux débats et ordonne le combat judiciaire... *supradictæ personæ ... querelas per pugiles... finiri debere judicaverunt.* Les parties acceptent le jugement ; *pugnandique locum et diem in comitali curia statuerunt.* La cour du comte est réunie à Saumur. Les mots de la bataille sont donnés devant cette cour qui se composait du comte Foulques (nommé le premier), l'évêque, Foulques de Matefelon, Geofroi Fulcrade, et autres ; ainsi sur quatre personnes désignées, trois avaient siégé dans la cour de l'évêque. C'est le 8 novembre 1098 qu'eut lieu cette comparution devant la cour du comte, mais Aimeri de Trèves refusa la bataille ; il en résulta que les terres litigieuses restèrent libres entre les mains de Saint-Nicolas, mais il est probable que cette décision fut prononcée par la cour de l'évêque qui était composée des mêmes personnages à l'exception de Foulques de Matefelon, l'évêque est cette fois nommé le premier. Le jour de la comparution à Saumur devant la cour du comte, le rôle de celui-ci paraît s'être borné à demander à Aimeri s'il allait faire la bataille et à constater son refus. Ce

Le lieu de réunion de la cour est une indication important-
tante, qui jointe aux autres, permet de voir si c'est la cour
du comte ou celle de l'évêque. Tels sont les cas où nous
voyons que la cour se réunit *in capitolium Sancti-Mauricii*, ou *in domibus episcopalibus juxta Sanctum-Mauricium Andecavensem matrem ecclesiam*, ou même dans la
maison de l'archidiacre, alors même que dans ce dernier
cas on ne trouve aucune autre mention, mais qu'on voit
la cour qualifiée *magna curia*, de même que dans une
autre hypothèse on lui donne le nom de *sublimis curia* (1).

---

jugement définitif fut sans doute prononcé quelques jours
après. Le jour où les parties comparurent à Saumur est celui
qui avait été indiqué par le comte aux abbés de Saint-Nicolas
et de *Saint-Aubin* pour statuer sur des difficultés au sujet de
la forêt des Echats, une bataille parait même avoir été ordonnée ; mais un arrangement eut lieu entre les parties (Dom
Housseau, t. III, n°° 1001, 1022 et 1022 *bis* ; Cartul. de Saint-
Nicolas).

(1) A. Entre 1067 et 1070, il s'agit d'une indemnité que le comte
Foulques-Rechin réclame de Saint-Aubin pour des arbres
coupés... *Advenerunt igitur predictus abbas Sancti-Albini et
Balduinus elemosinarius in capitolium Sancti-Mauricii ubi
Fulco comes et Eusebius episcopus et Sego abbas Sancti-Florentii et alii complures de hac re judicaturi convenerunt...*
C'est le chapitre qui est ici désigné par le mot *capitolium*,
forme insolite, que je n'ai pas rencontrée ailleurs, mais qui est
une preuve de plus de la persistance des souvenirs Romains
(Cartulaire de Saint-Aubin, f° 3 ; Bibl. d'Angers).
    B. Difficultés entre Fontevrault et Saint-Florent au sujet de
l'église de Fontevrault ; les deux églises fixent le jour où elles
plaideront à Saumur devant trois évêques, ceux d'Angers, de
Poitiers et du Mans, et en présence de Foulques-le-Jeune
comte d'Anjou, dans la maison de l'archidiacre Guillaume.
C'est dans cette grande cour, *in illa magna curia* qu'ont lieu
les débats à la suite desquels Fontevrault obtient gain de
cause en 1117 (Cartulaire de Fontevrault, c. 226 ; Archives de
Maine-et-Loire).

Dans le cas du § C de la note ci-dessus, le comte Foulques semble n'être que témoin bien qu'il paraisse dans la cour accompagné d'un nombre considérable de laïques, *numerus ingens*. Nous n'avons à cet égard que la rédaction des moines de Saint-Aubin, qu'on peut, comme cela arrive assez souvent, soupçonner de vouloir augmenter l'importance du rôle des ecclésiastiques aux dépens des autres.

Il arrive bien quelquefois que dans une assemblée

C. De grandes discussions avaient eu lieu entre Saint-Aubin et Saint-Nicolas au sujet de la forêt de Pruniers ; la chose en vint au point que l'évêque d'Angers Geofroi crut devoir intervenir, et signifier à l'abbé et aux moines de Saint-Aubin qu'il ne souffrirait pas dans son diocèse une discussion aussi inconvenante entre deux abbayes, et qu'il réunirait plutôt *sublimem curiam*. La réunion des parties a lieu sur son indication le 14 mars 1098 à l'évêché près Saint-Maurice. La charte rédigée par l'abbé de Saint-Aubin ne s'explique pas d'une manière claire sur la présence et la présidence de l'évêque d'Angers, mais elle la laisse évidemment supposer ; elle énumère en détail les personnes qui se trouvaient à cette assemblée : ce sont les deux abbés parties contendantes avec un grand nombre de leurs moines, de clercs et de laïques que chacun amenait de son côté. Il range parmi les tenants de Saint-Nicolas le comte Foulques dont il accuse durement la partialité... *exactor noster, tutor et testis eorum,* bien que devant les juges désignés sa déclaration leur ait été entièrement favorable. Cette assemblée devait être très-nombreuse, car la charte ne cite pas moins de quarante noms appartenant au clergé ou à la noblesse du pays. Mais ce n'est pas cette assemblée qui statue ; elle se borne à désigner des juges qui paraissent avoir été au nombre de vingt-cinq environ ; ce sont les évêques d'Angers, du Mans et de Rennes, les abbés et des moines de Marmoutier, Saint-Florent, Saint-Serge, des chanoines de Saint-Maurice, Saint-Julien du Mans et Saint-Pierre-de-la-Cour au Mans. C'est devant ces juges que le comte Foulques fait sa déclaration par suite de laquelle Saint-Nicolas se désiste de ses prétentions.

ecclésiastique, la situation du comte et de ses seigneurs soit en réalité une situation tout à fait secondaire ; mais ici encore, le comte est partie en cause et non pas même témoin ; il est vrai qu'il s'agissait d'un concile provincial tenu par un légat du Pape, pour corriger les abus qu'on trouverait dans les églises de France. Après diverses restitutions faites à Saint-Florent, Foulques-Rechin se trouvait encore détenteur de biens enlevés à cette abbaye, malgré des restitutions faites par ses prédécesseurs. Il comparaît devant le concile le 11 mars 1067, pour répondre à la réclamation de Saint-Florent (1). Cette réclamation paraît tellement évidente à raison des preuves produites, que le comte ne pouvant résister à sa justice *apertissimœ justiciœ resistere nolens*, prend un arrangement pour remettre l'abbaye en possession des biens de la perte desquels elle se plaignait.

La situation du comte dans cette assemblée tenue à Saumur, est une conséquence de sa position de partie en cause, et de ce qu'on avait des réclamations à exercer contre lui, car d'autres fois la présence d'un légat, la circonstance d'une assemblée ayant plus de solennité qu'un concile provincial, n'ôtait pas à sa cour le caractère de cour du comte, alors même qu'à raison des circonstances elle prend le nom de cour plénière (2).

---

(1) Chartes originales de Saint-Florent ; Archives de Maine-et-Loire.

(2) C'est en qualité de cour du comte que en 1128 les prétentions de Hugues d'Amboise à exercer des droits de coutumes sur les terres de Marmoutier sont soumises à Tours à cette cour plénière *curia plenaria comitis*, en présence de Girard légat du Pape et de l'archevêque de Tours dans le chapitre de Saint-Martin. C'était au moment où le comte Foulques se

Le plus ordinairement les affaires n'étaient pas traitées avec une pareille solennité, et ce sont seulement les évêques d'Angers et du Mans avec les membres du clergé sous leur direction qui figurent habituellement dans la cour du comte, de même que le comte et ses barons figurent dans la cour de l'évêque. Nous venons de voir un certain nombre de cas de cette constitution particulière de la cour épiscopale ; mais il me paraît bien difficile, en présence des décisions de diverses natures que je viens de citer, de trouver la règle qui peut servir à séparer la compétence et la composition des deux cours. Ce n'est que plus tard que se fera la séparation.

Quoiqu'il en soit, à l'époque où nous sommes, c'est-à-dire jusqu'à la fin du xi⁰ siècle, le comte, quand il commet des juges pour décider une affaire, commet des ecclésiastiques (1) en même temps que des laïques. Et la cour du

---

préparait à prendre la croix. L'affaire vient ensuite après indication de jour devant la cour du comte au Mans le jour de l'Ascension, 27 mai 1128 ; le grand Maître des Templiers qui était présent fit tous ses efforts pour arriver à un accord, mais ce fut seulement après la déclaration du comte que Hugues ne pouvait tenir un droit de lui puisqu'il n'en avait pas, que Hugues renonça à ses prétentions (Dom Housseau, t. IV, nᵒˢ 1500 et 1501 ; Archives de Marmoutier).

(1) Discussion en 1142 entre Saint-Aubin d'une part, et Payen de Clairvaux et Hugues de Pocé de l'autre... *comes ad faciendum judicium judices tam clericos quam laïcos in partem misit.* L'affaire s'étant arrangée, ils ne figurent dans la charte qu'en qualité de témoins. C'est pendant qu'ils délibéraient que le comte se mit d'accord avec l'abbé de Saint-Aubin, c'est pour cela que le nom de celui-ci se trouve figurer à l'acte constatant l'accord avec la qualité de témoin : on compte en outre deux abbés, huit ecclésiastiques, et douze chevaliers (Extraits des titres et Cartulaire de Saint-Aubin, coll. Gaignières, vol. 188, p. 65).

comte ainsi complétée par l'adjonction de membres du clergé, connaît des différends entre deux religions (1) ; des revendications d'immeubles contre les religions (2), et de tous envahissements sur leurs propriétés, soit pour percevoir des coûtumes et autres redevances, soit pour y exercer des déprédations (3) ; et quelquefois enfin, de

---

(1) Le 3 des nones de février 1099, accord entre Saint-Nicolas et Saint-Laud au sujet du bois *Communalis* ou *Foliosus*, et des examples de *Villa-Lanaria... in curia comitis Andegavensis, presentibus istis...* l'évêque d'Angers, les abbés de Bourgueil, Vendôme et Saint-Nicolas, le comte Foulques, le sénéchal, etc... (Dom Housseau, t. XIII, 1, n° 9552 ; Cartulaire de Saint-Nicolas).

(2) *Gosbertus Alelmi* de Vihiers, chevalier, revendique contre Saint-Aubin la terre de Précigny (*Priscinniacum*) ; sa demande est portée le 24 août 1139 devant la cour du comte... *auditis itaque comes his sermonibus surrexit, et secedens in locum secretum vocavit secum dominum Ulgerium Andegavensem episcopum aliosque clarissimos viros ad faciendum judicium...* Parmi ces *clarissimi viri* figure Thomas chapelain du comte (Cartulaire de Saint-Aubin, f° 3 v° ; Bibl. d'Angers).

(3) A. Le comte Geofroi-Grisegonnelle avait réglé la manière dont se ferait le partage des revenus et des charges des prébendes des chanoines de Saint-Jean-Baptiste et Saint-Lezin. Un prévôt nommé Eudes continua des vexations que ses prédécesseurs avaient fait endurer aux chanoines. Ceux-ci entre 1040 et 1047 se plaignirent au comte Geofroi-Martel ; mais l'affaire s'arrangea... *fecerunt clamorem ad comitem Gaufridum filium Fulconis. Ejus curia eo tandem taliter reconsiliavit... Huic placito interfuit et hanc concordiam fecit ille comes Gaufridus et episcopus Andecavensis Hucbertus... et C alii nobiles viri quos tedium est numerare...* (Dom Housseau, t. II, n° 594 ; extr. d'un manuscrit contenant la vie de Saint-Lezin).

B. Entre 1104 et 1109, jugement de la cour du comte qui décide qu'Abbon seigneur de Montfort n'a aucun droit de *vicaria* sur les terres du Ronceray à Saint-Lambert. Dans la cour du comte siégeaient l'abbé de Vendôme et plusieurs

délits de nature à porter une grave atteinte aux droits des religions en faisant disparaître les titres de leurs propriétés (1).

---

chanoines (Cartulaire de Ronceray, Rot. II, c. 83 ; Bibl. d'Angers).

C. En 1105 la cour du comte tenue par le comte Geofroile-le-Jeune est appelée à réprimer les envahissements de Maurice de Craon sur les propriétés de Saint-Clément de Craon... *In curiam venit (Mauricius)... ibi residente nobiscum Rainaldo... episcopo et multis baronibus nostris presentibus... in majori camera comitis Andegavensis ubi affuerunt isti...* sept chanoines de Saint-Maurice, deux autres, le chancelier du jeune comte Geofroi, le comte Foulques et ses deux fils, 23 barons... (Dom Housseau, t. IV, nº 1247 ; Archives de Saint-Clément de Craon).

(1) En 1104 un moine de Saint-Aubin prend la fuite en emportant avec lui la charte de donation de la forêt des Echats *(de Catia)* qu'il avait soustraite. Il va trouver le comte Foulques-Rechin et ses fils associés à son gouvernement *(comites)* promettant de leur prouver qu'elle est fausse. Ceux-ci appellent devant leur cour *in placitum* l'abbé et les moines qui viennent avec l'évêque d'Angers, et auxquels se joint l'archevêque de Tours. L'affaire change un peu de face en leur présence, la question de soustraction est écartée, il ne reste plus que celle de sincérité de la charte, et cette sincérité est proclamée à la suite du serment de l'abbé de Saint-Aubin et de deux moines de l'abbaye. On est bien devant la cour du comte, mais l'archevêque de Tours paraît avoir pris une part importante à la direction des débats... *Nos vero* (c'est l'archevêque qui parle) *et comites cum toto conventu verba abbatis pro sacramento habentes eum sedere fecimus... sacramentum suscepimus... Hoc idem comitibus tam patre et filio cum suis qui aderant collaudantibus...* La charte qui est de l'archevêque de Tours constate la présence des évêques d'Angers, Le Mans et Rennes, l'abbé de Marmoutier et plusieurs seigneurs *de parte comitum ;* ... et elle est rédigée de manière à faire croire que l'affaire qui a certainement commencé dans la cour du comte se termine dans cette cour devenue celle de l'évêque (Dom Housseau, t. IV, nº 1239 ; Cartul. de Saint-Aubin).

§ 5.

Les décisions sont rendues par la cour.

C'est la cour composée comme on vient de le voir qui statue sur tous les différends portés devant elle. De compétence à raison de la matière il ne peut en être question, car tout revient au comte, et c'est lui en dernière analyse le juge suprême de tous les procès, quels qu'ils soient, naissant dans l'étendue de ses états. C'est plus tard seulement que nous trouvons dans les petites souverainetés féodales, comme dans la grande souveraineté du Roi, la multiplicité des affaires et le caractère bien tranché qui les distinguait dans bien des cas, amenant peu à peu la séparation entre des juridictions auxquelles était spécialement dévolue la connaissance de certaines catégories de litiges.

C'est cette cour du comte qui est indiquée d'une manière très générale, mais bien nette, dans l'ordonnance du Roi Robert en faveur de Saint-Serge (entre 1010 et 1031), et dans le privilège concédé vers 1150 par le comte Geofroi aux hommes de Saint-Florent (ci-dessus p. 89, note 1, A). Ces actes prouvent dès une époque ancienne l'existence, ou pour parler plus exactement, la continuation de l'existence de la cour et la nature de ses pouvoirs ; nous devons voir maintenant comment elle fonctionnait une fois qu'elle était saisie et que l'instruction des affaires la mettait à même de prononcer.

En règle générale tout se passe en commun entre le

comte et ceux qui siègent dans sa cour comme en faisant partie. Le comte n'en est pas séparé, et cela est vrai, soit qu'il s'agisse de la renonciation d'un demandeur à des prétentions dont l'inanité lui a été démontrée (1) ; soit que sans la médiation de la cour, il intervienne entre les plaideurs un arrangement auquel l'un de ceux qui font partie de la cour prend une part active (2) ; soit enfin qu'il s'agisse de jugements, et c'est là le cas le plus fréquent (3).

---

(1) Entre 1088 et 1097, *Garinus Bodinus* renonce à des prétentions sur le moulin de Morannes qui appartenait au Ronceray ...*ab injustitia sua resipuit et in presentia domni Radulfi Turonensis archiepiscopi et Fulconis comitis Goffridi Martelli nepotis, et in audientia obtimatorum virorum quorum nomina in subsequentibus non silebuntur... querelam dimisit. Hujus rei testes sunt...* Suivent les témoins, en tête desquels l'archevêque de Tours et le comte (Cartulaire du Ronceray, Ed. Marchegay, n° CCXXI; pag. 141).

(2) Entre 1133 et 1148, procès commencé entre Fontevrault d'une part et Pierre Pignon et sa femme de l'autre, au sujet de la terre de la Verrière ; on est allé une première fois devant la cour du comte Geofroi ; jour a été fixé ; et le dit jour ...*cumque in presentia prefati comitis ex utraque parte die determinato convenissent*, les barons et autres personnes qui assistent au plaid interviennent plutôt comme médiateurs que comme juges, et font accepter un arrangement par les parties ...*barones qui placito huic cum pluribus aderant personis donnam P. abbatissam adierunt, precibusque persuaserunt... Quæ sub istorum testimonio assensum peticioni eorum prebuit : Gaufridi comitis Andegavensis ; Cononis comitis Britanniæ... Josleni de Turonibus* (sénéchal d'Anjou) *qui multum ut hoc fieret laboravit...* (Chartes originales de Fontevrault ; Archives de Maine-et-Loire).

(3) On pourrait sur ce point multiplier les citations à l'infini. Je me borne aux suivantes :

A. Entre 1060 et 1067, Eudes ou Odo de Sermaizes est débouté de contestations qu'il élevait contre Rainaud de Sermaizes et

Il n'y a pas séparation entre le comte et la cour, dans des cas où c'est simplement la présence du comte qui est constatée, et où il est dit que l'affaire est terminée en sa présence et en celle de ses barons (1).

---

l'abbaye de Saint-Aubin ... *judices autem qui rectum Rainaldi auctorizaverunt fuerunt hi :* suit la liste en tête de laquelle sont le comte Geofroi-le-Barbu et son frère Foulques (Cartulaire de Saint-Aubin, f° 84 v° ; Bibl. d'Angers).

B. Entre 1104 et 1109, sentence de la cour du comte Foulques qui décide qu'Abbon, seigneur de Montfort, n'a aucun droit de *vicaria* sur les terres du Ronceray à Saint-Lambert ...*Huic judicio supradicto interfuerunt isti : Fulco comes ; Gaufridus abbas Vindocinensis...* (suivent neuf autres noms), *et alii plures* (Cartulaire du Ronceray, Rot. II, c. 83 ; Bibl. d'Angers).

C. Des difficultés entre Saint-Florent et le comte ou ses vassaux au sujet de droits de vinage réclamés par l'échanson (*pincerna*) du comte, sont tranchées en faveur de Saint-Florent par jugement du comte ...*habito cum baronibus suis consilio ita diffinitum est...* (Cartulaire blanc de Saint-Florent, f° 39 v° ; Archives de Maine-et-Loire).

D. Une réclamation de Gosbert fils d'Aleaume, contre Saint-Aubin, au sujet de la terre de Précigny, est repoussée par sentence de la cour du comte du 24 août 1139 ...*auditis itaque comes his sermonibus surrexit, et secedens in locum secretum vocavit secum dominum Ulgerium Andegavensem episcopum alios que clarissimos viros ad faciendum judicium. Qui ...judicaverunt... Nomina autem illorum qui hoc juditium fecerunt hi sunt : dominus Gaufridus comes ; dominus Ulgerius Andegavensis episcopus ; Thomas capellanus comitis ; Gaufridus de Raimoforti ; Pipinus prepositus* (d'Angers) ; *Witerdus de Guignone ; Galvanus de Troata ; Gaufridus de Pocionaria... Hoc autem judicium in capitulo Sancti-Laudi recitavit comes... videntibus et audientibus idoneis testibus...* (Cartulaire de Saint-Aubin, f° 3 v° ; Bibl. d'Angers).

(1) En 1150, une difficulté entre Nioiseau et Olivier fils de Bernard, au sujet de La Fauchetière ...*sedata fuit coram comite Andegavense et baronibus... ...Testibus...* (Dom Housseau, t. V, n° 1749 ; Cartulaire de Nioiseau). Il est vraisemblable qu'il s'agit

De même, lorsque ce sont les barons qui approuvent le jugement du comte, qui y donnent leur assentiment (1) ; ou même quand il est dit que le jugement a été fait par tels et tels, par l'ordre du comte, et qu'ensuite le comte et ses barons donnent leur approbation (2).

---

là d'un arrangement entre les parties qui a eu lieu devant le comte et ses barons réunis pour terminer l'affaire par un jugement si on avait été obligé d'en arriver jusque-là.

(1) Entre 1098 et 1106, Eudes de Blaison renonce aux droits de vicomté et de *vicaria* et aux coutumes qu'il prétendait sur les terres de Saint-Nicolas ; cette renonciation eut lieu en présence du comte Foulques. *Huic comitis judicio assenserunt barones ejus : Girorius de Bellopratello...* et dix autres (Extraits des titres et cartulaires de Saint-Nicolas, coll. Gaigniègnières, vol. 650, p. 170 ; Bibl. Nat.).

Il est probable que la simple déclaration faite par le demandeur de sa renonciation à ses prétentions ne suffisait pas pour que le défendeur en fût complètement affranchi ; il fallait sans doute une sorte de *donné acte*, de déclaration de la cour qu'en conséquence de cette déclaration le défendeur était quitte et libre de toute réclamation portée contre lui ; c'est sans doute une semblable déclaration que l'on considère comme un jugement, qui en a toute la portée, et qui est approuvée par la cour aussi bien que par le comte. V. ci-après charte constatant le rejet d'une réclamation de Pierre, sénéchal de Chemillé, contre Saint-Aubin.

(2) Jean de Montbazon prétend avoir un droit de coutume consistant à prendre le quart du produit des pêcheries de Foncher ...*in quarto pisce piscariœ Fontis Cari.* Les moines de Foncher et lui se trouvent en présence devant la cour du comte Geofroi V, qui ordonne de faire un jugement ...*auditis utrarumque racionibus judicium fieri precepimus. Judicatum vero fuit quod prenominatus Johannes ...nihil prorsus habere debebat...* Ce jugement est confirmé par le comte et par tous ceux des barons qui n'avaient pas pris part à sa confection. *Ego autem judicium confirmavi et multiplex frequentia baronum meorum in quorum audientia recitatum fuit...* La charte rédigée en conséquence par ordre du comte a soin de mentionner

Enfin, je crois qu'il faut encore voir une sentence émanée à la fois du comte et de la cour, dans cette circonstance qu'après avoir dit que la sentence est rendue par le jugement de plusieurs, on ajoute qu'eux et le comte ont entendu la décision (1) ; et dans cette autre que la mention constatant que la cause a été entendue et terminée devant le comte et ses barons, ne contient plus que la mention des noms des *jugeurs, judicatores* au nombre de deux, et de deux autres qui assistent comme témoins (2).

---

les six personnages qui ont fait le jugement, probablement qui avant de se prononcer, ont réuni tous les éléments de la décision ...*Hii sunt qui jussu meo judicium fecerunt*... Cet acte auquel on peut assigner la date approximative de 1145 était scellé par le comte : mais il aurait pu sceller sans avoir pris part au jugement ; sa participation résulte de ce qui précède (Dom Housseau, t. II, n° 611, d'après l'original scellé).

(1) Entre 1067 et 1084, réclamation par des serfs du comte contre des serfs de Saint-Martin pour être admis à un partage. Repoussés par l'abbé de Marmoutier ils s'adressent à la cour du comte ....*in curia ipsius judicio Guidonis Nevernensis, Roberti Burgundionis, Guillelmi Archemgeri filii et Hugonis de Turi audierunt ipsi et comes nullam eos habere partem in rebus Sancti*.... (Liber de servis Majoris Monasterii, n° CXVI, Ed. Salmon, p. 109).

(2) Entre 1067 et 1075 Pierre, sénéchal de Chemillé, réclame à Saint-Aubin la terre de Pierre *Stultus*, son parent; on va devant la cour du comte Foulques Rechin ...*ibique coram comite Fulcone et ejus baronibus audita .. causa .. est terminata... Hoc fuit judicium... Hujus autem causæ judicatores fuerunt: Hugo de Meduana, Fulco de Matafelone ... Presentibus ac videntibus: Normanno de Castro Carceris, Gaufrido Rotundello Andegavensi preposito, et aliis pluribus.* Il s'agissait encore dans cette affaire de la déclaration d'un demandeur qu'il n'avait aucun droit à réclamer contre le défendeur; mais les termes dans lesquels les rédacteurs de la charte ont conservé sa déclaration me confirment dans l'hypothèse que j'ai émise plus haut que le

Il arrive quelquefois que dans des chartes il est dit simplement que le jugement a été rendu par la cour, ou que la renonciation du demandeur à ses prétentions a eu lieu en présence de la cour, que ces chartes contiennent ou non les noms de ceux qui ont pris part au jugement ou devant lesquels la renonciation a eu lieu. Il n'y a à mon avis aucune conséquence à en tirer pour dire que la cour pouvait statuer sans que le comte y fût présent. Il peut se faire que le document constatant la décision de la cour ne mentionne pas la présence du comte, et que d'autres émanés du comte lui-même, constatent que le comte a assisté au jugement et à tout ce qui s'est passé devant la cour. Hubert de Champagne (*de Campania*) renonce le 14 avril 1159 devant la cour du comte, à des prétentions qu'il avait élevées sur les revenus du bourg de Seiches, appartenant au Ronceray. A la suite des noms de ceux en présence desquels a eu lieu la renonciation, et parmi lesquels ne se trouve pas le comte, on lit cette mention, *isti erant curia;* il semble donc résulter de cette mention mise

---

demandeur devait, dans ce cas, reconnaître non-seulement qu'il n'avait aucun droit, mais que la chose objet de ses premières réclamations devait rester à l'abri de toute nouvelle réclamation de sa part dans les mains du défendeur. C'est après une déclaration de cette nature qu'a été prononcé le jugement qu'on doit considérer comme l'œuvre commune du comte et de la cour. Voici en quels termes la charte en rend compte, ils me paraissent établir clairement ma proposition : *Hoc autem fuit judicium : Petro de Camilliaco siniscalcum secundum suam narrationem et monachorum responsionem nihil recti, ac per hoc nichil justœ calumpniœ ac reclamationis in illa terra quam monachis Sancti-Albini calumpniabatur habere, abbatem et monachos ipsam terram quiete et solide in perpetuum debere possidere* (Cartul. de Saint-Aubin, f° 61, v°; Bibl. d'Angers).

immédiatement après la liste qui exclut le comte, que ce-lui-ci n'a pas pris part à ce qui s'est passé dans la cour. Mais peu de temps après, une charte de Henri II inter-vient pour maintenir le Ronceray dans la possession qui lui a été contestée, et cette charte mentionne expressé-ment la présence du roi d'Angleterre qui tenait la cour comme comte d'Anjou, *clamavit quietas ...coram me in curia mea...* (1).

§ 6.

Justice sommaire du comte.

Faut-il aller jusqu'à dire que la cour n'était régulière-ment composée et ne pouvait prononcer de sentence que quand elle était tenue par le comte lui-même ou par quel-qu'un qui le représentait expressément ? Je ne suis pas bien éloigné de cette opinion ; je ne puis indiquer avec certitude aucun texte constatant un jugement rendu par la cour, sans que le comte y ait pris part ; mais ce qui peut servir à l'établir, c'est d'abord que quand la cour du comte est tenue par le sénéchal à la place du comte, il est fait mention, comme nous le verrons plus loin, de cette circonstance et de la délégation du sénéchal par le comte ; ensuite que dans des procès causés par les entre-prises de ses officiers contre les religions, ou sur des diffi-cultés qui s'élèvent entre elles et d'autres seigneurs, le comte, lorsqu'il ne connaît pas de l'affaire, en renvoie la

---

(1) Cartulaire du Ronceray, Ed. Marchegay, n^{os} cxxxii et ix, pag. 95 et 11.

décision à des juges expressément désignés, ou à des arbitres, ou même à une sorte de jury qui prononce souverainement. Dans plusieurs cas, il est expressément observé que le comte ne prend pas part à la délibération, car il arrange l'affaire pendant que les juges sont occupés à délibérer (1).

---

(1) A. Payen de Clairvaux et Hugues de Pocé veulent exercer des droits de coûtumes sur la terre de Champigny appartenant à Saint-Aubin. Après que les parties ont exposé leurs raisons .... *comes ad faciendum judicium judices tam clericos quam laicos in partem misit. Dum vero illi inter se de judicio agerent, comes benigne cum abbate de concordia loqutus est....* Par son influence, les demandeurs renoncent à leurs prétentions en 1142 (Extraits des titres et cartulaire de Saint-Aubin, coll. Gaignières, vol. 188, p. 65. Bibl. nationale).

B. Autorisation donnée par le comte à Saint-Aubin de faire des travaux pour l'écoulement des eaux du prieuré des Alleux. En 1143, le sénéchal du comte à Brissac *(Brachesaccum)* prétend que ses droits de *vicaria* en ont éprouvé une diminution ; il s'adresse en conséquence au comte. *Cui comes super hoc judicium obtulit judicesque.... qui media equitate si ei injuriam comes faceret inspicerent elegit....* c'est un véritable arbitrage proposé ainsi par le comte entre lui et son sénéchal. Ils se retirent pour délibérer ; pendant qu'ils délibèrent, le sénéchal renonce à sa réclamation, puis le comte les fait revenir et l'arrangement a lieu ... *Judicibus itaque in partem recedentibus..... quo audito comes.... judices redire jussit* (Prieuré des Alleux, t. I, f° 465, original ; Archives de Maine-et-Loire).

C. Contestation avant 1055 entre un nommé Josbertus et l'abbaye du Ronceray ; les parties vont devant le comte qui les renvoie *jubens principibus suis ex hoc tenere placitum ;* les religieuses gagnent leur procès (Cart. du Ronceray, Rot. I, c. 29 ou 38).

D. En 1063 *Fulco Normannus* conteste au comte Geofroi la propriété de la descendance de deux coliberts ...*Fecit comes de hoc judicamentum fieri quod tenuerunt homines isti... his judicantibus ; et presente Fulcone Normanno, etc...*

Si les deux parties comparaissaient, le comte statuait
de suite si la chose était assez simple pour ne pas exiger

---

cette charte distingue avec soin les juges et les témoins (Cartulaire du Ronceray, Ed. Marchegay, n° XXXVIII, p. 32).

E. Difficultés entre les *villici* du comte et les chanoines de
Saint-Pierre-de-la-Cour au Mans sur le partage des revenus
de foires communes entre lesdits chanoines et le comte
...*Judicio rem terminari precepi... quod judicium factum
est a... et multis aliis...* Suivent les noms des témoins dont
plusieurs sont aussi juges de l'affaire (Archives de le Sarthe,
G. 479, p. 251 et 264).

F. En 1151 discussion entre des hommes du Ronceray et les
benagiores du comte qui prétendaient que ces hommes leur
devaient le *benagium*. Menacés par les hommes du comte,
ceux de l'abbaye se plaignent à l'abbesse qui s'adresse à la
cour du comte ...*Curiam comitis abbatissa vocavit...·audito
utriusque causæ tractatu, comes causam in vero dictu antiquorum et proborum virorum poni commendavit. Deinde
comes ipse vocavit in verum dictum... Isti prefati surgentes
audiente et vidente curia...* Leur décision est que les hommes du Ronceray ne doivent aucun *benagium* (Cartulaire du
Ronceray, Rot. V, c. 34; Bibliothèque d'Angers). Cette décision est le résultat de la délibération des *antiqui et probi
homines* prise par eux en dehors de la cour, mais c'est en sa
présence qu'ils en donnent connaissance, et le comte ne fait
qu'en assurer l'exécution. Il ordonne *(precepit)* à l'abbesse de
rédiger par écrit *hoc verum dictum,* et promet de le sceller
de son sceau.

G. Une procédure presque identique est employée dans un
cas où il s'agit de droits de justice que le comte Foulques V
prétendait avoir sur le fief de *Jerleia* et sur une autre terre
(campum de Meduana) appartenant à *Audefredus* (Offroy ou
Auffray) fils de Guy. Celui-ci apprenant les prétentions du
comte recherche quels sont ceux qui connaissent l'état de sa
terre, et il trouve 73 *probi homines* d'Angers qui peuvent dire
la vérité, et il fait connaître leurs noms ...*Super veritatem
proborum hominum Andegavensium de quibus nominatim inventi fuerunt* LXXIII. Le comte alors indique un jour
pour faire venir tous ces hommes devant lui, et au jour
dit il en choisit douze auxquels il fait jurer sur les reliques

un débat plus approfondi. La fixation contradictoire de jour me paraît avoir emporté pour les parties obligation de se répondre l'une à l'autre, mais la décison sommaire du comte pouvait résulter d'une manière indirecte de ce qu'il laissait l'une des parties libre de répondre ou de ne pas répondre à l'autre (1).

---

que ni par amour ni par haine pour lui ils ne cacheront la vérité …*Ego autem* (c'est le comte Foulques qui parle) *cum hoc audivi, terminum posui ut homines illi coram me venissent, et cum omnes homines illos ante me vidi, ex eis* XII *elegi, et jurare eos super reliquias feci quod pro amore nec pro odio veritatem non tacuissent*… Sur leur déclaration conforme aux prétentions d'*Audefredus* que le comte n'a aucun droit de justice sur ses terres, celui-ci renonce à sa prétention …*contencionem quiete concessi :* cette contestation se place entre 1114 et 1124 (Bibliothèque Nationale; Cabinet des titres, pièces originales, vol. 762, Chourses n° 74).

(1) C'est ce qui me paraît résulter du document suivant (Chartes originales de Saint-Florent ; Archives de Maine-et-Loire). Le comte Foulques-Nerra après la prise de Saumur, en 1025, avait enlevé à Berardus une terre qui devait un cens à Saint-Florent. Le comte Geofroi-Martel la donna à *Gauscelinus Rotundator*, qui vers 1042 la vendit à Frédéric, abbé de Saint-Florent, du consentement du comte Geofroi. En 1062, Geofroi fils de ce *Berardus* conteste (*calumpniatus est*) le droit des moines de telle manière que l'abbé et lui se mettent d'accord pour porter l'affaire devant le comte qui était alors Geofroi-le-Barbu… *ut abbas et ipse inde causam statuerent quatinus ante comitem ad judicium venirent*. Les prétentions de ce Geofroi ne sont pas repoussées directement, mais elles le sont d'une manière indirecte puisqu'on laisse ses adversaires maîtres de donner suite à la procédure… *Habito vero judicio approbatum fuit quod si comes et abbas vellent, nunquam ei de hac re secundum consuetudinem responderent*. Geofroi voulut renouveler sa contestation sous une autre forme, mais il y renonça et un arrangement eut lieu.

C'est en vertu d'une coûtume reconnue par la cour que le comte et l'abbé ne sont tenus de répondre à Geofroi que s'ils le veulent ; il me paraît en résulter implicitement qu'on n'était

Lorsque l'une des parties ne comparaissait pas en même temps que l'autre sur le premier appel devant le comte, elle était sommée de comparaître pour donner ses explications ; et à défaut de comparution, le comte accordait sa demande à la partie qui avait comparu (1).

---

obligé de répondre que quand il y avait jour indiqué, *dies determinata,* et réciproquement, que l'acceptation de jour emportait pour les parties obligation de se répondre l'une à l'autre, à moins qu'il n'intervînt un arrangement mettant fin au procès. Il n'y avait donc pas eu dans cette affaire de jour indiqué, et sous une forme détournée c'était une manière sommaire sur la première comparution et sans débat au fond de repousser les réclamations d'une partie.

Le comte était ici un peu juge et partie ; car son oncle dont il était l'héritier avait autorisé la vente consentie à l'abbé de Saint-Florent.

(1) C'est ainsi, sans aucun doute possible, que les choses se sont passées en 1108 ou au commencement de 1109 lors des réclamations portées devant les comtes d'Anjou et du Maine par les moines de Marmoutier contre Robert des Roches qui voulait percevoir sur leurs terres des coûtumes dont il se prétendait exempt (Dom Housseau, t. IV, n° 1183 ; Archives de Marmoutier. V. ci-dessus p. 81). Robert qui pourtant se trouvait dans la même maison que les comtes ne comparut pas devant eux quand les moines firent leur clameur, *clamorem ;* puis le comte du Maine Hélie alla le trouver, et lui rappela quelles étaient les injustices qu'il avait faites aux moines... *Ad eos clamorem nostrum de prefato Rotberto pertulimus... Quibus auditis, prenominatus comes Cenomannorum venit ad eum Rotbertum qui seorsum erat in parte ejusdem domus in qua comites convenerant, et ex parte comitum et sua misit eum ad rationem super injuriis quas ab eo nobis fieri querebamur...* Connaissance de cette réponse est donnée aux religieux qui se déclarent prêts à exposer complètement les faits dont ils se plaignent. Les comtes font savoir alors à Robert, par l'intermédiaire de deux personnages qui siégeaient dans la cour, que ses adversaires étaient prêts à plaider contre lui. Sur son nouveau refus qui entraînait ainsi reconnaissance de l'injustice de ses prétentions, il lui est interdit d'y persis-

C'est ainsi que les choses se passaient le plus ordinairement ; mais il peut arriver aussi que des décisions véritables ayent été rendues dès cette première comparution ; et même quelques-unes paraissent avoir été rendues sur les réclamations d'une seule des parties. Ces décisions étaient prises en exécution de décisions antérieures de la cour, ou par confirmation de droits résultant d'écrits et tellement évidents que des explications contradictoires n'auraient rien changé à la décision ; mais cela n'empêche pas que des réclamations portées devant le comte étaient admises sommairement et sans contradiction (1). D'autres fois ces explications ou réclamations

---

ter... *Unde rursus mandaverunt ei comites per Baucennium de Vivariis et per Sigebrannum conestabilem nos presto esse... placitare. Sed ipse respondit se de hac re in placitum non intrare. Hoc itaque comites audientes et aperte illius injustitiam cognoscentes interdixerunt ei etc...*

Cette sentence est bien rendue sans avoir entendu les moyens du défendeur, mais il avait été par deux fois mis en demeure de venir les produire devant la cour du comte.

Sigebrannus conestabilis est sans aucun doute Sigebrand de Chemillé, connétable héréditaire d'Anjou.

(1) A. Il n'y a pas eu de débat contradictoire dans les divers cas rappelés dans cette note et dans la suivante. Entre 1053 et 1060, Geofroi-le-Barbu, alors comte du Gâtinais, s'empare au préjudice des religieux de Saint-Père-de-Chartres d'une terre qui leur avait été donnée pour un de leurs chevaliers. Les religieux portent plainte à son oncle Geofroi-Martel comte d'Anjou... *Quod audiens prefatus comes id œgre tulit et rem non recte actam corrigens ilico predictam terram Sancto-Petro reddidit, et has litteras nomine proprio nominibusque primatum suorum corroborari jussit* (Dom Housseau, t. XX, f° 38 ; ex Chartulario Sancti-Petri Carnotensis).

B. Entre 1060 et 1067. Il s'agit de vignes que le comte Geofroi-Martel avait données à Rodaldus Britto avec le consentement des moines de Saint-Aubin, à la condition que s'il

étaient faites directement devant le comte à la première comparution et le comte statuait sommairement (1).

---

mourait ou s'il se retirait du service du comte, Saint-Aubin recouvrerait ses vignes. A la mort de Rodaldus Britto qui arrive du temps de Geofroi-le-Barbu, les moines réclament les-dites vignes, *et ostenso jure quod in vineis habebant, jussit ipse comes et annuit ut illi eas haberent sicut jus poscebat...* (Cartulaire de Saint-Aubin, f° 20 v° ; Bibliothèque d'Angers). Il est fort possible que le comte Geofroi-Martel se soit réservé quelques droits que les moines de Saint-Aubin payaient au comte Geofroi-le-Barbu ou à son frère.

(1) A. C'est ainsi que les choses me paraissent s'être pas-sées dans les difficultés qui eurent lieu entre Fontevrault et les héritiers d'Audeburge de Montreuil (Montreuil-Bellay, *Mosteriolum*). Audeburge avait fait divers dons à Fontevrault. Après sa mort ses héritiers, Mansella et Eudes, élevèrent des contestations qui furent repoussées antérieurement à 1136 par un jugement de la cour d'Hildebert, évêque du Mans. L'abbesse Pétronille voulut cultiver la terre et construire des maisons. Mansella et Eudes dévastèrent les terres et incendièrent les maisons. ... *Quamobrem,* dit l'abbesse, *curiam comitis Gau-fridi junioris adire me oportuit ; comes me de terra illa sai-sivit, illis tamen reclamantibus...* Ce fut sans aucun doute pour faire taire ces réclamations qui continuaient qu'en 1136 un accord scellé du sceau du comte intervint entre les parties dans la cour du comte Geofroi V... *Curiam comitis iterum adivi...* (Fontevrault, 2° collection de Chartes anciennes, Ch. 66 ; Archives de Maine-et-Loire). Dans cette circonstance il ne s'agissait pas seulement de tenir la main à l'exécution d'une donation, il y avait chose jugée dont les héritiers d'Audeburge méconnaissaient l'autorité légitime. La transaction avec les héritiers n'a lieu qu'après que l'abbesse a obtenu la mise en possession de la cour du comte Geofroi.

B. En 1145, sur la réclamation du Ronceray, de Saint-Nicolas et de Saint-Laud, le comte Geofroi fait détruire une écluse faite par les hommes *de Fossis* et qui leur causait un grand préjudice ...*Clamorem fecerunt ad comitem qui cognito damno... destrui precepit...* (Dom Housseau, t. V, n° 1711 ; ex Cart. Sancti-Laudi).

Il peut même arriver qu'une semblable décision résulte de ce que nous considérerions sans hésiter comme un véritable déni de justice, de ce que le comte, pour des motifs tout personnels, l'âge et la maladie du défendeur et les services que celui-ci lui avait rendus, ne voulait pas lui causer d'ennuis (1).

Je ne crois cependant pas qu'il faille voir dans ces décisions rendues fort sommairement, une application du principe qui permettait au comte de déléguer des juges pour connaître d'une affaire *summarie et de plano* ; les procès qui se jugeaient ainsi et qui étaient affranchis de la plupart des formalités étaient jugés con-

---

(1) Aubry, gendre de Hugues Mange-Breton, exigeait des coutumes sur les terres de Saint-Florent. Une sentence de la cour du comte Foulques-Rechin, du 17 février 1092, ordonne de rendre *predam et homines quos Albericus ceperat*. Non content de cette restitution qui ne s'appliquait qu'au passé, l'abbé de Saint-Florent veut engager la question au fond, et il somme Aubry de plaider avec lui pour savoir s'il a eu le droit d'agir comme il l'a fait, ou de renoncer à ses prétentions, *dimittere omnino*. L'abbé et ses moines réclament auprès du comte ... *Clamorem fecerunt ut eis justiciam de Alberico faceret;* à quoi le comte répond : *Si Albericus sponte dimitteret, sibi placere ; se autem eum minime ad hoc compulsurum, quia jam senex et egrotus esset, et adeo sibi in preteritum servierat ut ei molestus [esse] nollet. Sicque discessum est* (Chartes originales de Saint-Florent, Archives de Maine-et-Loire). Le comte refuse donc de statuer sur la nouvelle réclamation de l'abbé. Cette charte ne paraît pas avoir été rédigée dans la chancellerie du comte ; celui-ci avait très-probablement des intérêts dans l'affaire, car les coutumes exigées par Aubry auraient été, suivant la charte même, remises par son beau-père et le comte Geofroi-Martel ; peut-être aussi l'abbé prévoyait-il que la jouissance d'Aubry ne serait pas de longue durée. En tout cas, quelque sommaire que cette décision puisse paraître, il ne semble pas qu'il ait réclamé.

tradictoirement, chacune des parties faisait valoir ses moyens. Ne faudrait-il pas plutôt voir ici une application de cette règle si dangereuse, reconnue par les plus anciens jurisconsultes Angevins, que tout commandement de prince vaut jugement (1) ? C'étaient bien certainement des commandements de prince que des actes émanant de lui qui prononçaient des maintenues ou des mises en possession sans qu'il y eût débat contradictoire, et alors que la partie réclamante avait seule été entendue.

Mais il ne faudrait pas ranger dans cette catégorie le cas où le jugement rendu par le comte seul serait rendu après une épreuve judiciaire, par bataille ou par le fer rouge, ou par l'eau bouillante. Celui qui juge, dans ce cas, n'a qu'une chose à faire : vérifier le résultat de l'épreuve, ce qu'il peut faire par lui-même ou par un autre (2) ; et étant donné le système de preuve, le

---

(1) Compilatio de usibus ... § 61 ; Coûtumes d'Anjou et du Maine, t. I, p. 54.

(2) Les moines de Cormery depuis longtemps en possession de la forêt de Brenessay (*Brussesnei*) et de terres adjacentes, avaient eu de nombreuses difficultés avec les prévôts du comte dont les prétentions avaient été repoussées. Un prévôt nommé Michel les renouvelle ; les moines vont porter plainte au comte et offrent la preuve de leurs droits par le jugement de Dieu ... *conquesti... narrantes consuli quomodo presto fuissent eam probare... Consul judicavit probationem quidem fieri, exitu vero rei Deo committi...* Il ne s'agissait là que d'un avant faire droit qui, d'après les termes mêmes de la charte, aurait été ordonné par le comte seul. Cette première décision commettait Michel pour surveiller l'épreuve judiciaire ... *examinandum judicio ferendo.* Le résultat de l'épreuve est favorable à l'abbaye. Thibaut prieur de Cormery et Michel vont faire connaître le résultat au comte qui demande à Michel si la chose s'est bien passée comme le prieur la racontait ... *Tunc comes interrogavit Michaelem prepositum suum si*

comte peut, en toute sûreté de conscience, prononcer jugement.

D'autres fois, c'est seulement en apparence qu'il y a sentence prononcée par le comte seul. Ce ne peut pas être, en effet, un véritable acte de juridiction contentieuse, un jugement terminant un procès, lorsque sur une demande d'autorisation ou de confirmation d'une donation le comte statue sur les réclamations que cette demande soulève, soit qu'il se tienne immédiatement pour éclairé sur la valeur de la réclamation, soit qu'il s'enquière de la vérité par les moyens qu'il juge le plus convenables (1).

---

ita se res haberet ut prior retulerat : at ille respondit se ita res habere ut prior narraverat... Le rôle joué par le prévôt Michel est d'autant plus à remarquer que dans la forme c'est lui qui est l'adversaire des moines, comme d'ailleurs l'avaient été le prévôt son prédécesseur et le segréer du comte dans une précédente contestation où, à la suite d'une monstrée contradictoire, ils avaient cessé leurs entreprises. La charte est rédigée dans la forme d'une concession du comte ..... *Consul.. ... concessit ex inde monachis terram ;* elle est signée par Michel avec plusieurs autres témoins (Dom Housseau, t. IV, n° 1421; Cartulaire de Cormery).

(1) A. En 974, la comtesse Adèle, femme de Geofroi-Grisegonnelle, donne à Saint-Aubin le terre de la Peregrine (ou *insulam de Monte*). Au moment où la donation va être confirmée *in placito publico* à Angers, un nommé Raynard s'oppose à la confirmation en prétendant que cette terre est de son fief. Le texte dit simplement *testatus est ;* il est probable qu'il y eut une preuve faite très-sommairement, ou même que le fait était notoire. L'affaire est arrangée immédiatement par le comte d'Anjou le 6 mars 974 ; l'abbé de Saint-Aubin s'engage à donner à Raynard quatre livres d'argent sur sa mense et à payer un cens de 2 sols à   . Raynard tenait du comte Eudes son fief dans lequel se trouvait la terre de la Peregrine, il n'invoquait aucun droit comme le tenant du comte d'Anjou,

D'autres fois aussi c'étaient de véritables juges que le comte désignait ; mais leur rôle était bien simple dans beaucoup de cas où la décision de la cause dépendait du résultat de l'épreuve par le fer chaud ou l'eau bouillante (1). C'était là bien certainement un *justum judicium*, car c'était la cour qui prononçait (2).

---

c'est une sorte de transaction pour empêcher des difficultés futures imposée par le comte aux parties (Mense conventuelle de Saint-Aubin, t. I, p. 79; Archives de Maine-et-Loire).

B. Septembre ou octobre 1177, le Roi Henri II confirme à la Couture la donation de Pontvallain faite par Hugues de Semur. Hamelin de la Faigne conteste cette donation en prétendant que les choses données sont de son fief; cette contestation est portée devant le roi qui se trouvait alors à Mayet et qui fait appeler en sa présence Hugues, donateur, et Richard, abbé de la Couture. Avec le Roi se trouvait Etienne, sénéchal d'Anjou, Pierre Guy, Jean *de Melna*, sénéchal du Mans, et autres. Il demande à Hugues sur la foi qu'il doit à Dieu et à lui de lui dire de qui il tenait ses fiefs; Hugues répond qu'il ne les tient en hommage que du Roi. Pour plus de certitude il convoque ses hommes de Mayet qui, après avoir prêté serment, déclarent à l'unanimité que le fief du Roi comprend non seulement ce que Hugues de Semur a donné, mais encore tout ce que les moines possèdent à Pontvalain. Après cette déclaration le Roi confirme dans les termes les plus exprès la donation faite à la Couture. La charte de confirmation est donnée à Rouen; le sénéchal d'Anjou et celui du Mans ne figurent pas parmi les témoins (Cartulaire de la Couture, f° 13 v°; Bibliothèque du Mans).

(1) En 1063, Foulques Normand petit-fils de Roger de Montreveau contestait au comte Geofroi-le-Barbu la propriété de la descendance de deux coliberts qu'il prétendait avoir été donnés à son ayeul par Foulques-Nerra ayeul du comte. *Fecit comes de hoc judicamentum fieri quod tenuerunt homines isti .....* l'affaire se termine par l'épreuve du fer chaud (Cartulaire du Ronceray, Ed. Marchegay, n° XXXVIII, p. 32).

(2) Entre 1145 et 1151, une prétention d'un chasseur du comte (*Odo venator comitis*) qui voulait exiger à titre de fief

On peut encore ranger parmi les cas où le comte
statue seul celui de procès entre deux parties dans lesquels l'une d'elles prétend tenir ses droits du comte ;
le comte, devant lequel la question est portée, déclare
solennellement *in judicio* qu'il n'a ou n'avait aucun
droit. Ce n'est pas dans cette hypothèse, comme dans
celle que nous verrons un peu plus loin, un agent du
comte qui vient comme son mandataire pour exercer ses
droits, c'est une partie qui agit en son propre nom,
mais qui prétend qu'elle est l'ayant-cause du comte.
Après la déclaration du comte, qu'elle ait lieu lorsqu'on
comparaît devant lui pour la première fois, ou au jour
indiqué pour discuter l'affaire devant la cour, tout est
fini ; la partie n'a plus qu'à déclarer solennellement
devant la cour qu'elle renonce à ses prétentions (1).

---

que les chiens du comte fussent nourris dans la maison de
Saint-Vincent est repoussée *justo judicio* au jour fixé par le
comte pour les débats de l'affaire (Cartulaire de Saint-Vincent
du Mans, p. 102, coll. Gaignières, Bibl. Lat. Nat. 5444).

(1) A. Entre 1055 et 1060, Guillaume de Monsoreau prétend
avoir des droits sur une forêt entre Bourgueil et la Loire, que
le comte Foulques-Nerra avait donnée à l'abbaye de Bourgueil. Les parties portent leur contestation à Angers devant
le comte Geofroi qui déclare en présence de tous ceux qui assistaient et de Guillaume lui-même que ni son père Foulques ni
lui n'ont jamais eu de droits de coûtumes sur cette forêt, et
que nul ne pouvait avoir de témoins prouvant qu'il lui en eût
concédé ... *nec alicui unquam esset hujus beneficii testis....*
Et comme Guillaume ne pouvait justifier d'aucun droit de son
chef, il renonça à ses prétentions. Les moines lui donnèrent
une somme importante et il renonça solennellement à sa contestation ... *et ipse istam calumniam in presentia comitis
guirpiret, quod et factum est Andegavis....* (Dom Housseau,
t. II, n° 512; Cartulaire de Bourgueil).

B. Hugues, seigneur d'Amboise, avait commis des usurpa-

§ 7.

Réclamations élevées par les agents du comte.

A côté de ces hypothèses, il faut encore placer celles dans lesquelles ce sont des agents du comte qui préten-

---

tions sur les terres de Marmoutier. Après divers incidents, l'affaire vient devant la cour du comte Foulques, au Mans, le jour de l'Ascension 1128, au moment où le comte s'apprête à prendre la croix. Hugues déclare qu'il y a longtemps qu'il avait ces droits, qu'il les avait comme venant du fief du comte ... *de fevo comitis se habere*, et qu'il ne les abandonnerait pas. Le comte déclare à son tour que Hugues ne pouvait pas avoir ces coûtumes comme les tenant de lui en fief, car il ne pouvait en aucune manière en desrener dans sa cour.... *dixit quod has consuetudines... de fevo suo idem Hugo prorsus non habebat, quippe qui hoc ipsum in curia sua nullo modo deratiocinari valebat...* A la suite de cette déclaration Hugues renonce à ses prétentions en la cour du comte ... *quod nobis forisfecerat dimittit. Testes : Fulco comes; etc...* Cette renonciation est renouvelée par Hugues dans le chapitre de Marmoutier (Dom Housseau, t. IV, n° 1500 et 1501 ; Archives de Marmoutier).

C. Nivard de Rochefort élève des contestations au sujet du bois *de Lateio* appartenant au Ronceray. L'abbesse porte sa réclamation au comte qui donne jour aux parties à Brissac, *terminum posuit apud Brachesac...* Au jour fixé, c'était avant le 7 septembre 1151, les parties étant en présence l'une de l'autre devant le comte, l'abbesse expose sa demande et représente la charte qui constatait son droit. Après en avoir pris connaissance, le comte demande à Nivard de qui il tenait le sien, *a quo et per quem clamabat.....* Celui-ci répond qu'il le tenait du comte ; le comte reprit alors qu'il n'avait aucun droit et débouta Nivard de sa demande (Cartulaire du Ronceray, Rot. I, c. 64 ; Bibliothèque d'Angers, Ed. Marchegay, n° CLXXXV, p. 123).

dent exercer ses droits de coûtumes et autres semblables.

Il s'est présenté des cas où les réclamations contre les agents ont été renvoyées pour être tranchées par un jugement rendu dans les formes, *justo judicio*, soit devant des juges qui paraissent avoir été quelquefois des amiables compositeurs et avoir eu pour mission de juger en équité et arranger l'affaire, soit devant un véritable jury qui la décidait souverainement (1).

L'activité et la rigueur plus ou moins grandes des officiers et agents du comte lorsqu'il s'agissait du maintien de ses droits ou de la perception de ses revenus, ont donné lieu bien souvent, de la part des religions, à des réclamations très-vives contre ce qu'elles appelaient leurs exactions et leur insupportable tyrannie. Faut-il prendre toutes ces doléances au pied de la lettre ? Alors comme aujourd'hui, tout débiteur du souverain, que les agents de perception agissent en son nom ou au nom d'un fisc impersonnel, est toujours disposé à se considérer comme étrangement foulé lorsque ces agents, tout en ne réclamant que ce qui est dû, mettent une rigoureuse exactitude à en exiger le payement ou à faire respecter les droits du souverain de quelque nature qu'ils soient.

Et lorsqu'il s'agit de ces redevances ou de ces obligations qui ne sont dues que dans certaines circonstances déterminées, et souvent à de fort longs intervalles, il

---

(1) Voir ci-dessus (p. 116 et 117 et ci-après p. 136) les chartes relatives aux eaux du prieuré des Alleux et au fief *de Jerleta* (Prieuré des Alleux, t. I, f° 465, original ; Archives de Maine-et-Loire. Bibliothèque nationale, cabinet des titres, pièces originales, vol. 762, Chourses, n° 74).

peut se faire que cela favorise un oubli plus ou moins volontaire et qu'on finisse par croire, avec une bonne foi presque entière, que ce sont de véritables nouveautés lorsque, dans des circonstances identiques cependant, on vient en réclamer le payement ou l'exécution.

Les réclamations contre les officiers du comte ont ce caractère particulier que le comte peut souvent se trouver juge et partie en sa propre cause. Il y avait un intérêt certain et direct puisque c'étaient ses droits mêmes qui se trouvaient contestés, et qu'on peut avec raison soupçonner la justice de celui qui doit prononcer dans de telles conditions.

Il en résulte que, presque toujours, le droit dans ces sortes d'affaires se présente avec un caractère un peu incertain, et qu'en somme la meilleure preuve pour les adversaires des officiers et agents du comte est sa déclaration personnelle qu'il n'a aucun droit. Tout est fini après une semblable déclaration, et la décision finale en ce sens est, au fond, moins un jugement qu'un acte contenant reconnaissance du bien fondé des prétentions de ses adversaires.

Et, ici, on se retrouve dans les mêmes hypothèses que celles que nous avons déjà vues lorsqu'il s'agit de jugements sur le fond du droit entre personnes entièrement étrangères au comte. Il est fort possible que le comte ait statué directement sans autre information préalable, dans des cas où il a déclaré connaître la vérité, soit qu'il la connût d'avance, soit qu'on la lui ait fait connaître d'une manière sommaire, mais assez complète cependant pour qu'il ait pu prononcer immédiatement. C'est probablement ainsi que les choses se sont passées

dans les deux hypothèses que je rapporte en note (1).

Souvent aussi, dans les affaires de cette nature, le caractère sommaire, l'apparence arbitraire que présentent les décisions du comte n'empêchent pas qu'elles aient été précédées d'une instruction préalable, qu'il y ait eu ou non indication de jour, *dies determinata*, qui, comme la *litis-contestatio* de la procédure romaine, avait pour effet de lier le débat. Dans ces cas, le comte paraît avoir statué seul et terminé l'affaire par un jugement rendu dans les formes, *justo judicio*, comme le constatent plusieurs titres ; mais il a statué après une preuve judiciairement faite devant lui, soit que les réclamants arrivassent avec leur preuve toute faite (2), soit qu'elle

---

(1) A. En 1116 ou 1117, l'abbesse du Ronceray Tetburge se plaint au comte Foulques-le-Jeune de ce que son prévôt Raoul Toareth ou Thoaret, veut prendre 10 sols sur une maison qui ne devait aucune redevance. Sur la preuve faite sans que la charte s'explique sur la manière dont elle a pu être faite,...*cumque intimatum fuisset comiti*..., le comte ordonne à son prévôt de renoncer à sa prétention (Cartulaire du Ronceray, Rot. V, c. 98 ; Bibliothèque d'Angers).

B. Entre 1067 et 1081, les *Frodagiarii* du comte Foulques-Rechin réclament les droits de *fodrium* ou *frodagium* (feurres) sur l'église et le cimetière de Saint-Martin-de-Beauval près Jarzé, que Geofroi de Jarzé avait vendus à Saint-Serge. Sur leur réclamation, le comte *veritatem recognoscens* repousse les prétentions des *frodagiarii* (Ménage, Histoire de Sablé, p. 354 ; preuves).

(2) A. Le comte Foulques avait donné à Marmoutier la forêt de Canavosa. Les forestiers de son successeur, le comte Geofroi V, contestent les droits des moines et veulent leur imposer des coûtumes injustes qui leur causent de grands dommages. Ils vont se plaindre en 1136 au comte Geofroi, qui après avoir pris connaissance des concessions de son prédécesseur et reconnu ainsi que ces coûtumes sont réclamées à tort par ses forestiers, maintient Marmoutier dans ses droits ...*insuper pri-*

ait été faite en vertu d'une décision préalable du comte qui l'ordonnait (1).

---

vilegium antecessoris sui de dono ipsius silvæ factum in curiam obtulerunt. Quo perlecto comes ipsum donum perpendens absque aliqua consuetudine ...providit... (Dom Housseau, t. IV, n° 1587 ; origine non indiquée, probablement Archives de Marmoutier).

B. Le comte Geofroi-le-Barbu avait prétendu que les hommes de Marmoutier devaient aller avec lui dans ses expéditions. Deux d'entre eux ayant refusé de le suivre dans une expédition au secours des habitants du Mans *contra Bigotos* furent saisis par ses gens et durent payer l'amende. Quelque temps après, le comte étant venu à Marmoutier, les moines se plaignent de cette coûtume qu'ils qualifient d'injuste ...*testesque habuimus super ea causa legitimos, viros scilicet nobiles ex his qui presentes tunc aderant cum comite ipso... qui constanter adstruxerunt....* Ils attestent que jamais du temps des prédécesseurs du comte on n'avait contraint les hommes de l'abbaye d'aller aux expéditions. Sur cette déclaration, le comte déclare le 14 mars 1062 renoncer à cette coûtume ...*consuetudinem... guerpivit...* (Dom Housseau, t. II, n° 667 ; ex Chartulario Turonensi Majoris Monasterii).

(1) A. Les gens du comte Foulques-Rechin prétendent lever des coûtumes sur la terre de Saint-Maurice-*de-Podio*, appartenant à Saint-Serge. Les moines s'adressent au comte qui, après avoir entendu la déclaration d'un nommé Ulric, reconnaît que la terre est franche comme du temps du comte Geofroi, son oncle. Ulric avait fait cette déclaration en vertu des ordres du comte ...*mandavit comes Ulrico ut veraciter diceret qualiter tenuerant monachi in vita avunculi sui...* Il ne m'a pas été possible de donner à cet acte une date approximative dans le long règne du comte Foulques, qui s'étend de 1067 à 1109 (Cartulaire de Saint-Serge, coll. Gaignières, p. 147 ; Bibl. Nat. Lat. 5446). En 1063, un certain Ulricus est prévôt de Brissac (Cartul. du Ronceray, Marchegay, p. 32). Il l'est dans un autre titre du même cartulaire antérieur à 1055 (Rot. I, c. 29 ou 38).

B. Le prévôt de Beaufort et les forestiers de Vallée voulaient exercer au nom du comte, des droits sur des forêts sises en Vallée et qui appartenaient à Saint-Aubin. Le comte indique

Enfin il pouvait se faire, surtout lorsqu'il s'agissait d'une question de bornage, que le comte déléguât son pouvoir de juger aux personnes chargées de faire la vue et la monstrée, c'est-à-dire l'examen préliminaire ayant pour but de faire connaître les limites des propriétés litigieuses, mais à la condition que leur déclaration serait confirmée par le serment des adversaires (1).

§ 8.

Rédaction des chartes constatant les jugements prononcés par la cour du comte.

La preuve des jugements devait régulièrement se faire par témoins, au moyen de la procédure spéciale qui

---

jour à Beaufort pour terminer la contestation *justo judicio*. Au jour indiqué, en présence de Robert abbé de Saint-Aubin et de quelques-uns de ses moines, *adjuravit comes segrearios et forestarios qui ab infantia nutriti erant in predicta sylva et bene eam noverant ne super hac re mentirentur nec jus comitis monachis delinquerint, nec rectitudinem monachorum comiti adscriberentur...* La déclaration de ces segrayers et forestiers fut en faveur de Saint-Aubin, et le comte ordonna de leur rendre de suite ce qui leur appartenait et de procéder à une délimitation de leurs terres ; en conséquence, un acte final fut fait en présence de nombreux témoins le 29 mai 1129 (Extraits des titres et Cartulaire de Saint-Aubin, coll. Gaignières, vol. 188, p. 325).

(1) Le comte Foulques V avant son premier voyage à Jérusalem avait donné à Saint-Julien de Tours la forêt *de Chedonio*. Du temps du comte Geofroi son successeur, des difficultés s'élèvent sur les limites qui la séparent d'une autre forêt qu'il n'avait pas donnée. Le comte désigne Ysoré prévôt de Montbason et plusieurs autres personnes pour faire la vue, *ad*

portait le nom de *Record de cour*, dans laquelle on entendait comme témoins non-seulement ceux qui avaient été
présents au jugement, mais les juges mêmes qui avaient
pris part à la décision. Et cette preuve, ce record de cour,
était indispensable non-seulement lorsqu'il s'agissait de
savoir quelle était la portée d'une décision rendue par
la cour, mais aussi de savoir si la cour avait rendu une
décision, ou si elle avait été exécutée (1).

---

visionem procederent, et ce qu'ils décideraient serait confirmé
si trois des hommes de Saint-Julien le confirmaient par leur
serment ; c'est ce qui fut fait, et en conséquence de l'affirma-
tion des trois hommes de Saint-Julien, le comte Geofroi donna
en 1142 des lettres qui fixaient ses droits et ceux de Saint-Julien de Tours (Cartulaire de Saint-Julien de Tours, p. 99 ; coll.
Gaignières, Bibl. Nat. Lat. 5443).

(1) A. Entre 1142 et 1146, les seigneurs d'Azay prétendent
avoir seuls le droit de four à Azay, à l'encontre des moines de
Cormery. Pendant les débats, le prévôt de Tours, Pierre Letard
de Loudun, offrit de prouver qu'en la présence de Foulques
Roi de Jérusalem, un four construit par les seigneurs d'Azay
avait été détruit en vertu d'un jugement de la cour et des ordres du comte Foulques, et qu'en conséquence, nul autre que
les moines de Cormery n'avait le droit d'avoir un four à Azay.
Ce serment fût prêté en la présence du comte et de la cour, et
en conséquence, les seigneurs d'Azay furent déboutés de leur
prétention (Dom Housseau, t. IV, n° 1514 ; Archives de Cormery).

B. Voir la charte de Henri II citée plus haut, p. 127, relative
aux prétentions de Nivard sur le bois de *Lateio*, Cartul. du
Ronceray, Ed. Marchegay, n° CLXXXV, p. 123.

C. Une autre charte de Henri II, un peu postérieure sur le
caractère de laquelle je reviendrai plus loin, constate d'une
manière fort explicite un record de cour, car il paraît qu'il y
en eut plusieurs ...*recognitum fuit coram domino et patre meo
comite Andegavensi, et postea recordatum in curia mea per
eosdem vavassores qui interfuerunt illi recognitioni*... (Eod.
Rot. VI, c. 65, Marchegay, n° CLXXXIV, pag. 122).

Lorsque la preuve de l'existence et des dispositions d'un jugement doit résulter de l'audition de témoins, il semble naturel de commencer par entendre les juges eux-mêmes qui ont prononcé le jugement ; ils sont plus à portée que d'autres de savoir ce qu'ils ont fait (1). C'est ainsi que les choses se sont passées dans l'affaire relative au bois *de Lateio* : lorsque, dans la première phase de l'affaire, Nivard de Rochefort fut débouté de sa demande sur la déclaration du comte Geofroi V qu'il n'avait aucun droit dont Nivard pût se prévaloir, la sentence rendue fut un jugement de la cour, *huic rei interfuerunt....* dit le texte ; et ce sont les mêmes *probi homines* qui viennent attester devant le sénéchal agissant en vertu des ordres du comte Henri, que les religieuses avaient été maintenues franches et quittes dans leur propriété.

Ce double caractère qu'on peut reconnaître dans la personne du juge, est parfois exprimé d'une manière formelle (2). Parfois aussi il résulte de ce que les noms

---

(1) Les prétentions d'*Otgerius* qui percevait les feurres du comte de soumettre à cette redevance *consuetudo forri* une terre de Saint-Aubin, sont repoussées par jugement de la cour du comte entre 1067 et 1080 ...*de hoc idem testes sunt qui et judices fuerunt...* (Cartul. de Saint-Aubin, f° 25 ; Bibl. d'Angers).

(2) A. Un procès entre Saint-Aubin et un nommé Giraud est terminé devant la cour des *vassi* à Baugé, entre 1070 et 1080 ; parmi ceux qui ont assisté à ce jugement, on trouve *Girorius idem et ipse testis et judex* (Cartulaire de Saint-Aubin, f° 82 ; Bibl. d'Angers).

B. Entre 1162 et 1165, Etienne sénéchal d'Anjou et du Maine, prononce un jugement entre Marmoutier et Hamelin d'Antenaise, *isti sunt testes et judices,* et la liste commence par son nom, *Ego Stephanus senescallus* (Archives de la Sarthe, $\frac{B-46}{1}$ n° 1).

de ceux qui ont été juges, sont répétés comme étant ceux des témoins de l'affaire (1) ; ou de ce que l'énumération des uns et des autres ayant été annoncée dans le commencement de l'acte, il n'y a plus qu'une seule liste à la fin (2). Il arrive aussi que cette réunion des caractères de juge et de témoin est indubitable, lorsqu'une affaire, venant d'abord devant les juges de la cour par suite d'indication de jour, *dies determinata*, ou devant des juges désignés par le comte, est arrangée au moment où la sentence va être prononcée, et que les témoins se trouvent être ceux qui composent la cour, ou les juges mêmes devant lesquels l'affaire a été renvoyée (3).

---

(1) A. *Burnellus* de Saumur conteste une dime donnée à Saint-Florent par Bérenger *Pisciculus...* en 1093, *judicaverunt comes et Robertus Burgundio .... Testes, Fulco comes, Rotbertus Burgundio, Mauricius Rotundardus....* (Cartulaire blanc de Saint-Florent, ff. 43, 44 ; Archives de Maine-et-Loire).

B. Entre 1129 et 1142, contestation entre Saint-Pierre-de-la-Cour et les officiers du comte au sujet des revenus d'une foire ; le comte donne l'ordre de terminer l'affaire par un jugement ....*Quod judicium factum est a Pagano de Claris Vallibus, et Gaufrido de Cleers, et Hugone filio ejus.... Hoc viderunt et audierunt ...Paganus de Claris Vallibus, Gofridus de Cleers et Hugo Lebreuil ex parte comitis...* (Archives de la Sarthe, G. 479, p. 251 et 264).

(2) Les prétentions élevées par *Garnerius Bodinus* sur les moulins de Morannes, appartenant au Ronceray, sont repoussées entre 1088 et 1097 par un jugement de la cour du comte *...in presentia domni Radulfi Turonensis archiepiscopi et Fulconis comitis Goffridi Martelli nepotes, et in audientia obtimatorum virorum quorum nomina in sequentibus non silebuntur.... Hujus rei testes sunt : Radulfus archiepiscopus, Fulco comes...* (Dom Housseau, t. II, n° 509).

(3) A. Les prétentions de Payen de Clairvaux et Hugues de Pocé sur la terre de Champigny appartenant à Saint-Aubin sont renvoyées en 1142 par le comte Geofroi devant sa cour. Au

Il y a enfin identité entre les juges et les témoins lorsque la charte rédigée pour assurer l'exécution de cette sentence constate que le comte a statué avec l'assistance de ses barons, et qu'ensuite il a signé avec eux l'écrit qui a été fait (1).

De tout ceci, je crois pouvoir conclure que quand les actes constatent des jugements rendus en la cour du comte en ne faisant mention que des noms des juges, c'est que les juges doivent être considérés à la fois comme juges et comme témoins.

Mais il y a aussi quelques titres qui font mention et

---

jour indiqué, *termino constituto*, le comte fait retirer pour délibérer, après que les parties ont exposé leur affaire, les juges tant clercs que laïques ; pendant qu'ils délibèrent, le comte arrange l'affaire *coram subscriptis testibus*. Ces témoins sont des abbés parmi lesquels l'abbé de Saint-Aubin intéressé dans l'affaire, des ecclésiastiques et des chevaliers, *milites* (sauf un peut-être) qui évidemment composaient la cour (Extraits des titres et Cartulaire de Saint-Aubin, coll. Gaignières, vol. 188, p. 65).

B. Les réclamations du sénéchal de Brissac à l'occasion de travaux faits par Saint-Aubin sur le prieuré des Alleux sont renvoyées en 1143 par le comte Geofroi devant Geofroi de Cléers, Hugues de Pocé et Rainaud de la Roche, (*de Rupe*, peut-être des Roches) prévôt du Mans ; pendant qu'ils sont retirés pour délibérer, le sénéchal renonce à ses prétentions, *coram supradictis testibus, Gaufrido de Cleeriis, Hugone de Poceio, Rainaldo de Rupe, et multis aliis* (Prieuré des Alleux, t. I, fᵒ 465, original ; Archives de Maine-et-Loire).

(1) Entre 1118 et 1126, difficultés entre Saint-Florent d'une part et le comte et quelques-uns de ses vassaux de l'autre, au sujet de droits de vinage …*habito cum baronibus suis consilio ita diffinitum est*… *scriptum fieri precepi et manu mea signa sanctæ crucis ad veritatis corroborationem insignivi, baronibus que meis signare precepi*… (Cartulaire blanc de Saint-Florent, fᵒ 39 vᵒ ; Archives de Maine-et-Loire).

des juges qui ont rendu la décision, et des témoins qui ont été présents en cette qualité de témoins, et qui les séparent nettement les uns des autres (1). Cette séparation me paraît résulter de ce que les noms de ceux qui ont assisté au jugement de l'affaire sont simplement partagés en deux séries, même lorsque le mot de juges ou de témoins accompagne l'une ou l'autre, par exemple, lorsqu'avant la première partie on trouve *comes et procerum cetus consuerunt*, ou simplement *huic judicio supradicto interfuerunt isti....*, alors surtout que, comme dans les deux textes que je cite, le comte figure en tête de cette première liste, et que cette liste est suivie d'une ou plusieurs autres listes de témoins produits par les parties, et précédées de ces mots *de parte....* (2). Ces

---

(1) A. Jugement au sujet de coliberts réclamés au Ronceray par *Fulco Normannus* en 1063 ...*Fecit comes de hoc judicamentum fieri quod tenuerunt homines isti... His judicantibus, et presente Fulcone Normanno cum hominibus suis...* (Cartulaire du Ronceray, Ed. Marchegay, n°   , p. 32). Il s'agit ici d'un jugement ordonnant une épreuve judiciaire qui a pu comprendre les parties en cause parmi les témoins, alors surtout qu'il peut y en avoir d'autres, et qu'il ne s'agira plus après cela que de vérifier un fait matériel.

B. La séparation est plus nettement exprimée dans la sentence de la cour du comte Foulques-Rechin qui rejette les réclamations de Pierre sénéchal de Chemillé contre Saint-Aubin au sujet de la terre de Pierre *Stultus* ...*Hujus autem causæ judicatores fuerunt : Hugo de Meduana, Fulco de Matafelone ; presentibus ac videntibus : Normanno de Castro Carceris, Gaufrido Rotundello Andegavensi preposito, et aliis multis* (Cartulaire de Saint-Aubin, f° 61 ; Bibl. d'Angers).

(2) A. Février 1092, jugement qui rejette la prétention d'Aubry, gendre de Hugues Mange-Breton, à exiger des coutumes sur les terres de Saint-Florent (Chartes originales de Saint-Florent ; Archives de Maine-et-Loire).

derniers n'ont certainement pas pris part au jugement, ils ne sont que des témoins de ce qui a été dit ou fait, et ils ne pouvaient avoir une situation plus importante, parce que ce sont les hommes ou même les serviteurs des parties en cause.

C'est ce qui résulte jusqu'à la dernière évidence, à mon avis, des chartes de Henri II relatives aux réclamations de Hubert de Champagne *(de Campania)* contre le Ronceray, au sujet des revenus du bourg de Seiches *(burgus Cepiæ)*. La charte du 13 avril 1159, qui constate la renonciation de Hubert à ses prétentions, est suivie d'une liste de témoins, *isti viderunt et audierunt,* dont la première partie se termine par cette mention expresse *isti erant curia ;* il résulte d'une autre charte un peu postérieure que le nom du Roi Henri aurait dû figurer en tête de cette liste, car il dit que c'est en sa présence, en sa cour, que Hubert avait laissé les religieuses en paix.... *clamavit quietas.... coram me in curia mea.* Puis, à la suite, viennent les témoins, et ceux-ci sont de véritables témoins produits par chacune des parties en cause.... *ex parte autem Huberti.... ex parte sanctimonialium...* (1).

Ce sont donc les juges, à commencer par le comte, qui sont les premiers et les principaux témoins du jugement ; il arrive même que le comte déclare solennellement qu'il

---

B. Entre 1104 et 1109, jugement qui décide qu'Abbon seigneur de Montfort n'a aucun droit de *vicaria* sur les terres du Ronceray à Saint-Lambert (Cartulaire du Ronceray, Rot. II, c. 83 ; Bibl. d'Angers).

(1) Cartulaire du Ronceray, Ed. Marchegay, nᵒˢ CXXXII et IX, p. 95 et 11.

est prêt à affirmer le jugement de sa cour, et on peut même considérer cette formule comme une sorte de confirmation destinée à lui donner une force plus grande (1).

Et c'est pour mieux assurer encore la preuve que, outre ceux qui ont pris part à la solution de l'affaire, on prend comme témoins, en plus ou moins grand nombre, tous ceux qui ont assisté au jugement à un titre quelconque. Ces témoins viennent après les autres parce qu'ils n'ont pas suivi tous les détails du litige ; mais ce ne sont pas moins des *legitimi viri* desquels, sous cette réserve, le témoignage a la même force (2).

---

(1) Un 1ᵉʳ mai, entre 1073 et 1075, le comte Foulques-Rechin dans sa cour à Saumur repousse les prétentions de Thomas de Chinon au sujet de la *Curia Petræ* appartenant au Ronceray. Pour écarter toutes autres contestations à l'avenir... *ad affirmandum curiæ suæ judicium dixit se comes continuo paratum esse...* C'est un jugement rendu par le comte et ses barons, *judicavit suprapositus comes primatesque sui...* puis viennent les noms de ceux qui sont indiqués comme devant être témoins... *nomina quorumdam nobilium clericorum et laicorum qui adfuerunt huic placito hic ad testimonium subnotata sunt...* Et comme il n'y a d'autres noms que ceux de clercs et de nobles qui suivent cette mention, il en résulte nécessairement que ces clercs et ces nobles sont ceux qui ont pris part au jugement de cette affaire (Cartulaire du Ronceray, Rot. 1, c. 87 ; Ed. Marchegay, nº CLXXVII, p. 117).

(2) A. Vers 1145, jugement de la cour du comte Geofroi V qui repousse la prétention de Jean de Montbazon à prendre par droit de coûtume le quart du produit de la pêcherie de Foncher... *Ego autem judicium confirmavi et multiplex frequentia baronum meorum in quorum audientia recitatum fuit. Et ut ratum et inviolabile in perpetuum perseveret, tam judicium quam et illos qui eum fecerunt et multos de eis qui audierunt precepimus litteris annotari, et easdem litteras sigilli mei auctoritate firmavi. Hii sunt qui jussu meo judicium fece-*

Forme des sentences.

C'est seulement dans les dernières années du XIV° siècle
que nous commençons à trouver près les tribunaux des
greffes organisés d'une manière à peu près régulière.
Jusque-là, cependant, à côté de la preuve résultant du
record de cour, on a dû sentir de bonne heure la nécessité d'avoir une preuve durant plus longtemps que la vie
des juges ou des témoins ; de là la rédaction d'une charte
constatant la sentence qui a été rendue, et les noms de
ceux qui pourraient au besoin être appelés à témoigner
de la décision, s'ils existent encore ; il en est de même,
à plus forte raison, lorsque la difficulté a été terminée par
un accord devant la cour.

Souvent cette charte est rédigée par celui qui tenait
l'assise, ou par l'un des principaux personnages qui ont
pris part au jugement ; elle peut aussi l'être par la partie
en cause, il y en a d'assez nombreux exemples, et même
quelquefois c'est en vertu d'une disposition spéciale du

---

runt... *Hii sunt de illis qui recitato judicio interfuerunt... et
alii multi... Ex parte Johannis...* (Dom Housseau, t. II,
n° 611 ; ex originali).

B. Jugement du 24 août 1139 qui rejette la demande en revendication de la terre de Précigny (*Priscinniacum*), formée
par Gosbert fils d'Aleaume (*Gosbertus Alelmi*), contre Saint-
Aubin... *Nomina autem illorum qui hoc juditium fecerunt
hec sunt : dominus Gaufridus comes, dominus Ulgerius Andê-
gavensis episcopus... Hoc autem judicium in capitulo Sancti-
Laudi factum recitavit comes in claustro ejusdem Sancti coram superius nominatis personis... videntibus et audientibus
idoneis testibus quorum hic nomina subscripsimus : Roberto
abbate Sancti-Albini cum quibusdam de monachis suis...
de clericis... de laicis... de famulis monachorum...* (V. ci-
dessus, p. 91, note B.)

comte qui lui a confié ce soin (1). Le plus souvent la charte est rédigée par la chancellerie du comte, et il est facile de voir que, malgré la différence dans la position des parties l'une à l'égard de l'autre, les formules de chartes, dans ce cas, se rapprochent beaucoup de celles des contrats (2).

---

(1) En 1151, sentence de la cour du comte déclarant mal fondée la prétention de ses *benagiores* de percevoir le *benagium* sur les hommes du Ronceray. Le comte avait remis la solution de la cause *in vero dictu antiquorum et proborum hominum*... A la suite de cette décision, le comte charge l'abbesse de rédiger l'*instrumentum*, et promet de le sceller... *Precepit etiam abbatissæ ut hoc verum dictum sub scripti munimento poneretur. pollicens se illi scriptum illud sigillo suo corroborare...* (Cartulaire du Ronceray, Rot. V, c. 34; Bibl. d'Angers).

(2) A. V. ci-dessus p. 139, note 2, le jugement de la cour du comte Geofroi V, en 1145, repoussant les prétentions de Jean de Montbazon contre Marmoutier au sujet des pêcheries de Foncher.

B. Entre 1118 et 1126 des difficultés s'élèvent entre Saint-Florent et les officiers du comte au sujet du droit de vinage sur leurs terres. Parmi ces derniers se trouvait l'échanson ou bouteiller du comte, *Berengerius pincerna qui et ipse benagium exigebat.* Leur prétention est repoussée, et la charte qui constate cette solution de l'affaire est rédigée par le comte : *Hoc quidem auctoritatis meæ factum ut firmius credatur et teneatur... scriptum fieri precepi et manu mea signo sancte crucis ad veritatis corroborationem insignivi, baronibusque meis signare precepi.* Mais ce n'est pas tout : on voulait encore avoir l'approbation de Geofroi, fils du comte Foulques, qui était en nourrice. Les faits qui précèdent se passèrent un mercredi; le dimanche suivant — *Silvester cellararius Andegavum pergens adiit prefati Fulconis comitis filium Gaufridum, ut hoc ipsum signo propria manu imposito firmaret, suppliciter expetens precibus plurimorum qui ibi aderant, et maxime Aiani nutricii sui exortationi adquiescens hoc signo roboravit, testibus.....* L'enfant avait peut-être

§ 9.

De l'exécution des jugements.

Les jugements, en général, adjugent à la partie qui a obtenu gain de cause l'objet même de sa demande. Ainsi, lorsqu'une demande en revendication est repoussée, la sentence ajoute que la terre réclamée restera ès mains du défendeur originaire (1).

Lorsque des réclamations contre des perceptions injustes d'impôts ou de redevances sont reconnues fondées, une conséquence nécessaire est la restitution de ce qui a été payé indûment (2).

---

crié. (Cartulaire blanc de Saint-Florent, f° 39 v°; Archives de Maine-et-Loire).

Une confirmation de cette nature, une participation même d'enfants en bas âge à la confection de conventions entre parties était fréquemment en usage à ces époques anciennes; il n'est pas étonnant qu'on ait songé, à propos d'un jugement, à lui assurer en cas de nouvelles contestations le concours éventuel de l'héritier de celui qui l'avait rendu.

(1) Entre 1067 et 1075, Pierre sénéchal de Chemillé renonce en la cour du comte Foulques-Rechin à des prétentions sur une terre litigieuse entre lui et Saint-Aubin. Sa renonciation n'est pas constatée purement et simplement; il y eut un jugement, *hoc autem fuit judicium*... aux termes duquel il ne doit avoir aucun droit sur la terre qu'il contestait aux moines, et quant à ceux-ci il est dit *abbatem et monachos ipsam terram quiete et solide in perpetuum debere possidere:* c'est leur maintenue en possession pure et simple (Cartulaire de Saint-Aubin, f° 61; Bibliothèque d'Angers). V. en outre les notes suivantes.

(2) A. C'est dans les réclamations élevées par Marmoutier contre les agents du comte Geofroi-le-Barbu, pour avoir voulu

Dans la plupart des circonstances où ces réclamations ont été tranchées judiciairement, le jugement qui ordonne la restitution des choses prises indûment proclame en même temps que celui qui les avait prises n'avait pas le droit d'agir ainsi. Il paraît cependant, qu'en théorie au moins, on devait suivre la maxime des actions possessoires, *spoliatus ante omnia restituendus,* et que la disposition de la sentence relative à la restitution de ce qui avait été pris indûment devait être séparée de celle qui statuait sur le fond du droit (1).

---

forcer leurs hommes à le suivre dans une expédition, *in adjutorium contra Bigotos.* Le comte ne se borne pas à renoncer à ses prétentions et à déclarer que ses agents ont tort, il ordonne de rendre ce qu'ils ont fait payer à cette occasion ; et non seulement les amendes payées pour le refus de service dans une expédition militaire, mais encore le prix de fournitures de viande que lesdits agents avaient exigées à titre de coûtume ; ce dut être restitué. C'est à la suite de cette restitution que le comte déclare les terres de l'abbaye libres de ces obligations ...*omnes terras de hujus violentia statuit deinceps manere quietas* (Dom Housseau, t. II, n° 667 ; ex Chartulario Turonense Majoris Monasterii).

B. 29 mai 1129, a la suite de réclamations de l'abbaye de Saint-Aubin contre son prévôt de Beaufort à raison de prétentions à des droits à exercer dans les forêts de l'abbaye, le comte après enquête reconnaît les droits de l'abbaye, et ordonne de lui rendre de suite ce qui lui appartenait (Extraits des titres et Cartulaire de l'abbaye de Saint-Aubin, coll. Gaignières, vol. 188, pag. 325).

(1) Aubry, gendre de Hugues Mange-Breton, est condamné le 17 février 1092 par la cour du comte sur les réclamations de Saint-Florent ... *censuerunt reddi debere predam et homines quos Albericus ceperat...* Il prétendait avoir des droits de *vicaria* sur des terres de l'abbaye. Après avoir obtenu cette restitution, l'abbé de Saint-Florent voulut engager la question à fond et faire déclarer qu'Aubry n'avait aucun droit ; mais le

Il peut arriver aussi que celui qui doit faire la restitution donne une garantie pour assurer l'exécution de son obligation, qu'elle résulte d'une condamnation prononcée par la cour du comte, ou d'un arrangement intervenu devant cette cour (1).

Un grand nombre des décisions judiciaires que les cartulaires nous ont conservées, sont intervenues dans des circonstances où les droits du comte étaient contestés ; il se trouvait ainsi partie en cause, que ce soit lui-même en personne qui figure dans le litige, ou que ce soient ses officiers. Il y a donc ainsi, dans la manière dont l'affaire est engagée, une certaine incertitude qui se

---

comte Foulques-Rechin s'y opposa en donnant pour motif qu'Aubry était vieux et malade, et qu'à cause des services qu'il lui avait rendus il ne voulait pas lui causer d'ennuis (*molestus esse*). L'abbé acceptait cette défaite car la charte se termine ainsi : *Sicque discessum est...* (Chartes originales de Saint-Florent ; Archives de Maine-et-Loire).

(1) A. Entre 1088 et 1097, arrangement après de longues discussions entre le Ronceray et *Garinus Bodinus* au sujet des moulins de Morannes ; il avait prétendu que ces moulins lui appartenaient, et avait exercé de nombreuses déprédations sur les terres de l'abbaye... *ab injusticia sua resipuit... in manu dominœ Richeldis abbatissœ totas forfacturas quas calumpniando fecerat legaliter vadiavit...* (Cartulaire du Ronceray, Ed. Marchegay, n° ccxxi, pag. 141).

B. A la suite de nombreuses discussions entre Maurice de Craon et l'église de Saint-Clément-de-Craon, les prétentions de Maurice sont repoussées par jugement de la cour du comte Geofroi-le-Jeune. Après bien des difficultés pour l'exécution de cette sentence, Maurice en 1105 promet de rendre ce qu'il avait pris et de donner caution de sa bonne conduite à l'avenir ... *Quidquid de rebus Sancti-Clementis abstulerat... redderet per fidem promisit, et ne aliquid' pejus faceret pariter affidavit...* (Dom Housseau, t. IV, n° 1247 ; Archives de Saint-Clément-de-Craon).

retrouve dans la forme donnée aux décisions définitives qui interviennent ; les rédacteurs des chartes ne se sont pas toujours servis des mêmes expressions pour dire que le comte renonçait à ses prétentions, ou déclarait que celles de ses officiers n'étaient pas fondées.

Quelquefois la sentence du comte qui donne gain de cause à ses adversaires consiste dans sa seule déclaration, en présence de la cour, qu'il n'a aucun droit (1).

Tantôt, comme nous venons de le voir, il se borne à déclarer que la propriété de l'abbaye ou de l'église doit rester franche et libre, et il enjoint de respecter cette franchise ; tantôt sa renonciation est faite d'une manière plus ostensible et accompagnée de formalités extérieures ; par exemple, il déguerpit, *guerpivit* (2) ; ou sa renonciation est accompagnée d'une véritable

---

(1) ... *Comes suam recognoscens injuriam nihil consuetudinis in curte nostra se habere protestatus* ... Renonciation entre 1097 et 1110, par Hélie, comte du Maine, aux coûtumes qu'il prétendait percevoir *in curte Cannei* appartenant à l'église de Tours (Hauréau, Gall. Chr. t. XIV, inter instrumenta ecclesiæ Turonensis, n° LX).

(2) Entre 1056 et 1060, déclaration du comte Geofroi-Martel que Guillaume de Monsoreau ne peut dire qu'il tient de lui des droits sur une forêt appartenant à Bourgueil, puisque ni lui ni son père n'avaient de droits. A la suite de cette déclaration, arrangements entre Bourgueil qui donne *15 libras denariorum*, et Guillaume qui promet.... *istam calumniam in presentia comitis guirpiret, quod et factum est*.... (Dom Housseau, t. II, n° 512, ex Chartulario Burguliensi).

Le comte Geofroi-le-Barbu en abandonnant ses prétentions sur les hommes de Marmoutier *guerpivit*.

remise, *dimittit* (1) ; ou encore il abandonne, *relinquit* (2).

---

(1) A. C'est ainsi que s'expriment la charte constatant la renonciation par Hugues d'Amboise en mai 1128 aux usurpations qu'il avait commises sur les terres de Marmoutier.... *quod nobis forisfecerat dimittit...* (Dom Housseau, t. IV, nᵒˢ 1500 et 1501 ; Archives de Marmoutier); — et celle constatant l'accord en 1142 entre Saint-Aubin, d'une part, et Payen de Clairvaux et Hugues de Pocé, de l'autre, au sujet de la terre de Champigny dit... *omnibus consuetudinibus dimissis...*

B. Il en est de même de la renonciation en la cour du comte Foulques-le-Jeune, entre 1104 et le 29 juillet 1108, par Raoul, fils d'Yvon, et son gendre, à une contestation au sujet d'une terre donnée à Fontevrault par Etienne de Monsoreau. Mais ici nous trouvons des détails sur la manière dont la *dimissio* a été faite : *in manu mea calumpniam dimiserunt...* dit la charte du comte (Cartulaire de Fontevrault, t. II, p. 36, coll. Gaignières ; Bibl. Nat. Lat. 5480) ; et la charte rédigée par l'abbaye, entrant dans plus de détails, s'exprime ainsi : *quod in manu comitis suam calumniam cum cultello nigri manubrii dimiserunt, et cum eodem cultello comes ipse predictam possessionem super altare Beatæ Mariæ posuit et donavit ; presentibus etc...* (Cosnier, Fontis-Ebraldi exordium, p. 233). Cette investiture par un couteau et surtout un couteau à manche noir est très fréquente dans les chartes d'Anjou et du Maine. Une investiture, une renonciation matérielle à la prétention était nécessaire suivant les idées sur la possession qui avaient cours dans ce temps-là et qui ont encore eu cours pendant longtemps. Tout pouvait donner lieu à une possession utile et mener à une acquisition du droit par usucapion ; on avait donc intérêt à provoquer un acte ostensible duquel il pouvait résulter, sans contestation aucune, que celui qui avait élevé une prétention y avait renoncé en faisant un acte contraire.

C. Cette même idée me paraît exprimée, quoique en termes moins formels, dans la charte du 13 avril 1159 constatant que Hubert de Champagne renonce à ses prétentions sur les revenus du bourg de Seiches... *in curia Regis ut id quod suum non erat dimisit et sanctimonialibus* (du Ronceray) *quiete et absolute dereliquit* (Cartulaire du Ronceray, Ed. Marchegay, nᵒ CXXXII, pag. 95).

(2) Entre 1145 et 1151, Eudes, chasseur du comte (*Odo vena-*

D'autres fois, la décision du comte est intervenue à la suite d'une preuve judiciaire : si la sentence a reconnu le bon droit des adversaires du comte, il semble qu'elle doit être complétée par une déclaration faite en leur faveur (1), ce qui ne paraît pas nécessaire si c'est le comte qui a été maintenu en possession (2).

D'autres fois encore, la renonciation du comte à ses prétentions est indiquée comme une concession qu'il fait. Tel est le cas de la contestation au sujet des droits de coûtumes que Payen de Clairvaux et Hugues de Pocé veulent

---

tor comitis) prétendait à titre de fief que les chiens du comte fussent nourris dans les maisons de Saint-Vincent ; à la suite d'un jugement, *justum judicium,* qui condamne ses prétentions, il les abandonne... *fevo et consuetudine prorsus relicto a venatore justo judicio curiæ comitis...* (Cartulaire de Saint-Vincent, pag. 102, coll. Gaignières ; Bibl. Nat. Lat. 5444).

(1) En 1116 ou 1117, Raoul Thoaret, prévôt du comte, conteste au Ronceray le droit de creuser des fossés dans des prés que l'abbaye prétend être sa propriété. Sur la preuve faite, le comte décide qu'elle peut faire ses fossés, *judicavit comes et precepit...*

A la même époque le même prévôt veut percevoir un cens de 10 sols sur une maison que les religieuses prétendent ne rien devoir ; sur la preuve faite que réellement il n'est rien dû, le comte... *jussit dimitti X solidos et in eternum domum illam permanere liberrimam* (Cartulaire du Ronceray, Rot. V, c. 67 et 98 ; Bibl. d'Angers ; Ed. Marchegay, nᵒˢ LXV, p. 58, et CCIII, p. 131).

(2) Après le jugement de Dieu en 1063 par suite duquel la propriété de coliberts réclamée par Foulques *Normannus* est maintenue au comte Geofroi, la charte qui constate ce résultat ajoute... *itaque liberata est de manu Fulconis et in dominio comitis retenta duorum fratrum soboles etc...* Il n'y a pas d'autre disposition, et il n'est pas fait mention de condamnation prononcée (même Cartulaire, Ed. Marchegay, nᵒ XXXVIII, p. 32).

exercer sur la terre de Champigny, appartenant à Saint-Aubin. Après constatation de l'arrangement fait pendant que les juges délibèrent, le comte Geofroi ajoute *hoc concessi et sigilli mei impressione confirmavi* (1).

Cela explique comment l'intervention du comte et sa concession peuvent être indiquées sous la forme d'une donation véritable faite probablement par les officiers du comte, mais en sa présence (2). Il approuvait ainsi ce qu'ils faisaient, et cette intervention augmente la sécurité de celui qui avait obtenu gain de cause. Cela n'ôte rien au caractère de jugement que pourraient avoir ces actes et d'autres semblables ; cela fait disparaître les doutes qui pouvaient résulter pour le défendeur originaire de ce qu'au fond c'étaient les droits du comte lui-même qui avaient été contestés.

Cette incertitude, cette indécision sur le droit en lui-même, et l'existence de nombreux droits accessoires que les parties ou même des tiers pouvaient faire valoir sur les choses litigieuses, expliquent comment non-seulement des actes qui sont des transactions en justice (3), mais

---

(1) En 1142. Extraits des titres et Cartulaire de Saint-Aubin, coll. Gaignières, vol. 188, pag. 65 ; Bibl. Nat.

(2) Entre 1117 et 1126, contestation entre Saint-Nicolas et les officiers du comte au sujet de la foire de Saint-Nicolas, terminée par témoins, *probabilium virorum judicio ac testimonio*, en présence du comte Foulques et de la comtesse Eremburge. Il n'y a pas d'autre mention de jugement que celle qui précède ; l'acte se termine par... *hujus doni testes fuerunt in presentia Fulconis...* (Dom Housseau, t. XIII, 1, n° 9695 ; Cart. de Saint-Nicolas).

(3) A. 21 janvier 1075, Hugues Mange-Breton renonce en faveur de Saint-Florent à des droits de justice ; renonciation autorisée par le comte Foulques et la comtesse Arengarde...

encore de véritables jugements (1), constatent le payement de sommes payées par l'une des parties, le plus
souvent celle qui avait été maintenue en possession, au
comte, à la comtesse ou à leurs officiers, à la partie adverse, ou même à un des juges ; mais il recevait comme
seigneur féodal une certaine indemnité pour un consen-

---

*accipiunt in premium centum solidos ille, illa vero quinqua-
ginta ; Gausleno autem ejusdem vicariæ procurator meus XXV
sol....* (Chartes originales de Saint-Florent ; Archives de
Maine-et-Loire).

B. L'arrangement au sujet de la donation de la Peregrine
entre Saint-Aubin et Raynard, du 6 mars 974 à la suite des
réclamations de ce dernier, et en quelque sorte imposé par le
comte Geofroi-Grisegonnelle, est fait sous la condition que
l'abbé donnera sur sa mense *(ex suo)* quatres livres d'argent
et payera à Raynard un cens annuel de 2 sols (Mense conventuelle de Saint-Aubin, t. I, p. 79 ; Archives de Maine-et-
Loire).

(1) Soit qu'il s'agisse de ce que j'ai appelé la justice sommaire du comte, soit qu'il s'agisse d'un jugement rendu après
déclaration du comte qu'il n'a aucun droit sur la chose litigieuse.

A. Entre 1060 et 1067 les moines de Saint-Aubin réclament
les vignes données à *Rodaldus Britto* sous la condition qu'a-
près sa mort elles reviendraient à Saint-Aubin ; lorsque le
comte a accordé leur demande... *ut hoc firmum esset in perpetuum, dederunt illi abbas et monachi C solidos et fratri ejus
Fulconi id ipsum annuenti quendam caballum...* (Cartulaire
de Saint-Aubin, f° 20 v°; Bibl. d'Angers).

B. Le comte Geofroi-Martel, entre 1056 et 1060, sur la réclamation faite par Guillaume de Monsoreau à Bourgueil de droits
sur la forêt entre Bourgueil et la Loire, déclare qu'il n'a aucuns droits sur cette forêt. Par suite de cette déclaration, la
demande de Guillaume est rejetée, mais les moines lui donnent *XV libras denariorum*, à la condition qu'il ferait le dé-
laissement de sa prétention en présence du comte... *ipse istam
calumniam in presentia comitis guirpiret...* (Dom Housseau,
t. II, n° 512 ; ex Cartul. Burgul.).

tement qu'il n'était peut-être pas libre de refuser (1). Les
actes qui constatent ces payements sont très nombreux ;
ceux que j'ai cités suffisent pour prouver cet usage, aussi
bien que la nécessité de réparer de cette manière les
atteintes qui pouvaient résulter d'arrangements entre
les parties, ou même de jugements pour les droits de
personnes qui n'avaient même pas été mises en cause.

Il faut en outre remarquer qu'il y a des circonstances
dans lesquelles la sentence ne paraît pas avoir été considérée comme se suffisant à elle-même.

On a vu ci-dessus (pag. 139, note 2 A.), un jugement rendu en la cour du comte en 1145, dans l'affaire concernant
Jean de Montbazon, confirmé par le comte et les barons
en grand nombre en la présence desquels il avait été
lu. Il y a là je crois, plus qu'une simple approbation
donnée par les barons à la sentence. Je crois qu'ils se
l'approprient et en font en quelque sorte leur œuvre ; cette
approbation donne une force plus grande à ce qui s'est
passé, et c'est ce qui me paraît résulter des énonciations
de la charte que je cite en note (2). Peut-être cette appro-

---

(1) Un jugement de la cour du comte Geofroi-le-Barbu, entre
1060 et 1067, rejette après audition de témoins les contestations d'Eudes de Sermaize au sujet d'une terre donnée à Saint-
Aubin. *Judices autem qui rectum Rainaldi auctorisaverunt
fuerunt hi : comes Gosfridus et Fulco frater suus... Girorius
de Bello-Pratello de cujus casamento erat ipsa terra, et qui
inde habuit XXI solidos de auctorizamento...* (Cartulaire de
Saint-Aubin, f° 84 v° ; Bibl. d'Angers).

(2) Avant 1092, procès entre Saint-Nicolas et Eudes de Blaizon ; Landri, *vicarius* d'Eudes, voulait exiger des moines les
droits de *vicaria* sur une terre qui leur appartenoit... *Robertus Burgundus jussu comitis tulit sententiam in favorem monachorum, et ipse comes Fulco hoc judicium approbavit et
confirmavit et barones ejus, scilicet...* (Dom Housseau, t.
XIII, 1, n° 9549 ; Cartulaire de Saint-Nicolas).

bation était-elle nécessaire lorsque le jugement n'avait pas été rendu par tous les barons, mais par un ou plusieurs juges délégués par le comte. Cependant nous avons vu ci-dessus, en parlant des juges désignés par le comte, plusieurs cas où des jugements ont été rendus dans ces conditions, sans qu'il paraisse y avoir eu approbation postérieure du comte ou de la cour.

Il y a d'ailleurs des circonstances dans lesquelles intervient une charte du comte, pour donner plus de force à un jugement rendu : par exemple, quand ce jugement a été rendu par le sénéchal, même en vertu d'une délégation du comte (1).

Cette rédaction d'une charte contenant des dispositions impératives de la part du comte était plus nécessaire peut-être lorsque, sous forme d'un jugement rendu par la cour du comte, il s'agissait d'une transaction entre les parties. Dans un temps où l'on ne paraît pas avoir beaucoup respecté les conventions, il était important de tran-

---

(1) Il est probable qu'à cette époque le pouvoir du sénéchal, même avec une délégation expresse, n'était pas admis sans contestation ; du reste la conduite de Hamelin d'Antenaise qui n'avait jamais obtempéré aux sommations du sénéchal et qui finalement s'était laissé condamner par défaut pouvait faire considérer cette mesure comme indispensable. Une sentence d'Etienne, sénéchal d'Anjou et du Maine, entre 1162 et 1165 avait débouté Hamelin d'Antenaise de sa prétention d'avoir un pressoir à Boire, où Marmoutier prétendait de son côté avoir seul le droit d'en avoir. Une charte de Henri II confirme ce jugement... *jure et judicio statuimus quod nullus possit habere pressorium... Judicium enim curiæ nostræ perpetuum et integrum debet esse...* Défense de faire un pressoir sous peine de destruction et de dix marcs d'argent. (Archives de la Sarthe, $\frac{H-46}{1}$ n° 2). V. ci-après ce qui est relatif aux jugements de la cour du Roi tenue par le sénéchal.

cher toutes difficultés en faisant intervenir l'autorité souveraine. Ce n'était plus la convention qu'on invoquait en
cas de difficultés nouvelles ; ce n'était plus même la convention sanctionnée par un jugement, c'était le commandement du prince qui leur avait été substitué, et qui se
présentait avec toute l'autorité que nos ancêtres y atta-
chaient (1).

---

(1) A. Sur une demande faite devant Geofroi V par un certain Nivard qui réclamait au Ronceray le bois de *Lateio* en
invoquant les droits qu'il tenait du comte, celui-ci déclare
qu'il n'a aucun droit sur la chose litigieuse et que par conséquent Nivard ne pouvait non plus en avoir ; en conséquence ... *precepit abbatissæ et monialibus boscum illum solidum
et quietum... et interdixit Nivardo...* (1151).

En 1154, après la mort du comte Geofroi, Nivard renouvelle
ses contestations ; un record de cour a lieu dans lequel on
entend tous ceux qui ont pris part au premier jugement, et à
la suite de ce record de cour, les religieuses sont maintenues
en possession par une charte du comte Henri... *Et ideo volo
et presenti carta confirmo quod... habeant et teneant... sicut
recognitum...* (Cartul. du Ronceray, Rot. I, c. 64 ; Rot. VI,
c. 65, Bibl. d'Angers ; Ed. Marchegay, n°ˢ CLXXXIV et CLXXXV,
p. 122 et 123).

B. J'ai eu déjà occasion de citer (ci-dessus p. 146) la renonciation d'Hubert de Champagne à ses prétentions sur les revenus du bourg de Seiches qui appartenait aux religieuses du
Ronceray. Une charte de Henri II, de quelques jours postérieure, rappelle cet accord et enjoint de laisser les religieuses
tranquilles dans leurs possessions ... *clamavit quietas.....
coram me in curia mea .... Quare volo et firmiter precipio...
quod illæ..... sint quietæ, et hoc carta mea confirmo, et
prohibeo.....* (Cartulaire du Ronceray, Ed. Marchegay, n° IX,
page 11).

C. 2 avril 1167, accord sous l'autorité de Henri II, entre
Saint-Aubin, et Mathieu et Guichard de la Jaille au sujet
d'une métairie.... *sic inter eos composui.....* (Extraits des
titres et Cartulaire de Saint-Aubin, coll. Gaignières, vol. 188,
pag. 109 ; Bibl. Nat.).

On peut enfin rattacher à ces actes d'un caractère mixte qui prenaient en grande partie leur force dans l'intervention de l'autorité souveraine, les actes qui sont intervenus entre le comte et les abbayes, pour fixer les limites matérielles entre les propriétés du comte et celles de ses voisins, et pour s'opposer aux empiètements de ses agents forestiers sur les forêts d'autrui (1).

§ 10.

Garanties particulières de l'exécution des jugements.

Ceci mène naturellement à dire un mot des mesures ordonnées dans les jugements pour en assurer complètement l'exécution. Ces mesures sont de plusieurs espèces.

A la même date, lettres du roi Henri II confirmant cet accord.... *Sciatis me concessisse et presenti carta confirmasse concordiam et finem qui factus est coram me..... quod volo et firmiter precipio quod predicta ecclesia.... habeat et teneat ..... sicut ipse Matheus et frater ejus Wiscardus concesserunt coram me et affirmaverunt ....* (Bibl. Nat. Cabinet des Titres, pièces originales, vol. 762, Chourses, n° 74, provenant des collections de Gaignières).

(1) V. ci-dessus (p. 131, note 1 B, et p. 132, note 1), les notices relatives aux délimitations des forêts de Vallée avec Saint-Aubin, et *de Chedonio* avec Saint-Julien de Tours. C'était bien un procès dans le premier cas; on se réunit à Beaufort pour terminer l'affaire *justo judicio*, au jour indiqué *ad constitutum diem*. Plus loin, on trouve cette phrase *huic visioni, huic auditioni, huic limitationi cum Goffrido comite affuerunt proceres.*

Le second constate que le procès, *quæ controversia, ipsius comitis tali dictione terminata est...* et se termine par cette mention qui pourrait tout aussi bien s'appliquer à une convention..... *Quod ego Gaufredus sicut preceperam factum precepi etiam litteris annotari, et ipsas litteras ut firmiorem certitudinem jugiter obtineant.....*

Il peut arriver d'abord qu'elles soient une conséquence directe des actes primitifs qui avaient constitué la propriété, mais qu'il soit nécessaire de s'expliquer sur les droits réclamés sur les biens litigieux. Ces mesures souvent sont prises d'accord entre le comte et ses adversaires ; c'est ainsi que de nombreuses questions sur les usages dans les forêts sont réglées en 1129 avec Saint-Aubin, au sujet de ses forêts en Vallée (1), et en 1136 avec Marmoutier, au sujet de la forêt de *Canavosa* (2) ; des prétentions élevées par les officiers du comte sont repoussées, on procède à une fixation de limites, et en même temps on règle des questions d'usages dans ces forêts. Entre 1129 et 1142, contestation entre les chanoines de Saint-Pierre-de-la-Cour au Mans, et les officiers du comte, au sujet des revenus de foires communs entre le comte et les chanoines (3) ; le jugement qui statue, ordonne que caution de leur bonne administration devra être donnée aux chanoines par les agents du comte, et au comte par les agents, *villici*, des chanoines ; les agents de chacune des parties n'inspiraient guère de confiance à sa partie adverse.

Je ne sais trop si je dois compter les menaces du comte comme un moyen d'assurer l'exécution d'une sentence de sa cour ; mais elles sont constatées dans une charte (4).

---

(1) Extraits des titres et Cartulaire de Saint-Aubin, pag. 325, coll. Gaignières, vol. 188; Bibl. Nat.

(2) Dom Housseau, t. IV, n° 1587.

(3) Archives de la Sarthe, G. 479, pag. 251 et 264.

(4) A. Entre 1067 et 1070, jugement de la cour du comte qui repousse les prétentions de son *forrarius* nommé *Otgerius*, à prendre les coûtumes *forri* sur une terre appartenant à

Et en tout cas, si ces menaces portant sur le fond n'étaient pas toujours de nature, quelque terribles qu'elles fussent, à arrêter dans leurs entreprises d'autres que ceux auxquels elles s'adressaient nominativement, elles paraissent du moins n'avoir pas été sans résultat pour la prompte expédition des affaires, surtout quand elles émanaient d'un aussi terrible souverain que le Roi Henri II (1).

Mais il y avait quelquefois des sanctions plus efficaces, ce sont des amendes prononcées, et l'ordre de détruire tout ce qui serait fait en contravention aux défenses prononcées par la sentence (2).

Saint-Aubin..... *Comes..... minatus est terribiliter ut ultra non forfaceret aliquid monachis in illa terra neque in burgo qui in illa est...* (Cartulaire de Saint-Aubin, f° 25; Bibl. d'Angers).

B. Il faut en dire autant des menaces contre ceux qui, après condamnation de leurs prétentions contre une abbaye, voudraient renouveler leurs exigences..... *et prohibeo ne quis eis injuriam vel molestiam faciat...* Jugement de la cour de Henri II en 1158 ou 1159 qui repousse des prétentions de Berlai fils de Giraud contre Saint-Aubin (Extr. des titres de Saint-Aubin, Gaignières, vol. 188, p. 181).

(1-2) Le procès entre Marmoutier et Hamelin d'Antenaise au sujet du droit de pressoir à Boire, terminé entre 1162 et 1165 par sentence du sénéchal d'Anjou et du Maine, paraît avoir traîné assez longtemps, Hamelin cité plusieurs fois par l'ordre du sénéchal se refusant à comparaître, et le sénéchal ne mettant peut-être pas beaucoup d'activité à poursuivre l'affaire; de là plaintes des moines portées au Roi, la colère et les menaces qu'il adresse au sénéchal, *Ego vero perterritus recedens ab eo citavi Hamelinum.....* A partir de ce moment l'affaire suit une marche plus décidée, et la cour tenue par le sénéchal en vertu des ordres du Roi maintient Marmoutier dans le droit exclusif d'avoir un pressoir à Boire. En conséquence de ce jugement charte est rédigée par les ordres du Roi..... *Judicium enim curiæ nostræ perpetuum et integrum*

Outre ces sanctions extérieures, si l'on peut s'exprimer ainsi, l'exécution d'un jugement pouvait encore être garantie par des engagements accessoires qui ajoutaient certainement à sa force. C'est d'abord un engagement pris sous la foi du serment de ne plus recommencer les entreprises qui avaient donné lieu à la poursuite (1). Cette prise en garantie, caution juratoire, comme on voudra l'appeler, pouvait bien d'ailleurs ne pas résulter simplement d'une convention arrivant à propos de l'exécution d'un jugement comme dans les affaires de Saint-Clément de Craon; elle pouvait aussi être ordonnée par le jugement (2).

---

debet esse. Et si quis actentaverit facere pressorium, decem marchas argenti.... pressorium destruet... (Archives de la Sarthe $\frac{H-46}{1}$ n°ˢ 1 et 2).

(1) En 1105, jugement rendu par la cour du comte Geofroi-le-Jeune (associé au gouvernement par son père Foulques-Rechin) qui maintient Saint-Clément contre les entreprises de Maurice de Craon. Celui-ci ne refusa pas positivement d'exécuter la sentence qui le condamnait, mais il fit tout son possible pour se soustraire à son exécution; il y fut cependant obligé à la fin... *Quidquid de rebus Sancti-Clementis abstulerat..... redderet, per fidem promisit; et ne abbati vel rebus suis propter discordiam quam inter se habuerant aliquid pejus faceret pariter affidavit... Isti viderunt... Harduinus de Sancto-Medardo qui jussu abbatis a Mauricio accepit et fiduciam..* . C'était là une sorte de caution juratoire donnée à l'abbaye. L'abbé aurait sans doute pu la recevoir, il aime mieux la faire recevoir par Hardouin de Saint-Mards qui par là prenait envers l'abbaye l'engagement de la faire respecter. L'abbaye avait ainsi la garantie résultant du jugement, celle du nouvel engagement pris par Maurice de Craon, et enfin l'espèce de prise en avouerie par Hardouin qui s'engageait par là à forcer Maurice de tenir sa promesse (Dom Housseau, t. IV, n° 1247; Archives de Saint-Clément de Craon).

(2) Entre 1070 et 1080, jugement rendu par *Girorius* et les *vassi* du château de Baugé qui non seulement rejette une ré-

Elle pouvait même aussi résulter de la déclaration du comte qu'il serait toujours prêt à affirmer le jugement de sa cour (1).

---

clamation formée au sujet d'une terre par un nommé Giraud contre Saint-Aubin, mais qui décide que comme il n'a formulé aucune attaque pendant la vie de son père, il devra toujours être prêt à prendre la défense de l'abbaye... *convictus est se reclamare non posse terram illam, quia in vita patris sui de illa calumpnia non movit; immo vero judicatum est ei justum esse ut semper paratus sit defendere illam monachis contra omnes homines....* (Cartulaire de Saint-Aubin, f° 82; Bibl. d'Angers).

(1) Entre 1073 et 1075, un 1er mai, sentence du comte Foulques et de sa cour à Saumur qui repousse les réclamations de Thomas de Chinon au sujet de la cour de Pierre (curia Petræ)... *Et ne forte potuissent* (les adversaires du Ronceray) *quandoque auctoritatis censuram depravare, ad affirmandum curiæ suæ judicium dixit se comes continuo paratum esse...* (Cartulaire du Ronceray, Rot. I, c. 87; Bibl. d'Angers). Il se déclare prêt à affirmer les droits résultant pour le Ronceray du jugement de sa cour; c'est une véritable prise en avouerie, et non pas, comme on pourrait le croire, une simple promesse de rédiger une charte.

CHAPITRE VII

PAR QUI ÉTAIT TENUE LA COUR DU COMTE.

La cour était tenue presque toujours par le comte. Il en a été ainsi tant que ses états se sont bornés aux grands fiefs d'Anjou, du Maine et de Touraine. Même pendant cette période, on trouve très souvent le nom de la comtesse d'Anjou ou du Maine associé au sien. Dans un grand nombre de cas, cette intervention s'explique, soit parce que la comtesse fait une concession de choses qui lui appartiennent, et elle agit comme toute femme mariée avec l'assistance et l'autorisation de son mari ; soit parce que sa participation à un acte du comte qui rentre dans les actes de droit civil, tels qu'une donation, une vente, une concession de droits d'usage dans des forêts, etc., la fait considérer comme prenant avec lui des engagements qui la rendraient non-recevable à exercer contre lui des recours de droit commun.

Mais ce n'est pas seulement quand il s'agit de ces actes d'aliénation directe, que nous trouvons l'intervention de la comtesse ; bien souvent aussi, nous la rencontrons dans des cas où le comte ne donne rien, ne fait aucune concession directe pouvant plus ou moins engager ses biens, tels sont les cas d'une autorisation donnée à une donation, vente ou autre concession faite à une église ou abbaye par quelque seigneur relevant du comte d'Anjou. L'intervention de la comtesse peut s'expliquer parce qu'à cette époque l'idée de la souveraineté n'est pas encore dégagée de celle de propriété, que la femme du souverain a pu être regardée comme exerçant en commun avec lui des droits se rattachant intimement à la souveraineté.

Il en est ainsi surtout pour le règne de Geofroi-Martel, et plus encore dans ce règne de vingt ans (1040-1060), pour la période qui s'étend jusqu'à la mort de la comtesse Agnès (1052). Dans la plupart des actes de cette période, les noms du comte et de la comtesse sont à peu près inséparables ; ils parlent ensemble, ils agissent en commun, comme si le comté d'Anjou était leur domaine commun. Et la chose est portée si loin, qu'un des actes les plus importants de ce règne, la fondation de l'abbaye de la Trinité de Vendôme (1040) se présente comme un acte émanant à la fois du comte et de la comtesse. ...*Ego Goffridus comes Andegavorum pariterque comitissa Agnes mea dilectissima uxor*... Ils y parlent toujours à la première personne du pluriel, et toutes les dispositions de cet acte, soit celles relatives à la constitution de l'abbaye, à l'élection des abbés, soit celles relatives aux donations faites par eux, à la confirmation de celles faites par leurs vassaux, soit enfin celles qui sont de véritables actes de souveraineté, sont l'œuvre commune du comte et de la comtesse (1).

---

(1) Cartul. de la Trinité de Vendôme, p. 73, coll. Gaignières; Bibl. Nat. Lat. 5419. V. aussi trois actes relatifs à la fondation da prieuré de l'Evière à Angers : Mabillon, Ann. Bened. t. IV,

Dans tous les cas, l'intervention de la comtesse ne se manifeste pas seulement par la rédaction de l'acte et le langage qu'ils tiennent en commun ; elle résulte aussi de sa signature que l'on trouve placée à côté de celle du comte, à la suite d'actes dans lesquels sa présence et sa coopération ne sont pas mentionnées.

Ce qui me semble bien confirmer cette idée, confuse à la vérité et cependant réelle, que la comtesse exerçait une part de la souveraineté, c'est qu'il est arrivé quelquefois que la cour du comte a été tenue par la comtesse, soit en même temps que le comte (1) ; soit parce qu'elle remplaçait le comte que ses affaires, *negotia*, empêchaient de tenir la cour ; et cette tenue par la comtesse seule ou assistée du sénéchal, se trouve assez fréquemment du temps de Henri II, dont les vastes domaines exigeaient de nombreux déplacements (2).

---

app. p. 744; Menage, Histoire de Sablé, p. 332, preuves; Dom Housseau, t. II, n° 506.

(1) A. Après 1044, Airard, prévôt de Touraine, réclame contre Marmoutier un droit de *marescalcia ;* sa prétention est repoussée par jugement de la cour du comte ... *Hoc autem factum est jussu et auctoritate comitis Gauzfridi et uxoris ejus Agnetis comitissæ...* (Dom Housseau, t. II, n° 480; ex Chartul. Turon. Majoris Monasterii).

B. Entre 1040 et 1050, Rainaud de Château-Renaud est contraint de rendre un droit de péage qu'il percevait à Saint-Laurent sur les hommes de la Trinité de Vendôme... *Judicante comite et comitissa .. convenirent ante comitem Gaufredum et Agnetem comitissam eorum judicio causam probaturi...* (Dom Housseau, t. II, n° 452; ex Chartul. abb. Vindoc.). Quoique la charte ne dise pas expressément où la cour est réunie, il me paraît que c'est à Vendôme.

(2) A. Entre 1110 et 1126, Robert Papabovem, seigneur de Rillé conteste deux serfs à Marmoutier. Les moines..... *ad comitem Fulconem et comitissam Aremburgim... suam*

Avec la présence de la comtesse, je dois signaler celle des fils du comte qui sont souvent mentionnés dans les actes des comtes d'Anjou et du Maine.

Il s'est passé longtemps avant qu'on ait reconnu comme un axiome indiscutable le principe que les héritiers de celui qui fait une aliénation ou prend un engagement sont, au même titre que leur auteur, tenus de l'exécuter. Un

---

reclamationem pertulerunt. Quod ipsi audientes..... inter monachos et Rotbertum placitandi in sua presentia certum locum certumque terminum posuerunt... venit utraque pars ad castellum comitis Balgiacum, et se ibi comiti et comitissæ presentaverunt. Sed quia comes quibusdam suis propriis negotiis tunc occupatus erat, causæ illic tractandæ non affuit, sed comitissæ vicem suam et locum committens, ut ipsa cum suis baronibus causam juste definiret impetravit.. Precepit comitissa baronibus suis ut facerent inde judicium... Hoc... audierunt et viderunt... ipsa comitissa, deinde barones ejus... (Dom Housseau, t. II, n° 1558; Archives de Marmoutier, Rillé).

B. Entre 1156 et 1163, confirmation par Henri II d'une donation faite par Geofroi *de Molnati* au prieuré de La Flèche dépendant de Saint-Aubin .... *in curia excellentissimi Regis Anglorum Henrici et venerabilis Reginæ Alienoris.....* (Archives de la Sarthe, $\frac{H - 37}{4}$, p. 6).

C. Entre 1156 et 1178, accord entre Geofroi Morin et l'abbé de Saint-Vincent du Mans, à l'occasion du meurtre d'un moine .... *coram Pagano Malocane tunc senescallo cenomanensi et recordata coram nobis* (c'est la reine Alienor qui parle) *in cujus loco eramus* (Liber controversiarum Sancti-Vincentii, p. 391, coll. Gaignières; Bibl. Nat. Lat. 5444).

D. Entre 1162 et 1178, contestation entre l'abbaye de Perseigne et les héritiers de Thomas de..... au sujet d'un moulin près de Tironneau.. ... *Calumpniam opponentes domino Regi et dominæ Reginæ suam inde querimoniam deposuerunt. Cum ergo Rex Henricus tunc temporis transfretaret, et domina Regina monachos illos pro controversia ista ad audientiam suam vocaret... cognita ergo a domina Regina et ministerialibus suis partis monachorum justicia... In curia*

très-grand nombre de chartes, surtout antérieures au
XIIIe siècle, sont relatives uniquement à des procès ou à
des transactions sur des contestations faites à des religions par des héritiers qui voulaient reprendre, souvent
en employant la violence, ce que leur auteur avait donné
ou concédé de son vivant. C'est pour cela qu'on faisait
intervenir, quel que fût leur âge, les enfants, fils ou filles,
de celui qui avait fait la concession ou la donation.

Les actes des comtes d'Anjou et du Maine, aussi bien
que ceux de leurs vassaux, constatent cet usage ; ils constatent également qu'eux aussi, bien que peut-être plus
rarement, n'ont pas toujours exécuté sans de vives contestations, les engagements pris et exécutés par leurs
auteurs.

L'intervention des enfants du comte est donc en elle-
même un fait qui n'a rien d'anormal, même quant à l'âge
du jeune héritier que l'on faisait intervenir (1). Aussi la

_____

dominæ Reginæ coram ministerialibus suis... (Archives de
la Sarthe, $\frac{H-76}{4}$, n° 1).

E. En 1190, jugement de la cour de Saumur entre Fontevrault et le prévôt de Saumur au sujet de divers droits de prévosté.... *Facta autem coram me* (le sénéchal) *et coram domina Regina judicio concordaverunt*... (Cartul de Fontevrault, t. I, p. 73, coll. Gaignières ; Bibl. Nat. Lat. 5480).

(1) A. Fondation en 1007 de l'abbaye de Beaulieu près Loches par le comte Foulques-Nerra, l'acte est signé par son
fils, le comte Geofroi, qui n'avait pas deux ans (Dom Housseau, t. II, n° 337).

B. Le même comte Geofroi, mais cette fois il avait atteint
l'âge de discernement, signe le 2 mars 1015 avec son père la
fondation de l'office claustral de Chambrier de l'abbaye de
Saint-Aubin... *una cum manualibus Gaufridi filii mei, Bernardi de Claromonte cancellarii*..... *signis*... (Ménage, Hist.
de Sablé, p. 342, preuves).

plupart des actes qui constatent dans ces termes l'intervention du fils du comte, se bornent à indiquer qu'il a
fait la concession avec lui et le mettent au nombre des
témoins qui ont signé. C'est ainsi que de nombreux actes
de Foulques-Rechin mentionnent simplement l'intervention de ses fils en disant qu'ils ont donné et signé, ou ont
imposé leurs mains.

Il est plus que probable que les fils du comte, arrivés
en âge, faisaient partie de sa cour avec les *barones, proceres*, etc. Mais jusqu'à l'association des fils de Foulques-
Rechin, Geofroi et Foulques, au gouvernement de leur
père, je n'ai pas trouvé d'exemple de la cour du comte
tenue par son fils (1).

C. Le 15 septembre 1117, le comte Foulques V, marié en
1110, en accordant au prieuré de Torigné une exemption de
fodrium (droit de prendre des vivres et fourrages) fait intervenir son fils le comte Geofroi... *qui et dedit et concessit....*
(Cartulaire de Saint-Serge, p. 135 et 295, coll. Gaignières;
Bibl. Nat. Lat. 5446).

D. Plus tard, en 1138, nous retrouvons ce comte Geofroi devenu Geofroi V et marié à l'impératrice Mathilde faisant approuver par ses trois fils Henri, Guillaume et Geofroi les privilèges et exemptions qu'il accorde aux habitants de Saumur,
pour leurs vignes ; le dernier était encore en nourrice à Saumur (Cart. d'argent de Saint-Florent, f° 33 r°; Archives de
Maine-et-Loire).

(1) C'est cependant dans la nature des choses que le fils parvenu à sa majorité féodale fasse partie du conseil du comte.
C'est ainsi que le comte Geofroi-Martel qui, comme nous venons de le voir, est né peu avant 1007, participe en 1037 aux
actes du comte Foulques-Nerra, relatifs à la construction du
château de Château-Gontier et au règlement des indemnités
dues à l'abbaye de Saint-Aubin pour cette construction.....
*actum Andecavis apud monasterium Sancti-Albini in presentia
illustris comitis Fulconis et filii ejus Gausfridi Martelli....*

Cette association qui est établie par le témoignage des historiens est confirmée par celui qui résulte de quelques chartes de cette époque. Geofroi, mort en 1106, est si bien considéré comme ayant été comte d'Anjou, qu'il figure sur la liste des comtes sous le nom de Geofroi IV ; les documents contemporains lui donnent le nom de Geofroi-le-Jeune ou Geofroi-Martel-le-Jeune. Il siégeait certainement au conseil de Foulques-Rechin dès 1095, malgré sa jeunesse (1). Son frère Foulques-le-Jeune (depuis Foulques V), et leur sœur Ermingarde, depuis comtesse de Bretagne, y assistaient également à la même époque, et tous signent avec le père et au même titre que lui (2). Il y a plus, chacun d'eux est quelquefois accompagné de témoins lorsqu'il vient souscrire un acte du comte, leur père (3). Enfin, des titres de la même époque nous mon-

---

assistentibus in communi capitulo... (Cartulaire de Saint-Aubin, f° 2, Bibl. d'Angers).

(1) A. En 1095, renonciation par Hubert d'Iré et par le comte Foulques à des droits réclamés contre l'abbaye de Saint-Nicolas, *videntibus et audientibus... Goffrido Martello filio meo adhuc juvene....* (Dom Housseau, t. III, n° 981 ; Titres de Saint-Nicolas).

B. Donation par le comte Foulques de Bois-l'Abbé à Saint-Serge en 1095... *per filii mei Gaufridi et magnatum meorum consilium...* (Cartul. de Saint-Serge, p. 268, coll. Gaignières ; Bibl. Nat. Lat. 5446).

(2) 23 juin 1096, donation par le comte Foulques-Rechin de l'Ile de Chalonne à l'évêque d'Angers et à l'église de Saint-Maurice et Saint-Maurille... *filiis meis Gaufrido scilicet et Fulconello, et filia mea Ermingarde concedentibus et confirmantibus...* (Gallia Christiana vetus, t. IV, p. 128).

(3) 19 janvier 1105, accord entre Saint-Aubin et Geofroi-le-Jeune au sujet du bois de Pruniers ; cet accord est approuvé par le comte Foulques-Rechin... *Presentes affuerunt cum*

trent les deux fils du comte tenant sa cour conjointement avec leur père (1), et même avec le comte du Maine ;
dans ce dernier cas, le rédacteur de la charte emploie le
pluriel pour les désigner, *comites, ante comites placitare...* (2).

Ce n'est pas d'ailleurs la première fois que paraît ce
titre de comte au pluriel, *comites*, donné au souverain de

---

*Fulcone comite... cum Goffrido Martello... cum Fulcone ju-
niore...* (Dom Housseau, t. IV, n° 1231 ; ex Chartulario Sancti-
Albini Andegavensis).

(1) Jugement rendu en 1105 par le comte Geofroi-le-Jeune
qui maintient Saint-Clément contre les entreprises de Maurice
de Craon... *ad patrem meum Fulconem et ad me deinde ve-
niens... ad nos venire jussimus ut in curia nostra Vindocinensi... in curiam venit... isti viderunt... Goffridus comes
Andecavensis...* Foulques-Rechin ne figure pas parmi les présents au jugement, ce qui me fait penser que la cour, tenue à
Vendôme, l'a été par le jeune comte Geofroi seul (Dom Housseau, t. IV, n° 1247 ; Archives de Saint-Clément de Craon).

(2) Robert des Roches, vers la fin de 1108 ou le commencement de 1109, réclame sur les terres de Marmoutier des coûtumes que l'abbaye prétend ne pas devoir, et il accompagne
sa réclamation de violences. L'affaire est portée devant le
comte Foulques-Rechin, son fils le jeune comte Foulques et
Hélie comte du Maine, *sub cujus manu tunc temporis pagus
Andegavensis habebatur.* Le comte Foulques-Rechin était malade et mourut l'année suivante ; le jeune comte Foulques, né
en 1091, associé par son père à son gouvernement et portant
le titre de comte, venait d'épouser la fille du comte du Maine;
il était naturel qu'il vînt l'aider des conseils de son expérien-
ce... *prenominatus comes Cenomanorum venit ad eum Rober-
tum qui seorsum erat in parte ejusdem domus in qua comites
convenerant, et ex parte comitum et sua misit ad eum... Quod
cum relatum esset ad comites respondimus... Rursus mandaverunt ei comites... Hoc itaque comites audientes etc....*
(Dom Housseau, t. IV, n° 1183 ; ex Archivis Majoris Monasterii).

l'Anjou et à son frère. Geofroi-Martel mourut en 1060 sans enfants, laissant pour héritiers ses deux neveux Geofroi et Foulques, issus du mariage de sa sœur avec Geofroi Féréol ou Albéric, seigneur de Château-Landon en Gâtinais. Par son testament, il donna son comté à Geofroi l'aîné, et à Foulques plusieurs seigneuries qu'il devait tenir de son frère (1). Foulques ne se contenta pas du partage qui lui avait été assigné par son oncle, et il ne cessa d'entreprendre sur les droits de son frère, que quand il fut parvenu en 1067 ou un peu après, à le jeter définitivement en prison et à se faire comte d'Anjou à sa place.

Les dissentions entre les deux frères n'occupent pas sans interruption toute la période qui s'écoule entre 1060 et 1067 ; à différentes époques ils ont été d'accord entre eux, et des actes en assez grand nombre nous montrent Foulques agissant conjointement avec son frère. Tous les deux sont même quelquefois désignés simultanément comme comtes, *comites* (2).

Enfin, le cartulaire de Saint-Aubin nous a conservé le

---

(1) *Condonavit nepoti suo comitatum suum, Fulconi vero fratris hujus inter cetera Vierensium castrum* (Vihiers), *precipiens tamen ut omnia a fratre suo teneret ;* acte vers 1061, remise à Saint-Florent par le comte Geofroi-le-Barbu d'un *bidampnum* dû par les hommes d'une terre appartenant à Saint-Florent (Dom Housseau, t. II, n° 631 ; Cartulaire noir de Saint-Florent).

(2) A. Entre 1062 et 1067, donation à Saint-Nicolas par le comte Geofroi-le-Barbu d'une terre *apud Villam Lanariam annuente fratre suo Fulcone juniore... cum quibus donaverunt etiam ipsi comites quamdam portiunculam...* (Dom Housseau, t. II, n° 621 ; ex Chartulario Sancti-Nicholai Andegavensis).

souvenir de jugements qui ont été rendus par les deux frères (1).

Bien que le mot ne se présente pas dans les chartes, il me semble bien difficile de ne pas voir dans la position faite à Foulques une véritable tenure par parage dans les termes des coûtumes rédigées postérieurement.

B. Un grand nombre d'actes dans le détail desquels il est inutile d'entrer nous les montrent agissant conjointement... *auctorizaverunt comes et frater ejus Fulco ; ... per concessum fratris sui Fulconis ; ... cum voluntate et assensu ; ...*

C. Le consentement de Foulques est quelquefois acheté comme celui du comte... *Et ut hoc firmum esset in perpetuum dederunt illi abbas et monachi C sol. et fratri ejus Fulconi... quendam caballum...* Restitution à Saint-Aubin par le comte Geofroi-le-Barbu, entre 1060 et 1067, de vignes dont avait joui la comtesse Hildegarde (Cartulaire de Saint-Aubin, f° 20 V° ; Bibl. d'Angers).

(1) ... *Judices autem... fuerunt hi : comes Gosfridus et Fulco frater ejus...* Jugement de la cour du comte entre 1060 et 1067 sur une contestation entre Eudes et Rainaud de Sermaises (Cartulaire de Saint-Aubin, f° 84 v° ; Bibl. d'Angers).

CHAPITRE VIII.

DU SÉNÉCHAL D'ANJOU ET DU MAINE.

§ 1ᵉʳ.

Territoire sur lequel s'étendaient ses pouvoirs.

La juridiction du sénéchal d'Anjou et du Maine, au moins jusqu'à Guillaume des Roches, comprenait Loudun. Dom Housseau (t. XVIII, fᵒ 469 vᵒ) cite deux sentences rendues par le sénéchal Etienne, sur des biens situés dans le Loudunois. Des Roches, dans sa déclaration de 1204, parle d'une manière générale de ses droits sur les sénéchaussées d'Anjou, Maine et Touraine, sans que rien puisse faire supposer que le Loudunois fût soumis à sa juridiction ; il le comprend d'une manière expresse dans sa déclaration datée de Nantes, du mois de mai 1206. Mais le Roi de France en avait disposé dès l'année 1203, en faveur d'Aimery vicomte de Thouars (1).

---

(1) Cartulaire F de Philippe Auguste, fᵒ 136 rᵒ; Bibl. Nat. Lat. 9778. La date de ces lettres peut être fixée d'une manière très-précise : le Roi y réserve les droits d'Artur s'il est mis en liberté, *salvo jure Arturi si idem Arturus liberatus fuerit.* Or Artur fut fait prisonnier à Mirebeau le 1ᵉʳ août 1202, et les

Il se réserve encore Loudun avec la prévosté et la séné-chaussée *cum prepositura et senescalcia*, dans les lettres de juillet 1222 par lesquelles il confirme, après la mort de Guillaume des Roches, la sénéchaussée d'Anjou à son gendre Amaury de Craon (1), et cette réserve est repro-duite dans les lettres de celui-ci d'août 1223 dans les-quelles il reconnaît tenir du Roi Angers et Baugé, de la même manière que les tenait Guillaume des Roches de son vivant (2). Enfin le 18 décembre 1226, Henri III rói d'Angleterre, donne à Hugues vicomte de Thouars le château de Loudun avec ses dépendances, à la charge de le tenir en fief de lui et de ses héritiers (3) ...*homagio et fideli servitio suo, castrum de Lodun cum pertinentiis de nobis et heredibus nostris tenendum...*

La juridiction des sénéchaux antérieurs à Guillaume des Roches comprenait aussi la Touraine (4).

L'acte de Philippe-Auguste de mai 1099 qui lui confir-mait la sénéchaussée d'Anjou et du Maine, ne s'explique

---

historiens sont d'accord pour placer son assassinat vers le mois de septembre ou d'octobre 1203. V. ci-après la notice sur Guillaume des Roches.

(1) Cartulaire F de Philippe-Auguste, f° 179 r° ; Martené, Amplissima collectio, t. I, col. 1166.

(2) Archives nationales, J 179, Craon, n° 3 ; original scellé ; Martene, *eod.*, col. 1041.

(3) Rymer, Fœdera, conventiones etc... t. I, part I, pag. 99.

(4) Ménage cite une donation de 100 s. de rente assise en Touraine, faite à Fontevrault en 1188... *Aimericus de Argen-tonio apud Chinonem vendam in manu et audientia domini Stephani Andegavensis senescalli memoratam elemosynam statuit et decrevit...* (Hist. de Sablé, p. 116, d'après les titres de Saint-Nicolas).

pas au sujet de la Touraine ; mais la sénéchaussée héréditaire de ce pays lui est expressément donnée par les lettres patentes du Roi Jean du 24 juin 1200 (1) ; et c'est probablement en vertu des pouvoirs qui lui sont ainsi conférés que, antérieurement au mois d'octobre 1200, il adresse au prévôt de Tours et à tous les baillis de Touraine des lettres patentes au sujet de lettres de rémission accordées par Artur à un nommé Josbert de Sainte-Maure (2).

Lorsque la Touraine fut reconquise sur le Roi Jean après le meurtre d'Artur, la question relative à cette sénéchaussée dût être réglée entre le Roi de France et Guillaume. La reconnaissance d'août 1204 et l'ordonnance conforme de Philippe-Auguste (3) ne sont pas bien décisives à cet égard, et de nouvelles conventions durent intervenir entre le Roi et Guillaume. Par une première convention conclue à Nantes au mois de mai 1206, Guillaume reconnaît que le Roi de France lui a donné la garde, *tradit michi custodienda*, d'Angers, Loudun, Saumur, Brissac, Beaufort, Baugé et de toute la terre d'Anjou, avec ses revenus et ses produits, *cum redditibus et expletis*. Le Roi se réservait Tours, Chinon, Langeais, que Guillaume lui abandonnait avec la sénéchaussée du Berry et celle de toute la Touraine jusque vers le Berry, aussi longtemps que cette convention devait durer (4).

---

(1) Duffus Hardy, Rotuli Chartarum... p. 72.

(2) Dom Housseau, t. V, n° 2037 ; archives de Saint-Martin de Tours.

(3) Arch. Nat. J 179, Craon n° 1, original scellé. K 214, n° 19, Recueil des Ordonnances, t. XI, p. 288 et 486.

(4) Charte de Guillaume des Roches, Arch. Nat. J 748-758, n° 11, original scellé. La charte de Philippe-Auguste est au cartulaire, *eod.* JJ, 7 et 8, f° 48 v°.

Au moment de cette convention, une attaque du Roi d'Angleterre était imminente. Après qu'elle eût été repoussée et au moment de l'expédition contre le vicomte de Thouars et ses autres adhérents, une ordonnance du Roi de France datée de Paris janvier 120$\frac{6}{7}$, donna à Guillaume Angers et Baugé et leurs dépendances, et tout ce qu'il tenait le jour de Noël précédent. Cette ordonnance tranchait en faveur du Roi les doutes qui auraient encore pu exister au sujet de la Touraine. Le Roi conservait Tours et la Touraine avec la sénéchaussée, Chinon avec la prévosté et la sénéchaussée, Bourgueil, Loudun avec la prévosté, la sénéchaussée et leurs dépendances, Saumur avec la prévosté. Si le Roi prenait en sa main Angers et Baugé avec leurs dépendances et tout ce qu'il lui avait donné pour tout le temps qu'il lui plairait, le Roi rendrait alors à Guillaume tous ses droits de sénéchaussée comme il avait eu coûtume de les avoir (1).

Pareille convention fut renouvelée entre le Roi et Amaury de Craon en juillet 1222 (2) et en août 1223 (3). Dans ce dernier acte, Amaury reconnaît que le Roi lui a concédé tout ce que tenait son seigneur et beau-père

---

(1) Cartulaire F de Philippe-Auguste, f° 166 r°; Bibl. Nat. Lat. 9778. Cartulaires aux Archives Nationales, JJ 7 et 8, 8, f° 75 r°, col. 2 ; JJ 26, f° 209, col. 2.

(2) Cartulaire F de Philippe-Auguste, f° 179 r°.

(3) Arch. Nat. J 179, Craon, n° 3, original scellé. Dans ces deux derniers textes, le nom de Loudun a été fort mal écrit et on peut lire *Lofoinum*, nom qui n'existe pas dans cette région ; mais c'est bien de Loudun qu'il est question. Ce nom se trouve reproduit exactement dans Martene, Ampl. coll. t. I, col. 1041 ; Recueil des Hist. de France, t. XVII, p. 81, note *a*, *ex eodem ;* Rymer, *Fœdera etc...* t. I, part. I, p. 99.

Guillaume des Roches, lorsque le Roi Philippe lui en fit la concession, *et dominus rex Ludovicus retinet sibi Turonis et totam Turoniam cum tota senescalcia, et Chinonem cum prepositura et cum senescalcia.*

La condition relative à Angers et à Baugé s'accomplit sous Louis IX après la mort d'Amaury, et en janvier 122$\frac{6}{7}$ Jeanne de Craon prêta serment de femme lige pour la sénéchaussée d'Anjou, Maine et Touraine, comme son père Guillaume des Roches l'avait tenue, avant que le Roi Philippe lui eût donné les villes d'Angers et de Baugé. S'il survenait quelque contestation entre le Roi et Jeanne, elle serait jugée par P. de Roye chambellan, Mathieu de Montmorency connétable, Jean de Beaumont, les vicomtes de Châteaudun et de Beaumont, et Hugues de Beaucey (1).

Jeanne et ses successeurs restèrent donc en possession de la sénéchaussée de Touraine jusqu'en 1323, époque à laquelle elle fut rachetée par le Roi de France (2) qui conserva le titre original avec les lettres faites pour ce rachat ...*penes nos in tuto reponi fecimus et etiam retineri.* Amaury de Craon objecta que ces lettres devaient rester en sa possession pour prouver le titre en vertu duquel il avait droit aux sénéchaussées d'Anjou et du Maine si elles lui étaient contestées ....*Cumque idem Amalricus diceret predictas originales literas penes ipsum remanere debere ad probandum titulum aliarum senescalliarum suarum Cenomanensis et Andegavensis, si forsan de ipsis*

---

(1) Arch. Nat. J 179, Craon, n° 4, original scellé. Cartulaire F de Philippe-Auguste, f° 183 v°

(2) Recueil des Ordonnances, t. XI, p. 486.

vel earum expleto esset questio seu dissentio in futurum, petens per nos super hoc de condecenti remedio provideri... Les lettres du Roi de France indiquent en conséquence la manière de faire les communications demandées par Amaury, si le cas se présentait. De tout cela, il résulte qu'il n'y avait pas d'autre titre en faveur de Guillaume des Roches que sa déclaration de 1204 et les lettres de Philippe-Auguste, car ces lettres de Charles IV du 28 avril 1323, sont au commencement un vidimus des lettres de des Roches ...*quod hæc sunt jura quæ Guillelmus de Rupibus senescallus Andegavensis habebat in senescallia Andegavensi, Turonensi, et Cenomanensi*. Ce vidimus ne fait allusion à aucun autre titre.

Ce rachat fut suivi de près en mars 133$\frac{0}{1}$, par celui de la sénéchaussée d'Anjou et du Maine (1) ; j'y reviendrai plus loin.

§ 2.

Des droits de sénéchaussée.

La déclaration faite par Guillaume des Roches au Roi de France en août 1204, est le seul document ancien que nous possédions sur l'étendue des droits que le sénéchal pouvait réclamer à raison de ses fonctions, et qui étaient connus sous le nom de droits de sénéchaussée, ou même simplement de *sénéchaussée* (2). Ce texte, fort clair sans

---

(1) Arch. Nat. J 175^B, n° 36, original scellé. Dom Housseau, t. VIII, n° 3537.

(2) Arch. Nat. J 179, Craon n° 1, original scellé ; ordonnance conforme du Roi, K 214, n° 219. Une déclaration et une or-

doute pour Philippe-Auguste, Guillaume et leurs contemporains, ne l'est pas autant pour nous ; les termes dans lesquels il est conçu sont négatifs plutôt qu'affirmatifs ; des Roches déclare ce à quoi il n'a pas droit, les points ne donnant lieu à aucun doute restant réglés par ce qui a été fait jusqu'à ce moment.

Il ne prendra rien dans dans revenus seigneuriaux du Roi, *in dominicis redditibus,* dans l'Anjou, le Maine et la Touraine. Si le Roi vend ses bois, il n'aura rien dans cette vente. Il ne pourra avoir aucune coûtume dans ses forêts. Si le seigneur Roi fait une demande ou une taille sur les chrétiens ou les juifs de la sénéchaussée d'Anjou, Maine et Touraine, c'est lui qui lèvera cet impôt par ses mains pour le comte du Roi, et il lui en rendra un compte exact *...per legitimum compotum et scriptum ;* mais il n'aura rien de cet impôt ou de cette taille. Il ne pourra à aucun titre, soit par fief, soit par coûtume, *neque per feodum, neque per consuetudinem,* réclamer la garde des châteaux et forteresses du Roi : s'il lui en confie quelqu'un à garder, il le lui rendra à première demande, soit de lui, soit de ses héritiers.

Voici maintenant les droits du sénéchal : des prévôts et des prévôtés, il aura par 50 livres un marc d'argent poids de Tours, que les prévôts payeront pour leurs prévôtés. De tout le surplus, délits, exploits et services, *de omnibus aliis tam forisfactis quam expletis et serviciis quæ michi fient,* le Roi de France aura les deux tiers et le sénéchal le tiers.

---

donnance entièrement semblables ont été faites pour la sénéchaussée de Poitou, V. Rec. des Ord., t. XI, p. 288 et 486.

Ces déclarations sont reproduites dans une ordonnance de Philippe-Auguste datée de Poitiers (1).

Ces droits étaient sans doute fort onéreux : la chronique de Touraine (2) en rapportant la mort d'Amaury de Craon en 1226, dit qu'il l'aurait emporté sur tous les chevaliers de son temps s'il ne s'était servi de sa sénéchaussée pour opprimer les églises, *nisi senescalliam pro qua opprimebat ecclesias et pauperes habuisset...*

D'un autre côté, les officiers du Roi avaient trouvé que ce partage par tiers des amendes et autres produits de la sénéchaussée portait une trop grave atteinte aux droits du Roi, et ils avaient cherché à restreindre ceux du sénéchal (3). Un arrêt du Parlement de Paris de décembre 1295, après enquête et sur le vu des chartes de la sénéchaussée, le maintint dans le droit de prendre le tiers des amendes levées sur les Lombards pour usures, et de celles dues pour délits commis contre les biens de l'évêque de   qui étaient en la sauvegarde royale (4).

---

(1) Archives Nationales, K 214, n° 19. Recueil des Ordonnances, t. XI, p. 288 et 486.

(2) Chron. Turonense magnum, Ed. Salmon, p. 158.

(3) Arrêt du Parlement de la Pentecoste 1266, après enquête faite par Guitier, bailli de Tours, Olim, t. I, p. 229, ɪ ; Arrêt du Parlement de l'Epiphanie $127\frac{7}{8}$, Olim, t. II, p. 104, xxɪv ; Arrêt du Parlement de la Toussaints 1279, Olim, t. II, p. 144, vɪɪ ; Arrêt du samedi après les octaves de la Pentecoste 1286, Arch. Nat. K 214, n° 19 ; Ménage, p. 377 ; Arrêt du Parlement de la Toussaints 1293, Olim, t. II, p. 359, xx ; ce dernier arrêt paraît ne pas avoir été exécuté.

(4) Arch. Nat. K 214, n° 19 ; ex registro rerum Andegavensium Cameræ compotorum Parisiensis, f° 77. Le nom de l'évêque qui avait souffert de ces délits est écrit *Seno*. Je suppose que le copiste a voulu mettre *Ceno* ; il s'agirait de l'évêque du Mans. Les titres contenus dans ce carton K 214 sont des copies du XVIIIe siècle.

Les officiers du Roi avaient aussi prétendu que le sénéchal n'avait pas droit au tiers des amendes prononcées
pour délits contre l'autorité du Roi : une ordonnance de
Philippe V de juin 1317 (Arch. Nat. *eod.*), décida par interprétation des titres du sénéchal, que de tous les méfaits,
forfaitures et exploits, pour le passé comme pour l'avenir,
le sénéchal aura son tiers paisiblement en tout et partout,
par quelques juges ordinaires ou extraordinaires que la
condamnation soit prononcée, etc., excepté dans les lieux
où il est convenu que le sénéchal n'aura rien.

Ces contestations ne furent certainement pas les seules
et amenèrent, peu après la cession de la sénéchaussée de
Touraine, la convention de mars $133\frac{0}{1}$ entre le Roi de
France et Amaury de Craon (1), par laquelle Amaury cédait
moyennant une somme de dix mille livres payée comptant
et une rente de quinze cents livres assise sur des terres en
Saintonge... « Noz seneschaucies d'Angeou et du Maine par
lesquelles nous mettions seneschaux esdiz bailliages, et
certain nombre de clercs et de sergens, et prenions et per-
cevions la tierce partie ès prouffiz, emolumenz, et quelconques revenues par raison de justice, jurisdiction et seneschaucie desdiz bailliages en forfaitures, amendes et autres
obventions quelconques, sauve ce que il ne cognoissoit
pas que nous eussons le tiers ès cas ci-dessus especiau-
ment nommez, c'est assavoir des amendes, des officiaux,
sergenz, advocaz, de portement d'armes, de proufiz adve-
nanz des eschaetes ès champs de bataille et ès amendes
données et quittiées par luy et par les comtes d'Angeou
et du Maine..... Et encores avons transporté en luy pour

(1) Arch. Nat. J 175ᴮ, n° 36, original scellé.

les causes dessusdictes les mars d'argent à nous appar-
nant sur les prevostez d'Angiers, du Mans, de Saumur,
de Baugé, de Beaufort et de Moliherne.... »

Dans sa déclaration de 1204, Guillaume des Roches
reconnaît qu'il n'a droit de rien prendre dans les forêts
du comté. Je suis disposé à croire qu'il renonçait ainsi à
des droits plus considérables que celui de prendre le mort-
bois dans la forêt de Vallée et à un droit que ses prédécesseurs exerçaient sur la prévôsté de Beaufort ; mais je
ne crois pas qu'il ait renoncé à celui d'avoir des sergents
dans la forêt de Beaufort. Le prévôt de Beaufort avait
aussi le droit d'y avoir un bailli (1).

Le droit du sénéchal sur les forêts du comté était donc
un droit de surveillance générale et d'administration qui
comprenait l'autorisation des aliénations qui en étaient
faites aux religions (2), et celui d'ordonner la délivrance
des coupes de bois auxquelles elles pouvaient avoir
droit (3). Il en était de même des sénéchaux des sei-

---

(1) Cartulaire F de Philippe-Auguste, f° 218 r° ; Bibl. Nat.
Lat. 9778.

(2) Au mois d'avril 1219, Guillaume des Roches donne au
prieuré du Houx, appartenant à Marmoutier, des droits sur
ses terres et dans la forêt de Bersay ; il fait la cession de ces
droits en qualité de propriétaire, *tanquam heres*, et confirme
cette charte par l'apposition de son sceau en qualité de sénéchal d'Anjou (Registre XXI de la Chambre des comptes, f°
355 v° ; Bibl. Nat. Lat. 9067).

(3) Mention d'une charte du sénéchal d'Anjou de 1219 par
laquelle il mande aux baillis de laisser prendre aux religieux
du Loroux le bois qui leur sera nécessaire dans les forêts qui
ont appartenu au Roi d'Angleterre Henri II en ladite sénéchaussée (Arch. Nat. P 1339, n° 454, cotée en déficit, voir l'inventaire).

gneurs au-dessous du comte ; ils devaient au moins être
avertis par les ayants droit, lorsqu'ils avaient à faire leurs
coupes de bois (1).

Quelques-uns qui tenaient leurs sénéchaussées en fief
avaient cependant des droits plus étendus et qui allaient
même jusqu'à leur permettre d'exiger que les religions,
acquéreurs de forêts dans le territoire de leur sénéchaussée, les missent hors de leurs mains, agissant dans ce cas
comme de véritables seigneurs féodaux (2).

Cet ensemble de droits était connue sous le nom de
droits de sénéchaussée, ou simplement de *sénéchaussée*.
Lorsque le Roi Philippe-Auguste abandonna la ville du
Mans à la Reine Bérengère en lui réglant son douaire,
Guillaume des Roches lui céda ses droits de sénéchaus-
sée,... *senescalciam quam habebat* (3)... Il n'était pas be-

---

(1) Transaction entre Marmoutier et Guillaume de la Guier-
che, fils de Geofroi de Pouencé, première moitié du xi⁰ siècle
(Dom Housseau, t. IV, n° 1101 ; Arch. de Marmoutier.)

(2) A. Jourdain, sénéchal de Sillé, donne au Grès, prieuré
de la Couture, *in hoc quod mei juris est*, un droit de chauffage dans la forêt de *Berum*, en 1209 (Extr. des titres et cartulaires de la Couture, Gaignières, vol. 199, p. 222 ; Bibl.
Nat.).

B. Mai 1229, le même sénéchal de Sillé a droit dans la forêt
du Defays aux arbres, à l'exception du chêne, du hêtre, du
houx, du bouleau et du tremble, et aux branches et copeaux :
ce droit lui est reconnu par lettres de Jeanne, sénéchalle d'Anjou (*Eod.* p. 45).

C. En 1248 le sénéchal de Beaumont se fait payer six livres
in pecunia numerata le consentement qu'il donne à ce que les
moines de Vivoin possèdent les bois de La Broce de Roussel
(Cartulaire de Vivoin, f⁰ 41 r⁰ ; Bibl. du Mans, n° 100).

(3) Cartulaire F de Philippe-Auguste, f⁰ 134 v⁰ ; Bibl. Nat.
Lat. 9778. Cartulaire, Arch. Nat. JJ 7 et 8 ; 8 f⁰ 75 v⁰, col. 1.

soin de plus longues explications, et les réclamations des droits de sénéchaussée, l'aveu fait pour une sénéchaussée, ne se bornaient pas au droit de rendre la justice, ils comprenaient tout ce que pouvait réclamer le sénéchal, soit comme magistrat, soit comme administrateur, soit comme ayant droit à de nombreuses redevances (1).

§ 3.

Le sénéchal représente le comte.

L'étendue considérable des pouvoirs du sénéchal qui n'avait de supérieur que le comte (ou duc d'Anjou), la tendance naturelle des pouvoirs qui se sentent peu surveillés à augmenter les limites dans lesquelles s'exerce régulièrement leur action, amenèrent sans doute des empiétements de la part du sénéchal sur les pouvoirs du comte d'Anjou. D'un autre côté, la création du juge ordinaire en 1358 avait eu pour effet, que ce résultat ait été

---

(1) A. Mai 1282, réclamation de Guillaume de Mongerol, chevalier, sénéchal fieffé (*feodatus*) de Mayenne, contre l'abbaye de Fontaine-Daniel (Extraits du cartulaire de Fontaine-Daniel, p. 21, coll. Gaignières ; Bibl. Nat. Lat. 5475).

B. Aveu antérieur à 1440 du seigneur de Montfort-le-Rotrou (Arch. Nat. R⁵ 408, f° 26). Il avoue qu'il a un homme de foi lige, messire Pierre de Milon, chevalier, qui a des droits en la chastellenie de Montfort... « Et sont appellez icelles parties de mad. chastellenie *la seneschacie*. Et est tenu led. chevalier de me présenter homme suffisant en office de seneschal pour gouverner le bailliage d'icelle seneschacie, et deux sergens.... Et ay droit de prendre les deux pars des amendes des subjects en lad. seigneurie dud. chevalier ».

cherché ou non, de diminuer les pouvoirs du sénéchal comme magistrat et même de les entraver comme chef de la justice du pays. La conséquence inévitable fut qu'il y eut entre eux de nombreux tiraillements dont le détail nous est resté inconnu, et dont l'existence d'une manière générale nous est révélée par un règlement fait en 1389 par la Reine Marie et son conseil (1), « pour certain différent qui estoit entre eux ».

Ce règlement, de trente ans postérieur à la création du juge ordinaire, maintient les pouvoirs de celui-ci tels qu'ils résultent des lettres-patentes des premiers juges ; je renvoie sur ce point à ce que je dirai plus loin des fonctions des juges ordinaires. Mais il précise les limites des droits du sénéchal, qu'on le considère comme agissant au nom et comme remplaçant du comte, ou son représentant dans le gouvernement et l'administration, ou comme magistrat et chef de la justice du pays.

Le sénéchal représente le souverain de l'Anjou et du Maine, et c'est à lui que principalement est confiée la garde des villes, châteaux et forteresses du pays (§ 1 du réglement de 1389) ; même lorsqu'il s'agit de commandements appartenant à justice (2) ; mais le duc d'Anjou

---

(1) Ce règlement ou ordonnance se trouve dans un mémoire rédigé en 1492 à l'appui d'une réclamation des lieutenants du sénéchal contre ce qu'ils appellent les empiètements du juge ordinaire d'Anjou ; Bibl. d'Angers, ms. 921.

(2) C'est à ce titre qu'il est chargé avec tous autres justiciers, officiers ou leurs lieutenants de l'exécution des lettres du duc Louis du 8 janvier $137\frac{0}{1}$ ordonnant de faire guet et garde dans la tour de l'église du Loroux (Dom Housseau, t. VIII, n° 3677 ; Arch. du Loroux).

peut seul les nommer et les révoquer (§ 12). Ce droit du comte en ce qui concerne les villes et châteaux ou forteresses est reconnu par Guillaume des Roches en 1204 comme appartenant au Roi de France ; il peut reprendre à sa volonté ceux dont il lui aurait confié la garde. Ce n'était donc pas un droit appartenant au sénéchal à raison de ses fonctions, et le Roi Louis XI fit une application de cette règle en décembre 1484, en refusant au sieur de la Gruthuse, sénéchal d'Anjou, la garde des clefs de la ville d'Angers ; il les remit aux maire et échevins (1).

Le sénéchal a droit, comme ses devanciers, à tous « estoremens d'ostel (2) » et provisions (§ 2).

Il ne peut donner sous son sceau lettres de *debitis* (3), ni lettres de sauvegarde, ni lettres pour plaider par procureur, ni lettres de répit de dettes, ni lettres d'abréviations, ni lettres d'état, ni mettre cause hors d'assises ; dans ces cas les lettres ne peuvent être données que par le duc, sous son grand sceau, s'il est présent, et, en son absence, sous le sceau ordonné pour lettres de justice ; entre parties, lui et le juge peuvent donner sauves-treves en jugement ainsi qu'il est accoûtumé (§ 8).

La création, institution et destitution du juge ordinaire appartient au duc d'Anjou seul ; mais le sénéchal peut le corriger et punir duement en cas qu'il délinque-

---

(1) Choppin, in cons. Andeg: t. 1, p. 85, Ed. 1581.
(2) Droit de prise ; V. Du Cange, V° *Estoramentum.*
(3) Lettres par lesquelles un créancier pouvait poursuivre l'exécution contre son débiteur dans la même forme que pour le recouvrement des dettes du Roi (Ragueau).

rait ou autrement ; il partage ce droit avec le duc d'Anjou (§ 11). Mais il n'en a jamais été usé depuis cette ordonnance, ni par l'un ni par l'autre.

Enfin, si le droit d'instituer des sergents est réservé au duc d'Anjou sauf quelques exceptions (§ 13), le sénéchal, en cas de désobéissance, peut les suspendre de leurs fonctions ; s'ils ont forfait leur sergenterie il peut les poursuivre ; s'ils en sont déclarés déchûs il peut les remplacer provisoirement jusqu'à ce qu'il y ait été pourveu par le duc d'Anjou.

Le sénéchal remplaçait complètement le comte, mais cette situation pouvait aller bien loin, jusqu'à le rendre garant solidaire d'un engagement que le comte aurait pris.

Le Roi Richard, le 12 août 1197, avait fait un arrangement au sujet de Carbay, près Angers, avec l'évêque d'Angers et l'abbaye de Marmoutier, et il avait promis à cette abbaye 3,000 sols de revenu à prendre sur le péage d'Angers. Une charte de Robert de Turnham, sénéchal de Richard, vient corroborer la charte du Roi et confirmer cette donation par l'engagement en quelque sorte personnel qu'il prend ; il déclare que par l'ordre et de la volonté du Roi Richard, il a donné à Marmoutier ces 3,000 sols à prendre sur le péage d'Angers (1).

Le § 10 de ce règlement de 1389 consacre la position du sénéchal auprès du duc d'Anjou. A lui seul, à moins de commission expresse, appartient de bailler sous son sceau exécutoire des lettres royaux venant de la cour de

---

(1) Dom Housseau, t. V, n°° 2016, 2100, 2100 *bis* et 2101.

France ou du duc d'Anjou. C'est lui en effet qui était le représentant dans l'Anjou et le Maine de l'autorité du Roi de France, surtout jusqu'à l'époque de la création du bailli des exemptions d'Anjou, Maine et Touraine ; et c'est lui que depuis une époque fort ancienne on trouve chargé de l'exécution des ordres souverains, que ce soient des actes d'intérêt général ou à peu près général, ou des actes rentrant exclusivement dans les intérêts particuliers.

En première ligne il faut placer les actes relatifs à la tenue des États généraux ou provinciaux (1), aux monnaies (2), à l'exécution des traités entre les Rois de France et d'Angleterre (3), aux défenses de sortir du

---

(1) A. C'est au sénéchal d'Anjou et du Maine, qui était alors le seigneur de Montejehan, que le roi Jean adresse des lettres du 2 juin 1352 pour tenir l'assemblée des états de la sénéchaussée, afin de demander une imposition de 6 deniers par livre pendant un an (Rec. des Ord., t. III, préface, p. XXV, XXVI, XXXVIII).

B. Il n'y a pas de preuve positive que ces états ayent été tenus : mais une autre ordonnance du Roi Jean de juillet 1355 sur la manière dont sera levée une aide de 2ˢ 6ᵈ par chaque feu est adressée entre autres au seigneur de Craon, lieutenant du Roi dans l'Anjou et le Maine, au capitaine et au sénéchal d'Anjou et du Maine (Eod., préface, p. XXX ; p. 682).

C. Lettres de convocation des États généraux, du 13 août 1358 (Eod., p. 692).

(2) Injonctions adressées le 7 mai 1357 pour exécuter les anciennes ordonnances sur les monnaies (Eod., p. 165).

(3) A. Ceux du comté d'Anjou qui ont combattu le Roi de France ne peuvent rentrer en Anjou et s'y établir sans le consentement du Roi et du sénéchal, et sans donner des sûretés convenables au sénéchal ; Traités de Parthenay, septembre 1214, et de Londres, 3 mars 12$\frac{19}{20}$ (Teulet, Layettes du trésor des Chartes, n° 1083, p. 405 ; n° 1387, p. 496).

B. Jean de Senterre, sénéchal d'Anjou et du Maine, est

royaume dans des conditions déterminées (1). Je cite
surtout des actes du Roi de France, il ne peut y avoir
aucune difficulté pour ceux du duc d'Anjou.

Viennent ensuite des dispositions spéciales à l'Anjou
et au Maine qui rentrent dans ce que nous appelons
aujourd'hui la législation d'intérêt local, que ces dispositions émanent du duc d'Anjou seul, ou qu'elles soient
en outre confirmées par le Roi de France ; confirmation
des privilèges de la ville d'Angers (2) ou des bouchers
de cette ville (3) ; ou de ceux qui habitent les turcies de
la Loire (4).

Puis ce sont les sauvegardes accordées par le Roi de
France à certaines abbayes ; le sénéchal d'Anjou et du

nommé, par lettres du Roi Jean du 12 août 1361, commissaire
avec le maréchal Boucicaut, le sénéchal de Saintonge et le
seigneur de La Rochefoucault, pour mettre le Roi d'Angleterre
en possession des villes, châteaux, forteresses et pays de
Poitou, Saintonge et Angoumois (Coll. Gaignières, vol. 678,
p. 72 ; Bibl. Nat.). Le copiste de Gaignières a probablement
mal lu le nom du sénéchal, qui est Jean de Saintré.

(1) Défense aux hommes de guerre et principaux sujets de
sortir du royaume sans permission, à peine de saisie de leurs
chevaux, harnais et terres ; lettres du Roi Jean du 28 octobre
1354... *Senescallis .. Andegavensi et Cenomanensi...* (Rec.
des Ord., t. IV, p. 153).

(2) Confirmation par Charles V, juin 1366, *mandamus senescallo Andegavensi et Cenomanensi...* (*Eod.*, p. 632).

(3) Confirmation par le Roi Jean, août 1361 (Recueil des Ordonnances, t. VII, p. 251). Les lettres portant règlement de
la boucherie d'Angers, de Louis comte d'Anjou, sont du 9 décembre 1359 et contiennent mandement au sénéchal de nosd.
contez ou à ses lieutenants, et au prévôt d'Angers.

(4) Bibl. Nat. Lat. 17127, p. 71, Bourgueil, Lettres de Louis,
comte d'Anjou et du Maine, de mars $135\frac{7}{8}$, confirmée par le
Roi, juin 1366.

Maine figure parmi ceux qui sont constitués gardiens
spéciaux de ces abbayes, ou au moins de celles de
leurs propriétés situées dans son ressort (1).

A côté de ces actes qui se rapportent plus ou moins
à l'intérêt général s'en trouvent d'autres entièrement
relatifs à des intérêts privés, et parmi ceux-ci je place
ceux relatifs au domaine du souverain ; l'exécution en

---

(1) A. Juin 1355, lettres de sauvegarde royale pour l'abbaye
de Tournus (Rec. des ord., t. IV, p. 289).

B. 28 juillet 1357, le Roi Jean prend sous sa sauvegarde
l'évêque de Nantes et toutes ses propriétés : ladite sauvegarde
est commise au sénéchal d'Anjou ou à son lieutenant présent
et futur pour tous ses biens situés en son royaume ; le sénéchal d'Anjou était alors Jean de Saintré : les lettres de son
lieutenant Guillaume des Baus, du 24 août suivant, par lesquelles il ordonne l'exécution des lettres patentes, indiquent
sa qualité spéciale de commissaire du Roi quant aux biens et
sujets du duché de Bretagne (Dom Housseau, t. XXVIII,
II, f° 72).

C. Mai 1365, renouvellement de la sauvegarde royale, accordée depuis longtemps par les Rois de France à l'abbaye de
Bourgueil ; ces lettres de renouvellement sont adressées au
prévôt de Paris, au sénéchal d'Anjou et du Maine, et au bailli
de Touraine (Rec. des Ord., t. IV, p. 566).

D. Mai 1368, lettres de sauvegarde royale pour le doyen et
le chapitre de l'église de Poitiers ; sont gardiens spéciaux entre autres les sénéchaux de Touraine, d'Anjou et du Maine
(Eod., t. V, p. 114).

E. Septembre 1370, lettres semblables pour l'abbaye royale
de Savigny au diocèse d'Avranches ; elles sont adressées
senescallis Andegavi et Meduanensi. Secousse pense que ce
serait le sénéchal de Mayenne (note c) ; cette désignation par
le Roi d'un sénéchal de rang inférieur avec le sénéchal d'Anjou qui était en même temps sénéchal du Maine, est entièrement insolite ; je crois que cette phrase incorrecte désigne le
sénéchal d'Anjou et du Maine (Eod., t. V, p. 351).

est confiée au sénéchal d'Anjou soit par le Roi de France, soit par le duc d'Anjou (1).

Le sénéchal paraît avoir eu le droit, au même titre que la chambre des comptes et le procureur d'Anjou, de s'opposer aux aliénations qui étaient faites du domaine (2).

Il peut être chargé aussi de veiller à régulariser l'assiette d'une rente (3) ; de concéder des rabais à des

---

(1) A. 30 décembre 1355, mandement de Jean, Roi de France, au sénéchal d'Anjou et du Maine ou à son lieutenant, de percevoir tous les fruits et revenus de l'évêché d'Angers tombés en regale par la mort de l'évêque d'Angers (Arch. Nat. K 214, n° 21, *ex regestro rerum Andegavensium cameræ compotorum Parisiensis*, f° 27 V°).

B. 1358, Charles, régent, déclare confisquées pour cause de forfaiture les terres de Jean d'Harcourt qui s'était révolté et allié aux Anglais. Il donne à son frère Louis d'Harcourt la terre et le château de Montfort, ordonne au sénéchal d'Anjou et du Maine et à son lieutenant de mettre led. Louis ou son ayant cause en possession et saisine du château de Montfort (Dom Housseau, t. XX, f° 173 ; Titres concernant le chapitre de Tours).

C. Janvier 1359, lettres par lesquelles Charles V ordonne au sénéchal d'Anjou et à tous ses autres justiciers et officiers de mettre Pierre de Palluau, chevalier, en possession et saisine des terres, étangs et fiefs des habitants de la Guienne qui étaient avant sous l'obéissance du Roi d'Angleterre, mais qui ont été confisqués depuis (*Eodem*).

D. Juin 1368, le duc Louis, après avoir annulé l'opposition faite par le sénéchal et la chambre des comptes à une aliénation du domaine, mande au même sénéchal, aux gens des comptes, procureur et autres justiciers ou leurs lieutenants de confirmer ladite donation (Arch. Nat. P 329 n° XXVI, ancien classement).

(2) Juin 1368, vente au chapitre de Saint-Laud d'Angers d'une croix en or et de la vicomté de Blaizon moyennant mille moutons d'or (Arch. Nat. P 329, n° XXVI, ancien classement).

(3) Mandement de Jean, comte d'Anjou et du Maine, du 27

fermiers qui ont éprouvé des pertes duement constatées (1) ; d'ordonner le payement de pensions dues (2) ;
et on peut dire en général d'exécuter les ordres du seigneur de l'Anjou et du Maine concernant son domaine (3).
Et c'est surtout à raison de son droit de surveillance sur
le domaine qu'il est compris parmi ceux auxquels le
comte ou duc donne avis des hommages qui lui ont été
faits directement (4).

---

mai 1342 à ses conseillers Jean de Bourbon et Pierre de
Prouillé, pour, avec le sénéchal d'Anjou, asseoir sur la chastellenie de Beaufort 1000 l. de rente données à Guillaume Roger (Justel, Preuves de la généalogie de la maison de Turenne,
p. 94 ; mémoires de la société nationale d'Agriculture, etc...
d'Angers, p. 333).

(1) Le roi de Sicile, le 29 décembre 1473, donne au sire de
Loué, sénéchal d'Anjou, pouvoir de faire des rabais aux fermiers qui ont perdu en leurs fermes en l'année 1472 pour cause
de la guerre et de la mortalité (Arch. Nat. P 1334⁹, f° 255 v°).

(2) Même date, ordonnance du même de payer les gages ou
pension à Nicolas Wyart (ou Vuyart) docteur en médecine,
qui sont de 100 l. par an (Eod., f° 256 v°).

(3) A. Remise de tailles par Jean, Roi d'Angleterre le 29 juin
1202 (Rotuli litterarum patentium.... p. 13). Remise à Richard
Liger à cause de dommages qu'il avait éprouvés de dettes qu'il
devait au Roi, le 17 mars 1203 (Eod., p. 29 b). Ces lettres patentes sont adressées à Guillaume des Roches.

B. En 1214, Guillaume annonce à l'abbé de Saint-Nicolas que,
conformément aux ordres du Roi, il lui rend ses regales à
partir du jour où le Roi a eu connaissance de sa confirmation
(Liber albus capituli Cenomanensis, p. 8).

(4) Les exemples en sont nombreux dans les registres de la
chambre des comptes, je n'en cite qu'un qui me parait le plus
ancien : avis donné le 20 janvier 134$\frac{2}{3}$ par Jean, alors comte
d'Anjou et du Maine, de l'aveu à lui fait par Jehan de Poilly
(Arch. Nat. P 344, n° IIIIˣˣVI, ancien classement).

C'est plutôt comme représentant du duc d'Anjou que comme chef de la justice que le sénéchal reçoit le serment des magistrats. Leurs lettres de nomination, ainsi que la plupart de celles des fonctionnaires de l'administration du duc d'Anjou, se terminent le plus souvent par un mandement général adressé à lui, au chancelier, ou à la chambre des comptes ; quand c'est le chancelier qui reçoit le serment, c'est le plus souvent en conseil ; les usages ne paraissent pas avoir été bien constants à cet égard (1).

C'est le sénéchal, concurremment avec le procureur

---

(1) A. Jean Du Vau, juge ordinaire, prête serment en conseil entre les mains du chancelier, janvier 145$\frac{3}{4}$ (Coustumes d'Anjou et du Maine, t. III, p. 67).

B. Nomination de Thomas de Servon aux fonctions de juge de la prévosté d'Angers (P 1334⁶, f° 121 v°). Ces fonctions étaient à cette époque annuelles et à la nomination du prévost ; mais il parait bien que le prévôt devait continuer celui qui était en fonctions.

C. Lettres de nomination de Jean Fournier aux fonctions de chancelier du Roi de Sicile du 20 novembre 1467 (P 1334⁸; f° 193 v°).

D. Après la réunion définitive de l'Anjou à la couronne de France, le Roi Louis XI nomma le 7 décembre 1481 son procureur général au pays d'Anjou Louis Garnier en remplacement de Jean Binel décédé. Les lettres de nomination contiennent mandement au sénéchal d'Anjou ou à son lieutenant de recevoir le serment dudit Garnier et de le mettre en possession de son office (P 1334¹¹, f° 101 r°).

E. Lettres du Roi Louis XI du 18 juillet 1480 nommant Mathurin de Montallays seigneur de Chambelle maitre des eaux et forêts d'Anjou ; mandement au sénéchal ou à son lieutenant de l'installer dans ses fonctions ; le 8 août il prête serment entre les mains de Thibaut Lemaczon lieutenant à Angers qui le met et institue en ses fonctions (P 1334¹¹, f° 85 v°).

lorsque cette fonction a été créée, qui était chargé de l'exécution des lettres de rémission (1).

§ 4.

Le sénéchal est le chef de la justice.

C'est probablement avec le juge ordinaire que les difficultés avaient été le plus nombreuses ; c'est aussi, en ce qui concerne ses fonctions comme chef de la justice, que les décisions données par le règlement de 1389 sont en plus grand nombre.

C'est d'abord une question de préséance qui est tranchée : le sénéchal, lorsqu'il siège à l'assise, s'asseoit au-dessus du juge et fait les délivrances des causes ou ordonne au juge qu'il les fasse (§ 3).

Il peut déclarer au juge que son intention est de connaître de certaines causes déterminées, et lorsqu'il l'a

---

(1) A. Avant octobre 1099, avis donné par Guillaume des Roches au prévôt de Tours et à tous les baillis de Touraine de la rémission faite par le comte Artur à Josbert de Sainte-Maure chantre de Saint-Maurice de Tours (Dom Housseau, t. V, n° 2037, ex archivis Sancti-Martini Turonensis).

B. Lettres de rémission à Guillaume Deize, accordées par Aymeri d'Argenton lieutenant général du duc d'Anjou, mandement au sénéchal et au procureur de monseigneur le duc d'Anjou. Février 136$\frac{7}{8}$, confirmation par Charles V, mandement au sénéchal d'Anjou et à tous nos autres justiciers (Arch. Nat., JJ 97, n° 2. Mémoires de la société nationale d'agriculture, etc.... d'Angers, année 1887, p. 331).

C. Cet usage est constaté longtemps après : lettres de rémission contenant mandement au sénéchal d'Anjou ou à son lieutenant à Saumur (P 1334 ⁵, 10, f° 114).

déclaré au juge par lettres, celui-ci ne peut plus procéder qu'en la présence du sénéchal ou de son consentement, pourvu qu'il soit présent dans la ville ou qu'il y puisse venir dans les trois jours (§ 4); il peut continuer ces affaires d'une assise à l'autre, mais du consentement des parties.

Il ne peut retirer une affaire de l'assise (traire hors de l'assise), si ce n'est de l'autorité du duc d'Anjou ou du consentement de partie. Dans les causes criminelles, appellations, demandes de meubles ou grosses amendes (amendes de 60 sols et au-dessus), il peut conserver la connaissance de l'affaire ou la renvoyer devant son lieutenant d'une assise à une autre, par exemple d'Angers à Saumur, etc... (§ 5).

Dans les affaires criminelles, il ne peut donner de rémission, le duc d'Anjou se réserve ce droit; mais il peut mettre le cas criminel en cas civil (§ 6). Ce point, cependant, ne paraît pas avoir été entièrement accepté par les membres du conseil qui reconnaissent au sénéchal le droit de donner rémission, mais seulement sous certaines conditions (1).

---

(1) Les pouvoirs du sénéchal allaient bien certainement jusqu'à faire un arrangement avec les parties adverses du Roi contre lesquelles il avait entamé un procès. Vers 1197 Robert de Turnham, sénéchal de Richard, après avoir saisi et mis en la main du Roi une maison à Baugé, la rend à Saint-Sergé par un accord entre lui et l'abbaye qui s'engage à payer à son clerc Hugues une rente annuelle de 100 sols sur cette maison (Cartulaire de Saint-Serge, p. 190, coll. Gaignières; Bibl. Nat. Lat. 5446). Cette charte, de même qu'une autre de la même époque relative à une rente de 3,000 sols au profit de Carbay est scellée par le sénéchal... *sigillo meo munivi... sigilli mei munimine confirmavi.* Le sénéchal se sert ensuite quand

De même que le juge et concurremment avec lui, il peut donner commission sous son sceau pour faire des enquêtes à futur. Le juge a le même droit, mais seulement par registre, et pendant qu'il tient l'assise (§ 9).

Un des points les plus importants de ce règlement est celui relatif à l'institution et à la destitution des lieutenants du sénéchal qui est réglé par le § 7.

Lisois d'Amboise, qui a tant contribué à fonder la puissance des comtes d'Anjou au commencement du XIe siècle, Payen de Rochefort, qui accompagnait Richard à la croisade et qui prit une part active aux opérations militaires de cette expédition, son successeur en Anjou, Robert de Turnham, qui après la perte de l'Anjou fut fait par le Roi Jean sénéchal de Poitou et de Gascogne, et qui dans ces nouvelles fonctions fut surtout chargé de tenir tête à Guillaume des Roches dans les guerres dont cette partie de la France fut le théâtre dans les premières années du XIIIe siècle, nous sont principalement connus comme guerriers. Mais les autres sénéchaux de cette période qui a précédé Guillaume des Roches, nous sont surtout connus comme magistrats et comme tenant une place considérable dans le conseil de leur souverain. Quant à Guillaume, on le trouve à la fois commandant les armées, suivant des négociations, et exerçant assidûment les fonctions judiciaires ou admi-

---

il s'agit de faire mention des témoins des formules en usage dans la chancellerie des Rois d'Angleterre : *Teste me ipso,* dit-il d'abord, et c'est ensuite que viennent les noms de quelques autres témoins.

nistratives de sa charge dans les intervalles de temps entre les nombreuses expéditions auxquelles il a pris part.

Ses successeurs de la maison de Craon, jusqu'au moment où le Roi de France racheta la sénéchaussée, sont connus surtout comme guerriers et comme hommes politiques qu'on retrouve souvent dans les guerres dont la Bretagne et la partie de l'Anjou qui en est limitrophe ont été le théâtre. Ce sont des baillis et des sous-baillis du Roi de France ou du sénéchal qui ont administré la justice pendant ce laps de temps, et son action, soit comme magistrat rendant la justice, soit comme chef suprême de la justice, paraît bien effacée.

A partir du rachat, quand la sénéchaussée est devenue office royal, plus encore à partir de la création des fonctions de juge ordinaire, la sénéchaussée reparaît comme la plus grande fonction de l'Anjou et du Maine après le duc (ou Roi de Sicile) ; son droit de rendre la justice est de nouveau proclamé quoique, en fait, il paraisse l'avoir à peu près abandonné ; mais nous le retrouvons chef suprême de la justice dont les pouvoirs vont jusqu'à nommer des magistrats ou à les confirmer dans leurs fonctions, et comme tel statuant dans de nombreuses circonstances sur les conflits qui surgissent naturellement entre les diverses juridictions.

Le droit de rendre la justice résultait pour le sénéchal de la constitution même de ses fonctions dans l'Anjou et le Maine, et d'une possession qu'on peut dire immémoriale ; il n'est donc pas étonnant qu'il n'en ait pas été question dans la déclaration d'août 1204, que Guillaume des Roches donna à Philippe-Auguste en lui prêtant serment de féauté lige pour la sénéchaussée d'Anjou, Maine et

Touraine, constituée à son profit en fief héréditaire (1).
De même que les lettres patentes du Roi, elle est muette
sur le droit du sénéchal de se nommer des suppléants
d'une manière permanente. C'est seulement un peu plus
tard que des lettres patentes datées de Sens, septembre
1204, en augmentant ses droits lui reconnaissent le droit
de prendre tout ce qu'un sénéchal doit prendre dans les
terres et fiefs donnés par le Roi, quel que soit celui qui
les possède, comme les doit prendre le sénéchal, en éta-
blissant des baillis et en faisant tout ce qui est relatif à
la sénéchaussée, *sicuti senescallus debet capere.... po-
nendo baillivos et omnia faciendo quæ ad senescalliam
pertinent* (2).

En admettant même que cette ordonnance n'ait eu
pour but direct que de permettre à des Roches de faire
percevoir ses droits de sénéchaussée par des baillis, il
me semble impossible de ne pas y voir l'origine du droit
reconnu plus tard sans contestation aux sénéchaux
d'Anjou et du Maine de nommer des magistrats qui rendaient la justice sous leur autorité et leur responsabilité.
Le bailli nommé par le sénéchal pour percevoir ses
droits était naturellement désigné pour le remplacer sur
son siège quand il était empêché, et en tout cas c'est
ainsi qu'elle a été interprétée de bonne heure ; car, sans
parler d'Hamelin de la Roorte, dès les années 1229 et
1230 nous trouvons un Richard, bailli de Jeanne de
Craon, sénéchalle *(senescalissa)* d'Anjou, qui remplit les

---

(1) Arch. Nat. J 179, Craon, n° 1 ; Original scellé.
(2) Arch. Nat. K 214, n° 19 ; ex regestro rerum Andegavensium Cameræ compotorum Parisiensis, f° 77. Ce registre
n'existe plus.

fonctions que nous avons vu remplir par le sénéchal dans plusieurs circonstances (1), et, le 8 décembre 1312, Mathieu de Vineia, chevalier, remplit celles de sénéchal d'Amaury de Craon (2).

Une ordonnance de Philippe V, de juin 1317, veut que « ledit seneschal, ses hoirs et ceulx qui de luy auront cause lesdites seneschaussies tiengne, gouverne et exerce tant en mettant ses lieutenans comme ses clers et sergens usans des offices au gouvernement desdites seneschaucies en la maniere que il a accoutumée. » (3).

C'est, d'ailleurs, dans le sens d'un droit de nomination aux fonctions de l'ordre judiciaire que le droit du sénéchal a toujours été entendu. Lorsqu'au mois de mars

---

(1) A. 3 février 122$\frac{8}{9}$ il assiste comme faisant partie de la cour à un arrangement à la suite d'une saisie sur Philippe More entre celui-ci et Fontevrault... *Ricardo clerico posito in loco domini Regis et senescalissæ...* (Cartulaire de Fontevrault, t. I, p. 69, coll. Gaignières ; Bibl. Nat. Lat., 5480).

B. *Ricardus tunc temporis baillivus dominæ Johannæ senescalissæ...* juge avec le bailli du Roi en 1230 un procès relatif aux marais de Beaufort entre l'abbaye du Loroux et la communauté des habitants de la chastellenie de Beaufort (Dom Housseau, t. VI, n° 2693 ; Archives du Loroux).

C. La même année il s'oppose à une vente de bois faite par l'abbé de Toussaints, puis donne main-levée, *Richardus clericus ballivus Johannæ...* (Dom Housseau, t. XIII, 1, n° 10629 ; Cartul. de la Toussaints d'Angers).

Le mot *clericus* joint à son nom dans deux de ces titres est-il son nom de famille ? ou bien était-il clerc ? c'est ce que je n'ai pu déterminer.

(2) Ménage, Histoire de Sablé, p. 382, preuves ; Archives de l'évêché d'Angers. Ce Mathieu avait entrepris sur la juridiction de l'évêque dans des conditions telles qu'on ne peut voir en lui qu'un véritable lieutenant du sénéchal dans le sens que cette dénomination a eue plus tard.

(3) Arch. Nat. K 214, n° 19.

$133\frac{0}{1}$ le Roi Philippe de Valois racheta à Amaury de Craon la sénéchaussée d'Anjou et du Maine, Amaury lui céda.... « Nos seneschaucies d'Angeou et du Maine par les quelles nous mettions seneschaus esdiz bailliages, et certain nombre de clers et de sergenz.... et quelconques revenues par raison de justice, jurisdiction et seneschaucie desdiz bailliages en forfaitures, amendes, et autres obventions quelconques.... » (1).

Le droit de nomination et de destitution de ses lieutenants lui est formellement reconnu par le règlement de 1389 (§ 7) qui constate en même temps que le Roi de Sicile en a usé, et qu'il ne renonce pas à en user à l'avenir quand il lui plaira. C'est par une transaction que se terminent les difficultés qui se sont élevées sur ce point. Et c'est évidemment sous cette réserve que le droit du sénéchal est reconnu par la chambre des comptes et par le Roi de Sicile, duc d'Anjou. A propos du greffier des causes pendantes devant le lieutenant du sénéchal à Angers, le conseil décide unanimement que, attendu que ledit sénéchal donne l'office dud. lieutenant, il peut et doit donner led. greffe à qui bon lui semble, et à lui seul de droit commun appartient en faire le don (2). A la même époque, le sénéchal ayant nommé aux fonctions de lieutenant du sénéchal à Saumur Hugues Payen ou Péan, qui était déjà juge de la prévosté à Saumur, le Roi René approuve cette nomination, et autorise Péan à exercer cumulativement les deux fonctions (3).

---

(1) Arch. Nat. J 175 B, n° 36, original scellé.
(2) Conseil, 26 septembre 1454; Arch. Nat. P 1334³, fᵒ 118 vᵒ.
(3) Lettres du Roi René du 21 septembre 1457 ; Arch. Nat. P 1334⁶, fᵒ 198 vᵒ.

Une conséquence naturelle de semblables pouvoirs est que c'est principalement au sénéchal qu'il appartenait de statuer sur les conflits qui s'élevaient entre les diverses juridictions.

Le Roi de France Charles V après avoir confirmé en 1364 les privilèges de l'Université d'Angers, avait nommé conservateurs desdits privilèges le lieutenant du sénéchal à Angers et le juge de la prévosté avec des pouvoirs égaux (1) ; de là, de fréquents conflits entre eux. Le Roi de Sicile « par l'advis et deliberacion de son conseil et du consentement de monseigneur le seneschal d'Anjou chef de la justice dud. pays (2) » décide le 16 juin 1451 que provisoirement et en attendant une solution définitive, la juridiction sur l'Université appartiendra aux lieutenant du sénéchal et juge de la prévosté sans entreprendre rien l'un sur l'autre. La question fut examinée à fond, les droits simultanés des deux magistrats furent maintenus conformément à leur institution, et cette nouvelle ordonnance, rendue après une instruction approfondie le 30 septembre 1453, rappelle expressément celle de 1451, « .... donnée en ceste matiere par led. Roy de Sicile, en la presence et du consentement de mondit seigneur le seneschal.... » (3).

---

(1) C'est ainsi que doivent être traduits les mots *quos et eorum quemlibet in solidum*...

(2) Arch. Nat. P 1334⁵, 10, f° 65 r°.

(3) *Eod.*, ff. 63 et 64.

Dans d'autres circonstances la situation du sénéchal est constatée d'une manière non moins explicite :

A. Conflit entre le lieutenant de Saumur et le juge de la prévosté au sujet de la mise en liberté d'un prisonnier. Le conseil est saisi de l'affaire. Le lieutenant de Saumur fait

Enfin, dans une circonstance très solennelle, lorsque la mort du Roi René sans héritiers mâles eut amené la réunion définitive de l'Anjou et du Maine ainsi que de la Provence à la France, il fallut pourvoir, au moins d'une manière provisoire, à ce que le cours de la justice ne fût pas interrompu ; des lettres de Jean de la Gruthuse, sénéchal d'Anjou, du 12 septembre 1480, pour éviter ce danger, nommèrent Jean Belin lieutenant à Angers, ou plutôt le confirmèrent dans ses fonctions. Le sénéchal rappelle que le Roi lui a fait don de l'office de sénéchal avec les droits, prérogatives et prééminences dépendant dudit office, à cause duquel nous appartient de mettre et instituer lieutenant à Angers et au ressort ainsi que ont fait par ci-devant nos prédécesseurs sénéchaux dudit pays ; il est sûr, d'ailleurs, de l'approbation du Roi, il met Belin en possession et saisine de son office par la tradition de ses lettres signées de lui et scellées de son sceau (1). Mandement de payer ses gages dans la même forme que ceux des officiers nommés par le Roi. Et, en

---

savoir qu'il a envoyé un mémoire au sénéchal qui ne lui a encore rien répondu. Le conseil approuve par provision la mise en liberté, mais décide en même temps que « comme led. lieutenant (du sénéchal) prétend que cette matière touche l'autorité de l'office de sénéchal auquel on ne veut pas déroger, on attendra sa présence pour asseoir appointement en plus large, et on prendra conclusion pour faire cesser semblables escandes » : Conseil, juillet 1450, P 1334³, 10, ff. 10 et 11.

B. Discussions entre la chambre des comptes et le sire de Loué comme maître des eaux et forêts d'Anjou au sujet de la réception de serment du segraier de Monnois. Le Roi René le 26 juin 1459 renvoie la connaissance du différend aux sénéchal et juge d'Anjou (P 1334⁷, f⁰ 63 r⁰).

(1) Arch. Nat. P 1334¹¹, f⁰ 125 r⁰ et v⁰.

effet, à la suite de ces lettres se trouve un mandement du 30 septembre 1482 à Jean Leblanc, receveur d'Anjou, de lui payer 75 l. t. pour ses gages d'un an.

Le journal de Jean Le Fevre a conservé le souvenir d'une disposition sur la compétence du sénéchal. La Reine de Sicile avait accordé à Amaury de Clisson, sénéchal d'Anjou et du Maine, des lettres scellées en septembre 1387 (1), par lesquelles il pouvait connaître de toutes causes réelles en dedans de la somme de 20 livres, et y procéder de jour en jour sans attente d'assise. Je crois que c'est un privilège personnel ; et on peut bien se demander, d'après la date de ces lettres, si ce ne serait pas un des faits qui donnèrent lieu aux réclamations tranchées par le règlement de 1389.

C'est encore comme chargé de surveiller l'administration de la justice qu'il est chargé par le souverain d'exécuter les dispositions sur les juridictions qui accordent des privilèges aux plaideurs (2).

En la même qualité, il était chargé de surveiller les magistratures inférieures, et notamment d'autoriser un seigneur à tenir son assise pendant que durait celle du duc d'Anjou ou comte du Maine. Cette autorisation ne pouvait pas être permanente, et elle devait être enregistrée ès remembrances de l'assise ainsi autorisée (3).

---

(1) Bibl. Nat. Fr. 5015, f° 177 v°.

(2) Lettres du Roi Jean de février 135$\frac{4}{5}$ qui accordent à l'abbaye de La Pitié que toutes ses causes en demandant et en défendant soient portées à l'assise du Mans le huitième jour de l'assise (Rec. des Ord., t. IV, p. 317).

(3) Permission accordée au seigneur de Cheverny et Vibraye par Christophe Perot sénéchal du Maine, le 8 mai 1525 (Arch. Nat. R^5 400, f° 204).

Il était appelé à donner des attestations sur les coûtumes des pays compris dans son ressort (1).

C'est aussi lui que nous trouvons chargé par le Roi de faire des enquêtes dans des circonstances où c'était le Roi qui devait décider, et pour éclairer sa décision (2).

Dans tous les cas, il devait respecter la juridiction ecclésiastique (3).

---

(1) A une époque incertaine, mais vers 1219, Guillaume des Roches écrit au Roi de France en réponse à une question qui lui était adressée que dans les comtés d'Anjou, Maine et Touraine, lorsqu'une terre écheoit à une fille, le Roi peut et doit la marier avec le consentement de la famille ; le mari devra le rachat (Coustumes d'Anjou et du Maine, t. III, p. CIX).

(2) A. Procès entre l'évêque, le chantre et le chapitre du Mans et Guillaume seigneur d'Oustillé à raison de droits de coûtumes que ce dernier prétendait sur les terres de l'évêché. Ce procès prend fin en 1213 à la suite d'une enquête faite par Guillaume des Roches. Les lettres du Roi ne disent pas expressément que l'enquête avait été faite par son ordre ; mais comme c'est lui qui jugeait souverainement le litige, il est plus que probable que le sénéchal n'a agi que par ses ordres (Registre XXI de la chambre des comptes, f° 261 ; Bibl. Nat. Lat. 9067).

B. En juin 1214, Guillaume des Roches est chargé par le Roi de France avec Guy d'Athies de s'informer des conditions dans lesquelles les évêques du Mans ont prêté serment aux Rois d'Angleterre Henri, Richard et Jean (Liber albus capituli cenomanensis, p. 8).

C. En 1216 ou 1217, il est encore chargé par le Roi avec Robert comte d'Alençon et l'abbé de la Couture de faire une enquête sur les droits de l'évêque dans la ville du Mans (Teulet, Layettes du Trésor des Chartes, n° 1272, p. 655).

(3) A. Novembre 1211, le Roi Philippe Auguste fait rendre à l'abbé de la Couture des hommes qui avaient été arrêtés, et déclare que les hommes de l'abbé ne doivent pas répondre devant lui des choses dont ils doivent répondre devant la cour

La juridiction du sénéchal comprenait le droit de collationner des lettres sur les originaux, et il en était ainsi alors surtout que l'état des communications ne permettait pas de déplacer sans danger les originaux, fût-ce pour les représenter au Roi de France (1).

Le sénéchal avait le droit d'autoriser les donations faites à une abbaye (2).

§ 5.

Cour du Roi tenue par le sénéchal. — Cour du sénéchal.

Nous avons vu que le comte auquel une affaire était soumise renvoyait le plus ordinairement devant sa cour, en indiquant seulement le jour de la comparution. Ce renvoi était ordinairement fait en termes généraux, mais il arrivait quelquefois aussi que le comte renvoyait la

---

d'Eglise (Cartulaire de la Couture, f° 6 v° ; Bibl. du Mans, n° 198 ; Dom Guéranger, p. 166).

B. 11 décembre 1312, le sénéchal d'Amaury de Craon, Mathieu *de Vineia* qui avait entrepris sur la juridiction de l'évêque d'Angers renonce après d'assez longues discussions à ses prétentions ; il se fait relever de l'excommunication qu'il avait encourue et fait publiquement à l'assise du seigneur de Craon une déclaration de laquelle il résulte qu'il n'a jamais eu l'intention d'empiéter sur la juridiction de l'Eglise (Ménage, Hist. de Sablé, p. 382, preuves).

(1) Août 1361, confirmation par le Roi Jean des privilèges des bouchers d'Angers ; Rec. des Ordonnances, t. VII, p. 251.

(2) A. En 1203, Guillaume des Roches confirme, en sa qualité de sénéchal d'Anjou, *sicut senescallus Andegavensis*, un legs de 10 livres de revenu annuel fait par Michel d'Anjou, à Saint-Nicolas pour l'entretien d'un moine (Ménage, Histoire

connaissance de l'affaire à quelques personnes expressément désignées (3).

---

de Sablé, pag. 363, preuves). Cette charte est de 1203, c'est-à-dire, d'une date antérieure à la déclaration qu'il donne au Roi de France sur l'étendue des droits de la sénéchaussée.

B. Plus tard, en avril 1219, il fait don au prieuré du Houx qu'il avait fondé du côté de Jupilles de droits dans sa forêt de Bersay qu'il a des libéralités du Roi... *Ut autem predictæ donationes meæ majori gaudeant firmitate, ego tanquam heres premissa eis quittavi et in perpetuum concessi, et tanquam Andegavensis seneschallus presenti charta sigillo meo signata in perpetuum confirmavi*.... (Registre XXI de la chambre des comptes, f° 352 v°; Bibl. Nat. Lat. 9067).

C. Cette double qualité de sénéchal et de seigneur féodal, se retrouve aussi dans des actes du sénéchal d'Anjou où il n'est pas facile de distinguer si c'est comme sénéchal ou comme seigneur féodal qu'il agit, tels sont les actes par lesquels Guillaume des Roches, en 1219, reconnaît que les hommes de la Couture ne lui doivent pas d'aide soit comme sénéchal d'Anjou, soit comme seigneur de Sablé (Cartulaire de la Couture, f° 11 r°; Bibl. du Mans, n° 198; Dom Guéranger, p. 203 et 204).

(1) A. Lors de la réclamation de coliberts faite en 1063 au comte Geofroi-le-Barbu par Foulques-Normand, le comte désigne plusieurs juges... *Fecit comes de hoc judicamentum fieri quod tenuerunt homines isti*... (Cartulaire du Ronceray, Éd. Marchegay, n° XXXVIII, pag. 32).

B. Entre 1060 et 1067, plainte portée par Saint-Aubin contre Aimery de Trèves pour des dommages... *et illud judicaverunt tenueruntque jussu comitis antedicti*... *Testes vero fuerunt hii*... (Cartulaire de Saint-Aubin, f° 70; Bibl. d'Angers).

C. Entre 1067 et 1109, un procès entre Saint-Aubin et Saint-Maur à l'occasion d'une boire dans l'île Saint-Maur est terminé par la décision de plusieurs juges... *Quos comes in loco sui ad placitum miserat... Judicata est causa... hoc modo...* (Cartulaire de Saint-Aubin, f° 60 v°).

D. Dans un procès au sujet d'un hommage entre l'abbaye de Bourgueil et Alon qui prétendait ne pas le devoir, le comte Foulques-le-Jeune (fils de Foulques-Rechin, associé au gouvernement par son père), est saisi de la cause en sa cour de

Ce renvoi peut aussi être fait par devant un seul juge, tel que le prévôt d'Angers (1). Il faut aller beaucoup plus tard pour trouver le renvoi d'une affaire devant le sénéchal, et alors ce n'est plus un juge commis pour décider l'affaire, c'est le représentant du comte qui tient sa cour comme il la tiendrait lui-même.

Des titres en assez grand nombre m'ont permis d'établir d'une manière à peu près exacte la succession des

---

Saumur. Il désigne comme juges, Baudry, archevêque de Dol, Humbert abbé de Bourgueil et un laïque Foulques de Vallée. Alon désigna-t-il de son côté des juges? Ce qui pourrait le faire supposer, c'est d'abord que des trois juges désignés par le comte, deux y étaient ou y avaient été directement intéressés, et le troisième, Foulques de Vallée s'était seul occupé comme procureur de sauvegarder les intérêts des moines ; et ensuite que les expressions dont se sert la charte semblent indiquer que la désignation faite par le comte l'était pour lui, dans son propre intérêt... *At ille* (c'est-à-dire le comte), *elegit sibi Dolensem archiepiscopum qui cum esset abbas illud totum confecerat, Umbertum abbatem qui cum esset prior de eadem causa sollicitus extiterat, de laicis unum Fulconem de Valleya qui monachorum studiis procurator valere inserviebat.* Le combat judiciaire fut ordonné, mais Alon fit défaut. La charte qui constate la procédure porte la date du 25 mars 1106 (Extraits du Cartulaire etc... de Bourgueil, p. 266, coll. Gaignières, vol. 192 ; Bibl. Nat. Lat. 17127).

E. Entre 1129 et 1142, discussions entre Saint-Pierre-de-la-Cour et les officiers du comte au sujet des revenus d'une foire ; le jugement en est renvoyé par le comte à trois juges désignés, *et multis aliis...* (Archives de la Sarthe, G. 479, p. 251 et 264).

(1) Entre 1060 et 1067, procès entre Thibaut le tanneur et Stabilis, *vicarius* du Ronceray, pour des vignes. Après un premier procès perdu, il renouvelle sa demande devant le comte qui renvoie devant le prévôt d'Angers... *de quo precepit Gaufridus comes Roberto preposito ut rectum faceret, et ipse fecit...* (Cartulaire du Ronceray, Rot. III, c. 84).

sénéchaux d'Anjou, puis d'Anjou et du Maine à partir du milieu du xie siècle ; ce n'est qu'un peu plus tard, au commencement du xiie, que je trouve un jugement prononcé par le sénéchal en la cour du comte, mais en présence du comte (1) ; dans cette circonstance, il n'est pas certain que la cour du comte ait été tenue par le sénéchal. De même que pour la tenue de la cour par la comtesse, et par les mêmes raisons sans aucun doute, il faut arriver à une époque plus récente pour trouver la cour du comte tenue par le sénéchal, et c'est en vertu d'ordres du comte que cette tenue a lieu, même quand il s'agit de débats judiciaires (2).

---

(1) Entre 1109 et 1117, *Gireius* d'Escharbot attaque l'abbaye de Fontevrault au sujet de propriétés qu'elle tenait de *Fulcoius Cellerarius*. L'abbesse porte sa demande au comte Foulques V qui fait venir *Gireius* en sa cour *causam hujus negocii in curia sua statuit pertractari.* Les parties exposent leurs moyens, et le sénéchal maintient Fontevrault dans sa possession... *auditis utrorumque racionibus, Stephanus Baucan qui tunc senescallus erat in judicio conspicuus rem..... nobis ... possidendam habere judicavit...* son nom figure aussi parmi les témoins (Cartulaire de Fontevrault, c. 317 ; Archives de Maine-et-Loire). Je crois cependant, d'après le certificat que Fontevrault donne à Etienne Baucan que c'est lui qui a jugé l'affaire : il est vrai que Fontevrault gagne son procès.

(2) A. Bechet vassal (*cliens*) du comte à Brissac (*Brachesaccum*), prétend que la terre de *Breteleria* doit le *fodrium* au comte : contestation par l'abbé de Saint-Serge et le prieur de Saint-Melaine à qui appartient cette terre... *Comes Gosleno Turonensi tunc siniscallo suo precepit ut causam illam justo terminaret judicio...* celui-ci fait visiter la terre par Renaud de Rupe, sénéchal de Brissac qui fait une instruction à la suite de laquelle il est décidé que la terre en question ne doit pas le *fodrium* (Dom Housseau, t. V, n° 1753; ex Chartulario Sancti-Sergii); cet acte est entre le 31 mars 1150 et le 7 septembre 1151.

Cette délégation finit par devenir d'un usage fréquent ; les chartes rédigées pour constater des jugements rendus par le sénéchal, mentionnent simplement que la procédure a été faite ou le jugement rendu dans la cour du Roi ou du comte (1), même quand à la suite d'un

B. Dans les procès de Nivard de Rochefort au sujet du bois *de Lateio* contre le Ronceray, le record de cour est fait par le sénéchal en vertu des ordres du comte Henri, donnés entre le 25 octobre et le 7 décembre 1154 ... *Mandavit Gosleno dapifero, commandavit ut sicut pater ejus boscum de Lateio liberaverat, ita et ipse proborum hominum qui affuerunt testimonio liberaret* .. (Cartulaire du Ronceray, Ed. Marchegay, n° CLXXXV, pag. 123).

C. En 1158, contestation entre Fontevrault et des habitants d'Anjou au sujet des coûtumes des Ponts de Sée ; le sénéchal agissant *ex mandato domini Regis* fait venir des témoins ; *isti coram me et... qui mecum loco Regis residebant...* (Cartulaire de Fontevrault, t. I, p. 403, coll. Gaignières ; Bibl. Nat. Lat. 5480).

D. Entre 1162 et 1165, le procès entre les moines de Marmoutier et Hamelin d'Antenaise au sujet d'un droit de pressoir à Boire est jugé par le sénéchal d'Anjou et du Maine commis par le Roi Henri... *qui mihi precepit... terminare causam... ordine juris in omnibus conservato* (Archives de la Sarthe, $\frac{H-46}{4}$ n° 1).

E. En 1169, procès entre Fontevrault et Bourgueil au sujet des limites du bois et de la terre des Loges... *Ante dominum Henricum qui jussit Stephano de Marchaio senescallo suo ut hanc querelam pacificaret...* A la suite d'un bornage, un accord a lieu entre les deux abbayes ; *hujus rei testes sunt : predictus senescallus...* (Fontevrault, prieuré des Loges, charte originale ; Archives de Maine-et-Loire).

F. Août 1180, transaction entre l'évêque d'Angers et Saint-Aubin sur divers droits, devant Etienne sénéchal d'Anjou.... *qui huic compositioni loco et mandato domini Regis interfuit...* (Extr. des Titres et Cartulaire de Saint-Aubin, p. 274, coll. Gaignières, vol. 188 ; Bibl. Nat.)

(1) A. Vers 1157, discussion au sujet de prés, entre Saint-Julien et Raoul de Breis... *Curiam comitis Andegavensis ap-*

accord il a été convenu qu'il recevrait les choses objet de cet accord dans sa garde et dans celle du Roi d'Angleterre (1). Puis, le sénéchal ne dit même plus d'une manière expresse que la cour qu'il préside est la cour du Roi. Cela résulte d'une manière implicite de cette circonstance que la cour est tenue par lui et par la Reine (2); mais il arrive aussi qu'on ne s'en explique pas (3), et dans ces cas ce n'en est pas moins la cour du Roi.

La délégation pouvait même être faite directement par le comte à un sénéchal d'un ordre inférieur, et, dans ce

---

pellavimus... in curiam convenimus... Precipiente autem Gosleno tunc Andegaviæ senescallo litteras nostras in curiam protulimus... Un accord a lieu entre les parties (Cartul. de Saint-Julien de Tours, pag. 101, coll. Gaignières; Bibl. Nat. Lat. 5443).

(1) Vers 1187, accord entre le prieur et les moines de Saint-Gilles-du-Verger, et Pierre Brion, au sujet de deux maisons... *Hoc concessum et hoc donum apud Andegavis in curia domini Regis coram me recordatum fuit... Ego etiam hoc donum et hanc concessionem in manu et custodia domini Regis Anglorum et mea recepi...* (Saint-Eloy d'Angers, charte originale n° 16.; Archives de Maine-et-Loire).

(2) En 1190, difficultés entre Fontevrault et le prévôt du comte à Saumur pour des droits de voierie du marché au blé. L'affaire est portée devant le sénéchal d'Anjou et du Maine qui était alors Payen de Rochefort, et la Reine Alienor..... *coram nobis et domina Regina Alienor...* C'est en leur présence, et sans doute avec leur participation, que le jugement a lieu... *Facto autem coram me et coram domina Regina judicio....* (Cartul. de Fontevrault, t. I, p. 73, coll. Gaignières; Bibl. Nat. Lat. 5480).

(3) Entre 1195 et 1199, procès entre l'abbaye de Saint-Serge et le seigneur de Beaupréau, qui voulait empêcher l'abbaye de lever une taille sur ses hommes. Ce procès est porté devant Payen de Rochefort, un arrangement intervient avant que le jugement soit prononcé (Cartulaire de Saint-Serge, p. 128, coll. Gaignières; Bibl. Nat. Lat. 5446).

cas, la cour de ce sénéchal est bien celle du Roi ou du
comte, soit que le rédacteur de la charte ait expressément indiqué cette délégation (1), soit que la charte
constate simplement que la cour ainsi tenue est la cour
du comte ou du Roi (2).

De même, enfin, dans le cas où il s'agissait d'une in-

---

(1) Il s'agit d'un procès pour des dîmes que les habitants de
Cheviré refusaient à l'abbaye de Vendôme. L'abbaye s'adresse
au comte Geofroi *qui... precepit Hugoni de Cleeriis qui tunc
erat dapifer Fissæ et Balgiaci ut huic negotio per judicium
finem imponeret.* Hugues de Cleers était un des personnages
très-importants de cette époque, il est probable que le comte
avait augmenté sa sénéchaussée de La Flèche en y ajoutant
celle de Baugé ; il n'en est pas moins vrai que, de même
que le sénéchal du Mans, il avait pour supérieur le sénéchal
d'Anjou et du Maine. Mais la cour qu'il convoqua pour juger
cette affaire, n'en est pas moins la cour du comte... *Tunc per
judicium curiæ comitis adjudicata est decima..* Cette sentence est du 8 avril 1146 (Dom Housseau, t. V, n° 1722 ; ex
Chartul. Vindoc.).

(2) A. En 1178, transaction sur des difficultés entre Hamelin
de Chourses et l'abbaye de Sainte-Marie-d'Evron... *gravis
controversia... in curia domini Regis Johanne de Melna tunc
senescallo pacifice sopita...* (Gaignières, vol. 205, pag. 174 ;
extraits de titres relatifs à l'abbaye d'Evron).

B. Après 1180, procès entre Scolastique, veuve de Guerin
Rusticus et Elinand. Toutes les phases de ce procès se dérou-
lent par devant Jean de Melna, sénéchal du Mans... *in curia
domini Regis coram domino Johanne de Melna...* cette phrase
y est même répétée plusieurs fois (Cartulaire de Vivoin, f° 86
r° ; Bibliothèque du Mans).

C. En 1184, accord entre l'abbaye du Mont-Saint-Michel et
l'abbaye de la Couture au sujet du prieuré de Saint-Victu-
rius au Mans qui dépendait du Mont-Saint-Michel... *finis
negocii positus est in consilio domni Gaufridi Mali-Canis tunc
senescaulo..... Actum Cinommannis in curia domini Regis
Herrici filii Matildis imperatricis....* (Cartulaire de la Couture, f° 9 v° ; Bibliothèque du Mans).

formation préliminaire pour arriver à un arrangement. La délégation d'un sénéchal de rang inférieur et d'un autre sous-ordre est faite au nom du Roi et du sénéchal dans le lieu où l'enquête peut être faite le plus facilement ; la convention est publiée dans la cour du Roi (1).

Le sénéchal tenant la cour du Roi ne paraît pas avoir jugé seul (2).

---

(1) Entre 1162 et 1170, discussions entre le prieuré de Gouiz, dépendant de Saint-Aubin et Geofroy d'Auvers. On se réunit d'abord à Durestal ou Durtal pour les débats de l'affaire qui se présentait d'abord sous une forme contentieuse... *coram Girardo de Cleeriis et Matheo vicario qui locum domini Regis et mei ibidem... precepto meo apud Durestallum convenerunt... Pax coram me* (c'est le sénéchal qui parle) *apud Andegavum in aula domini Regis in plenaria curia recitata fuit....* (Cartulaire du prieuré de Gouiz, f° 38 r° ; Bibl. Nat. Lat. 5447).

Il faut rapprocher de ce texte la sentence relative à la dîme litigieuse entre les habitants de Cheviré et l'abbaye de Vendôme, et les textes relatifs à l'intervention de Jean *de Melna* et de Geofroi Mauchien, sénéchaux du Mans (ci-dessus p. 206), et ceux de 1202 et de 1208 (ci-après p. 208 et 209) où il est encore question de Geofroi Mauchien et d'Hamelin de La Roorte. Quel que fût l'endroit et les circonstances dans lesquelles ces juridictions fussent tenues, c'était toujours la cour du Roi.

(2) Aux divers exemples que j'ai cités quand j'ai parlé de la composition de la cour du Roi, il faut ajouter :

A. Une charte de Guillaume-des-Roches de l'an 1200 ; il tient la cour du Roi Jean dans le chapitre de Saint-Maurice, en présence du sénéchal de Normandie, du vicomte de Sainte-Suzanne et de Juhel de Mayenne, pour juger un procès entre le Ronceray et les hospitaliers de Jérusalem. Le droit des religieuses est reconnu... *Justum visum est sapientibus qui aderant*, dit-il dans sa charte (Dom Housseau, t. XII, 2, n° 7579 ; Archives du Ronceray).

B. Charte du même de 1208 relative aux procès entre Saint-Vincent et Philippe de Doucelles (*de Dulceola*). En rappor-

La cour ainsi tenue est tellement la cour du comte (ou du Roi), que c'est lui qui donne les mandements pour assurer l'exécution des sentences rendues par le sénéchal (1).

Cet usage, peut-être même cette nécessité d'obtenir une charte du Roi pour pouvoir arriver à l'exécution d'une sentence du sénéchal, disparut à partir du moment où le Roi de France devint possesseur incontesté de l'Anjou et du Maine. Mais à partir de ce moment, plus encore peut-être qu'auparavant, il ne fut plus question que de la cour du Roi qui était tenue par le sénéchal ou par des délégués du sénéchal, sans qu'une délégation spéciale du Roi de France paraisse avoir été jugée nécessaire (1).

---

tant la première sentence prononcée par Hamelin de la Roorte tenant la cour du Roi à Ballon, Guillaume des Roches s'exprime ainsi : ... *Judicio curiæ domini Regis idem Hamelinus et milites viri legitimi in curia presentes audierunt... de creverunt et judicaverunt...* (Liber controversiarum Sancti-Vincentii Cenomanensis, p. 495, coll. Gaignières ; Bibl. Nat. Lat. 5444).

C. Antérieurement, une charte de Payen de Rochefort de 1190 dans une affaire concernant Fontevrault contient une mention semblable... *concordaverunt per judicium omnes qui aderant quod...* (Cart. de Fontevrault, t. I, pag. 73, coll. Gaignières ; Bibl. Nat. Lat. 5480).

(1) A. En 1159, *preceptum* du Roi Henri au sénéchal d'Anjou... *tenere bene et in pace... terram de Espacis quam in curia mea coram te dirationavit...* (Cartul. d'argent de Saint-Florent, fᵒ 48 rᵒ ; Archives de Maine-et-Loire).

B. Vers la même époque, autre *preceptum* à Hugues de Pocé... *ne manum mittas in pascuis unde monachi de Sancto-Florentio saisiti fuerunt in curia mea coram Josleno de Turonis dapifere meo...* (Eod. fᵒ 47).

(2) A. En mai 1202, jugement rendu par Geofroi Mauchien

§ 6.

Sceau du sénéchal.

Les actes du sénéchal étaient rédigés sous sa direction par des gens relevant de lui et qui portaient le titre

---

(*Malus Canis*), sénéchal du Maine entre Mahaut, veuve de *Villanus de Novile*, et plusieurs plèges d'une dette contractée par celui-ci envers des juifs... *in curia domini Regis apud Cenomanum in assignato eis termino coram me...* (Liber controversiarum Sancti-Vincentii Cenomanensis, pag. 501, coll. Gaignières ; Bibl. Nat. Lat. 5444).

B. Il n'est pas dit, dans cette circonstance, si Geofroi Mauchien siégeait en vertu de ses fonctions comme sénéchal du Mans, ou si c'était comme remplaçant Guillaume des Roches. Mais même dans cette dernière hypothèse, c'est toujours la cour du Roi qui est tenue par le remplaçant du sénéchal.

A une époque un peu antérieure à 1208, un procès entre Gautier le Boigne et les moines de Saint-Vincent du Mans, au sujet d'une maison à Assé est terminé par un jugement de *Hamelinus de Roorta qui loco domini Regis et meo intererat.* Le sénéchal termine l'affaire en 1208, et dans la charte qu'il fait rédiger, il rappelle ce premier jugement et s'exprime ainsi : ... *Sicut in curia domini Regis et mea coram mandato meo alia vice fuerat judicatum...* C'est à Ballon qu'avait siégé la cour tenue par Hamelin ; c'est au Mans qu'a siégé celle tenue par Guillaume (Liber controversiarum Sancti-Vincentii, pag. 495, coll. Gaignières ; Bibl. Nat. Lat. 5444).

C. Mars 1214, procès entre le seigneur de Bueson et Fontevrault, au sujet de quatre arpents de vignes, et de droits sur le fief de Bueson... *coram Hamelinum de Roorta qui loco Willelmi de Rupibus senescalli Andegavensis tenebat curiam...* il intervient un arrangement *coram Hamelino de Roorta qui loco predicti senescalli tenebat curiam Regis...* (Cartulaire de Fontevrault, t. 1, pag. 98, coll. Gaignières ; Bibl. Nat. Lat. 5480).

Il serait trop facile de multiplier les exemples. La cour du

d'écrivain ou clerc du sénéchal (1). Il était assisté par
des sergens, *servientes*, spécialement chargés d'exécuter
ses ordres (2).

Les actes du sénéchal d'Anjou tenant la cour du Roi
étaient scellés uniquement de son sceau. Si les originaux
ont péri, au moins les copies qui en ont été faites dans
les cartulaires, et depuis à diverses époques, ont conservé exactement les mentions qu'ils contenaient. Ces
mentions constatent des appositions de sceaux à partir
du milieu du xiie siècle par Gozlin de Tours, Etienne de
Tours, Payen de Rochefort et Guillaume des Roches (3),

---

comte d'Anjou et du Maine ou du Roi d'Angleterre est devenue
la cour du Roi de France, et est tenue par le sénéchal ou par
des magistrats par lesquels il se fait remplacer.

(1) A. *Clemens scriptor senescalli*... témoin en 1180 d'une
donation faite à Fontevrault par *Eustachia de Argentonio*
(Archives de Maine-et-Loire, Fontevrault, Ponts de Cé).

B. *Ricardus clericus senescalli*... 31 juillet 1187, Cartul. de
l'Hôpital Saint-Jean d'Angers, n° ix, p. 108.

C. *Gaufridus de Peraio clericus domini senescalli*... Entre
1203 et 1205, *Eod.* n° xxx, p. 114.

D. Mars 1203, lettres de Guillaume des Roches constatant
la donation faite à l'abbaye de la Boessière par Baudouin
des Roches, son neveu... *Nicolao clerico meo et Gaufrido
de Auverucia clerico meo*... (Dom Housseau, t. VI, n° 2181,
Archives de la Boessière.

(2) *Januarius serviens senescalli*... témoin en 1180 du même acte que *Clemens scriptor*.

(3) A. La formule qui paraît le plus généralement employée
par Gozlin de Tours et Etienne de Tours est : *sigilli mei testimonio confirmavi* (charte de Gozlin de Tours de 1158 relative
aux coûtumes des Ponts de Sée, Cartulaire de Fontevrault, t. I,
pag. 403, coll. Gaignières; Bibl. Nat. Lat. 5480. Charte d'Etienne,
entre 1162 et 1170 relative à des différends entre le prieuré de
Gouiz et Geofroi d'Avers ; Cartul. du prieuré de Gouiz, f° 38 r° ;
Bibl. Nat. Lat. 5447). La première de ces deux chartes fait pré-

et il faut remarquer que le sceau du sénéchal est un sceau officiel, qui suffit à lui seul pour donner l'authenticité aux actes émanant de la cour du comte ou du Roi tenue par le sénéchal, sans qu'il soit besoin de s'adresser à sa chancellerie pour y faire apposer le sceau du souverain. Sans doute, comme nous l'avons vu, il y a des

---

céder la formule des mots ....*ne super ea ulterius renovetur dissentio*.... et la seconde de ...*et ut firmius habeatur.*

B. Une charte d'Etienne de 1169 relative à un arrangement après procès entre le Ronceray et Luc de Chamazé dit ....*ut ratum et firmum inantea perseveret sigilli nostri attestatione corroboravimus*... (Cartulaire du Ronceray, Ed. Marchegay, n° CLXIII, pag. 110).

C. Payen de Rochefort la modifie un peu en 1190 dans une charte relative à un procès entre Fontevrault et le prévôt de Saumur ...*rem precepi mandari litteris, et sigilli mei apposui firmamentum* (Cartulaire de Fontevrault, t. I, pag. 73, coll. Gaignières ; Bibl. Nat. Lat. 5480). Cette charte offre cela de particulier que la cour était tenue par lui et par la reine Alienor ...*coram nobis et domina Regina Alienor conquesti sunt... Facto autem coram me et coram domina Regina judicio, concordaverunt*... Mais à la fin de la charte après la mention du sceau, il ne fait mention de la Reine que comme témoin ...*Teste domina Alienor Regina*...

D. Guillaume des Roches agit de même, surtout après sa charte de 1204 dans laquelle il fixe l'étendue de ses droits de sénéchaussée. Sa charte de 1208 constatant qu'il a rendu une sentence conforme à celle rendue précédemment par Hamelin de la Roorte, et confirmant par conséquent celle de ce dernier dans le procès entre Saint-Vincent et Philippe de Doucelles (*Dulceola*) se termine par la formule de celui qui a pleine juridiction ...*quod ut firmius habeatur presentes litteras feci annotari, et sigilli mei munimine confirmari*... C'est la formule royale (Liber controversiarum etc., p. 495).

Une charte de septembre 1217, mais celle-ci rédigée par l'abbaye de Marmoutier et relative aux discussions qu'avait cette abbaye avec la famille d'Antenaise au sujet du pressoir de Boire, se borne à une simple mention de son sceau (Cartul. de Marmoutier, t. II, pag. 447, coll. Gaignières ; Bibl. Nat. Lat. 5441).

chartes du Roi confirmant des sentences du sénéchal ; mais je crois que tout ce qu'on peut en conclure, c'est que ces chartes donnent une force plus grande à la sentence en faisant de sa décision un véritable acte émané de l'autorité souveraine, alors qu'on aurait peut-être été tenté de l'amoindrir en affectant de la regarder comme un acte personnel du sénéchal. Peut-être encore l'acte souverain avait-il pour résultat de rendre la sentence immédiatement exécutoire, car c'était alors l'ordre du souverain qu'on exécutait, au lieu que, pour arriver à l'exécution directe de la sentence du sénéchal, il aurait fallu suivre une procédure semblable à celle qu'on trouve suivie plus tard pour arriver à *entériner le jugé*. Mais je crois pouvoir affirmer que cela n'ajoutait rien à l'authenticité de ce qui s'était passé devant le sénéchal. D'ailleurs, je n'ai plus rencontré de semblables actes du souverain postérieurement à Henri II.

Il en était de même du sénéchal du Mans, il scellait les sentences qu'il avait rendues. Geofroi Mauchien se servait d'une formule semblable à celle dont se servaient les sénéchaux d'Anjou, et il est plus que probable que les sénéchaux de second ordre faisaient de même (1).

Le sénéchal ne scellait pas seulement les jugements rendus par lui ou les actes passés en sa présence ; il

---

(1) Charte de Geofroi Mauchien sénéchal du Mans postérieure à 1180, procès entre Elinand et Scolastique veuve de Guerin *Rusticus* ...*Ut autem hoc fidelius conservetur sigilli mei testimonio communivi....* (Cartulaire de Vivoin, f° 86 r° ; Bibl. du Mans). Autre charte du même, de mai 1202 (Liber controversiarum Sancti-Vincentii, pag. 501, coll. Gaignières ; Bibl. Nat. Lat. 5444).

délivrait encore des lettres constatant une sentence rendue par un sénéchal étranger à l'Anjou et qui ne relevait pas de lui (1).

---

(1) Entre 1184 et 1189, charte d'Etienne rapportant une sentence rendue entre Fontevrault et Guillaume *de Achaio* par Etienne Amenon sénéchal de Moncontour en Poitou au sujet d'une dime ...*Ego Stephanus siniscalcus Andegaviæ salutem. Sciatis quod contentio erat inter.... terminata fuit ....apud Montem Contorium in curia domini Regis coram Stephano Amenon tunc siniscallo Montis Contorii....* Gaignières malheureusement n'a pas pris copie entière de cette charte ; mais il me parait bien qu'elle a dû être scellée par celui qui la délivrait pour le maintien des droits de Fontevrault (Cartulaire de Fontevrault, t. I, p. 139, coll. Gaignières ; Bibl. Nat. Lat. 5480).

CHAPITRE IX

Le rapprochement des actes des premiers comtes d'Anjou indépendants tels qu'ils nous sont parvenus, avec ceux des souverains leurs contemporains, Karolingiens ou Capétiens des ixe et xe siècles, suffit pour établir que ce sont les mêmes règles qui, dans chacune des souverainetés, la grande et la petite, ont été appliquées à la rédaction des actes et à tout ce qui peut assurer leur sincérité, la régularité de leur forme, et leur force exécutoire. Je me bornerai donc ici à exposer les particularités que j'ai constatées dans l'Anjou et le Maine, et à donner la liste des chanceliers dont j'ai pu relever les noms.

La présence du chancelier aux actes du comte n'est pas toujours mentionnée ; bien loin de là. Mais les termes dans lesquels cette mention est faite prouvent que la rédaction des actes par le chancelier, ou tout au moins sous sa haute direction, était considérée comme la garantie principale de la régularité de l'acte ; c'est en ce sens que l'on pouvait dire que les actes étaient confirmés par le chancelier (1).

---

(1) A.... *Ego frater Rotbertus monacus* (de Saint-Julien de

Il est bien évident que le chancelier ne pouvait pas tout écrire. Il était assisté par d'autres personnes dont les unes étaient des clercs attachés à sa personne (1), les autres attachées à la personne du comte portaient expressément soit le titre de secrétaire du comte (2), soit celui de notaire, ou notaire du comte (3) ou même de la com-

---

Tours) ...*jussu* ...*necnon Bernardi cancellarii*... *sive ortatu domini Hugonis comitis scripsi et subscripsi* ; donation d'une terre faite en février 971 à Saint-Julien de Tours par Sigefroi évêque du Mans (Cartul. de Saint-Julien de Tours, p. 45, coll. Gaignières, Bibl. Nat. Lat. 5443).

B. ...*Ego Bernardus de Claromonte cancellarius hoc approbavi.... Ego Robertus Bonnellius secretarius hanc chartam scripsi ....una cum manualibus.... Bernardi ....et Roberti Bonnelli scretarii nostri signis....* ; Fondation par le comte Foulques-Nerra de l'office claustral de chambrier de l'abbaye de Saint-Aubin le 2 mars 1015 (Ménage, Histoire de Sablé, p. 342, preuves).

C. ... *Hanc cartam Rotbertus comitis cancellarius confirmans scripsit* ; Remise de coûtumes à Epigné faite à l'abbaye de Villeloin par le comte Foulques-Rechin, entre 1067 et 1080 (Dom Housseau, t. II, n° 616).

D. ... *Galterius Lonbardus cancellarius meus qui hanc cartam dictavit* ; Donation à Saint-Florent par le comte Foulques-Rechin des droits qu'il avait dans le vieux château de Saint-Florent en 1080 (Cartulaire blanc de Saint-Florent, f° 3, Archives de Maine-et-Loire).

(1) ...*Mauricio cancellarii mei clerico*, acte de 1151 ou 1152 par lequel le comte Henri ratifie une promesse faite par Rainaud de Saint-Valery à Fontevrault (Cartulaire de Fontevrault, t. I, p. 258, coll. Gaignières, Bibl. Nat. Lat. n° 5480).

(2) A. Charte de Foulques-Nerra du 2 mars 1015 V. ci-dessus.

B. *Presente et rogante Joanne secretario meo*, confirmation par le comte Foulques V en 1027 d'une donation faite en 1123 à Cormery par lui et la comtesse Aremburge (Dom Housseau, t. IV, n°s 1489 et 1491).

(3) Toutefois je n'ai pas rencontré cette qualité avant le milieu du XIe siècle.

A. ... *Rainaldus notarius rogatus scripsit et signavit* ; Acte

tesse (1). Il pouvait aussi arriver que le *notarius* fût chargé, même en présence du chancelier, de sceller les actes (2); mais, en général, le *notarius* est celui qui écrivait les actes, ou sous la surveillance plus spéciale duquel leur rédaction avait lieu (3). Et son intervention me semble avoir lieu sur la demande du comte, du chan-

---

entre 1046 et 1050 par lequel la comtesse Agnès donne à l'abbaye de Vendôme sa part dans un péage sur la Loire qu'elle partageait avec Saint-Florent (Dom Housseau, t. II, n° 584).

B... *Gerbardus notarius scripsit ;* Acte de 1062 par lequel Geofroi-le-Barbu abolit de mauvaises coûtumes mises sur les terres de Saint-Florent par son oncle Geofroi II (Cartulaire rouge de Saint-Florent de Saumur, f° 29, Arch. de Maine-et-Loire).

C... *Datum per manum Thome capellani atque notarii nostri ;* Acte de janvier 1133 par lequel le comte Geofroi V fait à Payen Arnaud chanoine du Mans une concession relativement à une maison (Liber albus capituli Cenomanensis, p. 2).

(1) *Petrus notarius ducisse,* témoin entre 1152 et 1154 de la remise faite à Vendôme par la comtesse Aliénor de coûtumes sur ses terres d'Aquitaine et de Poitou (Cartulaire de la Sainte-Trinité de Vendôme, f° 79, coll. Gaignières ; Bibl. Nat. Lat. 5419).

(2) A. Donation faite en 1142 par le comte Geofroi V au Ronceray de la dîme des moulins de Cohamon (*Curia Hamonis*) ; *testes...* : *Thomas cancellarius, et Giraldus notarius cujus manu hec carta bullata est...* (Cartulaire du Ronceray, Marchegay, p. 244).

B. C'est peut-être un *notarius* que ce *signator* à la place duquel un certain *Johannes* écrit une charte d'affranchissement d'un serf de Marmoutier en 1023 ; ...*Johannes scripsit ad vicem Viviani signatoris* (Liber de servis Majoris-Monasterii, Ed. Salmon, n° LII). Il n'est nullement question de ce *Vivianus* dans la charte.

(3) A... *Rainaldus clericus hujus noticie ditator per preceptum comitis et fratris ejus Fulconis ;* Acte entre 1060 et 1067 par lequel le comte Geofroi-le-Barbu remet à Saint-Florent des

celier ou d'une des parties (1). Le plus souvent l'écrivain de la charte est désigné par son nom accompagné de sa qualité de membre du clergé ; c'était là, en effet, presque exclusivement qu'on pouvait trouver à ces époques des gens en état de rédiger et d'écrire une charte, et on doit admettre qu'il en était ainsi surtout quand on reconnaît à ce rédacteur les fonctions de précepteur des sœurs du comte (2).

Assez souvent même ce n'étaient pas de simples prêtres auxquels on avait recours, c'est ainsi que nous trouvons des actes rédigés :

En 1047, par Martin, alors chapelain du comte Geofroi II, et qui fut ensuite évêque de Treguier (3) ;

Le 26 mars 1053, par Romuald, archidiacre de Saint-Maurice (4).

coûtumes injustes (Cartulaire rouge de Saint-Florent, fo 28 vo, Archives de Maine-et-Loire).

B. Charte de 1080 citée ci-dessus, p. 215 D.

(1) A. Chartes de février 971 et entre 1046 et 1050 citées ci-dessus (p. 214, note 1 A ; p. 215, note 3 A).

B... *Rainaldus indignus levita rogatus scripsit ;* Donation faite le 6 janvier 1049 à l'abbaye de Vendôme par le comte Geofroi et la comtesse Agnès de l'abbaye de Toussaints à Angers (coll. Gaignières, vol. 650, p. 71). Ce *Rainaldus* est très probablement le même que postérieurement à 1052 nous trouvons chancelier du comte.

(2) *Mathœus magister sororum mearum qui hoc cirographum fecit ;* Acte du 1er juillet 1133 par lequel le comte Geofroi renonce au droit de construire un château-fort à Saint-Florent-le-vieil (Cartulaire d'argent de Saint-Florent, fo 48 vo ; Archives de Maine-et-Loire).

(3) Affranchissement d'un colibert par le comte Geofroi (Cartulaire du Ronceray, Marchegay, no XXXV, p. 31).

(4) Donation de l'église de Saint-Clément de Craon à l'abbaye de Vendôme par le même (Michel Germain, Collectanea ex

Un vice-chancelier fonctionnant d'une manière régulière auprès du comte, soit pour remplacer le chancelier en cas de besoin, soit pour aider d'une manière permanente le chancelier dans l'accomplissement d'une partie de ses fonctions, ne nous est attesté avec certitude que par des actes du temps de Richard : on trouve cependant, longtemps auparavant, la mention d'un remplaçant du chancelier ; mais il n'est pas possible de dire si ce remplaçant était désigné temporairement ou pour un temps plus ou moins long (1).

Les comtes du Maine ont eu sans aucun doute leurs chanceliers ; mais comme il nous est resté de leur gouvernement pendant que les deux fiefs ont été séparés beaucoup moins de souvenirs que de celui des comtes d'Anjou, nous serions à leur égard réduits à de pures hypothèses si le nom du chancelier Bernard ne nous avait été conservé dans un acte de février 971, où il figure comme assistant avec le comte Hugues et l'évêque du Mans Sigefroi à la signature de la donation de la terre *de Valle Boana* faite à Saint-Julien de Tours (2). C'est le seul chancelier du comte du Maine dont j'aie trouvé le nom ;

chartis Sanctæ-Trinitatis Vindocinensis, Bibl. Nat. Lat. 13820, f° 360 r°).

(1) *Adhelelmus sacerdos subscripsit ad vicem Hildemanni ;* Acte de septembre 976 par lequel l'abbé de Saint-Aubin achète un arpent de terre à Archinulfus (Cartulaire de Saint-Aubin, f° 14 ; Bibliothèque d'Angers).

(2) Cartulaire de Saint-Julien de Tours, p. 45, coll. Gaignières ; Bibl. Nat. Lat. 5443.

mais il est possible que le Maine ait conservé une chancellerie particulière.

Quant à l'Anjou, je n'ai trouvé aucun nom de chancelier des deux premiers comtes, Foulques-le-Roux et Foulques-le-Bon. Mais nous avons celui d'un chancelier qui a occupé longtemps ces fonctions, c'est *Hildemannus* dont nous trouvons le nom d'abord du temps de Geofroi-Grisegonnelle, en 976, puis sous le règne de Foulques-Nerra en 990 et 995 (1).

En 1015, c'est Bernard de Clermont, peut-être son successeur, qui est chancelier de Foulques-Nerra (2).

A une époque incertaine, entre 1052 et 1060, le chancelier du comte Geofroi-Martel est un nommé Rainaud, *Rainaldus* (3).

---

(1) A... *Signum Hildemanni archidiaconi atque cancellarii ;* Donation à Marmoutier par Foulques-Nerra en 990 d'un droit de pêche à Baissei (Cartulaire de Marmoutier, t. I, p. 391, coll. Gaignières, Bibl. Nat. Lat. 5441).

B... *Hildemannus archidiaconus atque cancellarius scripsit ;* Exemption de logement et de nourriture pour les hommes d'armes et leurs chevaux accordée par Foulques-Nerra en 995 à Saint-Maurice d'Angers (Dom Housseau, t. II, n° 333).

C. Bien que dans la note précédente il ne soit pas fait mention de la qualité de chancelier qu'aurait eue *Hildemannus*, je considère la mention *ad vicem* comme indiquant très-suffisamment qu'il avait la qualité de chancelier lors de l'acte où il fut remplacé par *Adhelelmus*.

(2) V. p. 214, note 1 B.

Malgré la similitude de nom, il ne me paraît pas qu'on doive l'identifier avec le Bernard chancelier de Hugues, comte du Maine qu'on vient de voir remplissant ces fonctions en 971.

(3) Il figure avec son titre de chancelier au nombre des témoins de donations faites à Saint-Nicolas par la comtesse

C'est peut-être lui qui était encore chancelier du comte Geofroi-le-Barbu, entre 1060 et 1067 ; la désignation qui est donnée à *Rainaldus clericus, hujus noticie ditator*, est de nature à le faire croire (2).

Sous Foulques-Rechin, je trouve les noms de deux chanceliers, Robert, entre 1067 et 1080, et *Galterius Lonbardus*, en 1080 (3).

Sous Foulques V, en 1117, le chancelier est Guibert, chanoine de Saint-Laud (4).

Je renvoie, en ce qui concerne Thomas de Loches, à la notice que M. Mabille lui a consacrée en tête de son introduction aux chroniques des comtes d'Anjou (p. XIV) ;

Grecia (Lepelletier, Breviculum fundationis Sancti-Nicholai Andegavensis, p. 17).

C'est probablement le même que celui qui est désigné comme *notarius* entre 1046 et 1050 (ci-dessus, p. 215, note 3 A) et en 1049, p. 217, note 1 B).

(2) *Eodem.*

(3) V. ci-dessus, p. 214, note 1 C et D.

A la même époque, le 20 mars 1076 un acte de Guillaume Roi d'Angleterre, agissant comme comte du Maine dont il était le maître à cette époque, et par lequel il approuve des donations faites à Saint-Vincent du Mans mentionne un chancelier du nom d'Osmond, *Osmundi cancellarii* (Cartulaire de Saint-Vincent, p. 77, coll. Gaignières ; Bibl. Nat. Lat. 5444). Je pense que c'est le chancelier du Roi Guillaume, soit comme Roi d'Angleterre, soit simplement comme comte du Maine.

(4)... *Guitbertus canonicus Sancti-Laudi meusque cancellarius qui et hoc scriptum fecit ;* exemption de vivres et fourrages accordée le 15 septembre 1117 au prieuré de Thorigné par le comte Foulques (Cartulaire de Saint-Serge, p. 135 et 295, coll. Gaignières ; Bibl. Nat. Lat. 5446).

Peut-être faut-il donner la qualité de chancelier du comte Foulques à *Robertus de Greco*. En 1129, au moment de partir pour Jérusalem dont il venait d'être proclamé Roi, le comte confirma toutes les donations qu'il avait faites à Fontevrault.

mais il y a deux additions importantes à y faire, et qui résultent toutes deux de documents qui ont échappé à M. Mabille :

1° Dès le mois de janvier 1133, Thomas était chapelain du comte en même temps que son notaire ;

Ce point est établi par une charte du comte Geofroi du mois de janvier 1133, par laquelle il concède à Payen Arnaud, chanoine du Mans, le droit d'avoir une maison partie sur la muraille du Mans, et partie hors la muraille (*Liber albus capituli Cenomanensis*, p. 2). Cette charte se termine ainsi : « .... *eam scripto tradi et nostro sigillo muniri duximus. Datum per manum Thome capellani atque notarii nostri.* »

2° Il a été chancelier du comte au moins à partir de 1142, ainsi que le constate la charte relative aux moulins de Cohamon citée plus haut (p. 216, note 2 A). C'est du reste le seul parmi les actes assez nombreux dans lesquels il figure, dans lequel on lui donne la qualité de chancelier. J'ai déjà fait remarquer, à propos de cet acte, que c'était le notaire nommé *Giraldus* qui avait été chargé de le sceller en présence même du chancelier. Cette constatation doit amener à conclure, du moins à mon avis, que le seul fait par le notaire du comte d'accomplir les formalités indiquées par le *datum per manum....* ne doit pas nécessairement suffire pour le faire considérer comme un chancelier.

Parmi les témoins clercs figure ce Robert, puis dans la fin de l'acte nous trouvons ces mentions : « ....*nostri robore sigilli precipimus firmari.... acta carta apud Fontem-Ebraudi per manum Roberti de Greco....* » Il me semble qu'il y a quelque vraisemblance dans l'hypothèse que j'émets.

Il y avait d'ailleurs auprès du comte plusieurs personnes remplissant les fonctions de notaire du comte. Pour ne parler que des notaires de Geofroi V, nous trouvons d'abord Giraldus en 1142, Evrard de Beaufort, *Bugericus*, qui était en même temps chantre de la cathédrale du Mans, et tous postérieurement à 1142.

Quant à Thomas il figure, et avec sa double qualité de chapelain et de doyen de Loches, dans deux actes de Henri II alors qu'il n'était encore que comte d'Anjou, et qui sont postérieurs au 8 septembre 1151 (1), ou au plus tard de l'année 1152.

C'est dans le courant de l'année 1154 que Thomas Becket fut nommé chancelier du Roi Henri II (2). Je n'ai relevé son nom que deux fois dans les actes de ce prince relatifs à l'Anjou et au Maine (3).

Thomas Becket cessa ses fonctions de chancelier vers juin 1162, lorsqu'il fut promu à l'archevêché de Canter-

(1) A. Confirmation aux religieuses de Saint-Martin de 60 l. de rente données par le comte Geofroi (Archives de la Sarthe, $\frac{H.91}{4}$, dossier n° 1),

B. Concession à Fontevrault d'une maison et de la franchise d'un four à Saumur (Cartul. de Fontevrault c. 111 ; Archives de Maine-et-Loire).

(2) Catalogue of the chancellors etc., by M. Th. Duffus Hardy. Cependant Roger de Hoveden (sub anno 1157) donne à cette nomination la date de 1157 (Ed. Savile, p. 491).

(3) A. Acte de 1156 par lequel Raginaldus Espendri renonce à ses prétentions à un droit de *vicaria* sur les terres de Marmoutier à Foncher (Dom Housseau, t. V, n° 1762 ; Tit. de Marmoutier).

B. Acte entre 1156 et 1159 ; renonciation par Guillaume, évêque du Mans à certaines prétentions qu'il élevait à l'encontre des chanoines de Saint-Pierre-de-la-Cour (Archives de la Sarthe, G. 479, p. 7).

bury. M. Duffus Hardy (*op. c.*) compte parmi ses successeurs Gautier de Coutances, tout en reconnaissant qu'il
y a beaucoup d'incertitudes à cet égard, et les rares
mentions qui se trouvent dans les chartes d'Anjou et du
Maine ne peuvent pas les lever. Je n'ai trouvé à cet
égard aucune mention avant le nom de Gautier de Coutances, archidiacre d'Oxford, qui, au mois de septembre
ou octobre 1187, figure parmi les témoins de la confirmation par Henri II de la donation de Pontvalain faite
à l'abbaye de la Couture (1) ; il était à cette époque vice-
chancelier (2). Nous le voyons plus tard figurer dans des
actes avec la qualité de chancelier (3).

C. L'acte de fondation du prieuré de Monnais de l'ordre de
Grandmont par Henri II le 7 juin 1159 contient cette mention :
« ....*datum apud Cenomanum per manum magistri Radulfi
cancellarii*..... » (Cartulaire de La-Haye-des-Bons-Hommes,
f° 232 ; Bibl. d'Angers). Ce chancelier en fonctions au Mans
en même temps que Thomas Becket était chancelier du Roi
Henri, est peut-être un chancelier du Maine, et semble indiquer que, au moins au Mans, il y avait une chancellerie
particulière ; à moins qu'il ne faille y voir un vice-chancelier
auquel par abus de langage on aura donné le titre de chancelier.

(1) Cartulaire de la Couture, f° 13 v°, Bibl. du Mans, Ed.
Dom Gueranger, p. 114, avec la date approximative de 1184
que je crois inexacte.

(2) Le témoignage de Benoît de Peterborough est on ne
peut plus précis à cet égard ; Recueil des Historiens de France,
t. XIII, p. 169.

(3) Donations de Bersay et de La-Haye-des-Bons-Hommes,
aux frères de l'ordre de Grandmont, par Henri II entre 1178
et juillet 1181 (Cartulaire de La-Haye-des-Bons-Hommes,
ff. 232 et 1, Bibl. d'Angers, *Gauterio de Constancia cancellario
meo*).

Mais il y a ici une inexactitude. Geofroi, fils naturel de Henri II, quitta vers la fin de 1181 l'évêché de Lincoln pour devenir chancelier, et succéda immédiatement en cette qualité à Raoul de Varneville, archidiacre de Rouen, trésorier d'York, nommé évêque de Lisieux (1) ; il n'est pas vraisemblable que si au moment de la nomination de Geofroi la chancellerie eût été occupée par Gauthier de Coutances, ces deux historiens l'aient aussi complètement passé sous silence. D'un autre côté, Raoul de Dicet est on ne peut plus explicite (2). Après avoir mentionné la nomination de Raoul (qu'il appelle *Aldulfus*), il ajoute que Raoul menait une vie peu différente de celle d'un simple particulier, qu'il ne la changea pas depuis son élévation à la dignité de chancelier, aimant mieux se faire remplacer *(vices in curia Regis committere)* par Gautier de Coutances, autre chanoine de Rouen, que de se voir forcé aux grandes dépenses de faste et de table auxquelles l'obligerait son contact continuel avec l'entourage du souverain.

De même sans doute que le Radulfus dont je viens de parler, Gautier n'a jamais été que vice-chancelier, et c'est par abus de langage et par politesse qu'on lui a dans ces actes donné le titre de chancelier, alors qu'il continue à figurer dans d'autres actes, même après la nomination de Geofroi aux fonctions de chancelier (3)

---

(1) Chron. de Robert de Torigni, t. II, p. 98 et 102, sub anno 1182. Roger de Hoveden, sub anno 1181, éd. Savile, Scriptores rerum Anglicarum, etc..., p. 611, 613.

(2) Radulfi de Diceto, de Imaginibus historiarum, Recueil des Hist. de France, t. XIII, p. 191.

(3) Acte du 23 septembre 1182 par lequel Henri II confirme

avec son titre ancien d'archidiacre d'Oxford, celui qui lui est donné le plus habituellement.

Les deux derniers chanceliers de Henri II ont donc été :

Raoul de Varneville, de 1173 à 1181 ;

Geofroi, fils naturel de Henri II, élu en 1173 évêque de Lincoln, mais qui ne fut pas consacré bien que son élection eût été approuvée en 1175 par le Pape Alexandre, et qui vers la fin de 1181 (1) quitta l'évêché de Lincoln pour prendre les fonctions de chancelier.

Quant à Gautier de Coutances, il n'a jamais été que vice-chancelier, jusqu'au moment où il fut appelé à l'évêché de Lincoln, au commencement de 1183 ; depuis dix-huit ans le siège de Lincoln n'avait pas eu d'évêque consacré (2).

---

un accord entre Fontevrault et Guillaume de Monsoreau (Cart. de Fontevrault, t. I, p. 421, coll. Gaignières ; Bibl. Nat. Lat. 5480).

(1) La date précise est fort incertaine. V. les notes de M. L. Delisle sur Robert de Torigni, *l. c.*

(2) Roger de Hoveden, *l. c.* p. 621.
Voici maintenant quatre chartes contemporaines de celles relatives aux donations faites à l'ordre de Grandmont :
A. Après mars 1182, confirmation des dons faits par Cyrille de Mauge à Fontevrault, du minage et de l'eau de Saumur.... *Test... Gaufredo cancellario filio meo ; magistro Walterio de Constancia....* (Minage de Saumur, f° 3, original ; Archives de Maine-et-Loire).
B. 23 septembre 1182, Henri II confirme un accord entre Fontevrault et Guillaume de Monsoreau... *Testibus... Ricardo comite Pictavie, et Gaufrido comite Britannie, et Gaufrido cancellario, filiis meis ; magistro Gualterio de Constancia, archidiacono Oxoniensi* (Cartul. de Fontevrault, t. I, p. 421, coll. Gaignières ; Bibl. Nat. Lat. 5480).
C. 1180 ou 1181, Henri II donne à l'Hôtel-Dieu-Saint-Jean

Il ne resta que très peu de temps évêque de Lincoln,
dès la fin de 1184 il fut fait archevêque de Rouen et conserva ce siège jusqu'en 1207. Raoul de Varneville resta
évêque de Lisieux.

Richard succéda à son père le 3 septembre 1189. Aussitôt il remplaça Geofroi par Guillaume de Longcamp qui
n'était encore qu'évêque élu d'Ely (1).

Je n'ai pas à entrer ici dans le détail des circonstances
dans lesquelles Guillaume fut privé des fonctions de chancelier. Il l'était encore en juillet 1193 ; il était avec Guillaume des Roches représentant du Roi Richard dans les
négociations qui amenèrent la signature du traité de
Nantes avec Philippe Roi de France (2). Il mourut en 1197
légat du Pape en Poitou (3), mais son nom ne reparaît
plus dans les actes de l'Anjou et du Maine.

---

d'Angers son écluse du pont des Truelles... *Test... magistro
Walterio de Constanciis...* (C. Port, Cartulaire de l'Hôtel-Dieu
d'Angers, p. 106).

D. Entre août 1178 et juillet 1183, donation à Turpenay de la
terre de Muntagre... *Test... magistro Waltero de Constancia
Oxoniensi archidiacono...* (Dom Housseau, t. V, n° 1769).

(1) 16 septembre 1189, confirmation des donations faites à
l'abbaye du Loroux ...*datum per manum Willelmi de Longo-
campo cancellarii nostri...* (Archives Nationales, P 1334⁵, f° 95).

La confirmation des donations faites à Saint-Nicolas, 14 novembre 1189, dit expressément qu'il n'était encore qu'évêque
élu (Dom Housseau, t. V, n° 2040, Tit. de Saint-Nicolas). Mais
au commencement de l'année suivante il était évêque consacré; accord du 28 mars 1190 entre le Roi Richard et l'archevêque de Tours (Cartulaire F de Philippe-Auguste f° 100 r° ; Bibl.
Nat. Lat. 9778).

(2) Roger de Hoveden, Ed. Savile, p. 725.

(3) Spelmann, Glossarium, V° Justicia, Angliæ justiciarii...
p. 411.

Dès les premiers temps qu'il était en fonctions, il y eut plusieurs vice-chanceliers. Les chartes d'Anjou et du Maine nous ont conservé les noms de Jean d'Alençon archidiacre de Lisieux (1), et d'Eustache ou Elinand, car les titres d'Anjou et du Maine lui donnent ces deux noms, d'abord doyen de Salisbury, devenu à son tour évêque d'Ely, et consacré en mars 1198 (2). Il était encore vice-chancelier le 14 mai (3) ; c'est entre cette date et le 12 août de la même année (4) qu'il fut fait chancelier.

Une fois nommé chancelier, il y eut plusieurs personnes qui remplirent les fonctions de vice-chancelier ; M. Duffus Hardy n'en cite pas moins de cinq pour les deux dernières années du Roi Richard, mais je n'ai trouvé pour l'Anjou et le Maine que le seul nom de Jean de Brauncestre à la date du 19 février 1199 (5).

On sait les événements tragiques dont l'Anjou et le Maine furent le théâtre après la mort de Richard. Chacun des partis qui se faisaient la guerre eut son chancelier.

---

(1) 2 février 1190, confirmation par le Roi Richard de la fondation de la Chartreuse du Liget (Dom Housseau, t. XII, 1, n° 6126); 8 avril 1190, confirmation des donations faites au Loroux par ses prédécesseurs (Arch. Nat. P 1334⁵ f° 95 v°, copie de 145$\frac{1}{2}$); et plusieurs autres actes de la même année.

(2) Roger de Hoveden, Ed. Savile, p. 777.

(3) Confirmation par le Roi Richard des dons et des indemnités accordés à l'abbaye de Perseigne (Archives de la Sarthe, $\frac{\text{H. 75}}{2}$ n° 19 h).

(4) Donation par le Roi Richard à Carbay prieuré de Marmoutier de 3,000 sous pour un échange (Dom Housseau, t. V, n°ˢ 2015 et 2100 ; Archives de Marmoutier).

(5) Donation par le Roi Richard au prieuré des Loges dépendant de Fontevrault de C. s. sur le péage de Baugé (Cartul. de Fontevrault, t. I, p. 229, coll. Gaignières ; Bibl. Nat. Lat. 5480).

Le Roi Jean appela à ces fonctions Hubert archevêque de Canterbury le jour même de son couronnement qui eut lieu le jour de l'Ascension, 27 mai 1199 (1). Artur aussi en avait nommé un, peut-être un peu auparavant, Pierre de Dinan évêque de Rennes (2) qui est mentionné dans un titre de l'abbaye de Chaloché du mois de mai de la même année (3) ; c'était longtemps avant son élévation à l'épiscopat un personnage important du clergé, en 1178 il était chanoine de Nantes (4).

Deux autres actes d'Artur mentionnent la présence de *Petrus clericus, Petrus capellanus* (5) ; il est assez probable que c'est le même personnage, mais rien ne confirme cette hypothèse.

---

(1) Roger de Hoveden, Ed. Savile, p. 793.

(2) Accord entre le prieur de Saint-Sauveur-des-Landes et Guillaume d'Aubigné ...*Petrus ...episcopus Redonensis, domini Arturi et matris ejus cancellarius.... controversiam.... sopitam fuisse ...Actum est hoc Redonis in aula nostra, mense Augusto, anno gratiæ MCC...* (Preuves de l'histoire de Bretagne, t. I, col. 784 ; extr. des titres de Marmoutier).

(3) Donation par Artur, de 10 l. de revenu annuel à l'abbaye de Chaloché (Extr. du Cartulaire de Chaloché ; coll. Gaignières, vol. 650, p. 316).

(4) Acte de Robert évêque de Nantes, concernant le prieur et les chapelains de Saint-Nazaire .....*actum in capitulo S. Mauritii Andegavensis anno ab Incarnatione MCLXXVIII, post consecrationem R.* (Raoul de Beaumont) *episcopi Andegavensis, presentibus Petro de Dinan, Olivario de Vitré, canonicis Nannet...* (Preuves, etc..., col. 671 ; extr. des titres de Saint-Aubin).

(5) A. Acte d'octobre 1199, par lequel le comte Artur confirme une donation pour le chauffage de l'Hôtel-Dieu d'Angers, à prendre dans les bois de Vallée, *hiis testibus ...Petro clerico et aliis quampluribus....* (C. Port, Cartulaire de l'hôpital Saint-Jean d'Angers, p. 112).

B. Acte de décembre 1201, par lequel le comte Artur con-

CHAPITRE X

SÉNÉCHAUX D'ANJOU ET DU MAINE.

Les auteurs qui dans le cours des deux derniers siècles se sont occupés des antiquités de l'Anjou ont dû naturellement porter leurs recherches sur la succession des sénéchaux. Mais, bien qu'ils aient eu à leur disposition un grand nombre de titres originaux qui ont disparu, les diverses listes qu'ils ont données des sénéchaux antérieurs à Guillaume des Roches et les notices qu'ils ont faites sur un grand nombre d'entre eux, même celles de Claude Menard et de Dom Housseau, contiennent des inexactitudes et des contradictions qui diminuent la confiance qu'on doit avoir dans l'autorité due à leurs travaux. C'est en m'appuyant presque exclusivement sur les titres, pour la plupart conservés par Dom Housseau, que j'ai pu faire les notices qui vont suivre. Je ne suis pas complet et je n'ai pas la prétention de l'être, mais je crois être arrivé à la certitude presque absolue dans les faits

---

firme des donations faites à l'abbaye de Perseigne ....*coram testibus... Alano et Petro capellanis nostris et pluribus aliis...* (Cartulaire de Perseigne, p. 38, coll. Gaignières ; Bibl. Nat. Lat. 5474).

que j'avance, et je crois aussi que s'il y a beaucoup à ajouter à cette partie de mon travail, les graves erreurs au moins ne sont pas nombreuses (1). Je me bornerai aux citations indispensables pour établir la chronologie et les circonstances les plus notables de la vie des sénéchaux.

Il est nécessaire de faire une observation préliminaire, inutile pour ceux qui sont familiers avec les chartes d'Anjou, du Maine, de Touraine et de Poitou, c'est que la désignation de sénéchal lorsqu'elle est toute seule ne veut pas dire nécessairement que la personne à laquelle elle s'applique soit le sénéchal du comte ou du souverain ; la qualité de sénéchal du comte peut résulter d'autres circonstances. En effet tout seigneur un peu important, l'évêque, les abbayes d'hommes et de femmes, même de simples prieurés avaient leurs sénéchaux ; je n'en citerai qu'un seul exemple : l'abbaye du Ronceray avait au XIIᵉ siècle un sénéchal du nom d'Isembert (2) qui remplit longtemps ces fonctions et dont le nom revient souvent dans le cartulaire. En 1159 il est témoin d'un jugement rendu par le Roi Henri II.

---

(1) Pour les listes et les notices que je viens de rappeler, je renvoie ici une fois pour toutes aux documents suivants : Bibliothèque d'Angers, Manuscrits, nᵒˢ 921, 923, 924. Dom Housseau, t. XII, 1, nᵒ 5515 ; t. XIV, ff. 44, 45, 46 ; t. XVI, fᵒ 181 rᵒ ; t. XVIII, ff. 183, 185 vᵒ, 291, 292 ; t. XIX, ff. 189 vᵒ, 190, 339 vᵒ, 390, 393 ; t. XX, fᵒ 319 ; t. XXV, ff. 158, 162, 164, 165.

(2) Cartulaire du Ronceray, Ed. Marchegay, nᵒ CXXXII, p. 95.

1. Lisois d'Amboise.

Il n'y a rien de certain sur les sénéchaux qui ont précédé Lisois d'Amboise. C'est seulement avec lui que commence leur histoire.

Hugues de Lavardin avait épousé en secondes noces Odeline fille de Raoul vicomte de Sainte-Suzanne au Maine, qui lui avait apporté en mariage Bazougers et la terre de Sainte-Christine. De ce mariage trois fils, Lisois, Auger et Aubry (*Lisoius, Algerius, Albericus*). Le comte d'Anjou Foulques-Nerra après avoir fait alliance avec Herbert Eveille-Chien comte du Maine, pour se défendre contre Gelduin seigneur de Saumur et son allié Eudes comte de Champagne, maître de Chartres et de Blois, attira à son service Lisois dont on vantait dans le pays les mœurs et la vaillance. Il avait dans plusieurs circonstances trouvé que ses avis étaient bons, il l'admit dans ses conseils les plus intimes, *inveniensque eum in his quæ deliberaverat consiliosissimum, suis familiaribus consiliis impertivit* dit l'auteur des *Gesta Ambaziensium dominorum*. Le comte Foulques lui donna la garde de Loches et d'Amboise d'où il dirigeait pour inquiéter les ennemis du comte de fréquentes incursions sur les terres de Blois, Chaumont et même celle de Saint-Aignan. Lisois devait être fort jeune, aussi je ne pense pas que cette entrée au service du comte soit antérieure à la bataille de Conquereux (992), il faut la placer à une époque intermédiaire entre cette bataille et celle de Pont-Levoy (1016).

C'est à la fin de la période tourmentée qui suivit cet événement important dans l'histoire de l'Anjou et de la

Touraine que le comte Foulques, au moment de partir pour son troisième voyage de Jérusalem, lui fit épouser Hersendis nièce de Sulpice trésorier de Saint-Martin, qui lui donna à titre héréditaire la tour de pierre qu'il avait construite à Amboise avec ses dépendances, la maison que le trésorier possédait à Loches par héritage, Verneuil avec ses fiefs et la terre de *Maureacum*. Le comte, en récompense de ses services lui donna la voirie et la segrairie de Champagne au-delà du Cher (*vigiferam et segreheriam*). C'est à cette occasion que je trouve qu'il est fait mention pour la première fois de la qualité de sénéchal.

Foulques-Nerra mourut le 21 juin 1040. Sur ses instantes recommandations, son fils et successeur Geofroi-Martel conserva à Lisois les fonctions de sénéchal, et celui-ci continua d'être et dans les conseils et dans les armées son auxiliaire le plus fidèle et le plus utile. Les chroniques des comtes d'Anjou sont pleines de détails sur la part considérable qu'il prit dans la conquête de la Touraine et dans la défense des états de Geofroi contre les comtes de Poitiers. Il mourut à un âge très-avancé et à une date qui ne doit pas être de beaucoup postérieure à l'année 1056. (1).

Son nom ne figure dans aucune charte contemporaine de Foulques-Nerra ; on le trouve au contraire dans plusieurs chartes de Geofroi-Martel, mais sans que sa qualité de sénéchal soit exprimée.

La dernière mention que je trouve de Lisois est dans l'acte de fondation du prieuré de Brion en 1056 par les

_____

(1) Chroniques des comtes d'Anjou, publiées par la Société de l'Histoire de France, pages 91, 116, 117, 118, 126, 127, 160, 161, 168, 169, 172, 173, 331.

deux frères Ranulfe et Guillaume de Sablé ; il figure au nombre des témoins (1).

Lisois avait deux frères, Auger et Aubry (*Algerius* et *Albericus*). Au premier et à son fils Hugues il donna la terre de Bazougers au Maine ; à Aubry il donna la terre de Sainte-Christine. Auger me paraît être mort avant 1050 ; son nom ne figure dans aucune des chartes dans lesquelles nous trouvons le nom de Lisoïs, au lieu qu'Aubry figure dans celle de 1056 relative au prieuré de Brion. Quant à Auger ou Alger je n'ai rien rencontré qui puisse faire supposer que son frère lui ait donné la sénéchaussée d'Anjou. La date de 1043 que donne Cl. Menard est en contradiction absolue avec ce que les historiens nous rapportent de Lisois ; c'est le moment de la conquête de la Touraine, et il est entièrement invraisemblable qu'il ait abandonné la situation que lui donnaient les services importants qu'il rendait chaque jour au comte Geofroi (2).

De son mariage avec Hersendis il laissa cinq enfants, deux fils Sulpice et Lisois, et trois filles, Eufemie, Sibille et Elisabeth. Sulpice épousa Denise, nièce et héritière de Geofroi de Chaumont, et prit le nom de Chaumont : il eut un fils qui s'appela Hugues de Chaumont.

---

(1) Dom Housseau, t. II, n° 511.

(2) L'acte sur lequel on paraît s'être appuyé est une donation faite entre 1040 et 1048 à Saint-Serge par Hubert évêque d'Angers ; elle est signée ....*S. Algerii siniscalli*.... *S. Frederici siniscalli*.... Pourquoi l'un serait-il plutôt que l'autre le sénéchal du comte ? (Cartulaire de Saint-Serge, p. 242, coll. Gaignières ; Bibl. Nat. Lat. 5446). Je renvoie à l'observation générale que j'ai placée en tête de ces notices.

2. *Balmus.*

Je crois donc qu'il ne faut chercher à placer aucun sénéchal entre Lisois et Balmus, et que celui-ci remplit le court intervalle qui s'écoule depuis la mort de Lisois, même en la supposant de l'année 1056, jusqu'à l'année 1060 où paraît pour la première fois Isembert de Thouarcé. Il figure avec la qualité de sénéchal du comte comme témoin de l'arrangement entre Marca, femme de Geofroi Papabovem, fille et héritière d'Airard prévost de Tours, et l'abbaye de Marmoutier, au sujet d'un droit de péage réclamé par ledit Geofroi et dont il fait l'abandon (1).

Cet acte est probablement de l'année 1059. Airard, prévost, vivait encore en 1058 ; à cette époque il affranchit, du consentement du comte Geofroi et de sa femme Adèle, un colibert nommé Ainard. Il peut y avoir quelque difficulté sur la date de cet acte, la femme de Geofroi-Grisegonelle ayant aussi porté le nom d'Adèle (2) ; mais elle est levée par la comparaison de cet acte avec un autre qui porte le n° xiv du même cartulaire. Ce n° xiv constate un autre affranchissement fait par le même Airard ; mais il fait en même temps mention d'Aubert, abbé de Marmoutier, qui a cessé ses fonctions en 1060 et de Hilduin, prévost (d'Angers sans aucun doute car il est

---

(1) Dom Housseau t. II, n° 675 ; origine non indiquée.

(2) Liber de servis Majoris Monasterii, n° LXXIII, édition A. Salmon.

nommé le premier) qui a exercé ses fonctions jusque vers 1056. Le Geofroi dont il est question dans ces deux actes est donc Geofroi-Martel mort en 1060, et la comtesse Adèle de la charte n° LXXIII est sa troisième et dernière femme, ce qui porte la date de cet acte vers 1058 ou 1059.

M. Marchegay, Archives d'Anjou, t. II, p. 32, a lu le nom de ce sénéchal *Babinus.* Je crois que c'est une erreur.

3. *Isembardus Toarciaci dominus.*
Isembert de Thouarcé.

Il nous est connu par quatre actes sans date précise, mais qui sont antérieurs à 1067. Trois d'entre eux sont postérieurs à 1060 puisque ce sont des actes du comte Geofroi-le-Barbu (1) ; ils ne font pas mention de sa qualité de sénéchal du comte, mais il me semble évident que c'est bien le même que le *Isembardus* auteur de l'acte dont il me reste à parler (2).

---

(1) A. Renonciation par *Gerorius* fils de Hamelin des Préaux à une contestation sur un fief acheté pour le Ronceray par la comtesse Hildegarde (Cartul. du Ronceray, Ed. Marchegay, n° CLXXV, p. 116).

B. Restitution au Ronceray par le comte Geofroi-le-Barbu d'un droit de pêche dans la Mayenne (*Eod.*, n° LXIII, p. 56).

C. Restitution par le même de vignes qui avaient été usurpées par le comte Geofroi II (*Eod.*, n° VIII, p. 10).

(2) Cartulaire blanc de Saint-Florent-de-Saumur, f° 17, Archives de Maine-et-Loire.

A une époque incertaine il avait donné à l'abbaye de
Saint-Florent l'église de Saint-Jean et la sépulture de
l'église de Saint-Pierre ; ces deux églises sont situées à
Thouarcé. Puis, du temps qu'il était sénéchal du comte
Geofroi, *cum essem ego Isembardus ejus dapifer*, il les
fait confirmer par le comte. Rien n'indique que ce soit
Geofroi-Martel plutôt que Geofroi-le-Barbu ; je crois
cependant que c'est ce dernier, car l'acte constate
l'intervention de Geofroi de Preuilly qui était un de ses
conseillers les plus intimes.

Cet acte a été rédigé après 1073, car Isembert y parle
d'un voyage qu'il fit à Rome où il a vu le pape Grégoire VII
(élu en 1073) auquel il a présenté les lettres originales de
sa donation en même temps que d'autres, et a obtenu du
souverain pontife la confirmation de ces actes. Je suppose que c'est à cette époque environ qu'il a cessé ses
fonctions de sénéchal et qu'il s'est fait moine à Saint-
Florent. En 1091 ou 1092, son neveu Isembert le Jeune
seigneur de Thouarcé fait à Saint-Florent une donation,
confirmée par Geofroi de Preuilly son seigneur et son
ami (1) ; celui-ci se charge de la faire confirmer par le
comte d'Anjou. Isembert était malade et ne pouvait se
transporter à Angers : Geofroi s'y rend avec Isembert
l'Ancien, moine, un chanoine et les deux serviteurs du
moine et du chanoine. Cet *Isembardus senior* qui fait le
voyage d'Angers dans de semblables conditions, ne peut
être un autre que l'oncle de l'*Isembardus juvenis* que la
maladie retient chez lui.

---

(1) Cartulaire blanc de Saint-Florent, f° 21 ; Dom Housseau,
t. II, n° 753, *ex eod.*

Il est mort un peu avant 1096, presque à la même époque que son neveu (1).

Il ne faut pas le confondre avec un autre *Isembardus senescallus* mentionné assez souvent dans le cartulaire du Ronceray ; ce dernier qui vivait environ un siècle plus tard était sénéchal de l'abbaye du Ronceray (2).

4. *Girogius, Girorius,* Girois.

A une époque probablement antérieure à 1074, le comte Foulques-Rechin avait renoncé à toutes les coûtumes qu'il pouvait prétendre sur la terre de la Gauteresche dépendant de Chemillé. Plusieurs années après le prévôt de Vihiers voulut exiger les droits qu'il prétendait appartenir au comte ; sur la réclamation des moines, celui-ci dut reconnaître la validité de sa précédente concession. Dans la liste des témoins figure *Girogius siniscalcus comitis* (3).

Le 7 mai 1085, le même comte Foulques confirme une donation faite aux religieux de Marmoutier qui avaient obtenu sa guérison d'une grave maladie par l'intercession de Saint-Martin (4). Cette confirmation est faite à

---

(1) Cartulaire blanc de Saint-Florent, ff. 24 et 25 ; Dom Housseau, t. III, nº 995.

(2) V. notamment jugement de Henri II au sujet du bourg de Seiches et de la chastellenie de Matefelon, du lundi de Pasques 1159, 13 avril (Cartul. du Ronceray, Ed. Marchegay, nº CXXXII, p. 95).

(3) Cartulaire de Chemillé, fº 31, et charte originale ; Arch. de Maine-et-Loire.

(4) Dom Housseau, t. III, nº 881 ; Arch. de Marmoutier.

Marmoutier en présence de nombreux témoins parmi lesquels se trouve *Girorius siniscallus* sans indication du lien qui le rattache au comte. Je crois que c'est le même personnage.

D'après la copie de Dom Housseau, les témoins de cette charte avaient signé sur trois colonnes. Le nom du comte Foulques vient après la première, un peu dégagé de la seconde, dont les trois premiers noms sont *Adelardus de Grandifonte, Girorius senescallus* et *Seibrandus comes stabuli*. Seibrand ou Sigebrand de Chemillé était connétable d'Anjou, fonctions dès cette époque héréditaires dans sa famille, que cette fonction attachait à la personne du comte au même titre que le sénéchal qui avait la haute main sur toute la maison du comte en quelque lieu qu'il se trouvât. La place donnée au nom de ce sénéchal avant celui du connétable m'autorise à le considérer comme un sénéchal d'Anjou, malgré la différence qu'on peut remarquer dans le nom.

Cette différence n'est pas d'ailleurs aussi grande que celles qu'on remarque quelquefois dans le nom de personnages sur l'identité desquels il n'y a aucune contestation possible ; mais en outre il faut remarquer que *Girogius* nous est donné par des titres originaux et que *Girorius* l'est par le copiste de Dom Housseau qui a pu commettre une erreur, et on sait combien ces erreurs sont fréquentes dans les copies faites au xviie et au xviiie siècles.

Bien qu'il y ait une lacune dans les quelques années qui suivent 1073, je crois cependant qu'il n'y a eu qu'un seul sénéchal entre cette date et 1089 date à laquelle on voit apparaître le nom de Geofroi fils de Fulchrade.

Il ne faut pas confondre avec Girois un Girard, qui

était sénéchal, *Girardus siniscallus*, qui se fit moine de Saint-Aubin au prieuré de Luché, et qui fit en mourant des donations importantes à ce prieuré (1). Il figure dans l'acte de fondation du prieuré de Luché qui se place entre 1056 et 1060 ; à cette époque, c'étaient Balmus et Isembert de Thouarcé qui étaient sénéchaux du comte (2). Il figure comme témoin dans l'acte par lequel Hubert fils de Raoul vicomte du Mans renonce à des contestations sur l'église de Luché ; cet acte se place entre 1060 et 1066, du temps d'Isembert de Thouarcé (3). La qualité de sénéchal qui lui est attribuée dans ces deux actes ne peut donc pas être celle de sénéchal du comte d'Anjou.

5. *Gaufridus Fulchradi.*

Le dernier acte connu de *Girogius* est du mois de mai 1085 ; le premier de Geofroi *Fulchradi* est du 25 août 1089. Geofroi a-t-il succédé immédiatement à *Girogius*, ou y a-t-il eu entre les deux un sénéchal, quelque court que soit le temps pendant lequel il a exercé ses fonctions ?

Nous trouvons dans le cartulaire de Saint-Aubin (f° 3) une charte du 22 décembre 1086 constatant que le comte Foulques renonce à des prétentions injustes sur les terres de Saint-Aubin. Parmi les témoins figure un *Petrus siniscalcus*, sans autre désignation, dont le nom est inscrit le

---

(1) Cartul. de Saint-Aubin, ff. 117 v°, 120, 121 ; Bibl. d'Angers.

(2) Cartul. de Saint-Aubin, f° 116 ; Bibl. d'Angers. Archives de la Sarthe $\frac{H.36}{3}$, f° 1.

(3) Cartul. de Saint-Aubin, f° 117, r°.

troisième parmi les témoins. Hugues de Sainte-More et Hélie de la Flèche le précèdent, et après lui se trouvent les noms de *Seibrandus constabularius* (Sigebrand de Chemillé).... Girard Folet ou *Follulus*, prévost d'Angers, etc.... Le rang qui lui est donné avant le connétable Sigebrand peut faire admettre que c'est un sénéchal du comte qui aura quitté ses fonctions après un court exercice pour les reprendre ensuite (1).

Ce n'est pas comme on pourrait le croire au premier abord le père du sénéchal qui se nommait *Fulchradus* ou *Fulchradius*, c'est son ayeul, son nom entier donné par quelques actes est *Gosfridus Gosfridi filii Fulchardi filius ;* nous voyons ici à la deuxième génération le nom de l'ayeul qui tend à se transformer en nom patronymique correspondant au génitif de la déclinaison latine. Le nom de notre sénéchal est l'équivalent du français *de Foucard* ou *de Fouchard*. Je me conformerai cependant à l'exemple de Dom Housseau, et je l'appellerai *Fulcrade*.

Il appartenait à une famille considérable sur laquelle nous avons quelques renseignements.

Son ayeul *Fulcradius* en 1036 avec plusieurs autres fait confirmer par le comte Geofroi-Martel la donation

---

(1) Il y a encore une autre hypothèse possible. Le dernier des témoins est ainsi désigné : *Gaufridus puerulus frater Heliœ de Fecia quem tunc monachi nutriebant.* Ne serait-ce pas Hélie de La Flèche qui devint en 1090 comte du Maine, qui se serait trouvé en 1086 à Angers auprès de Foulques-Rechin avec un jeune frère du nom de Geofroi qu'il aurait mis en pension chez les moines de Saint-Aubin ? Le *Petrus* dont il est question dans l'acte du 22 décembre ne serait-il pas le sénéchal d'Hélie de La Flèche ?

faite à Saint-Maur-sur-Loire de la terre de Sainte-Marie-de-Moli (1).

Il eut avec l'abbaye du Ronceray des démêlés sérieux. Lors de la première incarcération de Geofroi-le-Barbu au château de Sablé, vers 1064, il saisit les bœufs des métayers du Ronceray, et voulut fortifier de palissades son château de Rochefort. Le comte Geofroi remis en liberté lui fit payer une amende. Mais les religieuses ne paraissent pas avoir eu gain de cause bien sérieux, car un autre acte qui paraît la suite du précédent nous le montre se refusant au combat judiciaire qui avait été ordonné. Cette notice des faits, car on ne peut lui donner le nom d'acte, se termine par cette invocation qui montre combien peu l'abbaye avait confiance dans le comte : *O comes, abbatissa mandat tibi utrum invadet terram suam an non* (2).

Le rédacteur de ces deux actes lui donne le nom de *Fulchardus de Rupeforti*; ce nom ne paraît pas avoir été pris par ses descendants.

Parmi les actes importants auxquels prend part son fils Geofroi, nous trouvons en 1063 un procès au sujet de coliberts dont la propriété avait été litigieuse entre le comte Geofroi et Foulques Normannus fils de Roger de Montreveau (3). La cour avait ordonné la preuve par l'eau bouillante ; ce fut une veuve appelée Girberge qui

---

(1) Cartul. de Saint-Maur-sur-Loire, n° 61 ; Marchegay, Archives d'Anjou, t. I, p. 401.

(2) Cart. du Ronceray, Ed. Marchegay, n°ˢ CLXXVI et CLXXXVIII, p. 116 et 125.

(3) *Eod.*, n° XXXVIII, p. 32.

apporta le *judicium* à Geofroi Fulcrade qui était assisté de *Beringerius capellanus* et de *Berno vicarius*. Il résulte des énonciations de l'acte qu'à cette époque il devait habiter Loudun.

Il devait tenir d'assez près au comte Foulques-Rechin ; nous trouvons en effet que le comte, le 12 octobre d'une des années 1067, 1072 ou 1078, vient à Saint-Maur-sur-Loire pour terminer par un accord un différend entre lui et les seigneurs de Blaizon ; ... *ubi pacificavit Hedonem et Johannem ejus filium de Castro Blazoni cum Gaufrido filio Fulchre* (1).

Quant au sénéchal qui prend habituellement le même nom que son père, *Gosfridus Fulchradi*, nous le trouvons pour la première fois avec la qualité de sénéchal du comte Foulques dans un acte du 25 août 1089 par lequel il confirme la donation de la terre de Rest que son père Gosfredus Fulchradi avait faite quelques jours auparavant à Saint-Florent, en se faisant moine de ladite abbaye (2). Il confirme en outre la donation des dîmes d'une île située devant Monsoreau, et ajoute sa part du droit de pêche à Rest. Cet acte constate sa filiation de la manière la plus certaine, car son père excepte de sa donation une grange appartenant à son fils, *excepta gran-*

---

(1) Cartul. de Saint-Maur-sur-Loire, nᵒ xxxviii, Marchegay, Arch. d'Anjou, t. I, p. 381. La fixation à l'année 1067 donnée par M. Marchegay n'est pas entièrement exacte, la Saint-Denys pouvant tomber aussi un mardi dans les années 1072 et 1078, dans lesquelles Pasques tombe le 8 avril, comme en 1067.

(2) Cartulaire blanc de Saint-Florent, fᵒ 33 vᵒ ; Arch. de Maine-et-Loire.

dica filii mei Gosfredi. A cette époque, sa mère *Amelina* vivait encore. Il avait plusieurs frères (1) et sœurs qui ont pris part à cet acte.

Dans un acte sans date, mais qui ne peut pas être postérieur à 1094, il assiste à la confirmation par le comte Foulques de concessions faites à Saint-Florent par Isembert le Jeune, seigneur de Thouarcé, neveu de celui qui avait été sénéchal, et que l'acte désigne sous le nom d'*Isembertus senior.* Le neveu étant malade, l'oncle était allé avec quelques autres personnes demander l'autorisation du comte Foulques. La réception fut des plus simples : le comte allait partir pour la chasse au faucon ou en revenait ; il était assis dans la cour du château d'Angers sur une table, ou peut-être sur un banc de pierre comme on en rencontre encore souvent dans les cours de châteaux ou même de grandes maisons bien plus modernes ; devant le comte était son sénéchal, *Gaufridus Fulcradi*, probablement à pied, et Gilduin de Doué à cheval tenant un faucon (2).

On trouve son nom dans un assez grand nombre d'actes dans lesquels sa qualité n'est pas indiquée, mais il ne peut y avoir de difficulté.

En 1097, Geofroi Fulcrade suivant l'exemple de son père se retire à l'abbaye de Saint-Florent ; cette date nous est fournie par le cartulaire blanc, f° 33. Au moment de

---

(1) Un de ses frères se nommait *Girardus* (Donations par le comte Foulques et Hugues de Pocé à Marmoutier, de la terre *de Lavatorio*, Dom Housseau, t. XII, 2, n° 6773, ex Cartul. Maj. Mon.).

(2) Cartul. blanc de Saint-Florent, f° 21. Arch. de Maine-et-Loire.

sa retraite à Saint-Florent sa femme *Amelina* était enceinte. En mourant il laissait deux fils et deux filles ;
l'aîné des fils se nommait aussi Geofroi et était seigneur
de Trèves, le second se nommait Aimeri ; l'aînée des
filles avait épousé Gilbert de Loudun, la seconde Aimeri
d'Avoir. Il mourut vers le commencement de 1101 (n. s.)
comme le constate le cartulaire blanc de Saint-Florent,
f° 34 (1), en rapportant une contestation que souleva son
fils Geofroi pour l'église de Rest.

Ce fils qui portait encore le même nom, Geofroi
Fulcradus, Fulcredus, Fulcredi, Fulqueredi était sans
aucun doute un des seigneurs les plus considérables de
cette partie de l'Anjou. A une date indéterminée il fit un
voyage à Jérusalem (2). Entre 1109 et 1117, il donne à
Robert d'Arbrissel toutes les coûtumes qu'il avait à Rest
avec le consentement de sa femme Burgundia *ex cujus
dote erat,* de son frère Aimeri et de sa sœur Jeanne (3).

Le 15 janvier 113$\frac{2}{3}$ il prend part à une sentence d'Ulger
évêque d'Angers au sujet d'un droit de paroisse litigieux
entre le Ronceray et Saint-Nicolas-sur-Brionneau (4).

---

(1) Cet acte est du troisième dimanche de carême qui tombait cette année le 8 des calendes d'avril (25 mars), ce qui
donne bien l'année 1101. V. Dom Housseau, t. IV, n° 1204 ;
t. XIII, 2, n° 903.

(2) Cartul. du Ronceray, Ed. Marchegay, n° ccxciv, p. 186.

(3) Cartul. de Fontevrault, cap. 154 ; Arch. de Maine-et-
Loire. Dom Housseau, t. XII, 1, n° 5656.

(4) Cartulaire du Ronceray, n° lvi, p. 48.

V. encore : Cartul. de Fontevrault, cap. 226 ; Arch. de Maine-
et-Loire. — Extr. des Titres et Cartulaire de Saint-Aubin, p.
325, coll. Gaignières, vol. 188, Bibl. Nat.

6. *Paganus de Maugeio.*

Payen de Mauges.

Son nom est donné par un extrait du cartulaire de
Saint-Nicolas f° 72, conservé par Dom Housseau, t. XIII,
1, n° 9552. Il n'y est pas dit qu'il ait été sénéchal d'Anjou, mais il faut remarquer que c'est un simple extrait,
comme d'ailleurs la plupart des documents extraits
du cartulaire de Saint-Nicolas qui se trouvent dans son
recueil. Mais deux des listes conservées dans les manuscrits de la bibliothèque d'Angers disent expressément
qu'il fut sénéchal d'Anjou ; ces listes ont été faites à une
époque où les originaux existaient, et il est probable que
leurs auteurs avaient le cartulaire même sous les yeux.
Tous les deux renvoyent au titre dont l'analyse est dans
Dom Housseau. C'est un accord du 3 février $\frac{1099}{1100}$ entre
Saint-Nicolas et Saint-Laud *de bosco Communali et de
examplis Villæ Lanariæ.* Il a eu lieu dans la cour du
comte Foulques en présence de témoins d'un rang
élevé. Payen de Mauges est le troisième des témoins
laïques après le comte Foulques et le connétable Sigebrand. Ce rang confirme l'argument tiré des listes dont
je viens de parler.

Il figure comme témoin parmi les chevaliers, *de militibus,* mais sans indication de sa qualité de sénéchal dans
un acte du 22 août 1096 ou 1097 par lequel le comte
Foulques donne à Saint-Nicolas la forêt des Echats
(*de Catia*).

7. *Petrus Rubiscallus.*

Je renvoie aux observations en tête du paragraphe relatif à Geofroi Fulcrade sur la question de savoir s'il a été sénéchal en 1088 (1).

C'est un acte sans date, mais dans lequel intervient Girard abbé de Saint-Aubin mort en 1106 qui nous apprend sa qualité de sénéchal d'Anjou ; la rubrique de cet acte qui est au cartulaire de Saint-Aubin f° 22 s'exprime ainsi : .... *Quid et qualiter et quandiu dominus Girardus abbas Petro senescallo Fulconis nostri comitis ob beneficii donaverit... tres arpennos bonarum vinearum.* La qualité de sénéchal ne reparaît pas dans le courant de l'acte, dans lequel nous retrouvons encore le connétable Sigebrand comme témoin.

Le 19 janvier 110$\frac{4}{5}$ il signe immédiatement après le comte Foulques le jeune fils de Foulques-Rechin la con-

---

(1) Son nom paraît plusieurs fois dans les années qui suivent :

A. Acte sans date, entre 1088 et 1097, témoin avec le sénéchal Geofroi Fulcrade de l'acte par lequel le comte Foulques confirme la donation de Pontlevoy faite à Saint-Florentin d'Amboise par Hugues de Chaumont et Haimery de Currun (Dom Housseau, t. III, n° 908, ex arch. B. M. Pontilevensis).

B. En 1095, témoin de la donation du Bois-l'Abbé faite à Saint-Serge par le comte Foulques (Dom Housseau, t. III, n° 980, ex Cartul. S. Sergii).

C. 23 juin 1096, témoin avec le connétable Sigebrand de Chemillé de la donation de l'île de Chalonnes par le comte Foulques à Saint-Maurice et à l'évêque d'Angers (Gallia christiana vetus, t. II, p. 128).

firmation de la donation du bois de Pruniers faite à Saint-Aubin par Foulques-Rechin (1).

La présence d'un. *Harduinus dapifer* qui pourrait au premier abord jeter quelques doutes m'oblige d'entrer dans quelques détails.

Le jeune Geofroi fils de Foulques, *Gosfredus Martellus junior*, abandonne ses prétentions sur le bois de Pruniers, et confirme moyennant argent la concession dudit bois de Pruniers faite par son père. Cette confirmation a lieu le 4 des ides de décembre (10 décembre) 1104 à Saint-Aubin où Geofroi, associé depuis quelque temps ainsi que son frère Foulques au pouvoir de son père, vient avec quelques uns de ses chevaliers. Bien que le rédacteur de la charte semble réserver le titre de comte pour Foulques-Rechin, il l'attribue aussi au fils qui partageait son autorité avec lui.

Dans la première partie de cet acte, le jeune comte Geofroi, après la renonciation à toutes coûtumes, investit solennellement Saint-Aubin au moyen de la remise sur le maître-autel *(altare dominicum)* du couteau de l'aumônier Hardouin que les religieux conservèrent. Jusqu'à présent c'est le jeune Geofroi qui agit seul ; ses hommes, ses chevaliers, comme il est dit quelques lignes plus haut, interviennent ici comme témoins ; *de hominibus comitis.... Harduinus dapifer ejus ;* la construction de la phrase ne permet pas de douter que cet Harduinus soit le sénéchal du jeune comte Geofroi.

Quelques jours auparavant, le 7 décembre 1104, pa-

---

(1) Cartulaire de Saint-Aubin, f° 32 v°, Bibl. d'Angers ; Dom Housseau, t. IV, n° 1231, ex eodem.

reille confirmation avait été faite par le jeune comte
Foulques dans la chambre de son père, en sa présence
et avec son autorisation, et encore moyennant finance
payée au père et au fils. L'investiture de cette confirmation
est faite au moyen du chapeau de Pierre de Saint-Christophe chapelain du comte Foulques-Rechin que le jeune
Foulques remet à Brient prieur de Saint-Aubin. Aucun des
témoins de cette partie de l'acte n'a la qualité de sénéchal.

Enfin le 19 janvier suivant ($110\frac{4}{5}$), pour que la confirmation soit encore plus solennelle, le jeune Foulques se
transporte à l'abbaye de Saint-Aubin, et pose de sa propre
main en présence de l'abbé Girard le couteau de Guy
de Lovennis tunc camerarii sur le même autel que son
frère avait posé le couteau de l'aumônier Hardouin. Ceci
se passe en présence de nouveaux témoins dont le premier est *Petrus Rubiscallus ;* sa qualité n'est pas indiquée, mais la place de sa signature et la certitude qu'il
était sénéchal du temps de l'abbé Girard ne me laissent
aucun doute sur sa qualité de sénéchal du comte Foulques-Rechin au moment de cet acte.

Il ne me paraît pas avoir conservé ses fonctions au-
delà de l'année 1109 (1).

---

(1) Il figure, mais sans indication de sa qualité, dans plusieurs actes qui se placent entre 1105 et 1109.

A. Dimanche après l'Epiphanie $110\frac{4}{5}$ accord avec l'abbé de
Saint-Serge (Dom Housseau, t. XIII, 1, n° 10,008, ex Cart.
S.-Sergii ; Cartul. de Saint-Serge, p. 89, coll. Gaignières, Bibl.
Nat. Lat. 5446). Cet acte constate qu'il était chevalier et propriétaire de fiefs relevant du seigneur de Briolay.

B. Actes par lesquels le comte Foulques-Rechin condamne
des prétentions de son prévôt Thouaret ou Toareth sur des

8. *Archaloius, Archoloius, Arquolosius, Archilosius.*

Malgré le peu de confiance qu'on doit accorder à l'écrit anonyme sur la sénéchaussée de France attribué à Hugues de Cleers, on peut cependant invoquer son autorité pour reconnaître à *Archaloius* (son nom est écrit de bien des manières) la qualité de sénéchal du comte d'Anjou, bien qu'il y soit désigné par la seule qualité de sénéchal. Mais quelle que soit l'époque à laquelle cet écrit ait été composé, il est évident que la tradition avait pu se conserver sur sa situation, et que c'est un sénéchal du comte qui seul a pu faire avec les hommes du comte partie du conseil vrai ou supposé dans lequel fut délibérée une réponse à faire au Roi de France (1).

La première mention que l'on trouve d'Archaloius avec une date certaine est un acte du 8 des ides d'octobre 1109 (8 octobre) (2) par lequel le comte Foulques V confirme les donations et franchises concédées à Saint-Nicolas par son père et ses autres prédécesseurs ; l'acte, ou du moins l'extrait que nous en donne Dom Housseau, tout en constatant sa qualité de sénéchal, ne dit pas qu'il soit

---

maisons et des prés appartenant au Ronceray (Cartul. du Ronceray, Ed. Marchegay, n° LXV, p. 58 ; n° CCIII, p. 131).

C. Acte par lequel il renonce à une corvée qu'il voulait exiger dans son propre intérêt des hommes du Ronceray (*Eod.,* n° XC, p. 68).

(1) De Majoratu etc... Chroniques des Comtes d'Anjou, p. 390.

(2) Dom Housseau, t. XIII, 1, n° 9612, ex Cart. S. Nicholai Andegavensis.

sénéchal du comte ; mais comme il figure le premier des témoins, dans une circonstance solennelle, et avant un nombre assez considérable de seigneurs du pays, il y a de très-fortes raisons d'admettre que c'est un sénéchal du comte, surtout en présence de la tradition conservée dans l'écrit attribué à Hugues de Cleers.

Le nom d'*Archaloius* figure dans un grand nombre d'actes importants jusqu'en 1124, mais il a cessé ses fonctions vers 1116 ou même à une époque un peu antérieure.

9. *Harduinus de Sancto-Medardo.*
Hardouin de Saint-Mards.

Le prénom d'Hardouin est assez fréquent aux xi⁰ et xii⁰ siècles. On peut se demander si le sénéchal qui le porte est le même que celui qui était en 1105 sénéchal du jeune Geofroi fils aîné de Foulques-Rechin. — Et si c'est le même qui, le 4 janvier $111\frac{3}{4}$ avec la qualité de *camerarius comitis*, figure avec *Archaloius* dans l'acte par lequel le comte Foulques V remet en faveur des pauvres les droits qui lui sont dûs sur l'aumônerie de Saint-Aubin (1).

Quoi qu'il en soit, Hardouin de Saint-Mards est mentionné comme sénéchal dans un acte (2) postérieur à

_____

(1) Saint-Aubin, fief de Villechien ; Archives de Maine-et-Loire.

(2) La première de ces dates est celle de l'avènement de Foulques V. La seconde résulte d'un acte des derniers mois de 1117 par lequel il est donné satisfaction pour le meurtre

1109 et antérieur au samedi de la mi-carême $111\frac{6}{7}$, par lequel le comte Foulques donne à Saint-Nicolas la possession de la rivière autour de l'île Behuard. Hardouin figure le premier des témoins avec *Archalosius* qui n'est plus désigné que comme chevalier. Dom Housseau donne à cet acte la date approximative de 1114, ce qui est assez vraisemblable (1).

Hardouin de Saint-Mards vivait encore en 1127 ainsi que le constate le premier acte qui nous fasse connaître son successeur Robert fils de Reinaud. Le pape Calixte II et l'évêque d'Angers Rainaud s'étaient plaints que des particuliers, parmi lesquels Hardouin est spécialement désigné, eussent usurpé par violence des prés appartenant à Saint-Florent auprès de Saumur ; le 14 août 1127 Hardouin abandonna les biens qu'il avait usurpés.

10. *Stephanus Baucan, Balcan, Blaccanus.*

Etienne Baucan, car telle me semble être la véritable forme de son nom, paraît pour la première fois à une date que Dom Housseau fixe au 8 avril 1117 dans un jugement qui déboute Girard d'Escharbot d'une demande qu'il formait contre Fontevrault (2) ; ce jugement est

---

d'Hervé *Rotundellus*, prévôt d'Angers, mort assassiné dans le cloître d'Angers le samedi de la mi-carême $111\frac{6}{7}$; Pasques le 25 mars (Dom Housseau, t. IV, n° 1367, Cartul. du chapitre d'Angers).

(1) Dom Housseau, t. IV, n° 1347, ex Cartul. S. Nicholai Andeg.

(2) Cartul. de Fontevrault, cap. 317, Arch. de Maine-et-

prononcé en présence du comte Foulques, de la Reine Bertrade sa mère, et sur les instances de Robert d'Arbrissel qui avait porté devant le comte la plainte des religieuses. Il paraît avoir joui d'une grande réputation comme magistrat .... *qui tunc senescallus erat in judicio conspicuus,* est-il dit dans cette charte ; il est vrai que ce sont les parties ayant obtenu gain de cause qui l'apprécient ainsi.

Vers la même époque, c'est-à-dire, probablement en 1118 sans qu'on en puisse autrement préciser la date, il prend part à un jugement prononcé par le comte Foulques, qui déboute de leurs prétentions un nommé Giffard fils d'Audouin et ses frères qui voulaient revenir contre une donation faite à Saint-Nicolas par leur ayeul.

Dans la même année 1118 Baucan assiste à la fondation du prieuré simple de Langeais par le comte Foulques ; sa qualité de sénéchal n'est pas indiquée, mais il figure l'un des premiers parmi les témoins, après le comte, sa femme, deux personnes de la famille de Blaizon, et Michel *precentor* d'une église ; il n'est pas dit quelle est cette église (1).

Je n'ai pas trouvé d'indication pour remplir la lacune qui s'étend jusqu'à 1127, date à laquelle apparaît le nom de Robert fils de Reinaud.

Il ne me paraît pas douteux par tout ce qu'on vient de voir que *Archaloius* et Hardouin de Saint-Mards ayent été

Loire. Dom Housseau, t. XVIII, f° 309 r°, note extraite du Cartulaire de Fontevrault, f° 117, cap. 484.

(1) Dom Housseau, t. IV, n°° 1378 et 1379, ex Cart. Abb. Omnium SS. Andeg.

des sénéchaux du comte ; seulement, par des raisons qui nous sont complètement inconnues, ils sont restés fort peu de temps en fonctions. *Archaloïus* n'a pas dû rester en fonctions beaucoup plus tard que l'année 1113, et Baucan était en fonctions à une époque où vivait encore la Reine Bertrade dont la mort doit être à peu près contemporaine de celle de Robert d'Arbrissel arrivée en 1117 (1).

Archaloïus figure dans deux actes de 1115 sans qu'il soit désigné comme sénéchal, l'un est la donation par Robert d'Arbrissel au comte Foulques de tous ses droits *in sylva Cadunensi* en Périgord (2) ; l'autre la vente faite à Fontevrault par Jean Pignon de la Pignonière, sa femme et son fils de tous leurs droits dans la terre de la Verrière (3).

Entre 1108 et 1117 il assiste avec Etienne Baucan à la donation qu'Aimery de la Haye et son frère font à Fontevrault du moulin de Ponchay, sur les vives sollicitations du comte Foulques (4).

Entre 1118 et 1129 avec Hardouin de Saint-Mards *qui hoc viderunt et audierunt* il prend part à un jugement du comte Foulques qui déclare les vignes de Saint-Florent exemptes de dîmes (5).

---

(1) Le nom de la Reine Bertrade et celui de Robert d'Arbrissel cessent en même temps de figurer dans les titres de Fontevrault.

(2) D'Achery, Spicilegium, Ed. 1723 in-f°, t. III, p. 475.

(3) Cart. de Fontevrault, cap. 309 ; Arch. de Maine-et-Loire.

(4) *Eod.* cap. 365.

(5) Cartul. blanc de Saint-Florent, f° 39 v° ; Arch. de Maine-et-Loire.

Archaloius figure encore avec Hardouin de Saint-Mards qui à ce moment était sénéchal dans l'acte que j'ai cité plus haut par lequel le comte Foulques donne à Saint-Nicolas la possession de la rivière autour de l'île Behuard.

Et enfin je le trouve avec Baucan auquel on reconnaît la qualité de sénéchal du comte d'Anjou, prenant part au jugement du comte Foulques qui déclare mal fondées les prétentions de Giffard fils d'Audouin et de ses frères. Cet acte doit-être de 1118, et en supposant qu'il n'y ait pas d'autre sénéchal antérieur à Robert fils de Reinaud, je crois pouvoir ainsi fixer la succession des trois sénéchaux dont je viens de parler :

Archaloius, 1109 . . . . vers 1115.
Hardouin de Saint-Mards . . . . — 1116.
Etienne Baucan . . . . 1117-1127.

11. *Robertus Reinaldi filius.*

Robert fils de Reinaud.

Le pape Calixte II et l'évêque d'Angers Rainaud avaient adressé au comte Foulques des réclamations contre les usurpateurs des biens de Saint-Florent. Le comte leur assigna jour pour comparaître devant sa cour à Saumur le 18 août 1127 pour faire leurs restitutions. Ils aimèrent mieux les faire directement au chapitre de Saint-Florent. Les dernières eurent lieu le 22 septembre jour de la fête de Saint-Florent, et furent confirmées par une charte du comte Foulques. Après sa croix et celles de ses deux fils,

Geofroi et Hélie, Robert est mentionné comme le second témoin de l'apposition du sceau (1).

C'est dans sa maison à Angers que fut signée une convention entre le comte Geofroi V et Mathieu abbé de Saint-Florent, aux termes de laquelle ce dernier est dispensé moyennant le payement de dix mille sous de bâtir pour le comte une forteresse à Saint-Florent-le-Vieil (2).

Il est assez probable que c'est lui qui figure avec la qualité de sénéchal dans une sentence de l'évêque Ulger du 15 janvier 1132 relative aux droits de paroisse de l'abbaye du Ronceray contestés par Saint-Nicolas (3). *Robertus dapifer* y figure parmi les *famuli* de l'abbesse ; mais je crois qu'il ne faut voir ici qu'une formule de politesse qui n'a rien de commun avec l'indication de gens au service de l'abbesse, car il se trouve avec Pépin de Tours qui était prévôt d'Angers et Gozlin de Tours que nous allons voir sénéchal du comte.

En 1134, il est témoin de la concession à charge de cens faite par le comte à Payen Arnaud de la partie de sa maison située sur le mur de la ville du Mans (4).

---

(1) Cartul. d'argent de Saint-Florent, f° 33 v°, Arch. de Maine-et-Loire.

(2). *Eod.*, f° 48 v°.

(3) Cartulaire du Ronceray, Bibl. d'Angers, Rot. II, c. 77 ; Rot. VI, c. 35, Marchegay, n° LVI, pag. 48.

(4) Liber albus capituli Cenomanensis, p. 2.

12. *Goslenus* ou *Joslenus de Turono.*

Gozlin, Goslin ou Jouslin de Tours.

Nous trouvons encore ici une lacune qui s'étend de 1134 à la fin de 1147, date à laquelle apparaît pour la première fois le nom de Gozlin de Tours.

Il figure dans un très-grand nombre d'actes qui s'étendent de 1129 à 1146 sans indication de sa qualité ni des fonctions qu'il pouvait remplir auprès du comte. Il est probable cependant que depuis plusieurs années il était dans les fonctions publiques, car dans un acte du comte Geofroi V de 1146 il figure parmi les témoins avec cette qualification ...: *tunc impensæ meæ amministratore* (1), fonctions importantes, correspondant à celles de trésorier et de receveur d'Anjou que nous retrouvons aux xive et xve siècles, fonctions de confiance qui devaient retenir souvent auprès du comte celui qui en était investi.

Nous le trouvons dans un acte de la même année, mais sans que sa qualité soit indiquée. Ulger de Breis ayant élevé des contestations au sujet de la chapelle de Saint-Baud, il lui est donné jour à comparaître devant le comte Geofroi pour terminer le différend qui s'était élevé entre

---

(1) Transaction entre le comte et l'abbaye du Loroux au sujet de la moitié de la métairie *de Curciaco* et du bourg de Saint-Nicolas du Mans (Dom Housseau, t. V, n° 1723, Arch. de l'abb. du Loroux, *de Oratorio*). Cet acte et le suivant constatent qu'ils ont été faits en l'année où le Roi de France Louis VII prit la croix, ce qui eut lieu le jour de Pasques 31 mars 1146.

lui et l'abbaye de Cormery ; le jour est donné à Tours pour les moines, une lacune empêche de savoir à quel endroit il a été donné à Ulger (1).

Dans un autre acte un peu postérieur et qui est probablement du mois d'août 1147, Gozlin est désigné *tunc Andegavis senescallo*. Cet acte nous a été conservé par Gaignières (2), mais seulement par extraits : le nom de l'archevêque de Tours y est défiguré, on en a fait un Archembaud au lieu de Engebaud (de Preuilly) qui est son véritable nom. Il constate une transaction entre Raoul de Breis fils d'Ulger qui figure dans la charte de 1146 que je viens de citer et une abbaye non désignée au sujet de la forêt *de Chedonio*. C'est donc à la fin de 1146 ou au commencement de 1147 que Gozlin de Tours a été appelé aux fonctions de sénéchal.

Un acte du 12 janvier 11$\frac{49}{50}$ constate sa qualité de sénéchal, il est témoin de la concession faite par le comte Geofroi à l'abbaye de Saint-Vincent d'un terrain près le Mont-Barbu pour y construire un four (3).

A partir de cette époque on rencontre souvent le nom de Gozlin dans des actes dont la date est certaine ou peut être établie avec certitude, et qui le montrent comme se tenant assidûment auprès de la personne du Roi Henri II comme comte d'Anjou et du Maine tant qu'il restait sur le continent ; je n'en veux pour preuve que la

(1) Dom Housseau, t. V, n° 1718, Arch. de l'abb. de Cormery.

(2) Cartul. de Saint-Julien de Tours, p. 101, coll. Gaignières ; Bibl. Nat. Lat. 5443.

(3) Cartul. de Saint-Vincent du Mans, p. 604, coll. Gaignières, rouleau coté R ; Bibl. Nat. Lat. 5444.

sentence définitive qu'il rendit pour mettre fin aux difficultés que Nivard de Rochefort faisait aux religieuses du Ronceray au sujet de la forêt *de Lateio*. Les prétentions de Nivard avaient été rejetées une première fois du vivant de Geofroi. Après sa mort il recommence et même met en prison les hommes du Ronceray ; plainte est portée à Henri qui se trouve en ce moment à Barfleur pour passer en Angleterre, et qui donne *Gosleno dapifero suo* des ordres pour que les religieuses jouissent en paix de leur propriété. Cet acte se place entre le 25 octobre et le 7 décembre 1154, et il résulte évidemment de la rédaction que le sénéchal était aussi à Barfleur (1).

Les fonctions de Gozlin de Tours ne me paraissent pas avoir duré au-delà de l'année 1162 ; les derniers actes auxquels il a pris part et qu'il importe de remarquer sont les suivants : il est témoin de la concession que fait Henri II à Saint-Florent (2) de la moitié de la foire qui se tient à Saumur à la Saint-Florent, au mois de mai (3) ; parmi les témoins de cet acte figure Geofroi doyen d'Angers qu'on ne connaît en cette qualité que de 1160 à 1162.

Il était encore en fonctions à une époque postérieure au 13 mars (3 des ides de mars) 1162. A cette époque en effet il prend part comme faisant partie de la cour du Roi à un jugement (4) qui rejette les prétentions

---

(1) Cartul. du Ronceray, Ed. Marchegay, n° CLXXXV, p. 123.

(2) Cartul. d'argent de Saint-Florent f° 53 r°, Arch. de Maine-et-Loire.

(3) La fête de Saint-Florent est le 22 septembre. On célèbre sa translation le 19 juin.

(4) Dom Housseau, t. V, n° 1882, ex Cart. Sancti Nicol. Andeg.

de *Gervasius Balcean* sur les dîmes que Saint-Nicolas percevait à Brissac (Brachesac). Cet acte se place après le 13 mars 1162 (n. s.). *Gervasius Balcean* porte plainte au sénéchal contre Hugues abbé de Saint-Nicolas ; l'abbé répond que Saint-Nicolas a été en possession de ces dîmes du temps de deux évêques d'Angers, *multis annis...... in tempore duorum episcoporum, Normanni scilicet et Mathei....* expression qui semble bien indiquer qu'il s'agit de deux personnages morts ; Normand est mort le 27 avril 1153 et Mathieu le 13 mars 1162 (1). L'abbé Hugues, successeur de Barthélemy, qui n'a été abbé qu'au commencement de 1162 ajoute que la possession a duré *diu suo tempore ;* c'est un laps de temps indéterminé qui ne se prolonge pas au-delà de l'année 1162, comme nous allons le voir dans l'article suivant relatif à Etienne de Tours.

C'est à la même époque que nous devons placer la charte de Henri II relative au pont de Saumur et à la concession de ce pont à l'abbaye de Saumur (2). Parmi les témoins nous trouvons.... *teste Johanne Gosleni dapifero Andegavensi ;* telle est la mention qui se trouve dans le Cartulaire d'argent de Saint-Florent (fº 49), et que Dom Housseau a reproduite. Un vidimus du XIIIᵉ siècle qui se trouve au trésor des Chartes ne reproduit aucun des noms des témoins. Il n'y aurait rien d'étonnant à ce

---

(1) Gallia Christiana, t. XIV, col. 569, 578, 677. Chronique de Robert de Tórigni, t. I, p. 340.

(2) Arch. Nat. J 178, Anjou, nº 3, Vidimus scellé du XIIIᵉ siècle. Teulet, layettes du trésor des Chartes, t. I, p. 86. Cartul. d'argent de Saint-Florent, fº 49, Arch. de Maine-et-Loire. Dom Housseau, t. V, nº 1844, *ex eodem.*

qu'il y ait eu une erreur du copiste du cartulaire qui aura mis *dapifero Andegavensi* pour *dapiferi Andegavensis* ; le second de ces deux mots est bien plus souvent en abrégé (*And.* ou *Andeg.*) qu'en toutes lettres, et pour peu que *dapiferi* l'ait été aussi, ce qui n'a rien d'improbable, l'erreur est complètement expliquée. Les fonctions de sénéchal n'étaient pas héréditaires à cette époque ; en outre les fonctions de ce fils de Gozlin auraient été de bien courte durée puisque son père était encore sénéchal après le mois de mars 1162,

Quelques historiens comptent parmi les sénéchaux d'Anjou et du Maine un certain Guillaume fils de Hamon auquel un titre du cartulaire du Ronceray donne la qualité de sénéchal du Roi, et devant lequel en 1164 Richilde prieure de Calvon fait un arrangement avec Frelon de Champigny au sujet des prémices des poissons de la pêcherie de Calvon. Ce Guillaume fils de Hamon était sénéchal de Bretagne (1).

13. *Stephanus de Marchaio, de Marceio, de Marciaco, de Turonibus.*

Etienne de Marsai ou de Tours.

Je crois que tous ces noms désignent un seul et même personnage, bien plus souvent désigné par son seul prénom de *Stephanus* ou Etienne, qui a succédé immédiate-

---

(1) Cartul. du Ronceray, Rot. II, c. 67, Bibl. d'Angers ; Ed. Marchegay, n° cx, p. 82. Chron. de Robert de Torigni, t. II, p. 31, 134, 267, 285.

ment à Gozlin de Tours en 1162, et qui a continué ses fonctions de sénéchal jusqu'à la fin du règne de Henri II.

Il ne faut pas le confondre avec un homonyme *Stephanus de Turre* qui était *camerarius Regis* vers 1160, et qui est un des témoins de la charte par laquelle Henri II accorde des privilèges et exemptions à tous ceux qui viendraient pour habiter la levée de la Loire et travailler à son entretien. Une charte postérieure à 1162 par laquelle le Roi Henri II confirme à Fontevrault des prés situés auprès de Verron mentionne le double témoignage de ....*Stephano de Turonibus, Eustachio filio Stephani camerarii*; et une autre, aussi de Henri II, qui confirme la donation de l'église *de Uncinis* à l'église du Mans fait mention de deux fils de cet autre Etienne en même temps que du sénéchal Etienne de Tours ....*Radulfo filio Stephani camerarii et Eustachio fratre suo* (1).

Le nom d'Etienne figure dans un nombre d'actes très considérable soit avec une date fixe, soit avec une date approximative, et il y est désigné tantôt sous son seul prénom d'Etienne, tantôt sous le nom d'Etienne de Marsai, tantôt sous le nom d'Etienne de Tours. Mais qu'on doive considérer ces noms comme désignant un seul sénéchal ou deux, il n'est pas moins certain qu'à partir d'Etienne il n'y a plus de lacune dans l'exercice des fonctions de sénéchal.

---

(1) Dom Housseau, t. V, nᵒˢ 1767 et 1829, Cart. rouge de Saint-Florent. Abbaye de Fontevrault, 2ᵉ collection de chartes anciennes, ch. 151, original, Arch. de Maine-et-Loire. Liber albus capituli Cenomanensis, p. 72 et 306 ; le texte de la page 72 remplace les noms des témoins par cette mention, *et multi alii* ; le texte de la p. 306 qui porte le nᵒ ccccxcv donne leurs noms, et parmi eux se trouve Etienne de Tours : cette dernière charte est postérieure à 1182.

C'est vers la fin de 1162 ou le commencement de 1163, sans craindre une bien grande erreur, que je crois pouvoir faire commencer les fonctions d'Etienne. Les documents sur lesquels je me fonde sont une sentence par laquelle il maintient le prieuré de Boire au Maine dépendant de l'abbaye de Marmoutier dans la possession exclusive du droit de pressoir sur toutes les vignes dépendant de Boire, et une charte du Roi Henri II (1) pour l'exécution de cette sentence. La sentence a été donnée une veille de la Saint-Jean-Baptiste, mais en quelle année ?

On vient de voir que Gozlin de Tours était encore en fonctions en 1162, à une époque postérieure à la mort de Mathieu évêque d'Angers, et à la nomination de Hugues abbé de Saint-Nicolas.

Les moines de Marmoutier portent leurs réclamations contre Hamelin d'Antenaise devant le Roi Henri II qui enjoint au sénéchal de statuer sur le champ, mais en observant les formes de la procédure, *ordine juris in omnibus conservato*. Le sénéchal fait citer plusieurs fois Hamelin qui ne comparaît pas, et comme c'était un seigneur considérable, il jugea à propos de suspendre la procédure, *propter nobilitatem ejus dissimulari*. Voyant qu'il ne leur faisait pas droit, les moines portent plainte au Roi qui entre dans une colère violente contre son sénéchal ; celui-ci, effrayé, envoie une nouvelle citation ...*iratus ultra modum erga me non abstinuit a durissimis minis. Ego vero perterritus recedens ab eo...* Au jour fixé, Hamelin ne comparaît pas davantage ; Robert de Sablé, l'un de ceux qui assistaient au jugement demande encore, et les moines

---

(1) Arch. de la Sarthe, $\frac{H-46}{4}$ n°s 1 et 2.

y consentent, qu'une nouvelle citation et celle-ci péremptoire soit donnée pour la veille de la Saint-Jean-Baptiste.

La date de la charte de Henri II peut être fixée d'une manière assez précise. Il résulte du passage du jugement cité en dernier lieu que le sénéchal se trouvait auprès de lui, puisqu'il le quitte pour mettre fin au litige, *recedens ab eo ;* on peut tenir pour certain que le sénéchal ne suivait pas le Roi dans ses séjours en Angleterre ; et la charte du Roi constate la présence simultanée des évêques du Mans, d'Angers et d'Evreux ; il est plus que probable que ces quatre personnages ne sont pas allés à la fois en Angleterre pour obtenir la charte confirmative d'une sentence rendue à Angers dans une affaire importante, mais qui n'était pas d'une gravité exceptionnelle. Henri II venait de faire en Angleterre un séjour qui avait duré depuis le 25 janvier 1163 jusque dans le carême de 1165 époque de son retour en France. Ce carême commence le 17 février (Pasques le 4 avril), et Henri paraît être retourné en Angleterre vers le mois d'août de la même année (1) : c'est donc dans cet intervalle de temps que se place la charte de Henri II qui a dû suivre de très près la sentence du sénéchal.

Les lenteurs de la procédure ordinaire à cette époque étaient énormes, et c'est en 1394 seulement qu'on commença à les abréger ; mais dans cette affaire, outre les

---

(1) Chron. de Robert de Torigni, t. I, p. 343, 355, 356. Rotrou encore évêque d'Evreux est présent à cet acte. Ce que je dis ci-dessus confirme la date de 1165 donnée par la Chronique de Robert pour sa translation à l'archevêché de Rouen, et doit faire rejeter celle de 1164 adoptée par les auteurs du Gallia Christiana, t. XI, col. 48.

retards ordinaires, il y avait ceux provenant du fait du sénéchal, et on comprend la colère du Roi et l'impatience des moines quand on voit qu'il avait fallu attendre près de trois ans pour avoir un jugement définitif.

Une autre question, plus importante au point de vue de notices sur les sénéchaux, est celle de savoir si Etienne de Marsai et Etienne de Tours sont le même personnage, ou s'il faut au contraire y voir deux sénéchaux. La première de ces deux opinions est celle de Claude Menard ; la seconde celle de Dom Housseau (t. XXV, 1, f° 163). Je crois que c'est l'opinion de Menard qui est la vraie.

Dans la sentence du 23 juin 1165 que je viens de discuter, le sénéchal se nomme *Steph. de Marchaio*, Etienne de Marsai (peut-être *de Marchais*) ; la charte du Roi l'appelle simplement Etienne, en lui reconnaissant expressément la qualité de sénéchal du Roi.

Trois actes de l'année 1169 lui donnent le nom de de Marsai. Le premier est du 29 mai 1169 ; en vertu d'ordres du Roi d'Angleterre il termine un différend entre Fontevrault et Bourgueil au sujet de la terre des Loges (1).

La même année il préside à une transaction qui termine une difficulté entre le Ronceray et Luc de Chamazé au sujet de droits qu'il prétendait sur les hommes *de Villa Sorit*. La charte rédigée par les religieuses lui donne expressément le nom de *Stephanus de Marceio* sénéchal du Roi d'Angleterre ; celle qu'il a fait rédiger ne le désigne que sous son nom d'Etienne, mais le rédacteur fait précéder la transcription de cette charte d'une rubrique où

---

(1) Original, Fontevrault prieuré des Logés, liasse I, Arch. de Maine-et-Loire. Cartul. de Bourgueil, p. 141, *eod.*

il le désigne sous son nom de *Stephanus de Marceio* (1).

A partir de cette époque et dans la période des nombreux actes constatant la présence d'Etienne ou Etienne de Tours, *Stephanus de Turonis* ou *de Turonibus* (2), on n'en trouve que deux qui reproduisent le nom d'Etienne de Marsai en lui reconnaissant la qualité de sénéchal ; ce sont, la fondation du monastère de La-Haye-aux-Bons-Hommes près Angers (3), et la donation d'une partie de la forêt de Bersay à l'ordre de Grandmont (4) qui se placent entre avril 1178 et le 26 juillet 1181 ; mais il faut bien remarquer que ces actes sont contemporains de ceux où il porte le nom d'Etienne de Tours.

Dans l'intervalle entre les actes de 1169 et ceux relatifs à l'ordre de Grandmont se placent d'autres actes où le sénéchal est dénommé Etienne ou Etienne de Tours.

---

(1) Cartul. du Ronceray, Rot. VI, c. 42 et 47, Bibl. d'Angers ; Ed. Marchegay, n^{os} CLXII et CLXIII, p. 109 et 110.

(2) Je ne mentionne que pour mémoire les transcriptions de copistes qui, de *Turon*, ont fait *Thieron* ou *Vron*.

(3) Cart. de La-Haye-aux-Bons-Hommes, f° 1, Bibl. d'Angers. Dom Housseau, t. V, n° 2041, *ex archivis ejusdem*. Martene, Thesaurus, t. I, col. 446, *ex mss. annalibus Grandimontis*.

(4) Cart. de La-Haye-aux-Bons-Hommes, f° 232 v°. Dans cet acte son nom est écrit très lisiblement *de Marsai* ; dans l'autre le nom est écrit *Misai* avec un trait horizontal au-dessus du premier *i*, ce qui équivaut à Minsai. Dom Martene a transcrit *Misay*. Dom Housseau a rectifié. La date de ces deux actes est donnée d'abord par la mention de présence de Raoul de Beaumont évêque d'Angers sacré en 1178, après Pasques qui est le 9 avril, (Gall. Chr. t. XIV, p. 571), puis par celle de Gautier de Coutances archidiacre d'Oxford désigné comme chancelier du Roi, mais qui n'était que vice-chancelier (v. ci-dessus le chapitre des chanceliers, IX, p. 223 et suiv.). Le Roi Henri après deux courts séjours sur le continent retourna en Angleterre le 26 juillet 1181 ; c'est entre ces deux dates que se place cet acte.

Il y a d'abord la concession du pont de Sée à Fontevrault, acte qui se place entre 1170 et janvier 1178 au plus tard (1) ; il y est dénommé Etienne de Tours.

Puis les actes relatifs à la cession du minage et de l'eau de Saumur par Guillaume de Mauge à Fontevrault. Tous ces actes sont du mois d'août 1178 ou d'une époque un peu antérieure. La charte par laquelle Guillaume de Mauge fait cette cession est un *chirographum* fait ....*in presentia et auditorio Stephani And. senescalli ;* il est scellé par son ordre, *decrevit autem Stephanus siniscallus ut medietas istius chirographi suo sigillo muniretur.* L'approbation du Roi d'Angleterre est constatée par sept chartes, et dans toutes le sénéchal s'appelle Etienne de Tours. Vient ensuite un autre acte de Henri II qui se place entre mars 1182 et juillet 1183, c'est la confirmation de la do-

---

(1) Il m'a été à peu près impossible de donner à cet acte une date plus précise. La première des deux dates est donnée par la nomination de Robert à l'évêché de Nantes, élu le jour de Noel 1169 (Robert de Torigni, t. II, p. 16) ; la seconde par la mort de Geofroi évêque d'Angers arrivée le 18 janvier 1178 (Gall. Chr. t. XIV, p. 571). Cet acte mentionne la présence de Richard et Geofroi que le Roi Henri II appelle *mes fils.* Ce Geofroi est-il celui qui fut duc de Bretagne, ou bien le bâtard de Henri II nommé aussi Geofroi qui fut son chancelier ? Dans le premier cas, comme l'acte ne lui donne pas la qualité de duc de Bretagne, on en devrait conclure que l'acte est antérieur au 20 février 1171, date de la mort de Conan. Cet acte a été fait à Angers : dans l'intervalle de 1170 à 1178, Henri II fit quatre voyages en Angleterre ; pendant ses séjours sur le continent il fut au moins deux fois à Angers, la première dans l'hiver de 1173 après les fêtes de Noel qu'il avait passées à Chinon, la seconde aux fêtes de Noel 1177. S'il faut descendre jusqu'à la dernière des dates extrémes, j'admettrais volontiers que cet acte qui a été fait avec une très grande solennité doit être de Noel 1177 (Arch. Nat. J 184, Fontevrault, n° 1, original scellé).

nation faite par Cyrille de Mauge à Fontevrault de droits semblables à ceux donnés par Guillaume ; c'est Etienne sénéchal d'Anjou dont le nom figure parmi les témoins (1).

Je citerai les deux chartes relatives à la fondation de la Chartreuse du Liget : il y a d'abord la donation du Liget aux chartreux par Hervé abbé de Villeloin, acte dans lequel le sénéchal est mentionné deux fois par le seul nom d'Etienne qui assistait comme délégué du Roi (2) ; ensuite la charte de Henri II qui confirme cette donation et la fondation de la Chartreuse du Liget ; Etienne de Tours sénéchal d'Anjou figure parmi les témoins de cet acte (3).

Et enfin je citerai deux actes dont la date est précise : une charte du 23 mai 1182 constatant la renonciation par Hervé abbé de Cormery à un procès qu'il voulait faire au prieuré du Grès, il ne lui donne que le nom d'Etienne (4) ; et ensuite une charte par laquelle le Roi Henri II dans sa cour plénière tenue à Chinon à la fin de septembre 1182

---

(1) Originaux, Fontevrault, minage de Saumur, ff. 2, 3 et 4, Arch. de Maine-et-Loire. Cartul. de Fontevrault, cap. 109 et 110, *eod.* Cart. de Fontevrault, t. I, p. 75, coll. Gaignières, Bibl. Nat. Lat. 5480. Dom Housseau, t. XII, 1, n° 5636.

(2) Martene, Thesaurus anecdotorum, t. I, col. 570, ex Cartario Villalupensi .....*Presentibus etiam legatis ipsius Regis, Stephano senescalco....*

(3) Dom Housseau, t. V, n° 1933, Titres du Liget.

Ces deux chartes doivent être placées après le mois de mars 1182, Henri revient d'Angleterre au commencement de ce mois. Geofroi, dont l'assistance comme chancelier est constatée dans la charte du Roi, n'a été chancelier qu'après le mois de septembre 1181, peut-être au mois de janvier 1182 (n. s.).

(4) Dom Housseau, t. V, n° 1959, Arch. du prieuré du Grès (de Gressu).

confirme un accord intervenu le 23 de ce mois par les soins de Raoul évêque d'Angers entre Fontevrault et Guillaume de Monsoreau ; Etienne de Tours sénéchal est un des témoins de cette confirmation (1).

Sans aller plus loin dans l'examen des actes auxquels a participé Etienne ou Etienne de Tours, je pense que dès à présent les actes que je viens d'analyser établissent complètement que ces deux noms désignent un seul et même personnage. On ne comprendrait pas en effet que le sénéchal Etienne qui fait une donation au Liget et qui est présent à la charte comme *legatus ipsius Regis* soit un autre que le sénéchal Etienne de Tours qui signe avec le Roi la fondation du Liget ;

Ni que le sénéchal Etienne expressément désigné comme sénéchal du Roi qui le 23 mai 1182 prie l'abbé Hervé de renoncer à une contestation, ne soit pas le même que le sénéchal Etienne de Tours qui à la fin de septembre est à côté du Roi dans la cour plénière tenue à Chinon ;

Ni que le sénéchal Etienne dans la cour duquel Guillaume de Mauge a fait la cession à Fontevrault, soit un autre que le sénéchal Etienne de Tours qui assiste au moins sept fois à la confirmation de cet acte, et probablement d'autres qui en étaient la conséquence par le Roi d'Angleterre ;

Ni que le sénéchal Etienne qui assiste à la confirmation des dons faits par Cyrille de Mauge, soit un autre que le sénéchal Etienne de Tours qui à la même époque est témoin de la fondation de la Chartreuse du Liget par le Roi Henri II.

(1) Cartul. de Fontevrault, t. I, p. 421, coll. Gaignières, Bibl. Nat. Lat. 5480.

Cet Etienne ou Etienne de Tours est-il un personnage différent d'Etienne de Marsai ?

Les actes relatifs au minage de Saumur se placent dans la période à laquelle appartiennent les actes relatifs à l'ordre de Grandmont. Ce simple rapprochement est déjà une forte présomption que c'est le même sénéchal qui a figuré dans les uns et les autres, et que par conséquent il faut identifier Etienne ou Etienne de Tours avec Etienne de Marsai.

Le sénéchal Etienne a toujours été considéré, au même titre que le Roi Henri II, comme le fondateur et le bienfaiteur de l'hôpital Saint-Jean-l'Evangéliste à Angers. Mais si c'est de beaucoup la plus importante des fondations pieuses auxquelles son nom doive être attaché, ce n'est pas la seule dans laquelle il figure. La donation du Liget aux Chartreux par Hervé abbé de Villeloin vers la fin de 1182 est faite *precibus domini Henrici Regis Anglorum, et prece domni Stephani senescalli* (1).... La renonciation par l'abbé de Cormery au procès qu'il voulait faire au prieuré *de Gressu* a lieu ....*per crebram senescalli sui (Regis sc.) Stephani petitionem* (2), et on vient de voir que cet Etienne est le même qu'Etienne de Tours.

C'est également le nom d'Etienne qui figure seul dans les actes relatifs à l'hôpital Saint-Jean, réunis par M. C. Port sous le titre de Cartulaire de cet Hôtel-Dieu, et qui ont été rédigés par ses soins ou par ceux de l'abbaye du Ronceray. Sa qualité de fondateur est hautement procla-

---

(1) Dom Martene, Thesaurus anecdotorum, t. I, col. 570.
(2) Dom Housseau, t. V, n° 1959.

mée par la bulle du Pape Alexandre III (1) du 15 janvier
1181 qui rappelle les bienfaits antérieurs dont les titres
ont disparu, et par une convention de 1183 avec Emma (2),
abbesse du Ronceray, au sujet de l'établissement de chapelains, de leur nomination, et de privilèges auxquels lui
donnait droit sa qualité de fondateur (3).

---

(1) *Alexander ...dilectis filiis fratribus domus elemosinariœ
Andegavensis a Stephano senescalco Andegavensi construc-
tœ... ad presentationem supradicti Stephani senescalci Andegavensis qui prescriptam domum vestram ....construxit....*
Cartulaire, n° III, p. 105.

(2) *....Stephano siniscallo Andegavensi elemosinariœ fun-
datori et heredibus suis licebit....* Eod. n° VII, p. 107. Dom
Housseau, t. V, n° 1961, Arch. dudit hôpital.

(3) Voici les autres actes d'Etienne, ou dans lesquels sa présence est constatée, relatifs à l'hôpital Saint-Jean relevés par
M. Port dans le Cartulaire :

A. 28 janvier 118$\frac{6}{7}$, donation par Hugues vicomte de Châteaudun, de droits sur le pont d'Angers (n° VIII, p. 107).

B. 31 juillet 1187, donations par Foulques de Mastaz ou de
Mastach (n° IX, p. 108. Dom Housseau, t. V, n° 2005). Il était
sénéchal de Poitou ; concession du pont de Sée par Henri II
à Fontevrault (Arch. Nat. J 184, Fontevrault, n° 1, original
scellé).

C. Entre 1185 et 1188, pancarte jadis scellée de trois sceaux
contenant plusieurs donations (n° X, p. 108).

D. Entre 1185 et 1188, donations par Pétronille femme de *Burellus* (Borel ou Bourreau) Le Meschin .....*Stephanus senescallus Andegavensis, omnibus... salutem...* (n° XI, p. 109).

E. 1188, concession par Emma d'un terrain pour les cuisines
et dépendances (*officinas*) de l'aumônerie et autres conventions
(n° XII, p. 109. Dom Housseau, t. V, n° 2011 ; t. XII, 1, n° 8421
avec la date de 1187).

F. De ces actes il faut rapprocher les deux suivants dont la
date, quoique indéterminée, concorde complètement avec celles des actes qui précèdent. Dans tous les deux le sénéchal porte
le nom d'Etienne de Tours, *Stephanus de Turonibus* :

1° Entre 1182 et 1186, témoin de la concession de l'église *de*

L'identité complète d'Etienne avec Etienne de Tours étant ainsi démontrée, il n'y a plus à douter maintenant que ce sénéchal ne soit le même qu'Etienne de Marsai.

Dans le premier acte émanant de lui, celui de 1165 relatif au pressoir de Boire (ci-dessus, p. 262), il prend le nom d'Etienne de Marsai.

Dans tous les autres, c'est seulement celui d'Etienne.

C'est dans des actes postérieurs à sa mort, mais qui sont l'œuvre de son fils ou de l'un de ses successeurs, Guillaume des Roches, que nous voyons reparaître le nom de de Marsai.

Etienne avait un fils nommé Philippe (1) qui dans le dernier tiers du XIIe siècle se rendit acquéreur du fief de Ramefort, et qu'on croyait généralement être l'auteur d'une seconde maison de Ramefort (2).

Uncinis au Maine faite par Henri II au chapitre de Saint-Julien du Mans (Liber albus capituli Cenomanensis, p. 307).

2o Entre 1182 et 1189, témoin de la confirmation par Henri II à la chapellenie de Sainte-Geneviève et de Saint-Laud de leurs possessions en divers endroits (Chartes du chapitre de Saint-Laud, copie du XVIe siècle, Bibl. d'Angers). Le texte porte *de Vron* ; c'est évidemment une mauvaise lecture de *Turon* par le copiste.

(1) Cette parenté, outre les actes émanant de Philippe, résulte de la charte par laquelle Hugues, vicomte de Châteaudun, donne le 28 janvier 118$\frac{6}{7}$ *Stephano tunc siniscallo Andegaviæ* une partie de ses droits sur le pont d'Angers ; parmi les témoins *Philippus filius Stephani siniscalli And.* (C. Port, Cartul. no VIII, p. 107).

(2) *Ramusfortis*, Ramefort ou Remefort, paroisse de Blou. Ce fief, au commencement du XIIe siècle avait appartenu à un Geofroi de Ramefort qui nous est connu par plusieurs textes. Entre 1117 et 1126, il assiste comme témoin à un jugement rendu par la cour du comte Foulques V au sujet des coûtumes de la foire de Saint-Nicolas (Dom Housseau, t. XIII, 1, no 9695;

Ce Philippe, suivant les exemples donnés par son père, fit entre les années 1190 et 1199 des donations à l'aumônerie qu'il avait fondée et en confirma la fondation. Dans deux de ces actes il se dit fils d'Etienne sans y ajouter aucun nom de famille, ...*filius Stephani*, *olim* ou *quondam senescalli Andegavensis* (1). Dans le troisième il lui donne positivement le nom d'Etienne de Marsai ou de Marchai, et nous apprend en même temps sa parenté avec Rainaud de Voo frère de son père, et qui figure dans quelques actes de ce cartulaire, notamment dans la pancarte imprimée au n° x, p. 108, contenant plusieurs donations et où le sénéchal est simplement appelé Etienne (2).

Cartulaire de Saint-Nicolas) ; en septembre 1127 il assiste aux divers actes par lesquels le comte Foulques fait restituer à Saint-Florent des biens qui avaient été usurpés par des seigneurs voisins de Saumur ; l'acte, sorte de procès-verbal constatant ces restitutions, est scellé par le comte et ses deux fils en présence de témoins parmi lesquels *Gosfridus de Ramofort, miles Sancti-Stephani Jerusalem* (Cartulaire d'argent de Saint-Florent, f° 33 ; Archives de Maine-et-Loire) ; enfin le 24 août 1139, il prend part à un jugement de la cour du comte Geofroi au sujet de la terre de Précigny (Cartulaire de Saint-Aubin, f° 3 v° ; Bibliothèque d'Angers). Je n'ai trouvé aucun document sur les circonstances dans lesquelles ce fief a pu passer des mains de ce Geofroi de Ramefort dans celles de Philippe fils du sénéchal Etienne.

(1) Donation de divers droits sur le pont d'Angers et ailleurs, (n° xv, p. 110. Dom Housseau, t. XVI, f° 492 v°).
Confirmation de la fondation (n° xxii, p. 112. Dom Housseau, t. V, n°° 1935 et 2088).

(2) Charte au sujet de neuf sols de rente à Aigrefin, *Sciant omnes... quod cum magister Holdebaldus preceptor in elemosinaria Andegavensi et alii fratres elemosinariæ contentionem habuissent cum domino Philippo de Raimoforti super IX*

Enfin la preuve complète de l'identité entre Etienne de Marsai et Etienne, et par conséquent Etienne de Tours résulte d'une sentence de Guillaume des Roches, de l'an 1200, qui maintient *Hersendis* abbesse du Ronceray en possession de l'aumônerie Saint-Jean qui lui était contestée par les frères de l'Hôpital Saint-Jean de Jérusalem, lesquels l'avaient occupée par voies de fait. Cette sentence est rendue en exécution d'une convention de 1183 (n° VII, p. 106) qui contient entre autres clauses celle que dans le cas où l'on chercherait à soumettre l'aumônerie à une église, ce ne pourrait jamais être à une autre que le Ronceray ; cette clause est formellement rappelée dans la sentence, ainsi que les autres conditions du service dans ladite aumônerie : ... *in medium protulit abbatissa elemosinariam supradictam et in proprio solo in parrochia Sanctæ-Mariæ a Stephano de Marcai quondam piæ recordationis Henrici Regis Angliæ senescallo fundatam fuisse, qui in ea constituit tam clericos quam laycos ad serviendum Deo et pauperibus. Proposuit etiam abbatissa quod, post multa in quibus ministri elemosinariæ ecclesiæ Beatæ Mariæ tenerentur subici et obedire, inter predictum Stephanum et Emmam tunc temporis abbatissam hæc intercesserat pactio, quod si ad aliam religionem transire contigeret elemosinariam, ad solam Beatæ-Mariæ abbatiam transiret, in cujus feodo fundata erat.... (1).*

---

solidis de capitali censu quos Stephanus de Marchai pater ejus et Raginaldus de Voo avunculus ejus dederant.... dominus Philippus de Raimefort testimonio sui sigilli hoc scriptum confirmavit (n° XX, p. 112).

(1) Dom Housseau, t. XII, 2, n° 7959, Archives du Ronceray.

Etienne a conservé les fonctions de sénéchal jusqu'à la mort de Henri II.

Les dernières années du règne de ce prince furent affligées par des guerres implacables avec ses fils, guerres dans lesquelles se faisait sentir la main du Roi de France. Après une entrevue inutile entre les deux Rois à Montmirail sur la limite du Perche et du Maine aux octaves de la Pentecoste (4 juin) 1189, le Roi de France marche sur le Mans pour l'assiéger. Etienne de Tours voyant cette attaque fait mettre le feu aux faubourgs de la ville ; l'incendie se communique dans la ville ; les partisans de Henri II veulent couper le pont de pierre de construction romaine jeté sur la Sarthe au pied des murs du Mans. Après un combat sanglant l'armée de Philippe est victorieuse et entre dans le Mans pêle-mêle avec celle du Roi d'Angleterre qui n'a que le temps de fuir rapidement et de se réfugier à Chinon, où il meurt très peu de temps après accablé de chagrins le 6 ou le 7 juillet 1189 (1).

A peine les funérailles du Roi achevées, le comte Richard son fils qui n'est encore que comte de Poitou s'empare d'Etienne de Tours, le fait charger de fers, et se fait remettre par lui les châteaux et les trésors dont son père lui avait confié la garde. Benoit de Peterborough qui est d'accord avec Mathieu Paris (2) pour ra-

---

(1) Rogeri de Hoveden, Annalium pars posterior sub anno 1189, apud Scriptores rerum Anglicarum post Bedam, Ed. Savile, Francofurti, 1601, pag. 652, 653, 654.

(2) Ex Benedicti Petroburgensis vita Henrici II, sub anno 1189, Rec. des Hist. de France, t. XVIII, p. 490. Mathieu Paris, Historia Anglorum, seu Historia minor, t. II, p. 3, Ed. of the Master of the rolls, London, 1866 ; Chronica Majora, t. II, p. 346, même collection, London 1874.

conter cet acte de brutale avidité ajoute pour essayer de le justifier que malgré le défaut de noblesse d'Etienne, son fils avait épousé une fille noble d'Angleterre ; il les fit séparer et ordonna que la femme fût donnée à un autre mari, annonçant avec menaces qu'il annulerait de sa propre autorité, conformément aux lois de l'Angleterre, de pareilles unions *(contubernia)* contractées avec des non-nobles par des filles ou veuves nobles.

Le silence absolu de Mathieu Paris est de nature à jeter le plus grand doute sur l'exactitude du motif donné par Benoit de Peterborough. Cette violence qui paraît avoir été réservée au seul sénéchal d'Anjou et du Maine n'aurait-elle pas eu pour cause une rancune de date assez récente ? Les historiens de cette époque nous apprennent en effet qu'en 1188 après la pacification d'une révolte du Poitou et la prise du château de Taillebourg, Richard qui n'était encore que comte de Poitiers envahit le comté de Toulouse qu'il revendiquait comme lui revenant du côté de sa mère. Richard dut céder devant une expédition dirigée contre lui par le Roi de France qui s'emparait de quelques-unes de ses possessions du centre de la France. Mais une circonstance qui ne nous est révélée que par un des historiens anglais, Girard le Gallois (1), c'est qu'à la prière du comte de Saint-Gilles le Roi de France lui avait adressé des envoyés *(nuncios)* pour l'inviter à se désister de son entreprise. Le fait même de cet avertissement est confirmé par Guillaume le Breton dans sa Philippide (III, 38).

---

(1) Ex Silvestri Giraldi Cambrensis, de Instructione principis, Dist. III, vii ; Rec. des Hist. de France, t. XVIII, p. 145 E, 146 A.

Quem cum non posset monitis compescere, bello
Appetit.....

Girard y ajoute quelques détails qu'il importe de rapporter ici. En sa qualité de seigneur suzerain des deux
parties, et conformément à la pratique féodale, Philippe
les faisait inviter par ses envoyés à venir dans sa cour exposer leurs droits et demander la vengeance de leurs
injures.... *Jusque suum in curia Franciœ et injuriarum*
ultionem juste susciperet ex parte Regis nuntiantes. Le
comté de Toulouse, en outre, avait été compris dans
une trève précédente conclue entre Richard et son père
le roi d'Angleterre ; il y avait donc aussi infraction de
trèves ou de sauvegarde dont le seigneur suzerain pouvait faire venir la connaissance devant sa cour. Aux termes des coûtumes féodales consacrées par les plus anciennes coûtumes d'Anjou et du Maine, la citation devait
être donnée par deux pairs de la personne citée ou par
deux chevaliers, et ce furent les sénéchaux de Normandie
et d'Anjou auxquels cette mission fut confiée par le Roi
de France.... *Missi sunt etiam nuncii ab eodem Franco-*
rum Rege senescallis Normanniœ et Andegaviœ, quibus
mandavit quod vel comitem quantocius revocarent, vel de
treugis inter ipsum et Anglorum Regem firmatis de cetero
non confiderent. Ainsi voilà le certain message que le
seigneur devait envoyer à son homme de fief. Ce ne sont
pas des pairs de ce dernier, c'est-à-dire des hommes de
fief du même rang que lui relevant du même suzerain ;
mais ce sont des chevaliers auxquels on applique la règle
sans aucun doute en vigueur dès cette époque « sergent à
Roi est pair à Comte ». Aussi il me paraît absolument impossible de supposer un instant que Philippe-Auguste ait
confié une semblable mission à quelqu'un dont la no-

blesse aurait été simplement douteuse (1). Peut-être Etienne montra-t-il plus de vivacité et de véhémence dans l'accomplissement de sa mission que son collègue de Normandie ; c'est bien possible et cela suffit amplement pour expliquer les violences de Richard.

Le Cartulaire composé par M. Port renferme deux chartes d'Etienne *jadis scellées* (nº X et XI) ; s'il n'est pas possible d'en tirer un argument qui pourrait être décisif, on peut invoquer le témoignage de Dom Housseau (t. XXV, 1, fº 163) qui parle d'une sentence rendue par lui au profit de Saint-Mainbeuf d'Angers le 5 des ides de septembre 1185 : « cette sentence, dit-il, est scellée de son sceau auquel il est représenté à cheval avec un bonnet garni de plumes, tenant un oiseau sur le poing sans aucunes armes. »

En 1183 (Port, *op. c.*, nº VII, pag. 106) accord entre Emma abbesse du Ronceray et le sénéchal Etienne dont on proclame une fois de plus la qualité de fondateur de l'hôpital ou aumônerie ; il pourra en cette qualité y établir des prêtres, et on fixe les conditions dans lesquelles ils pourront y célébrer la messe, conditions auxquelles il ne pourra être dérogé .....*nisi causa necessitatis, vel adventus Stephani siniscalli et suorum heredum, vel alicujus nobilis et altœ personœ*....... Cet acte est fait avec une grande solennité, et parmi les personnes qui y comparaissent du côté du sénéchal nous remarquons outre son

---

(1) Mes coutumes d'Anjou et du Maine, B. 77, t. I, p. 107 ; C, 70 (coutume glosée), t. I, p. 292. Viollet, Etablissements de Saint-Louis, Liv. I, c. 72, t. II, p. 115 ; coutume de Touraine-Anjou, § 61, t. III, p. 39 ; notes, t. IV, p. 1, 2.

frère, Maurice de Craon et David de Châteaubriant. Il faut avouer qu'il est assez singulier d'accorder à un non-noble des privilèges honorifiques qu'on ne doit qu'aux personnes nobles et d'un rang élevé.

Dans la donation que Hugues vicomte de Châteaudun lui fait en récompense de ses services (Port, *op. c.*, n° VIII, pag. 107), le donateur y met cette condition qu'il viendra lui en faire hommage, et fera le service avec deux chevaliers pendant huit jours chaque année ....*ad hominium et ad servitium duorum militum per VIII dies semel in anno ad meam submonitionem*.... Cet acte est fait à Mondoubleau en présence de très nombreux témoins, entre autres *Richardus chamberlanus qui capam viridem Stephani siniscalli Andegavensis quando inde mihi fecit hominium habuit.*

Si enfin on rapproche de tous ces actes une mention de l'obituaire de la Haye qui reconnaît à Raynaud de Voo ou Vou la qualité de chevalier, *miles* (1), et un acte émanant de Philippe de Remefort qui y prend la même qualité, acte auquel M. Port (n° XV, pag. 110) attribue la date entre 1190 et 1195, je crois qu'il sera bien difficile d'admettre complètement sur la fin des fonctions du sénéchal Etienne le récit de Benoît de Peterborough, et de voir dans es actes de Richard autre chose qu'une avidité qui ne recule devant aucune violence pour se satisfaire.

La donation de Hugues de Châteaudun nous fait con-

---

(1) *XIX kal. februarii obiit Raginaldus de Voo, miles, qui pro salute et remedio animæ suæ et S. de Marsay, fratris sui, Andegavensis senescalci*.... Ms. de la Bibliothèque d'Angers cité par M. Marchegay, Bibl. de l'Ecole des Chartes, année 1875, p. 439, notes 2 et 3.

naître un parent (*cognatus*) qui se nomme Guionet. Une donation faite par Philippe de 1198 à 1200 (n° xxv, p. 113) à l'abbaye de Perseigne d'une rente sur ses moulins de Benais est faite pour le salut de son âme et de celle de sa femme Julienne ; voilà pour la famille.

Quant à son origine, elle me paraît être l'Anjou, le Maine, peut-être même la Touraine (1). En même temps qu'il confirme un droit sur le pont d'Angers, Philippe, son père et sa mère confirment tout ce qu'ils possédaient près de Moliherne...*de hoc quod ipse, et mater mea, et ego possidebamus apud Rochetas et in Racineto sito juxta Molihernam et in Fontanis Borrelli....* Les gardes qu'il doit de deux chevaliers pendant huit jours chaque année sont dues à Saint-Calais ou à Mondoubleau. Les ix sols de cens donnés par Etienne et par son frère Rainaud de Voo et confirmés par Philippe étaient situés à Aigrefain. C'est sur les moulins de Benais qu'est assise la rente donnée à l'abbaye de Perseigne. Rainaud de Voo avait un fief à Pruniers, et Etienne un fief à Saint-Léonard duquel dépendaient des vignes sur lesquelles un nommé Guillaume donne une garantie pour des engagements pris par un nommé Burellus (n° x, pag. 108, col. 2). Il me semble difficile d'admettre en voyant la situation de toutes ces choses données, que le chef de la famille qui les donnait ne soit pas originaire du pays, et que ce fût un Anglais venu avec Henri II : un étranger nouvellement fixé dans le pays n'aurait sans doute pas eu le temps de réunir

---

(1) Marchegay, *l. c.* Vou est situé aux environs de Loches. Marçai ou Marçay est une commune du canton de Richelieu (Indre-et Loire) dont est actuellement (1889) maire mon ami et ancien collègue M. d'Espinay.

dans sa famille assez de biens pour permettre de faire des donations aussi considérables que celles qu'on vient de voir, et d'ailleurs la donation importante d'Hugues de Châteaudun en rappelant les services rendus à son père se reporte par cette seule indication à une date assez reculée pour qu'on puisse en conclure que celui qui les avait rendus n'était pas un noùvel arrivant dans le pays.

14. *Paganus de Rupeforti.*
Payen ou Péan de Rochefort.

Si l'on devait s'en rapporter à un acte dont la copie est conservée aux archives de la Sarthe (1), Payen de Rochefort aurait été appelé par Henri II de son vivant aux fonctions de sénéchal d'Anjou et du Maine. Cet acte est un mandement adressé par le Roi d'Angleterre comte d'Anjou à Guillaume de Sillé pour qu'il fasse rendre aux chanoines de Saint-Pierre-de-la-Cour la terre de Rouessé (*de Rosseio*) qui avait été usurpée sur eux ; *et nisi feceris*, ajoute-t-il, *Paganus senescallus meus faciat.*

Les historiens anglais que je viens de citer attribuent jusqu'au dernier moment la qualité de sénéchal d'Anjou à Etienne ; il l'a été jusqu'après les funérailles de Henri II, puisque c'est au retour de ces funérailles qui eurent lieu à Fontevrault que Richard se livra aux scènes de pillage et de violences qu'ils nous ont rapportées ; le copiste de la charte que je viens de citer a bien pu pren-

_____

(1) G. 479, p. 252.

dre un R majuscule pour un H, et attribuer à Henri un acte de Richard. La nomination de Payen de Rochefort aux fonctions de sénéchal doit donc être de la fin de juillet 1189 ou être de très peu postérieure.

Nous le trouvons le 2 février suivant l'un des témoins de la confirmation par Richard de la fondation de la Chartreuse du Liget (1) ; et le 8 avril témoin de la confirmation des donations faites par les comtes Foulques et Geofroi à l'abbaye du Loroux (2).

Cette même année 1190, sans que le jour soit indiqué, il rend conjointement avec la Reine Aliénor un jugement entre Fontevrault et le prévôt (*prœtor*) de Saumur qui prétendait percevoir des droits sur le marché au blé de Saumur ; ces droits furent reconnus appartenir à Fontevrault (3).

Le 20 juin 1190, à Chinon, Payen de Rochefort est témoin de la confirmation par le Roi Richard de donations faites par Henri II à Richard du Hommet ; et le 26 du même mois de la confirmation de la dignité de connétable de Normandie à Guillaume du Hommet, fils de Richard, à qui Henri II l'avait donnée (4).

Il intervient aussi à plusieurs autres actes qu'il est inutile de rappeler, le dernier est un acte postérieur à

---

(1) Dom Housseau, t. XII, 1, n° 6216, extr. d'un ms. intitulé *Antiqua Carlusiœ Ligeti monumenta*.

(2) Dom Housseau, t. V, n° 2051, Arch. de l'abbaye du Loroux. Arch. Nat. P 1334⁵, f° 95 v°.

(3) Cartul. de Fontevrault, t. I, p. 78, coll. Gaignières, Bibl. Nat. Lat. 5480.

(4) Dom Housseau, t. XIV, f° 285. Cartulaire F de Philippe-Auguste, f° 176 v°, Bibl. Nat. Lat. 9778. Martene, Amplissima collectio, t. I, p. 990.

1195 constatant qu'en sa présence Guillaume Croslebois renonce au droit qu'il prétendait de prendre la taille sur les hommes de Saint-Serge dans plusieurs endroits (1).

Il avait un frère nommé Olivier qui figure comme témoin à un accord entre l'aumônerie Saint-Jean d'Angers et André Terretient au sujet de terres (2) ; cet accord se place entre 1189 et 1195, sans que la date en soit autrement déterminée.

Payen de Rochefort embrassa le parti du Roi d'Angleterre dans les guerres qui suivirent le meurtre d'Artur.

15. *Robertus de Turneham,*
Robert de Turnham.

Celui-là était Anglais d'origine et appartenait à une famille considérable. Il avait accompagné Richard à la Croisade ; il commanda au mois d'avril 1191 une partie de l'armée navale et contribua puissamment à la manœuvre qui amena la défaite complète d'Isaac Comnène qui s'était déclaré Empereur de Chypre, et par suite la conquête de l'île. Les garnisons ennemies se soumirent presque toutes, Isaac fut fait prisonnier, et Robert de Turnham fut désigné par le Roi avec Richard de Camville pour veiller à la garde de l'île. Ce dernier accompagna son souverain au siège de Saint-Jean-d'Acre où il mourut en

---

(1) Cartulaire de Saint-Serge, p. 190, coll. Gaignières, Bibl. Nat. Lat. 5446.

(2) C. Port, Cartul. de l'Hôpital Saint-Jean d'Angers, nº XVII, p. 110.

juin suivant. Robert de Turnham resté seul dans l'île de Chypre eut à combattre une insurrection à la tête de laquelle s'était mis un moine de la famille de l'Empereur à ce .qu'on disait. Cette insurrection fut complètement réprimée, et Robert resta dans l'île en qualité de justicier jusqu'au moment où il accompagna le Roi Richard à son retour en Europe. Fait prisonnier en même temps que lui, il fut chargé par son souverain de· rapporter en Angleterre ses équipements ..... *venit Lundonias Robertus de Turnham familiaris regius missus ab eo cum hernasio suo in Anglia* (1194) (1).

A la même époque il fut chargé par le Roi, conjointement avec Gauthier archevêque de Rouen et Savary évêque de Bath de demander à l'Empereur Henri de vouloir bien laisser son neveu Othon faire la guerre avec lui (2). Richard ayant été mis en liberté dans les derniers jours de janvier ou les premiers de février 1194, il en résulte que cette mission lui fut donnée pendant la captivité du Roi, et que probablement les pourparlers qui eurent lieu à ce sujet ont fait partie des négociations relatives à sa mise en liberté.

C'est dans le courant de l'année 1196 qu'il remplaça Payen de Rochefort. Il est mentionné comme témoin dans les lettres de la Reine Alienor (3) de cette même année,

---

(1) Roger de Hoveden, I. c. pag. 691, 694, 725.; Benedictus Petroburgensis, l. c. pag. 519, 521 ; Ex Guillelmi Neubrigensis, de Rebus Anglicis, lib. IV, cap. V ; Rec. des Hist. de Fr., t. XVIII, p. 40, 41, 43.

(2) Ex Radulfi de Diceto de Imaginibus historiarum, Recueil des Hist. de France, t. XVII, p. 647.

(3) Gallia Christiana vetus, t. IV, p. 419.

constatant la donation faite par Marie de Maillé à Fontevrault de tout ce qu'elle avait dans les paroisses de Torchan et de Perronay.

Le 12 août 1197 il est témoin de la donation faite par Richard à l'abbaye de Marmoutier de 3000 sols à prendre sur le péage d'Angers, *in theloneo Andegavensi*, et il donne des lettres pour l'exécution de cet acte (1).

Le 17 octobre suivant, avec Guillaume des Roches et Guillaume du Hommet connétable de Normandie, il est l'un des témoins de l'échange d'Andely entre le Roi Richard et Gauthier archevêque de Rouen (2).

En 1198 il eut pour son propre compte en Angleterre un procès à soutenir contre Philippe évêque de Durham (*Dunelmensis*) au sujet du manoir de Cliff que l'évêque prétendait être tenu de lui, et que Robert prétendait devoir avoir *in demenio*. Le serment de douze *homines legales* repoussa les prétentions de l'évêque (3) qui d'après l'historien avaient quelque apparence de fondement. Cette décision fut sans doute rendue aux assises d'York, car il ajoute cette mention : *facta autem hœc sunt coram Hugone Bardulphi et magistro Rogeri Harundel et Gaufrido Haget tunc temporis plácitorum coronœ Regis apud Eboracum justiciariis.*

---

(1) Dom Housseau, t. V, nᵒˢ 2015, 2016, 2100 et 2100 *bis*, Arch. de Marmoutier, layette de Carbay : Marchegay, Arch. d'Anjou, t. II, p. 13 et 14.

(2) Roger de Hoveden, Annalium pars posterior, Rec. des Hist. de France, t. XVII, p. 582. Rymer, Fœdera, t. I, part. I, p. 31.

(3) Roger de Hoveden, Annalium pars posterior, Richardus, apud Scriptores rerum Anglicarum post Bedam, Ed. Savile, pag. 786.

A la même époque il est chargé encore par le Roi Richard de faire une enquête sur l'élection d'un abbé de Noyers, et il fait approuver par le Roi le résultat de son enquête (1). Il s'agit évidemment dans cet acte de l'élection d'Eudes d'Azay qui a remplacé Henri mort le 19 novembre 1198 après avoir gouverné 28 ans l'abbaye ; Richard étant mort le 6 avril 1199 (n. s.), la date de cet acte se place nécessairement dans cet intervalle.

La mort de Richard fut le signal d'une nouvelle reprise de ces guerres terribles qui ont ensanglanté l'Ouest de la France pendant les dernières années de Henri II, et qui ne cessèrent que par la chûte complète de la domination anglaise dans la Normandie, l'Anjou et le Maine après que ces pays eurent été occupés par Philippe-Auguste.

Robert était encore sénéchal le 21 avril 1199 (Pasques le 18 avril) ; il est ce jour-là témoin de la donation de l'étang de Langeais faite à l'abbaye de Turpenay par la Reine Aliénor et le Roi Jean pour le repos de l'âme de Richard (2). Au mois de mai, le comte Artur le remplaça par Guillaume des Roches. Ce remplacement ne fut pas accepté de suite par le Roi Jean qui ne reconnut des Roches en qualité de sénéchal qu'à la fin de décembre. C'est dans les pages qui vont suivre, consacrées à Guillaume des Roches, qu'on trouvera quelques détails sur les événements auxquels prirent part Payen de Rochefort et Robert de Turnham.

---

(1) Dom Housseau, t. XII, 2, n° 7153 ; ex Martyrologio Nuchariense.

(2) Dom Housseau, t. V, n° 2115.

16. *Guillelmus, Guillermus, Willelmus,*
Willermus de Rupibus, quelquefois mais rarement
de Rupe (1).

Guillaume des Roches.

D'après Ménard cité par Dom Housseau, Guillaume
des Roches aurait été un cadet de la famille des Roches-
Corbon en Touraine (2). Dom Housseau n'est pas aussi
affirmatif et pense même qu'il était Angevin. Ce qui est
certain c'est que son père s'appelait Baudouin et son
ayeul Herbert, que les quelques biens patrimoniaux qu'il
possédait étaient à Château-du-Loir ou aux environs (3),

---

(1) La biographie de Guillaume des Roches jusqu'à l'année
1204 a été l'objet d'un travail des plus considérables de M. Gas-
ton Dubois publié dans la *Bibliothèque de l'école des chartes*
en trois parties : la première, volume de 1869, pages 377 à 424 ;
la seconde, volume de 1871, pages 88 à 145; la troisième, volume
de 1873, pages 504 à 541 ; c'est à ce travail que j'ai emprunté
une grande partie des détails qui vont suivre. Mais, pour éviter des citations trop longues, j'en désignerai chacune des parties par un numéro d'ordre suivi du numéro de la page ; ainsi
III, 522, signifie que je renvoie à la troisième partie publiée
dans le volume de 1873, et ainsi des autres renvois.

(2) Dom Housseau, t. XXV, I, fᵒ 164 vᵒ.

(3) *Guillelmus de Rupibus senescallus Andegavensis dat*
monachis de Persenia pro anima sua et Margaritæ uxoris
suæ sexaginta solidos Turonenses in censibus de Castro-
Lidi qui fuerunt Herberti de Rupibus patris Balduini de Rupi-
bus patris sui, actum anno 1215... Registre de la chambre des
comptes de Paris cité par Dom Housseau, t. XVIII, fᵒ 291.
Dans un titre de Marmoutier de 1203 (cité *eod*) ...*quod Bal-*
duinus de Rupibus nepos meus dedit abbatiæ de Buxeria et

que c'est là que paraît avoir été sa résidence principale, et que c'est à côté de Château-du-Loir, dans l'abbaye de Bonlieu fondée ou restaurée par ses soins qu'il avait choisi le lieu de sa sépulture ; je pense donc qu'on doit le considérer comme originaire du Maine. Il est certain encore que c'était un cadet de sa maison, ou au moins issu d'une branche cadette comme il paraît par le lambel de ses armes (1). La date de sa naissance est inconnue. Par d'ingénieux rapprochements M. G. Dubois la place entre 1035 et 1060, ce qui est assez vraisemblable. Il avait été marié une première fois, mais ce premier mariage n'avait pas été de longue durée (2). Son grand mérite l'avait fait distinguer par le baron de Sablé qui vers 1189 ou 1190 lui donna sa fille Marguerite en mariage : « Guillaume des Roces qui boins chevaliers estoit, nes iert d'Anjo, povres bacelers ot esté ; mais par sa proece avoit il à feme la dame de Sabluel, par coi il estoit riches ber » (3). Ce mariage le mettait au nombre des plus puissants seigneurs de l'Anjou et du Maine ; Marguerite de Sablé lui apportait en mariage Sablé, Louppelande et La Suze dans le Maine, Precigné, Briolay et Brion en Anjou. Peu de temps après son mariage nous le trouvons l'un des commissaires chargés de né-

---

monachis medietariam de Prena quod apud Castrum-Ledi habebam, et quicquid hereditalis ex parte matris ibi contingebat.

(1) Sceau de la déclaration d'août 1204, Arch. Nat. J 179, Craon n° 1. Douet d'Arcq, inventaire des sceaux, p. 308. D. Gueranger, Cartulaire de la Couture et de Solesmes, p. 155.

(2) G. Dubois, I, 378 et suiv.

(3) Histoire des ducs de Normandie et des Rois d'Angleterre, Ed. Francisque Michel, p. 93.

gocier et de rédiger le traité conclu à Mantes le 8 juillet
1193 entre le Roi Richard et Philippe-Auguste, et il y
apposa son sceau avec trois autres commissaires *per
præceptum Regis Angliæ domini nostri*, c'était en effet
son vassal à cette époque (1).

Le 17 octobre 1197 il est avec Robert de Turnham sénéchal d'Anjou et Guillaume du Hommet l'un des témoins de l'échange des Andelys entre Richard et l'archevêque de Rouen (2). Et le 19 février 1199, la 10e année
de Richard, encore avec Robert de Turnham l'un des témoins d'une donation de cent sous sur le péage de Baugé faite par le Roi au prieuré des Loges appartenant à
Fontevrault (3). Les événements postérieurs le portèrent
au premier rang, il ne fut jamais au-dessous de la situation qu'ils lui firent.

Richard mort le 6 avril 1199 n'avait pas d'enfants. De
ses deux frères, Geofroi duc de Bretagne par sa femme
Constance, et Jean comte de Mortain, il ne restait plus
que ce dernier ; Geofroi l'aîné de Jean était mort en 1186
laissant Constance enceinte, et qui accoucha le 29 mars
1187 d'un fils auquel on donna le nom d'Artur (4). Ce
jeune prince, encore enfant en 1199, arrivait à la succes-

---

(1) Roger de Hoveden, Annal. apud Scrip. rer. Anglic. Ed.
Savile, p. 729; Dumont, Corps diplomatique, t. I, part. I, p. 380;
Rymer, Fœdera etc., t. I, part. 1, p. 26.

(2) Rymer, Fœdera etc., t. I, part. I, p. 31.

(3) Cartul. de Fontevrault, coll. Gaignières, t. I, p. 229 ; Bibl.
Nat. Lat. 5480.

(4) J'adopte l'orthographe de la plupart des documents contemporains, et notamment d'une charte originale du 17 avril
1199 scellée, Arch. Nat. J 178, n° 1.

sion de l'Anjou et du Maine par représentation de son
père d'après les coûtumes d'Anjou et du Maine ; et son
droit était considéré comme tellement certain que sous
l'influence de Guillaume des Roches il se forma sur le
champ en sa faveur un parti considérable des seigneurs
de la Bretagne, de l'Anjou, du Maine et de la Touraine
qui le reconnurent comme leur seigneur lige, « *dicentes
judicium et consuetudinem terrarum illarum esse quod
filius fratris senioris debet ei succedere in patrimonio sibi
debito, videlicet in hereditate quam Gaufridus comes Britanniæ pater ipsius Arturi esset habiturus si supervixis-
set Richardum Regem Angliæ fratrem suum.... »* (1).

Le principe de représentation ainsi posé pouvait suffire
s'il s'était agi de la succession d'un des barons du pays ;
mais comme il s'agissait de la succession du souverain,
il était nécessaire que la force vint à son aide.

Un neveu de Robert de Turnham du prénom de Thomas livrait le jour de Pasques (18 avril 1199) le château
et la ville d'Angers à Artur et à Guillaume des Roches
qui s'emparaient aussi du Mans. Pendant ce temps
Jean s'emparait de Chinon et du trésor de Richard,
se rendait à Beaufort où il se trouvait le même jour
qu'Artur entrait dans Angers, de là se rendait à Rouen
pour se faire proclamer duc de Normandie, et en passant
par Le Mans il s'emparait de la ville dont il démolissait
les murs et le château, et emmenait prisonniers un certain nombre d'habitants pour les punir d'avoir reconnu
Artur pour leur souverain contrairement à la fidélité
qu'ils lui avaient promise (2).

---

(1) Roger de Hoveden, *l. c.* p. 792.
(2) Roger de Hoveden, Ed. Savile, pag. 792 ; je crois qu'il ne

En reconnaissance des services qu'il venait de lui rendre, Artur donnait en fief et héritage à Guillaume des
Roches et à ses héritiers la sénéchaussée d'Anjou et du
Maine, Mayet et ses dépendances, la forêt de Bersay et
ses dépendances. Le Roi de France dont la main se retrouve à chaque instant dans les affaires de l'Ouest de la
France qu'il convoitait depuis longtemps, confirmait en
les reproduisant les lettres de donation d'Artur par lettres
datées de Montlandon du mois de mai 1199 (1).

Non content d'affirmer ainsi ses droits de suzeraineté
sur l'Anjou et le Maine, Philippe-Auguste envahit la Normandie jusqu'à Evreux, et s'avance jusqu'au Mans où il
reçoit d'Artur qui était venu à sa rencontre l'hommage
du Maine, de l'Anjou et de la Touraine ; puis il se rend à
Tours où il reçoit l'hommage de la Reine Alienor pour le
Poitou, pendant qu'Artur était solennellement installé
en qualité de chanoine de Saint-Martin (23 mai) (2).

Forcé de quitter Tours par une invasion de Poitevins
partisans à ce moment de Jean, il retourne précipitamment au Mans avec sa mère la comtesse Constance. Peut-
être est-ce à Tours qu'elle l'avait confié à la garde de Phi-

peut y avoir aucun doute sur ces premiers faits, car il ne donne
à Jean que le titre de comte de Mortain, c'est seulement après
son couronnement qui eut lieu le jour de l'Ascension (27 mai)
que Jean prend le titre de Roi d'Angleterre. Le récit de Roger
de Hoveden est reproduit par Mathieu Paris, Historia Anglorum, t. II, p. 78, Ed. Londres 1866 ; Chronica Majora, t. II, p.
452-454, Ed. Londres 1877.

(1) Cartulaire de Philippe-Auguste, Arch. Nat. JJ 7 et 8, 8 f° 75
r° col. 2 etc. ; G. Dubois, I, 398 et suiv.

(2) Rigord, de Gestis Phil. Aug. § 127 et suiv. Guillaume le
Breton, § 101. Chron. Turonense magnum, Ed. Salmon, p. 145.

lippe, ce qui est certain, c'est qu'au mois de juin il était
encore au Mans (1), et que c'est le 25 juillet seulement
qu'il fut emmené par le Roi de France à Paris.

Aussitôt après son couronnement Jean revenait en Normandie. Après le 15 août il avait eu avec le Roi de France
entre Boutavant et Gaillon une entrevue demeurée sans
résultat à cause des prétentions exagérées de Philippe.
Non content en effet de réclamer pour Artur le Poitou,
l'Anjou, le Maine, la Touraine et la Normandie, il réclamait pour lui-même le Vexin tout entier qu'il prétendait
avoir été donné au Roi Louis-le-Gros par Henri II en ré-
munération des secours qu'il lui avait donnés dans la
guerre qu'il eut à soutenir contre le Roi Étienne (2).

Si le Roi de France était exigeant, le Roi d'Angleterre
était d'une insigne mauvaise foi, car le 18 août 1199 aux
Andelys intervenait entre lui et Rainaud comte de Boulogne un traité par lequel il s'engageait à ne pas faire la
paix avec le Roi de France sans le consentement dudit
comte de Boulogne (3).

___

(1) Confirmation de donations à l'abbaye de Perseigne, Arch.
de la Sarthe $\frac{H-75}{2}$, n° 10 ; Cartul. de Perseigne, p. 29, coll. Gaignières ; Bibl. Nat. Lat. 5474. G. Dubois, I, 404.

(2) Roger de Hoveden, p. 795, Ed. Savile ; Math. Paris, Historia Anglorum, t. II, p. 82. Chronica majora, t. II, p. 496.

(3) *Rotuli Chartarum...* p. 30*b*. Dès cette époque Jean par-
ticipait à la coalition contre le Roi de France, coalition qui ne
fut dissoute que quatorze ans plus tard par la victoire de Bouvines. Au moment même de l'entrevue avec le Roi de France,
Jean traitait avec le comte de Flandre qui était venu à Rouen
et avec plusieurs seigneurs français qui renouvelaient avec
lui l'alliance qu'ils avaient contractée avec Richard contre le
Roi de France, et ils se donnaient réciproquement des sûretés
avant de se retirer chacun chez soi. En même temps l'empe-

Peu de temps après par un acte daté d'Auvers-le-Hamon 18 septembre, il chargeait Guillaume des Roches qui était resté à la tête des chevaliers d'Artur de se réunir à ceux qu'il voudrait choisir de bonne foi soit parmi eux, soit parmi ceux d'Angleterre pour faire entre lui et son neveu Artur un traité de paix à l'honneur et à l'avantage de chacune des parties (1).

Immédiatement après, le 22 septembre, le Roi Jean entrait sans difficulté dans le Mans (2). Pendant ce temps Philippe après avoir pris Conches s'avançait vers le Maine, s'emparait au commencement d'octobre de Ballon, à quatre lieues à peine au nord du Mans, et mettait le siège devant le château de Lavardin ou Laverdin entre Ballon et Le Mans (3). En apprenant l'arrivée de Jean il lève le

---

reur Othon, se souvenant qu'il devait en grande partie son élévation au Roi Richard, fit dire à Jean de retarder tout accord amiable avec le Roi de France parce que, avec la volonté de Dieu, il pourrait lui fournir des secours tels qu'il convenait à la dignité impériale d'en donner ...*succursum sibi talem providebit qualem imperialem decet celsitudinem providere ;* Math. Paris, Chronica majora, t. II, p. 456, 458.

(1) *Rotuli Chartarum*, eod.

(2) Les événements qui suivent et que Roger de Hoveden place au mois d'octobre (*l. c.* p. 795) se sont passés dans un si court espace de temps qu'il faut pour les comprendre suivre l'itinéraire du Roi Jean donné par M. Duffus Hardy en tête des *Rotuli litterarum patentium.* Jean était au Mans les 22 et 23 septembre, à Chinon du 23 au 26, revient le 27 au Mans où il se trouve encore le 30 septembre. Le 6 octobre il est à Saumur, du 8 au 11 il est au Mans qu'il quitte pour la Normandie où il reste jusqu'à la fin du mois.

(3) Il ne peut pas s'agir de Lavardin près Montoire dans le Vendomois qui est à 14 ou 15 lieues du Mans en ligne droite et à la même distance de Ballon, dans la direction de Ven-

siège de Lavardin se rend au Mans, puis se sentant trop près des forces du Roi d'Angleterre il se retire du Maine qu'il abandonne définitivement. Tous ces événements ont dû se passer du 1ᵉʳ au 8 octobre. Nous venons de voir qu'au mois d'avril précédent Jean avait détruit les fortifications du Mans, c'est ce qui explique les occupations successives et si faciles de cette ville.

Guillaume des Roches se trouvait encore au Mans le 29 septembre (1) très probablement pour négocier les termes de l'accommodement entre Artur et le Roi Jean. Bien qu'il n'eût pour ainsi dire pas quitté celui-ci, il était toujours à la tête des chevaliers d'Artur (2) et en exécution de conventions antérieures il avait rejoint l'armée de Philippe dont il était l'auxiliaire à la prise de Ballon. Philippe n'ayant pas de forces suffisantes pour garder cette place en ordonna la destruction, ce dont Guillaume lui avait adressé de vifs reproches parce que ce n'étaient pas là les conventions intervenues entre lui et Artur, « *plurimum increpavit Regem Franciæ dicens quod* ita non con-

---

dôme, c'est-à-dire dans une direction opposée à celle que devait suivre l'armée de Jean pour venir attaquer Philippe. Les mouvements d'armées très peu considérables étaient dans ce temps-là beaucoup plus rapides qu'on ne serait disposé à le croire ; mais alors comme aujourd'hui ces mouvements étaient déterminés par la géographie des pays où ils avaient lieu.

On trouve dans le dictionnaire d'Expilly : « LAVARDIN, marquisat situé près Mézières, élection du Mans. Erigé en faveur du maréchal de Lavardin du nom de Beaumanoir à qui il appartenait. La paroisse contient 69 feux ».

(1) *Rotuli chartarum...* p. 23ᵇ. Confirmation d'une donation à des religieux de l'ordre de Cluny.

(2) *Princeps exercitus Arturi*, Roger de Hoveden, Ed. Savile, p. 795.

venerat inter illum et dominum suum Arturum » ; à quoi
le Roi de France répondit que les intérêts d'Artur (1) ne
l'empêcheraient pas de faire ce qu'il voudrait de ses con-
quêtes. Des Roches avait pu soustraire habilement Artur
à la garde de Philippe qui, en se retirant devant les forces
de Jean lui avait conjointement avec Artur confié la garde
de cette ville ; mais au moment où Jean se présentait devant le Mans, Guillaume lui livrait la ville, et par ses soins
la paix était conclue entre l'oncle et le neveu, *pacificavit
eum cum Johanne Rege.*

En agissant ainsi Guillaume abandonnait la cause du
Roi de France. La réponse que celui-ci lui avait faite après
la destruction de Ballon lui prouvait qu'il entendait rester
le maître quel que fût le seigneur de l'Anjou et du Maine.
Guillaume espérait-il conserver une plus grande indépendance entre un jeune homme encore enfant qui lui aurait
dû tout, et un souverain dont la capacité et l'intelligence
étaient bien inférieures à celles du Roi de France, et qui
par la constitution géographique de ses Etats se trouvait
obligé à faire des séjours fréquents et prolongés à une
grande distance de l'Anjou et du Maine, soit sur le continent, soit surtout de l'autre côté de la mer. Les événements se sont précipités avec une telle rapidité pendant
les premiers jours de ce mois d'octobre qu'on peut supposer que Guillaume, tout en ménageant sa situation personnelle, pensait agir dans les intérêts d'Artur son souverain immédiat.

---

(1) Roger de Hoveden, Ed. Savile, *l. c.* p. 795. Je pense que
c'est ce que Roger de Hoveden a voulu dire en se servant de
l'expression *propter Arturum.*

Le Roi Jean aurait pu très probablement se passer de l'intervention de Guillaume et d'Artur pour reprendre possession du Mans. A peine entré dans la ville, il faisait venir de force (*coactus*) le vicomte de Thouars dont la fidélité lui était devenue suspecte, et lui enlevait la garde du château de Chinon qu'il confiait au connétable de Chester Roger de Lacy, et la sénéchaussée d'Anjou qu'il lui avait donnée peu auparavant. En même temps Artur était prévenu (Mathieu Paris qui rapporte le fait ne dit pas par qui) que Jean voulait le faire prisonnier : dans la nuit avec sa mère Constance, le vicomte de Thouars et un certain nombre de seigneurs qui abandonnaient le parti du Roi d'Angleterre, il s'enfuit et se réfugie à Angers (1). Le Roi Jean ne paraît avoir poursuivi les fugitifs, il marchait dans la direction opposée, était le 12 octobre à Verneuil et le 24 à Château-Gaillard. Il semble avoir consenti tacitement à laisser à Artur la possession paisible d'Angers et de l'Anjou (2), bien que

---

(1) Donation faite dans le courant d'octobre à l'Hôtel-Dieu-Saint-Jean ; Port, Cartulaire de l'Hôpital Saint-Jean d'Angers, p. 112. Cette donation est postérieure au mariage de Constance avec Guy de Thouars car il y prend le titre dè comte de Bretagne. Ce mariage eut donc lieu immédiatement après la fuite du Mans, et on peut alors en fixer approximativement la date du 15 au 20 octobre 1199. La donation est donc de la fin d'octobre.

(2) En novembre 1199, Jean se rend de Normandie en Poitou en passant par Alençon et La Flèche. En décembre il revient en Normandie en passant par Chinon et par Vire et y passe tout son temps jusqu'à son départ pour l'Angleterre, le 27 février 1200 il était à Portsmouth ; le 2 mai suivant il était de retour à Valognes.

ce soit dans le courant de l'hiver 1199-1200 qu'on doive placer la dévastation d'Angers par la Reine Alienor et les routiers de Mercadier en punition de ce que la ville avait accueilli Artur (1).

Quant à Guillaume des Roches qui était au Mans au moment de la fuite d'Artur et de sa mère (2) il resta attaché au parti du Roi Jean, et on peut presque dire à sa personne (3). Ce n'est cependant qu'à la fin de décembre 1199 qu'il lui reconnaît expressément la qualité de sénéchal d'Anjou (4); et à partir de ce moment, cette qualité lui est constamment reconnue dans les actes du Roi d'Angleterre, soit qu'il y intervienne comme té-

---

(1) Roger de Hoveden, p. 792 ; Math. Paris, Historia Anglorum, t. II, p. 78 ; Chronica majora. t. II, p. 452-454; G. Dubois II, p. 93, 94. Mercadier fut assassiné à Bordeaux le 10 avril 1200 ; cela permet de fixer son attaque et son occupation d'Angers au plus tard au mois de février.

(2) Cela ne résulte pas seulement du témoignage de Roger de Hoveden et de Mathieu Paris ; sa présence au Mans est constatée par la donation de la terre de Surgeres à Guillaume Maengo ....*Hæc carta facta fuit.... VIII die octobris coram ipso Rege et Hugone de Gornaco, et Willelmo de Rupibus, et Gaufrido de Cella, et ex speciali mandato domini Regis sigillata fuit... Rotuli chartarum...* p. 25.

(3) 26 décembre 1199 à Caen, deux chartes de concessions à des bourgeois de Leycester, *Eod.,* p. 32.

(4) Acte du lendemain 27 décembre à Caen ; le Roi Jean lui accorde le droit d'avoir à Agon (près Coutances) un marché hebdomadaire et une foire annuelle ...*dilecto et fideli nostro Willelmo de Rupibus senescallo Andegavensi... Eod.,* p. 34. Les Anglais faisaient commencer l'année à Noël, la date de ces actes dans les *Rotuli chartarum* est des 26 et 27 décembre 1200.

moin (1), soit que ces actes lui confèrent diverses missions (2).

Il semble résulter de ce qui précède que, tant qu'Aimery de Thouars a conservé ses fonctions de sénéchal, c'est-à-dire jusqu'au commencement d'octobre 1199, il y a eu deux sénéchaux en Anjou, Aimery de Thouars sénéchal du Roi qui ne conserva ses fonctions que peu de mois, et Guillaume des Roches sénéchal du comte contre lequel Jean paraît n'avoir dès l'origine témoigné aucune animosité, bien que le soulèvement en faveur d'Artur, l'acceptation des fonctions de sénéchal et la confirmation dans ces

---

(1) A. 30 janvier 1200, à Bures, témoin de la confirmation d'une donation à Guillaume de Fougères (de Fougeriis), *Rotuli chartarum*... p. 34.

B. 16 juin 1200, à Chinon, témoin de la donation faite par Jean à Guillaume de Briwerre de maisons et vignes à Angers ayant appartenu à Etienne de Marthay, *Eod.*, p. 71 *b*.

C. 21 juin 1200, à Angers, témoin de la donation à Pierre de Préaux (de Pratellis) des îles de Jersey, Guernesey et Aurigny... *Eod.*, p. 70 *b* et 71 ; *Rotuli litterarum clausarum*... p. 516.

(2) A. Commencement de février 1200, chargé d'exécuter des instructions qui lui sont transmises au sujet de châteaux forts par Guérin de Glapion sénéchal de Normandie ...*Rotuli chartarum*... p. 59 *b*.

B. 22 février 1200, envoyé en mission avec Geofroi de Celle, sénéchal de Poitou auprès de l'archevêque de Bordeaux, des évêques, abbés, et de ses féaux du Poitou, *Eod.*

C. Commencement de mars 1200, chargé de faire avoir à Bovin ou Boivin la possession entière, *plenariam saisinam* d'une maison ayant appartenu à un nommé Joscey et qui lui avait été donnée, *Eod.* p. 60.

D. 10 juin 1200, à La Flèche, chargé de veiller à l'exécution d'une quittance donnée par le Roi Jean et les juifs du Roi à Château-Gontier d'engagements garantis sur le château et la terre de Château-Gontier ; le Roi lui donne la qualité de *Senescallus noster*... *Eod.* p. 70.

fonctions par Philippe-Auguste pussent être considérées comme une rébellion et une félonie. A partir de la révocation d'Aimery de Thouars, Guillaume est reconnu tacitement d'abord, expressément ensuite par le Roi Jean comme sénéchal, et enfin le 24 juin 1200, par lettres datées de Chinon, il lui confère la sénéchaussée d'Anjou, Maine et Touraine pour lui et ses héritiers, la forêt de Bersay et Mayet dans les mêmes termes que les lettres du Roi de France de l'année précédente, et il reçoit son hommage lige de tout ce qu'il vient de lui donner, en même temps que de la baronnie de Sablé (1).

Aussitôt après le retour de Jean en Normandie un nouveau rapprochement entre les deux Rois eut lieu aux environs de Vernon. Par traité conclu au Goulet (entre Vernon et les Andelys) le 22 mai 1200, le Roi de France rendait au Roi d'Angleterre Evreux et tout le comté avec toutes les terres et seigneuries qu'il avait prises pendant la guerre, et que le Roi Jean donnait en dot à sa nièce Blanche (de Castille) qui épousait Louis fils du Roi de France ; à raison de cette donation et des fiefs de la Bretagne que le Roi Philippe lui abandonnait, il payait à titre de rachat 20,000 marcs sterling (à raison de 13 sols et 4 deniers pour marc). Le Roi Jean recevait l'hommage d'Artur pour la Bretagne qu'il devait tenir de lui ; Jean en qualité d'héritier légitime, *sicut rectus heres* se reconnaissait vassal du Roi de France pour tous ses fiefs comme son père et le Roi Richard son frère les avait tenus, et sous les obligations que doivent tous fiefs, *sicut feoda debent.* Les droits d'Artur sur les fiefs et sur le domaine

---

(1) *Rotuli chartarum...* p. 72.

de la Bretagne ne pouvaient être diminués qu'en vertu d'un jugement de la cour du Roi Jean son nouveau suze-rain (1).

Artur qui probablement depuis quelque temps avait rejoint le Roi de France restait auprès de lui par crainte de son oncle, *adhuc timens sibi remansit in custodia Regis Francorum* (2).

Jean reprit possession sans difficulté de l'Anjou et du Maine ; le 8 juin 1200 il était rentré au Mans, le 18 à Angers, il prenait le titre de comte d'Anjou (3), et le 30 août suivant, à Chinon, assignait le douaire de sa femme sur plusieurs villes et seigneuries de l'Anjou et du Maine (4).

---

(1) Roger de Hoveden, *l. c.* p. 802, 814. Math. Paris, Historia Anglorum, t. II, p. 85 ; Chronica Majora, t. II, p. 462. Rymer, *Fœdera etc.*, t. I, part. I, p. 37. Archives Nationales, JJ 7 et 8 ; 7 ff, 30 v°, 31 et 32 r° ; 8 f° 78 r°. La date du traité du Goulet paraît bien devoir être fixée au 22 mai, Leop. Delisle, Catal. des Actes de Philippe-Auguste, n° 579, Mandement de Jean à André de Chauvigny de faire hommage au Roi de France pour ses terres de Berry.

(2) Mathieu Paris, *Chronica Majora*, t. II, p. 462.

(3) A. 18 juin 1200, invitation au chapitre de Saint-Martin de Tours d'envoyer le service qu'il doit, Dom Housseau, t. VI, n° 2133, *ex Pancarta alba Sancti-Martini Turonensis.*

B. 6 octobre 1200, donation de 25 livres angevines de rente sur les revenus de Saumur à deux demoiselles de la Reine Jeanne, sœur du roi Jean ; Arch. Nat. P 329 n° LXVI (ancien classement) copie délivrée sous le grand sceau des contrats de Saumur le 27 mai 1405.

(4) G. Dubois, II, p. 108, 109 ; Cartulaire F de Philippe-Auguste, f° 98 r° col. 2, et f° 134, Bibl. Nat. Lat. 9778 ; Arch. Nat. JJ 7 et 8, 8 f. intercalée entre les ff. 71 et 72, et f° 109 v° col. 2. *Rotuli chartarum....* p. 74ᵇ. Ce douaire est assigné sur Saintes, Niort, Saumur, La Flèche, Beaufort, Baugé, Château-du-Loir et Troo.

Il pouvait même regarder sa possession comme bien assurée, puisque au mois d'octobre il s'embarqua pour l'Angleterre où il resta jusqu'au mois de juin suivant. A son retour en juin et juillet 1201 il allait passer quelques jours à Paris où une réception brillante lui fut faite, le vin du Roi de France fut bu à profusion, il reçut de nombreux et magnifiques présents dont les conseillers de Philippe profitèrent aussi s'il faut en croire l'accusation portée par le chroniqueur de Tours qui affirme que Jean fut investi du comté d'Anjou au mépris des droits de son neveu, *pecunia data.... per curiæ regalis judicium* (1).

Cette dernière assertion est un peu hasardée et contredite par les autres chroniqueurs. Que Jean, lors de ce séjour, ait cherché à se faire des partisans par tous les moyens, c'est fort probable, mais qu'il ait fait à ce moment foi et hommage c'est ce qui n'est nullement établi, puisque moins d'un an après Philippe les lui réclamait. Ce qui est probable aussi, c'est que le séjour d'Artur auprès de Philippe-Auguste se prolongeant, le Roi Jean fut reconnu comme bail ou administrateur pendant le temps que cette absence durerait.

Guillaume des Roches ne paraît pas avoir accompagné le Roi Jean pendant son séjour à Paris. Son nom ne figure pas non plus parmi ceux qui l'année précédente ont as-

---

(1) M. G. Dubois (II, 95) met ce voyage à l'année 1200 immédiatement après le traité du Goulet, c'est une erreur. Le témoignage des chroniqueurs est confirmé par l'itinéraire du Roi Jean dressé par M. Duffus Hardy, Introduction des *Rotuli litterarum patentium*.... V. Chronique des Eglises d'Anjou, p. 51 ; Chronicon Turonensè, Ed. Salmon, p. 146 ; Rigord, §§ 132 et 135 ; Guillaume le Breton, § 107 ; Roger de Hoveden, Annal. pars posterior, Ed. Savile, p. 814 à 819, 822.

sisté au traité du Goulet et aux pourparlers qui l'ont précédé ; jusqu'au moment de la catastrophe de Mirebeau, il semble s'être renfermé dans ses fonctions de sénéchal et avoir à peine quitté l'Anjou et le Maine (1).

---

(1) V. G. Dubois, II, 98, 104, 110, 111, 116 à 134. Je n'entrerai pas dans le détail de ces actes, je me bornerai à indiquer quelques-unes des missions qui lui ont été confiées par le Roi Jean, et qui prouvent quelle situation importante il avait auprès de lui.

A. En septembre 1200, il est chargé avec Guerin de Glapion sénéchal de Normandie de le représenter et d'intervenir auprès du chapitre de Saint-Maurice pour l'élection de l'évêque d'Angers. Il pourra agir seul dans le cas où Guérin de Glapion serait absent ou empêché ; *Rotuli chartarum... p. 98.*

B. Le 4 avril 1201, par lettres datées de Windsor, le Roi Jean le charge avec la Reine Alienor, le comte d'Angoulême et le sénéchal de Poitou, de donner des sauf-conduits à ceux que la Reine malade à Fontevrault voudrait envoyer auprès du Roi son fils avec le vicomte de Thouars pour une demande qu'elle lui avait faite ; *Rotuli chartarum... p. 103.*

C. Le 14 octobre 1201, il est témoin du serment d'homme lige prêté à Chinon par Juhel de Mayenne. Outre les précautions prises par le Roi Jean, il fait cautionner l'exécution du traité intervenu entre lui et son vassal par plusieurs seigneurs importants parmi lesquels Guillaume des Roches (Rymer, *Fœdera etc...* t. I, part. I, p. 40. Ménage, Histoire de Sablé, p. 360, preuves).

D. Ce n'étaient pas seulement son intervention et son autorité auxquelles le Roi d'Angleterre avait recours ; il avait aussi recours à son crédit. L'argent était nécessaire pour agir en cour de Rome à propos de l'élection de l'évêque d'Angers ; au commencement de janvier 1202, des Roches se portait caution avec le vicomte de Sainte-Suzanne d'un emprunt de 500 marcs d'argent fait à des marchands par le Roi, *ad Romanam curiam destinatis ; Rotuli litterarum patentium...* p 4[b].

E. Par lettres du 17 février 1202 adressées à Robert de Turnham sénéchal de Poitou et de Gascogne, le Roi Jean lui assure le paiement de revenus qu'il percevait à *La Rochelle* du temps de Geofroi de Celle ; *Eod.,* p. 6.

A partir de ce moment Guillaume des Roches prend tout-à-coup une part considérable, quelquefois même prépondérante dans les événements, car on ne peut méconnaître que sa défection du parti du Roi Jean et son adhésion, bien payée il est vrai mais bien ferme au Roi Philippe, a été décisive pour amener la réunion de l'Anjou et du Maine à la couronne de France. Pour bien comprendre les événements qui vont suivre, il faut revenir un peu en arrière.

Le Roi Jean n'avait pas d'enfants d'Havoise ou Hawisia sa femme. Il s'avisa un jour qu'ils étaient parents au troisième degré et il fit prononcer son divorce. Aussitôt après il contracta mariage avec la fille du comte d'Angoulême (1) ; le mariage eut lieu à Angoulême ; quelques jours après, le 30 août, le douaire de la Reine d'Angleterre était réglé à Chinon (2), puis au commencement d'octobre Jean

---

F. Lettres de Jean du 19 février 1202 aux chevaliers, bourgeois et autres tenanciers *(tenentibus)* de Mirebeau par lesquelles il leur fait connaître qu'il a nommé Payen de Rochefort bailli de la seigneurie de Mirebeau *salvis placitis et finibus quæ pertinent ad capitalem senescallum nostrum Andegavensem...* (*Eod.*). Je n'ai rencontré nulle part ailleurs ce titre de chef-sénéchal qui est exact, puisque les magistrats inférieurs de l'Anjou et du Maine portaient aussi le titre de sénéchaux.

(1) Roger de Hoveden (Rec. des Hist. de France, t. XVII, p. 605) prétend que c'est sur le conseil du Roi de France qu'il contracta ce mariage. C'est le seul historien qui rapporte ce fait ; mais vrai ou non on voit dans la tradition qu'il a conservée combien les adversaires du Roi de France étaient disposés à admettre son intervention patente ou occulte dans les événements qui se passaient dans l'ouest de la France.

(2) Cartulaire F de Philippe Auguste, f° 98 r°, col. 2 ; Bibl. Nat. Lat. 9778. *Rotuli chartarum...* p. 74*b*.

l'emmenait en Angleterre où il la faisait couronner le 9 du même mois à Westminster (1). La jeune fille était cependant mariée au comte de la Marche Hugues-le-Brun ; le mariage avait eu lieu par paroles de présent, forme admise par l'Eglise comme pouvant constituer un mariage valable ; mais comme la jeune Isabelle n'avait pas encore atteint l'âge nubile, le mariage n'avait pas encore eu lieu en présence de l'Eglise et n'avait pas été consommé ; en attendant elle avait été confiée à la garde de son mari Hugues-le-Brun, et c'est à lui que son père l'enleva pour la donner au Roi d'Angleterre. Soit connivence, soit peur des violences de son souverain, Hélie archevêque de Bordeaux ne vit que le défaut de consommation du premier mariage et passa outre à la célébration du second (2).

C'était là un fait des plus graves qui entraînait pour le seigneur la perte de l'obéissance de son vassal. Un commencement de soulèvement de la noblesse du pays paraît avoir eu lieu ; pour le réprimer Jean profitant de ce que le comte de la Marche et son frère le comte d'Eu se trouvaient pour son service en Angleterre saisit quelques-uns de leurs châteaux, et entre autres fit faire par Guerin de Glapion sénéchal de Normandie le siège de

---

(1) Mathieu Paris, Historia Anglorum, Ed. Londres 1866, t. II, p. 86.

(2) Roger de Hoveden, *l. c.* V. pour tout ce qui va suivre : Rigord, §§ 137 et 138 ; Guillaume le Breton, Chron. §§ 110, 112, 113 ; Phil. VI, 82 et suiv.; Chroniques de Tours, Ed. Salmon, p. 146 ; Mathieu Paris, Rec. des Hist. de France, t. XVII, p. 681 et suiv. ; Raoul de Coggeshall, *Eod.* t. XVIII, p. 95 ; Albéric de Trois-Fontaines, *Eod.*, p. 764.

Driencourt (aujourd'hui Neufchatel-en-Bray). Ceux-ci portèrent au Roi de France comme chef seigneur (*capitali domino*) plainte contre les déprédations et les injures du Roi d'Angleterre.

Philippe ne pouvait manquer de saisir une occasion qui lui permettait d'intervenir d'une manière parfaitement légale dans les affaires de son vassal ; il était seul compétent pour statuer entre lui et ses vassaux. D'après le témoignage de Guillaume le Breton (Phil. VI, 105 et suiv), il commença par l'inviter à faire droit aux réclamations de ses adversaires. Jean paraît avoir opposé tous les moyens qu'il put inventer ; il y eut même d'après Mathieu Paris pendant le carême de 1202 (27 février — 14 avril) une entrevue au château du Goulet entre les deux souverains.

Elle n'amena aucun résultat, Philippe fit alors semondre Jean comme comte d'Anjou et de Poitou et duc d'Aquitaine à comparaître devant sa cour à Paris quinze jours après Pâques. Cette fête tombant en 1202 le 14 avril, le délai de comparution devant la cour du Roi de France se trouvait ainsi écheoir le 29 avril.

Les procédures entre plaideurs de cette qualité doivent être appuyées par d'autres arguments que le bon droit ou la régularité des actes, mais au moins en ce cas Philippe agit conformément aux règles de la procédure de ce temps. Jean, comme duc d'Aquitaine et comte d'Anjou fut semons par les seigneurs de la cour de Philippe qui devaient être considérés comme ses pairs, *summonitus est per proceres regni Francorum quasi comes Aquitaniæ et Andegaviæ* (Raoul de Coggeshale).... *submonuit sicut hominem ligium* (Rigord).

La semonse en outre était faite dans une forme autorisée par les usages généralement suivis. Tandis que nos législations modernes, surtout depuis l'ordonnance de 1667, exigent impérieusement que l'objet de la demande soit énoncé avec précision, les usages plus anciens permettaient de faire citer le défendeur pour répondre à toutes les demandes qui seraient formées contre lui (1). Cette manière de procéder était de droit commun, et c'est dans ces termes que Jean fut cité à comparaître devant la cour du Roi de France *quod....* *Parisius veniret, super his que Rex Francorum adversus eum proponeret, sufficienter responsurus.* Rigord nous reproduit les termes légaux de la citation, mais il était impossible de se méprendre sur la demande du Roi de France ; il dit en termes généraux que Jean avait été semons à cause de ses comtés de Poitou et d'Anjou et de son duché d'Aquitaine ; Raoul de Coggeshall ne parle pas du Poitou, mais il dit en termes généraux qu'il devait comparaître pour répondre des torts qu'il avait eus envers son souverain, *domino suo de injuriis illatis responsurus*, et pour obéir à droit à tout ce que ses pairs lui ordonneraient ; enfin Guillaume le Breton dit expressément que Jean était semons pour faire hommage pour le duché d'Aquitaine et les comtés de Poitou et d'Anjou.

De son côté le Roi Jean par lettres datées des Andelys 27 mars 1202 avait semons son neveu Artur de venir aux octaves de Pasques (21 avril) à Argentan pour lui

---

(1) Coutumes d'Anjou et du Maine, G 4 et 5, H 1 et 2, tome III, p. 6, 77 ; K 207, M 1 et 2, t. IV, p. 105, 379.

faire l'hommage qu'il lui devait (1). Etait-ce une réponse à la semonse ou sommation que lui avait faite le Roi de France, ou bien au contraire en était-elle la cause ? C'est ce qu'il est bien difficile de déterminer ; les choses en étaient entre eux à un point tel que le moindre choc devait amener un conflit des plus graves. Cependant après quelques difficultés Jean reconnut la régularité de la citation du Roi de France et s'engagea à lui remettre les châteaux de Tilières et de Boutavant comme gage de sa comparution à l'époque indiquée, ou au moins à une époque voisine (2).

Mais en même temps Jean faisait ses préparatifs pour n'être pas pris au dépourvu. Dès le 29 mars, il envoyait par Guerin de Glapion à Guillaume des Roches et à quelques seigneurs de l'Anjou et du Maine une lettre, et en même temps un écrit que Guerin de Glapion devait rapporter et présenter au comte de Chester pour que celui-ci en y apposant son sceau s'engageât à exécuter immédiatement ce qui était contenu dans ces lettres (3). Au jour indiqué pour la comparution devant la cour du Roi de France Jean ne comparut ni en personne, ni par procureur ; la cour du Roi Philippe réunie jugea que le Roi d'Angleterre devait être privé de toute sa terre, par ce que depuis longtemps il avait négligé par mépris de

---

(1) *Rotuli litterarum patentium*..... p. 7. Rymer, *Fœdera etc*... t. 1, part. I, p. 41.

(2) Rigord, § 138 ; Guill. le Breton, Chron. § 110 ; Phil. VI, 182 et suiv. Ils sont très positifs sur ce point que le silence de Raoul de Coggeshall ne doit pas suffire pour faire révoquer en doute.

(3) *Rotuli litterarum patentium*.... p. 8.

son seigneur de faire les services qu'elle devait, *eo quod fere omnia servitia eisdem terris debita per longum jam tempus facere contempserat...* (1). Fort de cette décision, Philippe se précipite sur la Normandie, prend et détruit Boutavant, se saisit de quelques autres châteaux-forts de la haute Normandie, échoue devant Radepont et enfin s'empare de Gournay vers la fin de juin.

Aussitôt après Artur qu'il avait emmené avec lui dans son expédition, ou qu'il avait fait venir de Paris, et auquel il avait dès la fin d'avril promis la main de sa fille Marie, lui fit hommage lige pour la Bretagne, l'Anjou, le Maine et la Touraine, et fut en même temps armé chevalier dans les deux ou trois premiers jours de juillet 1202 (2). Un traité fut conclu entre eux. En même temps

---

(1) Raoul de Coggeshall (Hist. de France, t. XVII, p. 95) est très positif sur le fait d'une sentence de dépossession prononcée par la cour du Roi de France ; il est le seul historien qui en parle. Mais le fait que la cour du Roi a été saisie est formellement rapporté par Guillaume le Breton dans sa Philippide (VI, 191).

> *Assignat que diem certum quo tradat utrumque,*
> *Et quo restituat comites, prout restituendos*
> *Curia censuerit....*

Tradat utrumque. Les châteaux de Boutavant et Tilières. *Comites.* Le comte d'Angoulême et son frère le comte d'Eu ; — et par la chronique de Rigord (§ 138)... *habito Rex Francorum cum principibus et baronibus consilio, collecto exercitu, Normanniam ingressus...* La cour du Roi n'était que la réunion des principaux seigneurs qui se trouvaient auprès de lui au moment de statuer sur quelque affaire ; c'est ce qu'il ne faut jamais perdre de vue au XIIIe siècle; et à plus forte raison auparavant.

(2) La suite des événements établit que ce traité ne peut pas avoir une date postérieure. Dumont, Corps diplomatique, t. II, p. 284 ; Arch. Nat. Cartulaire de Philippe-Auguste, JJ 7 et 8, fº 63 rº.

Philippe lui donnait une armée auxiliaire de 200 chevaliers avec laquelle il se dirigea sur les frontières du Poitou ; il y fut rejoint par les forces que commandaient le comte de la Marche Hugues-le-Brun et Geofroi de Lusignan, et par un certain nombre de Bretons ; ils s'emparèrent sans beaucoup de difficulté de la ville de Mirebeau. Mais le château résista assez pour que le secours demandé par la Reine Aliénor qui s'y était enfermée pût arriver.

Dès le mois de mai Jean se préparait à la lutte. Il avait envoyé Guillaume comte de Salisbury et Pierre de Préaux à Guillaume des Roches, en même temps qu'à l'archevêque de Bordeaux, à l'évêque de Saintes, aux comtes de Thouars et d'Angoulême, à Robert de Turnham et autres pour les entretenir sur ce qu'ils avaient à faire, *de negociis promovendis* (1) ; les circonstances dans lesquelles il se trouvait expliquent ce me semble les expressions un peu énigmatiques de cette lettre. L'auteur de la chronique de Tours en parlant de Guillaume et du vicomte de Thouars dit que c'est par leur assistance que Jean avait triomphé de ses ennemis à Mirebeau, *quorum auxilio hostes superaverat* (p. 147). Ils étaient en effet tenus d'amener leurs hommes qui devaient être assez nombreux à raison de l'étendue de leurs possessions, et ils ne pouvaient s'en dispenser sans encourir la perte de leurs fiefs aux termes des coutumes féodales.

Guillaume des Roches en apprenant qu'Artur s'était emparé de Mirebeau avait été trouver le Roi Jean au Mans et lui avait promis sur sa foi d'homme lige que s'il suivait ses conseils il lui ferait prendre Artur son neveu

---

(1) *Rotuli litterarum patentium....* p. 11.

et tous les Poitevins qui étaient avec lui. Mais parlant en son nom et au nom d'un certain nombre de ses pairs et de ses vassaux il lui demandait de jurer qu'il ne ferait mettre personne à mort, laisserait ses adversaires en liberté, rendrait à son neveu tout ce qu'il lui avait enlevé sans droit, et ne ferait passer la Loire à Artur ni à aucun de ses partisans jusqu'à ce qu'un accord fût entièrement conclu entre les deux parties. Joyeux de l'intervention décisive d'un vassal tel que Guillaume, le Roi lui promit tout ce qu'il voulut, fit les serments les plus solennels, lui confia la direction de son armée qui partie du Mans le 30 juillet arrivait à Mirebeau le jour de la Saint-Pierre-ès-Liens, 1er août, au point du jour, franchissant en moins de quarante-huit heures les trente lieues à vol d'oiseau qui séparent Le Mans de Mirebeau, et battait et faisait prisonnière toute l'armée d'Artur avec le jeune prince ; un des historiens de ces faits ajoute même que Guillaume entra le premier dans Mirebeau (1).

Victorieux, Jean oublia tout. Il envoya en Angleterre la plupart de ses prisonniers et il les fit presque tous périr ; Artur fut emprisonné au château de Falaise (2). Guillaume réclama l'exécution de la convention. Non

---

(1) V. G. Dubois, III, 503 à 515. Mathieu Paris, Historia Anglorum, t. II, p. 92 et 93 ; Chronica magna, t. II, p. 477, 478. Raoul de Coggeshall, Rec. des Historiens de France, t. XVIII, p. 96. Guillaume le Breton, Philippide, VI, 411 à 451. Histoire des ducs de Normandie et des Rois d'Angleterre, p. 94 et suiv., 105. Chronique de Saint-Aubin, Chron. des Egl. d'Anjou, p. 51.

(2) Il est bien probable qu'il ne se fia à personne, et que l'emprisonnement d'Artur eut lieu sous ses yeux ; le 7 août il est au Mans, les 8, 9 et 10 à Alençon, les 10 et 11 à Argentan et à Falaise, le 13 il est de retour au Mans.

seulement Jean refusa ; mais il avait appris à connaître toute la valeur de Guillaume des Roches ; il essayait de s'emparer de sa personne et de celle d'Aimery de Thouars qui purent échapper et se réfugier dans leurs châteaux-forts ; le 17 août il confiait la garde de la Tour d'Angers à Philippe de Remefort qu'il faisait son bailli ; le 18, il ordonnait à Guillaume des Roches qu'il qualifie encore de sénéchal d'Anjou de remettre à Guillaume de l'Etang (*de Stagno*) les châteaux qu'il tenait, et enfin le 24, en même temps qu'il donnait un sauf-conduit de huit jours à des Bretons pour venir conférer avec lui au sujet d'Artur, il enlevait à des Roches ses fonctions de sénéchal qu'il divisait, et donnait à Girard d'Athies la sénéchaussée de Touraine et à son chambellan Brice ou Briscius celle d'Anjou (1).

Il peut paraître extraordinaire que Guillaume des Roches qui devait connaître la méchanceté et la fourberie de Jean (2) se soit fié uniquement à sa parole et n'ait pas exigé de lui quelque garantie. En agissant comme il le fit on peut presque dire qu'il tendait un piège à la passion et à la méfiance de Jean ; car s'il faussait son serment, soit en ne rendant rien à Artur de ce qu'il avait pris, soit surtout en le gardant prisonnier et en le conduisant en Normandie, il autorisait l'insurrection de tous les vassaux de l'Anjou, du Maine et du Poitou. Si au contraire il

---

(1) Chronique de Tours, p. 147. *Rotuli litterarum patentium....* p. 17.

(2) Récits d'un ménestrel de Reims, §§ 244, 245. Guillaume le Breton (Phil. VI, 411) n'en fait aucun doute

... *ille maligni*
Noverat insidias et perfida corda Johannis.

exécutait la convention, Artur en liberté, entouré d'un conseil dans lequel Guillaume des Roches allait prendre la place principale (1), entouré de ses partisans surtout des Bretons qui paraissent avoir eu pour lui une affection véritable, devenait un danger permanent pour le Roi d'Angleterre. Guillaume avait proposé de bonnes sûretés pour qu'Artur le servît loyalement ; il devait donner comme otages un nombre suffisant d'homme de sa terre, et à cette condition on devait le laisser en liberté. Jean trouva que la meilleure de toutes les sûretés était de garder Artur prisonnier. Voyant ce manque de parole, voyant les tentatives faites sur lui et sur Aimery de Thouars, le sort subi déjà par plusieurs des prisonniers de Mirebeau, il se jeta dans le parti du Roi de France qui comprit sans doute dès le premier instant de quel puissant secours une pareille adhésion pouvait être pour ses projets : peut-être aussi était-ce le seul moyen de sauver la vie du jeune prince que Guillaume avait toujours regardé comme son suzerain immédiat.

Philippe faisait le siège d'Arques au moment où s'ac-

---

(1)   ... et ei reddes, mediante tuorum
Consilio procerum, quicquid sine jure tulisti.
                          Phil. VI, 417.

La convention est rappelée de la manière la plus claire dans les additions à la chronique de Saint-Aubin (Chron. des Egl. d'Anjou, p. 51) : *Rex Johannes ei* (à Guillaume des Roches) *promiserat se de Arturo liberando suam facere voluntatem ; et quia Rex noluit, guerram movit contra eum.* Il avait promis à Guillaume de mettre Artur en liberté et de s'en rapporter à lui sur les conditions de cette mise en liberté. Le chroniqueur de Saint-Aubin et l'auteur de l'histoire des ducs de Normandie sont d'accord pour dire positivement que le manque de foi du Roi fut la cause de la défection de Guillaume.

complissaient les événements de Mirebeau. En les apprenant il lève le siège et se dirige vers Tours. Cette ville et Châteauneuf, réuni depuis à Tours mais qui alors était un bourg séparé ayant ses fortifications indépendantes, furent à plusieurs reprises ravagées, prises et reprises par les forces du Roi de France et du Roi d'Angleterre. Au moment de la Toussaints 1202 Tours était occupé par les forces de Jean, et Châteauneuf par Sulpice d'Amboise qui s'était déclaré pour le Roi de France, et qui contenait la garnison de Tours contre laquelle il guerroyait sans cesse.

Guillaume des Roches n'était pas resté longtemps dans ses places fortes (1); il avait dû rejoindre de bonne heure Philippe-Auguste (2), car au mois de mars il assistait à l'hommage fait par Maurice de Craon à Philippe-Auguste pour tout le temps qu'Artur resterait en prison; il prenait envers le Roi de France les mêmes engagements. Sa défection avait entraîné celles de Maurice de Craon, de Bernard de La Ferté, de Rotrou de Montfort, du sire de Montoire, du comte de Vendôme, de Robert de Perrenai,

---

(1) Les 7, 8 et 9 septembre 1202, Jean est à La Suze qui faisait partie des domaines de Guillaume des Roches du chef de sa femme; il y avait même établi des officiers en son nom. Avis donné le 19 avril 1203 aux habitants du Mans qu'il a donné mandement aux constable et sergent de La Suze de réparer les dommages causés à la maison que l'ordre de Grandmont avait à Bersay; *Rotuli litterarum patentium.....* p. 28.

(2) Mandement du Roi Jean daté de Rouen, 17 février 1203 pour un échange de prisonniers, P. clerc de Guillaume des Roches est délivré en échange de Ferrand, un des archers du Roi, *pro Ferrando balistario nostro*; *Eod.*, p. 25. — Voir pour tout ce qui va suivre, G. Dubois, III, 521 à 541.

de Guillaume de Mauléon, de Geofroi de Lusignan (1) qui font hommage dans les mêmes termes au Roi de France, très probablement après avoir vu que Jean, loin d'exécuter les conventions prises au sujet d'Artur, le retirait de Falaise pour le renfermer dans la tour de Rouen qui lui paraissait plus sûre (2).

Parmi les barons qui au mois de mars 1203 font hommage à Philippe-Auguste, il faut remarquer le comte de Vendôme et un de ses plus importants vassaux le seigneur de Montoire qui relevaient de l'Anjou, et leurs proches voisins Bernard de La Ferté et Rotrou de Montfort qui relevaient du Maine ; en outre, Guillaume des Roches avait sur Château-du-Loir certaines prétentions au sujet desquelles il fit plus tard un arrangement avec le Roi de France : il est probable que l'armée dont il était le chef se réunissait sur les confins du Maine, du Vendomois et du Perche, c'est-à-dire dans un pays couvert par les terres du Roi de France de toute attaque pouvant venir de la Normandie.

De son côté Philippe avait réuni sur les bords de la Loire, dans un endroit qui n'est pas désigné, un autre corps d'armée dont il avait conservé la direction.

Guillaume s'empara de Beaufort sans résistance le lundi de Pasques 7 avril 1203. Quinze jours après Philippe des-

---

(1) Léop. Delisle, Catal. des actes de Phil.-Auguste, n° 752, pag. 506.

(2) Il est assez vraisemblable que, cette fois encore, Jean ne s'en rapporta qu'à lui seul : son itinéraire nous le montre les 30 et 31 janvier et 1er février 1203 à Falaise (venant du Mans), et il arrive le 3 à Rouen, à partir de ce moment, il ne quitte plus la haute Normandie.

cendant la Loire en bateaux s'empara de Saumur. Il est probable que les deux armées firent leur jonction ; mais Philippe avec la plus grande partie de la sienne reprit le chemin de la Normandie où le siège de Château-Gaillard, cette clef de la Normandie, demandait tous ses soins. Le surplus des forces qui se composaient de Poitevins, d'Angevins et de Bretons sous le commandement de des Roches mettait à la fin du mois d'avril 1203 le siège devant Châteauneuf-sur-Sarthe, poste qui commande le cours de la Sarthe et qui avait pour lui le grand avantage de se trouver à peu près au centre de ses domaines, Sablé situé sur la Sarthe à environ cinq lieues au nord, Précigny voisin de Sablé, Briolay également sur la Sarthe à environ quatre lieues au midi.

Les habitants de Châteauneuf, nobles et bourgeois commencèrent par se défendre vigoureusement, mais voyant que les secours qu'ils avaient demandé au Roi Jean n'arrivaient pas ils capitulèrent *et Willelmus senescallus ex indignatione turrim et muros solo tenus prostravit.* Il ne devait pas tenir à avoir presque au milieu de ses possessions des partisans aussi résolus du Roi d'Angleterre.

En se retirant, Philippe-Auguste avait sans doute donné des ordres à Cadoc, chef important de routiers, pour rejoindre Guillaume. Il est probable que cette jonction fut à peu près contemporaine de la reddition de Châteauneuf-sur-Sarthe, et que c'est avec l'aide de ces renforts qu'il put se diriger sur Le Mans qui se rendit sans défense le 19 avril. Les villes et châteaux de l'Anjou et du Maine tombèrent rapidement en son pouvoir, et cette conquête prenait de tels caractères de rapidité et de sécurité pour les Français, que le 5 mai 1203 le Roi Jean donna en dot à la Reine Isabelle Falaise, Domfront, Bonneville-sur-

Touque et tout ce que la Reine Aliénor avait eu en dot ; ajoutant que si les événements de la guerre lui faisaient perdre ces villes, elle serait récompensée en Angleterre de biens qui lui représenteraient le même revenu.

Angers seul restait aux mains de Jean. Mais peu de jours avant la Toussaints 1203 l'armée de Guillaume des Roches et de Cadoc aidée par un soulèvement des habitants arracha Angers à la domination du Roi d'Angleterre (1).

Ces événements pouvaient faire espérer la fin de cette période sanglante qui arrache au continuateur de la chronique de Saint-Aubin quelques paroles émues dans lesquelles il nous représente la misère s'aggravant de jour

---

(1) Guill. le Breton, Phil. VIII, 272.

Il y a un peu de confusion dans les récits des Chroniqueurs sur cette date de la prise d'Angers. Il est évident que la date de 1202 assignée à cet évènement par les continuateurs de la Chronique de Saint-Aubin (p. 51) est inexacte. S'il ne s'agissait que de reproduire les observations de M. G. Dubois à ce sujet, je me contenterais d'un simple renvoi ; mais la date exacte de 1203 me paraît fixée par les récits d'autres chroniqueurs. Aubri de Trois-Fontaines (ex *Historia Regum,* Rec. des Historiens de France, t. XVIII, p. 767, B) et Guillaume le Breton (§ 133 de sa chronique) disent exactement dans les mêmes termes que c'est dans l'automne qui suivit la prise d'Angers que le Roi Philippe prit Poitiers et mit le siège devant Chinon et Loches. Chinon fut pris le 23 ou le 24 juin 1205 après un siège qui avait duré près d'une année ; cet automne qui suit la prise d'Angers est donc l'automne de 1204, ce qui nous reporte à 1203 pour cet événement. Nos anciens chroniqueurs n'auraient, pas plus que nous, fait commencer un automne après la Toussaints.

D'ailleurs Aubri de Trois Fontaines, dans le texte donné par le recueil des Historiens de France donne expressément la date de 1203, et cette date est encore donnée par l'auteur anonyme de la chronique de Laon (*Eod.,* t. XVIII, p. 712, B).

en jour dans les régions du Maine, de l'Anjou, du Poitou et de la Bretagne, les villes, les châteaux, les bourgs pillés et incendiés sans que l'âge ou le sexe fussent épargnés, le Roi Jean fuyant devant l'insurrection soulevée de tous les côtés contre lui, et se retirant en Angleterre au moment de l'Avent pour revenir avec de nouvelles forces qui lui seraient entièrement dévouées. C'est à ce moment que se place le plus lamentable événement de ces guerres odieuses. En partant, Jean voulut se débarrasser de celui dont l'existence avait suffi du fond de sa prison pour susciter une insurrection formidable devant laquelle il était contraint de fuir ; Artur paya de sa vie les succès obtenus par ses partisans. C'est à peu près à la fin de septembre ou dans le courant d'octobre 1203 que se place cet assassinat que quelques historiens accusent Jean d'avoir commis de ses propres mains, mais dont tous sont unanimes à le considérer comme le véritable auteur en donnant l'ordre de mettre à mort ce malheureux enfant ; c'est à peine s'il avait 17 ans.

La mort d'Artur donna-t-elle lieu comme on le croit généralement à une poursuite devant la cour du Roi de France contre Jean, comme coupable de la mort de son neveu ? Cette procédure a-t-elle été suivie d'une sentence de cette cour prononçant la condamnation à mort de Jean et la confiscation de ses fiefs relevant du Roi de France ? Ces questions étrangères à la biographie de Guillaume des Roches paraissent devoir être résolues par la négative. Jean avait été cité devant la cour du Roi de France longtemps avant la mort d'Artur pour défaut d'hommage, et une sentence de confiscation avait été prononcée pour ce motif. S'il avait eu besoin d'un titre judiciaire, c'est dans cette procédure que Philippe l'aurait trouvé. Au moment où nous sommes arrivés, c'est la conscience publique qui avait condamné le Roi d'Angleterre (1).

A ce moment le Roi Jean semble avoir été frappé de stupeur. L'historien Mathieu Paris, ou plutôt Richard de Wendover qu'il a presque entièrement copié dans ses grandes chroniques d'Angleterre, nous le montre à partir de Noël 1202 (1203 suivant le calendrier anglais) comme se livrant complètement à la débauche. A partir de Pasques 1203 les progrès du Roi de France deviennent de plus en plus considérables, et aux nouvelles qui lui arrivaient de la perte de ses forteresses il n'avait pour ses seigneurs d'autre réponse que : « laissez-le faire, tout ce qu'il m'enlève témérairement je le recouvrerai en un seul jour » (2).

Sans attendre la permission qu'ils avaient demandée, et qui d'ailleurs ne leur fut pas refusée, les seigneurs d'Angleterre retournèrent dans leurs terres. La défection des autres continuait ouvertement ou était à peine dissimulée (3). Le Roi Jean restait seul en Normandie avec

_____

(1) V. sur cette question une brochure de M. Bémont, *De la condamnation de Jean-sans-Terre par la Cour des Pairs de France en 1202,* extraite de la Revue Historique. Ce travail a obtenu une mention honorable au concours des Antiquités nationales en 1887. Je considère la démonstration de M. Bémont comme complète. Il n'y a eu ni poursuite, ni condamnation pour la mort d'Arthur qui d'ailleurs est restée pendant assez longtemps entourée de mystère.

(2) Mathieu Paris, *Historia Anglorum,* t. II, p. 96 et suiv. L'*Historia Anglorum* a été publiée à Londres en 1866 ; ses *Chronica Majora,* en 1871.

(3) *Quidam Normanni ignaviam Regis Johannis detestantes ab eo penitus recesserunt ; quidam ei ficte adhæserunt,* Mathieu Paris, *Chronica Majora,* t. II, p. 482, 483.

peu de chevaliers et s'y maintenait encore pendant la plus grande partie de l'année 1203 ; mais le bruit de la mort d'Artur finit par se répandre et la réprobation universelle, la haine de ses sujets achevèrent ce que la politique et les armes de Philippe-Auguste avaient commencé (1). Jean se retirait en Angleterre et débarquait à Portsmouth le 7 décembre 1203.

La capitulation de Château-Gaillard après un long siège le 6 mars 1204 achévait la conquête de la Normandie. Les seigneurs de ce pays restés fidèles au Roi Jean renouvelaient leurs doléances, et lui faisaient observer que les trêves conclues antérieureurement pour un an étaient sur le point d'expirer, et qu'il leur faudrait livrer leurs cités et châteaux au Roi de France. Jean leur fait répondre qu'ils n'ont aucun secours à attendre de lui et que chacun devait prendre son parti comme il aviserait, *sibi quilibet consuleret ut melius videbatur* (2).

La reprise d'Angers en octobre 1203 avait achevé la soumission de l'Anjou. La conquête définitive de la Normandie laissait au Roi de France la libre disposition de ses forces ; mais il faisait marcher les négociations utiles en même temps que les opérations militaires, et dans les unes et les autres Guillaume des Roches était pour lui un auxiliaire et un lieutenant capable et dévoué.

---

(1) *Unde multi animos avertentes a Rege semper deinceps ut ausi sunt nigerrimo ipsum odio infatigabiliter sunt persecuti*, Mathieu Paris, *Historia Anglorum*, t. II, p. 96 et suiv. *Chronica Majora* t. II, p. 479, 480.... *Odio fuit omnibus*, Chroniques des comtes de Poitou et d'Aquitaine, Rec. des Hist. de France, t. XVIII, p. 243 C.

(2) Mathieu Paris, Chronica Majora, t. II, p. 488, 489. Historia Anglorum, t. II, p. 101, 102.

Si des défections avaient été entièrement spontanées, d'autres devaient être aidées et consolidées. Guillaume des Roches fut employé au moins dans une de ces négociations qui avaient pour objet de rattacher au Roi de France la fidélité mobile d'un de ces seigneurs de l'Ouest auxquels les chroniqueurs reprochent leur inconstance, *fides Pictavina* dit l'un d'eux (1). Geofroi Martel ou Marteau, seigneur de la Saintonge ou de l'Angoumois avait fait serment au Roi de France à la suite de l'occupation de ce pays. Mais outre son serment il avait promis de lui attirer tous les barons du pays qu'il pourrait. Il donna pour gage de sa promesse toutes les terres qu'il possédait en Anjou (2). Guillaume des Roches accepta d'être sa caution ; il devait veiller à ce que Geofroi tînt fidèlement sa promesse et servît le Roi de France de tout son pouvoir. Si le sénéchal en rendait bon témoignage, et si son avis était favorable à Geofroi, le Roi promettait de lui faire des avantages sur les possessions de Saintonge communes entre eux, et de lui faire d'autres avantages sur les fiefs d'Angoumois (3).

---

(1) Chronique Bretonne, Rec. des Hist. de France, t. XVIII, p. 330 D.

(2) Probablement le fils de Foulques de Mastach ou Mastaz qui avait été sénéchal de Poitou dans les dernières années de Henri II (C. Port, Cart. de l'Hôpital Saint-Jean, n° XVIII, p. 111). Il confirme dans cet acte de janvier 1195 une donation faite par son père en 1187 (*Eod.*, n° IX, p. 108), et ajoute d'autres biens situés aussi en Anjou. Guillaume des Roches qui prenait alors le nom de Guillaume de Sablé est l'un des témoins de la donation de 1195.

(3) Léopold Delisle, catalogue des actes de Philippe Auguste, n° 813, acte du 7 mai 1204.

C'est ainsi que le Roi Philippe préparait avec l'aide de Guillaume des Roches son expédition sur Poitiers. Ils entraient en Guyenne le 10 août 1204 (1).

C'est dans le cours de cette expédition que furent réglés plusieurs points importants. Jusqu'à cette époque en effet aucun acte du souverain n'avait statué sur les droits et obligations du sénéchal, tout était réglé par la tradition. Après les services rendus par Guillaume et en prévision de ceux qu'il pouvait être appelé à rendre dans un avenir peu éloigné, il devenait nécessaire de statuer sur l'étendue de ses engagements avec le Roi de France. Le Roi lui donnait Château-du-Loir (2) et ses dépendances ; par un autre acte daté de Bourges, il lui faisait abandon du droit qu'il prétendait avoir sur Châteauneuf-sur-Sarthe (3) ; des Roches lui devait faire hommage lige de Château-du-Loir, et en ce qui concerne Châteauneuf, il lui faisait hommage lige tant de la partie que le Roi lui donnait que de celle sur laquelle il prétendait avoir des droits antérieurs.

Enfin par un acte daté de Poitiers au mois d'août, des Roches faisait l'énumération des droits qu'il pouvait prétendre en vertu de sa charge de sénéchal d'Anjou, du Maine, et de Touraine. Le Roi rendait une ordonnance conforme, et par une autre déclaration datée de Sens au mois de septembre suivant il étendait encore les droits du sénéchal en lui reconnaissant celui d'établir des baillis

---

(1) Rigord, Chron. § 143.

(2) Cartulaire F de Philippe Auguste, f° 170 r° ; Bibl. Nat. Lat. 9778. Arch. Nat. JJ 7 et 8, 8 f° 75 v° col. 1.

(3) Archives Nationales JJ 7 et 8, 7 f° 43 r° col. 2, 8 f° 68 r° col. 1.

dans toute l'étendue de sa sénéchaussée (1). Ce sont tous les pouvoirs du comte qui lui ont été donnés, dit Guillaume le Breton (Philipp. VIII, 280), il ne lui manquait que d'en prendre le titre.

Après avoir reçu les hommages des seigneurs du Poitou, le Roi revint sur ses pas, et au commencement de l'automne de 1204 mit le siège devant Loches et Chinon. La prise presque immédiate du Château-Rousset l'une des principales défenses de Chinon n'avait pas fait tomber cette place. Philippe vint passer l'hiver à Paris laissant à Guillaume des Roches la direction des opérations du siège de Chinon. Après Pasques 1205 il revient sur le théâtre de la guerre, s'empare de Loches puis vient renforcer Guillaume devant Chinon qui tombe en leur pouvoir la veille ou le jour de la Saint-Jean 1205 après un siège de près d'une année (2).

La prise de ces deux places fortes délivrait l'Anjou et la Touraine, mais le Roi Jean restait toujours maître de La Rochelle. Il y débarqua le 9 juillet 1206 (3) avec des forces importantes ; le vicomte de Thouars, Savari de

---

(1) Arch. Nat. J 179 Craon, nº 1, original scellé. K 214, ex Regestro rerum Andegavensium Cameræ compotarum Parisiensis, fº 77.

(2) Rigord, Chron. §§ 143, 144. Guillaume le Breton, Chron. §§ 133, 134 ; Philippidos, VIII, 380 et suiv. Matth. Paris, Historia Anglorum, t. II, p. 103 ; Chronica Majora, t. II, p. 490. Raoul de Coggeshall, Rec. des Hist. de France, t. XVIII, p. 102 B. C'est sans doute à Chinon que fut fait prisonnier Robert de Turnham, et il est probable qu'il défendait cette place avec Hubert du Bourg. Loches était défendu par Girard d'Athies qui fut fait aussi prisonnier.

(3) Rigord, Chron. § 147. Guill. le Breton, Chron. §§ 138, 139.

Mauléon et d'autres seigneurs Poitevins se déclarèrent pour lui (1) ; il se dirige vers l'Anjou, occupe Clisson le 30 août, traverse la Loire sans résistance en présence de Guillaume des Roches à un endroit que la chronique de Saint-Aubin (p. 51) appelle *portus Loripedis*, s'empare d'Angers le mercredi 6 septembre, et peu de jours après de la forteresse que des Roches avait construite cette même année au Pont de Sée. Il s'avance jusqu'au Lude (2), mais l'approche des forces du Roi de France le fait battre en retraite, il se retire sur les terres du vicomte de Thouars, et dans les premiers jours d'octobre s'enferme dans la ville de Thouars sans oser en sortir pendant que l'armée du Roi de France en ravage les environs. Des pourparlers s'engagent entre les deux souverains ; Jean feint de vouloir une entrevue avec Philippe-Auguste, mais pendant qu'il l'amuse par ses négociations, il parvient à battre en retraite, et rentre à La Rochelle le 25 octobre ; le 26 est conclue une trève pour deux ans, aux termes de laquelle le Roi d'Angleterre renonçait à toutes terres en Normandie, Maine, Bretagne, Touraine, Anjou au-delà de la Loire du côté d'Angers ; il conservait toujours ses prétentions à la rive gauche.

Guillaume des Roches accompagnait le Roi Philippe dans cette expédition, il est un de ceux qui sur la demande du Roi Jean jurèrent l'observation de la trève, avec Maurice de Craon et plusieurs autres seigneurs (3). A la fin

---

(1) Les mouvements du Roi Jean résultent de son itinéraire relevé par M. Duffus Hardy, *Rotuli litterarum patentium*, Introduction.

(2) *Rotuli litterarum clausarum*, pag. 78.

(3) *Qui ad treugam jurandam ex parte nostra requisiti fue-*

de novembre 1206 Jean était de retour en Angleterre ; de son côté le Roi Philippe, de retour à Paris achevait au mois de janvier 1207 le règlement de la question de la sénéchaussée d'Anjou avec Guillaume (1).

Il fallait ensuite réduire le vicomte de Thouars qui tenait toujours pour le Roi Jean. L'armée du Roi de France entre sur ses terres sous la conduite de Henri Clément maréchal de France et de Guillaume des Roches. Cette première expédition a pour résultat la prise de Parthenay, le ravage des terres du vicomte et la prise de plusieurs châteaux dont les uns sont détruits, et les autres confiés à la garde du maréchal et de Guillaume.

L'année suivante (1208) le vicomte de Thouars aidé par Savari de Mauléon fait une expédition sur les terres du Roi de France qu'il ravage ; mais une armée de trois cents chevaliers commandée par Henri Clément, Guillaume des Roches et le vicomte de Melun attaque à l'improviste le vicomte de Thouars et Savari de Mauléon, et leur font subir une défaite complète dans laquelle quarante chevaliers poitevins sont faits prisonniers (2) ; une trève est conclue à la suite de cette défaite.

La vie de Guillaume des Roches s'est écoulée jusqu'à présent presque entièrement dans les armées et dans les

---

runt eam tenebunt, Rigord, Rec. des Hist. de France, t. XVII, p. 60. Dumont, Corps diplomatique, t. I, part. I, p. 136.

(1) Cartulaire F de Philippe Auguste, f° 166 r°, Bibl. Nat. Lat. 9778. Arch. Nat. JJ 7 et 8, 8 f° 75 r° col. 2.

(2) Rigord, Chron. §§ 149, 151. Guill. le Breton, Chron. §§ 143, 145. Chron. de Nicolas Thivet, apud d'Achery, spic., t. III, p. 181. Chron. d'Albéric de Troisfontaines, Rec. des Hist. de France, t. XVIII, p. 774 A. Chron. de Robert d'Auxerre, Eod., p. 275.

négociations ; c'est à peine si dans le courant des années 1203 et 1204 on trouve trois ou quatre actes de ses fonctions. Bien que la date en soit vague, il est toujours certain qu'ils sont antérieurs à Pasques 1204 (25 avril), et que lui et le Roi Philippe avaient tenu pour non avenue sa révocation par le Roi Jean.

A partir de la défaite des derniers partisans du Roi d'Angleterre, Guillaume paraît abandonner pour quelque temps ses fonctions de général d'armée, de guerrier habile et heureux, de défenseur glorieux et utile des nouvelles acquisitions du Roi de France, pour reprendre celles non moins utiles et efficaces de sénéchal d'Anjou et du Maine, et travailler par son administration à consolider les résultats heureux de la guerre.

Pendant les expéditions contre le vicomte de Thouars et jusqu'à la première croisade contre les Albigeois, neuf actes émanés de lui, chiffre notable si l'on réfléchit au petit nombre d'actes privés de cette période qui nous sont parvenus, nous le montrent faisant des donations à des abbayes, prononçant des sentences ou donnant le sceau à des accords en justice, et enfin le 4 octobre 1209 fondant l'abbaye du Perray-Neuf, ou plutôt transportant à ce lieu et dotant de biens importants l'abbaye de Bois-Renou fondée en 1189 par Robert de Sablé (1).

Au fond de l'âme c'était toujours un guerrier : Il ne peut rester sourd à l'appel fait pour aller combattre par les armes l'hérésie Albigeoise dans le midi de la France. L'historien de la première croisade Pierre moine des Vaux-de-Cernay le compte parmi les barons et puissants seigneurs

_____

(1) Ménage, Histoire de Sablé, preuves, p. 356 et 364.

qui se rendirent à Lyon en 1209 (1). On n'en sait pas davantage sur la part qu'il peut avoir prise à cette expédition.

Bien qu'en apparence l'Anjou et le Maine fussent pacifiés, il y restait cependant des ferments de révolte qui ne demandaient qu'une occasion favorable pour éclater. Ce n'était pas trop d'avoir pour gouverner le pays un homme comme Guillaume des Roches, *strenuo viro et integræ fidei* (2), sur lequel on pouvait compter. Guillaume le Breton dit qu'excepté lui, Juhel de Mayenne, le vicomte de Sainte-Suzanne et quelques autres en petit nombre, la plupart des seigneurs de ces pays comptaient sur les événements qui se préparaient dans le nord de la France pour faire défection (3). Dans de telles circonstances il fallait au Roi de France un coopérateur dévoué de sa politique qui aurait la main assez ferme pour ne pas hésiter devant les obligations que sa situation lui créait.

Le Roi ne se trouvait pas suffisamment garanti par les serments de fidélité lige que lui avaient prêtés les seigneurs du pays. La facilité avec laquelle ceux du Poitou étaient venus à lui et l'avaient ensuite abandonné lui avait démontré que ce serment devait être accompagné

---

(1) Pierre des Vaux-de-Cernay, cap. xiv, Rec. des Hist. de France, t. XIX, p. 196.

(2) Guill. le Breton, Chron. § 178.

(3) Guill. le Breton, Chron. § 201. Chronique de Saint-Denys, Rec. des Hist. de France, t. XVII, p. 413. Le chroniqueur de Saint-Denys a traduit, mais mal traduit Guillaume le Breton : de *Vice-comes Santæ-Suzannæ*, il a fait *li vieux cuens de Sainte-Susane*, et il fait d'ailleurs un contre sens en le comptant parmi les partisans secrets du Roi d'Angleterre ; Guillaume le Breton dit précisément le contraire.

d'une autre garantie plus efficace. Le vicomte de Beaumont en juillet 1210 (1), et en février 1212 Amaury de Craon lui-même (2) qui par son château de Chantocé tenait une des clefs de l'Anjou furent obligés d'assurer la garantie de leur serment de féauté par celle d'un engagement pécuniaire de trois mille marcs d'argent chacun s'ils venaient à y manquer. Cela ne suffisait pas, il fallait garantir le payement pour le cas où la condition prévue se serait réalisée, ces engagements furent garantis par d'autres seigneurs du pays. Guillaume des Roches tout le premier cautionnait le vicomte de Beaumont pour 500 marcs et Amaury de Craon pour mille livres. D'autres cautionnements étaient donnés par le comte de Vendôme, Juhel de Mayenne, Rotrou de Montfort, Guillaume de Sillé, le comte d'Alençon, Gervais de Preuilly et beaucoup d'autres ; ils étaient intéressés au maintien de la fidélité de ceux qu'ils garantissaient, le Roi les maintenait ainsi les uns par les autres.

La défense du pays contre les incursions possibles des Anglais ou de leurs adhérents était toujours une des principales préoccupations de des Roches. La forteresse de Rochefort, sur la rive gauche de la Loire au-dessous d'Angers, appartenant à Payen de Rochefort, chevalier d'une bravoure incontestée, mais qui infestait les environs par ses brigandages continuels par terre et par eau, pillait les laboureurs et les marchands, et rendait très difficiles les communications d'Angers avec Nantes.

---

(1) Arch. Nat., JJ 7 et 8, f° 82 v°.

(2) Cartulaire F de Philippe Auguste, f° 171 r° ; Bibl. Nat. Lat. 9778. Arch. Nat. JJ 7 et 8 ; 7 f° 55 r° col. 1 ; 8 f° 83 v° col. 2.

Pour les assurer et pour tenir Payen de Rochefort en respect, Guillaume avait fait construire en face sur la rive droite de la Loire le château de la Roche-au-Moine dans une position très forte, ou au moins augmenter des travaux de fortifications déjà existants (1).

Un pays frontière et qui venait de changer de souverain, où le parti vaincu conservait nécessairement des représentants, ne pouvait être administré sans qu'il y eût des froissements nombreux dans lesquels se retrouve la rudesse des mœurs de l'époque. La chronique de Tours (2) reproche à Guillaume des Roches ses violences qu'elle met au nombre des causes qui avaient appauvri et rendu presque déserte la ville d'Angers. Il avait dû prendre des mesures énergiques à l'égard de plusieurs seigneurs. Il avait pu enlever à Payen de Rochefort son château de Rochefort tant à cause de ses brigandages qu'à cause de sa fidélité plus que douteuse et il avait donné Rochefort à Barthelemy de l'Isle (3). Philippe de Remefort lui parut aussi devoir être l'objet d'une mesure semblable ; il lui enleva toute la terre (féodale sans doute) qui lui était échue de son oncle Rainaud de Voo, tant dans Angers que hors d'Angers, et il la donna à Rainaud d'Angers (4).

---

(1) Guill. le Breton, Chron. § 178.
(2) Chronicon magnum, Ed. Salmon, p. 153.
(3) La fidélité de Barthelemy de l'Isle au Roi de France est naturellement considérée par le Roi Jean comme une sédition à son égard. Par lettres datées d'Angoulême 14 mars 1214, lui enlève le château de Rochefort pour le rendre à Payen... *cum pertinentiis, sicut Barth. de Insula ... habuit et tenuit*, et il lui donne en même temps des droits importants de péages sur la Loire, *Rotuli Chartorum*, pag. 196.
(4) Lettres de Jean datées de la Roche-au-Moine, 26 juin 1214,

C'est dans cette période de temps que, entre autres actes importants, il faut placer une déclaration de Guillaume, à la suite de laquelle est rendue une ordonnance du Roi de France de novembre 1211, qui décide que les hommes de la Couture ne peuvent être appelés à l'ost et chevauchée que sur la semonse de leur abbé (1) ; — une enquête sur les droits litigieux entre le seigneur d'Oustillé et le chapitre du Mans, à la suite de cette enquête Philippe-Auguste rend une ordonnance en 1213 qui règle ces droits (2) ; — et en juin 1214, Guillaume est chargé par le Roi avec Gui d'Athies de s'informer auprès de l'evêque élu du Mans et un ou deux chanoines qui devront prêter serment *in verbo veritatis*, si ses prédécesseurs ont prêté serment aux Rois Henri, Richard et Jean. A la suite de cette enquête des lettres des deux enquêteurs agissant en vertu du mandement du Roi de France font à l'évêque la délivrance de ses régales, c'est-à-dire des biens de l'évêché soumis à la régale du Roi en cas de vacance de l'évêché (3).

Mais à ce moment l'Anjou était de nouveau menacé, le Roi d'Angleterre était débarqué à La Rochelle au mois de février 1214. Après avoir employé son temps jusque vers la fin de mai à assurer sa domination dans la partie méridionale du Poitou et les pays voisins, notamment

---

ordonnant à Hugues de Gournay et Hugues du Bourg de rendre ces terres à Philippe de Remefort, *Rotuli litterarum clausarum*, pag. 167 *b*.

(1) Cartulaire de la Couture, fl. 6 v° et 7 r° ; Bibl. du Mans ; Dom Gueranger, pages 166 et 167.

(2) Registre XXI de la Chambre des comptes, f° 261 ; Bibl. Nat. Lat. 9067.

(3) Liber albus capituli Cenomanensis, p. 8.

l'Angoumois et le nord de la Gascogne, il se dispose à faire de nouveau valoir par les armes ses droits sur l'Anjou. Le 25 mai il est à Parthenay, le 11 juin à Ancenis, le 12 à Rochefort-sur-Loire et à Saint-Florent ; il remonte ensuite jusqu'à Blaison en suivant la rive gauche de la Loire, et passant sur la rive droite il revient sur Angers qui n'était pas fortifié (1), et où il avait conservé sans doute un grand nombre de partisans secrets ; il y entre le 16 ou le 17 juin et après avoir commandé des travaux de fortification, va mettre le siège devant la forteresse de la Roche-au-Moine que les travaux dûs à la prévoyance de Guillaume des Roches avaient mise en état de soutenir un siège contre les forces considérables que le Roi Jean amenait avec lui, forces que Guillaume le Breton porte à environ 30,000 hommes, chiffre probablement exagéré.

Le Roi de France s'était porté d'abord jusqu'aux confins du Poitou à la rencontre du Roi Jean ; mais obligé par l'invasion du nord de la France à faire face à l'armée allemande et flamande, il avait laissé son fils Louis avec 800 chevaliers pour défendre l'ouest de la France contre l'attaque du Roi d'Angleterre qui prenait des proportions inquiétantes. Outre ces 800 chevaliers, il avait pu réunir 7000 hommes de pied et 2000 chevaux avec lesquels il arrivait ayant Chinon ou ses environs comme point de de départ, en même temps que Guillaume des Roches et Amaury de Craon arrivaient avec 4000 hommes du côté du nord où se trouvaient leurs domaines héréditaires, pro-

---

(1) Guillaume le Breton, Philippidos, X, 71, 202 à 207 ; Chronicon Turonense magnum, pag. 153.

bablement en descendant la vallée de la Sarthe (1). Jean n'osa pas les attendre : le 2 juillet il levait précipitamment le siège, abandonnant ses tentes et tout son matériol, et le 9 il était à La Rochelle d'où il écrivait à ses sujets d'Angleterre que grâce à Dieu ses affaires étaient prospères et réussissaient au gré de ses désirs, *prospera sunt et jocunda*, il les remerciait de l'aide qu'ils lui avaient donnée, et demandait à ceux qui ne l'avaient pas suivi au moment de son départ de venir le rejoindre sans retard (2).

L'Anjou était délivré une fois de plus, grâce à la prévoyance de des Roches et au secours qu'il avait amené au moment opportun. Peu de jours après cette délivrance était confirmée par la victoire de Bouvines (26 juillet) qui rompait la coalition du nord, en même temps qu'elle raffermissait les fidélités chancelantes de l'Anjou et du Maine (3) ; et au mois de septembre une trêve était conclue à Parthenay d'abord jusqu'à Pasques 1215, et ensuite pour cinq ans à partir de ce jour (4).

---

(1) Guill. le Breton, Phil., X, 103 et suiv., 132, 227 et suiv. Il évalue l'armée anglaise au triple de celle amenée par le prince Louis.

(2) Guillaume le Breton dans sa chronique et sa Philippide, dit que le siège dura trois semaines ; l'itinéraire de Jean par M. Duffus Hardy ne mentionne sa présence devant la Roche-au-Moine que du 19 juin au 2 juillet. Mais comme il était à Ancenis le 12 juin, il est fort possible que pendant qu'il s'emparait d'Angers, il ait laissé pour commencer le siège de la Roche-au-Moine une partie de son armée qui aura traversé la Loire aux environs de Rochefort dont il était maître.

(3) Guill. le Breton, Chron. §.178.

(4) Ce traité est imprimé en entier dans Teulet, Layettes du trésor des Chartes, n° 1085, pag. 405 ; Arch. Nat. JJ 7 et 8 ;

En récompense de ses services, le Roi Philippe-Auguste donnait à Guillaume des Roches la terre et les revenus de Longué tels que les avait eus Baudouin des Roches (1).

D'un autre côté, le traité de Parthenay mettait le sénéchal d'Anjou sur le même pied que le comte de Bretagne. Les hommes du comté d'Anjou qui avaient fait la guerre avec le Roi Jean contre le Roi de France, s'ils voulaient rentrer en Anjou devaient donner des sûretés au sénéchal, de même que ceux originaires de Bretagne qui se trouvaient dans la même situation devaient donner des sûretés au comte de Bretagne.

Cette similitude de position ne résulte pas seulement des termes de ce traité, elle résulte des faits postérieurs : le sénéchal d'Anjou siégeait dans la cour des pairs du Roi de France, et sa présence y est constatée deux fois dans des circonstances où il s'agissait de débats importants.

La première fois, la cour du Roi de France est réunie à Melun au mois de juillet 1216, pour statuer sur l'hommage du comté de Champagne que voulaient faire Erard de Brienne et Philippine sa femme ; la comtesse Blanche s'y était opposée, et la cour des pairs avait reconnu son droit (2).

---

8 fº 56 vº, col. 1. Un chroniqueur anglais ajoute même que pour obtenir cette trève à laquelle il attribue une durée de trois ans, le Roi d'Angleterre dut donner 11,000 marcs d'argent (ex chronico Matthæi Westmonasteriensis, Rec. des Hist. de France, t. XIX, p. 259).

(1) Cartulaire F de Philippe Auguste, fº 173 rº ; Bibl. Nat. Lat. 9778. Arch. Nat. JJ 26, fº 216 vº col. 2.

(2) Cette cause est jugée par l'archevêque de Reims ... *et a*

La seconde fois en mars 1221 (n. s.) il y siège à Paris avec l'archevêque de Reims, Louis fils aîné du Roi de France, le comte de Bretagne, etc., pour un procès pendant entre le Roi et l'évêque de Paris au sujet du clos Bruneau. L'évêque après beaucoup d'artifices de procédure finit par dire que cette affaire ne regardait que la cour ecclésiastique et qu'il ne répondrait plus au Roi.... *quod placitum illud pertinebat ad christianitatem, et quod inde amplius non responderet* (1).

Au mois de novembre 1216, Raoul vicomte de Sainte-Suzanne, sur le point de partir pour la Terre-Sainte donna son fils aîné à la garde du Roi de France et de Guillaume des Roches. Le vicomte promet qu'il fera jurer que les forteresses de la vicomté de Beaumont ne devront être rendues qu'au Roi de France ou en vertu de ses ordres, et pour mieux garantir l'exécution de ces promesses, Guillaume s'engage envers le Roi, si le fils du vicomte de Beaumont manque à sa parole, à payer 1000 marcs

---

multis aliis episcopis et baronibus nostris, videlicet G. Altissiodarensi ... episcopis, et Guillelmo comite Pontivi ... W. de Ruppibus senescallo Andegavensi ... Nobis *audientibus et judicium approbantibus* ... Invitation est faite à tous ceux qui y ont pris part de faire des lettres de ce jugement ... *Litteræ Willelmi de Rupibus senescalli Andegavensis quibus notum facit judicium ... In cujus rei testimonium presentes litteras fieri fecimus sigilli nostri munimine roboratas* ... Teulet, Layettes du Trésor des Chartes, n° 1182 et 1183, pag. 431, 433).

(1) Le Roi fit faire des lettres contenant comme un procès-verbal de ce qui s'était passé ... *Nos autem super premissis veritati testimonium perhibentes de visu et auditu, presentes litteras sigillis nostris fecimus sigillari* ... Ces lettres sont scellées de 22 sceaux parmi lesquels celui de Guillaume des Roches (Teulet, op. c., n° 1439, p. 514).

d'argent et à se rendre auprès de lui à Paris pour y tenir hostage dans les quarante jours qu'il en aura été sémons (1).

Les années qui s'écoulent jusqu'à la seconde croisade contre les Albigeois sont des années de tranquillité dans lesquelles rien ne paraît le distraire de ses fonctions de sénéchal : sentences, enquête sur l'étendue des droits du Roi comme comte du Maine à l'encontre de ceux de l'évêque, déclarations sur des points de droit, donations et autres actes. Au moment de cette seconde croisade, le guerrier reparaît, il se décide à prendre la croix dès le mois de mars 1219 (n. s.), et fait *in procinctu* son testament, le partage de ses biens entre ses filles, et le règlement du douaire de sa femme (2). Mais il ne partit que beaucoup plus tard.

L'expédition commandée par le fils du Roi ne partit qu'au moment de l'Ascension qui tombait le 17 mai 1219 ; le lundi Guillaume était encore à Tours avec son gendre, sa femme et ses deux filles, et il y faisait à l'abbaye de Bonlieu donation de toutes ses terres de Boutigny lieu où est située cette abbaye (3). L'expédition arriva devant

---

(1) Léopold Delisle, catalogue des actes de Philippe-Auguste, n°° 1691 à 1695. Teulet, Layettes du Trésor des Chartes, n°° 1197 et 1201, p. 438 et 439.

(2) Ces trois dispositions sont contenues dans deux actes que j'ai publiés, Coutumes et Institutions de l'Anjou et du Maine, t. III, p. cxxi et cxxiii, avec la date de 1218 ; c'est la date suivant l'ancien style ; les lettres de Philippe Auguste qui confirment l'acte du *dotalicium* (qui est de l'année 1197), et l'acte de Guillaume des Roches confirmant ce premier acte et faisant le partage entre ses filles portent la date de mars 1218, c'est-à-dire, 1219 suivant le nouveau style.

(3) Registre XXI de la Chambre des comptes, f° 352 v°, Bibl. Nat. Lat. 9067. Gallia Christiana vetus, t. IV, p. 185.

Marmande dont le siège avait été commencé par Amaury fils de Simon de Montfórt. Guillaume le Breton (chron. § 233) ne parle pas de des Roches, mais l'auteur de la Chanson de la croisade nous montre *le sénéchal redouté* comme un de ses principaux chefs avec l'évêque de Saintes (1). Il fut probablement présent à la prise de Marmande, et le fut certainement au conseil tenu pour statuer sur le sort des défenseurs de cette ville. Son avis prévalut pour épargner un des chefs faits prisonniers pour l'échanger contre d'autres seigneurs faits prisonniers par les Albigeois ; mais l'historien de la croisade ne dit pas quel fut son avis dans ce même conseil par les ordres duquel cinq mille hommes et femmes de tout âge furent froidement massacrés et la ville réduite en cendres (2).

L'expédition ne dura pas beaucoup plus longtemps, et on peut supposer sans invraisemblance que Guillaume des Roches était de retour dans ses domaines lorsque le 3 mars 1220 la trève de Parthenay fut prolongée pour quatre ans à partir du jour de Pasques de cette année (29 mars). Ce nouveau traité comme le premier soumettait au consentement du sénéchal d'Anjou la rentrée de certaines personnes dans le comté d'Anjou, mais il y ajoutait celui du Roi de France. Aimery vicomte de Thouars garantit cette trève par engagement pris à Melun au mois d'avril 1220 (3) ; en cas d'infraction à la trève, il se sou-

---

(1) Chanson de la croisade des Albigeois, vers 9234, t. I, p. 371 ; Traduction, t. II, p. 459.

(2) Guill. le Breton, chron., § 233. Chanson de la croisade, vers 9300 et suiv., t. I, p. 373 ; traduction, t. II, p. 461.

(3) Teulet, Layettes du trésor des Chartes, nᵒˢ 1387 et 1391, p. 496, 498.

mettait au payement d'une amende qui serait arbitrée par Guillaume des Roches et Thierry de Gallardon ... *per dominum Guillelmum de Rupe senescallum Andegaviæ et Terricum de Galardon ballivum Turoniæ emendabitur.*

Cette trève d'ailleurs donnait lieu comme tous engagements qu'on peut ne pas croire définitifs à bien des difficultés. Les successeurs de Payen de Rochefort qui avait été blessé à mort à la Roche-au-Moine étaient restés en possession du château de Rochefort-sur-Loire, et continuaient sans doute à se montrer ardents partisans du Roi d'Angleterre. Ils étaient tenus en respect par la garnison de la Roche-au-Moine qui devait avoir de temps en temps à réprimer quelques déprédations. Ils portèrent leurs réclamations jusqu'au Saint-Siège en se présentant comme des victimes des violences de Guillaume des Roches, qui avait suivant eux fait construire un château en contravention formelle aux trèves conclues entre le Roi de France et le Roi d'Angleterre. Ils eurent l'art de présenter les choses de telle manière qu'au mois de décembre 1220 le pape Honorius III écrivit à l'abbé de Saint-Léger et au prieur du Vieux Parthenay pour les inviter à enjoindre à Guillaume des Roches, sous peine des censures ecclésiastiques, de détruire le château qu'il avait construit au préjudice du Roi (d'Angleterre), et d'avoir à s'abstenir de toutes vexations contre les hommes du château de Rochefort (1). Il est probable que la véritable situation des parties en présence fut expliquée au Saint-Père et qu'il n'insista pas sur l'exécution de ses ordres ;

(1) Epistolarum Honorii Papæ III, lib. V, ep. 290 ; Rec. des Hist. de France, t. XIX, p. 714.

quoi qu'il en soit, je n'ai pas trouvé la suite qui a pu être donnée à cette affaire.

C'est la dernière mention que je trouve concernant Guillaume des Roches. Cette vie si remplie, et on peut le dire si glorieuse, s'acheva paisiblement et le bon chevalier (1), le sénéchal redouté (2), le *vir armis strenuus* (3), *in bellis probatus* (4), dans lequel les contemporains avaient vu surtout un grand guerrier — mais que nous pouvons aussi regarder comme un grand administrateur, et dans les limites du pays qu'il gouvernait comme un des fondateurs de l'unité Française, mourut au mois de juin ou juillet 1222, et fut enterré dans l'abbaye de Bonlieu qu'il avait reconstruite et fondée de nouveau auprès de Château-du-Loir.

---

(1) Histoire des ducs de Normandie et des Rois de France, Ed. Francisque Michel, p. 93.

(2) Chanson de la croisade des Albigeois, vers 9234, t. I, p. 371 ; Traduction, t. II, p. 459.

(3) Chronicon Turonense magnum, p. 153.

(4) Guill. le Breton, Chron., § 178.

Sénéchaux héréditaires d'Anjou et du Maine.

17. Amaury I de Craon.
Juillet 1222. — 12 mai 1226.

Guillaume des Roches avait, par deux actes du mois de mars 121 $\frac{8}{9}$, confirmé la constitution de dot qu'il avait précédemment faite à sa femme, et partagé ses biens entre ses deux filles, Jeanne et Clémence (1). Le mariage de Jeanne avec Amaury de Craon se place à une époque antérieure à 1214 (2). Amaury déjà seigneur de Craon, le Lude et Durestal était devenu par ce mariage, du chef de sa femme, seigneur de Sablé, Briolay, Châteauneuf-sur-Sarthe, Précigné et Brion. Quant à la sénéchaussée, comme la femme de Guillaume des Roches, Marguerite de Sablé, y avait des droits, il fut, dans l'arrangement sur la douaire de Marguerite de Sablé, convenu entre elle et Amaury, avec le consentement de Jeanne très probablement en sa qualité de fille aînée, *de assensu filie mee primogenite*, qu'Amaury après la mort de son beau-père aurait la sénéchaussée avec

---

(1) Coutumes et Institutions de l'Anjou et du Maine, t. III, p. cxxi et suiv.; n° XI et XII.

(2) Guillaume le Breton, Philippidos, X, 230 et suiv. Pour tout ce qui est relatif aux sénéchaux de la Maison de Craon, v. Dom Housseau, t. XIX, ff. 393 et suiv., t. XXV, 1, ff. 165 et suiv. Ménage, Histoire de Sablé. Bodard de la Jacopière, Chroniques Craonnoises, p. 196 et suiv. Le Père Anselme, t. VIII, p. 568 et suiv.

toute la juridiction et tous droits appartenant à la sénéchaussée, à l'exception du droit aux coupes d'argent qui
revenaient au sénéchal sur les baux de la sénéchaussée,
et dont la moitié sans aucune charge (*integram medicta-
tem*) devait appartenir à la mère de Jeanne.

Au mois d'août 1223, à Compiègne, il renouvelle au
Roi de France, dans les mêmes termes, la déclaration
faite en janvier $120\frac{6}{7}$ par Guillaume des Roches au sujet
de la sénéchaussée d'Anjou, du Maine et de Touraine (1).

Au mois de novembre suivant il est mentionné dans
l'ordonnance de Louis VIII sur les Juifs comme un de
ceux qui la signèrent et jurèrent de l'observer (2).

Amaury prit parti contre Pierre de Dreux, surnommé
Mauclerc, duc de Bretagne ; après avoir remporté quelques avantages, il fut battu près de Chateaubriant le 3
mars $122\frac{3}{4}$ et fait prisonnier avec Jean de Montoire
comte de Vendome et plusieurs autres seigneurs. Il fut
enfermé à Torfou près Nantes, d'où il ne sortit que
moyennant une rançon considérable (3), et une promesse

(1) Arch. Nat., J 179, n° 3, Craon ; original scellé.

(2) Recueil des Ordonnances, t. I, p. 47.

(3) Il dut contracter des emprunts, et entre autres il s'a-
dressa à Gilles, abbé d'Evron ; il remettait en même temps à
l'abbaye une reconnaissance constatant que c'est bénévole-
ment et non à titre de devoir que ce prêt lui avait été fait,
qu'il n'avait aucun droit de l'exiger, et qu'il n'en pouvait résulter aucun préjudice pour l'abbaye ... *Amicabiliter pecieri-
mus ut nobis non ex debito, sed ex gracia liberaliter subveniret
ad redempcionis nostræ precium comiti Britanniæ persolven-
dum pro caupcione corporis nostri, ne talis exactio possit in
posterum ab aliquo fieri ab eodem abbate, universitati vestræ
in veritatis testimonio perhibemus quod nullum jus habemus...
(Extr. des titres de l'abbaye d'Evron, coll. Gaignières, vol. 205,
p. 186 ; Bibl. Nat.)

de mariage entre sa fille (1) et Artur fils de Pierre, tous deux enfants ; ce mariage n'eut aucune suite, Artur étant mort peu de temps après.

Plusieurs de ceux qui se sont occupés de la succession des sénéchaux héréditaires d'Anjou, entre autres Claude Ménard, font mourir Amaury en 1224, ou même en 1223, en quoi ils se trompent. Leur opinion se fonde très probablement sur deux titres des archives de l'abbaye de Toussaints d'Angers portant la date de 1224, et dans lesquels il est fait mention de Maurice sénéchal d'Anjou. Je ne connais ces deux titres que par des mentions très sommaires de Dom Housseau ; mais il est probable qu'ils concernent Maurice III de Craon frère d'Amaury et que par inadvertance celui qui prenait ces notes, sachant qu'il y avait eu des sénéchaux du nom de Maurice, aura ajouté à celui-ci la qualité de sénéchal (2).

Ce Maurice III frère d'Amaury était comme lui fils de Maurice II et d'Isabeau de Meulan ; il est mort sans postérité après 1224. Suivant quelques-uns il aurait été l'aîné d'Amaury. Ménage conteste cette opinion en se fondant sur le mariage même d'Amaury avec la fille aînée de Guillaume des Roches, la plus riche héritière de l'Anjou et du Maine, mariage très-peu vraisemblable

---

(1) Chronicon Turonense magnum, ad annos 1223 et 1224, p. 154 ; Ed. Salmon. Ce chroniqueur se trompe en ce qu'il appelle la fille d'Amaury, fille unique.

(2) Dom Housseau, t. XIII, 1, n° 10557 et 10620. La première de ces deux mentions se borne au nom de Maurice. La seconde fait mention que c'est une transaction avec l'abbé de Toussaints au sujet de divers immeubles. Ne serait-il pas encore possible qu'il y ait eu dans la rédaction primitive des actes, une confusion semblable à celle que nous verrons plus loin au sujet de Maurice VI, p. 348, note ?

s'il avait été « cadet d'une province où les cadets n'ont rien en propriété ». En 1224, Amaury confirma des donations que ce frère et sa mère avaient faites dans la forêt de Craon au prieuré de la Haye-des-Bons-Hommes, près Angers (1).

Amaury mourut le 12 mai 1226 (2), au moment où il venait de prendre la croix pour une nouvelle expédition contre les Albigeois.

De son mariage avec Jeanne des Roches sont issus trois enfants :

Maurice IV qui lui succéda ;

Jeanne de Craon promise à Artur ainsi qu'on l'a vu plus haut, et qui épousa Jean de Montfort, comte de Montfort-l'Amaury ;

---

(1) Ménage, Hist. de Sablé, p. 156 et suiv., p. 212. Dom Housseau, t. VI, n° 2586 ; Arch. du prieuré de la Haye-des-Bons-Hommes, pr. Angers. Ce volume de Dom Housseau contient deux autres mentions concernant Amaury ; n° 2599 extr. des archives de la Toussaints d'Angers, lettres d'immunité pour le prieuré de Saint-Augustin, de 1224 ; et n° 2603, extr. de Gilles Bri, Histoire des comtes d'Alençon et du Perche, t. III, p. 235 ; Ce sont des lettres de Marie, comtesse de Ponthieu, par lesquelles elle cède au Roi de France Aubigny en Cotentin et Dourlens ... *in presentia domini Regis, presentibus his et testibus ... Amalricus de Credonio senescallus Andegavensis* ... Ces lettres sont du mois de juillet 1225.

(2) Chronicon Turonense magnum, ad annum 1226, p. 158, Ed. Salmon. Ménage observe qu'Amaury de Craon, contrairement à l'usage généralement suivi par les seigneurs féodaux d'une certaine importance, ne fit aucune fondation et ne donna rien aux églises ou abbayes ; je n'ai relevé qu'une seule donation, celle de 100 s. t. de rente qu'il fit en mai 1220 à l'abbaye de Bonlieu, à prendre sur son péage de Chantocé (Dom Housseau, t. XVIII, f° 293 r°). Une semblable libéralité ne diminue en rien la justesse de l'observation de Ménage.

Et Isabelle de Craon mariée en février 123$\frac{3}{4}$ à Raoul de Fougères (1), et en secondes noces à Carou de Bodegat, chevalier breton.

18. Maurice IV de Craon.

Mai 1226-1250.

Jeanne des Roches sénéchale.

Maurice devait être très jeune lorsque son père mourut. Sa mère Jeanne des Roches comme ayant le bail de son fils devint sénéchale d'Anjou, du Maine et de la Touraine. Elle fut mandée en cette qualité au mois de novembre 1226 pour assister au sacre de Louis IX (2), et en janvier suivant elle fit hommage lige au Roi de la sénéchaussée pour la tenir de lui comme Guillaume des Roches son père la tenait avant que Philippe-Auguste lui eût donné Angers et Baugé. S'il s'élevait quelque contestation sur cette matière, le Roi ordonne qu'elle sera jugée par P. de Roye chambellan de France ; Mathieu de Montmorency, connétable de France ; Jean de Beaumont ; le vicomte de Châteaudun ; le vicomte de Beaumont ; et Hugues de Baucay (3).

J'ai fait mention plus haut de Richard qui fut son bailli

---

(1) Ménage, Hist. de Sablé, p. 217 ; Dom Morice, Preuves de l'Histoire de Bretagne, t. I, col. 880.

(2) Dom Housseau, t XXV, 1, f° 165 qui cite Du Tillet, annotations sur le Sacre et couronnement des Rois, f° 492).

(3) Arch. Nat., J 179, Craon, n° 4, original scellé ; ce sont les lettres de Jeanne. Celles du Roi se trouvent dans le Cartulaire F de Philippe Auguste, f° 183 v°, Bibl. Nat. Lat. 9778.

en 1230 (1). Elle devait être encore bail de son fils
en 1234 ; c'est en février $123\frac{3}{4}$ qu'eut lieu le mariage de
sa fille Isabelle avec Raoul de Fougeres. D'après les coûtumes d'Anjou et du Maine, c'était le fils aîné qui devait
marier les filles ; dans l'acte que je cite et qui réglait les
conventions matrimoniales de Raoul et d'Isabelle, il n'est
question de Maurice que pour régler les obligations de
Raoul dans le cas où sa succession par suite de son prédécès adviendrait à sa sœur (2). Toutes les stipulations
du contrat sont faites par la mère et la grand'-mère d'Isabelle, ce qui n'aurait pas eu lieu si Maurice avait été en
âge de tenir terre.

Quelle que soit d'ailleurs l'époque à laquelle il est arrivé
à cet âge, il fit hommage au Roi de France le 13 octobre
1245 (vendredi après la Saint-Denis) (3), et jura de ne rendre ses châteaux et forteresses qu'au Roi ou à celui qui
serait porteur de ses lettres.

Maurice IV vivait encore en 1249 ; à cette date il reçoit
deux sols de ses hommes sur le prieuré de Daumeré pour
bian, sans que cela tire à conséquence pour l'avenir (4).
Mais il mourut peu temps après, peut-être dans le cou-
rant de l'année $12\frac{49}{50}$, car dans un acte du 25 février $125\frac{0}{1}$
(vendredi après *Reminiscere*), il est fait mention de Michel
évêque d'Angers et de Clémence dame de Châteaudun,

---

(1) V. ci-dessus, p. 193, 194. Nous verrons plus loin qu'en 1232
elle avait un bailli appelé Benoît *de Chatigneyo*, pages 361 et 363.

(2) Coûtumes d'Anjou et du Maine ; Texte B, § 18 ; Coûtume
glosée, § 18, t. I, p. 76 et 204. Ménage, Histoire de Sablé, p. 217 ;
Dom Morice, preuves de l'Histoire de Bretagne, t. I, col. 860.

(3) Cartulaire F de Philippe Auguste, fᵒ 29 rᵒ ; col. 2, Bibl.
Nat. Lat. 9778.

(4) Dom Housseau, t. VII, nᵒ 2984, extr. des Archives du
prieuré de Daumeré dépendant de Marmoutier.

seconde fille de Guillaume des Roches, comme exécuteurs du testament *defuncti Mauricii de Credonio* (1).

Maurice IV avait épousé une femme dont la famille est restée inconnue des généalogistes et historiens de la maison de Craon qui lui donnent le nom de Jeanne. Je crois que c'est Isabelle qu'elle se nommait comme on peut le voir dans l'article suivant. Il en eut Amaury II et Maurice V qui furent successivement sénéchaux d'Anjou, du Maine et de Touraine. Le mariage d'Amaury Ier avec Jeanne des Roches pouvant remonter environ à 1213, et la mort de Maurice IV étant à peu près de 1250 comme on vient de le voir, il en résulte qu'on peut lui attribuer à peu près l'âge de 35 à 36 ans lorsqu'il mourut. Tous ces sénéchaux de la maison de Craon ont été ou mineurs, ou très-jeunes lorsqu'ils sont arrivés au pouvoir ; ils sont morts jeunes, une succession aussi rapide et dans des conditions défavorables devait grandement contribuer à la destruction de l'œuvre de Guillaume des Roches.

19. Amaury II de Craon.

1250 — v. 1269.

Isabelle..... sénéchale.

Lorsqu'il hérita de la sénéchaussée, Amaury était mineur (2) ; les baillis du Roi s'emparèrent à son détriment

---

(1) Dom Housseau, t. VII, n° 2995, extr. des archives de Saint-Martin de Tours, Anjou.

(2) Enquête faite par ordre du Roi par Guitier, bailli de Tours ... *super eo quod Amalricus de Credone dicit ... quod*

de son droit au tiers des amendes prononcées dans l'étendue de sa sénéchaussée. En 1266, après qu'il fut devenu
majeur, il fit reconnaître son droit par la cour du Roi.

Pendant sa minorité qui dura au moins jusque vers la
fin de 1259, ce fut Isabelle qui porta le titre de sénéchale
d'Anjou (1) ; et c'est bien de sa mère qu'il est question
dans les actes que je cite en note, car elle prend le nom
de dame de Craon ou dame de Sablé qui n'appartenait à
nulle autre qu'à elle.

Amaury II avait épousé Yolande de Dreux fille de Jean

---

*pater suus tempore quo decessit erat in possessione perci-
piendi et levandi terciam partem emendarum ... de quibus
dissaisitus fuerat per ballivos Regis post mortem patris sui
dum esset minoris œtatis sicut dicebat ... probata est intencio
dicti Amalrici, et per assercionem aliorum qui fuerunt ballivi in Turonia deliberata fuit eidem saisina emendarum hujusmodi .... salvo domino Regi jure proprietatis.* Enquêtes
expédiées au Parlement de la Pentecoste, 1266, Olim, t. I, p.
229, I.

(1) A. Lettres d'Isabelle, dame de Craon, sénéchale d'Anjou,
reconnaissant qu'à sa prière la Reine Blanche a baillé en garde
les châteaux de Sablé et autres à Bernard de la Ferté, et
Hamelin d'Antenaise, chevaliers, et promet qu'ils les remettront
en la main du Roi de France ou de Charles d'Anjou, ou d'autres pour eux ; parmi les plèges, Jacques de Chateaugontier
pour 1000 livres et Aimeri de la Chevrière, chevaliers. Ces
lettres sont de 1250 (Ménage, Hist. de Sablé, p. 239).

B. En octobre 1259, elle fait un échange avec les frères de
Grandmont de la forêt de Craon, *Isabella domina Credonii,
senescalcissa Andegaviæ* (Dom Housseau, t. VII, n° 3119, Cartul. de la Haye, pr. Angers. Extr. des titres de N.-D. de
la Haye-des-Bons-Hommes, Coll. Gaignières, vol. 650, p. 226,
Bibl. Nat.)

C. Gaignières cité par Dom Guéranger (Cartul. de la Couture,
p. 310, note), cite un autre acte où il est question d'elle en 1260,
mais seulement comme dame de Sablé, et ne lui donne pas le
titre de sénéchale.

de Dreux et de Marie de Bourbon l'Archambaud dont il n'eut pas d'enfant. Il doit être mort vers la fin de 1269 ou tout au commencement de 1270. Sa veuve eut avec les exécuteurs testamentaires de son mari des procès qui ne sont pas exactement rapportés par Dom Housseau et par Ménage (1).

20. Maurice V de Craon.
1269-1277.

Succéda à son frère Amaury II en 1269 d'après Dom Housseau qui cite un compte de Guitier de Villette, chevalier, bailli de Touraine, pour le terme de l'Ascension 1269. Il est certain qu'il était sénéchal en 1272 (2). Il

---

(1) A. Le premier procès est relatif à des lettres qu'elle prétendait devoir lui être rendues par la mère d'Amaury ... *Questione mota inter domicellam Yolandam de Drocis relictam defuncti Hamaurici de Credone ex una parte et executores dicti Almarici ex altera, attendens dicta domicella quod quædam litteræ quas domina de Credone mater dicti Almarici habere dicebatur ... dictam dominam peciit ad litteras ipsas sibi reddendas compelli* ... (Arrêts prononcés au Parlement de la Pentecoste, 1270, Olim, t. I, p. 806, xx).

B. Procès fait par le procureur *executorum defuncti Almarici de Credoneto contra domicellam Yolendi de Drocis relictam ipsius Almarici quod quando comitissa Maria de Drocis et comes Robertus ejus filius dederunt sibi in uxorem dictam Yolendim* ... L'objet du procès est la valeur de bois faisant partie de la forêt de Dreux donnés en payement de la dot stipulée. Les exécuteurs perdirent encore leur procès (Enquêtes expédiées à Paris au Parlement des octaves de la Chandeleur, $127\frac{0}{1}$, Olim, t. I, p. 360, II).

(2) Dom Housseau (t. VII, n° 3264), cite d'après le Cartulaire de la Haye-des-Bons-Hommes un acte du mois de Mai 1272, par lequel Maurice de Craon, sénéchal d'Anjou, du Maine et

épousa Isabelle de la Marche veuve de Geofroi de Rancon
seigneur de Taillebourg et fille de Hugues XI de Lusignan
comte de la Marche et d'Angoulême, surnommé le Brun
comme plusieurs de sa famille ; de ce mariage sont issus
Maurice qui lui succéda et Jeanne de Craon qui épousa
Gérard Chabat second du nom, baron de Rais, de la maison de Chabat en Poitou.

D'après Ménage et le P. Anselme, Maurice serait mort
en 1282 ; c'est une erreur réfutée par l'acte du douaire
de Mahaut de Malines fait à Wissent le 18 juin 1277 (vendredi avant la Nativité de Saint-Jean-Baptiste) (1), Maurice VI en se mariant assigne le douaire de sa femme sur
le château de Sablé et ses appartenances jusqu'à concurrence du tiers conformément à la coûtume ; mais comme
sa mère (que d'ailleurs il ne nomme pas) avait aussi son
douaire assigné sur le château de Sablé, cet acte règle la
manière dont le douaire sera pris en cas de prédécès de
l'époux. La conséquence à en tirer c'est que son père était
mort à ce moment, car sans cela il n'y aurait pas eu lieu
de régler ces questions de la concurrence possible des
deux douaires sur une même terre.

---

de Touraine remet aux religieux de Grandmont de la forêt de
Craon les cinquante sols qu'ils étaient obligés de lui payer sur
les vignes de Balots, suivant l'échange fait avec eux par Isabelle sa mère, en 1259 : la filiation se trouve ainsi bien établie.
V. en outre Gaignières, vol. 650, p. 226.

(1) Archives Nationales, J 179, Craon, n° 5, original scellé.

21. Maurice VI de Craon.
1277-1292.

Nous trouvons un peu plus d'activité dans la vie de Maurice VI que dans celle de ses prédécesseurs. Il continue leur lutte judiciaire avec les baillis du Roi de France au sujet du droit sur le tiers des amendes prononcées dans l'étendue de sa sénéchaussée ; le Parlement statue trois fois sur la question en $127\frac{7}{8}$, 1279 et 1286 (1). En 1288 il transige avec le Ronceray et renonce à avoir aucun droit de juridiction sur la terre et seigneurie de l'Alleu et sur Chauvon, paroisse du Lion d'Angers (2).

En 1289 (n. s.) on le retrouve dans plusieurs circonstances importantes qui permettent de croire qu'il prenait une situation personnelle en rapport avec l'importance de ses domaines et celle de ses fonctions de sénéchal (3).

---

(1) A. Arrêt du Parlement de l'Epiphanie $127\frac{7}{8}$ qui lui refuse le tiers des amendes prononcées contre les Lombards qui prêtent à intérêt, bien qu'il ait droit sur les autres ; Olim, t. II, p. 104, xxiv. Cet arrêt a été recueilli dans la 7e partie du style du Parlement de Paris, œuvres de Dumoulin, t. II, p. 664, sous le n° XLVI.

B. Autre réclamation rejetée au Parlement de la Toussaints, 1279, Olim, t. II, p. 144, vii.

C. Dans une autre circonstance, en 1286, il est décidé que la remise faite par le Roi d'une amende ne préjudicie pas à son droit d'avoir le tiers de l'amende à raison de sa sénéchaussée, Parlement du samedi après les octaves de la Pentecoste, Arch. Nat., K. 214, n° 19.

(2) Dom Housseau, t. XII, 2, n° 7746, Extr. des arch. de l'abbaye du Ronceray.

(3) A. Transaction avec Charles II au sujet de l'hommage

En 1290 Maurice était chargé d'une ambassade à Londres ; au moment de l'intronisation de Guillaume Le Maire, évêque d'Angers, son fils Amaury alors âgé d'environ dix ans voulut le remplacer dans le service qu'il devait à cette occasion, ce qui donna lieu aux scènes quelquefois comiques rapportées dans le livre de Guillaume Le Maire.

Il mourut le 11 février 129$\frac{2}{3}$ laissant quatre enfants :

Amaury, qui lui succéda à la dignité de sénéchal ;

Marie, femme de Robert de Brienne vicomte de Beaumont ;

Isabelle, mariée à Olivier de Clisson ;

Jeanne, morte sans avoir été mariée (1).

Il fut le premier de la maison de Craon qui fut enterré dans la chapelle dite de Craon qu'il avait fait édifier dans le couvent des cordeliers d'Angers (Ménage, p. 240).

---

d'Ingrande relevant de Chantocé, qui avait été acquis par Charles I (Ménage, p. 345).

B. 1er avril 128$\frac{8}{9}$, au nom de Charles, Roi de Sicile, comte d'Anjou, il accorde à l'abbaye de la Couture deux foires en deux des villes du Maine appartenant à ladite abbaye.

C. Il renouvelle la cession qu'Amaury I avait faite de Ploermel au duc de Bretagne (Bodard de la Jacopière).

D. Il est chargé par Charles II d'exécuter son ordonnance sur l'expulsion des Juifs, et de surveiller la perception et l'emploi d'une aide qui lui avait été accordée par les évêques d'Angers et de Nantes, les chapitres et d'autres seigneurs du pays (Ménage, p. 411).

(1) Dom Housseau (t. XXV, 1, f° 167), fait suivre cette généalogie de quelques observations qu'il est utile de reproduire :

« MM. de Sainte-Marthe ajoutent un autre fils nommé Maurice qu'ils font ainé d'Amaury, ce qui m'avait paru d'abord assez vraisemblable, y ayant eu un Maurice, fils de Maurice, nommé dans la déclaration du Roi Philippe-le-Bel du mois de décembre 1293 dont nous avons donné la copie. Cette vraisemblance paraissait devoir être encore appuyée du nécrologe

22. Amaury III de Craon.
1292-1332.

Le dernier des sénéchaux héréditaires d'Anjou, du Maine et de Touraine. D'après la date du mariage de Maurice V, il doit être né en 1278, ce qui s'accorde à peu près avec l'âge que lui donne le livre de Guillaume Le Maire ; c'est encore une minorité, la troisième, que nous rencontrons dans la courte histoire des sénéchaux de la maison de Craon. Il ne paraît pas que sa mère ait pris le titre de sénéchale, bien qu'ayant été son bail ; en cette qualité elle continuait la lutte avec les baillis du Roi de France au sujet de la portion des amendes revenant au sénéchal (1).

---

des cordeliers d'Angers où Jeanne de Craon est dite sœur de Maurice. Mais M. Ménage ayant rapporté dans son histoire de Sablé le testament de Maurice 6ᵉ du nom daté du 1ᵉʳ février 1292 où il n'est fait mention que de Amaury qu'il nomme son héritier, et de Marie, Isabelle et Jeanne ses sœurs, nous devons nous arréter à l'autorité de ce testament ; car pour la déclaration du Roi Philippe-le-Bel, il faut croire qu'il y a omission de la lettre A au commencement du nom de Mauricius et qu'on y doit lire Amauritius, aussi bien que dans le nécrologe des cordeliers d'Angers, ce nom étant pareillement employé dans les gestes de Guillaume Le Maire, évéque d'Angers et en d'autres titres latins pour le nom français d'Amaury ».

(1) Au Parlement de la Toussaints 1293, un arrêt fut préparé pour admettre les réclamations de la dame de Craon comme bail de ses enfants mineurs, *Domina Credonii racione liberorum suorum quos habet in ballo suo, petente ratione senescalliarum Turonensis, Cenomuniæ, et Andegavensis...* (Olim, t. II, p. 359, xx). Mais aucune suite ne paraît avoir été donnée à ce projet d'arrêt.

A peine devenu majeur, il intervient en 1311 à un pacte de famille pour assurer la situation des enfants nés et à naître du mariage d'Artur, duc de Bretagne, avec Yolande de Dreux (1).

Malgré les incidents de l'intronisation de Guillaume Le Maire, Amaury ne paraît pas avoir été bien engagé dans les discussions devenues promptement si aigres entre l'évêque d'Angers et les baillis du comte d'Anjou. Il pourrait bien avoir été de meilleure composition que David de Sesmaisons, car son sénéchal Mathieu de Vernée qui avait aussi empiété sur la juridiction de l'évêque se désista publiquement sans difficulté des prétentions qu'il avait élevées à ce sujet ; la charte de l'évêque d'Angers qui le constate est du 11 décembre 1312 (2).

Peu de temps après, en 1316, Philippe V devint Roi de France, on sait dans quelles circonstances, après avoir été plusieurs mois régent après la mort de Louis X. Bien que son avènement au trône n'ait pas été contesté, il semble qu'il y ait eu comme une prévision d'un changement prochain de dynastie en vue duquel dans les différentes parties du royaume avaient lieu des mouvements, des réunions, des coalitions entre les différents seigneurs de fiefs.

Un des premiers soins de Philippe V fut de faire prêter par les évêques le serment de fidélité qu'ils devaient au Roi. Ce fut Amaury de Craon qui le 19 avril 1317 comme ayant pouvoir et commandement du Roi de France

---

(1) Arrêt du jeudi après la Saint-Barnabé, Olim, t. II, p. 548, XVII.

(2) Liber Guillelmi Majoris, Ed. Port, Documents inédits, Mélanges, t. II, p. 491.

reçut celui de l'évêque d'Angers Guillaume Le Maire dans sa chapelle de Villevesque (1).

Des serments de même nature étaient exigés des seigneurs qui ne relevaient pas immédiatement du Roi de France ; ceux d'Anjou et du Maine le prêtèrent aux comtes d'Anjou et du Maine qui étaient à un double titre les représentants de l'autorité royale. L'étendue des domaines des seigneurs de Craon, et surtout leur situation géographique qui faisait d'eux en quelque sorte les gardiens des frontières de Bretagne, devait amener le Roi de France et le comte d'Anjou à prendre des précautions à leur égard pour s'assurer de leur fidélité. Ingrande qui relève de Chantocé l'une des seigneuries appartenant à la famille de Craon, est une des clefs de l'Anjou du côté de la Bretagne. Cette place importante avait été précédemment l'objet d'arrangements entre le comte d'Anjou et les seigneurs de Craon ; Charles Ier en avait fait l'acquisition, et le seigneur de Craon comme seigneur de Chantocé demandait à en avoir le retrait, ou qu'il lui baillât homme desdites choses suivant la coûtume du pays. La demande resta sans solution tout le règne de Charles Ier ; mais en février 128$\frac{8}{9}$ Charles II admit la demande de retrait du seigneur de Craon et lui rendit Ingrande (2).

Après ce retrait Amaury III donna Chantocé et Ingrande son arrière-fief à son fils aîné Amaury, ou en cas de pré-

---

(1) Dom Housseau, t. VIII, n° 3483, Reg. des Chartes, f° 143. Le sommaire de D. Housseau contient une erreur ; c'est l'évêque en personne, et non son procureur, qui a fait le serment.

(2) Ménage, Histoire de Sablé, p. 345 et suiv. Les titres qu'il cite à cette occasion pourraient bien d'après lui, être des traductions anciennes d'originaux en latin.

décès d'Amaury à Pierre son autre fils, en se réservant
l'usufruit. Cette donation entraînait un droit de rachat au
profit du comte d'Anjou. Pour se concilier le seigneur de
Craon par des procédés de bienveillance, le comte d'Anjou Charles de Valois admit les nouveaux seigneurs de
Chantocé et Ingrande à foi et hommage, sans exiger immédiatement le rachat dont le payement était différé jusqu'à
la mort du donateur (1). C'était peut-être nécessaire pour
atténuer l'effet produit par des mesures prises peu de
temps auparavant pour s'assurer de la fidélité du seigneur de Craon et de quelques autres.

En protestant de la fidélité et en s'élevant avec énergie
contre les soupçons dont il était l'objet, Amaury avait dû
affirmer avec serment prêté sur les évangiles (octobre
1317) à Charles le Valois, comte de Valois et d'Anjou et
à Philippe son fils aîné comte du Maine, que ni lui, ni
Henri d'Avangour seigneur de Mayenne, ni Jean seigneur
de Vendôme, n'avaient pris part à aucune alliance ou association préjudiciable aux comtés d'Anjou et du Maine ; ils
protestent de leur fidélité et de leur loyauté, et promettent d'aider le comte d'Anjou et le comte du Maine à contraindre leurs autres sujets de se départir de toute association préjudiciable aux droits de leurs souverains (2) ;
un pareil engagement pouvait entraîner de bien graves
conséquences ; on peut regarder l'arrangement qui sus-
pendait pendant un temps peut-être fort long le rachat de
Chantocé et Ingrande comme une compensation dans une

---

(1) La reconnaissance d'Amaury est du 15 avril $131\frac{7}{8}$; Arch.
Nat., J 179, Craon, n° 7 ; original scellé.

(2) Arch. Nat., J 179, Anjou, n° 91 ; original scellé.

certaine mesure de l'obligation à laquelle s'était soumis le seigneur de Craon.

On peut je crois affirmer que c'est cette politique de sûretés à prendre du côté de la Bretagne qui a déterminé les Rois de France Charles IV et Philippe de Valois à racheter au seigneur de Craon les sénéchaussées de Touraine (1325) et d'Anjou et du Maine (1331) (1). On sait en effet le rôle important qu'a joué la Bretagne pendant toute la guerre de Cent ans, et quel point d'appui les Anglais y ont souvent trouvé ; il était de la plus haute importance de ne pas laisser l'Anjou et le Maine, l'Anjou surtout, presque entièrement entre les mains d'un seigneur dont la fidélité paraissait douteuse, dont les domaines considérables étaient situés sur la frontière, et qui en outre était propriétaire d'une charge dont nous avons vu précédemment les prérogatives et les droits et qui le mettait presque de pair avec les comtes d'Anjou. Le rachat par Philippe de Valois presque aussitôt après son avènement, fut un acte de haute prévoyance à la veille des cruels évènements qui allaient pendant si longtemps ensanglanter la France et surtout les provinces de l'Ouest.

Il est impossible de dire aujourd'hui quel pouvait être le revenu de la sénéchaussée d'Anjou et du Maine ; mais il me paraît certain que le prix stipulé pour le rachat était considérable.

A une époque contemporaine de la cession de la sénéchaussée de Touraine, Amaury de Craon avait pris avec ses sujets de Sablé (2) des arrangements au sujet des dom-

---

(1) V. ci-dessus, p. 172, 176.
(2) 26 juin 1326, Ménage, Histoire de Sablé, p. 248.

magés que le gibier causait à leùrs terres ; il leur donnait le droit de chasser sous certaines conditions.

Amaury III ne survécut pas longtemps à la cession qu'il
fit de son office ; il mourut en 1332.

Les documents que j'ai réunis pour le présent travail
ne m'ont pas permis d'établir avec certitude la suite des
sénéchaux qui lui ont succédé.

CHAPITRE XI

§ 1er.

Notices sur les baillis, 1200 à 1370.

Il me semble que la première réunion de l'Anjou et du Maine à la couronne de France n'a pas eu pour effet de l'incorporer au domaine royal aussi intimement que les parties de ce domaine dont la réunion était plus ancienne ; c'est du moins ce qui me paraît résulter de l'ensemble des actes appartenant à cette période, de l'étendue des droits concédés au sénéchal, et surtout de cette circonstance que l'apanage de Charles d'Anjou bien que constitué d'une manière définitive en 1246, tirait cependant son origine du testament de Louis VIII, et que c'est pour ainsi dire à cette époque qu'il faut faire remonter son existence. De là je crois les hésitations qu'on peut remarquer dans l'administration de la justice, surtout après la mort de Guillaume des Roches (1).

---

(1) Guillaume des Roches est mort en 1222, le testament de Louis VIII est de 1224.

Les lettres du mois d'août 1246 par lesquelles Saint-
Louis constitue l'apanage au profit de son frère Charles (1), sont complètement muettes sur la juridiction que
le Roi de France pouvait s'être réservée. Et quant au
nouveau comte, il était investi des mêmes pouvoirs que
tout feudataire relevant du Roi, ces pays lui étaient
donnés *cum pertinentiis, in feodis et domaniis,* il avait
donc toute justice sous la réserve du ressort et souveraineté du Roi de France comme cela fut proclamé par les
coûtumes rédigées plus tard.

La justice fut rendue et la juridiction du comte exercée par un magistrat qui prenait la qualité de bailli du
comte d'Anjou, ou de bailli d'Anjou et du Maine, et à partir de Charles d'Anjou je n'ai plus retrouvé, jusqu'à une
époque voisine de la création du juge ordinaire d'Anjou
et du Maine, de trace de l'existence d'un bailli du Roi ou
d'un autre magistrat portant le titre de bailli du sénéchal
qui exerce ses fonctions en concurrence avec le bailli du
comte. La longue histoire des démêlés de l'évêque d'Angers Guillaume Le Maire avec le bailli du comte David de
Sesmaisons nous apprend que c'est le bailli de Tours
auquel le Roi de France donnait commission d'intervenir
dans les affaires d'Anjou lorsqu il y avait lieu.

A partir de 1246, l'Anjou et le Maine pendant plus de
deux siècles ont encore eu une existence à peu près auto-
nome sous le gouvernement de leurs princes apanagers
qui furent quelquefois les fils aînés du Roi de France.

Charles Ier d'Anjou mourut le 7 janvier 128$\frac{4}{5}$ laissant
son fils Charles II héritier de tous ses états, entre autres
de l'Anjou et du Maine.

---

(1) Recueil des Ordonnances, t. XI, p. 329.

Le 16 août 1290, Charles II donna en mariage sa fille Marguerite à Charles de Valois, la jeune princesse apportait en dot l'Anjou et le Maine qui furent constitués en apanage à Charles de Valois par le Roi de France Philippe-le-Bel, comme s'il les avait reçus en héritage de ses parents (1).

Ce contrat qui contenait des conventions très détaillées sur son exécution et sur l'assiette des douaires de la Reine Marguerite de France, tante du Roi de Sicile et de la Reine Marguerite de Jérusalem et de Sicile sa mère, ne contient aucune disposition sur la juridiction ; mais très peu de temps après, par lettres du jour de Pasques, 6 avril 1292, Philippe-le-Bel donnait à son frère Charles de Valois comte d'Anjou et du Maine la garde de toutes les églises, chapelles et abbayes (2).

Il est dans la nature des choses qu'un magistrat empêché puisse se faire remplacer dans ses fonctions, et lorsque la loi ou des usages ayant acquis force de loi ne désignent pas d'avance son successeur, on arrive à cette conséquence à peu près forcée, que c'est à lui que cette désignation appartient. Il est bien probable que les choses se sont passées ainsi avant Guillaume des Roches. Quant à lui, il est certain qu'en 1200 il se faisait remplacer par *Alelmus* ou Aleaume qui prenait le titre de *vicarius* (3), et à une époque très voisine, entre 1199 et

---

(1) Martene, Thesaurus anecdotorum, t. I, col. 1236.
(2) Arch. Nat. J 178, Anjou, n° 48, original scellé.
(3) *Alelmus* ou Aleaume, *vicarius domini de Rupibus senescalli Andegavensis*, arrange en sa présence un procès entre Burchard de Maruel et l'abbé du Loroux (Dom Housseau, t. VI, n° 2130, Arch. de la Boessière).

1208, par Geofroi Mauchien qu'il appelle son bailli (1). Les
lettres de Philippe-Auguste datées de Sens septembre
1204 (v. ci-dessus p. 193), en reconnaissant à Guillaume
le droit de mettre des baillis n'ont fait que reconnaître
et consacrer un usage antérieur qui ne paraît avoir été
l'objet d'aucune contestation (2).

D'un autre côté la grandeur et l'importance des fonctions confiées à Guillaume des Roches, l'étendue de ses
pouvoirs et de ses prérogatives durent amener le Roi de
France à avoir dans les pays sur lesquels Guillaume
exerçait sa juridiction un représentant plus direct de son
autorité comme dans les autres terres de son obéissance.

---

(1) Charte de Guillaume des Roches sur un accord entre les
frères de l'aumônerie Saint-Jean-l'Evangéliste d'Angers et
Thibault de Sanzeio ... *contra prenominatos fratres duellum
ceperat, tandem coram Gaufrido Malchien, baillivo nostro
constituto, inter ipsos compositum fuit hoc modo....* (C. Port,
Cartulaire de l'Hôpital Saint-Jean, n° XLI, p. 117).

(2) Les actes que je cite sont postérieurs à ces lettres ; mais
ils montrent combien était étendu le droit reconnu au sénéchal.

A. Concession par Guillaume des Roches en 1209 aux
chanoines de Saint-Pierre-de-la-Cour des dîmes de blé et de
vin sur ses fiefs et sa sénéchaussée ... *Ballivis meis omnibus
et omnibus qui loco mei faciunt mando et firmiter precipio....*
(Dom Piolin, Histoire de l'église du Mans, t. IV, p. 562, pièce
justificative extraite des Archives de la Sarthe).

B. Lettres de Guillaume en 1219, au sujet de l'exemption de
la taille en faveur des hommes de la Couture .... *Guillelmus
de Rupibus omnibus ballivis suis presentes litteras inspecturis
salutem...* (Cartul. de la Couture, f° 11, r° ; Bibl. du Mans).

C. Même époque. Il ordonne *omnibus ballivis suis et servientibus de Burceyo* de laisser prendre aux religieux de la
Boessière dans les forêts de Bersay tout le bois qui leur sera
nécessaire (Reg. XXI de la Chambre des comptes, f° 360 r° ;
Bibl. Nat. Lat. 9067).

Mais par une contradiction singulière qui ne paraît guère explicable, si ce n'est par le désir de ne pas froisser un puissant vassal qui avait donné d'ailleurs de nombreux gages d'une fidélité sur laquelle il pouvait compter, celui à qui furent confiées ces fonctions, *Hamelinus de Roorta*, était en même temps bailli du sénéchal ; de 1208 à 1220 on le rencontre soit avec la qualification de *baillivus domini Regis et senescalli Andegaviœ*, soit avec d'autres indications qui ne peuvent laisser aucun doute sur les doubles fonctions qui lui étaient confiées.

Le titre où je trouve son nom pour la première fois est une sentence de Guillaume des Roches tenant la cour du Roi en 1208 et sa cour au Mans, par laquelle il maintient l'abbé et les moines de Saint-Vincent dans la possession de biens qui leur avait été adjugée contre Philippe *de Doulceola* (de Doucelle), par un jugement précédent d'Hamelinus de Roorta (1). En rappelant le jugement rendu par celui-ci, Guillaume des Roches dit que Hamelinus le remplaçait ainsi que le Roi…. *Tunc vero Hamelinus de Roorta qui loco domini Regis et meo intererat… Philippum apud Baloon in curia domini Regis venire coegit….* Plus loin dans l'énoncé de la sentence il dit qu'elle est conforme à ce qui avait été jugé autrefois dans la cour du Roi et dans la sienne en présence de son mandataire ….. *decrevimus et judicavimus sicut in curia domini Regis et mea coram mandato meo fuerat judicatum* (2).

---

(1) *Liber controversiarum Sancti-Vincentii Cenomanensis*, pag. 495 ; Bibl. Nat. Lat. 5444, coll. Gaignières.

(2) A. Une citation recueillie par Gaignières (188, p. 85) nous

Le successeur d'*Hamelinus de Roorta* aux doubles
fonctions de bailli du Roi et de bailli du sénéchal fut très
probablement *Richardus Clericus* qui en février $122\frac{8}{9}$
tient l'assise en la cour du Roi à Saumur comme lieute-

---

le montre la même année 1208 *vice fungens domini Guillelmi
de Rupibus senescalli Andegavensis*.

B. Le jour des Rameaux $12\frac{10}{11}$ (Pâques le 3 avril), il est témoin dans un acte par lequel Odo Ferrarius fait abandon au
chapitre de Saint-Maurice d'un droit qu'il prétendait sur des
amendes ; cela se passe publiquement à Angers, et l'acte le
désigne .... *tunc justiciario domini Regis* (Dom Housseau,
t. VI, n° 2318, Arch. du chapitre d'Angers).

C. La même année 1211, il prend la qualité de bailli du Roi
et du sénéchal, *ballivus domini Regis et senescalli* dans deux
actes par lesquels il constate qu'en sa présence, en la cour du
Roi à Ballon, deux personnes font remise de rentes qui leur
étaient dues par le prieuré de Doucele, dépendant de Saint-
Vincent du Mans (*Liber controversiarum Sancti-Vincentii
Cenomanensis*, pag. 486 et 487 ; Bibl. Nat. Lat. 5444, coll.
Gaignières).

D. A une date indéterminée, il notifie en cette double qualité
un ordre *ex parte domini senescalli Andegavensis* (Eod. p. 509).

E. Sa juridiction n'était pas restreinte au territoire de
Ballon. Un acte sans date mais qui se place vers la même
époque nous le montre tenant la cour du Roi au Mans
..... *cum contentio verteretur coram me in curia domini
Regis.... actum Cenomano* (Gaignières, 199, p. 265, Titres de
la Couture, Bibl. Nat. Lat. 17.123).

F. En mars $121\frac{4}{5}$, un arrangement entre Maurice Le Borne
et l'abbesse de Fontevrault au sujet de 4 arpents de vignes est
fait *coram Hamelino de Roorta qui loco predicti senescalli*
(Guillaume des Roches) *tenebat curiam Regis* (Cartul. de
Fontevrault, t. I, p. 98, coll. Gaignières ; Bibl. Nat. Lat. 5480).

G. L'année suivante, nous le retrouvons avec la qualité de
bailli du sénéchal d'Anjou, et en sa présence un certain nombre
d'habitants de Beaufort renoncent à un droit qu'ils prétendaient
sur la laine *et pascuis pecudum* (probablement une redevance
en argent) des troupeaux que l'abbaye du Louroux *(de Ora-*

nant du Roi et de la sénéchale...... *posito in loco domini Regis et senescalissæ* (1).

Mais dès l'année suivante, en 1230, Richard n'est plus que le bailli de la sénéchale ; les fonctions de bailli du Roi sont remplies par Guillaume *de Fougerio, Feugero, Fogere* (peut-être de Fougeray) (2). Il est probable que chacun d'eux avait une juridiction séparée, mais il est certain que dans bien des circonstances ils ont exercé simultanément des actes de juridiction (3).

---

torio) envoyait au pâturage dans les marais de Beaufort (Dom Housseau, t. VI, n° 2420 ; Arch. de l'abb. du Loroux).

H. Enfin, dans le dernier acte où je rencontre le nom d'Hamelinus qui est de janvier 12$\frac{20}{21}$, il est encore désigné comme bailli du Roi et du sénéchal, il tient la cour de Ballon, et c'est en sa présence qu'a lieu une transaction entre le prieur *Sancti-Serenici* (Saint-Cenery ?) et les habitants du même lieu au sujet des dîmes (Cartul. de Marmoutier, t. II, pag. 151, coll. Gaignières, Bibl. Nat. Lat. 5441).

(1) Cartulaire de Fontevrault, t. I, p. 69, coll. Gaignières, Bibl. Nat. Lat. 5480. — Ce Richard était-il clerc, ou bien s'appelait-il Leclerc ?

(2) Cession par *Leonardus Engelardi* de Benais, à Saint-Martin de Tours, devant Guillaume *de Fougerio*, d'un emplacement pour construire. Cet acte est du 23 juillet 1230, et il faut remarquer que Guillaume y prend le titre de bailli du Roi dans l'Anjou, le Maine, la Touraine et le Poitou (Dom Housseau, t. VI, n° 2691 et t. XIII, 1, n° 8722, ex Pancarta alba Sancti-Martini Turonensis). Les autres actes relatifs à ce bailli ne parlent que de l'Anjou seul, ou de l'Anjou et de la Touraine.

(3) A. Ce bailli du Roi, Guillaume de Fougerio, avait, de concert avec celui de la sénéchale et plusieurs autres baillis du Roi, interdit aux moines de la Toussaints d'Angers de vendre leurs bois de l'Isle ; des saisies avaient été faites de bois vendu en contravention à cette défense ; en 1230, par jugement de la cour du Roi, il en est donné mainlevée (Dom Housseau, t. XIII, 1, n° 10629, Cartul. de la Toussaints d'An-

La sentence de l'assise de Saumur du 3 février $122\frac{8}{9}$ dont je viens de parler fut prononcée en présence d'un très grand nombre de témoins parmi lesquels nous trouvons en première ligne Luc de Monsoreau *in loco Petri Baronii senescalli*. Je ne sais de quel lieu il était senéchal ; ce qui paraît certain, c'est que ce Petrus Baronius, Pierre Baron, est le même qu'un *Petrus Baro* que Dom Housseau note d'après un titre du XIIIᵉ siècle avec la qualification de *baillivus domini Regis in Andegavia et Turo-*

---

gers, fᵒ 6). Cette charte est faite au nom seulement du bailli de la sénéchale, *Richardus clericus.... salutem in Domino ;* c'est après cette formule de salut qu'il rappelle que c'est lui et les baillis du Roi qui ont interdit l'exploitation des bois de l'abbaye ....*quod nos et dominus Guillelmus.... et alii ballivi domini Regis.... nos cepimus illud et arrestavimus....;* puis il emploie toujours le même pluriel pour dire que mainlevée a été donnée de cette défense .... *nos vero....* [*vetitum*] *nostrum amovimus ;* mais quand il s'agit de sceller la charte, il n'est plus question que d'un seul sceau .... *litteras nostras eisdem dedimus sigilli nostri munimine, etc....* Les lettres qui ont été transcrites dans le Cartulaire de la Toussaints émanaient bien de Richard seul ; mais dans les circonstances où cette affaire se présentait, il ne paraît pas possible qu'une défense faite d'un commun accord n'ait pas été levée du consentement ou avec l'intervention de ceux qui l'avaient faite.

B. Ce qui prouve qu'il a dû en être ainsi c'est un autre acte de la même année 1230 relatif aux discussions entre l'abbaye du Loroux et les habitants de Beaufort au sujet des marais de Beaufort (Dom Housseau, t. VI, nᵒ 2693 ; Arch. de l'abbaye du Loroux). Une décision ayant le caractère d'une transaction est rendue en la cour du Roi tenue par les deux baillis, celui du Roi et celui de la sénéchale, *adjudicatum fuit coram nobis in curia domini Regis....* L'acte ne dit pas en quel endroit siégeait cette cour ; il est bien probable que c'était à Baugé.

Gaignières (Chapitre de Saint-Maurice d'Angers, vol. 650, p. 159) nous a conservé la mention d'un autre acte de la même année dans lequel ils figurent tous deux avec les mêmes qualités.

nia (1), et qu'un Pierre Baron, bailli du Roi devant lequel le mercredi après la Pentecôte 1238 un nommé Guillaume Coesnon qui avait exercé des violences contre des clercs convient de la manière dont il donnera satisfaction (2).

A une époque contemporaine, en 1232, nous trouvons un bailli de la sénéchale d'Anjou, *Benedictus de Chatigneyo*, désigné comme *gerens vice dominæ senescallæ Andegavensis* (3), qui, à la demande de l'abbesse de Fontevrault et de Geofroi *de Curchaye*, fait sommation à un adversaire de l'abbaye de se trouver à l'assise de Saumur. Il figure dans l'acte du 3 février 122$\frac{8}{9}$ que je viens de citer parmi les témoins qui ne sont pas chevaliers. Son nom est écrit *de Chotiniaco*.

Le 30 avril 1240 nous trouvons comme bailli du Roi dans l'Anjou et le Maine Geofroi Payen, *Gaufridus Pagani* qui tient la cour du Roi à l'assise de Saumur, et qui prononce une condamnation contre un nommé Josbert Gastevin de la Roche qui avait indûment abattu des chênes dans une garenne des moines du Loroux et avait exercé des violences contre quelques-uns de leurs hommes (4).

---

(1) Dom Housseau, t. XVI, f° 340, r°.

(2) Gaignières, 2737, Cartul. de Saint-Julien du Mans, f° 31, r°.

(3) Cartul. de Fontevrault, t. I, p. 407, coll. Gaignières, Bibl. Nat. Lat. 5480.

(4) Dom Housseau, t. VII, n° 2876; Arch. de l'abb. du Loroux. — Cette charte est scellée par Aimeri de la Chevrière, chevalier, dont l'opinion est citée par l'auteur de la *Compilatio*

Vers la même époque on trouve un Josse ou *Joscius* de Bones *Cenomaniæ et Andegaviæ Regis baillivus* en octobre 1240 (1).

Ainsi, pour me résumer sur ce premier point, tout le temps que les comtés d'Anjou et du Maine sont restés en la possession directe du Roi de France, la justice a été rendue et les autres fonctions judiciaires remplies soit par le sénéchal en personne, au moins tant que Guillaume des Roches a vécu, soit par un magistrat royal qui portait le titre de bailli du Roi, soit par un véritable lieutenant du sénéchal qui portait le plus habituellement le titre de bailli du sénéchal.

---

de usibus, etc...., § 101, sur une question de possession (V. mon tome I, p. 60). — Ménage (Hist. de Sablé, p. 239) cite, d'après l'inventaire du Trésor des Chartes, t. VI, p. 195, des lettres d'Isabelle de Craon, sénéchale d'Anjou, de 1250, reconnaissant qu'à sa prière la Reine Blanche a baillé en garde les châteaux de Sablé, etc... à Bernard, seigneur de La Ferté, et Hamelin d'Antenaise, chevaliers, pour les remettre en la main du Roi de France, ou de Charles, comte d'Anjou, ou d'autres pour lui ; elle donne pour plèges Jacques de Château-Gontier, jusqu'à 1000 livres, Girard de Saci, et Aimeri *de Capraria*, chevaliers. Ces deux dates de 1240 et 1250 peuvent être de quelque utilité pour déterminer d'une manière approximative la date de la *Compilatio de usibus, etc...* et me paraissent suffisantes pour faire rejeter de prime abord l'opinion de ceux qui considèrent la *Compilatio* comme postérieure à la coutume d'Anjou et du Maine dont on a fait le livre I des Etablissements de Saint-Louis, elle doit être prise en sérieuse considération à l'appui de l'autre opinion qui veut voir dans ces deux textes, des écrits à peu près contemporains en maintenant l'ancienneté relative de la *Compilatio*.

(1) Extraits des titres de l'abbaye d'Evron, coll. Gaignières, vol. 205, p. 37. Arrêts et enquêtes antérieurs aux Olim, Actes du Parlement de Paris, t. I, p. cccvii.

BAILLIS DU ROI	BAILLIS DU SÉNÉCHAL
	Alelmus, en 1200, p. 357.
Hamelinus de Roorta, de 1208 à 1221, p. 359.	Geofroi Mauchien, entre 1199 et 1208, p. 358.
Richardus clericus, jusqu'en janvier $122\frac{8}{9}$, p. 360.	Hamelinus de Roorta, p. 359.
	Richardus clericus..., p. 360, 361.
Guillaume de Fougerio, etc., en 1230, p. 361.	
Pierre Baron, en 1238, p. 362.	Benedictus de Chatigheyo, en 1232, p. 363.
Geofroi Payen, 30 avril 1240, p. 363.	
Joscius de Bones, en octobre 1240, p. 364.	

Le ressort de ces magistrats surtout des baillis du Roi de France paraît avoir varié, car ils sont désignés tantôt comme baillis d'Anjou et du Maine, tantôt comme baillis d'Anjou et de Touraine, quelquefois même comme baillis d'Anjou, Maine, Touraine et Poitou. Et quant à leurs attributions respectives, on ne voit pas bien la limite qui les sépare, car leur présence et leur intervention simultanées sont constatées dans des actes de juridiction.

Sous le règne de Charles Ier, le plus ancien bailli que je rencontre est Guillaume de Razei qui le 15 décembre 1261 (jeudi avant la Saint-Thomas) tient l'assise de Baugé (1) et rend un jugement sur une contestation au sujet d'un

---

(1) Dom Housseau, t. XIII, 1, n° 10856, Cart. de la Trinité de Vendôme, f° 163, additions au Cartulaire.

cours d'eau entre l'abbaye de Vendôme et Philippe de
Voiers. Parmi les assistants au jugement figure un lieutenant du sénéchal, *Stephanus miles loco senescalli Andegavensis.*

Plusieurs lettres de Charles d'Anjou des années 1267,
1268 et 1269 adressées au bailli ne lui donnent que le
titre de bailli d'Anjou ; mais il était bien bailli d'Anjou et
du Maine, car ces lettres le chargent de l'exécution dans
le Maine d'actes qui y sont rappelés, ou même rappellent
des actes de sa juridiction dans la cour du Mans (1).

Je ne puis dire si c'est à Guillaume de Razei que sont
adressées les lettres de Charles Ier dont je viens de parler ;
il me paraît qu'il était mort avant 1272 (2), et qu'il fut

---

(1) A. Lettres de Charles Ier, Roi de Sicile, etc..., datées de
Capoue 27 février 1267, par lesquelles il donne à Henri *Scopitiosus, serviens noster,* un revenu de 20 l. t. sa vie durant, à
prendre à la Toussaints sur la prévosté du Mans, et sa maison
ad vadum de Marina... Mandement ... *balivo nostro Andegavensi tunc....* (Giuseppe del Giudice, Codice diplomatico del
regno di Carlo I e II d'Angiò, t. I, p. 279, note 1).

B. Lettres de Charles... datées de Naples 24 octobre 1268, au
bailli d'Anjou et à Guillaume, chantre de Saint-Jean d'Angers,
pour faire payer par Guy de Laval 740 l. t. qu'il doit à Jean *de
Clariaco,* maréchal du Roi Charles, comme héritier de son
père (*Eod.,* p. 227).

C. Lettres de Charles.... datées de Foggia 10 janvier 1269, au
bailli d'Anjou et à Guillaume, doyen de l'église Saint-Martin
d'Angers ; il a reçu Richard *de Madereyo,* châtelain du Pont
de Sée, à l'hommage.... *de feodo quod quondam Johanna
dicta de Andegavia, burgensis Cenomaniæ, a nobis tenuit....
de quo.... dicta Johannes* (sic) *se dessaisivit coram baillivo
Andegavensi in curia nostra Cenomaniæ, prout in licteris
sigilli curiæ Cenomaniæ et ballivi sigillatis plenius vidimus....*
(*Eod..* p. 249, note 1).

(2) Il laissait une veuve du nom de Pétronille : celle-ci
épousa Garin de Lincay, chevalier, devint veuve une seconde

remplacé par Gilbert de Marcoville qui était bailli à l'époque où Charles d'Anjou leva une aide pour le mariage de sa fille *pro subventione maritagii bonæ munoriæ B. quondam filiæ nostræ karissimæ...* (1).

Peu de temps après la date de ces lettres il cessa ses fonctions, car le Roi Charles par lettres du 1er août 1272 charge Hue de Lonne son chevalier et son bailli d'Anjou de faire à Paris de nombreuses acquisitions à l'occasion de son mariage avec Marguerite de Bourgogne (2).

En 1272, on trouve à quelques jours d'intervalle deux baillis qui sont tous deux dits baillis d'Angers ; malgré cette désignation restreinte, je crois que Jean de Beaumont et Guichart de Monthuo sont deux baillis d'Anjou. Le document qui me fournit leurs noms est un règlement fait au nom du comte Charles d'Anjou, alors en Italie, par

---

fois, et par son testament fait en août 1273 demanda d'être enterrée dans le couvent des frères mineurs de Saumur auprès de son premier mari, Guillaume de Razei (Dom Housseau, t. VII, n° 3271. Port, Cartulaire de l'Hôtel-Dieu d'Angers, n CLX, p. 145).

(1) Les lettres de Charles sont datées de Rome, avril 1272 (Arch. Nat. J 178, Anjou, n° 35). Il donne à son bailli l'ordre de rendre quinze livres tournois indûment perçues à cette occasion sur les hommes de l'abbaye de Saint-Nicolas. Charles avait deux filles : Blanche, mariée à Robert de Béthune, comte de Flandre, et Béatrix, mariée à Philippe de Courtenay ; cette dernière mourut en 1275.

(2) Giuseppe del Giudice, Codice diplomatico del regno di Carlo I e II d'Angiò, t. II, part. I, p. 275 en note. Il est bien possible que le nom de ce bailli ait été altéré par un copiste italien qui aura mal lu un nom propre français. Mais quel que soit le nom qui puisse se cacher sous cette altération, si elle existe, il n'est pas moins vrai que c'est un bailli qu'il faut placer entre Gilbert de Marcoville, son prédécesseur, et Jean de Beaumont et Guichart de Monthuo, ses successeurs.

son fils Charles, depuis Charles II, prince de Salerne, qui administrait l'Anjou au nom de son père (1), sur les boulangers, bouchers, poissonniers et regrattiers de la ville d'Angers.

Les lettres du prince de Salerne du 9 août 1279 s'adressent « à nobles homes Jehan de Beaumont, chevalier, bailli d'Angers, et ceux qui baillifs d'Anjou seront pour le temps »...; c'est au même magistrat qu'on s'adresse, et comme on ne rencontre nulle part ailleurs de bailli de la ville d'Angers, que c'est toujours au bailli d'Anjou que sont adressés les actes du souverain, j'en conclus que c'est bien un bailli d'Anjou qu'il faut voir dans ce Jehan de Beaumont auquel est adressé le règlement concernant les boulangers et autres.

J'en dirai autant de Guichart de Monthuo dont il est question dans les lettres de Jehan Molet, garde du sceau du Roi de Sicile, qui suivent les lettres du prince de Salerne ; elles sont du dimanche qui suit l'Angevine, c'est-à-dire du 10 septembre 1279. Elles sont, suivant une formule qu'on rencontre fréquemment, rédigées dans la forme d'une condamnation judiciaire prononcée contre ceux qui doivent exécuter l'ordonnance ; cette condamnation n'est d'ailleurs prononcée que contre les boulangers. Et comme je ne retrouve nulle part ailleurs de magistrat spécial de la ville d'Angers ayant pouvoir de prononcer des condamnations judiciaires de cette nature, je ne fais aucune difficulté d'admettre que le personnage qui a prononcé la condamnation en vertu de laquelle ont été dressées les lettres scellées par Jean Molet doit être considéré comme un bailli d'Anjou.

---

(1) Recueil des Ordonnances, t. II, p. 31.

Peu de temps après nous trouvons un autre bailli d'Anjou, Jean de Villameron auquel le Roi de Sicile Charles d'Anjou adresse des lettres datées de Naples du 29 mai 1280 par lesquelles il lui enjoint de veiller à ce que les barons qui n'avaient pas eu jusqu'alors la coûtume d'avoir des sceaux dans leurs juridictions en aient ou s'en servent (1). Ce Jean de Villameron était le 4 avril 1279 receveur des revenus du Roi de Sicile en Anjou.

Peu après, le jeudi après la Saint-Marc (27 avril) 1284, nous trouvons encore un autre bailli d'Anjou et du Maine, Guillaume de Gonnasse qui intervient dans un accord entre le Roi de France et les religieux de Chasteaul'Ermitage au Maine au sujet de la finance à payer pour amortissements (2).

Si les anciens baillis d'Anjou et du Maine que je viens d'énumérer ont laissé peu de souvenirs de leur administration, il n'en est pas de même de David de Sesmaisons, *de Suis domibus*, qui remplit ces fonctions à partir de 1291. Il appartenait à une famille considérable originaire des confins de l'Anjou et de la Bretagne. Villevieille (Trésor généalogique, 84) cite d'après les archives de l'abbaye de Villeneuve près Nantes, un acte de 1290 par lequel une dame de Sesmaisons veuve d'Olivier de Machecou élit sa sépulture en l'abbaye de Villeneuve à laquelle elle fait

_____

(1) Arch. Nat. J 178, Anjou, n° 40. Ces lettres ont été reproduites par Dom Housseau, Ménage, Martene et Cl. Ménard, avec la date de 1270, mais c'est une erreur.

(2) Reg. XXI de la Chambre des comptes, f° 251 ; Bibl. Nat. Lat. 9067.

plusieurs donations, et prie noble homme maître David de Sesmaisons de mettre son sceau avec le sien, celui de l'évêque de Nantes et ceux de plusieurs chevaliers à son testament que l'official de Nantes publia le 11 janvier 1290, mercredi avant la fête de la chaire Saint-Pierre. Il remplit les fonctions de bailli d'Anjou et du Maine au moins depuis 1291 (1) jusqu'à la fin du XIII⁰ siècle, et peut être même jusqu'en 1302 ou 1303. Dans cet intervalle il fut en luttes continuelles avec Guillaume Le Maire évêque d'Angers au sujet de la juridiction et des droits du comte, maintenus d'un côté, contestés de l'autre, avec une égale énergie.

Celle de David de Sesmaisons paraît avoir été bien connue ; car au mois de juin 1291 lorsque Guillaume Le Maire récemment élu évêque d'Angers fut installé dans son siège, Amaury fils aîné de Maurice de Craon alors âgé de onze ans qui voulait, malgré la protestation de l'évêque, faire pour son père absent le service que celui-ci devait comme seigneur de Briolay, s'était fait accompagner par le bailli d'Anjou au pouvoir duquel, disait-il, l'évêque ne pouvait résister (2).

David de Sesmaisons était bailli du comte d'Anjou et du Maine et ses fonctions comprenaient les deux pays, bien que dans tous les documents qui émanent de l'évêque d'Angers, il soit désigné seulement comme bailli d'Anjou ; cela s'explique parce que c'est en cette qualité seulement

---

(1) Liber Guillelmi Majoris, Ed. C. Port, p. 239 ; Documents inédits, Mélanges, t. II.

(2) Liber Guillelmi Majoris, p. 250 et suiv., où est racontée avec beaucoup de détails, quelquefois très-comiques, toute la scène de l'intronisation du nouvel évêque.

que l'évêque d'Angers avait eu affaire à lui, mais il était bien certainement bailli des deux pays (1).

La principale fonction du bailli était le maintien des droits et le recouvrement des revenus du comte. Il est possible que Charles de Valois comte d'Anjou et du Maine depuis août 1285 ait été plus attentif que ses prédécesseurs ; car après que David de Sesmaisons eût cessé ses fonctions nous trouvons ses successeurs aux prises avec le clergé pour des difficultés de même nature qui se terminaient souvent par des arrangements. Peut-être aussi le bailli du comte Charles mettait-il dans ses revendications une âpreté qui n'était égalée que par les violences de langage et les injures nombreuses et variées que son adversaire Guillaume Le Maire nous a fidèlement conservées. Mais il est probable aussi que les difficultés dont je

---

(1) A. Convention de décembre 1294, entre le comte d'Anjou et l'abbaye de la Boessière au sujet d'amortissements dûs au comte (Dom Housseau, t. VII, n° 3147).

B. Convention de juin 1295 (jeudi 16 juin après la Saint-Barnabé), entre le procureur et l'abbé de Saint-Aubin et les hommes de Meroneys, en présence « de Davy de Sesmaisons nostre bailly d'Anjou et dou Meyne, et monsor Macé de Vernée chevalier tenant en nostred. cour le leu au seneschal d'Anjou et dou Meyne. » (Extrait des Titres et Cartulaire de Saint-Aubin, coll. Gaignières, vol. 188, p. 192 ; Bibl. Nat.).

C. Convention de novembre 1298, au sujet de l'hommage du fief des Vaux de Daam dû par Fouquet Barre (Arch. Nat. J 178, Anjou, n° 59).

D. Lettres de Guy, évêque de Soissons, du vendredi 27 octobre avant la Toussaints 1301, relative aux appels portés par des habitants de l'Anjou et du Maine contre le comte et le bailli des deux provinces ; dans ces lettres le bailli n'est pas nommé, mais c'est bien de David de Sesmaisons qu'il est question (Arch. Nat. J 178, Anjou, n° 61).

rappellerai plus loin l'histoire aussi brièvement que possible provenaient en grande partie du caractère ardent de ce prélat. En effet pendant qu'il a occupé le siège d'Angers (1291-1314), quatre évêques se sont succédé sur celui du Mans, et à part la reconnaissance formelle et publique des droits de l'official du Mans faite par le bailli Pierre Honoré ou Honorat en 1314, je n'ai trouvé aucune trace de difficultés entre eux et David de Sesmaisons ou les autres baillis. Il y en a même un, Denys Benoît ou Benoiston (1296-mars 1298) qui eut de sérieuses difficultés avec l'évêque d'Angers au sujet de la justice de Sablé, *acèrrime litigavit* (1).

(1) Hauréau, *Gallia Christiana*, t. XIV, col. 405. — A. Les rapports entre l'évêque et le bailli ne furent pas toujours mauvais. Au commencement de ses fonctions, en mai 1291, il s'arrêta quelque temps au manoir d'Esventart, propriété de l'évêché, y traita plusieurs affaires avec l'évêque, fit reconnaître ses droits sur ce manoir dont la possession lui avait été contestée par les sergents du comte, et leur enjoignit de remettre l'évêque en possession (Liber Guillelmi Majoris, p. 239).

B. En 1292, à la suite de discussions avec le segreer, le trésorier et le bailli, au sujet de la chasse dans la forêt de Bouchet, le droit de l'évêque est encore reconnu par les officiers du comte; et même sur l'injonction d'un des hommes de l'évêque, le segreer Etienne alla se constituer prisonnier dans la prison de l'évêque d'Angers à Villevêque (*apud Villam episcopi*) d'où l'évêque le renvoya au bout de 24 heures. Mais son droit était reconnu, et l'année suivante il put faire chasser dans la même forêt sans aucune contradiction ni réclamation (*Eod.*, p. 304).

C. En septembre 1296, procès entre l'évêque et Guillaume de Courcillon au sujet de la justice de la Mote-Pendu ; Guillaume est condamné à rendre le corps d'un individu pendu pour vol, et de plus il est condamné à l'amende ; sur la prière du bailli d'Anjou qui avait d'ailleurs insisté auprès de Guillaume pour

Nous verrons plus loin dans quelles circonstances David de Sesmaisons fut excommunié par l'évêque d'Angers au mois d'octobre 1298. Conserva-t-il ses fonctions de bailli malgré l'excommunication ? Il est fait mention de lui dans un acte du 14 novembre 1298 par lequel Fouquet Barré fils aîné de Jean Barre vend au comte d'Anjou le fief des Vaux de Daam et ses dépendances (1) ; mais cette vente n'intervient qu'à la suite de contestations élevées par le bailli qui prétendait que Fouquet Barre ne pouvait pas être reçu à l'hommage de ce fief, et ces constatations sont peut-être d'une époque antérieure.

En 1297 le comte d'Anjou donna sa fille Isabelle en mariage à Jean III duc de Bretagne. Il voulut à cette occasion lever une aide sur les églises et sur les fiefs et arrière-fiefs des personnes nobles des comtés d'Anjou et du Maine. Cette mesure rencontra de la part de ceux à qui il demandait ainsi de l'argent une très-vive opposition qui se manifesta sous la forme d'un appel au Roi de France (2).

Sur cet appel, le Roi avait indiqué aux parties la quinzaine qui suivait le jour de la Purification suivante (16 février $130\frac{2}{3}$) pour procéder sur ledit appel. Un mandement du Roi du lundi après Noël 1302, adressé au bailli de Touraine, lui ordonne de signifier cette assignation de jour

---

qu'il reconnût le droit de l'évêque, ce dernier lui fit remise complète de l'amende (*Eod.*, p. 344).

D. En 1308, Guillaume Le Maire se plaint de ce que Girard de Saint-Just, sous-bailli de Saumur, a rompu les prisons du seigneur de Baucay relevant de l'évêque à cause de sa seigneurie des Tuffeaux, qu'il en a extrait une femme prisonnière et l'a conduite à Saumur (*Eod.*, p. 394). Je n'ai pas vu la suite de cette affaire.

(1) Arch. Nat. J 178, Anjou, n° 59.
(2) Arch. Nat. J 178, Anjou, n°° 61 et 63.

aux parties en cause parmi lesquelles David de Sesmaisons est nommément désigné, sans que cependant sa qualité de bailli soit indiquée. Il résulte certainement des termes mêmes de ce mandement qu'il était ajourné devant le Roi de France en sa qualité et pour des actes de ses fonctions de bailli, puisqu'il devait figurer dans la procédure avec le comte et les appelants ; mais l'omission de sa qualité dans cet acte qui ordonne de lui faire une notification, rapprochée de cette circonstance que dans les autres actes de cette procédure le bailli d'Anjou et du Maine est désigné uniquement par sa qualité, doivent faire admettre qu'à la fin de 1302 il n'était plus bailli. Et cela me paraît confirmé par une reconnaissance du 22 février 130$\frac{3}{4}$ (mercredi après *Reminiscere*) par laquelle le comte d'Anjou se reconnaît débiteur envers l'abbé de Saint-Florent (1) de 800 livres tournois par lui prêtés audit comte, soit à lui personnellement, soit à David de Sesmaisons du temps qu'il était son bailli d'Anjou, soit aux gens de son hôtel.

L'excommunication prononcée en 1298 fut certainement levée, car le 14 août 1309 nous retrouvons David de Sesmaisons et Darian Bidoyn assistant, comme témoins sans doute, à la sentence définitive prononcée par les conseillers du comte d'Anjou qui reconnaissent que l'évêque d'Angers seul a une charrière menant au château du Pont de Sée ; j'en parlerai plus loin. Mais à cette époque tous deux sont remplacés ; c'est Guillaume *de Noa* qui est bailli d'Anjou, et Mathieu de Bougival sous-bailli (2).

---

(1) Arch. Nat. J 178, Anjou, n° 60, V.
(2) Liber Guillelmi Majoris, p. 469.

La cessation des fonctions de David de Sesmaisons ne mit pas fin aux dissentiments entre l'autorité ecclésiastique et l'autorité séculière. Peu de temps après une nouvelle excommunication est prononcée le 21 décembre 1305, mais cette fois par le souverain pontife lui-même, contre le prévôt d'Angers Laurent de Lamballe et contre des sergents de l'official d'Angers et du bailli de la ville (*et Addæ Boli militis ballivi civitatis predicte*), pour avoir commis des violences dans la maison des Jacobins d'Angers, blessé des écoliers qui s'y étaient réfugiés, et porté leurs mains sur le prieur et plusieurs frères (1). Il est difficile de voir le véritable nom de ce bailli dont le prénom était Adam ; il est bien vraisemblable que c'était un bailli d'Anjou et du Maine, et non un simple sous-bailli d'Angers.

Guillaume de Noe, de la Noe, de Noue, fut très probablement le successeur immédiat de cet Adam. Il était bailli le 14 août 1309, et assistait en cette qualité avec Mathieu de Bougival sous-bailli à une sentence par laquelle les conseillers du comte d'Anjou délégués pour la réforme du comté et le redressement des torts causés aux églises par les gens et alloués (*allocati*) du comte, maintiennent le droit exclusif de l'évêque d'Angers à poser une charrière dans les circonstances qui avaient donné lieu à des débats si vifs quelques années auparavant (2).

Un des titres qui concernent Guillaume de Noe lui donne la qualité de garde de la baillie d'Anjou et du

---

(1) Dom Housseau, t. VIII, n° 3435 ; Arch. des Jacobins d'Angers.
(2) Liber Guillelmi Majoris, p. 469.

Maine (1). C'est en cette qualité qu'il est juge d'un procès entre Fontevrault et le prieur de l'aumônerie Saint-
Jean d'Angers au sujet de la haute justice du prieuré de
la Pignonnière ; sa sentence reconnaît les droits de Fontevrault à cette haute justice. Dom Housseau (t. VIII,
n° 3463) cite cette sentence d'après les archives de l'Hôtel-Dieu-Saint-Jean en lui donnant la date de 1312 au lieu
de 1311 ; par suite d'une mauvaise lecture il donne à ce
magistrat le nom de Guillaume *de Varice* ; mais il est
certain que c'est du même personnage qu'il est question.

Ce Guillaume de Noe ou de la Noe était bien bailli d'Anjou et du Maine. Il l'était au mois de janvier $134\frac{2}{3}$, d'après
une mention recueillie par Gaignières (2), dans les titres
de l'abbaye d'Evron au Maine et de la Couture. Au mois
de novembre 1312 il était commis par le comte d'Anjou
pour percevoir des amortissements.

Son successeur Pierre Honoré ou Honorat que nous
trouvons en fonctions à partir de janvier $131\frac{3}{4}$ est commis par le comte pour recevoir les finances pour francs
fiefs et amortissements (3).

Des documents relatifs à l'abbaye de Champagne au
Maine (4) semblent bien prouver que la levée des impo-
sitions dues au comte n'a pas rencontré dans le Maine
des difficultés qui aient laissé les mêmes traces que dans

---

(1) Cartul. de Fontevrault, coll. Gaignières, t. I, p. 103 ;
Bibl. Nat. Lat. 5480.

(2) Gaignières, 205, p. 90 ; id., 199, p. 99, extr. des Titres de
la Couture. D. Guéranger, Cartul. de la Couture, p. 323.

(3) Cartul. de l'abbaye de Perseigne, p. 81, coll. Gaignières,
Bibl. Nat. Lat. 5474.

(4) Gaignières, 194, p. 24, v. plus loin, p. 378, note 3, et
p. 398, note E.

l'Anjou malgré les fréquents changements de baillis, changements qui devaient nécessairement amener des modifications dans les instructions qu'ils donnaient à leurs subordonnés pour la perception des droits du comte.

Pierre Honoré ne paraît pas avoir fait beaucoup de difficultés pour reconnaître ses torts quant aux entreprises sur la juridiction ecclésiastique ; d'ailleurs il ne le faisait que d'accord avec le souverain du pays. Dans une circonstance qui ne nous est pas connue il avait arraché des mains de Simon Quarré appariteur de l'official du Mans une baguette qui était le signe de son autorité et de ses fonctions. Le 23 juin 1314 il la lui rendit solennellement dans le château du comte (1) en lui disant : « Voici la baguette que je t'ai enlevée ; je te la rends par respect pour mon seigneur l'évêque, et après information faite à ce sujet ; je te la rends par la volonté et du consentement du chancelier de mon seigneur (2), en connaissance de cause, et afin que tu t'en serves où tu devras en exerçant la juridiction spirituelle ». Dans une circonstance aussi grave, le magistrat n'avait rien fait que d'accord avec le pouvoir qu'il représentait, et cet accord n'avait eu lieu qu'à la suite d'un examen de l'affaire (*ex certa scientia*), et non sur la simple réclamation de l'évêque. Mais je crois aussi que les rapports avec les évêques du Mans étaient moins difficiles qu'avec celui d'Angers ; car l'ordonnance du Roi de France Louis X de décembre 1315

---

(1) D. Briant, Collectanea cenomanensia, f° 47, r°, ex Cart. rubro domini episcopi cenomanensis, Bibl. Nat. Lat. 10038.

(2) *Ex assensu cancellarii domini mei ;* ces mots pourraient bien aussi être traduits par « Monseigneur le chancelier ». Au fond cela revient à peu près au même.

qui mettait fin à ces discussions est spéciale à l'Anjou (1). La date de cette ordonnance peut faire supposer que Honoré était encore en fonctions quand elle fut publiée.

Le journal de Guillaume Le Maire nous a conservé le nom d'un autre bailli d'Anjou, Pierre Enouvre qui, pendant que l'abbaye de Saint-Serge était sans abbé, saisit en régale les biens de l'abbaye et de ses prieurés de Grez-sur-Maine et de Méral (2). Je ne suis pas bien sûr qu'il n'y ait pas là une altération du nom d'Honoré qui se prononçait certainement Honouré. Mais si cette faute n'existe pas, c'est un bailli de plus qu'il faut ajouter avant Pierre de Prez.

Le nom de ce dernier nous a été conservé par Gaignières (3) à la date d'octobre 1318. Il est chargé avec Jehan de Vienne, chanoine du Mans, du recouvrement des droits de francs fiefs et amortissements. Le 31 mars $13\frac{19}{20}$, l'abbaye de Champagne au Maine lui paie 8 livres pour amortissement de plusieurs acquisitions de rentes.

Les 18 années qui suivent sont une lacune dans laquelle je n'ai trouvé aucun nom de bailli.

En 1332 le Roi Philippe donna l'Anjou et le Maine en apanage à son fils Jean qui les garda à ce titre jusqu'en 1350 au moment de son avènement au trône. C'est à cette période qu'appartient le dernier bailli d'Anjou et du Maine dont j'ai retrouvé le nom (4), c'est *noble homme et saige*

---

(1) V. plus loin.
(2) Liber Guillelmi Majoris, p. 526.
(3) Extr. de Titres et documents concernant l'abbaye de Champagne, coll. Gaignières, vol. 194, p. 24.
(4) Arch. Nat. P 344, n° cxviii, f° 10, v°.

Guillaume Moreau qui, en vertu de lettres de Jean comte d'Anjou et du Maine données à Poissy entre le 13 février et le jour de Pâques (12 avril 1338) commet Geofroi Legroux avec un assesseur pour faire dans les forêts de Douvre, de Bersay et de Bois-Corbon une enquête sur les droits d'usage que prétendaient avoir le prieur et le prieuré de Château-du-Loir.

Il y avait encore en 1341 un bailli d'Anjou et du Maine, et ce bailli était un officier du comte, mais j'ignore son nom. C'est devant lui qu'une ordonnance de Philippe de Valois rendue à Becoisel en juin 1341 renvoie, sur la réclamation expresse du comte Jean (1), le procès de Robert de Dreux sire de Bû (Bueil), maître d'hôtel de la Reine, contre les exécuteurs du testament de Pierre Troulleau ou Troussel seigneur de Chasteaux en Anjou, son neveu, dont la connaissance avait été attribuée au Parlement de Paris.

C'est à peu près à partir de cette époque que les actes et mandements soit du Roi de France, soit du comte d'Anjou et du Maine cessent d'être adressés au bailli pour l'être au sénéchal et à tous autres officiers ou leurs lieutenants. A partir de la création du bailli des exemptions en 1370, c'est à ce magistrat que sont adressées les lettres du Roi de France relatives à l'Anjou et au Maine.

La plus ancienne trace que j'aie trouvée de ce changement dans les juridictions du pays est dans des lettres patentes de Jean, fils aîné du Roi de France, duc de Normandie, comte d'Anjou et du Maine, du 20 janvier 134$\frac{2}{3}$ par lesquelles il fait savoir que Jean de Poilly lui a fait

---

(1) Recueil des Ordonnances, t. II, p. 162, t. VI, p. 536.

hommage pour la justice haute et basse qu'il a en sa terre sise en la baronnie de Château-du-Loir et pour un droit de chasse sur diverses terres ; elles sont adressées au sénéchal d'Anjou et du Maine et à tous nos autres justiciers ou à leurs lieutenants. Depuis cette époque je n'ai plus vu reparaître dans les actes du souverain le bailli d'Anjou et du Maine (1).

La dernière mention que j'aie trouvée relative aux baillis d'Anjou et du Maine est de l'année 1358. Le 13 août de cette année (2) Me Yves Darien apporte à la chambre des comptes du Roi de France des lettres du Roi adressées à plusieurs évêques, d'autres adressées à plusieurs baillis, entre autres à celui d'Anjou et du Maine, *baillivis Aurelianensi, Gisorcii ...Andegavensi et Cenomanensi...* ;

---

(1) Arch. Nat. P 344, n° iiiixx vii. Ce changement ressort encore mieux des indications qui se trouvent dans quelques autres actes.

A. Le règlement de Charles de Valois sur les boulangers de la ville d'Angers du 14 décembre 1321 est adressé au bailli d'Anjou ; les lettres de confirmation du Roi Jean de mai 1351 sont adressées au sénéchal d'Anjou (Rec. des Ordonnances, t. II, p. 430).

B. Les lettres patentes de 1341 renvoyant au bailli d'Anjou et du Maine la connaissance d'un testament qui était revendiquée par le comte d'Anjou furent confirmées par le Roi Jean au mois d'avril 1353 ; le mandement est adressé au sénéchal d'Anjou et du Maine présent ou à venir (Rec. des Ordonnances, t. VI, p. 536).

C. Des lettres de Philippe-le-Bel de juin 1330 prenant sous sa sauvegarde spéciale l'abbaye de Bourgueil sont adressées aux baillis d'Anjou, Touraine et Maine, au sénéchal de Poitou et à nos autres justiciers ; celles de 1365 par lesquelles le Roi confirme les lettres de 1330 sont adressées au sénéchal d'Anjou et du Maine et au bailli de Tours (Dom Housseau, t. VIII, n° 3706, Cart. de Bourgueil).

(2) Recueil des Ordonnances, t. III, p. 692.

d'autres adressées à plusieurs abbés, entre autres d'Anjou et du Maine ; *item alias litteras, magno sigillo sigillatas, directas nobilibus vice-comitatus Parisiensis et balliviarium Gisorcii.... senescallie Andegavensis et baillivie Ambianensis ; item alias..... burgensibus et habitantibus bonarum villarum bailliviarum Andegavensis..... senescalliarum Andegavensis et Cenomanensis.* Toutes ces lettres sont remises au trésorier pour être envoyées à leurs destinataires, *ad loca predicta.* Secousse fait observer à l'occasion de cette dernière mention relative au bailliage d'Angers, *bailliviarum Andegavensis....* que c'est une faute parce qu'un peu plus loin il est question des sénéchaussées d'Anjou et du Maine, et qu'il doit remplacer ce mot par celui d'*Aurelianensis* qui se lit dans les deux premières listes des bailliages et qui n'est pas dans celle-ci.

Il résulte de cette liste qui n'a pas le caractère d'une pièce officielle, mais qui est une note émanant d'un membre ou d'un clerc de la chambre des comptes qu'il y avait encore en 1358 un bailli d'Anjou et du Maine. C'étoit peut-être un officier royal puisque son nom se trouve au milieu de 17 ou 18 baillis, tous baillis du Roi de France, et entre les évêques et les abbés ; mais cette simple mention dans la liste d'Yves Darien, qui je le répète n'a pas de caractère officiel, ne me paroit pas suffisante en présence de cette double circonstance, que depuis Charles d'Anjou on ne rencontre pas de bailli du Roi de France, et que quand l'auteur de cette note a voulu indiquer les pays auxquels appartenaient la noblesse, les bourgeois et les bonnes villes auxquelles étaient destinées ces lettres du Roi, il ne se sert plus en parlant de l'Anjou et du Maine que de l'expression de sénéchaussée, ce qui est d'autant plus remarquable que les autres pays dont il est fait mention sont la vicomté de Paris et plusieurs bailliages qui étaient tous royaux.

Mais si l'existence de ce bailli est incontestable, je n'ai pas trouvé de document relatif à ses fonctions qui sans aucun doute furent supprimées, car à partir de cette époque il n'est plus question de baillis d'Anjou et du Maine. L'article 10 de l'ordonnance sur les fonctions du bailli des ressorts et exemptions, etc., de décembre 1370, dispose en effet que ledit bailli devra surseoir jusqu'à ce qu'il ait autre mandement du Roi à mettre en Anjou et au Maine siège royal, lieutenant, sergents et tabellions, et à y tenir siège d'assises encore que le Roi le pût faire s'il lui plaisait (1) ; il n'y avait donc pas à cette époque de justice royale, et il n'est pas douteux pour moi que cette disposition de l'ordonnance ne fasse que consacrer un état de choses existant depuis longtemps.

§ 2.

Fonctions des baillis. — Justice.

Nous venons de voir que pendant la période qui a duré jusqu'à Charles Ier il existait dans l'Anjou et le Maine des baillis du sénéchal en même temps que des baillis du Roi. Les documents desquels résulte cette dualité de fonctions sont muets sur la question de savoir s'il y avait

---

(1) Recueil des Ordonnances, t. V, p. 369.

entre eux un partage d'attributions ; il me semble même plutôt en résulter qu'il n'y avait pas eu de partage, et que, sauf la compétence supérieure que le bailli du Roi pouvait justement réclamer comme une conséquence de sa qualité de bailli du Roi, leurs fonctions étaient les mêmes, et que si quelquefois ils agissaient simultanément, on ne voit pas que chacun d'eux, lorsqu'ils agissaient séparément, ait agi dans les limites d'une compétence séparée et qui aurait été définie avec plus ou moins de précision.

Le bailli représentait le souverain, Roi de France ou comte ; et à ce titre il le remplaçait d'une manière complète pour tout ce qui a trait à l'administration de la justice ; c'est ainsi que le plus souvent on considère les fonctions du bailli. Mais en même temps, et c'est peut-être la portion la plus importante et la plus étendue de ses fonctions, c'est lui qui est chargé du maintien des droits du comte, quels qu'ils puissent être, et du recouvrement de ses revenus.

Les fonctions judiciaires du bailli consistent avant tout dans le pouvoir de rendre la justice (1) ; et c'est si bien lui qui en est chargé que le Roi de France lui renvoie une affaire dont la connaissance est réclamée par le comte

---

(1) A. En 1232, Benoît *de Chatigneyo,* comme lieutenant de la sénéchale d'Anjou (*gerens vice dominœ senescallœ Andegavensis*), à la demande de l'abbesse de Fontevrault et de Benoît *de Curchayo,* signifie à un adversaire qui n'est pas désigné de se trouver devant lui à l'assise de Saumur, le samedi après la Saint-Jean-Baptiste (Cart. de Fontevrault, t. I, p. 405, coll. Gaignières, Bibl. Nat. Lat. 5480).

d'Anjou (1). C'est lui qui me paraît sans contestation le chef de la justice du comte (2).

Il est probable que la procédure suivie devant le bailli tenant l'assise était la même que celle suivie devant le comte ou le sénéchal. C'est certain quant à la manière dont l'instance est introduite devant lui ; nous retrouvons un souvenir lointain de la procédure en usage dans la Rome impériale ; on s'adresse au bailli, et c'est lui qui

---

B. Guillaume de Noe, bailli, auquel on donne aussi la désignation de garde de la baillée d'Anjou et du Maine, est juge en 1311 d'un procès entre Fontevrault et le prieur de l'Aumosnerie de Saint-Jean d'Angers, au sujet de la haute justice du prieuré de la Pignonnière (*Eod.*, p. 103. Dom Housseau, t. VIII, n° 3463 avec la date inexacte de 1312).

(1) V. ci-dessus p. 379 le renvoi de l'affaire de Robert de Dreux devant le bailli d'Anjou et du Maine.

(2) A. Guillaume de Picquigny et son fils André avaient ajourné le comte d'Anjou ou son lieutenant en Anjou devant le Parlement ; ils abandonnent cette procédure ..... *redierunt sponte sua ad curiam et obedientiam ipsius comitis ... et hoc confessus est ballivus Andegavensis inter eos concordatum fuisse* .... Parlement de la Pentecoste 1268 ; Olim, t. I, p. 717, VII.

B. Aimery d'Avoir qui avait appelé au Parlement du bailli d'Angers, renonce à son appel *in plena curia, volens redire ad curiam domini ballivi...* Parlement de la Pentecoste 1273 ; Olim, t. I, p. 939, XXXVII.

C. Le bailli du comte Charles de Valois veut justicier les hommes et les biens des terres de l'Hôpital de Jérusalem ; la récréance est rendue au procureur des Hospitaliers par arrêt du Parlement de la Toussaints 1293 ; Olim, t. II, p. 460, XXII. Ce bailli était David de Sesmaisons.

D. Son successeur renouvelle ses prétentions quelques années après ; une enquête jugée insuffisante devra être recommencée. Arrêt du samedi après *Reminiscere* $130\frac{8}{9}$; Olim, t. III, p. 313, LVIII.

donne les ordres nécessaires pour faire comparaître les parties devant lui (1).

A côté de ces mandements pour comparaître en justice, et que le *bailli donne en vertu de ses pouvoirs propres,* nous trouvons d'abord ceux qui lui sont adressés par le comte d'Anjou. Nous en verrons plusieurs exemples plus loin en parlant du domaine du comte. Mais il pouvait arriver aussi que ce mandement n'était pas un ordre *pur et simple du comte, qu'il ne devait être exécuté que* sous la condition d'une vérification préalable qui dans ce cas donne à l'affaire le caractère d'une instance portée devant le bailli par un renvoi direct du comte (2).

Le bailli était chargé comme représentant du pouvoir royal de faire notifier les ajournements donnés par le Roi ou en son nom. Lorsque vers l'an 1300 le comte d'Anjou voulut lever sur ses sujets une aide pour le mariage de sa fille Isabelle avec Jean III duc de Bretagne, ceux-ci appelèrent au Roi de France qui nomma des commissaires (3).

---

(1) V. la note 1 qui précède, p. 383. Lettres de Charles de Valois du 23 octobre 1312, relatives à un service d'ost que le bailli prétendait avoir été refusé à tort par le prieur de Cunault... « e pour ce nostre ballif le traïst en cause par devant lui en nostre court de Saumur, disant que il en avoit esté en deffaute e le vouloit pour ce traiere à amender » (Arch. Nat. J 179, Anjou, n° 87).

(2) Les hommes de l'abbaye de Saint-Nicolas avaient été contraints de payer une aide de 15 livres au comte d'Anjou, pour le mariage d'une de ses filles. Sur la réclamation de l'abbé, le *comte Charles par lettres datées de Rome, avril 1272,* ordonne à son bailli de rendre les 15 livres réclamées, si Saint-Nicolas justifie que ses privilèges le dispensent de toute obligation de cette nature (Arch. Nat. J 178, Anjou, n° 35).

(3) Arch. Nat. J 178, Anjou, n° 61.

Ces commissaires par lettres datées de Senlis du samedi après la Toussaint (4 novembre 1301) ordonnèrent d'assigner les appelants à comparaître devant eux au Mans le mardi après la Saint-André (5 décembre); et elles sont adressées au bailli des comtés d'Anjou et du Maine et à tous les sous-baillis, prévôts et autres sergents et justiciers; ordre est donné de faire publier cette assignation dans les assises, s'il en est tenu dans l'intervalle, dans les plaids des sous-baillis, dans les marchés, etc., de manière qu'elle arrive à la connaissance des intéressés. Outre ce mandement général, il existe un mandement spécial du Roi Philippe-le-Bel adressé au bailli de Touraine, de faire une notification à ceux qui ont appelé contre le comte d'Anjou et contre David de Sesmaisons son bailli (1); elle est du lundi après Noël (31 décembre 1302); il leur est enjoint au nom du Roi de comparaître devant les commissaires 15 jours après la Purification prochaine.

Quelques années après cette affaire n'était pas terminée, mais les commissaires du Roi de France étaient dessaisis et elle se continuait devant les commissaires du comte. En 1314, Pierre Honoré bailli d'Anjou et du Maine envoie au sous-bailli de Baugé (2) un mandement pour faire ajourner devant le noble conseil et les commissaires du comte les barons, nobles, gens d'église, etc., de son ressort. Cet ajournement fut notifié par les sergents; mais en rendant compte de cet ajournement le sous-bailli de Baugé constate qu'il l'a fait donner par le mandement du bailli résultant de ses lettres, et que l'ordre qu'il a donné

---

(1) Arch. Nat. J 178, Anjou, n° 63.
(2) Arch. Nat. J 179, Anjou, n° 102.

aux sergents l'a été de par le comte d'Anjou et de par le bailli.

Souvent les baillis sont chargés par le comte de faire des enquêtes en outre de celles qu'ils sont amenés à faire au cours d'un procès : et il peut arriver qu'ils soient commis pour préparer une décision qu'il veut rendre lui-même.

Quelquefois aussi l'enquête se fait en présence du bailli, et sans qu'il y prenne part (1).

Les religieuses de Fontevrault se plaignent que les baillis et les alloués (ou gens) du comte, *ballivi et allocati nostri*, les privent depuis plus de 20 ans des droits qu'elles avaient l'habitude de percevoir à Saumur aux marchés (*in nundinis*) de Saint-Florent. Par ses lettres datées de Rome 16 mai 1272 le comte ordonne à son bailli de s'informer de la manière dont cette spoliation s'est faite, de s'enquérir de ses droits et de ceux de Fontevrault sur ce point, et de remettre à sa cour rédigé par écrit et scellé de son sceau tout ce qu'il aura trouvé à cet égard (2).

Mais à moins que le comte ne se soit réservé expressément la décision de l'affaire, son silence doit être considéré comme maintenant au bailli le pouvoir de juger ; à plus forte raison lorsque le mandement s'en est expliqué dans ce sens. Et dans ce cas le bailli conserve son

---

(1) ... *Item autem inquestæ faciendæ fuerunt presentes et muti... Joscius...* C'est *Joscius* de Bones, *de Bonnis*, bailli d'Anjou avant 1246, témoin dans une enquête pour un procès entre le Roi et le prieur de Saint-Remy au sujet de droits d'usage dans la forêt de Vallée (Arrêts et enquêtes antérieurs aux Olim, Actes du Parlement de Paris, t. I, p. cccvii).

(2) Cartul. de Fontevrault, t. I, p. 76, coll. Gaignières, Bibl. Nat. Lat. 5480).

droit de délégation non seulement pour les actes d'instruction, ou d'exécution des jugements, mais aussi pour le pouvoir même de juger. En voici un exemple remarquable (1).

Le prieur de Château-du-Loir prétendait à des droits d'usage dans les forêts de Douvre, de Bersay et de Bois-Corbon en vertu d'une donation de Robert comte de Dreux et de Montfort et de la comtesse Béatrix sa femme, de septembre 1272. Le successeur du comte de Dreux, voulant vers l'année 1333 restreindre ou même empêcher l'exercice des droits du prieur, s'adressa au comte Jean qui par lettres datées de Poissy du 13 février $133\frac{7}{8}$ ordonna au bailli d'Anjou et du Maine, qui était alors noble homme et sage Guillaume Moreau, de maintenir le prieur en sa possession si elle lui paraissait établie d'user des droits qu'il prétendait avoir. Par lettres datées du Mans antérieures au jour de Pasques 12 avril 1338 le bailli donna mandement à Geofroi Legroux, Philippot Betisi et Thomassin de Béqui de mettre à exécution les lettres du comte, ils avaient même pouvoir d'agir séparément, *l'un non atendant l'autre* disent ces lettres. Avec eux se trouvait un certain Regnaut Sequart qui avait été commis par le bailli sans doute pour assister à l'enquête avec les trois autres commissaires, mais en quelle qualité ? C'est ce qui ne ressort pas clairement des lettres qui furent faites par eux. Peut-être était-il maître enquêteur des eaux et forêts de la baronnie de Château-du-Loir.

Les commissaires entendirent de nombreux témoins

---

(1) V. pour ce qui suit : Arch. Nat. P 344, n° cxviii, ff. 10, v° et suiv.

dont 21 en présence de ce Regnaut Sequart qui fit protestation de contredire leurs dépositions après comme avant ; les autres témoins jurèrent en l'absence dudit Sequart. La possession du prieur dans les forêts de Douvre et de Bersay seulement fut établie par l'enquête, elle ne le fut pas dans celle de Bois-Corbon, et une sentence des commissaires donnée à Mantigné le mardi après *la Consécration Nostre Seigneur* (1) 1338 maintint le prieur dans son droit d'usage dans les forêts de Douvre et de Bersay.

Un vidimus de cette sentence fut délivré en 1340 par la justice de Château-du-Loir, et celui qui le délivre constate que les lettres originales étaient scellées des sceaux de Geofroi Legroux et de Thomassin de Bequi, et qu'il les avait vus apposer lesdits sceaux. S'il y avait eu un sceau perdu dès cette époque, celui qui délivrait le vidimus s'en serait sans aucun doute expliqué. Il est donc plus que vraisemblable que les délégués du bailli ont usé de la faculté que celui-ci lui donnait et que deux d'entre eux seulement ont participé à la décision définitive, c'est pour cela qu'il n'y avait que deux sceaux apposés.

Il faut rattacher aux fonctions judiciaires du bailli ce qui concerne la poursuite du larron ou autre malfaiteur. Des lettres de Philippe-Auguste de 1213 réglant les droits respectifs du chapitre du Mans et de Guillaume de la Jaille au sujet des droits de justice et des grands cas dans la

---

(1) Je suppose que c'est le jour du baptême de Jésus-Christ que l'Eglise célèbre le 6 janvier, jour de l'Epiphanie ; V. Du Cange, v° Consecrare, Consecrari. Je n'ai rencontré nulle part ailleurs cette expression.

lerre d'Oustillé (1) décident que le seigneur d'Oustillé aura le larron tel qu'il aura été trouvé, c'est-à-dire avec ses vêtements et tout ce dont il était possesseur si c'est son bailli qui l'arrête, mais qu'il n'aura que la personne du larron, *latronem nudum*, si l'arrestation a eu lieu par le bailli du chapitre du Mans. Il est bien vrai que dans cet exemple il n'est question que de baillis de seigneurs ; mais comme leurs fonctions étaient les mêmes que celles des baillis du comte, sous la réserve de l'autorité de ceux-ci, on peut dire qu'ils avaient avec beaucoup plus d'étendue dans l'exercice de leur action le droit de faire procéder à l'arrestation des délinquants.

Le bailli, de même que le comte ou le sénéchal, ne jugeait pas toujours seul ; il avait parfois des assesseurs.

Vers 1230, Guillaume de Feugero ou Fogere bailli du Roi en Anjou, d'accord avec Richardus Clericus bailli de Jeanne de Craon sénéchale d'Anjou et les autres baillis du Roi, ayant appris que l'abbé et les moines de l'abbaye de Toussaints d'Angers voulaient vendre leur bois de Lisle (*nemus de Insula*), interdirent cette vente. Sur les réclamations de l'abbé et des moines, les baillis du Roi et de la sénéchale donnèrent main-levée de leurs défenses et rendirent libre le bois en question (2). Cette mesure fut prise *de prudentum virorum consilio et per judicium curiæ domini Regis*. Je ne crois pas qu'il s'agisse dans cette circonstance d'une décision du Parlement de Paris ; les

---

(1) Registre XXI de la Chambre des Comptes, f° 261, Bibl. Nat. Lat. 9067.

(2) Dom Housseau, t. XIII, 1, n° 10629, Cartul. de la Toussaints d'Angers, f° 6.

rédacteurs d'actes dans les justices locales lorsqu'ils avaient à faire mention d'un acte de l'autorité royale quel qu'il fût en donnaient habituellement un vidimus, et déclaraient ensuite agir en exécution de cet acte qu'ils relataient dans son entier ; le plus souvent l'acte du pouvoir royal, lorsqu'il réformait un acte des pouvoirs locaux, contenait un mandement à ces pouvoirs de mettre à exécution l'acte de l'autorité supérieure ; il n'y a rien de tout cela dans les extraits que Dom Housseau nous a conservés de l'acte en question, rien n'indique que cet acte contienne un vidimus de lettres du Roi de France à eux adressées, ni que ce soit en exécution d'un acte de cette nature qu'ils donnent main-levée des défenses qu'ils ont apportées, c'est au contraire à peu près de leur propre mouvement à la suite d'un jugement de la cour du Roi.

Cette cour du Roi à l'époque où fut rendue la décision dont je parle n'était pas autre chose que la cour du comte devenue la cour du Roi par la réunion de l'Anjou et du Maine à la couronne de France, c'est ce qui résulte des indications suivantes :

En 1210, procès entre Guillaume de Sillé et l'abbaye de la Couture au sujet d'un pressoir à Ballon ; ce procès qui se termine par un arrangement a lieu *coram Willelmo de Rupibus senescallo Andegavensi in aula Regis apud Cenomanum* (1). Le cartulaire de la Couture ne donne pas la date de cet acte ; mais qu'il soit de 1210 comme l'indique Gaignières ou d'une autre année, il est certain qu'il ne

---

(1) Cartul. de la Couture, f° 33, v°, Bibl. du Mans, n° 198. Gaignières, 199, p. 43, extr. des Titres de l'abb. de la Couture. Cartul. de la Couture et de Solesmes, n° ccxi, p. 162.

peut être postérieur à 1222, année de la mort de Guillaume des Roches.

En 1212, Juhel de Mayenne donne à l'abbaye de Fontaine-Daniel au Maine toute la terre de Hugues Bretel qui lui était revenue par la forfaiture d'Agathe sa fille et héritière et de Geofroi Bicolne son gendre qui avaient quitté volontairement le parti du Roi de France pour prendre celui des Anglais ; cette forfaiture avait été prononcée *secundum judicium factum in curia domini Regis* (1). Cette cour du Roi qui avait prononcé une confiscation pour forfaiture ne pouvait être que celle du Roi comme seigneur commun de Juhel de Mayenne et de Geofroi Bicolne, c'était sa justice comme comte du Maine qui avait prononcé.

Je crois donc que dans cet acte de 1230 cité plus haut il ne peut s'agir que de la cour du Roi comme comte d'Anjou et du Maine, et comme cette cour était tenue par le bailli du Roi ou par celui du sénéchal, quelquefois même par tous les deux à la fois, il en résulte que tous les deux ont pris part au jugement qui a fait donner main-levée des mesures par eux prises relativement aux bois de la Toussaints. Enfin s'ils n'avaient eu qu'à exécuter une décision à laquelle ils n'avaient pas pris part, pourquoi dire qu'ils ont agi *de prudentum virorum consilio* ? S'ils ont pris le conseil de ces *prudentes* et s'ils le constatent, c'est que ces *prudentes* avaient le droit de le donner quand la question a été posée devant eux et devant ceux qui devaient décider.

---

(1) Cartul. de Fontaine-Daniel, p. 75, coll. Gaignières, Bibl. Nat. Lat. 5475.

Domaine du comte.

La partie la plus importante peut-être des fonctions du bailli est tout ce qui a trait au domaine du comte. On a pu voir par les citations avec lesquelles j'ai pu établir à peu près la succession des baillis d'Anjou et du Maine combien de choses rentraient dans leurs attributions ; car le domaine ne comprenait pas seulement l'administration des biens meubles et immeubles du comte et la perception de leurs revenus, il comprenait aussi toutes les redevances de diverses natures auxquelles le comte pouvait avoir droit, perception d'impôts sous leurs diverses formes, recettes et payements à faire pour le comte, etc. Tout aboutissait au bailli qui tenait la cour ou aux personnes qui, sous l'autorité du bailli, composaient cette cour, et il est résulté de cette intervention constante de la cour qu'elle était devenue, même dans le langage juridique, une manière de personne morale représentant l'ensemble des droits du comte, son domaine dans le sens le plus étendu. Je n'en veux citer que deux exemples.

Des lettres de Charles Ier datées de Trani du 15 décembre 1268 confèrent à Richard *de Madereio* la garde du château du Pont de Sée et de la garenne des bois et moulins près dudit château aux mêmes gages que son prédécesseur... *eodem modo quo habebat a curia nostra...* (1).

---

(1) Giuseppe del Giudice, Codice diplomatico di Carle I e II d'Angiò, t. II, part. I, p. 249, note 1.

Un nommé Jean chargé de percevoir les produits du sceau de la cour du Mans était en retard de rendre ses comptes. Dans des instructions datées d'Amalfi du 12 octobre 1277 le comte Charles enjoint à son bailli de faire rendre compte à Jean de ce qu'il a reçu pour le sceau de la cour, et de le forcer de payer à sa cour tout ce dont il sera trouvé débiteur : que si c'est au contraire la cour qui lui doit quelque chose, *si vero curia nostra eidem in aliquo teneatur*, il devra le faire connaître au comte qui lui répondra et lui fera savoir sa volonté.

Il y est aussi question d'une maison que le chapitre du Mans avait sur un terrain appartenant au comte. Celui-ci charge son bailli de s'enquérir de son droit sur le dit terrain parce qu'il ne veut pas qu'il la tienne *in nostræ curiæ prejudicium et jacturam* ; il devra exiger du mieux qu'il pourra que le chapitre reconnaisse ses droits, *quod domum ipsam solvendo saltem exinde censum aliquem a nostra curia recognoscat*, à moins que le chapitre ne prouve que par suite de concessions anciennes il ne doit rien.

Ces mêmes instructions parlent de deux autres maisons, l'une construite par un nommé Robert Letort près des fossés du château d'Angers en vertu d'une concession, l'autre donnée avec d'autres biens en jouissance à un nommé Pierre Cappacoli ; elles contiennent l'ordre au bailli de les saisir si certaines conditions se réalisent …*Volumus ut predictam domum ad manus curiæ nostræ capias… ad manus nostræ curiæ revocare procures … ad nostram curium revocari illa similiter capere ac revocare procures…* (1).

---

(1) Arch. Nat. J 178, Anjou, n° 39.
Cette synonymie des mots *Cour* et domaine s'est conser-

L'administration du domaine appartenait aux baillis en vertu de leur institution et sans qu'ils eussent besoin lorsqu'ils agissaient de montrer aucune procuration ni pouvoir spécial. C'est ce qu'ils affirmèrent en 1302 dans leur réponse devant les commissaires délégués par le Roi de France pour statuer sur l'appel des sujets du comte d'Anjou et du Maine. Les procureurs des gentilshommes et des sujets d'Anjou et du Maine avaient à ce qu'il paraît (car nous ne connaissons leurs moyens que par la réponse des gens du comte) prétendu que ceux-ci devaient avant tous actes de procédure montrer leur procuration. Ils répondirent, et avec raison, qu'ils n'en avaient pas à montrer ; « car les genz le conte i sont souffisaument, comme le chevecier de Chartres chancelier le comte, et frere sire Renaut Barbou à ce envoïez de par le Roy, et lesquiex sont mestres et gardes de la terre le conte aveques autres, le baillif d'Anjou et du Maine pour le conte, et le receveur desdiz lieus pour le conte.... Car eus ont povair en ce et en gregnors choses pour mons^r le conte... » (1).

Tout ce qui concerne le domaine immobilier est dans les attributions du bailli ; c'est lui qui peut ordonner que la possession d'une partie soit respectée lorsqu'elle est

---

vée pendant bien longtemps. En 1473, la Chambre des comptes saisie d'une demande faite par le couvent de Notre-Dame-de-Recouvrance à Loudun, pour faire des travaux qui empiétaient sur une rue, mande à ceux qui doivent faire une enquête à ce sujet de voir si cela ne causerait pas un dommage *à la court ni à la chose publique* ; P 1334⁹, f° 203, r°.

(1) Arch. Nat. J 178, Anjou, n° 61.

contestée par les gens du comte (1). C'est aussi lui qui est chargé de faire les aliénations s'il y a lieu (2).

La surveillance des forêts, cette propriété toujours violemment attaquée par ceux qu'elle gêne, était dans les attributions du bailli : c'est plus tard qu'elle fut confiée à des officiers spéciaux. Il en était de même de la chasse (3).

A côté de l'administration du domaine proprement dit se place le recouvrement de ce qui est dû au comte pour

---

(1) En mai 1291, David de Sesmaisons fait remettre en possession du manoir d'Esventart l'évêque d'Angers dont les droits avaient été contestés par les sergents du comte (Liber Guillelmi Majoris, p. 239).

(2) Le 24 décembre 1331, le Roi de France Philippe de Valois mande à Jaquet Martin son receveur et sous-bailli au Mans, de bailler à rente perpétuelle à héritage tous les biens vacants au Maine *qui ne nous portent prouffit ;* en vertu de ces lettres patentes, le 23 mars $133\frac{2}{3}$, il donne à bail à Jean Letavernier et à sa femme des étaux où l'on vendait le pain, et une place aux halles du Mans (Arch. Nat. J 177, n° 12, original scellé).

(3) A. Poursuites exercées par David de Sesmaisons en 1295 pour le comte et en son nom contre l'abbaye de Saint-Florent, afin de faire restreindre les droits prétendus par l'abbaye sur le mort-bois dans la forêt de Vallée en Anjou (Arch. Nat. J 178, Anjou, n° 60, I).

B. Interdiction par le bailli du Roi de France et celui de la sénéchale d'Anjou aux moines de la Toussaints d'Angers de vendre leurs bois de Lisle. Main-levée de la saisie est donnée par sentence de la cour du Roi, en 1230 ; la charte est rédigée par le bailli de la sénéchale (Dom Housseau, t. XIII, 1, n° 10629. V. ci-dessus, p. 390).

C. En 1292, David de Sesmaisons conteste le droit prétendu par l'évêque d'Angers de chasser dans la forêt du Bouchet ; ce droit finit par être reconnu par les officiers du comte (Liber Guillelmi Majoris, p. 304. V. ci-dessus, p. 372, note 1, E).

les redevances féodales de diverses natures, et qui constituent avec les produits du domaine l'ensemble des
revenus du seigneur.

En premier lieu, les droits d'amortissement dûs par
les églises pour leurs acquisitions, et ceux de francs-fiefs
dûs pour acquisition de fiefs faits par personnes non-
nobles et par les églises (1).

---

(1) A. Avril 1284, consentement donné par le bailli d'Anjou
et du Maine à un accord au sujet de la finance à payer par
les religieux de Chasteau-l'Ermitage pour amortissement
d'acquêts faits au Mans et dans le Maine depuis 46 ans (Reg.
XXI de la Chambre des comptes, f° 251, Bibl. Nat. Lat.
9067).

B. Décembre 1294, convention entre le comte d'Anjou et
l'abbaye de la Boessière au sujet d'amortissements pour acquisitions faites depuis le temps du Roi Richard ; ce droit est
fixé à 25 livres (Dom Housseau, t. VII, n° 3147, Arch. de l'abbaye de la Boessière).

C. Novembre 1312, le bailli Guillaume de Noe est commis
par le comte d'Anjou, conjointement avec Pierre de Saint-
Ligier désigné comme clerc du comte, pour *queillir* et recevoir les finances des acquisitions faites en francs-fiefs par
personnes non-nobles (Dom Guéranger, Cartul. de la Couture,
p. 323).

D. Le bailli Pierre Honorat ou Honoré, vers janvier $131\frac{3}{4}$
est commis par le comte pour lever et recevoir ès comtés
d'Anjou et du Maine les finances des fiefs acquis par personnes non-nobles, et pour finer avec les églises et universités
desdits comtés de tous leurs acquérements faits en quelconque
manière (Cartul. de l'abbaye de Perseigne, p. 81, coll. Gaignières, Bibl. Nat. Lat. 5474). Les lettres du comte d'Anjou
contiennent quittance à l'abbaye de Perseigne au Maine de
XVI l. VII s. pour finance à raison de diverses acquisitions de
rentes ; mais nous y trouvons en même temps la preuve que
le payement de la finance une fois fait ne libérait pas d'une
manière certaine pour l'avenir ; le comte pouvait réclamer
comme nous dirions aujourd'hui un supplément de droits

Parmi les perceptions auxquelles donnaient lieu les biens des religions figurent les régales ; le droit de régale appartenait au comte d'Anjou comme représentant de l'ancienne souveraineté des comtes indépendants ; il lui appartenait aussi en vertu de la constitution de l'apanage au profit de Charles Ier par Saint-Louis qui ne s'était réservé que le ressort et souveraineté. C'était le bailli qui faisait la saisie dans les cas où le comte pouvait réclamer les régales (1).

Dans les cas où il y avait lieu de lever une aide, c'est le bailli et gens agissant sous ses ordres qui faisaient cette levée (2). C'est également lui qui était chargé d'asseoir

---

pour perception insuffisante : nous trouvons, en effet, cette mention dans les lettres que je viens de citer : ... « et pour poi finé de certaines choses dont autrefois furent... pour tout à cette fois ont finé à xvi l. vii s. » ... Ils avaient déjà une première fois payé 30 livres pour amortissement de 10 l. 2 s. de rente.

E. Quittances données à l'abbaye de Champagne au Maine de diverses sommes pour amortissements de plusieurs acquisitions de rentes ; une notamment du 31 mars $13\frac{49}{50}$ de 8 livres donnée par le bailli Pierre de Prez qui était chargé avec Jean de Vienne, chanoine du Mans, du recouvrement des droits de francs-fiefs et amortissements (Extraits des titres et documents concernant l'abbaye de Champagne, coll. Gaignières, vol. 194, p. 23, 24).

(1) Le bailli Pierre Enouvre (peut-être le même que Pierre Honoré) en 1315 ou 1316 saisit en régale les biens de Saint-Serge qui se trouvait sans abbé, et ceux de ses prieurés de Grez-sur-Maine et de Méral ; il était assisté par Pierre de Saint-Denys clerc du comte d'Anjou et Jehan Leroux sous-bailli d'Angers ; ce dernier fut excommunié le 1er février $131\frac{6}{7}$, mais il fut absous quelques jours après (Liber Guillelmi Majoris, p. 526).

(2) A. Gilbert de Marcoville chargé de lever une aide pour le

un revenu qui avait été concédé par le comte (1), ou d'acquitter ce qu'il pouvait devoir (2).

Le bailli devait rendre compte de ce qu'il avait perçu lui-même ou fait percevoir ; il avait le droit de se faire rendre compte de tout ce qu'avaient reçu ou dépensé ceux qui avaient agi sous ses ordres. Nous avons vu ci-dessus (3) qu'en agissant ainsi il ne faisait souvent qu'exécuter les ordres du comte. C'est le bailli qui contraignait ceux qui recevaient ses revenus à venir compter devant la cour, et comme c'est lui qui avait le droit de tenir ladite cour, il en résulte que le comptable était souvent jugé par celui qui avait entamé les poursuites contre lui. C'est d'ailleurs ce qui s'est encore pratiqué plus tard lorsque

---

mariage d'une des filles de Charles Iᵉʳ avait fait payer indue-ment quinze livres par les hommes de l'abbaye de Saint-Nicolas ; par lettres d'avril 1272, le Roi de Sicile ordonne de les rendre si l'abbaye prouve que ses privilèges la dispensaient de la payer (Arch. Nat. J 178, Anjou, n° 35).

B. Aide levée en 1297 pour le mariage d'Isabelle fille du Roi de Sicile avec Jean III, duc de Bretagne. David de Sesmaisons avait pris part à la levée de cette aide, car son nom figure parmi ceux qui sont cités plus tard devant les commissaires du Roi de France pour répondre aux réclamations de ceux qui avaient fait appel au Roi (Arch. Nat. J 178, Anjou, nᵒˢ 61 à 63).

(1) Lettres de Charles Iᵉʳ du 27 février 1267 (n. s.) par les-quelles le bailli d'Anjou est chargé d'asseoir sur la prévosté du Mans et sur une maison *ad vadum de Marina* un revenu de 20 l. t. qu'il avait donné à Henri *Scopitiosus* son sergent (*serviens*) sa vie durant (Giuseppe del Giudice, Codice diploma-tico.... t. I, p. 279, note 1).

(2) Lettres de Charles Iᵉʳ d'avril 1272 relatives au payement de quinze livres payées à tort par les hommes de Saint-Nicolas (ci-dessus, p. 385, note 2).

(3) Arch. Nat. J 178, Anjou, n° 39. V. ci-dessus, p. 394.

la chambre des comptes d'Anjou et du Maine fut régulièrement constituée : c'est la chambre qui donnait mandement à un sergent pour faire comparaître le comptable devant elle, et on procédait ensuite à l'examen du compte.

Ce ne sont pas seulement les droits consistant en une prestation pécuniaire dont le bailli pouvait poursuivre le recouvrement ; il pouvait aussi poursuivre l'exécution des autres, tels que l'hommage (1), ou le devoir d'ost (2).

Il faut enfin ranger dans ce qui se rattache à l'administration du domaine du comte la faculté qu'avait le bailli d'accorder aux marchands étrangers le droit de vendre du vin à détail dans la quinte d'Angers pendant les années de stérilité ; ce droit dans les années ordinaires appartenait aux seuls habitants de la quinte (3). La connaissance des infractions à ce privilège appartenait à l'assise d'An-

---

(1) En 1298 le bailli prétendit que les héritiers de Jean Barre ne devaient pas être reçus à l'hommage du comte pour le fief des Vaux de Daam et dépendances de ce fief, par le motif qu'il n'y avait personne pour s'acquitter de l'ost et des redevances dues au comte quand il y aurait lieu. Le bailli avait commencé par saisir et mettre en la main du comte toutes les choses qui devaient la foi (Arch. Nat. J 178, Anjou, n° 60, I).

(2) En 1312 le prieur de Cunault quoique régulièrement semons par le bailli d'Anjou au terroir et en la chastellenie de Saumur, n'avait pas envoyé en l'ost du comte treize sergents de pied qu'il devait. Son refus était motivé sur ce qu'il prétendait ne pas les devoir parce qu'il s'agissait de les envoyer faire la guerre en Flandre, au lieu qu'il ne les devait que quand le comte était en guerre contre ses propres ennemis. Le comte reconnut que le prieur était fondé dans son refus (Arch. Nat. J 179, Anjou, n° 87).

(3) Privilèges accordés par le comte Charles de Valois et confirmés le 13 décembre 1331 par son fils Philippe de Valois devenu Roi de France (Arch. Nat. P 329, n° LV, ancien classement).

gers ; le prévôt d'Angers ou son lieutenant était spécialement chargé de tenir la main à l'exécution de cette ordonnance, et il était enjoint au bailli d'Anjou de ne laisser
mettre aucun empêchement par le prévôt d'Angers à
l'exécution de ses lettres, ou s'il en a mis, de l'ôter sans
délai.

Les baillis, dans l'exercice de leurs fonctions se trouvaient souvent en présence des évêques qui de leur côté
faisaient tout leur possible pour maintenir ce qu'ils affir-
maient être les droits de l'église ; de là des luttes continuelles entre les deux pouvoirs. Ce sont surtout des documents ecclésiastiques qui en ont conservé le souvenir,
il ne faut donc probablement pas donner toujours tort au
ouvoir civil et ne voir dans ces agents que les ministres
d'iniquité contre lesquels Guillaume Le Maire accumule
toutes les injures dont les écrivains ecclésiastiques de ce
temps ne savent pas toujours s'abstenir. Ces conflits furent des plus acrimonieux à l'époque où David de Sesmaisons était bailli d'Anjou.

Le pont de Sée appartenait en vertu d'une donation de
Henri II entre 1170 et 1177 à l'abbaye de Fontevrault qui
y avait une maison ou un prieuré. Ce passage important
était défendu par un château dont le comte d'Anjou avait
confié la garde à un châtelain, qui en 1291 se nommait
Gilles (*Ægidius*). Cette même année (1) le pont avait besoin de réparations urgentes dans la partie comprise
entre Saint-Maurille-d'Esme, maison de campagne appartenant à l'évêque d'Angers et le prieuré de Fontevrault.

(1) Pour toute cette affaire du Pont de Cé, v. Liber Guillelmi
Majoris, p. 265 et suiv.

Quand le pont avait besoin de réparations, les communications d'une rive de la Loire à l'autre ne pouvaient se faire que par des chalans ou bacs auxquels on arrivait par une charrière, dont l'accès pouvait être interdit par la fermeture des portes dudit château. L'évêque d'Angers prétendait être en possession depuis longtemps, *ab antiquo* du droit exclusif d'établir une charrière et un chalan sur la Loire toutes les fois que cette partie du pont avait besoin de réparations, et de percevoir les droits dûs pour ce passage. Le 13 octobre Maurice archiprêtre d'Angers et plusieurs autres délégués de l'évêque se transportèrent sur les lieux et constatèrent que plusieurs individus, en leur présence, passaient la Loire eux et leurs choses (*cum rebus suis*) par la charrière du châtelain et payaient leur passage ; il protesta contre cet empiètement sur les droits de l'évêque ; le surlendemain 15 octobre, après avoir de nouveau constaté que le chastellain continuait la perception des droits de passage, il renouvela les réclamations et injonctions de l'évêque à ce sujet, et sur son refus persistant d'y donner satisfaction, il le déclara excommunié.

Le 13 octobre 1291 jour des premières constatations et protestations était un samedi ; le samedi suivant 20 octobre vers trois heures de l'après-midi (*circa horam nonam*), le pont était réparé et rendu à la circulation ; il faut avouer que l'évêque avait agi un peu vivement dans cette circonstance. Le bailli d'Anjou Davïd de Sesmaisons au nom du comte éleva immédiatement des réclamations au sujet des faits qui venaient de se passer ; mais après bien des discussions il fut forcé de reconnaître que les prétentions de l'évêque étaient fondées sur sa possession ; une convention à ce sujet fut arrêtée entre eux le 6 novembre dans

la chambre de l'évêque ; il fut convenu que les empêchements mis par le chastellain seraient annulés, qu'il serait
reconnu qu'ils ne pouvaient porter atteinte à la possession de l'évêque, mais que ce rappel des empêchements
fait par ledit chastellain ne porterait pas préjudice aux
droits du comte s'il en avait. Il fut convenu que le chastellain déclarerait en plusieurs endroits du pont de Cé
qu'il *ôtait et rappelait* l'empêchement qu'il avait mis aux
droits de l'évêque, ce qui fut fait en la présence de quatre
commissaires désignés par l'évêque et de Rainaud clerc
du sous-bailli d'Angers. Après quoi l'évêque donna main-
levée de l'excommunication, puis quelques jours après le
lundi veille de Noël 1291 il lui donna l'absolution moyennant le serment d'obéir aux ordres de l'église, et après
l'absolution donnée le prélat lui enjoignit en vertu du serment prêté de conserver fidèlement les droits du comte
et ceux de l'évêque, et de ne pas troubler sciemment
l'église d'Angers dans ses possessions (1).

Ce qui sans aucun doute touchait le plus l'évêque d'Angers c'étaient les entreprises du bailli sur sa juridiction
soit épiscopale, soit féodale, car c'est surtout là-dessus
qu'il s'étend dans les nombreuses pages de son livre consacrées à ses réclamations contre la *serpentina viperarum
progenies judicum iniquorum et satellitum pessimorum,*
contre les *ministri tartarei servientes, baillivi et senescalli* qui prennent tout et réduisent les malheureux clercs
à la plus incomplète indigence.

_____

(1) Une sentence définitive rendue le 14 août 1309 par des
commissaires spécialement désignés pour réformer les griefs
(*gravamina*) portés aux gens d'église en Anjou consacre expressément le droit de l'évêque (Liber Guillelmi Majoris,
p. 469).

Au nombre des revenus du prince que les baillis avaient à percevoir figure l'amortissement dû par les églises pour les nouvelles acquisitions qu'elles faisaient ; elles ne pouvaient rien posséder sans le consentement du seigneur souverain et sans lui avoir payé un droit connu sous le nom de droit de nouveaux acquêts qui était tantôt affermé, tantôt perçu directement par les agents du souverain. Ce droit qui remonte aux origines mêmes du régime féodal (1) ne paraît avoir été jamais fixé dans l'Anjou et le Maine ni quant à sa quotité, ni quant à son assiette ; de là des contestations incessantes qui ne portaient pas seulement sur ces deux points, mais que les collecteurs de l'impôt faisaient aussi porter sur l'époque des acquisitions, ils allaient même plus loin et voulaient d'une manière absolue mettre à la charge des églises, défenderesses à leur égard, la preuve que les acquisitions étaient plus anciennes que la date qu'ils leur assignaient.

S'il fallait prendre à la lettre les doléances de l'évêque d'Angers son diocèse aurait été l'objet d'un pillage éhonté tel que la sagesse de Salomon et l'éloquence de Démosthène auraient seules pu en faire une peinture fidèle. Cependant plusieurs payements de finances pour nouveaux acquêts ont été faits par des abbayes en 1294 sans que les actes qui nous en ont conservé la preuve contiennent la trace des exigences dont se plaint si amèrement l'évêque d'Angers (2) ; il n'y en a pas de traces non plus dans l'ar-

(1) V. mon tome I, pag. 29 et suiv., tome III, pag. xlvii et suiv.

(2) Quittances à l'abbaye de Champagne, Gaignières, vol. 194, p. 23 ; au prieuré de Signié, Gaignières, vol. 188, p. 135 ; à l'abbaye de Fontevrault, Cartul. t. I, p. 92, coll. Gaignières, Bibl. Nat. Lat. 5480.

rangement au sujet de droits dûs par l'abbaye de La Boessière (1), bien que ses acquisitions fussent très nombreuses, composées presque uniquement de très-petites parcelles, de très-petites rentes, et que le taux des droits à payer au comte fixé en définitive à 25 livres tournois par une convention de la fin de décembre 1294 entre l'abbaye et le bailli David de Sesmaisons, ait eu lieu en exécution de lettres de Charles Ier d'Anjou du 10 août 1261. Aucune question de principes ne paraît avoir été engagée, ce sont surtout les procédés du bailli, et peut-être aussi sa très-grande exactitude qui ont été l'objet des plaintes de l'évêque.

A cette époque, un concile provincial tenu à Saumur accorda le 5 octobre 1294 (mardi après la Saint-Michel) au Roi de France une aide pour la guerre contre les Anglais (2). Cette aide ne devait être levée que par ceux qui y seraient commis par les archevêque et évêques de la province, chacun dans son diocèse. Les juges séculiers, royaux ou autres ne devaient pas intervenir dans cette perception, à moins qu'ils n'en fussent spécialement requis par les évêques ou les receveurs désignés par ceux-ci ; lesdits receveurs devaient remettre aux évêques l'argent qu'ils toucheraient, et ils se chargeaient de le faire ensuite parvenir au Roi.

Déjà le Roi de France avait reçu des réclamations nombreuses et réitérées de l'évêque d'Angers au sujet des empiétements du bailli du comte et des autres prévôts et justiciers d'Anjou. Plusieurs entrevues avec le comte

---

(1) Dom Housseau, t. VII, n° 3147 ; t. VIII, n° 3430 ; Arch. de l'abbaye de la Boessière.

(2) Liber Guillelmi Majoris, p. 320 et suiv.

avaient eu lieu à Châtillon en Berry, au Mans, à Saumur pour arrêter l'ardeur de ses officiers ; le comte, s'il faut, ajouter une foi absolue au récit de l'évêque, s'en rapportait trop exclusivement à eux. A peine la perception du subside avait-elle été décrétée par le concile de Saumur que les receveurs et sergents (*servientes*) commis pour le lever voulurent exiger plus qu'ils n'étaient en droit de réclamer. Nouveau recours au Roi de France qui par lettres du 10 novembre 1294 interdit au bailli d'Anjou et aux autres prévôts et justiciers d'Anjou de faire aucuns actes de leurs fonctions (*serjantare ac justitiare*) sur les terres de l'évêque et de porter atteinte à ses droits de toute nature, lui ordonne de se désister de tous actes pareils qu'il aurait pu faire, et le menace de commettre le bailli royal de Tours qu'il appelle son bailli (*ballivo nostro Turonensi dabimus....*) pour révoquer tout ce qu'il aurait fait et le ramener à l'état où tout devait être (1).

En même temps les officiers du Roi de France et surtout le bailli de Touraine ne recevaient pas moins de six injonctions du Roi en forme de lettres patentes (2), portant toutes la même date du mercredi 10 novembre 1294 par lesquelles après avoir enjoint d'une manière générale à tous ses sénéchaux, baillis, prévôts et autres justiciers de laisser en paix l'évêque, les églises et personnes ecclésiastiques soumises à leur juridiction et de s'abstenir de les molester induement, il interdit nominativement audit bailli de Touraine de saisir de sa seule volonté et sans l'ordre spécial du Roi les choses de l'église

---

(1) Liber Guillelmi Majoris, p. 331 à 334.
(2) *Eodem.*

d'Angers ; il devra contraindre les officiers du comte d'Anjou, par la saisie de leurs meubles s'il le faut, à se désister de tous les actes qu'ils ont pu faire en contradiction dès droits de l'évêque et de la juridiction ecclésiastique, à annuler toutes leurs procédures, et faire que les églises conservent intactes toutes leurs libertés et franchises. Il devait punir suivant la gravité des faits les receveurs et sergents chargés de la perception du subside qui auraient exigé plus qu'il n'était dû ; et surtout ne pas empêcher l'évêque de se servir de sa juridiction ecclésiastique et du glaive spirituel contre les ravisseurs et envahisseurs des biens des églises et contre les incendiaires ou violateurs d'églises.

Ces injonctions ne paraissent pas avoir produit beaucoup d'effet ; les procédures contre les hommes de l'évêque continuèrent même dans les lieux où il avait droit de justice, et dans l'intervalle de la fin de novembre 1295 au mois d'août 1296 nous trouvons encore six mandements du Roi de France adressés au bailli de Touraine qui nous ont été conservés par l'évêque d'Angers (1), et par lesquels il renouvelle les ordres qu'il lui avait donnés de maintenir l'évêque d'Angers et son église dans leurs libertés, droits et franchises sous peine de punition contre ceux qui s'aviseraient de faire des exploits de justice sur leurs terres ; et comme le bailli de Touraine avait voulu suivre les formes judiciaires, il lui enjoignit de procéder sans forme ni figure de justice, mais sommairement et de plain, car dans ce cas il procède de son office, *non in forma vel figura judicii, sed summarie et de plano proce-*

---

(1) Liber Guillelmi Majoris, p. 341 et suiv.

das, cum in hoc casu ex vestro sit officio procedendum....
Il paraît même que non seulement le bailli de Touraine
ne mettait pas à soutenir les droits de l'évêque d'Angers
toute l'activité qu'il aurait dû y mettre, mais qu'il était
même intervenu dans un procès entre un curé et ses pa-
roissiens au sujet de dîmes non féodales pour empêcher
la justice de l'évêque de connaître de cette affaire ; il avait
même saisi le temporel du curé. Des lettres du Roi de
France du 7 février $129\frac{5}{6}$ lui enjoignirent d'avoir à cesser toutes ces procédures, et de ne porter aucun empêchement à l'exercice de la justice ecclésiastique en matière de dîmes non féodales.

Malgré toutes ces injonctions les entreprises du bailli
d'Anjou aidé par son sous-bailli Darian dit Bidoyn ne
s'arrêtaient pas (1). L'évêque relève surtout trois faits en
présence desquels il n'hésita pas à excommunier le bailli
et le sous-bailli. Jean Lechapelier citoyen d'Angers (2)
avait saisi l'official d'un litige dont la connaissance par
droit et par coûtume ancienne et bien prouvée (*et appro-
bata*) appartenait à l'évêque ; le bailli le fit jeter en prison où il était encore au moment où l'évêque prononça
l'excommunication solennelle. Il avait fait saisir les
meubles de plusieurs estagiers de l'évêque sur ses terres
de Villevêque et de Bauné dont la justice temporelle et
spirituelle lui appartenait, entre autres deux bœufs
appartenant à Mathieu de Vignes un de ses hommes à
Villevêque, et même à Bauné il avait fait arrêter et con-

---

(1) Liber Guillelmi Majoris, p. 350 et suiv.

(2) Cette qualification est assez souvent donnée aux habitants
d'Angers. Je crois que c'est l'équivalent du *bourgeois*.

duire en prison un autre homme de l'évêque, Michel Boucher (1).

L'évêque trouvait dans ces faits la preuve que le bailli voulait soumettre sa juridiction à la juridiction séculière ; il se décida en conséquence à le citer, lui et son sous-bailli, devant la juridiction spirituelle. David de Sesmaisons répondit à cette procédure en faisant saisir et mettre sous la main du Roi ce qu'à raison de son temporel l'évêque d'Angers possédait aux halles d'Angers et *apud Bustam... per manum Regiam capi et saisiri fecit et procuravit.* L'excommunication fut aggravée : la main du Roi fut alors étendue non seulement sur tous les biens temporels de l'évêque mais encore sur ses biens spirituels, c'est-à-dire les dîmes non féodales que le clergé de cette époque considérait comme des biens spirituels ; des gardiens furent mis au nom du Roi dans tous les manoirs de l'évêque. Ce fut dans ces circonstances qu'après avoir pris conseil de son chapitre et du synode de son diocèse le bailli et son sous-bailli furent solennellement excommuniés le 23 octobre 1298, jeudi après la Saint-Luc.

Le livre de Guillaume Le Maire ne dit pas quelle fut la fin de cette affaire dans laquelle son véritable adversaire était plutôt le Roi de France que le bailli ou même le comte d'Anjou. Cependant les réclamations adressées au Roi ne furent pas sans effet : un mandement adressé par Philippe-le-Bel (2) au bailli de Touraine ou à son lieutenant le jeudi après Pasques 23 avril 1299 lui enjoignit de contraindre Pierre de Bonay sergent royal et tous

---

(1) *Carnificem ;* est-ce son nom ou sa profession ?
(2) Liber Guillelmi Majoris, p. 373.

ceux qui avaient touché quelque chose des revenus de l'évêque à en rendre un compte fidèle, et il devait les y contraindre sommairement et de plain, *summarie et de plano*. Le même jour, le Roi adressait un mandement plus général aux baillis de Touraine et du Maine (1) qui ne donne guère qu'une satisfaction apparente aux réclamations dont il était saisi : S'il est ordonné par la cour du Roi de saisir le temporel d'un prélat, on devra d'abord ne saisir qu'un manoir ou une autre petite partie, à moins que la contumace ou la désobéissance ne fasse étendre la saisie successivement à une plus grande partie ; mais on ne devra saisir tout le temporel que si cette saisie est ordonnée par les lettres du Roi ou si la gravité du cas le requiert. S'il y a lieu d'établir des gardiens à la saisie il faudra dans le principe se contenter d'un seul, à moins qu'une grande rébellion ne rende nécessaire la nomination d'un plus grand nombre, ou que ce soit dit expressément dans les lettres du Roi. Il en sera de même lorsqu'il s'agira de la saisie du temporel des autres personnes ecclésiastiques. Les gardiens commis auxdites saisies devront être tellement fidèles et vigilants que les baillis et autres qui les auront commis ne puissent être attaqués et punis à raison de leur administration, ni tenus d'en rendre compte. Défense est faite aux baillis d'empêcher les sujets du Roi d'ajourner leur adversaire devant le juge ecclésiastique pour les cas qui lui appartiennent de droit ou de coûtume : défense de contraindre ou laisser contraindre lesdits demandeurs par la saisie de leurs

---

(1) Recueil des Ordonnances, t. I, p. 331. Spicilegium de Dom Luc d'Achery, Ed. 1723, in-f°, t. II, p. 194.

corps ou de leurs biens à obtenir l'absolution pour leurs adversaires. Défense d'incarcérer les porteurs de lettres des juges ecclésiastiques, de les maltraiter pour ce fait, et de leur enlever lesdites lettres. Si on présente aux baillis une lettre non contestée des juges ordinaires ecclésiastiques contenant l'excommunication majeure et qu'il n'en ait pas été appelé, ils ne devront pas recevoir les excommuniés à agir en jugement et à plaider là où cette coûtume est observée, *ubi consuetum est hoc servari*. Ils devront forcer les excommuniés obstinés à demander l'absolution à la réquisition des ordinaires comme il est observé d'ancienneté, ce qui est un rappel de l'ordonnance de Saint-Louis de 1228. Ils ne devront pas permettre qu'on exige des péages nouveaux ou inaccoutumés des fruits des bénéfices ecclésiastiques. Enfin les gardiens des régales nommés par le Roi devront s'abstenir de commettre des excès ou usurpations.

Par des lettres exécutoriales du même jour (1) le Roi commettait Raoul Rousselot son clerc et Geofroy d'Anisy vicomte de Bayeux pour réformer les excès qui avaient été commis dans la levée des décimes et des annates accordés au Roi pour la défense du royaume. Ils devaient faire rendre tout ce qui avait été perçu injustement et punir les auteurs de ces injustices même par la privation de leurs charges.

C'est sans doute à la même époque que le comte d'Anjou nommait plusieurs de ses conseillers commissaires spéciaux pour la réformation du comté d'Anjou et celle

---

(1) Recueil des Ordonnances, t. I, pag. 332, note *f.* D'Achery *op. c.* p. 194, col. 2.

des griefs portés aux ecclésiastiques et aux habitants du
comté par les gens et alloués du comte ; c'étaient entre
autres nobles hommes Herard de Valon, Jean des Chastelliers chevaliers et maîtres Pierre Leriche sous-doyen
de Chartres, professeur ès lois, et Pierre Goujeul doyen
du Mans. Ce sont eux qui le 14 août 1309, conformément
à une décision précédente du chevecier de Chartres et
autres conseillers du comte, maintiennent définitivement
l'évêque d'Angers dans le droit exclusif d'avoir une
charrière au pont de Sée dans certains cas déterminés (1).

Le bailli d'Anjou, quel que soit son nom, n'en continuait pas moins de percevoir les droits d'aide dûs au
comte auxquels l'évêque d'Angers applique la nomen-
clature des impôts romains en affirmant que par l'autorité des lois divines et humaines et celle des Saintes
Ecritures les personnes et les biens ecclésiastiques sont
libres et exempts... *ab omnibus munerum sordidorum et
superindictis talliis, collectis, seu exactionibus, angariis
et parangariis...* (2). Il mande en conséquence aux
doyens du diocèse d'Angers d'interdire de sa part sous
les peines canoniques au bailli d'Anjou et aux sous-
baillis d'Angers, de Saumur et de Baugé, à Jean de Cossé
et à tous autres sergents et alloués du comte, ainsi qu'à
tous percepteurs et receveurs de cette imposition qui se
trouveraient dans leur doyenné de lever ou recevoir

---

(1) .... *Consiliarii excellentis principis domini Karoli Andegavensis comitis specialiter ad partes Andegavenses missis
ad reformacionem comitatus predicti et gravaminum illato-
rum ex parte gencium et allocatorum dicti domini comitis, et
personis ecclesiasticis, subditisque et incolis comitatus predicti....* (Liber Guillelmi Majoris, p. 469).

(2) Liber Guillelmi Majoris, p. 386, 387.

ladite imposition, et de faire parvenir à l'évêque les noms
de ceux qui auraient encouru pour ces faits l'excommunication. Ces instructions sont du mois de juillet 1307 ;
le Roi de France dut sans doute en avoir connaissance,
ou au moins être saisi de nouvelles réclamations, car il
adressa au bailli de Touraine le 12 avril 1312 (1) un nouveau mandement dans lequel il renouvelle à ce bailli les
injonctions précédentes de ne pas porter atteinte au droit
de justice haute et basse appartenant à l'évêque, en
laissant ses sergents exercer leurs fonctions (sergentare)
sur les terres de l'évêque, même sur ses arrière-fiefs ;
le bailli les avait laissé faire, même dans ceux où l'évêque avait toute justice et ressort.

Au mois de décembre 1315, le Roi de France Louis X
mettait fin à ces discussions par une ordonnance spéciale à l'Anjou (2) : le Roi confirmait toutes les libertés,
privilèges, et immunités de l'église d'Angers, et lui appliquait les privilèges accordés au Languedoc et au comté
de Forez ; il annulait tout ce qui avait été fait induement
en portant atteinte à ces privilèges. Les sénéchaux, baillis
et autres officiers du Roi de France devaient lors de leur
entrée en fonctions, à la première de leurs assises, prêter
serment solennel sur les évangiles d'observer et exécuter
tout ce qui était contenu dans les lettres et statuts contenant les privilèges accordés à l'église d'Angers ; ils ne
devaient y porter aucune atteinte et même annuler tout

---

(1) Liber Guillelmi Majoris, p. 489.

(2) Liber Guillelmi Majoris, p. 505. Dom Housseau, t. XIII,
1, n° 9500, ex codice Mss. S. Mauricii Andeg.

ce qu'ils auraient fait de contraire aussitôt qu'on leur justifiait desdits privilèges, à peine d'indemniser de tous les dommages causés par leur retard. Les clercs non mariés, pourvu qu'ils ne fussent pas publiquement marchands, étaient affranchis de toute contribution aux tailles extraordinaires dûes par les laïques. Puis, après avoir maintenu l'évêque dans son droit de battre monnaie et dans celui qu'il avait aux termes d'anciennes chartes des premiers comtes d'Anjou de connaître du délit d'usure, l'ordonnance enjoignait à tous ceux qui voulaient obtenir des lettres contre des personnes d'église de mentionner leur qualité à peine de nullité des lettres qui auraient été accordées dans ces conditions.

Soit que le temps ait amené un apaisement dans les passions des parties en présence ; soit que cette ordonnance ait tranché d'une manière définitive les questions qui les divisaient le plus, il est certain qu'à partir de cette époque je n'ai pas rencontré la même acrimonie dans les conflits qui se sont élevés entre les officiers du comte et les gens d'église.

Sans doute on s'est disputé bien des fois, sans doute chacun des deux à son tour a empiété sur le domaine du voisin, mais on ne paraît pas avoir excédé les bornes des injures qui ont toujours été l'ornement trop ordinaire des procès.

CHAPITRE XII

§ 1er.

Conseil des comtes indépendants. — Qui en faisait partie.

L'existence d'un conseil des comtes d'Anjou et des comtes du Maine, alors que ces deux grands fiefs n'étaient pas encore réunis nous est démontrée directement d'une manière indiscutable par des documents de la plus haute antiquité. Cette preuve résulte :

Pour l'Anjou — de l'acte par lequel le 2 mars 1045 le comte Foulques-Nerra fonde l'office claustral de chambrier de l'abbaye de Saint-Aubin. La sanction solennelle de cet acte a lieu dans le chapitre de Saint-Aubin ...*archiepiscopi et episcopi, et* nostro consilio *convocatis.* Il reproduit sa demande qu'il avait faite la veille, *quæ a quolibet venerandi cœtus visa est digna cui jure acquiescentes faveremus* (1)....

Pour le Maine — d'un acte qui se place entre 1085 et 1090 par lequel Hugues comte du Maine, pour réparer

---

(1) Ménage, Histoire de Sablé, p. 342, preuves.

les dommages qu'il a causés aux églises fait donation à l'église du Mans de la villa de Colonges (*Colonias*) ...*consilio*... *et astipulatione Gervasii consiliarii comitis* (1)...

Pour l'Anjou et le Maine lorsque les deux fiefs ont été réunis dans la même main, — de deux actes de 1143 par lesquels le comte Geofroi V affranchit de toutes coûtumes le prieuré de Pruniers dépendant de Saint-Aubin, et confirme à cette abbaye la possession du prieuré de la Varenne et les forêts de Vallée : parmi les témoins figure *Goffridus de Cleiers consiliarius meus* (2).

. Ces actes seraient sans aucun doute, suffisants pour prouver l'existence même du conseil ; mais si le mot de conseil y paraît pour la première fois, des actes antérieurs établissent l'intervention de ceux qui se trouvaient auprès du comte, de ses vassaux et arrière-vassaux, et l'approbation qu'ils donnent aux actes émanés de lui (3).

Puis, à côté de ces actes, il s'en trouve d'autres qui emploient le mot *consilium* non plus dans le sens d'une

---

(1) Liber albus capituli Cenomanensis, n° CLXXVIII, p. 98.

(2) Extraits des Titres et Cartulaire de Saint-Aubin, coll. Gaignières, vol. 188, p. 128 et 327 (Bibl. Nat. Lat.).

(3) A. Donation faite entre 968 et 995 par le comte Hugues David de la terre de Marrigné aux chanoines de Saint-Pierre-de-la-Cour.... *concedentibus omnibus baronibus et vavassoribus meis*.... (Archives de la Sarthe $\frac{G-10}{4}$, p. 245).

V. plus loin une donation de moulins faite aux mêmes chanoines par le même comte.

B. Donation d'une pêcherie faite en octobre 990 à Marmoutier par le comte Foulques-Nerra .... *Hæc a me signo sanctæ crucis aliorumque bonorum virorum manibus roborata firmo ac stabilio*.... (Cartulaire de Marmoutier, t. I, p. 391, Saint-Eloi d'Angers ; coll. Gaignières, Bibl. Nat. Lat. 5441).

assemblée qui délibère, mais dans celni de la décision prise par cette assemblée. Ces actes sont nombreux dans la période qui s'étend du x⁰ siècle à la fin du
règne de Geofroi V, et nous montrent le conseil fonctionnant régulièrement comme conseil pendant cette période.

Nous trouvons même quelques actes dans lesquels c'est
le conseil qui a en quelque sorte pris l'initiative de la concession faite par le comte (1). Puis avec des expressions
diverses l'indication précise d'une décision prise par le
comte d'accord avec ceux, *proceres* ou *optimates*, qui se
trouvaient avec lui (2) ; quelquefois même la décision du

---

(1) A. ....*Quod cum suis precibus tum procerum qui comiti
circumstabant obtinuerunt intercessionibus.*.... Concession
d'un droit de passage par terre et par eau en franchise faite
entre 1040 et 1044 à Marmoutier par le comte Geofroi-Martel
(Dom Housseau, t. II, n° 470).

B. .... *Per ammonitionem et consilium procerum meorum...*
Concession de la dîme de coùtumes à Fresnay faite entre 1087
et 1100 à l'abbaye de Saint-Vincent par Robert duc de Normandie, comte du Maine (Cartul. de Saint-Vincent, p. 216, coll.
Gaignières ; Bibl. Nat. Lat. 5444).

(2) A. .... *Ego itaque Hugo comes Cenomanniæ civitatis
cum militibus, et vernaculis, et filiis meis ac filiabus.... stabilio ac firmo....* Donation de moulins faite entre 968 et 995
par Hugues comte du Maine à la Couture et à Saint-Pierre-
de-la-Cour (Archives de la Sarthe, $\frac{G-10}{4}$ p. 241).

B. .... *Multorum tandem sapientum virorum idem ipsum
probante concordi sententia....* Fondation en 1047 du prieuré
de l'Evière à Angers par le comte Geofroi-Martel (Dom Housseau, t. II, n° 506 ; ex cartul. abb. Vindoc).

C. .... *Meis hominibus libenter mecum hoc ipsum facientibus confirmare facio....* Confirmation entre 1060 et 1067 par
le comte Geofroi-le-Barbu des possessions de Saint-Aubin au
Lion d'Angers (*Legio*) (Cartulaire de Saint-Aubin, f° 52 ; Bibl.
d'Angers).

D. .... *Cum assensu et consilio procerum suorum....* con-

comte bien que n'intervenant pas à la suite d'un procès commencé prend la forme d'une décision judiciaire, d'où la conséquence qu'un pareil acte peut émaner de la cour du comte (1). A cet égard je ferai remarquer, que la formule *testes mecum*, ou *mecum testificantibus* paraît établir une certaine parité entre le comte et les témoins. Ne pourrait-on pas dire que dans ces actes où certainement le comte approuve, ceux qui sont indiqués comme témoins avec lui approuvent aussi et que comme c'est non-seulement en même temps que le comte, mais encore avec lui, *mecum*, ceux des témoins indiqués dans

---

cessit.... Abandon le 17 octobre 1093 par Hélie comte du Maine des coûtumes et exactions qu'il prétendait sur les biens de l'église du Mans dans les Quintes du Mans (Liber albus capituli Cenomanensis, n° CXVIII, p. 66).

E. .... *Accepto a baronibus meis sano et optimo consilio, monachorum.... precibus adquievi....* Le comte Geofroi V le 1er juillet 1133 dispense l'abbaye de Saint-Florent de lui construire un château-fort à Saint-Florent-le-Vieil (Cartulaire d'argent de Saint-Florent, f° 48 v°; archives de Maine–et–Loire).

F. .... *Habito consilio cum venerabili Ulgerio Andecavorum episcopo et cum nobilibus viris fidelibus nostris....* Arrangement en 1143 au sujet des aides réclamées par le comte Geofroi V sur les prieurés de Cunault et Loudun dépendant de l'abbaye de Tournus (Juenin, Histoire de l'abbaye de Tournus, preuves, p. 156).

(1) Entre 987 et 1011 le comte Foulques-Nerra sur la demande de l'abbé Robert, fait remise à l'abbaye de Saint-Florent de mauvaises coûtumes et d'exactions prétendues sur ses terres .... *Placuit ergo michi facere....* (lacune dans l'original) ....[judi]cium coram fidelibus nostris ut remitteret unusquisque.... Hoc itaque scripto designamus et manu nostra et fidelium nostrorum roboramus atque firmamus.... Aucun nom ne se trouve indiqué sur cette charte (Chartes originales de Saint-Florent; archives de Maine-et-Loire).

de pareilles conditions et qui paraissent agir de la même manière que le comte sont plus que de simples témoins, et remplissent un rôle qui est celui d'un conseil décidant sous la présidence du comte (1).

Le plus souvent les actes qui constatent l'intervention des témoins ou leur approbation ne font aucune distinction entre ceux qui auraient pris la décision comme faisant partie du conseil et ceux qui n'auraient été que témoins ; ceux-là même qui ont donné leur approbation sont en même temps les témoins de l'acte (2).

---

(1) Il est bon de rapprocher la charte du 26 février 1067 (Cartul. de Bourgueil, p. 88 citée plus haut p. 53, note 2, C) d'après laquelle Foulques-Rechin présent à la renonciation faite par Rainaud à des prétentions sur des coliberts réclamés par Bourgueil est rangé par le rédacteur de la charte au nombre des *boni viri.... in presentia domini Fulconis Rechin aliorumque bonorum virorum....*

(2) A. Entre 1060 et 1067 le comte Geofroi-le-Barbu abandonne à Saint-Aubin des coutumes sur un arpent de terre à Saint-Remy-sur-Loire .... *Ut igitur hæc perdonatio firma et stabilis permaneat, manibus propriis adfirmare decrevimus, manibusque fidelium nostrorum roborari jussimus....* Suivent les signatures du comte et de dix autres personnages (Cartulaire de Saint-Aubin, f° 59 v°; Bibl. d'Angers).

B. Les donations faites à la Couture et à Saint-Pierre-de-la-Cour par Hugues-David comte du Maine entre 968 et 995 (Archives de la Sarthe, $\frac{G-10}{1}$, p. 241 et 245), paraissent au premier abord séparer ceux qui ont donné leur approbation aux actes du comte de ceux qui les attestent comme témoins; mais en y faisant attention on voit que cette distinction n'existe pas, surtout dans le second de ces actes (p. 245) celui relatif à la donation de Marrigné : cette donation est faite *concedentibus omnibus baronibus et vavassoribus meis*, puis le comte invoque le témoignage de quelques-uns d'entre eux....' *Hoc certificantur Hugo filius meus, Seinfredus episcopus, Isaac archidiaconus, Gaumarus et Suardus atque plures alii.*

D'autres fois aussi la séparation est indiquée, et on la trouve dans des actes remontant à une haute antiquité. Il y a des personnes dont l'intervention comme conseil du comte est évidente et d'autres qui assistent comme témoins : mais même dans ce cas on les voit quelquefois donner leur approbation à ce qui s'est passé devant eux (1).

Ces témoins figurent également dans la donation des moulins de l'Epau (p. 241) comme signant cette donation. Il n'y a donc aucune séparation à admettre dans les deux cas, et ces personnages indiqués comme témoins ont pris part comme conseil à l'acte du comte.

(1) A. Dans la première de ces deux catégories, celle de l'assistance comme témoins à un acte fait par la cour ou par le conseil du comte, on peut citer d'abord la fondation entre 1036 et 1051 du prieuré *de Roziaco* par Lodo ou Lono (Ménage, Histoire de Sablé, p. 351, preuves): après l'approbation par les *fideles* du donateur, du comte du Maine et de l'évêque du Mans, suivent trente signatures précédées de la mention : *testes qui viderunt et audierunt hi sunt....*

B. La renonciation faite par le comte du Maine le 17 octobre 1093 (V. ci-dessus, p. 417, note 2, D) *....consilio procerum.... et hoc hi barones viderunt....*

C. Le 10 août 1097, le comte Foulques donne à Saint-Nicolas la forêt des Echats *.... optimatum et amicorum meorum consilio.... istis testibus.... de monachis.... de militibus* (Dom Housseau, t. III, n° 1018 ; ex chartulario Sancti-Nicholai).

D. La convention du 1er juillet 1133 entre le comte Geofroi V et Saint-Florent (V. ci-dessus, p. 418, note E) que le comte déclare avoir faite *.... accepto a baronibus meis sano et optimo consilio....* est confirmée solennellement *.... hujus concordie confirmationem viderunt et audierunt barones mei et multi alii legitimi viri nominatim subsequenter designati.....*

E. Comme exemples d'actes de la seconde classe, je cite les suivants : *....Cessioni nostrœ assensum prebuerunt nostrœ sedis optimi quique clerici potentissimi quoque milites laici.... Ut autem.... firmior..... manibusque tam clericorum quam laicorum nobilium roborare decrevimus....* Do-

Très-souvent après que le comte a fait l'acte, il demande ou ordonne qu'il soit confirmé par la main de ses *fideles*, *...manibus fidelium roborandum esse decrevit*, telle est avec de nombreuses variantes mais toujours avec la même signification, la formule employée ; et ce sont toujours les verbes *roborare*, *corroborare*, *firmare*, *affirmare*, *confirmare* qui expriment la nature de l'intervention demandée aux témoins par le comte d'une manière plus ou moins impérieuse, *precati sumus, obtulimus, rogavimus, tradidi, jussi, decrevimus....*

Il est inutile d'entrer dans le détail des chartes qui contiennent ces formules. J'appellerai seulement l'attention sur les mots *constipulare* et *astipulare* qui se trouvent dans des chartes de Geofroi-le-Barbu et de Foulques-Rechin, et qui complètent à mon avis la preuve que les *fideles* dont l'intervention est demandée dans de semblables termes sont plus que de simples témoins ; l'emploi de ces expressions empruntées au droit civil et dont sans aucun doute les rédacteurs de ces chartes connaissaient

---

nation faite le 28 avril 968 ou 972 à Saint-Aubin par Nefingue évêque d'Angers sur la demande du comte Geofroi-Grisegonnelle de la moitié du port *de Esma* près les Ponts de Sée (Cartulaire de Saint-Aubin, fⁿ 43 vⁿ).

F. En 1026 Sigebrand de Passavant. donne à Saint-Florent une église près de Vihiers ; le comte Foulques-Nerra donne son autorisation .... *per consilium conjugis meœ Hildegardis.... aliorumque fidelium meorum.... Hoc autem testamentum.'... manibusque fidelium nostrorum roborari decrevimus....* (Saint-Florent, prieuré de Montilliers, t. I, fⁿ 1, Archives de Maine-et-Loire). D'après la manière dont cet acte est rédigé il est permis de croire que l'autorisation du comte avait été donnée plusieurs jours avant.

la valeur démontre bien que ceux auxquels ils les appliquaient participaient de la manière la plus complète aux actes du comte (1).

Enfin ce qui achève de trancher la question dans le sens de cette participation des *fideles* aux actes du comte, c'est une charte du comte Foulques-Rechin par laquelle il concède à l'abbaye de Villeloin des coûtumes à Epigné ......*Hec carta non solum me confirmante et presente facta est, sed etiam in presenti confirmatione omnium meorum nobilium et clientium, scilicet in presentia... Hiis omnibus presentibus et confirmantibus ex parte comitis.... Ex parte autem Sancti-Salvatoris* (Villeloin) (2)...

---

(1) A. Confirmation le 24 février 1062 par le comte Geofroi-le-Barbu de l'abandon fait précédemment à l'abbaye de Vendôme par le comte Geofroi-Martel de la *vicaria* et des coûtumes qu'il prétendait sur l'église de Saint-Jean-sur-Loire ......*fidelium meorum manibus constipulandam porrigo....* (Dom Housseau, t. II, n° 650; ex cart. abb. Vindoc.)

B. Confirmation le 21 février 1062, par le même, de la concession faite précédemment à l'abbaye de Vendôme par Geofroi-Martel de la moitié de ses droits sur un navire naviguant sur les rivières de l'Anjou .....*fidelium meorum manibus et testificationi astipulandam tradidi....* (*Eod.* n° 649).

C. Donation de la terre des Ormes faite le 25 mai 1070 par le comte Foulques-Rechin à Saint-Florent .....*fideles viros qui presentes aderant contrectatione sua astipulari rogavi....* (Cartul. rouge de Saint-Florent de Saumur, f° 22; Arch. de Maine-et-Loire).

(2) Dom Housseau, t. II, n° 616; ex Chartulario Villalupense. — La date incertaine de cet acte paraît pouvoir se ramener à l'intervalle entre 1105 et 1109. L'un des témoins est *Petrus seneschalcus;* il est bien probable que c'est le même que Petrus Rubiscallus qui fut sénéchal de Foulques-Rechin de janvier 1105 à 1109.

Il s'agit de savoir maintenant quels sont ces personnages que le plus grand nombre des chartes désigne sous le nom de *fideles*, et qui prennent une part aussi considérable aux actes du comte.

Le principe du système féodal est que le vassal doit à son seigneur le service de cour et de guerre. Les coûtumes d'Anjou et du Maine ne contiennent aucune dérogation à ce principe ; mais si l'on descend dans les applications il est facile de voir que dès l'origine il a dû subir quelques modifications.

L'une des plus anciennes chartes des comtes d'Anjou est celle par laquelle le comte Foulques-le-Roux, en 929 (1), donne à Saint-Aubin et Saint-Lezin *curtim Chyriacum* (Saint-Remy-de-la-Varenne) sur la Loire. Cet acte constate qu'il a été fait *coram cunctis qui aderant Francis seu ecclesiasticis viris.*

Il ne faut pas dans cet emploi du mot *Franci* voir un souvenir même bien affaibli dans l'Anjou du système des lois personnelles et des personnes qui vivaient sous la loi salique ; le temps, les misères communes causées à une époque encore voisine de 929 par les invasions des Normands avaient opéré le mélange à peu près complet de la population. Je ne suis pas éloigné d'admettre surtout à raison de cette opposition entre les *Franci* et les ecclésiastiques, que par ce mot il a voulu désigner les personnes de condition libre, et que cette expression, que je n'ai pas retrouvée ailleurs, ne s'applique pas à des personnes autres que celles désignées ail-

---

(1) Dom Housseau, t. I, nᵒˢ 155 et 157 ; ex Chart. nigro capituli Sancti-Mauricii Andegavensis.

leurs sous le nom de *fideles* (1) ou *fideles viri* dans un grand nombre de chartes des époques postérieures.

Et d'abord on peut tenir pour certain que tous ceux auxquels on peut reconnaître la qualité de *fideles* du comte n'étaient pas nécessairement convoqués pour prendre part à la confirmation d'un acte de la cour du comte ; *coram cunctis qui aderant*..... dit la charte de 929 que je viens de citer, et cette restriction se retrouve dans une charte de Foulques-Nerra de près d'un siècle postérieure (2).

Mais ce n'est pas seulement d'une limitation de fait qu'il peut s'agir ici, c'est d'une limitation résultant de la qualité des personnes qui se trouvent assister à l'acte ; ce sont les principaux d'entre les *fideles* : ainsi en 971 Sigefroi évêque du Mans donnant une terre à Saint-Julien de Tours demande l'autorisation au comte Hugues et à ses fils, *necnon principibus fidelium ipsorum* (3). C'est il me semble la même idée que d'autres chartes expriment

---

(1) A. Les plus anciennes sont : la donation faite en septembre 960 par Aremburge à Saint-Florent de la terre de Rivarenas .... *fidelibus Dei et nostris tam clericis quam laicis confirmandum statuo*.... (Dom Housseau, t. I, n° 184).

B. La donation faite entre 960 et 996 par Hugues comte du Maine à la Couture de plusieurs églises en Saonois .... *signo crucis feci tum filiis meis et fidelibus nostris*... (Cartulaire de la Couture, f° 12 r°; Bibl. du Mans).

(2) .... *Signis fidelium nostrorum qui tunc intererant jussimus roborari*.... Renonciation par le comte Foulques-Nerra entre 1001 et 1027 à diverses prétentions sur les terres de Saint-Aubin (Arch. Nat. J 178, Anjou n° 38).

(3) Cartulaire de Saint-Julien de Tours, p. 45, coll. Gaignières ; Bibl. Nat. Lat. 5443.

d'une manière plus brève encore en se servant du mot *principes* tout seul (1), ou même de *primates* (2).

Mais quels sont ces principaux ou ces premiers d'entre les *fideles* ? En général ce sont les nobles que l'on a voulu entendre par là, et nuls autres ne paraissent dans les plus anciennes des chartes postérieures à celle de 929 que je viens de citer. Quelquefois même on semble avoir été plus loin et avoir exigé que la qualité de nobles se trouvât chez les clercs aussi bien que chez les laïques. Les termes de deux chartes du comte Geofroi de 1040 et 1048 semblent très positifs en ce sens ....*fideles nobilesque viros utriusque ordinis tam clericos quam laicos corroborare rogavimus* (3). Mais ces chartes sont isolées, et dans toutes les autres, soit antérieures (4), soit postérieures,

---

(1) .... *Principumque suorum concordante favore*..... Donation en 1062 par un chevalier nommé Hugues à l'abbaye de Vendôme de Sainte-Marie-*de-Castello-et-Cosma* (Dom Housseau, t. XIII, 1, n° 10833 (Cartulaire de Vendôme) La donation est approuvée par le comte Geofroi-le-Barbu.

(2) .... *Nominibusque primatum suorum corroborari jussit*.... Restitution entre 1053 et 1060 par Geofroi comte de Gâtinais (Geofroi-le-Barbu) sur l'injonction de son oncle Geofroi-Martel, d'une terre qu'il avait enlevée à l'abbaye de Saint-Père de Chartres (Dom Housseau, t. XX, f° 38, Cartul. de Saint-Père de Chartres, Aganon vetus).

(3) Donations faites à l'abbaye de Vendôme en 1040 par le comte Geofroi-Martel et la comtesse Agnès au moment de sa fondation (Mabillon, Ann. Bened. t. IV, app. p. 732 ; ex archivo Vindocinense) V. encore la fondation par les mêmes de l'abbaye de Sainte-Marie à Saintes en 1048 .... *fideles nostros nobilesque*.... (uti suprà) (Gall. Chr. t. II, Inst. col. 478).

(4) ....*Manibus quoque Gaufridi comitis et fratrum nostrorum clericorum ac nobilium laicorum firmanda tradimus*.... Charte de Nefingue évêque d'Angers et du comte Geofroi-Grisegonnelle du 28 février 971 au sujet des privilèges

les membres du clergé qui prennent part aux décisions approuvant les actes du comte sont, désignés simplement par leurs noms et leur qualité ; lorsqu'au contraire ceux qui interviennent avec le comte sont des laïques nobles, on a soin le plus souvent de les distinguer des simples *fideles* en leur donnant leur qualification de *nobiles viri*, *nobiles homines*, *milites*.

Proceres, *optimates* sont quelquefois aussi des expressions employées, la première plus fréquente que l'autre. Elles me paraissent indiquer d'une manière plus précise, la première surtout, que ceux auxquels elle s'applique tiennent de plus près au comte (1).

---

de Saint-Aubin (Extraits des titres et cartulaire de Saint-Aubin, coll. Gaignières, vol. 188).

La donation faite le 28 avril 967 ou 972 par Nefingue à Saint-Aubin de certains droits sur les Ponts de Sée est encore plus explicite. Quand il parle en son nom il dit .... *cessioni nostre assensum prebuerunt nostre sedis optimi quïque clerici, potentissimi quoque milites laici*.... puis le comte qui intervient la fait approuver ....*manibusque tam clericorum quam laicorum nobilium roborare decrevimus*. *Optimi clerici* sont évidemment les clercs les plus haut placés en dignité (Cartul. de Saint-Aubin, f° 43 v° ; Bibl. d'Angers).

(1) A. ....*Procerum qui comiti circumstabant*.... Concession entre 1040 et 1044 par le comte Geofroi-Martel à Marmoutier du passage en franchise sur ses terres pour toutes leurs denrées (Cartulaire de Marmoutier, t. IV, p. 129, coll. Gaignières ; Bibl. Nat. Lat. 5441).

B. ....*Fulconi comiti proceribus quoque ejus ac militibus obtuli roborandum*.... Concession entre 1020 et 1040 par Aymeri comte de Nantes à Bourgueil des droits sur un navire naviguant sur la Loire pour l'abbaye (Cartulaire de Bourgueil, p. 27, 28 ; Archives de Maine-et-Loire).

C. ....*Cum assensu et consilio procerum suorum* ; .... *et hoc hi barones viderunt*.... Abandon par Hélie comte du Maine le 17 octobre 1093 de coûtumes qu'il prétendait sur les biens de l'église du Mans (Liber albus capituli Cenomanensis, n° CXVIII, p. 66).

Plus rarement, ce sont les barons, c'est-à-dire, d'après les coûtumes d'Anjou et du Maine les seigneurs possesseurs de baronnies, fiefs plus considérables que les autres et comprennat plusieurs chastellenies, qui sont désignés comme assistant le comte.

Un titre emploie l'expression *mei homines* (1) ; car les hommes du comte, ceux qui lui doivent hommage à raison de leurs possessions ne sont pas nécessairement des nobles ; c'est une expression trop vague et trop générale pour qu'on puisse dire *a priori* qu'elle s'applique à des nobles ; il faut voir quels sont les hommes du comte qui sont intervenus. Dans l'acte que je cite, les noms qui y sont conservés comme ceux des personnes qui ont pris part à l'acte du comte appartiennent bien certainement à des personnes faisant partie de la noblesse.

Je ne crois pas qu'il en soit tout à fait de même lorsque ce sont les *legitimi viri* dont le témoignage est invoqué à côté de celui de nobles tels que les barons. La convention du 1er juillet 1133 (v. ci-dessus p. 418, note E, et p. 420, note 1, D) par laquelle le comte Geofroi V dispense moyennant 10,000 sous l'abbé de Saint-Florent de lui construire une forteresse à Saint-Florent-le-Vieil est faite en présence de témoins nombreux ....*hoc viderunt et audierunt barones mei et multi alii legitimi viri.* Ces *legitimi viri* en grand nombre sont d'autres personnes que les barons, cette opposition suffirait pour faire admettre qu'il y a parmi eux d'autres que des nobles ; de plus, en examinant

----

(1) .... *Meis hominibus libenter mecum hoc ipsum facientibus....* Confirmation par le comte Geofroi-le-Barbu entre 1060 et 1067 à Saint-Aubin de ce qu'ils ont acquis au Lion (*Legio*) (Cartulaire de Saint-Aubin, f° 52, Bibl. d'Angers).

les noms des témoins laïques qui se trouvent à la suite des ecclésiastiques, on trouve des noms qui ne paraissent pas appartenir à des nobles, entre autres celui de *Guito de Superpontem* que des actes que nous verrons plus loin nous apprennent être un bourgeois d'Angers.

Lorsque dans un acte c'est le mot *fideles* qui se trouve employé tout seul, il faudra suivre la même règle d'interprétation que pour les *homines*. Aussi bien que ceux-ci, les *fideles* peuvent ne pas être nobles, et la question à leur égard ne peut être tranchée que par l'examen des expressions dont la charte s'est servie à leur égard, de la désignation générale donnée à ceux qui sont intervenus dans l'acte avec eux, et enfin des noms de ceux qui sont cités sous la désignation unique de *fideles*, et qui permettent quelquefois de deviner si le *fidelis* désigné dans l'acte appartient à la noblesse ou lui est étranger (1).

Les historiens quand ils parlent des *fideles* sous-entendent le plus souvent qu'il s'agit des *fideles* nobles ; pour eux en général ce mot est synonyme de vassaux pouvant accompagner le comte à la guerre. Mais je ne crois pas que ce mot doive être interprété de même dans les chartes. Quelques-unes se servent de l'expression

---

(1) Acte entre 1060 et 1067 par lequel Geofroi-le-Barbu abandonne à Saint-Aubin les coûtumes qu'il a à la Varenne ou Saint-Remy-sur-Loire ... *Manibus propriis adfirmare decrevimus, manibusque fidelium nostrorum roborari jussimus ....* (Cartulaire de Saint-Aubin, fº 29 vº, Bibl. d'Angers). Les signatures sont, outre celle du comte, au nombre de dix, les deux dernières *Giraldi Calvelli* et *Warini cellararii*, la dernière surtout, me paraissent bien ne pas être de gens appartenant à la noblesse.

fideles nobiles ; il n'y a aucun doute possible dans ce cas (1).

Mais il arrive aussi qu'une partie de ceux qui sont intervenus à un acte du comte pour le confirmer ne sont certainement pas des nobles ; quand le rédacteur d'une charte y fait intervenir les *fideles nobilesque*, il est bien évident qu'il dit implicitement qu'il y a des *fideles* qui sont nobles et d'autres qui ne le sont pas, et que ces derniers peuvent être appelés comme les autres à donner force aux actes du comte (2).

Il faut je crois en dire autant des *fideles* qui se trou-

---

(1) *Et fideles meos nobiles viros corroborare decrevi* ... Donation faite entre 1042 et 1046 à Saint-Nicolas par le comte Geofroi-Martel de l'étang de Brioneau (Dom Housseau, t. II, n° 445 ; ex Chartul. Sancti-Nicolai Andegavensis). Le cartulaire de Saint-Nicolas a disparu, mais il ne peut y avoir eu d'erreur dans la copie de Dom Housseau, les témoins dont les noms ont été conservés au nombre de vingt environ appartiennent à la plus haute noblesse de l'Anjou et du Maine.

Il en est de même pour une mention semblable qui se trouve dans une charte de Geofroi V, de 1143, relative aux prieurés de Cunault et de Loudun dépendant de l'abbaye de Tournus (Juenin, Hist. de l'abb. de Tournus, preuves, p. 156).

(2) *... Fideles nobilesque viros utriusque ordinis tam clericos quam laicos corroborare rogavimus ...* Ce qu'il peut y avoir d'un peu douteux dans cette formule est entièrement éclairci par cet autre passage qui se trouve vers la fin du même acte ... *fidelium nostrorum et nobilium virorum autoritate roborata* ... (Charte énumérant et confirmant les donations faites à l'abbaye de la Trinité de Vendôme par le comte Geofroi-Martel et la comtesse Agnès ; Mabillon, Ann. Bened., t. IV, app., p. 732 ; ex Archivo Vindocinense). Cette charte est de 1040 et les faits qu'elle constate ont été entourés d'une très-grande solennité ; elle mentionne 43 signatures de ceux dont l'autorité a donné force à l'acte du comte. La plupart des signatures sont celles de membres appartenant au

vent associés aux *optimates* (1). Mais comme cette dernière expression s'applique à mon avis aux nobles d'un ordre assez élevé, il n'en résulte pas nécessairement que dans ce cas on doive voir dans le simple *fidelis* un non-noble; il y avait en effet dans la noblesse bien des différences résultant soit de l'importance du fief, soit du nombre plus ou moins considérable de degrés qui éloignaient le noble du chef seigneur.

Je pense qu'il en est de même des amis du comte que je trouve dans une charte de Foulques-Rechin du 22 août 1097 (2); il est bien probable que ces amis appartenaient à la noblesse, mais je n'oserais cependant l'affirmer d'une manière absolue.

De même que les *fideles*, les *clientes* peuvent être des non-nobles tout aussi bien que des nobles, surtout lorsqu'ils sont mentionnés en opposition à ces derniers (3).

---

clergé ou à la noblesse, mais il y en a quatre ou cinq qu'on peut presque avec certitude attribuer à des non-nobles.
Une charte des mêmes de 1048 (Gall. Chr., t. II, Instr., col. 478) pour la fondation de l'abbaye de Sainte-Marie à Saintes contient des expressions semblables; mais presque tous ceux qui y ont pris part sont étrangers à l'Anjou.

(1) ... *Videntibus* ... *ac laudantibus omnibus optimatibus fidelibusque meis* .... Donation par le comte Foulques-Rechin à l'abbaye de Saint-Nicolas, entre 1080 et 1097, d'une terre appelée *Cumeriacum* (Dom Housseau, t. II, n° 735; ex Chartul. S.-Nicholai Andeg.).

(2) ... *Optimatum et amicorum meorum consilio* ... Donation à Saint-Nicolas de la forêt des Echats (Catiæ) (Dom Housseau, t. III, n° 1018; ex eodem). Ce qui confirme mon hésitation à l'égard de ces personnes, c'est qu'après la mention qui en est faite les témoins désignés sont d'abord des moines de Saint-Nicolas, puis des chevaliers.

(3) ... *In presenti confirmatione omnium meorum nobilium*

On reconnaît assez généralement en effet qu'il y a une certaine analogie entre le *cliens* romain et le vassal, surtout lorsque ce dernier n'est pas noble ou lorsque c'est un noble d'un rang inférieur. Ce mot que j'ai bien rarement rencontré dans les chartes des comtes d'Anjou et du Maine a été au contraire assez souvent employé par les jurisconsultes du XVIe siècle, Dumoulin entre autres, pour désigner le vassal dans ses rapports avec le seigneur qu'ils appellent *patronus*. Malgré la distance entre ces deux époques, je n'hésite pas à voir des vassaux non-nobles dans les *clientes* de Foulques-Rechin nommés en opposition avec des nobles. Quelques souvenirs très caractérisés du droit romain s'étaient d'ailleurs bien conservés en Anjou ; je n'en veux pour preuve que la dénomination de *consules* attribuée aux comtes par leurs historiens et un assez grand nombre de chartes (1).

---

et clientium ... suit la liste de 16 noms avec la mention : *Hiis omnibus presentibus et confirmantibus ex parte comitis... Ex parte autem Sancti-Salvatoris ; Gazfridus abbas, etc....* Concession de coûtumes à Epigné faite après 1067 par le comte Foulques-Rechin à l'abbaye de Villeloin (Dom Housseau, t. II, n° 616 ; ex Chartulario Villalupense). Quatre ou cinq de ceux qui sont mentionnés comme étant *ex parte comitis* peuvent être considérés comme non-nobles presque avec certitude.

(1) A. *Consulibus annuentibus* dit même une charte vers 1106 par laquelle Foulques-Rechin et son fils Foulques V qu'il avait associé à son gouvernement confirment un accord entre l'abbesse du Ronceray et Abbon de Briolay au sujet de la Cour de Pierre (*Curia Petræ*) (Cartul. du Ronceray, Ed. Marchegay, n° CLXXXII, p. 120).

B. *In aula consulari* ... Charte du 15 septembre 1117 par laquelle le comte Foulques V fait remise à Saint-Serge d'un droit de *fodrium* (Cartulaire de Saint-Serge, p. 135 et 295, coll. Gaignières ; Bibl. Nat. Lat. 5446).

En remontant plus haut jusque dans les dernières années du Xe siècle, nous trouvons encore un autre mot, *vernaculi* (1), désignant une partie de ceux qui ont pris part à une donation faite par Hugues comte du Maine. *Verna* plus habituellement employé dans le langage des jurisconsultes romains signifie à proprement parler l'esclave né à la maison ; *vernaculus* substantif ou adjectif a un sens complètement analogue. Le rédacteur de cette charte a sans aucun doute voulu faire mention de gens tenant de très-près à la personne du comte, de quelques-uns de ses serviteurs sans s'expliquer sur la question de savoir s'ils étaient nobles ou non ; et à raison même de la date de cette charte bien antérieure à l'époque où les noms de famille ont commencé à se former et à devenir fixes, l'énumération des noms de ceux qui y ont pris part n'est pas de nature à nous éclairer sur ce point. Ce qui me semble confirmer l'interprétation que je propose c'est la mention qui se trouve dans une charte de Foulques-Rechin du 17 mai 1076, par laquelle il donne à Saint-Nicolas une partie de sa forêt d'Echats (2) ; la donation est faite non seulement sur le conseil et avec l'approbation de ses *optimates* dont les noms sont énumérés, mais aussi *consensu et hortatu horum de familia mea ac de servientibus meis...* La copie de Dom Housseau nous

---

(1) ... *Cum militibus et vernaculis, et filiis meis ac filiabus ... stabilio et confirmo* ... Donations de moulins faites à la Couture et à Saint-Pierre-de-la-Cour entre 967 et 995 par Hugues comte du Maine (Archives de la Sarthe $\frac{G-10}{1}$, p. 241).

(2) Dom Housseau, t. III, n° 789 ; ex Chartulario Sancti-Nicholai.

a conservé les noms de cés deux catégories de personnes ayant pris part à cet acte ; et si parmi les personnes *de familia* on en trouve un certain nombre qui sont évidemment des nobles, il y en a quelques-unes qui très-probablement ne le sont pas, parmi ceux *de servientibus* au contraire, la plus grande partie comprend des personnes qu'on peut affirmer ne pas appartenir à la noblesse.

Mais la preuve que dès cette époque les non-nobles prenaient une certaine part aux actes du comte résulte d'abord de ce même acte qui, après les gens de la famille (au sens romain du mot) et les serviteurs, ajoute *et suburbanis meis* (1). Les noms de ces *suburbani* n'ont malheureusement pas été conservés ; cependant on peut dire presque avec certitude que ce ne sont pas des nobles, et que ce sont des gens dans une situation analogue à celle des bourgeois, mais qui habitaient dans les faubourgs de la ville d'Angers (cet acte a été fait *in curia Andegavensi*), qui n'avaient peut-être pas tous les privilèges réservés aux bourgeois habitant la ville, mais qui d'ailleurs ne s'en distinguaient pas. Ce sont très probablement les mêmes que ceux qui sont désignés dans quelques chartes sous le nom de *cives Andegavenses*, et que plus tard aux XIVᵉ et XVᵉ siècles on retrouve sous la dénomination de *citoyens d'Anjou* ou *d'Angers*.

---

(1) ... En 1131 le comte Geofroi V donne à Saint-Maurice l'église de Saint-Jean-Baptiste dans un des faubourgs d'Angers en présence de nombreux témoins ... *Necnon et pene omnes clerici suburbani* (Dom Housseau, t. IV, nº 1535 ; Archives du chapitre d'Angers).

Il ne faut donc pas voir la proclamation d'un nouvel
état de choses dans les énonciations de la charte de 1095
par laquelle le comte Foulques-Rechin donne à Saint-
Serge la partie de la forêt de Verrière qui fut connue
depuis sous le nom de Bois-l'Abbé (1). Les bourgeois y
sont désignés par leur nom, ils figurent nominativement
dans la partie de l'acte où sont les témoins dont ils composent la seconde colonne, et ils approuvent en même
temps que les chevaliers l'acte qui a été fait par le comte.
Il faut du reste remarquer que les énonciations de cet
acte et de celui que je viens de citer bien que faits à
vingt ans de distance sont disposées de la même manière, ce sont deux chartes du comte, rédigées probablement toutes deux dans sa chancellerie.

La donation à Saint-Nicolas du 17 mai 1076 est faite
publiquement dans la cour du comte à Angers ... *ipso
comite cum prescriptis optimatibus suis sic tractante ipsis
que annuentibus et aliis quamplurimis.* Puis, revenant
sur cette donation, il est dit qu'elle est faite ... *consilio
et hortatu optimatum meorum, scilicet* ... Ensuite, après
les noms des *optimates*, vient la mention du consentement et de l'encouragement (*hortatus*) donné par les
gens de la famille, les serviteurs et les *suburbani* du
comte.

La donation de 1095 à Saint-Serge est faite avec une
grande publicité, mais il n'est pas dit que ce soit en la
cour du comte. Elle est faite (c'est le comte qui parle)
... *per filii mei Gaufridi et magnatum meorum consilio :*

_____

(1) Cartulaire de Saint-Serge, p. 268, coll. Gaignières ; Bibl.
Nat. Lat. 5446.

ce sont ici les *magnates* qui interviennent au lieu des *optimates*, mais, comme je l'ai dit plus haut, je crois que ces deux mots ont la même signification, qu'on doit les regarder à peu près comme synonymes des *barones*, c'est-à-dire de ceux qui appartiennent à la plus haute noblesse du pays. Puis on se trouve solennellement devant Geofroi de Mayenne qui vient d'être élu évêque d'Angers ... *et coram eo et clero ejus et plurima nostrorum virorum, militum* (1) *et burgensium attestatione, cum favore omnium, ... donum fecimus ...* Viennent ensuite les noms de tous ceux qui ont pris part à cette charte et qui d'après la copie conservée par Gaignières sont disposés sur deux colonnes. La première comprend d'abord sept noms de membres du clergé, l'évêque Geofroi, un archidiacre, et des chanoines dont un de Saint-Laud et un de Saint-Maurille ; puis, se détachant un peu, les noms du comte Foulques et de son fils Geofroi ; elle se termine par sept autres noms qui sont probablement ceux de quelques-uns des *magnates* qui ont fait partie du premier conseil, si je puis m'exprimer ainsi, dans lequel la donation a été décidée.

La seconde colonne comprend dix-sept noms qui sont probablement ceux de quelques-uns des chevaliers et des bourgeois (elle n'est précédée d'aucune indication). Mais en voyant des noms comme *Fulco Cellerarius, Ste-*

---

(1) C'est l'opposition de *milites* à *magnates* qui me fait voir dans ces derniers des membres d'une noblesse d'un rang supérieur à celle des simples chevaliers. *Viri*, opposé aux chevaliers et aux bourgeois ne peut avoir d'autre sens que celui de gens tenant du comte à un degré quelconque, qu'ils fussent nobles ou non.

phanus Telonearius, Haimericus Ostelarius, Rainerius Sartor, que ce soit leur nom de famille, car à la fin du XIe siècle les noms de famille avaient pris à peu près la forme définitive qu'ils ont conservée, ou que ce soit celui de leurs professions, il est bien difficile d'admettre que ces gens ayent été des chevaliers.

Il y a une autre conséquence à tirer de ces deux chartes, et surtout de la dernière, c'est que malgré leur origine séparée ces chevaliers et ces bourgeois décident ensemble, leurs noms sont donnés sans distinction entre eux, ou du moins ne figurent que rarement dans des listes distinctes, et c'est d'une de ces listes que je vais en tirer la preuve. Le 30 juin 1135 le comte Foulques V fait un règlement sur le commerce des vins à Angers et sur les coûtumes à percevoir (1). Cet acte fait dans la cour du comte est approuvé par les *barones familiares comitis* et par des bourgeois qui sont énumérés en deux listes séparées. Dans la liste des bourgeois figure un nommé *Guito de Supra-pontem.* Ce même *Guito* figure immédiatement après *Pipinus prepositus* que l'acte que je viens de rappeler classe parmi les *barones familiares comitis,* et sans indication de sa qualité de bourgeois, dans l'acte du 1er juillet 1133 par lequel le comte Geofroi V renonce au droit qu'il avait de construire un château-fort à Saint-Florent-le-Vieil (2). Ce sont des témoins

---

(1) Recueil des Ordonnances, t. IV, p. 632.

(2) Cartulaire d'argent de Saint-Florent-de-Saumur, f° 48 v°; Archives de Maine-et-Loire. C'est sans doute le même, dont le nom est écrit *Vitonus* qui figure avec Fulcherius et Rainerius serviteurs (*servientes*) de Saint-Serge dans l'acte cité plus haut du 15 septembre 1117 par lequel le comte Foulques V,

il est vrai ; l'acte ne dit pas qu'ils ayent pris part à l'acte
même du comte, mais il n'en est pas moins vrai que ce
bourgeois figure avec quelques autres, soit nobles, soit
bourgeoïs, sous la dénomination générale de *laïci*, par
opposition à quelques ecclésiastiques mentionnés en tête,
et parmi eux on voit Gaugain de Chemillé, Hugues de
Mathefelon, Brient de Martigné, c'est-à-dire des personnes à la tête de la noblesse de l'Anjou.

Enfin la même année 1133 nous trouvons que la cour
du comte se tient au Mans dans la maison d'un bourgeois.
Le comte Geofroi autorise les moines de la Couture à
construire le bourg de Tanie … *Hoc constitutum fuit
et confirmatum publice coram omnibus ante curiam supradicti comitis in domo cujusdam burgensis Durbressi nomine …* Et ce Durbressus ou Durbres est compris parmi
les témoins, probablement avec quelques autres bourgeois, et certainement avec quelques membres de la plus
haute noblesse de l'Anjou et du Maine ; sa qualité de
bourgeois n'est constatée que par la mention de sa maison où le comte a tenu sa cour ; dans la liste des témoins
il n'en est fait aucune mention (1).

---

in aula consulari, fait remise d'un droit de *fodrium* à Saint-
Serge (V. ci-dessus, p. 431, note 1, B).

(1) Les bourgeois tenaient, c'est bien certain, une place importante dès le milieu du douzième siècle ; je n'en veux pour
preuve que la charte des privilèges accordés en 1143 par le
Roi Louis VII aux bourgeois de Chateauneuf près Tours.
L'acte est fait à Tours en présence de représentants des bourgeois, et ces représentants ne sont autres que le comte Geofroi et plusieurs membres de son conseil … *Videntibus et
audientibus, ex nostra parte … ex parte vero burgensium :
Goffrido comite Andegavorum ; Pagano de Clarisvallibus ;
Goffrido de Cleers ; Matheo preposito ; Asalaudo (Absalone ?)*

Ainsi de ce qu'on vient de voir il résulte selon moi jusqu'à l'évidence qu'au milieu du onzième siècle, peut-être même dès une époque antérieure, les bourgeois prenaient part aux actes du comte, soit comme simples témoins, soit même comme témoins donnant leur approbation à ce qui était fait en leur présence. Et ce sont là sans aucun doute ceux auxquels plusieurs chartes donnent plus spécialement la qualification de *legales testes*, *legitimi viri, autentici viri, testes idonei, legales et probabiles personæ*, ce sont les témoins qui ont été plus habituellement à une époque ancienne appelés à se trouver auprès du comte, chez lesquels on a reconnu les conditions nécessaires pour être témoins, d'actes aussi importants que ceux qui émanaient du comte, et qui par suite de cette espèce de possession se sont trouvés être ceux qui le plus ordinairement ont composé la cour du comte (1).

Roingnardo (Dom Housseau, t. V, n° 1699 ; Titres de l'Hôtel de Ville de Tours).

(1) Voir notamment

A. Confirmation, en 1073, par le comte Foulques-Rechin à la Trinité de Vendôme du droit de prendre du bois dans ses forêts (Dom Housseau, t. II, n° 774 ; ex cart. abb. Vindoc. f° 107).

B. Donation par le même, le 23 juin 1096, de l'Ile de Chalonne à l'église et à l'évêque d'Angers (Gallia Christiana vetus, t. IV, p. 128).

C. Donation par le comte Foulques V, entre 1109 et 1117, de la terre *de Bruillio* près le pont de Chinon à l'abbaye de Fontevrault (Cartulaire de Fontevrault, c. 303 ; Arch. de Maine et Loire).

D. Remise par le même, le 4 janvier 1113 en faveur des pauvres, de droits qui lui étaient dûs sur l'aumônerie de Saint-

§ 2.

Conseil du Roi de Sicile. — Sa composition.

L'existence du conseil avec les attributions définies qui lui ont appartenu par la suite se révèle dès l'année 1277 par un mandement donné le 10 octobre (1) à Amalfi dans lesquels le Roi Charles d'Anjou donne à son bailli d'Angers des ordres pour diverses affaires concernant son domaine tant dans l'Anjou que dans le Maine. Après avoir donné les ordres nécessaires pour faire rendre des comptes et pour d'autres objets, il s'occupe d'une maison avec ses dépendances sise en Vallée qu'il avait donnée autrefois à un nommé Pierre Cappacoli. Celui-ci ayant disposé de cette maison en dehors des conditions

---

Aubin (Dom Housseau, t. IV, n° 1342; ex Cartul. Sancti-Albini Andeg.).

E. Renonciation du 1er juillet 1133 citée plus haut (p. 427) du comte Geofroi au droit de construire un château-fort à Saint-Florent-le-Vieil.

Il faut ajouter les actes cités plus haut, p. 417, note 1, A, B; p. 420, note 1, D; p. 428, note 1; p. 429, note 2; p. 430, note 3; p. 432, note 1.

J'appelle plus particulièrement l'attention sur l'acte de 1073 contenant confirmation à l'abbaye de Vendôme du droit de prendre du bois dans les forêts du comte; les témoins sont produits ou amenés par le comte, *legales qui hoc audirent adhibui testes;* ils sont au nombre de 10, aucun d'eux ne porte de nom qui ressemble à ceux appartenant à la noblesse de cette époque; les trois derniers se nomment *Haimo monetarius, Mainardus famulus, Joscelinus pistor* pour lesquels je renouvelle les observations que j'ai faites ci-dessus : ce ne sont pas des noms de chevaliers.

(1) Arch. Nat. J 178, Anjou, n° 39.

sous lesquelles il la détenait, le Roi donne à son bailli l'ordre de la faire revenir à son domaine après qu'il aura été spécialement délibéré avec son conseil sur la question de savoir si cette réunion doit avoir lieu ... *Volumus ut sine dilacione qualibet domum ipsam ad manus nostre curie revocare procures, et habita deliberacione causa consilio nostro, si visum fuerit quod secundum jura et consuetudinem terre alia bona predicta debeatur ob delictum hujusmodi ad nostram curiam revocari, illa similiter capere ac revocare procures.*

Cette réunion à la cour ou au domaine ne pourra être faite qu'après qu'il y aura eu une délibération avec le conseil du comte à l'effet de savoir si, d'après les coûtumes du pays, ces biens et d'autres encore doivent être réunis à la cour ou au domaine.

Le conseil avait dès lors une existence permanente, car peu d'années après, ce sont des membres de son conseil que le comte d'Anjou nomme pour la réforme du comté, principalement en ce qui a trait aux griefs que ses gens et ses alloués (*allocati*) avaient portés aux ecclésiastiques et aux habitants du comté (1).

---

(1) Ces commissaires sont : nobles hommes Hérard de Valori, Jean des Chastelliers, chevaliers, et maîtres Pierre Leriche professeur ès lois, sous-doyen de Chartres, et Pierre Goujeul doyen du Mans, *consiliarii excellentis principis domini Karoli Andegavensis comitis.* La décision qu'ils rendent n'est que le maintien d'une décision antérieure des conseillers du comte ... *quod alios per capicerium Carnotensem et alios consiliarios domini comitis* ... (Liber Guillelmi Majoris, p. 469, jugement du 14 août 1309 qui maintient l'évêque d'Angers dans le droit d'avoir une charrière pour le passage de la Loire au pont de Sée dans certains cas déterminés. V. cidessus, p. 412, note 1).

Ce n'est pas seulement à Angers qu'il y avait ainsi un conseil du comté d'Anjou et du Maine, il y en avait aussi un au Mans dont l'existence est constatée par un acte du jeudi après la Saint-Marc 1284 par lequel les religieux et couvent de Chasteau-l'Ermitage traitent de la finance à payer par eux au Roi de France pour diverses acquisitions (1). Cet acte est fait dans la cour du comte au Mans et mentionne que la finance reconnue au profit du Roi de France l'a été ... « dou conseil et assentement de Guillaume de Gonnasse chevalier, baillif d'Anjou et dou Maine *et de nostre autre conseil seant au Mans ....* ».

Ce conseil du Mans que cette expression *autre conseil* met bien certainement sur la même ligne que celui d'Angers pouvait être saisi des affaires les plus sérieuses ; il le fut au commencement du XIVe siècle dans cette affaire interminable suscitée par les réclamations des habitants de l'Anjou et du Maine contre la levée d'une aide réclamée par le comte. Le Roi de France saisi de la réclamation en avait renvoyé l'examen à des commissaires qui furent Guy évêque de Soissons, P. chantre de Paris, et Gauthier d'Autreches, ses conseillers (2), auxquels était certainement adjoint le conseil du Mans. Un rapport du sous-bailli de Baugé du samedi après la Saint-Barnabé 1314 constate que conformément aux ordres du comte et de son bailli d'Anjou et du Maine (3),

---

(1) Registre XXI de la Chambre des comptes, f° 251 ; Bibl. Nat. Lat. 9067.

(2) Arch. Nat. J 178, Anjou, n° 61.

(3) Arch. Nat. J 179, Anjou, n° 102.

les barons, nobles et non-nobles et autres de l'Anjou et du Maine ont été ajournés au Mans trois semaines après la Pentecôte par devant le noble conseil et les commissaires de notre cher et puissant seigneur dessusdit, c'est-à-dire le comte d'Anjou et du Maine.

La réunion en un seul de ces deux conseils siégeant à Angers et au Mans, si elle n'a pas eu lieu immédiatement après la constitution de l'apanage formé au profit de Louis de Valois par la réunion de l'Anjou et du Maine, a cependant eu lieu de bonne heure ; les ordonnances du comte Louis I de décembre 1359 contenant règlement des boucheries d'Angers et de Saumur (1) sont prises après « *grant deliberation de nostre conseil* », et constatent la présence du chancelier du comte, de Pierre d'Avoir seigneur de Chasteau-Fromont, et de Jean Faine (2). Le comte d'Anjou en prenant possession de son apanage y introduisait le style du conseil du Roi de France (3).

---

(1) Recueil des Ordonnances, t. VII, p. 251 ; t. XVIII, p. 702.

(2) Malgré la différence considérable dans le nom, je crois que ce Jean Faine est le même que Jean Anne qui a été juge ordinaire d'Anjou et du Maine.

(3) V. une autre ordonnance du comte Louis, d'avril 1360, qui confirme au prieuré de Vendangé ses droits d'usage dans la forêt de Monnais ; sur le repli se trouve la mention suivante : « par monseigneur le comte Vous (le chancelier) et plusieurs autres présents » (Bibl. Nat. Lat. 5446, p. 176).
Cette ordonnance est antérieure à l'époque où l'Anjou fut érigé en duché au profit du comte Louis.
Parmi les actes postérieurs à cette époque et antérieurs à Jean Lefèvre, je relève les deux mentions suivantes qui

Les textes que je cite établissent qu'à partir de cette époque le conseil est constitué au moins dans ses éléments les plus essentiels.

établissent de la manière la plus complète l'existence à cette époque du conseil organisé comme nous le retrouverons jusqu'à sa suppression vers la fin du XV⁰ siècle.

Le registre XXI de la Chambre des comptes, f⁰ 284 (Bibl. Nat. Lat. 9067) contient un mandement de Pierre d'Avoir du 20 janvier 136$\frac{7}{8}$ adressé au bailli de Château-du-Loir pour faire délivrer au sire de Lucé des pièces qu'il demande, ce mandement est arrêté à Angers ... par monsʳ le lieutenant ou conseil ouquel étaient les abbés de Saint-Aubin, du Loroux, de Vaus, Jean Auve et plusieurs autres.

Le 20 juin 1376 le duc Louis fait remise à ses sujets d'un certain nombre de vieilles dettes par lettres données au Chasteau de Saumur et qui portaient la mention : « par Monseigneur le duc en son conseil auquel Vous (le chancelier) et plusieurs autres étiez, J. Haucepié » (Arch. Nat. P 1334¹, n° 6, f⁰ 36.r⁰).

Haucepié a fait pendant assez longtemps partie comme secrétaire du conseil du Roi de Sicile ainsi reconstitué.

Ce qui pourrait faire croire que l'existence du conseil du Mans s'est prolongée pendant quelque temps encore, c'est la mention finale de lettres d'amortissement délivrées au prieuré de Chasteau-l'Ermitage, au Maine, par Pierre d'Avoir, sire de Chasteau-Fromont commissaire du duc d'Anjou et comte du Maine sur le fait des amortissements etc... en août 1366 (Arch Nat. P 1344, n° 615) ; cette mention est ainsi conçue : « Par monseigneur le lieutenant au conseil de monseigneur le duc estant au Mans auquel estoient messⁿ l'évesque du Mans, l'abbé de Vendosme, l'abbé de la Piliè, l'abbé de la Cousture, Jehan Aame, Symon ... et plusieurs autres ».

Vendôme est du diocèse de Chartres.

La Couture est du diocèse du Mans.

Quant aux deux autres personnages dont le nom est pour l'un difficile à lire et pour l'autre à peu près illisible, je crois bien que ce sont Simon Anne et Jean Anne qui furent les second et troisième juges ordinaires d'Anjou et du Maine, de 1360 à 1369, et de 1369 à 1378. Le juge ordinaire et celui qui

La plus ancienne liste des membres du conseil est bien probablement celle que donne Jean Lefèvre (1) chancelier du Roi de Sicile et évêque de Chartres à la date du 14 mars 138$\frac{6}{7}$; indépendamment des membres mentionnés dans les notes qui précèdent, je relève dans quelques documents antérieurs les noms de Jean d'Escharbeye (2), Pierre Bonhomme (3), Jean Lebegue ou Lebegut (4), Boniface Ladmiraut (5), Nicolas Mauregart (6) ; tous

---

devait lui succéder faisaient donc partie du conseil, mais les prélats ne sont pas du diocèse d'Angers.

Dans l'acte que j'ai cité ci-dessus extrait du Registre XXI de la Chambre des comptes celui qu'on trouve désigné sous le nom de Jean *Auve* est pour moi sans hésitation le même que Jean Anne dont le nom a été mal lu par le copiste qui a changé en *Vaus* le nom de l'abbaye de *Vaas* laquelle est du diocèse de Chartres. Le nom exact de Jean *Anne* conseiller de mondit seigneur et juge ordinaire se retrouve sans difficulté de lecture dans des comptes de l'année 1376 (Comptes de la Trésorerie du duc d'Anjou, Arch. Nat. KK 242, ff. 53 et 54).

Un compte de quelques années postérieur porte allocation de sommes à Boniface Ladmiraut conseiller de monseigneur le duc et l'un des gens de ses comptes pour être allé de la ville d'Angers au pays de Gorron du commandement de monsieur le lieutenant pour faire une information touchant les affaires du duc, information qu'il a rapportée « par devers les gens du conseil de mond. seigneur et les gens tenans les grans jours à Angiers » (Mandement de mons' le lieutenant (du duc d'Anjou) du 7 février 137$\frac{8}{9}$ (KK 242, f° 105 v°).

(1) Journal de J. Lefèvre, f° 148 ; Bibl. Nat. Fr. 5015.

(2) Arch. Nat. KK 242, ff. 23 r°, 28 r°, Comptes de la Trésorerie du duc d'Anjou.

(3) Eod. ff. 53 et 54.

(4) Eod. ff. 25 v°, 50 v°, 52 r°, 53 v°.

(5) Eod. f° 51 v°.

(6) Eod. f° 99 v°. Il avait été l'un des receveurs dont les comptes sont contenus dans ce registre.

portent le titre de conseillers et maîtres de la chambre des comptes de monseigneur ; Jean Anne juge ordinaire (1) ; l'évêque de Saint-Brieuc (2) ; Geofroy Guillopin (3). D'Escharbeye doyen d'Angers ; Lebegut et P. Bonhomme figurent sur la liste conservée par J. Lefèvre. — L'abbé de Saint-Aubin, le juge ordinaire y figurent aussi ; dans d'autres endroits de son journal on voit le sénéchal.

On ne voit pas qui présidait le conseil avant Lefèvre ; depuis lui, pendant un siècle, c'est toujours ou presque toujours le chancelier lorsqu'il est présent (4). Le sénéchal vient ensuite, et après lui le juge ordinaire.

Quant à la composition du conseil, on y voit outre plusieurs qui sont les conseillers ordinaires, des personnes notables de la noblesse et du clergé, le lieutenant du sénéchal à Angers, tous ceux qui faisaient partie de la chambre des comptes, ceux qui prennent part à l'administration financière ; quelquefois même on y voit figurer les lieutenants et procureurs de Baugé et de Saumur et les officiers de finances de ces ressorts. Le nombre des noms qui figurent dans les registres est très considérable, mais il faut probablement admettre que les officiers d'un ordre inférieur ne comparaissaient au conseil que quand il y avait des affaires dans lesquelles ils pouvaient avoir

---

(1) Arch. Nat. KK 242, ff. 53 et 54.

(2) Eod. f° 105 v°.

(3) Eod. f° 80 r°, f° 99 r°.

(4) Arch. Nat. Registres du conseil et de la chambre des comptes de 1397 à 1480, P 1334 4 à 10.

à intervenir à raison de leurs fonctions, pour donner au conseil les explications nécessaires afin d'exécuter ensuite ses décisions. Dans certaines circonstances, et notamment lorsqu'il s'agissait de comptes à rendre des deniers de la ville, des bourgeois pouvaient y être appelés en cette qualité (1).

Le Roi René chercha à régulariser ces usages ; dans son ordonnance du 8 mai 1453 rendue au moment où il partait pour son expédition de Florence (2). Le sire de Précigny était nommé président du conseil qui se composait de — l'évêque d'Angers chancelier, le juge d'Anjou, le président des comptes, les trésorier, avocat et procureur d'Anjou (3) ; les fonctions de maître des requêtes étaient confiées à Guillaume Provost ; en outre si cela paraissait nécessaire aux membres ci-dessus désignés pour la bonne expédition des affaires, ils pouvaient appeler trois conseillers expressément désignés dans l'ordonnance, Jean du Vau, élu d'Angers, Pierre Richomme et Jean Breslay qui avaient des lettres du Roi les retenant en qualité de membres de son conseil, et fixant leurs pensions (4).

---

(1) Comptes à rendre par Mahiet des pavages et barrages de l'Anjou et du Maine en 1399..... « et y seront presens aucuns des bourgeois de la ville si mestier est... » Arch. Nat. P 1334⁴, fᵒ 26 rᵒ. V. plus loin ce qui est relatif à la nomination des magistrats et notamment du juge ordinaire.

(2) Arch. Nat. P 1334⁵, fᵒ 177 rᵒ ; Lecoy de la Marche, le Roi René, t. II, p. 269.

(3) On allait chercher les absents si cela paraissait nécessaire ; V. pour l'avocat et le procureur, 31 décembre 1477 ; P 1334¹⁰, fᵒ 115 rᵒ.

(4) Cette ordonnance de 1453 confirme l'existence d'un maître des requêtes que le Roi René, imitant ce qui se passait à

Mais malgré les termes formels de cette ordonnance, les registres de la chambre des comptes constatent qu'elle ne fut pas suivie à la lettre, que notamment le sire de Précigny laissa bien souvent la présidence au chancelier, et que bien souvent aussi on vit figurer dans le conseil beaucoup de personnes dont il n'est pas question dans l'ordonnance de 1453, entre autres les gens des comptes qui n'y sont même pas mentionnés (1).

J'ai trouvé cependant deux circonstances dans lesquelles le chancelier ne préside pas le conseil (2) ; mais il faut remarquer qu'à cette époque le chancelier n'était plus un ecclésiastique, c'était Jean Fournier qui remplissait ces fonctions depuis le 20 novembre 1467 après avoir été juge ordinaire du Maine, et que celui qui prend séance avant lui est désigné par la qualité de *gouverneur d'Anjou*.

Paris, appelle maître des requêtes de notre hôtel. Précédemment, en 1376, Jehan d'Escharbeye est désigné sous le titre de conseiller et maître des requêtes de monseigneur le duc. (KK 242, f° 23 r°). Après l'ordonnance de René, à une date indéterminée mais qui est postérieure à 1461, on trouve Jean de Loubière, conseiller et maître des requêtes de René, chargé par lui d'une mission auprès du Roi Louis XI (Dom Housseau, t. XII, 1, n° 6223 ; Archives du Trésor du comté de Lude).

Je n'ai trouvé aucun renseignement sur la nature des fonctions de ce personnage.

(1) Décision du conseil du 18 octobre 1468, au sujet du droit exclusif que prétendait le chapitre de Saint-Pierre d'Angers d'annoncer les prières pour les âmes des trépassés « ... Par le Roy à la relacion du conseil auquel Vous (le chancelier), les gens des comptes, juge, advocat, procureur d'Anjou, estoient présens » (P 1334⁸, f° 231 v°).

(2) Le 19 janvier 14$\frac{69}{70}$ (Arch. Nat. P. 1334⁹, f° 51 v°), et le 1ᵉʳ avril 1472 (Eod. f° 164 v°).

Cet état de choses ne dura pas plus longtemps que le Roi René. Sept jours à peine après sa mort le Roi Louis XI par lettres du 17 juillet 1480 donna l'office de président en son conseil des pays et duché d'Anjou à Hervé Regnault licencié en lois et contrôleur de la dépense de son hôtel ; il prêta serment le 30 septembre suivant et conserva ses fonctions jusqu'au 10 août 1483, époque à laquelle le Roi de France en réorganisant le conseil sous le nom de *chambre du conseil* en confia la présidence à Jehan de la Vignolle. Cette réorganisation d'ailleurs en appelant à siéger au conseil les officiers du Roi en la ville d'Angers ne faisait que confirmer les usages suivis jusque-là (1).

M. Lecoy de la Marche dans son histoire du Roi René donne au conseil le nom de *conseil ducal* ; je n'ai pour mon compte trouvé ce nom nulle part. Quelquefois, mais bien rarement, je trouve le nom de *grand conseil* (2) ; la désignation la plus ordinaire est celle de *conseil*, sans aucune qualification, ou de *conseil du Roi de Sicile* ; quelquefois *conseil du duc d'Anjou*, mais je n'ai pas vu celle de *conseil ducal*. A partir de Louis XI son nom légal ne me paraît pas être autre que celui de *conseil du Roi*.

Le conseil ainsi constitué n'est pas un conseil politique ; il n'intervient pas dans les actes auxquels on peut réserver la dénomination d'actes politiques ; mais on le trouve partout où il s'agit d'assurer aux sujets du sei-

---

(1) Arch. Nat. P. 1334[11], ff. 17 et 190. Lecoy de la Marche, pièces justificatives n° 96, t. II, pag. 397.

(2) Délibération du 16 décembre 1402 sur une remise d'amende, P 1334[4], f° 62 r°.

gneur une meilleure application de la justice, une meilleure administration dans le sens le plus large de ce mot, et aussi de concert le plus souvent avec la chambre des comptes de veiller dans tous les cas à la conservation du domaine et à l'amélioration des revenus qu'on pouvait en obtenir.

Je renvoie le lecteur qui voudrait avoir des détails plus complets sur l'administration du conseil et de la chambre des comptes au savant et intéressant travail de M. Lecoy de la Marche sur le Roi René ; mais il faut avoir soin d'observer que la séparation du conseil et de la chambre des comptes n'a jamais été aussi complète que semble l'indiquer M. Lecoy de la Marche. Il suffit d'abord de parcourir les registres de la série P 1334 pour voir que le conseil n'avait pas de lieu de réunion séparé. Le plus souvent pendant sa longue existence les réunions ordinaires ont lieu dans le local de la chambre des comptes, qu'une délibération du conseil du 25 octobre 1451 réglant l'ordre de ses séances appelle la *chambre du conseil* (P 1334³ ff. 24 v°, 62) ; mais toutes les réunions dont le résultat est conservé dans ce registre et qui n'ont pas eu lieu dans un autre local déterminé (et c'est de beaucoup le plus grand nombre) ont lieu dans la chambre des comptes, et un règlement postérieur du 9 janvier 14$\frac{69}{70}$ (P 1334⁹, f° 51 r°) s'en explique formellement en disant que le conseil du Roi de Sicile se tiendra, en la chambre des comptes les mercredi et vendredi de chaque semaine. Bien des comptes sont rendus devant le conseil ; c'est souvent lui qui ordonne des mesures d'instruction, statue définitivement ou renvoie devant la chambre des comptes ; souvent aussi une déci-

sion du conseil et qui est sans hésitation possible de sa
compétence est rendue par les gens des comptes auxquels
est adjoint quelquefois un seul membre du conseil, mais
plus souvent deux ou trois ; le secrétaire du conseil Guillaume Rayneau est en même temps clerc des comptes et
secrétaire de la chambre des comptes, et pendant sa longue existence (il est mort en 1478) sa signature figure au
pied des actes du conseil tout aussi bien que de ceux de
messeigneurs des comptes.

D'autres fois aussi, soit avant, soit après cette ordonnance, le conseil se réunit en très grand nombre avec
adjonction de personnages appartenant à la haute noblesse ou à l'entourage et à la famille du Roi de Sicile.
C'est ce qui eut lieu notamment en 1450 lorsque le duc de
Bretagne vint pour faire l'hommage de la terre de Chantocé: Il y avait de grandes difficultés à raison de cet hommage, ce qui faisait dire au conseil donnant son avis sur
un projet de lettres-patentes à cet égard que c'était une
des matières les plus importantes qu'il y ait eu depuis
plus de cent ans pour le duché d'Anjou. A raison de ces
difficultés, le conseil était d'avis qu'on ne devait faire de
réception au duc de Bretagne que si le Roi voulait qu'il
en fût ainsi. Ses ordres furent pour faire une réception
solennelle dont les registres ont conservé le détail ; mais
en même temps le conseil réuni soit à Launay dans la
résidence du Roi René, soit au lieu ordinaire de ses séances à Angers, avec l'assistance du duc de Calabre, de
Ferry Monsieur de Lorraine, de Jean Cossa noble napo-
litain qui était fréquemment auprès du Roi René, et d'un
grand nombre de chevaliers, escuïers, docteurs et autres,
donnait son avis sur le fond de l'affaire et le règlement
des difficultés entre les deux souverains. Le procureur

d'Anjou fit entendre de vives remontrances, et on finit par obtenir que le Roi dé Sicile reviendrait sur la partie la plus onéreuse de ses engagements (1).

---

(1) Arch. Nat. P 1334⁵, f° 12 v° ; P 1334⁵, ff. 22 r° et 34.

CHAPITRE XIII

FONCTIONS DU CONSEIL DU ROI DE SICILE.

§ 1er.

Administration.

Le conseil n'était pas un pouvoir politique dans le sens que nous attachons aujourd'hui à ce mot. Mais il avait la plus grande partie du gouvernement et de l'administration intérieurs de tout le domaine du Roi de Sicile dans le nord de la France, et son pouvoir était d'autant plus considérable que pendant les fréquentes absences du Roi de Sicile il agissait à peu près seul, ou comme conseil de la Reine régente ; quand le Roi était à Angers, le conseil, par la force des choses, conservait toute l'autorité que lui avaient fait acquérir la tradition et l'habitude des affaires.

Pendant la dernière expédition de Louis Ier dans son royaume de Naples, le conseil avait réglé dans une séance du 1er octobre 1384 les formules dont il serait fait usage pour les lettres qui seraient passées pendant son absence (1).

---

(1) Présents à ce conseil du 1er octobre : le chancelier, le sire de Chasteaufromont, l'abbé de Saint-Aubin, Jean Hau-

Mais déjà le Roi Louis Iᵉʳ était mort à Bari le 20 septembre. A peine cet événement fut-il connu à Angers que la Reine de Sicile ayant le bail de ses enfants mineurs réunit le conseil pour prendre les mesures que le changement de règne rendait nécessaires. Dans une réunion qui eut lieu le 19 novembre 1384, le sceau du Roi fut solennellement cassé ; Jean Lefèvre, évêque de Chartres, fut confirmé dans ses fonctions de chancelier et prêta serment à la Reine ; Thibaut Levrault, juge ordinaire, fut confirmé dans ses fonctions et prêta entre les mains du chancelier serment « de loïalment conseiller, des droiz de Madame soustenir, de bonne justice faire, etc... » ; le chancelier reçut ensuite le serment d'Etienne Torchart, maintenu aussi dans ses fonctions de procureur général (1). Tous les membres du conseil présents furent *retenus* conseillers et prêtèrent serment ; on sait que sous l'ancienne monarchie la plupart des fonctions publiques étaient considérées comme un mandat conféré par le souverain et révoqué par la mort du mandant ; il devait donc être renouvelé.

---

cepié, trésoriér de l'église d'Angers, Jean Descharbeye, doyen de ladite église, Thibaut Levraut, juge ordinaire, Etienne Torchart, procureur général (Journal de Jean Lefèvre, Bibl. Nat. fr. 5015, fᵒ 33 rᵒ ; Ed. Moranvillé, p. 54). Jean Lefèvre donne à cet endroit à Thibaut Levraut la qualité de juge ordinaire d'Anjou et de Touraine, c'est une pure inadvertance.

(1) Présents au conseil du 19 novembre : le chancelier, le comte de Blois, messire Guillaume de Craon, l'abbé de Saint-Aubin, messire Guy de Laval, le doyen, le chantre, le trésorier d'Angers, Maître J. de Sains, Mᵉ J. Le Begut, Mᵉ Pierre Bonhomme, Thibaut Levraut, Mᵉ Et. Torchart, Estienne Langlès (Journal de J. Lefèvre, Ms. fᵒ 38 vᵒ ; Ed. p. 67).

La conséquence d'une semblable organisation de pouvoirs est que le conseil représente la personne du Roi ; c'est lui qui donne en son absence les mandements pour enregistrer les lettres-patentes (1) ; il est compris dans le serment de fidélité prêté au Roi et à la Reine de Sicile par les capitaines de forteresses, et probablement aussi par tous ceux qui avaient à prêter serment pour des fonctions importantes (2).

Le conseil était même la plus haute expression de la justice du duc d'Anjou en prenant ce mot dans le sens étendu qu'il avait autrefois, et ses pouvoirs s'exerçaient

---

(1) Par lettres datées de Naples en 1439 et 1440, le roi René fait un échange avec Louis de Bournan, chevalier, et lui donne une somme à prendre en trois années sur le trespas de Loire. Les lettres de cet échange sont enregistrées à Angers le 7 mars $144\frac{0}{1}$ « du commandement de messeigneurs du conseil et des comptes estans aud. conseil....; » Bibl. Nat. cabinet des titres; pièces originales; dossier Bournan (10497), n° 3.

(2) A. Le 26 octobre 1430, Jean de Bueil prête serment comme capitaine des chastel, ville et île de Sablé, établi par Charles d'Anjou, comte de Mortain, lieutenant général du Roi ès pays d'Anjou et du Maine; il jure obéissance au Roi et à la Reine de Sicile « et en leur absence aux gens de leur conseil d'Angiers, lesquelz et chascun d'eulx je garderay et deffendray à mon povoir de toute force etc.....; Bibl. Nat. cabinet des titres; pièces originales ; dossier de Bueil (12360), n° 108.

B. Avis donné, le 28 septembre 1450, à la chambre des comptes de l'hommage lige fait par le cardinal de Thérouanne ou du titre de Sainte-Praxede, de la temporalité de Cunault. « Lequel hommaige ainsi fait et led. rachat composé comme dit est venu à la congnoissance des gens de nostre conseil lors estant à Angiers, ayans pour l'abscence de nous la charge et conduicte de noz affaires »; P 1334⁵, f° 21 r°.

dans toute leur plénitude lorsqu'il intervenait pour prendre des décisions sur tout ce qu'on appelait *le fait de la justice* ; il exerçait un véritable pouvoir législatif.

Et ici en premier lieu nous trouvons la rédaction des coûtumes. L'Anjou et le Maine ont devancé à cet égard l'œuvre du pouvoir royal ; la coûtume de 1411 qui avec des modifications tout-à-fait secondaires a été pendant quatre siècles le code civil de ces pays, a été rédigée par les gens de conseil desdits pays (1).

Il est impossible de ne pas voir l'importance de ce pouvoir, bien qu'à cette époque il ne se soit pas encore agi d'apporter des modifications à la législation civile, mais seulement de constater et de fixer cette législation, telle qu'elle résultait de la jurisprudence des tribunaux et de la pratique de chaque jour.

Mais lorsqu'il s'agissait d'apporter des modifications aux complications effroyables de la procédure, de régler les pouvoirs des notaires, la forme des actes notariés, et

---

(1) D'après une tradition recueillie par Choppin, c'est au Plessis-lez-Tours que se serait réuni le conseil auteur de cette rédaction (Mon tome I, p. 382 et suiv.). Le mémorial de la chambre des comptes P 1334⁴ qui s'étend de 1397 à 1423 ne contient aucune trace d'une semblable réunion du conseil. Il peut être intéressant de recueillir les noms de ceux qui ont siégé au conseil dans les années 1410, 1411, 1412, ce sont : l'évêque d'Angers chancelier, l'abbé de Saint-Aubin, le maître-école d'Angers, messire Macé de Beauvau, le juge ordinaire Etienne Fillastre, Robert Lemaczon avocat fiscal, Pierre Guiot lieutenant du sénéchal, Pierre Soybaut procureur d'Anjou, Olivier Tillon, Michel Delacroiz, Jean Dupuy trésorier, Jean Herbelin, Girard Christian receveur, Lucas Blanchet, André du Rocher, Jean du Vivier, Gilles Buynart, Benoît Pidallet, Bricoan.

en général d'assurer aux parties une bonne administration de la justice, de prendre les dispositions nécessaires
pour mieux assurer le recouvrement des revenus du souverain, une meilleure surveillance sur les comptables, en
un mot ce qu'on appelait autrefois une meilleure police,
c'est alors que nous trouvons le pouvoir du conseil dans
toute son étendue, pouvoir d'autant plus incontesté que
ce n'était pas un pouvoir qui lui fût entièrement propre, mais qu'il agissait comme représentant le souverain
et exerçant les droits que la coûtume reconnaissait lui
appartenir sans contestation (1).

---

(1) A. Réformation des Grands-Jours en 1391, mon tome I,
pag. 361.

B. Règlements pour les notaires du 18 décembre 1385, mon
tome IV, p. 481, et du 11 octobre 1442, pag. 486.

C. Instruction des tabellions et sceaux des contrats d'Angers, Saumur et Baugé, mon tome IV, p. 487. Ce règlement
est publié *de rechef* aux assises, le 17 juin 1492.

D. Style de procédure vers 1496, tome IV, p. 379 à 477. En
tête il est dit nouvellement corrigé par l'ordonnance des trois
états : à l'explicit, p. 477, il est indiqué comme nouvellement
corrigé et ordonné par messeigneurs de la justice, lesquels
ont commandé etc.....

E. Octobre 1383 (P. 1334¹, n° 6, f° 54), ordonnance de la Reine
de Sicile etc.... « eue sur ce pleine délibéracion à son conseil »,
aux termes de laquelle les receveurs ne devront accepter aucun rachat sans un rapport sur le revenu de la terre qui le
doit.

F. 10 avril 1399 (P 1334⁴, f° 26 v°), à propos de l'arrestation
de Mahiet fermier des barrages et pavages qui ne rendait pas
ses comptes, le conseil ordonne qu'à l'avenir il ne se fera
aucune baillée de fermier des barrages de la ville d'Angers
sans l'ordonnance et la présence du lieutenant, et de deux ou
trois des notables gens de la ville; et dans les autres villes
et chastellenies du plat pays, seront appelés la justice de
chaque lieu avec les plus notables du plat pays, pour ce
que la chose touche le bien public. Malgré ses termes res-

Parmi les objets d'intérêt général sur lesquels le conseil a statué, il faut encore remarquer :

Les mesures prises et les fonds votés pour l'établissement à Angers d'un médecin et d'un chirurgien (1) ;

---

treints cette disposition a servi de règle générale pour toutes les adjudications dans l'Anjou et le Maine.

G. 9 et 10 janvier 140$\frac{2}{3}$ (P 1334⁴, f° 63 r°), permission accordée à Lemangin d'entrer une certaine quantité de vin dans sa maison ; cette permission est accordée par justice.

H. L'ordonnance sur la poissonnerie d'Angers du 10 mars 1408, reproduisant une ordonnance plus ancienne (P 1334,¹ n° 6, f° 66 r°), impose aux jurés et commis à visiter le poisson de « faire raport à justice, c'est assavoir au conseil, au juge, au lieutenant, au procureur et au provost. »

I. 1ᵉʳ décembre 1407 (P 1334⁴, f°89 r°), règlement sur les notaires ; pouvoir donné au juge d'en fixer le nombre dans chaque chastellenie ; le juge pourra faire mettre en prison « les passeurs qui ont passé lectres et ne sont pas habilles. «

J. 25 octobre 1451 (P. 1334³, f° 24), à propos de troubles causés par des gens qui se prétendaient écoliers de l'Université, le conseil ordonne que les hôteliers d'Angers seront tenus de faire rapport au lieutenant du capitaine d'Angers des gens vagabonds et inconnus qui seront logés en leurs hôtelleries plus de deux jours entiers, sous peine d'amende arbitraire.

K. 23 octobre 1464 (P. 1334⁸, f° 76 r°), ordonnance sur la propreté et le nettoyage de la ville d'Angers.

L. 8 mai 1466 (Rec. des ordonnances, t. XX, p. 175). Règlement concernant les cordonniers de Saumur.... « Lesd. articles veuz et visitez par les gens de nostre conseil et officiers de la justice de nostred. ville de Saumur, ausquels ils ont semblé etc..... »

M. 26 octobre 1469 (P 1334¹, n° 6, f° 68), ordonnance confirmative d'autres ordonnances anciennes sur la poissonnerie d'Angers... « Fait ou conseil dudit seigneur Roy de Sicile en la présence de plusieurs desditz marchans et marchandes de poisson..... »

Il y a beaucoup d'autres dispositions édictées dans les mêmes conditions.

(1) Délibération du 25 octobre 1453 ; Arch. Nat. P 1334³, f° 67 v°.

La surveillance des poids et mesures (1), et la fixation du prix du pain (2) ;

La permission dont avaient besoin les habitants d'une seigneurie pour se réunir et s'imposer (3) ;

La surveillance de la représentation des mystères (4).

Une grande partie de l'existence des ducs d'Anjou de la maison de Valois s'est passée en Provence et en Italie. Les voyages à cette époque tout en étant beaucoup plus fréquents qu'on n'est disposé à le croire étaient toujours longs et difficiles, et il y avait des circonstances urgentes où les pouvoirs ordinaires du conseil ou de la chambre des comptes n'auraient pas paru suffisants. On y pourvoyait au moyen de lettres en blanc confiées par le Roi de Sicile au moment où il partait soit au conseil, soit à la chambre des comptes (5), et à son retour il était fait un examen spécial de l'emploi qui en avait eu lieu.

Le conseil surveillait les courriers employés pour le transport des dépêches, et les registres qui nous restent montrent combien était active la correspondance avec le Roi René aux époques où il a séjourné en Provence ; avant

---

(1) 26 janvier 148$\frac{0}{1}$; P 1334^{11}, f° 21 v°.

(2) 1er août 1453 ; P 1334^{5}, f° 54 v°.

(3) Permission accordée le 26 avril 1477 aux habitants de la Roche-sur-Yon de s'assembler pour s'imposer 1500 l. t.; P 1334^{10}, f° 74 v°.

(4) En 1454, 50 escuz d'or alloués pour faire certains personnages et mystères « par l'ordonnance de messeigneurs du conseil du Roy de Sicile duc d'Anjou, et des gens de ceste ville d'Angers » ; C. Port, Inventaire des Archives de la Mairie d'Angers, page 347, Documents.

(5) Lettes patentes du Roi de Sicile et lettres en blanc déposées au conseil en 1453 ; Arch. Nat. P 1334^{5}, f° 156 v°.

son départ on faisait prêter au courrier serment d'aller droit en Provence sans prendre d'autre chemin (1) ; en cas de faute grave du courrier, on lui faisait gaiger une amende à l'ordonnance du conseil, et le payement en était assuré par l'incarcération du courrier (2).

Le conseil lorsqu'on lui présentait des lettres avait le pouvoir de vérifier si elles étaient ou non régulières. Dans le cas où elles ne le paraissaient pas, il pouvait les canceller et rompre et renvoyer devant le secrétaire du duc d'Anjou pour les refaire (3).

Une des principales prérogatives du conseil, la plus importante je n'hésite pas à le dire, est la part qu'il prenait à la nomination du magistrat le plus important de l'ordre judiciaire, le juge ordinaire d'Anjou et du Maine. Cette magistrature établie à titre provisoire au commencement de l'année 1358 par Louis Ier devint très-promptement définitive ; les premiers juges, ordinaires furent nommés directement par le duc d'Anjou sans que mention soit faite de l'intervention du conseil à un titre quelconque. Mais les lettres d'institution de Hérisson, Etienne Fillastre, Jean Fournier et Gilles de la Réauté constatent que leurs nominations ont eu lieu après qu'on a eu l'avis du conseil « et avecque ce de plus notables gens, clers, coustumiers et autres praticiens de nostre ville d'Angers, et tant d'eglise que de cour laique, pour avoir sur ce leur

----

(1) 27 octobre 1411 ; P 1334⁴, f° 120 v°.

(2) 11 février 141$\frac{0}{1}$; P 1334⁴, f° 117 r°.

(3) Arch. Nat. P 1334⁴, f° 106 v°.

advis et conseil et deliberation ; lesquels d'un commun
assentement sans contradiction quelconque ayent esté
d'opinion pour le bien et estat de nous et de nostredite
seigneurie, de nos vassaux et subjets (1) »....

Et ce ne sont pas là seulement des assertions que rien
ne vient contrôler, et qui sont quelquefois de style dans
la rédaction des lettres-patentes ; cette intervention du
conseil est confirmée par les documents relatifs à la nomination de Jean du Vau successeur de Gilles de la
Réauté (2). En rapprochant ces procès-verbaux des lettres de nomination de ses prédécesseurs on arrive à cette
conclusion que tous les membres qui constituaient le conseil dans cette circonstance y ont siégé en vertu des pouvoirs qu'ils avaient comme faisant partie du conseil, et
non comme convoqués spécialement pour cette affaire.
Toutes les classes de la société étaient représentées parmi
les 51 membres présents à la réunion et les 7 qui le lendemain donnèrent leur adhésion à ce qui avait été fait,
et on retrouve leurs noms dans d'autres délibérations prises soit à cette époque même, soit à d'autres époques.

Les 51 membres présents à la séance du 27 octobre 1453
se subdivisent ainsi : 18 membres du conseil, 7 gens d'é-
glise, 13 bourgeois et marchands, 13 gens de justice. Il
est à remarquer que les membres de la noblesse n'y ont
pas de place à part mais plusieurs, tels que le seigneur
de Précigny de la maison de Beauvau sénéchal d'Anjou,
et le seigneur de Loué de la maison de Laval, sont comptés parmi les membres du conseil ; et dans des circons-

_____

(1) Bibliothèque d'Angers, manuscrit n° 921, f° 22, lettres
d'institution de Jean Fournier, 29 décembre 1427.

(2) V. mon tome III, pages 56 et suivantes.

tances graves, on voit souvent d'autres membres de la haute noblesse, quelquefois même de Lorraine, de Provence ou de Naples siéger avec les membres ordinaires du conseil.

La nomination du juge ordinaire d'Anjou et du Maine n'était d'ailleurs pas faite directement par l'assemblée dont je viens de parler ; elle ne faisait que donner un avis, présenter des candidats comme nous dirions aujourd'hui. Mais le résultat pouvait être le même ; c'est ce qui arriva lors de la nomination de Jean du Vau. Le conseil voulait présenter Guillaume Delacroix avocat fiscal ; il ne trouvait personne plus en état que lui de remplir ces fonctions ; mais Guillaume Delacroix s'excusa sur son âge et sa mauvaise santé, en sorte que ce fut du Vau qui fut nommé.

Après la mort de Gilles de la Réauté, Pierre de Saint-Melaine remplit pendant quelque temps les fonctions de juge ordinaire par commission de messeigneurs du conseil ; le conseil lui alloua une indemnité de 30 livres. Il décida que les gages dûs à Gilles de la Réauté pour l'année entière échue à la Toussaints précédente seraient en entier payés à la veuve. Enfin il donna à Thomas de Servon l'office de juge de la prévosté qui était occupé par Jean du Vau, jusqu'à ce qu'il en eût été autrement ordonné (1).

L'avis et délibération des gens du conseil sont encore mentionnés en 1470 au sujet de la nomination de Chauvet juge ordinaire de Mirebeau en remplacement de Mathurin

---

(1) Mon tome III, p. 66 et 67. V. en outre, P 1334⁶, f° 33. Je parlerai plus loin d'une manière spéciale du juge de la prévosté.

Beurges décédé ; Mirebeau ne faisait pas partie de l'Anjou, mais était soumis comme toutes les possessions de René dans le nord de la France à la juridiction du conseil et de la chambre des comptes d'Angers (1).

Bien souvent aussi le conseil intervenait lorsqu'il s'agissait de la nomination ou de la révocation des différents officiers du duc d'Anjou. Ce n'étaient jamais que des avis qui n'étaient pas toujours suivis, mais qui ne laissaient pas que d'avoir une grande importance (2).

A côté de ces avis sur les nominations se place le droit pour le conseil de pourvoir directement, d'une manière au moins provisoire, aux sièges de magistrats qui devenaient vacants (3).

Puis viennent les nominations aux fonctions inférieures, qui sont même quelquefois faites par la chambre des comptes lorsque c'est auprès d'elle que doivent être

---

(1) P 1334^9, f° 74 v°.

(2) A. 10 août 1452, révocation de Muguet Person receveur ordinaire d'Anjou, et son remplacement par Alardeau ; P 1334^5, ff. 121 v° et 122.

B. 25 octobre 1453, Pierre de la Poissonnière installé dans ses fonctions de lieutenant du capitaine d'Angers en remplacement de son père dont il avait la survivance ; P 1334^3, f° 67.

C. 1er février 145$\frac{5}{6}$, Jean Legay nommé argentier et maître de la chambre aux deniers de la Reine de Sicile en remplacement de Jean Garnot qui se retire ; P 1334^6, ff. 103 et 0 4.

D. 9 septembre 1456, Jean de Montigny l'un des chapelains du Roi de Sicile nommé receveur de sa chapelle en remplacement de Jean Garnot qui se retire ; P 1334^6, f° 125 v°.

(3) A. 4 octobre 1402, nomination par le conseil de Landry lieutenant à Baugé en remplacement de Jamet du Buron jusqu'à ce qu'un autre ait été ordonné ; P 1334^4, f° 59 v°.

exercées ces fonctions. Il semble même que son pouvoir a été jusqu'à en créer une nouvelle (1).

Des causes de diverses natures, telles que autres fonctions nécessitant la présence ailleurs, l'âge, la maladie, empêchaient des officiers, notamment des sergents d'exercer leurs fonctions avec assiduité ; ils étaient autorisés à se faire remplacer pendant un an par une personne de leur choix *suffisant et idoine*. Ce remplaçant devait être accepté par le conseil ou par la chambre des comptes ; il prêtait serment et donnait caution. Il semble bien qu'il fallait des lettres du souverain (2), mais il

---

B. Nomination le 14 septembre 1457 d'André Bourneau lieutenant à Saumur ; cette nomination faite aussi à titre provisoire n'est pas confirmée ; P 1334⁶, f° 206 v°.

C. En 1452, Jean de la Vignolle déclare qu'il est greffier depuis 27 ans, les trois premières années par commission de cette chambre, et les autres par lettres du Roi ; P 1334⁵, f° 136 v°.

(1) 17 septembre 1399, ordonnance du chancelier en la chambre des comptes nommant aux fonctions de clerc de cette chambre Gilles Buynart secrétaire de la Reine de Sicile et qui depuis longtemps était huissier de ladite chambre. Cette nomination est faite en attendant le retour de la Reine, elle était donc faite provisoirement ; elle a été confirmée.

Guillaume Gorelle est nommé huissier de la chambre aux gages de 12 d. par jour. « Et aussi y aura un autre huissier pour aler par ville assembler le conseil et faire autres services. » P 1334⁴, f° 29 v°.

(2) 2 février 146$\frac{1}{2}$, lettres du Roi René autorisant pour cause d'âge et de santé et en récompense de ses longs services Jamet Thibault huissier de la chambre des comptes et du conseil à faire exercer son office par Jean Le Peletier son clerc demeurant avec lui. Celui-ci prête serment et est installé dans ses fonctions le 24 du même mois ; P 1334⁷, f° 217.

paraît que dans d'autres circonstances le consentement du conseil suffisait (1).

Il était enfin arrivé que le Roi, au lieu de nommer directement à des fonctions vacantes ou qui allaient le devenir, avait conféré ce droit de nomination à quelques personnes, plus particulièrement le conseil ou des membres du conseil ; c'est ce qu'on appelait des lettres de vicariat. Il en était résulté des inconvénients sérieux, et par lettres données à Marseille le 8 novembre 1473 le Roi René défendit au sénéchal et gens de son conseil à Angers de ne plus à l'avenir, soit en vertu de lettres de vicariats, soit autrement donner aucun office qui sera vacant dans le pays, de quelque manière qu'il soit vacant, par mort ou autrement, « car d'iceulx avons retenu à nous le don et provision (2). »

Les magistrats et membres du conseil, surtout ceux qui étaient dans une position importante, tels que le juge ordinaire, le procureur d'Anjou, le président des comptes, étaient à raison de leurs fonctions détenteurs de lettres et documents importants de toute nature concernant les affaires du duc d'Anjou. Lorsque l'un d'eux venait à mourir, il ne fallait pas que cet événement pût entraver le cours de la justice ni porter préjudice à l'exer-

---

(1) 22 mai 1453, autorisation semblable donnée par le conseil à Didier Lusurier sergent ordinaire du bailliage de Craon en Mirebalais ; il fonde sa demande sur ce qu'il est actuellement avec le Roi de Sicile en Italie ; l'autorisation est donnée pour un an à partir de la Saint-Jean-Baptiste prochaine, en baillant caution, laquelle caution et le serment de son commis seront reçus par le sénéchal, juge, ou procureur de Mirebeau ; P 1334⁵, fᵒ 45.

(2) Arch. Nat. P 1334⁹, fᵒ 229 vᵒ.

cice des droits du seigneur. Le conseil et la chambre des comptes prenaient les mesures nécessaires pour retirer tous les papiers et documents relatifs aux affaires du duc dont ils pouvaient être en possession et pour les faire rentrer dans le dépôt dont la chambre des comptes avait la garde et la surveillance.

A la mort de Soybaut procureur d'Anjou, arrivée en 1415, on avait prétendu qu'il était aubain ; tous ses biens avaient en conséquence été saisis en main de cour, ses papiers étaient compris dans cette saisie. Quand sa situation véritable fut reconnue main-levée fut donnée, mais les titres, documents et divers papiers concernant les affaires (1) du duc trouvés dans les papiers et besongnes de feu Soybaut furent remis à la chambre des comptes ainsi que le constatent les mémoriaux.

Après la mort de Gilles de la Réauté, 21 octobre 1453, le conseil fit inventorier par Olivier Binel et Pierre de Saint-Melaine lieutenant du juge d'Anjou les procès et lettres concernant le duc d'Anjou qui seraient trouvés en sa maison ; cet inventaire fait en présence de sa veuve et de ses héritiers devait être apporté en la chambre des comptes (2).

Il en fut de même après la mort de Gauquelin, président des comptes, arrivée le 28 juin 1464. Il demeurait le plus habituellement à Saumur ; le 1er juillet les gens du conseil et des comptes donnèrent aux lieutenant et procureur de Saumur l'ordre de prendre chez lui « plu-

---

(1) P 1334⁴, ff. 130 v° et 131 r°.

(2) Coûtumes et institutions de l'Anjou et du Maine, tome III, p. 57.

sieurs lectres et enseignements qui touchent le Roi de
Sicile et sa seigneurie, et tant de son temps que du temps
de la feue Royne sa mère, desquelz il a esté longtemps
serviteur... » Ces lettres et enseignements devaient être
envoyés aussi à la chambre des comptes « pour illec estre
gardées ainsi qu'il est de raison » (1). En outre on le
regarda comme comptable, et au mois de novembre suivant sa veuve et son fils furent ajournés devant la chambre
des comptes dans les mêmes formes que les autres
comptables (2).

Il en fut de même à la mort de Louis Delacroiz qui avait
été si longtemps procureur d'Anjou. Jehan Muret et
Guillaume Rayneau avaient été chargés de prendre ses
papiers. Une partie avait été remise par son gendre, puis
le 29 juin 1474 la chambre des comptes donna à sa veuve
ayant le bail de ses enfants mineurs décharge de tous
les documents qu'il avait en sa maison touchant les causes et affaires du Roi de Sicile duc d'Anjou ; elle faisait
serment qu'elle n'en connaissait et n'en avait retenu
aucuns autres, que si par l'avenir elle en trouvait aucuns,
elle les apporterait en la chambre des comptes. Cette
quittance peut être considérée comme donnée par le conseil, car elle mentionne la présence du sire de Loué
sénéchal d'Anjou, et autres (3).

Il devait sans doute en être de même pour le lieutenant du sénéchal (4).

---

(1) P 1334⁸, fº 62 vº.
(2) P 1334⁸, fº 80 vº.
(3) P 1334⁹, ff. 231 vº, 259 vº.
(4) P 1334⁵, fº 136.

§ 2.

Domaine.

Ce qui est relatif à l'administration du domaine pro-prement dit du duc d'Anjou, soit comme administration de ses revenus, soit comme aliénations directes ou indirectes dont il peut être l'objet, est le plus habituellement dans les attributions de la chambre des comptes. Mais il est arrivé souvent, et depuis une époque ancienne, que le conseil a exercé son action dans des circonstances qui ne présentent aucune différence avec celles dans lesquelles nous trouvons l'intervention journalière de la chambre des comptes. Ainsi, dès l'année 1378 nous voyons le conseil et la chambre des comptes déléguer quelqu'un de leurs membres pour s'occuper du recouvrement des fouages dûs par plusieurs barons, entre autres la comtesse de Beaumont et le duc d'Alençon, et pour faire une enquête sur les cens et rentes du comté du Maine (1).

Plus tard, nous trouvons de nombreuses interventions dans l'administration des forêts, dans les ventes de coupes de bois et dans la surveillance incessante que les abus qui s'y commettaient rendaient nécessaire, et dans

---

(1) Comptes de la Trésorerie des ducs d'Anjou, Arch. Nat. KK 242, ff. 79 v°, 80 r°, 105 v°.

la décision des difficultés qui naissaient à chaque instant lors de ces ventes (1).

Puis des commissions pour administrer des parties du domaine, entre autres des portions par indivis appartenant au duc d'Anjou dans des chastellenies (2).

Cependant, lorsqu'il s'est agi des emprunts à contracter par les ducs d'Anjou pour leurs expéditions en Italie au moyen d'engagements sur leur domaine, il me semble bien que c'est surtout au conseil qu'ils s'adressent et demandent « d'adviser où trouver finances » pour leur venir en aide (3).

Nous verrons un peu plus loin qu'à la suite de discussions avec le vicomte de Turenne à propos de la seignéurie de Beaufort, il intervint entre lui et le Roi de Sicile

---

(1) P 1334⁴, ff. 65 r°, 66 v°, 67 v°, 90 r°, 135 v° ; P 1334⁵, f° 171 v°.

(2) 28 mars 1478 après Pasques, commission du conseil pour administrer les parts par indivis de la chastellenie de Savonnières appartenant au duc d'Anjou ; les commissaires devront rendre compte et reliqua au procureur du Roi de Sicile ; P 1334¹⁰, f° 132 v°.

(3) A. 28 janvier 139$\frac{8}{9}$, apport en la chambre des comptes de plusieurs lettres closes à plusieurs gens du conseil, officiers et personnes des pays d'Anjou, Maine, Loudun et Mirebeau touchant certains emprunts à faire pour l'alée de mons' le prince par devers le Roi Loys son frère ; P 1334⁴, f° 25.

B. Bournan premier varlet tranchant du Roi apporte au conseil le 28 mars 140$\frac{4}{5}$ des lettres de créance par lesquelles le Roi pour arriver à la conquête de son royaume de Sicile, entreprise faite avec le Pape, etc..., demande d'aviser de trouver finances, et qu'on les trouve par engagements ou vendicions de terres et autrement, la Roche-sur-Yon, Louppelande, comté et terre de Roucy, hostel de Paris, terres de Chailly, de Champigny, de la Raïace....; P 1334⁴, f° 76 v°.

une transaction par laquelle ce dernier devait payer des sommes assez considérables. Ce payement fut cautionné par plusieurs personnes de la famille Lecamus auxquelles cette garantie occasionna des pertes. Ce fut le conseil qui intervint lorsqu'il s'agit du règlement de l'indemnité dûe aux Lecamus (1); c'était là une véritable aliénation du domaine, tout aussi bien que celles qui étaient faites directement et dont je vais énumérer les principales.

Le conseil donne son consentement à la donation d'un fief en pleine propriété (2); — à l'exécution d'un droit d'usage dans une forêt (3); — à ces nombreuses aliénations de parcelles dépendant du domaine faites aux enchères publiques après enquêtes sur la question de savoir si ces aliénations sont avantageuses (4) au do-

---

(1) Conseil, 16 septembre 1474; P 1334¹⁰, fᵒ 5 vᵒ.

(2) Donation en pleine propriété par le Roi de Sicile à Bertrand de Beauvau de la terre de Précigny, donnée précédemment en usufruit le 15 octobre 1427. L'avis du conseil est du 16 février 143$\frac{3}{4}$; Arch. Nat. P 1344, nᵒ 604.

(3) Donation par la Reine de Sicile à son conseiller Robert Le Maczon et à sa femme d'un droit d'usage dans la forêt de Beaufort pendant leur vie. Mandement des gens du conseil au segraier de Beaufort d'octobre 1423; Arch. Nat. P 1334⁴, fᵒ 149 rᵒ.

(4) Baillée du 26 mars 146$\frac{3}{4}$; Arch. Nat. P 1334⁸, fᵒ 50 rᵒ. Baillée du 27 mai 1459; P 1334⁷, fᵒ 52 rᵒ. Procès-verbal d'information du 20 avril 1456; P 1334⁶, fᵒ 107 vᵒ. Rapport au conseil du 25 mai 1474; P 1334⁹, fᵒ 257 vᵒ. Rapport du 4 juin 1467; P 1337, nᵒ 384; ce dernier rapport relatif à une pièce de terre sur les bords de la Turcie de la Loire émet l'avis que cette aliénation peut être avantageuse moyennant que le concessionnaire entretiendra la Turcie « en tant que se monte lad. prise. » Vente d'une chambre ou ouvrouer où l'on tient la paneterie à Saumur; P 1336, nᵒ 297.

maine en général ; — à ces nombreux travaux soumis aujourd'hui à la police de la voierie grande ou petite et qui constituent la plupart du temps des empiètements sur le domaine public quel que soit le nom qu'on lui donne, et quel que soit son représentant : tels sont des travaux faits à un logis dépendant de la façade d'une maison ou hostel et des dépôts de matériaux de démolition sur la voie publique (1) ; — un escalier dans une tourelle faisant saillie sur la voie publique (2) : — la réfection des portes de la maison d'un particulier sur le Port-Lignier (3).

C'est dans des conditions semblables que nous trouvons dans le courant de l'année 1453 une autorisation donnée à l'abbé de Saint-Aubin de rétablir dans la Mayenne un combrier en remplacement d'un autre qui avait été démoli par les officiers du Roi de Sicile (4) ;

---

(1) A. 18 juin 1398 : celui qui avait fait cette construction était fermier de la prévosté de Saumur ; il prétendait la faire payer par la Reine de Sicile, mais sur l'observation qu'il ne pouvait lui réclamer que la moitié de la valeur il accepta de tenir d'elle ces constructions moyennant un cens annuel de 20 solz t.; Arch. Nat. P 1334⁴, f° 21 v°.

B. Autorisation donnée en août 1470 à Barrault de construire une maison sur son terrain au Port-Lignier : fixation de la hauteur de la maison ; désignation de l'endroit où il doit déposer les terres provenant des fouilles (c'est probablement le sens de *bourriers et terriers*), et travaux qu'il doit faire devant sa maison ; condamnation à l'amende le 22 décembre pour ne s'être pas conformé aux ordres qui lui avaient été donnés ; P 1334⁹, ff. 76 r° et 93 v°.

(2) Concession accordée le 29 juillet 1460 à 2 d. de cens ; P 1334⁷, f° 124 v°.

(3) Rapport au conseil le 2 juin 1474 ; P 1334⁹, f° 255 r°.

(4) P 1334⁵, ff. 65 v° et 66 ; P 1334⁸, f° 203 r° et v°.

toute l'instruction à ce sujet est faite par le conseil qui fixe les conditions dans lesquelles pourra être établi le nouveau combrier.

On peut dire en un mot que le conseil, tout aussi bien que la chambre des comptes, s'opposait aux atteintes qui pouvaient être portées aux droits du duc d'Anjou, et c'est à ce titre que nous le voyons comprendre dans une enquête unique la prétention des religieux de Saint-Martin de Tours sur la chasse au dedans de la prévosté d'Angers et sur des droits d'usage dans la forêt de Monnais, et dans une autre enquête unique les entreprises du duc d'Alençon sur la chasse dans la forêt de Baugé et sur les profits de la forêt de Chandelays (1). Et c'est aussi comme ayant la garde du domaine du duc d'Anjou qu'il donne en 1399 au seigneur de Laval l'autorisation de chasser dans des bois du Roi de Sicile (2) ; cette autorisation ne paraît d'ailleurs avoir été que temporaire.

Le conseil faisait délivrer les vidimus des titres de propriété du duc d'Anjou (3).

Il veillait à ce que les acquéreurs de parcelles du domaine en eussent la jouissance paisible (4). Il surveillait

---

(1) Mandement du conseil du 8 mai 1478 pour le payement des frais de ces deux enquêtes, qui ont toutes deux été faites par les mêmes commissaires par ordonnance des gens du conseil et des comptes ; P 1334¹⁰, f° 194 r°.

(2) Autorisation du 22 juillet 1399 ; Arch. Nat. P 1334⁴, f° 28 v°.

(3) Vidimus du don de la seigneurie de Loudun par le Roi Charles au duc d'Anjou, 7 juillet 1399 ; *Eod.*

(4) 27 avril 1469, demande de renseignements aux lieutenant et procureur de Saumur ; P 1334⁹, f° 19.

l'exploitation des propriétés rurales, et notamment des bois (1); — c'est à lui que le fermier d'un moulin qui avait éprouvé des dommages s'adressait pour être indemnisé des dommages qu'il avait éprouvés (2).

L'intervention du conseil se produit presque aussi souvent que celle de la chambre des comptes lorsqu'il s'agit d'actes pouvant porter atteinte aux revenus du seigneur; telles sont les remises d'amendes, au moins dans une certaine mesure (3).

Il pouvait même quelquefois arriver que le conseil, dans une certaine mesure, fît échec à l'exécution d'un arrêt du parlement. C'est ce qui me paraît avoir eu lieu dans le cas du douaire de Louise de Fontaines femme de Jacques de Bueil; on voulait exécuter l'arrêt du parlement relatif à ce douaire contre Bertrand de Beauvau-seigneur de Pressigny, sur la terre de Saint-Laurent-des-Mortiers qui lui avait été donnée par le Roi René. Le procureur d'Anjou s'y opposa par le motif que ladite terre de Saint-Laurent-des-Mortiers est d'ancienneté l'héritage de la

---

(1) 15 avril 1472, lettre au conseil des lieutenant et procureur de Saumur; P 1334⁹, fº 164 v°.

(2) P 1334⁶, ff. 97 rº et vº et 98 rº. Le conseil mande le 19 avril 1455 aux gens des comptes d'informer et revoir les travaux que le fermier prétendait avoir faits. Le 25 septembre suivant une remise lui est accordée.

(3) A. Remise faite par le conseil à Rabineau le 16 décembre 1402 de 50 l. sur 59 l. montant d'une amende à laquelle il avait été condamné par l'assise d'Angers pour avoir trespassé du vin à la prévosté de Saumur sans acquitter; P 1334⁴, fº 61 v°.

B. Remise par le conseil à Thibaut de la Tousche le 29 août 1464 de 7 l. restant dues sur une amende de 10 l. à laquelle il avait été condamné par les Grands Jours pour usurpation de noblesse; P 1334⁸, fº 71 rº.

seigneurie et duché d'Anjou qui lui-même est l'héritage et apanage de la couronne de France ; on ne devait dans cette exécution faire aucune chose qui portât préjudice au duc d'Anjou, ses successeurs, ni à ses droits. Aux termes des ordonnances royales et des opinions émises par lui et ses prédécesseurs, aucune aliénation du domaine d'Anjou et de la couronne n'était valable. Le commissaire du parlement consentit à enregistrer cette opinion en son procès-verbal et en donna le double au procureur (1) ; je n'ai pas trouvé le résultat définitif de cette affaire.

Une transaction contient très-souvent une idée d'aliénation ; aussi, lorsque les parties ou l'une d'elles ne sont pas entièrement maîtresses de leurs droits l'approbation de justice est nécessaire. Tel a été le cas de difficultés entre le Roi de Sicile et le vicomte de Turenne à propos de la seigneurie de Beaufort. Le procès dura longtemps, et fut terminé par une transaction qui dut être soumise à l'homologation du parlement ; l'envoi de l'original de cette transaction ne fut fait à Paris qu'après que copie en eût été faite sur les registres de la chambre des comptes, et la remise de l'original pour faire cet envoi eut lieu par ordonnance du Roi et délibération en son conseil (2).

Les biens échéant par droit d'aubaine, ou *aubenages*, tombaient dans le domaine du duc d'Anjou soit en Anjou, soit dans ses autres seigneuries (3). Le conseil pouvait

_____

(1) 1er avril 1472 après Pasques ; P 1334⁹, f° 164 v°.

(2) Arch. Nat. P 1334⁹, f° 27 v°, mention à la date du 23 janvier 147$\frac{0}{1}$.

(3) Remis au procureur à Loudun le double de mémoires sur des aubenages échus en la chastellenie de Loudun ; il doit en

être appelé soit à faire lever la main-mise sur les biens
qu'on pouvait considérer comme ayant cette origine (1),
soit à en autoriser l'aliénation comme des autres biens
domaniaux (2).

Enfin il arrivait que des joyaux de grande valeur appartenant au souverain fussent mis en gage ; une autorisation spéciale du conseil était nécessaire pour dégager la
responsabilité du trésorier (3).

L'étendue des domaines du Roi de Sicile devait être
pour lui la source de nombreux procès, et en effet les
registres de la chambre des comptes sont là pour nous
apprendre que presque à chaque instant le conseil avait
à intervenir pour donner son avis sur la procédure à
suivre, sur les instructions à donner aux conseils du Roi
de Sicile qui le représentaient près le Parlement de Paris.
Lorsque le Roi René était en Provence une correspondance des plus actives était engagée entre le Roi et son
conseil, et souvent même c'étaient des membres du conseil ou des magistrats qui se transportaient à Paris sur
l'ordre pressant du Roi pour décider de la marche à
suivre dans les affaires soumises soit au Roi de France,

---

faire information, dire qui s'en est ensaisiné et rapporter le
tout au conseil, 9 février 140$\frac{5}{6}$; P 1334⁴, f° 81 v°.

(1) Levée le 1er février 141$\frac{4}{5}$ de la main-mise sur les biens
de Soybaut procureur d'Anjou qu'on avait considéré comme
aubain ; P 1334⁴, f° 130 v°.

(2) Baillée à vie d'un quartier de vigne le 27 mai 1459 ;
P 1334⁷, f° 52 r°.

(3) Remise de lettres closes du conseil et d'une cédule du
conseil *pour engaiger la bonne couronne à Paris*, 29 avril
1411 ; P 1334⁴, f° 118 r°.

soit au Parlement. Il est entièrement inutile d'entrer dans le détail de ces affaires ; qu'il me suffise d'indiquer qu'en l'année 1451, le Roi René avait 26 procès au Parlement (1), et qu'un conseil du Roi de Sicile pouvait être régulièrement tenu à Paris, lorsqu'on y réunissait quelques-uns des membres ordinaires du conseil, ce qui arriva vers le commencement de l'année 1450 ; nous y trouvons le sénéchal d'Anjou, le procureur général, le président des comptes et le lieutenant de Baugé (*l. c.* f° 53 v°) (2).

§ 3.

Revenus. — Impôts. — Adjudications. — Péages.

Une des attributions les plus importantes du conseil était sans aucun doute celle qui se rapportait à la bonne administration des revenus du prince. J'ai parlé plus haut de ce qui était relatif au *domaine*, mais en entendant ce mot dans un sens un peu restreint, celui de la propriété féodale ou allodiale et des revenus directs qu'elle peut produire. Les revenus dont je vais maintenant dire quelques mots sont ceux qui avec quelques modifications dans le mode

---

(1) Arch. Nat. P 1334⁵, ff. 55 v° à 57 v°.

(2) .... « A ce que vous juge et president montez à cheval et en toute diligence tirer devers lui à la court » (le comte de Vaudemont, fils de René, qui devait se trouver à Paris); mandement du Roi René du 6 février 146$\frac{7}{8}$, P 1334⁹, f° 190 v°.

de perception sont devenus les impôts modernes, et qui étaient une des ressources les plus importantes des finances des ducs d'Anjou Rois de Sicile.

Les impôts proprement dits levés directement sur les sujets au profit du souverain ont pu avoir, comme valeur des sommes perçues, une place importante dans leurs finances ; mais ces impôts qui consistaient principalement dans les aides, les tailles et les greniers à sel étaient levés au nom du Roi de France qui en avait fait l'abandon total ou partiel aux princes de sa famille qu'il avait apanagés, et par ses officiers, mais qui, au moins dans l'Anjou et le Maine, étaient sous la surveillance des conseils et des chambres des comptes de ces pays.

C'est au conseil que les élûs donnaient connaissance d'abord des impôts nouveaux tels que les tailles qui devaient être levés dans le royaume (1) ; mais à cet égard il avait aussi un droit de vérification, à toutes fins sans doute si l'on peut s'exprimer ainsi, puisqu'il s'informait auprès des élûs et grenetiers de la valeur des aides et greniers de tout leur temps (2).

---

(1) 20 mars 140$\frac{4}{5}$, l'elû d'Angers sur le fait des aides apporte au conseil des lettres pour lever dans son élection la taille nouvellement ordonnée être levée en ce royaume; P 1334^4, f° 76·r°.

(2) Renseignements demandés le 22 mars 140$\frac{7}{8}$ aux élûs et grenetiers de Saumur et Loudun, P 1334^4, f° 90 r°. Les officiers du Roi de France en usaient parfois d'une manière fort cavalière malgré les précautions de langage qu'on prenait à leur égard. Un contrôleur des greniers à sel est l'objet de plaintes au Roi de France de la part de la Reine de Sicile pour avoir pris de l'argent sur les recettes des grene-

A côté de ces impôts se trouvaient ceux qui étaient perçus par le moyen de l'adjudication qui en était faite à des fermiers, et la plupart des revenus du Roi de Sicile se percevaient de cette manière.

Quelquefois l'adjudication était faite directement par un acte de la volonté du souverain (1). Mais presque toujours les adjudications étaient faites par la chambre des comptes, soit directement, soit par des commissaires qu'elle déléguait, et qui dans le cas où l'adjudication ne se faisait pas à Angers formaient en se réunissant avec quelques-uns des officiers locaux une assemblée suffisante pour statuer sur les difficultés qui pouvaient naître des incidents de l'adjudication, ou sur quelques-unes de ses suites les plus immédiates.

Mais quelquefois l'adjudication avait lieu devant le conseil ; et cela n'avait pas lieu seulement lorsqu'il s'agissait de fermes très-importantes comme le trespas de Loire (2) et la traite des vins d'Anjou (3), mais on en

---

tiers. On le fit venir à Saumur devant le conseil et on lui parla le plus doucement et raisonnablement que faire se put pour l'honneur du Roi de France, ce fut même le Roi de Sicile en personne qui lui demanda d'agir avec plus de circonspection ; il promit ce qu'on voulut, mais sans parler à mondit seigneur (le Roi de Sicile) ni à aucunes gens du conseil, ni à autres, il retourna à son logis, monta à cheval et s'en alla garni des finances qu'il avait prises en grant somme de deniers; P 1334⁵, f° 106 r°, 21 avril 1452.

(1) Le Roi de Sicile afferme pour un an jusqu'au 1ᵉʳ octobre 1468 tout le profit, revenu et émolument des greniers de son pays d'Anjou pour 5000 l. (P 1334⁸, f° 209 v°). Pareille adjudication du trespas de Loire avait eu lieu quelques années auparavant, et aussi pour une période très-courte. Ce sont des expédients résultant de la gestion financière du Roi René.

(2) Droits de navigations dûs par les marchands fréquentant la rivière de Loire ; P 1334⁵, f° 162 r°, 165 v°; P 1334⁷, f° 74 r°.

(3) Droits de sortie des vins récoltés en Anjou ; adjugée

trouve aussi pour des fermes d'une moindre importance telles que la prévosté de Saumur (1), ou le merch des registres de la comté du Maine (2).

Le conseil adressait aussi des délégations pour recevoir les enchères, même quand l'adjudication avait lieu à Angers (3).

Les adjudications de fermages prenaient quelquefois un caractère mixte ; le fermage était aliéné au profit de l'adjudicataire, mais à la charge par celui-ci de faire certains travaux et de payer un certain cens ou devoir. Les adjudications de cette espèce ne paraissent pas avoir attiré beaucoup de concurrents (4).

Les besoins incessants du Roi René faisaient recourir souvent par anticipation aux fermiers, même peu de temps après des adjudications prononcées ; ces anticipations se faisaient en vertu d'ordres du conseil (5), et

---

30.000 l. en 1465, (P 1334⁸, f° 95 r°) ; au moment des dissentiments entre Louis XI et le Roi René, des lettres patentes du Roi de France l'avaient baillée à 16.500 l.; conseil 31 décembre 1477, P 1334¹⁰, f° 115 r°.

(1) Adjudication du 4 mai 1401, P 1334⁴, f° 54 v°.

(2) Adjudication du 16 mai 1402, P 1334⁴, f° 56 v°.

(3) Adjudications du 9 septembre 1421, P 1334⁴, f° 143 v°.

(4) Les port et passage du Gué d'Augeant dans la comté de Beaufort adjugés par ordre du conseil le 26 octobre 1457 à Jean Cuau moyennant 18 l. 12 s. t. de cens, avec deux arpents de terre, à la charge de fournir de charrière ou de challans convenables pour led. port à ses depens, tenir continuellement gens sur icelui port pour passer et repasser ceux qui se présentent, et ediffier maison selon sa faculté dans les deux ans, où devront résider continuellement ceux qu'il pourra commettre à la garde dudit passage ; P 1334⁶, f° 209.

(5) Avances sur les fermes de Loudun ; c'est Rayneau secrétaire du conseil qui est chargé de traiter cette affaire, novembre 1456, (P 1334⁶, ff. 128 r° et 130 v°). Vente immédiate des blés de la recette de Baugé, même date ; eod. f° 128 r°.

sans doute c'était devant le conseil que se traitaient les difficultés auxquelles donnaient lieu ces avances qui étaient le plus souvent accompagnées de remises importantes faites aux fermiers. Ces arrangements qui parfois contenaient des engagements de revenus de fermes autres que celles sur lesquelles on se faisait faire des avances étaient toujours fort onéreux.

De tout temps ceux qui perçoivent les impôts ont été exposés à des pertes résultant de causes assez nombreuses, et les comptables ont porté devant l'autorité supérieure des demandes en réduction ou en décharge ; le conseil était souvent saisi de ces demandes (1).

Le conseil connaissait des difficultés auxquelles pouvaient donner lieu les enchères et les adjudications lorsqu'elles avaient lieu devant lui, ce qui arrivait assez souvent. Il résulte évidemment de la manière dont les mémoriaux s'expliquent à cet égard que ces difficultés étaient jugées pour ainsi dire séance tenante, et que l'adjudicataire une fois que le conseil avait statué était mis immédiatement en possession de sa ferme (2). Il arrivait même

---

(1) A. Le fermier du iiii⁰ d'Angers articule que sa ferme lui a causé des pertes, le conseil nomme des commissaires le 7 juin 1407 ; P 1334⁴, f⁰ 85 r⁰.

B. Remise accordée aux fermiers de la cloison d'Angers au Pont de Sée cet impôt ayant été supprimé, conseil 22 mars 145$\frac{1}{2}$; P 1334⁵, f⁰ 106 r⁰.

C. Réclamations arrêtées le 20 février 148$\frac{0}{4}$ par le conseil du Roi à Angers au sujet de la diminution des revenus de la prévosté ; cette diminution avait son origine dans les empiètements de la mairie d'Angers ; P 1334¹¹, f⁰ 24 v⁰.

(2) A. Offre de doubler une ferme déclarée tardive par le conseil, 16 novembre 1400 ; P 1334⁴, f⁰ 51 r⁰.

quelquefois que la décision du conseil n'intervenait pas sur une adjudication qui était faite devant lui, mais que c'était une réponse à une question qui embarrassait ceux qui procédaient à l'adjudication (1).

Le conseil pouvait se trouver saisi par voie d'incidents d'un grand nombre de questions relatives à la perception et à la comptabilité des impôts. En premier lieu nous rencontrons des difficultés entre les divers adjudicataires des impôts (2), et.elles devaient se rencontrer assez souvent à la suite de ces remboursements assignés sur un fermier des avances qu'un autre fermier avait faites sur les deniers de sa ferme.

Les adjudicataires de fermes devaient donner plèges ou cautions suffisants pour leur bonne administration. Dans un grand nombre de circonstances le conseil statuait sur la solvabilité ou la suffisance des plèges, en faisait donner de nouveaux lorsque cela devenait nécessaire, ou statuait sur leur décharge lorsqu'il y avait lieu ; les exemples en sont nombreux (3) ; c'est une conséquence du droit de procéder aux adjudications.

B. Validité d'enchères déclarée par le conseil, 16 mai, 13 juin 1402; P 1334⁴, ff. 56 v°, 57 r°.

(1) Avis demandé au conseil sur un incident (doublement de mise à prix) par le chastelain et receveur de Sablé. En l'absence du juge et de messeigneurs du conseil, Buynart (secrétaire) répond qu'on peut recevoir le doublement, 3 juin 1421; P 1334⁴, f° 142 v°.

(2) Lechanteur, receveur de la cloison de Saumur, réclame à Ferrejau 200 l. pour reste sur le montant de son adjudication en 1380 ; ce dernier prétend ne rien devoir : le conseil délègue deux commissaires pour examiner l'affaire, tâcher d'arranger les parties, sinon faire leur rapport au conseil qui fera droit aux parties ; P 1334⁴, f° 21 r°.

(3) Trespas de Loire 25 juillet 1406 ; P 1334⁴, f° 83 v° ; 27 octobre 1459, 13 mars 14$\frac{59}{60}$; P 1334⁷, ff. 74 r° et 104 v°.

Les péages, entre autres revenus du Roi de Sicile, donnaient lieu à des difficultés nombreuses qui étaient souvent portées devant le conseil. En premier lieu on trouve celles relatives à la question de savoir si un péage était dû à raison des circonstances dans lesquelles se présentait la réclamation qui en était faite (1) ; le conseil jugeait la question au fond, ou prenait les mesures nécessaires pour empêcher que le souverain n'éprouvât un préjudice. Viennent ensuite les questions non moins nombreuses sur la question de savoir si un péage est dû, question qui se présente soit d'une manière principale (2), soit d'une manière incidente lorsque l'on commence par faire payer l'amende à celui que l'on prétend être en contravention (3);

---

(1) A. Discussion entre les habitants, officiers, etc., de Saumur et les marchands fréquentant la Loire, arrangée le 27 juin 1453 par le conseil ; P 1334^5, f° 46 r°. .

B. Décidé par le conseil vers janvier 145$\frac{7}{8}$ que pendant qu'on fait de grandes réparations aux ponts de Sée, tous les passants par iceux ponts continueront de payer les droits de pontonnage et de coustume ; les fermiers d'iceux droits les feront recevoir de ceux qui avoient acoustumé les payer comme lorsqu'ils étoient en bon état ; mandement aux officiers du Roy de prêter et donner aux fermiers en ce confort et aide, etc.....; P 1334^6, f° 220 v°.

C. Jugement du conseil du 14 octobre 1455 décidant que les habitants de l'île du Pont de Sée doivent acquitter leurs denrées et marchandises à la prévosté d'Angers ; P 1334^5, f° 144 v°.

(2) Chalans chargés de blé et de vins déchargés au port de Jugny sur le Louet ; le conseil décide que la coûtume est dûe, 24 février 140$\frac{4}{5}$; le défendeur prétendait être nouveau marchand, c'est-à-dire, faire pour la première fois le transport donnant lieu à la coûtume ; P 1334^4, f° 75 v°.

(3) Amendes gaigées par des marchands de Bretagne pour diverses causes ; les marchands *finent et composent* devant le conseil à des conditions diverses. Mais outre cette transaction

dans ces cas, les transactions avaient lieu aussi devant le conseil (1). Dans un très-grand nombre de circonstances, c'est le conseil qui délivrait les acquits pour les franchises de péages accordées à des personnages importants tels que le duc de Bretagne, le sénéchal de Normandie qui faisaient venir leurs vins d'Anjou (2) ; ces acquits étaient remis au fermier qui les rendait à la fin de sa ferme.

Le conseil statuait aussi sur les difficultés auxquelles pouvaient donner lieu ces acquits lorsque ceux qui les avaient obtenus voulaient faire une opération commerciale autre que celle pour laquelle ils avaient été délivrés, par exemple lorsque des marchands d'Angleterre et de Bretagne qui avaient apporté du drap dans l'intention d'emporter un chargement de vins voulaient faire ou compléter leur chargement de vins à La Rochelle (3).

---

qui portait sur les droits du Roi de Sicile, il y avait encore à payer l'amende dûe à la prévosté du lieu où la déclaration de la marchandise aurait dû être faite, et les frais de garde des chalans et marchandises depuis la saisie; 15 mars 1402 ; 8 juin 1403, P 1334⁴, ff. 57 v° et 67 v° ; 18 octobre 1451, P 1334⁵, f° 24. La fausse déclaration entraînait alors comme aujourd'hui la confiscation des moyens de transport, outre celle de la marchandise, par exemple des bateaux de toute espèce quand il s'agissait de marchandises naviguant sur la Loire ; conseil 11 novembre 1457 ; P 1334⁶, f° 213 r°.

(1) 14 mars 145$\frac{3}{4}$, P 1334⁵, f° 86 v°.

(2) 15 novembre 1454, P 1334⁵, f° 123 v° ; 5 novembre 1458, P 1334⁷, f° 14 v° ; 2 janvier 146$\frac{0}{1}$, P 1334⁷, f° 152 v° ; 25 mai 1475, P 1334⁹, f° 204 r°.

(3) Ils durent payer 2 s. 6 d. pour chaque pipe de vin qu'ils ne chargeaient pas, 16 novembre 1400 ; P 1334⁴, f° 51 v°.

§ 4.

Hommages. — Devoirs féodaux.

Les hommages dûs au Roi de Sicile comme duc d'Anjou étaient faits le plus souvent devant l'assise tenue par le juge ordinaire ; mais ils se faisaient aussi entre les mains du sénéchal (1), ou du chancelier (2), ce qui paraît avoir été le plus habituel lorsque la partie qui devait faire hommage avait obtenu un sursis du duc d'Anjou. Celui qui voulait obtenir un sursis présentait une requête sur laquelle le conseil donnait son avis sur le délai et sur la provision qui pouvait être accordée pendant la surséance ; cet avis n'était pas toujours suivi par le duc (3).

------

(1) Hommage du duc de Bretagne pour Chantocé et Ingrande le 13 janvier 14$\frac{59}{60}$; P 1334[7], f° 94 v°.

(2) Hommage de la terre de la Roche-Gastevin, 10 juillet 1416 ; P 1334[4], ff. 135 r° et 137 v°. Hommage du chapitre de Clisson pour la terre et seigneurie de Montfaucon, 8 janvier 147$\frac{1}{2}$; ... de René de Laval seigneur de Saint-Aubin-du-Couldray pour 300 l. de rente assis sur l'Etang de Brissac et dépendances, 25 février 147$\frac{1}{2}$; P 341, n° II, ff. 3 et 4, ancien numérotage. Temporalité de Cunault, 28 septembre 1450 ; P 1334[5], f° 21 r°.

(3) Féauté de la terre d'Escharbot-Nyhart, 19 avril 1458 ; P 1334[6], f° 241 r°. Chapitre de Clisson, 1er août 1452 ; P 1334[5], f° 118. Demande faite par le sieur de Penthièvre pour être reçu à l'hommage de Chasteauceaux, réponse du chancelier et du Roi de Sicile en son conseil du 9 juin 1471 ; P 1334[9], f° 118 r°.

Lorsque celui qui avait fait cette demande avait été admis au serment de féauté, il se faisait délivrer des lettres-patentes adressées à la chambre des comptes, aux juge ordinaire, avocat, procureur d'Anjou, et aux receveurs dans le ressort desquels était situé le fief qui devait l'hommage (1). Celui qui les obtenait devait auparavant *gaiger le rachat*, c'est-à-dire donner une garantie qu'il l'acquitterait (2); et c'est après avoir fait l'hommage que l'on *finait* du rachat, ce qui avait lieu très-souvent devant le conseil (3).

En cas de refus ou de retard dans la présentation de l'hommage, les choses pour lesquelles il était dû étaient prises et saisies en main de cour; et cette saisie qui avait pour effet de les faire exploiter jusqu'à main-levée de la

---

(1) Page 483, note 2. Avis de l'hommage de Thomas de Daillon pour la seigneurie de Mouliherne, 8 août 1469; P 1334⁹, f⁰ 40 v⁰ ; ...... de Louis de Rohan seigneur de Guémené-Guingamp pour plusieurs seigneuries, 15 janvier 14 $\frac{69}{70}$; P 1334⁹, f⁰ 51 r⁰ ... du duc d'Alençon pour les seigneuries de Châteaugontier, Pouancé et La Flèche, 22 décembre 1471; P 1334⁹, f⁰ 150 r⁰.

(2) Hommage de la terre de Bouillé par le bâtard de Bueil, 2 janvier 145$\frac{8}{9}$; P 1334⁷, f⁰ 24 r⁰.

(3) Cela donnait lieu naturellement à un marchandage, le rachat étant fixé de gré à gré entre le seigneur et le vassal; c'est pour cela que le conseil et la chambre des comptes insistaient tant pour que le revenu des fiefs fût connu au juste; on appelait cela *finer* ou *composer du rachat*. Les envoyés du duc de Bretagne pour finer du rachat de Chantocé et Ingrande offrent d'abord 1000 livres; le conseil trouve cette somme insuffisante et demande 3000 l. On finit par se mettre d'accord à 2500 l.; mais le conseil et la chambre des comptes veulent que ce soit une somme nette; P 1334⁷, f⁰ 36 v⁰. Rachat d'une terre appartenant à l'abbaye de la Boëssière dû pour muance d'abbé, 8 juin 1422; P 1334⁴, f⁰ 145 v⁰.

saisie au profit du seigneur pouvait avoir lieu par ordonnance du conseil (1) ; la chose ainsi saisie était exploitée en main de cour, c'est-à-dire, que l'exploitant qui pouvait être le propriétaire lui-même devait rendre compte de son administration aux officiers du duc d'Anjou, et le conseil statuait sur toutes ces questions (2), pouvait autoriser le propriétaire à exploiter en main de cour (3), et statuer soit directement (4), soit après en avoir référé au duc d'Anjou (5), soit d'une manière définitive, soit seulement pour une période déterminée (6), sur les demandes de main-levée qui lui étaient soumises.

La compétence du conseil en cette matière a d'ailleurs été reconnue d'une manière très-générale lorsqu'après la mort de René le conseil fut maintenu par le Roi Louis XI. Les nobles des bailliages du Lion d'Angers entre Sarthe et Mayenne, Château-Gontier, Craon, Candé et Pouancé

---

(1) Mars $14\frac{09}{10}$, saisie pour inexécution de conditions imposées à un don à vie par la Reine de Sicile ; Arch. Nat. P 1334⁴, fᵒ 106 rᵒ.

(2) Le conseil maintient Cholet pour lever en main de cour les revenus de la terre de Beaussay, 30 décembre 1421 ; P 1334⁴, fᵒ 144 rᵒ.

(3) Maintien de Jean d'Estampes, 11 mai 1467, dans l'administration, mais en main de cour, de terres saisies sur lui pour défaut d'exhibition de contrats, ventes non payées, et autres émoluments de fief ; P 1334⁸, fᵒ 180 vᵒ.

(4) 26 février $14\frac{59}{60}$, main-levée de la saisie des terres de Chantocé et Ingrande sur le duc de Bretagne, P 1334⁷, ff. 95 rᵒ, et 102 vᵒ.

(5) Requête présentée le 20 octobre 1452 par le chapitre de Clisson ; P 1334⁵, fᵒ 127 vᵒ.

(6) Main-levée d'une saisie sur le prieuré de Méron accordée pour un an ; P 1334⁵, fᵒ 155 rᵒ.

ayant fait défaut de faire leurs devoirs nobles dûs au Roi
lors de sa venue au duché d'Anjou furent ajournés devant
le conseil par mandement de Messieurs du conseil et des
comptes du Roi à Angers (1).

Lorsque la saisie féodale avait eu lieu en vertu des ordres du conseil, c'est à lui qu'il était rendu compte de
l'exécution de ses ordres et que le procès-verbal de saisie
était déposé (2).

La connaissance des saisies pour défaut d'exécution
des devoirs féodaux et de leurs incidents avait pour conséquence naturelle d'attribuer au conseil la connaissance
de questions qui se présentaient accessoirement aux
questions dont il était saisi : telles étaient les contestations
sur l'âge des personnes appelées à faire hommage (3),
ou les mesures provisionnelles à prendre à l'égard de
ceux qui n'étaient pas encore en âge de le faire (4).

---

(1) Arch. Nat. P 1334¹¹, f° 129 v°.

(2) Remise par Soybaut alors procureur d'Anjou le 10 décembre 1402 de l'exploit de saisie et prise de possession de la
terre de Saint-Laurent-des-Mortiers ; P 1334⁴, f° 61 v°.

(3) 23 septembre 1450, le conseil fait venir devant lui deux
témoins demeurant à Chantocé pour être interrogés sur
l'âge de la dame de Candé ; celui qui a porté le mandement
est taxé par le conseil à 10 s. t. qui seront payés par le receveur ordinaire d'Anjou ; P 1334³, f° 15.

(4) Gilles de Laval sire de Rais était propriétaire de la terre,
chastellenie et baronnie d'Ambrières au Maine, régie par la
coûtume de Normandie ; il avait de 14 à 15 ans au mois de
février 142$\frac{1}{2}$, les revenus de sa terre appartenaient à la Reine
de Sicile jusqu'à ce qu'il eût 20 ans accomplis. Le conseil, le
11 février, lui accorda pour sa provision un tiers de ses revenus, les deux autres tiers devant rester à la Reine de Sicile ;
P 1334⁴, f° 144 r°.

Les difficultés sur la mouvance étaient aussi quelquefois portées directement devant le conseil (1). Il en était de même des profits de fiefs, tels que les ventes, alors surtout que celui qui les réclamait se présentait comme étant aux droits du duc d'Anjou (2).

Il en était de même de celles sur les autres devoirs féodaux tels que les gardes à faire dans les châteaux par les habitants des paroisses qui en relevaient. Le capitaine de Brochessac (Brissac) avait voulu contraindre les habitants du village de la Marzelle à faire guet et garde au château de Brochessac ; ceux-ci prétendaient ne les devoir qu'au château du Pont-de-Sée. Sur cette contestation ledit capitaine avait fait saisir conservatoirement leurs meubles (3). Les habitants et le procureur du Roi de Sicile qui

---

(1) En janvier 145$\frac{5}{6}$, l'abbé de la Roe réclame un hommage au seigneur de Chanzé ; celui-ci après s'être avoué de l'abbé de la Roe s'était avoué du duc d'Anjou. Le conseil est saisi de l'affaire et ordonne que des productions seront faites par le seigneur de Chanzé et par le procureur du Roi de Sicile pour être statué ensuite ; P 1334³, fᵒ 159 vᵒ.

(2) Le Roi de Sicile avait engagé au seigneur de Bueil la terre de Mirebeau qu'il avait dégagée depuis. Le seigneur de Bueil pendant qu'il détenait cette terre fit l'acquisition des lieux de Chevesche et de la Voulte qui dépendaient de la terre de Mirebeau. Les officiers de Saumur les firent saisir en la main du Roi de Sicile pour droits de fief et autres émoluments de fief qu'ils réclamaient au seigneur de Bueil; celui-ci demanda la main-levée parce que, disait-il, il n'était pas tenu aux ventes aux termes des conventions contenues dans les lettres d'engagement de Mirebeau. Le conseil ordonna que le président des comptes, le procureur d'Anjou, Jean Breslay et le procureur de Saumur visiteraient les contrats et lui feraient leur rapport ; P 1334³, fᵒ 159 rᵒ.

(3) ... « Les avait fait executer et faire prendre et emporter leurs gaiges » ; P 1334⁴, fᵒ 128 rᵒ.

s'était joint à eux avaient ajourné le capitaine devant le conseil qui ordonna d'abord le 26 janvier $141\frac{3}{4}$ de rendre les meubles saisis, et désigna le lieu où cette restitution devrait avoir lieu.

Enfin le conseil statuait sur des demandes accessoires alors même qu'elles ne se rattachaient que de loin au fond du litige. C'est ainsi que des nobles de plusieurs bailliages ajournés devant le conseil après que le Roi Louis XI eût pris possession de l'Anjou saisirent le conseil d'une plainte pour excès commis envers eux par le sergent qui les avait ajournés, et sur leur plainte une information fut commencée (1).

§ 5.

Règlements de juridiction. — Revendication de causes.

C'était le sénéchal d'Anjou et du Maine qui, comme chef de la justice desdits pays statuait sur les conflits d'attributions qui pouvaient s'élever entre les divers magistrats. Cette compétence spéciale était reconnue par le conseil ; ainsi, un nommé Benoist ayant été mis en prison par le prévost ou le juge de la prévosté, le conseil ordonna sa mise en liberté ; mais sur l'observation faite par le lieutenant de Saumur que cette matière touchait l'autorité de l'office de sénéchal, le conseil déclara que

---

(1) Arch. Nat. P 1334¹¹, f° 134 r°.

par sa décision il ne voulait pas porter atteinte aux droits du sénéchal, et qu'elle n'était prise qu'à titre provisoire, en attendant qu'avec le sénéchal il pût être statué d'une manière définitive (1).

Quelquefois cependant le conseil intervient, soit d'une manière provisoire, soit d'une manière définitive dans de véritables conflits de juridiction (2) ; il semble avoir rendu plus souvent des décisions définitives quand le conflit existait entre les officiers de deux juridictions (3).

----

(1) Juillet 1450, Arch. Nat. P 1334 ⁵, f⁰ˢ 10 et 11.

(2) A. Guillaume de Jumièges chapelain de la chapelle du château d'Angers prétendait exercer la juridiction des censives à raison des cens appartenant à la dite chapelle. Contradiction du receveur. Décidé le 2 mai 1399 que provisoirement il cessera d'exercer la juridiction, en attendant l'arrivée de la Reine et du Roi son fils pour en ordonner à leur plaisir ; P 1334 ⁴, f⁰ 27 r⁰.

B. Dans les conflits suscités par l'Université d'Angers qui prétendait se soustraire à la juridiction du juge de la prévosté, conflit terminé par le sénéchal (V. ci-après, t. II, le chapitre du juge de la prévosté), le conseil charge le procureur d'interdire à ceux de l'Université de rien innover sans le consentement du Roi de Sicile ou du conseil, et de s'opposer à ce que voudrait faire une assemblée de l'Université qui devait avoir lieu le 26 septembre 1453 ; si cette assemblée voulait passer outre après ladite opposition, il devrait en appeler pour le Roi de Sicile ; P 1334 ⁵, f⁰ 62 r⁰.

(3) A. Discussion entre Etienne Thireau et Jean de Souhenne en ce que chacun prétendait avoir des droits de prévosté de l'évêque sur la prévosté d'Angers. Le conseil, le 15 novembre 1477, ordonne des mesures d'instruction ; P 1334 ¹⁰, f⁰ 109 v⁰.

B. Pierre Rogier sergent des eaux est attaqué dans l'exercice de ses fonctions par deux individus (Brient Buynart et Jean Guérin) qui le prennent violemment, veulent le mettre en prison, exigent de lui une caution de 200 l. de fournir et obéir à droit, et lui assignent jour à Beaufort pour répondre

Mais en dehors de quelques cas peu nombreux, et qui ne paraissaient pas tous bien caractérisés, le conseil paraît avoir eu plutôt à s'occuper de faire respecter les droits de justice du Roi de Sicile par les juridictions qui auraient cherché à empiéter sur ses droits.

Il respectait et faisait respecter la juridiction des élus qui avaient compétence exclusive pour statuer sur la matière des aides, traites et autres impôts semblables. Le Roi de France en faisant dans de certaines conditions donation de partie du produit de ces impôts aux princes apanagés tels que le duc d'Anjou, leur avait concédé en même temps la nomination des élus qui statuaient sur les difficultés auxquelles pouvait donner lieu le recouvrement de l'impôt par les fermiers. Ce caractère de juges leur était formellement reconnu par le conseil qui s'opposait à ce que les fermiers de la traite fissent ajourner un débiteur hors du pays (1), et s'opposait

---

d'exploits qu'il aurait faits dans la comté de Beaufort. Leur qualité n'est pas indiquée ; il est probable que c'étaient des sergens de Beaufort. Le conseil pose en principe que ces entreprises faites sur les officiers du Roi doivent être corrigées et réparées et que la connaissance en appartient sans discussion au Roi et à son conseil. Défense à Buynart et Guérin de faire à l'avenir tels exploits, ordre de décharger la caution, etc... ; P 1334⁵, fᵒ 32.

C. En 1455 une difficulté s'élève entre les officiers de Saumur et ceux de Beaufort au sujet d'engins ; le 13 juin le conseil donne assignation à la huitaine suivante à Jean Pelet procureur de Saumur comme représentant les officiers de Saumur, jour auquel comparaîtront les officiers de Beaufort pour donner appointement en la matière ; P 1334⁵, fᵒ 129 vᵒ.

(1) ... « Vous savez que pour connoitre des causes qui peuvent survenir à l'occasion de ladite traite il y a juges en ce pays d'Anjou commis de par le Roi, savoir les eslus, chascun en leur election, qui tousjours ont connu et connoissent de ces débats »...; Arch. Nat. P 1334⁵, fᵒ 23.

d'accord en cela avec le Roi de Sicile duc d'Anjou à ce qu'un élu nommé par le Roi de France sans son approbation exerçât l'office d'élu à Angers « contre nos privileges et prerogatives de nommer à tous les offices royaux de notre pays d'Anjou, que semblablement ont touz les autres princes de France en leurs pays »... (1). La conséquence était que le conseil n'avait pas à intervenir, et il le reconnaît d'une manière expresse dans le cas où il s'agissait d'une discussion entre les élus d'Angers et ceux d'une élection faisant partie d'une autre seigneurie (2).

Mais si le pouvoir du conseil ne s'exerce que dans des limites restreintes lorsqu'il s'agit de régler les attributions des juges, il n'en est pas de même en ce qui concerne la surveillance qu'il pouvait exercer pour maintenir contre tous empiètements les droits de la justice de son souverain.

Comme il avait le droit, de même que tout seigneur féodal, de revendiquer pour sa justice tous procès qu'il prétendait lui appartenir et qui étaient portés devant une autre justice, il fallait bien faire surveiller ce qui se passait devant les autres justices.

Ce sont surtout les justices royales dont les empiètements semblent avoir causé le plus de préoccupation aux ducs d'Anjou et à leurs conseils. En effet, vers la fin du quatorzième siècle, nous trouvons aux mois d'août et septembre 1376 le procureur général Etienne Tor-

---

(1) Lettre du Roi de Sicile aux gens du conseil à Angers, 7 mars 147$\frac{3}{4}$; P 1334⁹, f⁰ 247 v⁰

(2) P 1334³, f⁰ 50.

chart passer plusieurs jours de chacun de ces mois à
Tours pour garder, retraire et requérir la juridiction et
connaissance des causes des sujets du Roi de Sicile (1).
Pierre Damours procureur de Baugé aux mois de juillet
et novembre 1477 se rend auprès du bailly de Touraine
et des commissaires des francs-fiefs de Touraine, par
l'ordre du conseil pour des affaires pendantes devant eux ;
au mois de novembre, devant les commissaires des
francs-fiefs de Touraine il est avec Jean Bridé avocat
d'Anjou (2). Le 25 février suivant c'est Jean Bernard
trésorier qui va appuyer des réclamations contre les
officiers de Chinon « qui de ce duché d'Anjou veulent
actribuer à eulx toute court et juridicion au grant preju-
dice et dommaige dud. seigneur Roy de Sicile.... » (3).

La juridiction royale qui suscitait de si vives et si fréquentes réclamations était celle du bailli de Touraine
qui exerçait, depuis que l'Anjou et le Maine avaient été
donnés par le Roi Jean à son fils Louis, la juridiction de
bailli des exemptions d'Anjou, du Maine et de Touraine,
qui était souvent commis par le Roi de France pour connaître de certaines affaires, et qui cherchait à donner à
sa juridiction la plus grande étendue qu'il pouvait. Il y
paraissait bien, comme cela arrive si souvent, par les
agissements des subalternes qui se sentaient soutenus,

---

(1) Comptes de la Trésorerie des ducs d'Anjou, Arch. Nat.
KK 242, f° 54 v°. Semblable démarche en octobre 1405 ; P 1334¹,
f° 79 r°.

(2) P 1334¹⁰, ff. 89 r° et 105 v° ; dans ces cas il leur était al-
loué des frais de déplacement assez importants, 2 livres par
jour.

(3) P 1334¹⁰, f° 128 r°.

et qui exerçant des charges nouvellement créées n'avaient aucune consistance et faisaient sentir le poids de leur autorité : « led. De la Fontaine (le sergent dont on se plaignait) n'est point sergent ordinaire non plus que plusieurs autres nouvellement créés, qui font par deçà chacun jour abus en justice et donnent vexations infinies au pauvre peuple, dont est cri public et notoire generalement en ce royaume... » Le conseil adressait à ce sujet le 6 novembre 1452, une lettre un peu vive de réclamations au juge de Touraine et à son lieutenant à Chinon, dans laquelle il leur disait que s'ils n'y donnaient provision, le Roi de Sicile s'adresserait lui-même au Roi de France (1).

Ce n'était pas seulement contre le juge des exempts que le Roi de Sicile avait à lutter pour faire respecter sa juridiction : c'était contre le Parlement lui-même qui dans les grands jours de Poitou, tenus à Thouars, entreprenait sur les droits du Roi de Sicile, et forçait ses sujets à venir plaider ailleurs que devant leurs juges naturels : les sergents royaux, sans aucune commission du Roi de France, les ajournaient devant le bailli de Touraine, les appels faits dudit bailli ou des sergents par les sujets du Roi de Sicile étaient repoussés par les grands jours et cette nouvelle compétence maintenue ; c'est le conseil qui rédigeait les lettres que le Roi de Sicile approuvait et qui devaient être adressées aux magistrats tenant les grands jours, et celles adressées aux officiers de son duché dans lesquelles il leur mandait de ne donner aucune obéissance aux exécuteurs de ces décisions,

_____

(1) P 1334³, f⁰ 32 v⁰.

et de les envoyer devant lui pour faire ce qui serait nécessaire (1).

Des causes du Roi de Sicile duc d'Anjou avaient aussi été portées devant la cour de Chinon ; le Roi de Sicile rappelait à cet égard que comme pair de France il ne pouvait être tenu de plaider ailleurs qu'en parlement, ni ses sujets être traités (c'est-à-dire être contraints de plaider) ailleurs en souveraineté ; le conseil se trouvait encore obligé d'y rappeler ce principe et de faire demander le renvoi de la cause en parlement (2).

Ces revendications pouvaient d'ailleurs être faites des affaires qui avaient été portées par appel devant le parlement (3) ; comme aussi lorsque l'affaire était devenue de la compétence du parlement, le conseil donnait des instructions à la juridiction inférieure pour qu'elle fît tous ses efforts afin de faire évoquer la cause en parlement (4).

---

(1) Plusieurs lettres du 27 octobre 1455 ; P 1334³, f° 148 et suiv.

(2) 11 juillet 1454 ; P 1334³, f° 113 r°.

(3) Le seigneur de Monsoreau ayant appelé du Roi de Sicile et de ses officiers à Saumur, appel relevé en Parlement, le conseil émet le 10 janvier 145$\frac{5}{6}$ l'avis qu'on doit demander le renvoi de cette cause aux grands jours d'Anjou, et que ès causes dont il n'a pas appelé il doit être traduit devant le juge des exempts par appel du duché d'Anjou ; P 1334³, f° 159 v°.

(4) Deux individus qui avaient été involontairement la cause de la mort d'un homme d'armes avaient obtenu des lettres de remission du Roi de France puis avaient fait défaut. C'est au juge de Loudun que le conseil recommande de faire évoquer la cause en Parlement, le procureur qui représentait le Roi de Sicile n'était pas tenu dans ce cas de plaider ailleurs que devant le Parlement, 7 juillet 1451 ; P 1334³, f° 21.

§ 6.

Conflits avec la juridiction ecclésiastique.

Si le conseil n'avait pas en général à régler directement la compétence entre les officiers du Roi de Sicile, son intervention est des plus actives pour la faire respecter de l'autorité ecclésiastique contre les empiètements de laquelle on était toujours en garde. Tantôt il agissait par voie d'avis en affirmant la compétence du juge d'Anjou (1) ; tantôt il faisait saisir le temporel de celui (2) dont les entreprises lui paraissaient devoir être réprimées.

Les causes de ces conflits étaient nombreuses. Une des plus fréquentes paraît avoir été l'arrestation de clercs ou de gens qui se disaient tels, ou la main mise par les gens de l'évêque ou ceux des abbayes sur les officiers du Roi ; on rencontre des saisies de dîmes, des entreprises sur les chemins publics, des contestations à propos de droits de péage ou autres semblables aux-

---

(1) 15 juillet 1478; P 1334 ¹⁰, fº 153 rº, prieur de Vauboyer.

(2) 23 avril 1478, *Eod.* fº 136 vº. Dans ces deux affaires il s'agissait de sujets du Roi de Sicile qui avaient été cités en vertu de privilèges allégués devant les requêtes de l'Hôtel à Paris. Dans la lettre relative à la première de ces deux affaires le conseil dit que l'abbé de Clairfontaine devrait prendre droit par la justice du prince dont il est sujet à cause de son temporel, et aurait ainsi justice à moindres frais. Et si ces gens lui ont meffait « le juge d'Anjou vous en fera raison ès assises ordinaires de Baugé ».

quels les officiers du comte voulaient soumettre les hommes de l'église d'Angers (1).

Lorsque c'était l'évêque qui prenait les devants pour affirmer sa compétence exclusive, il admonestait plusieurs fois l'officier du Roi de Sicile, l'excommuniait, et cette excommunication était rendue publique. Comme elle avait souvent pour conséquence une saisie du temporel de l'évêque, elle était souvent aussi suivie d'une transaction. Et le résultat de cette transaction était ordinairement une absolution *ad cautelam*, c'est-à-dire, en attendant la solution au fond d'un procès qui peut-être n'avait pas lieu.

Lorsqu'au contraire c'était le Roi de Sicile qui suivait l'affaire et qu'il voulait qu'elle se terminât judiciairement, il donnait aux officiers de l'évêque ajournement de complainte, de saisine et de nouvelleté. Cette citation était donnée en vertu d'une décision du conseil qui commettait spécialement un sergent pour la remettre, et qui donnait les mots sur lesquels il devait former ladite complainte.

Les registres nous ont conservé les termes dans lesquels, à l'occasion d'André Brunet, était formulée la demande contre l'évêque de Poitiers (Mirebeau dépendait du diocèse de Poitiers).

La complainte commence par affirmer les droits du Roi de Sicile. Il est seigneur de Mirebeau qu'il tient nuement du Roi de France en pairie et en apanage, a toute

---

(1) André Brunet procureur de Mirebeau, 27 mai 1450, Arch. Nat. P 1334³, fᵒ 1. Jean Pelet procureur de Saumur, 16 juin 1453, *Eod.*, fᵒ 45.

justice et juridiction sous le ressort du Roi, comme à duc et pair de France compete et appartient. De toute ancienneté il y a ses juges et autres officiers pour le fait de sa justice, il a la connaissance de tous ses sujets, punicion, correction de tous les cas, crimes et excès par eux commis et perpétrés. Il a droit et est en possession et saisine que l'évêque de Poitiers, son official, et promoteur ne peuvent faire citer en la juridiction dudit évêque de Poitiers ni ailleurs aucun des officiers dud. duc d'Anjou pour occasion d'aucuns exploits de justice faits par la justice dudit seigneur. Le duc est en possession et saisine si ledit évêque et ses officiers font le contraire, de le leur empêcher et faire ramener et remettre en l'état dû. Le Roi de Sicile a joui et usé en paix et sans contestation desdits droits, possessions, saisines, et autres pertinents à matière possessoire par cent ans et plus, mesmement par temps valable et suffisant pour avoir possession et saisine, et quoi que soit par les derrains temps et exploits depuis an et jour en çà.

L'évêque de Poitiers avait fait saisir le temporel d'un prieuré, c'est à cette voie de fait que répondait le Roi de Sicile en saisissant le temporel d'une chapellenie. Brunet devait en formant la complainte dont je viens de reproduire les motifs, demander de maintenir et garder le Roi de Sicile duc d'Anjou en ses possessions et saisines, contraindre led. évêque et ses officiers à le rétablir, cesser tous troubles, etc.. en cas de débat ou opposition le sergent devait prendre et saisir les choses contentieuses en la main du Roi de France.... et ajournement était donné aux parties en parlement.

Telle était la forme de procéder acceptée par les usages du conseil en cette matière ; sans rien décider il dirigeait toute la procédure par des avis auxquels sa situation et sa composition donnaient une autorité considérable.

Il arrivait aussi quelquefois que dans l'incertitude sur le point de savoir qui des officiers du duc ou de ceux de l'évêque avait eu les premiers torts (car c'est ainsi que les parties qualifiaient réciproquement leurs actes), une convention entre l'évêque et le procureur d'Anjou mettait à néant tous les exploits faits de part et d'autre. Mais comme il y avait eu excommunication, on rencontrait de la part de l'évêque de nouvelles difficultés sur les termes dans lesquels il en donnerait main-levée afin de ne pas porter préjudice à ses droits (1). Partout nous trouvons l'intervention du conseil aussi ferme que modérée ; et elle va même dans quelques circonstances jusqu'à faire un projet (qu'il appelle *minute pour mémoire*) de mandement du Roi de France pour faire une enquête à perpétuelle mémoire sur l'étendue respective du droit du Roi de Sicile et de l'évêque d'Angers, et il l'adresse à André Couraud procureur du Roi de Sicile au parlement avec demande de lui envoyer copie du *dictum* (2) de plusieurs arrêts qui avaient statué sur des questions relatives à des arrestations ou prises de clercs.

C'était la cause la plus fréquente, mais non pas la seule, qui donnait lieu à ces conflits entre les autorités civile et ecclésiastique. Si dans bien des circonstances ils paraissent s'être dénoués pacifiquement à la suite d'informations faites contradictoirement entre l'évêque ou les ab-

---

(1) V. l'affaire de Jean Pelet procureur à Saumur ; Arch. Nat. P 1334³, ff. 45, 46 v°, 47, 53, 54.

(2) P 1334³, ff. 39 v°, 40 et 41 r°.

bayes d'une part, et d'autre part le conseil agissant en vertu de son autorité propre ou au nom du Roi de Sicile (1), même lorsque la nature des violences commises en faisait partager la connaissance entre les juridictions suivant la nature des faits constatés (2), il arrivait parfois aussi que le Roi de Sicile et son conseil sortaient des bornes de la modération non-seulement en ordonnant des poursuites rigoureuses contre un abbé qui

---

(1) A. Exploits faits sur l'île de Saint-Aubin par les officiers du Roi ; conseil 7 août 1452, P 1334⁵, f° 119 v°.

B. Entreprise de la juridiction des chanoines de l'église d'Angers; conseil 23 mars 1478, P 1334¹⁰, f° 132 v°.

C. Contestation au sujet du droit de visitation sur les forêts d'Anjou que le maître des eaux et forêts du Roi de Sicile prétendait exercer sur les forêts de l'évêque aussi bien que sur celles du Roi ; ledit maître maintenu dans ses droits tels qu'ils résultent des enquêtes anciennes, il sera fait articles de part et d'autre qui vaudront enquête, et le tout sera rapporté par devers aucuns des gens du conseil élus de part et d'autre, avec les autres enquêtes ; conseil 2 avril 1453, P 1334⁵, f° 42.

D. Entreprises par des pêcheurs sur les droits du prieur de Saint-Jean d'Angers ; enquête faite sur les lieux par le maître des eaux et forêts (monseigneur de Loué), le procureur d'Anjou, M⁵ Jean Breslay, Guillaume Provost qui feront ensuite rapport au conseil lequel donnera telle expédition que de raison ; 26 septembre 1454, P 1334⁵, f° 119 r°.

(2) Clerc arrêté pour avoir mis la main sur un sergent du Roi de Sicile exerçant son office; il s'était aussi rendu coupable de violences graves envers une autre personne. Admonestation par l'official au lieutenant d'Angers. Appointé qu'au regard du délit commun, le clerc sera rendu à l'évêque d'Angers ; à l'égard de la main-mise sur le sergent du Roi, il gagera l'amende et baillera plège. Jean Breslay, Guillaume Provost et Thomas Servon se rendront auprès de l'official pour aider à apaiser la matière, et feront ensuite leur rapport au conseil ; 19 avril 1455, P 1334⁵, f° 126 r°.

avait attenté à sa juridiction, mais en prescrivant de lui
faire tout le mal et toutes les vexations possibles (1). Il
faut d'ailleurs remarquer d'une manière générale que
dans cette matière, comme d'ailleurs dans tous les cas
où son intervention avait eu lieu, le conseil se faisait
rendre compte exact de ce qui avait été fait par ses
ordres ou ses instructions.

§ 7.

Juridiction sur les comptables.

Le recouvrement des impôts et les poursuites contre
les comptables en retard étaient souvent portés devant le
conseil. La négligence, le défaut de surveillance, le lais-

---

(2) Un curé de Terne avait été ajourné devant l'assise de
Baugé pour chemin empêché ; il fait citer de privilège à Paris
le sergent qui l'avait ajourné, et fait commettre pour connaître de sa cause l'abbé de la Pelice, celui du Gué de Launay et
l'official du Mans. L'abbé du Gué de Launay voulant connaître
de la cause à lui tout seul, le sergent interjeta appel et le re-
leva en cour de Parlement. L'abbé excommunia le sergent
qui mourut environ un an après ces faits sans avoir été relevé
de son excommunication ; mais aussitôt que ces derniers faits
furent connus, au mois de septembre 1452, le Roi de Sicile
contre les droits de juridiction et justice duquel on avait ainsi
attenté recommanda de n'épargner aux curés en cause ni à
l'abbé du Gué de Launay aucunes rigueurs qu'on pourra
trouver, aucunes vexations qu'on pourra leur donner ; « car
de leur part ilz ont fait dupes qu'ilz ont peu, et ainsi l'ont
bien deservy » ... ils doivent être poursuivis « par maniere
qu'ilz apercoyvent qu'ilz ne devoient pas ainsi entreprendre
contre noz officiers » ... P 1334⁵, f° 33.

ser-aller dans l'administration, les besoins journaliers du
souverain, besoins bien plus considérables que ses ressources, et par-dessus tout une comptabilité très-impar-
faite avaient amené un désordre tel qu'il devenait fort
difficile de se reconnaître dans cette partie de l'administration. Les registres du conseil et de la chambre des
comptes sont en très-grande partie consacrés aux demandes faites contre les comptables et à l'examen des
explications plus ou moins embarrassées qu'ils donnent.
Le plus souvent ces affaires avec leurs incidents sont portées devant la chambre des comptes, mais assez souvent
aussi c'est le conseil qui en est saisi et qui statue sur la
reddition de compte, ainsi que sur les incidents auxquels
elle peut donner lieu.

En première ligne parmi les comptables nous voyons
figurer le chancelier. En 1404 ces fonctions étaient remplies par Hardouin de Bueil évêque d'Angers qui avait
remplacé Jean Lefebvre évêque de Chartres mort en janvier 1390 ; le 4 juin 1404 il rendit compte du produit du
sceau pour douze années entières écoulées depuis le
4 juin 1392 (1). Il est bien probable que c'est devant le
conseil qu'il rendit son compte.

En cas de délais non justifiés, le conseil faisait faire commandement de par le Roi et nous (le conseil) aux comptables et à leurs commis s'ils en avaient sous certaines
grosses peines à appliquer au Roi; et menaçait de les
contraindre par toutes voies comme pour les propres
biens du Roi, et en cas d'opposition ou refus ajourner
devant la chambre des comptes pour déclarer les causes

_____

(1) P 1334⁴, f⁰ 70 v⁰.

de leur opposition, apporter leurs états et le reliquat de leur compte (1).

C'est par l'intermédiaire du conseil du Roi de Sicile que se faisaient ces poursuites lorsqu'elles avaient lieu pour des reliquats d'aides, dont les receveurs relevaient aussi de la chambre des comptes de Paris ; cette chambre envoyait les cahiers contenant les charges auxquelles le comptable devait répondre (2). Et ce n'était pas seulement contre les comptables personnellement que le conseil exerçait ses poursuites, c'était aussi contre les veuves et héritiers, et contre ceux qui avaient à prendre leur garantie (3).

Par voie de conséquence il connaissait des exceptions que les redevables pouvaient opposer, et notamment de la validité et de l'étendue des privilèges qu'ils pouvaient faire valoir pour s'en faire déclarer affranchis (4).

Avant d'en venir aux voies rigoureuses d'exécution contre les comptables en retard, le conseil les mettait sou-

---

(1) Mandement au receveur du Maine, 27 avril 1407, de venir rendre ses comptes à peine de 500 l. t.; P 1334⁴, fº 85 rº. Mandement du 6 décembre 1461 pour ajourner le fermier de l'imposition foraine; P 1334⁷, fº 212 vº.

(2) 29 novembre 1408, remise par le conseil au procureur de la veuve de Aignen de demandes formées par la chambre des comptes de Paris; P 1334⁴, fº 94 vº. Guillaume Aignen avait été trésorier des finances du Roi de Sicile en ses terres de France.

(3) Compte d'aides levées en la terre de Laval en 1392; conseil 30 mars et 20 mai 1405, P 1334⁴, fº 76 vº.

(4) Le conseil était même sévère à cet égard ; on invoquait un privilège de La-Haye-des-Bons-Hommes, il ne se contentait pas de la confirmation par le Roi de Sicile et exigeait qu'on lui représentât l'original desdits privilèges ; 9 janvier 140$\frac{2}{3}$, P 1334⁴, fº 63 rº.

vent une dernière fois en demeure d'exécuter ou de s'en remettre à la bienveillance du Roi de Sicile (1). Tous les comptables n'étaient pas sans doute dans la même situation que James Louet ; mais si leurs comptes étaient embarrassés, le bon Roi René était en grande partie la cause de ces embarras, et quand on avait recours à lui directement, il n'avait pas le droit de se montrer bien sévère.

Parmi les mesures préalables contre certains comptables dont la gestion est plus que suspecte on trouve la défense aux receveurs de leur verser les fonds qu'ils touchent. Cette défense était faite par la chambre des comptes, mais le conseil s'assurait si elle avait été exécutée (2).

L'arrestation des comptables était un moyen souvent employé pour s'assurer de leur personne ; ils se soumettaient d'ailleurs à la contrainte par corps dans l'acte par lequel ils s'engageaient à remplir fidèlement leurs obligations. Le conseil fixait un cautionnement moyennant lequel le comptable pouvait rester en liberté. Si le comptable invoquait des lettres du Roi de France renvoyant son affaire devant une juridiction privilégiée, le conseil paraît avoir eu une sorte de droit d'examen préalable de la sincérité des privilèges qu'on invoquait devant lui, et si la partie y renonçait, il était passé outre à la solution

---

(1) 11 septembre 1458, 8 janvier 145$\frac{8}{9}$, P 1334[7], f° 29 v°. V. la notice sur James Louet (aux lieutenants du sénéchal).

(2) Conseil, septembre ou octobre 1459, défense faite par la chambre des comptes au grenetier de Château-Gontier de faire des versements à Delaplanche ; P 1334[7], f° 69 r°.

de l'affaire, et le successeur était définitivement installé dans les fonctions (1).

Enfin il pouvait y avoir lieu, suivant les circonstances, à la dépossession complète des biens du comptable et à leur attribution au Roi de Sicile ; cette attribution fut prononcée par le conseil en 1452 sur les poursuites exercées contre Person Muguet receveur ordinaire d'Anjou qui se trouvait hors d'état de remplir ses engagements. En vertu de la décision du conseil tous ses meubles et héritages furent inventoriés et mis en la main du Roi. Sa charge lui fut ôtée et donnée à Alardeau secrétaire du Roi de Sicile pour être exercée par commission après serment prêté et caution donnée en la chambre des comptes. Ces décisions furent d'abord lues à Person Muguet dans la chambres des comptes où il avait été mandé ; puis elles furent signifiées et lues aux juge, avocat et procureur, puis à tous les receveurs avec défense de lui faire aucun versement, à peine d'en être déclarés responsables. Alardeau fut mis en possession par la chambre des comptes (2).

_____

(1) Poursuites contre Mahiet fermier des barrages et pavages d'Angers, P 1334⁴, ff. 25 v°, 26 v°, 28 r°, 59 r° ; cela s'étend du 7 avril 1399 au 19 août 1402. Ces poursuites ne paraissent pas s'être étendues jusqu'à une main-mise sur tous les biens de Mahiet ; il y eut des arrangements entre lui et son successeur.

(2) P 1334⁵, ff. 116 v°, 117 r°, 121 v°. Ces significations en assez grand nombre furent faites à plusieurs reprises. Les receveurs auxquels elles furent faites sont : le prévost-fermier de la prévosté d'Angers, les fermiers de la coûtume et acquit du pont de Sée, des blancheau et denreau dud. lieu, du minage d'Angers, le garde des sceaux des contrats d'Angers, receveur de la cloison, du trespas de Loire à Angers, et le fermier dudit trespas.

Pareille mesure fut prise quelques années plus tard, en 1467, après le décès d'un autre comptable, Guillaume Delaplanche, mort insolvable. Le conseil fit mettre en la main du Roi à la requête de son procureur d'Anjou les biens de ce Delaplanche et de Guillemette sa veuve dont faisait partie la propriété par indivis avec un nommé Couvain d'une maison à Angers ; puis, malgré une vente précédente, mais qui paraissait frauduleuse, la maison toute entière fut baillée par les soins du conseil à Couvain et à sa femme pour en jouir et les exploiter sous la main du Roi (1).

§ 8.

Travaux. — Payements.

La distinction entre les travaux publics et ceux faits sur le domaine privé du souverain commence à peine à se faire jour au quinzième siècle ; nulle part elle n'est posée dans les documents que j'ai vus, et on ne voit pas non plus que les uns soient plutôt que les autres l'objet de la sollicitude du conseil ou de la chambre des comptes. Le conseil avait une part considérable d'action dans cette partie de l'administration du domaine du duc d'Anjou ; il déléguait plusieurs de ses membres pour examiner des travaux à faire et ordonnait le payement des frais faits

---

(1) Main-mise sur les biens de Guillaume Delaplanche......
3 avril 1467 ; P 1334⁸, fᵒ 173 vᵒ.

dans cette circonstance (1) ; il ordonnait l'exécution des
travaux dont le détail était donné dans sa délibération,
et même faisait le marché avec les entrepreneurs, quelquefois avec le concours des bourgeois et marchands de
la ville d'Angers (2) ; en même temps il en assurait autant
qu'il pouvait le payement en l'assignant sur telle partie
des revenus du Roi de Sicile (3) ; lorsqu'il s'agissait de
travaux en bois, tels que les ponts, le vieux bois était
abandonné aux ouvriers pour en faire ce qu'ils voudraient, mais il leur était enjoint de ne se servir que de
bois neuf (4). Du reste quand le conseil n'avait pas vu
par lui-même ou par plusieurs de ses principaux membres parmi lesquels se trouvaient presque toujours plusieurs de ceux qui composaient la chambre des comptes,
il se faisait rendre un compte exact des travaux qui étaient

---

(1) Travaux à faire aux ponts de Sée, visite des lieux 21 novembre 1453 par le président (des comptes), le trésorier, le
procureur d'Anjou, M⁰⁰ R. Jarry, T. Lambert, G⁰⁰ Bernard,
G⁰⁰ Rayneau, G⁰⁰ Robin maître des euvres, et plusieurs autres,
allocation de 75 s. t. par le conseil pour les frais ; P 1334⁵,
f⁰ 170 r°.

(2) Ponts de Sée et ponts du Louet, 29 août 1453, P 1334⁵,
f⁰ 160 r° ; 24 décembre 1453, f⁰ 174 r° ; 24 août 1460, P 1334⁷,
f⁰ 126 r°. Travaux pour amener à Angers les eaux du Pré-
Boulet, 2 janvier 145$\frac{8}{9}$, P 1334⁷, f⁰ 29 v°.

(3) Payement de travaux aux ponts de Sée et à celui du
Louet assignés sur la cloison d'Angers, P 1334⁵, f⁰ 160 r°,
P 1334⁷, f⁰ 126 r° ; au pont de la Mayenne à Angers, sur la
boite des marchands naviguant sur cette rivière, sur le pontonnage, et autre part en cette ville d'Angers ; des payements
partiels paraissent avoir été faits sur les fonds indiqués à titre
d'avances ; conseil, 18 octobre 1452, P 1334³, f⁰ 35.

(4) Ponts de Sée, P 1334⁵, f⁰ 160 r°, f⁰ 174 r° ; 23 août 1460.
P 1334⁷, f⁰ 128 r° ; P 1334⁸, f⁰ 69 v°.

nécessaires, et se faisait certifier l'achèvement avant d'ordonner le payement (1).

Outre cette surveillance, le conseil pour assurer davantage l'exécution des obligations non-seulement faisait
prendre par les ouvriers un engagement solidaire et
sans division entre eux, mais en outre exigeait une sti-
pulation de contrainte par corps (2), et encore il faisait
cautionner l'obligé principal (3), et augmenter la caution
si le premier plège donné n'était pas suffisant.

Et ce n'étaient pas seulement des travaux de réparations de ponts comme la plupart de ceux auxquels je viens
de faire allusion, ou de constructions importantes dont le
conseil s'occupait ainsi ; c'est lui qui faisait des marchés
pour les fournitures à faire au Roi de Sicile pendant une
partie de l'année (4) ; ou même avec le concierge du château de Chanzé le marché réglant les conditions de sa
nomination, la remise de l'inventaire, les obligations du
concierge parmi lesquelles faire le jardin de Chanzé bien
et convenablement, et son payement ; suivait un mandement de payer adressé à Guillaume Chacereau commis
au gouvernement et recette des hôtels de Chanzé et de
Larue (5).

---

(1) Conseil, 9 juillet 1453, P 1334⁵, fᵒ 51 ; il s'agit de vérifier quels travaux de pavage sont nécessaires à Candé. Quant
aux certificats de travaux faits, il en est question dans presque
toutes les décisions qui ordonnent des payements.

(2) 24 décembre, 29 août 1453, P 1334⁵, ff. 174 rᵒ, 160 rᵒ.

(3) Réparations aux ponts de Sée, 29 décembre 1453, P 1334⁵,
fᵒ 175 vᵒ. Arche du pont d'Angers, 25 juillet 1473, P 1334⁹,
fᵒ 208 vᵒ.

(4) Conseil, 10 février 146$\frac{7}{8}$, P 1334⁸, fᵒ 209 vᵒ.

(5) 18 et 19 août 1453, P 1334⁵, ff. 159 vᵒ et 162 vᵒ.

Quand les travaux étaient achevés, et sur le certificat de leur achèvement, le conseil donnait une ordonnance ou mandement pour payer, peu importe que l'ordre de faire les travaux vînt du conseil, de la chambre des comptes ou du Roi de Sicile (1).

Il arrivait aussi qu'un payement immédiat de l'obligé principal ou de ses plèges, que des avances urgentes et indispensables ne fussent pas possibles, dans ces cas le conseil autorisait soit l'entrepreneur, soit ses plèges à toucher diverses perceptions jusqu'à extinction du montant de leurs créances (2).

Les avances faites aux entrepreneurs pouvaient dépasser le montant de leurs travaux ; cela donnait lieu à un règlement de compte qui pouvait être porté devant le conseil (3).

Enfin les registres contiennent la mention d'un grand nombre de payements divers faits en vertu des ordres

---

(1) Réparations des ponts de Sée, 29 décembre 1453, P 1334⁵, fᵒ 175 vᵒ. Travaux de ferrures au château d'Angers, 14 avril 145$\frac{6}{7}$, P 1334⁶, fᵒ 155 vᵒ.

(2) Concession temporaire de péages sur la charrière du pont d'Espinaz pour transport de bois destinés aux travaux à faire aux ponts d'Espinaz, 5 novembre 1403; P 1334⁴, fᵒ 68 vᵒ.

Pierre Chaillou bourgeois d'Angers autorisé à toucher le pontonnage jusqu'à ce qu'il soit couvert de la garantie qu'il avait donnée à des entrepreneurs de travaux faits au pont d'Angers, 25 juillet 1473; P 1334⁹, fᵒ 208 vᵒ.

(3) 31 août 1423, les héritiers du capitaine de la bastide de Saumur sont en vertu de lettres patentes de la Reine de Sicile ajournés devant le conseil en la personne de leur tuteur ou curateur pour rendre compte de 340 l. t. que leur auteur avait reçues pour employer aux réparations de ladite bastide; P 1334⁴, fᵒ 149 rᵒ.

du conseil (1) ; et même un avis donné *aux gens du conseil* (et il n'est pas ajouté, comme souvent, *et des comptes*),
par Jean, duc de Calabre et de Lorraine, du payement de
1200 livres de rente dûs par le Roi René au comte de
Saint-Pol (2).

§ 9.

Frais de justice

Les dépens étaient en général taxés par le juge devant
lequel ils avaient été faits, juge de la prevosté ou autre,
ou par celui qu'il commettait pour cette taxe (3). Mais il
arrivait souvent que le conseil intervenait à divers titres
dans cette partie de l'administration de la justice lorsqu'il
s'agissait des frais qui restaient à la charge du domaine
du duc d'Anjou.

Quelquefois, lorsqu'il s'agissait des frais devant rester

---

(1) Mention de payement par Chacereau fermier des seynes
du Roi, 27 juin 1454 ; P 1334⁶, fᵒ 18 vᵒ.
Payement de droits de louveterie pour loups pris. — Payement au procureur de Beaufort pour dépenses faites en allant
à Chinon plaider devant le juge de Touraine des causes de
sujets du Roi de Sicile, 9 octobre 1459 ; P 1334⁷, fᵒ 70 rᵒ.
Payement à Jean Lelou avocat fiscal et à ses clercs pour
le coût des écritures de plusieurs procédures, 8 janvier
147$\frac{1}{2}$; P 1334⁹, fᵒ 151 rᵒ.

(2) 3 novembre 1453, P 1334⁵, fᵒ 174 vᵒ.

(3) Liger, §§ 92, 93, 911. Texte G, §§ 90 à 96, Coûtumes d'Anjou et du Maine, t. III, p. 43.

à la charge des parties il modérait la taxe qui avait été faite pour encourager à payer promptement (1).

Lorsqu'il s'agissait de frais dûs au procureur ou à l'avocat et qu'ils avaient probablement avancés, le conseil donnait un mandement sur un receveur de payer la somme taxée par le juge, ou dont le conseil faisait la taxe (2). Ou s'il s'agissait de frais faits par un sergent en vertu des ordres du conseil il faisait payer les frais par ce sergent (3), sauf probablement à les faire comprendre s'il y avait lieu dans la taxe des dépens. Il en était de même pour les frais d'une enquête ; ils pouvaient être taxés par le conseil et payés avant la solution définitive du procès (4). Il arrivait même que le conseil faisait avancer par un receveur la somme nécessaire pour subvenir aux frais de l'enquête (5) ; dans ces derniers cas, il s'agissait de frais qui me paraissent devoir souvent rester à la charge du domaine.

---

(1) Procès des habitants de Méron contre le prieur de cet endroit. Le conseil décide par arrangement le 19 juillet 1455 que ceux qui payeront avant l'Angevine prochaine auront une diminution sur les frais taxés par le juge de la prévosté ; P 1334⁵, f° 136 r°.

(2) Mandements pour frais faits à l'occasion de procès au sujet de la seigneurie de la Galouere, 8 janvier $147\frac{1}{2}$, 3 avril $147\frac{2}{3}$; P 1334⁹, ff. 151 r°, 195 v°.

(3) A Lebreton sergent pour ajournements donnés à des habitants de Vallée et de la comté de Beaufort, 25 mai 1454 ; P 1334⁵, f° 97 v°.

(4) Frais d'une enquête dans un procès entre le procureur d'Anjou et le prieur de la Roche-au-Moine pour obéissance de fief, pendant à l'assise de Baugé, juin 1480 ; P 1334¹⁰, f° 237 v°.

(5) Avance pour une enquête qu'il est très-nécessaire de faire sur la seigneurie de Chasteauceaux, P 1334⁸, f° 69 v°. Il y en a d'autres exemples en matière d'eaux et forêts.

§ 10.

Juridiction civile. — Enquêtes.

Les compétences des diverses juridictions n'étaient pas réglées aux XIVe et XVe siècles avec cette rigueur, on pourrait dire cette raideur presque mécanique que nous leur voyons de nos jours. Mais malgré l'incertitude que nous rencontrons à cette époque, incertitude augmentée par le droit reconnu au souverain de nommer des commissaires pour juger certaines affaires ou catégories d'affaires, on peut reconnaître que d'une manière générale la juridiction ordinaire était l'assise, que les contemporains appellent bien souvent l'ordinaire de l'assise ou des assises ; au dessous se trouve celle des prévostés ; à côté en matière de finances et d'impôts celles des élûs que le conseil maintenait et faisait respecter un peu comme contraint et forcé, et celle de la chambre des comptes qui se proclame sans soulever de contestations « pure ordinaire sur fait d'administration de chevances et de rendre comptes (1) ».

Mais à côté de ces juridictions, nous trouvons fréquemment celle du conseil saisie dans des conditions fort diverses, mais dans lesquelles, en général, on trouvait

---

(1) Chambre des comptes 21 décembre 1397, poursuites exercées contre la veuve de Regnault Saugier (la Saugière) en reddition de comptes ; P 1334⁴, f° 18 v°.

que le domaine ou les droits du Roi de Sicile étaient engagés.

Il est cependant des cas, peu nombreux il est vrai, où
cette circonstance ne se présente pas, tel est celui d'une
question d'état, savoir si un mariage avait été consommé (1) ou non ; mais le conseil n'avait eu à statuer
que sur une mesure provisoire, la mise sous la main du
Roi de Sicile de la femme défenderesse à une demande
en nullité de mariage.

Tel est aussi le cas d'une saisie exécution faite par le
créancier d'un défunt sur les biens de l'hérédité pour
se faire payer de sa créance (2).

---

(1) Conseil 13 mai et 9 novembre 1456, P 1334⁵, ff. 191 rᵒ et
196 rᵒ. Cette question qui entrainait celle de la validité du mariage était bien certainement de la compétence du jugé ecclésiastique; mais elle venait dans cette circonstance par connexité à une autre mesure. Il s'agissait de la validité d'un
mariage entre Jeanne Eveillechien et Geffroy Haloret ; la
femme devait pendant le procès demeurer en main tierce sous
la main du Roi de Sicile, et elle avait été mise en la garde de
l'abbesse du Ronceray jusqu'à ce que l'évêque d'Angers et ses
officiers eussent terminé l'enquête sur le point de savoir si le
mariage avait été consommé. Une comparution devant le
conseil eut lieu le 9 novembre; la femme soutenait énergique-
ment la validité du mariage. L'évêque ordonna que Haloret
rapporterait le certificat des bans du mariage ou la dispense,
ou que l'on ferait venir le curé pour être ouï sur ce. « Et s'il
lui appert desd. dispense et espousailles par la maniere que dit
est, il donnera telle provision aud. Geffroy Haloret qu'il
appartendra pour raison. » L'évêque d'Angers juge de cette
question est en même temps chancelier et préside ce jour-là le
conseil, mais il n'avait pas siégé la première fois lorsque la
mesure provisoire avait été ordonnée.

(2) 13 décembre 1477, P 1334¹⁰, fᵒ 114 vᵒ, consentement donné
par Jean de la Rivière à ce que l'opposition donnée par le procureur d'Anjou contre les terres des héritages de feu Jacques

Ces cas ne sont pas les seuls sans doute, mais ce ne sont que des cas exceptionnels, et ceux dans lesquels le plus ordinairement le conseil est saisi sont ceux où il l'est :

Par voie de connexité à des matières de gouvernement ou d'administration (1) ; quelquefois par commission du Roi de Sicile (2) ; souvent par un mélange inévitable d'attributions puisque les gens des comptes faisaient partie du conseil (3) ; quelquefois enfin, parce que les parties effrayées par les longueurs formidables de la procédure devant l'assise cherchaient à obtenir que le conseil voulût bien les leur épargner en satuant sommaire-

---

Chabot soit vuidée par le conseil du Roy de Sicile. Je reviendrai plus loin sur les circonstances qui précédèrent cette décision.

(1) A la suite d'une adjudication de la ferme de la cloaison d'Angers, difficulté au sujet des cierges que l'adjudicataire de la ferme devait fournir aux officiers, bourgeois et marchands d'Angers qui s'étaient trouvés au bail de la ferme ; le 11 mai 1466 celui qui avait perçu la ferme est condamné par le conseil à payer les cierges, bien qu'un autre fût titulaire en nom seulement ; P 1334[8], f° 140 r°.

(2) Les gens du conseil étaient quelquefois commis pour statuer avec d'autres commissaires ; procès entre Louis de Courguillery et Guillaume de Haraucourt au sujet de la jouissance et recréance du prieuré d'Annielle au pays de Barrois, P 1334[3], ff. 132, 135 r°. Un délai pour fournir ses pièces est imparti à de Haraucourt ; il est expressément mentionné que les commissaires nommés par le Roi (de Sicile) restent saisis du procès.

(3) Je ne mentionne que pour mémoire une fixation de jour faite au conseil le 15 juillet 1409 pour statuer sur une demande faite contre Pierre Dreux par le procureur du Roi de Sicile. Cette fixation est faite sur la demande de la partie ; P 1334[4], f° 99 r°.

ment et de plain, et que le conseil ne paraît pas avoir été par trop contraire à cette extension de sa compétence (1).

---

(1) A. Une demande en payement d'une rente de froment due par le chapitre de Saint-Laud est formée par les commissaires sur le fait de la réformation des cens d'Anjou qui veulent en connaitre. Les chanoines de Saint-Laud, en déclinant de la juridiction des commissaires, la portent devant le conseil pour la décider sommairement et de plain. Le conseil accepte de statuer dans ces termes, et le 14 février 140$\frac{5}{6}$ condamne les doyen et chapitre de Saint-Laud au payement à l'avenir des rentes, cens annuels et mestives qu'ils doivent à la recette d'Anjou, et en même temps les déclare quittes et affranchis de ce service pour le passé; P 1334[4], f° 82 r°.

B. Dans de semblables conditions le procureur d'Anjou ès noms avait été condamné par le conseil au service d'une rente annuelle de 15 s. à Saint-Maimbeuf; P 1334[7], f° 143 v°.

C. De très-nombreuses difficultés se sont élevées dans la première moitié du xv° siècle entre le procureur d'Anjou et l'abbaye du Loroux au sujet de droits d'usage et de droits de justice dans les forêts de Monnoys et de Chandelays. L'affaire est portée devant le lieutenant du sénéchal à Angers, Pierre Guyot, comme juge des eaux et forêts d'Anjou et du Maine pour le Roi de Sicile, qui est commis par lettres du Roi rendues sur la demande du procureur « pour en congnoistre extraordinairement en ceste ville d'Angiers par briefz et compectans delaiz ». Les religieux après quelques procédures faites devant led. lieutenant font « requeste à messieurs les gens du conseil et des comptes..... qu'ilz vousissent faire proceder ledit procureur avec eulx sommierement et de plain, et sans rigueur de procès savoir la verité desdictes causes..... » Ils se soumettront volontiers à « l'ordonnance de mesdiz seigneurs, en leur requerant bonne et briefve expedicion de justice. Oye laquelle requeste mesdiz seigneurs du conseil nous eussent ordonné, et en nostre compaignie maistre Jehan Bienassis, etc..... » Ainsi le conseil intervient sur la demande de l'une des parties, et confirme en quelque sorte la commission du lieutenant d'Angers résultant des lettres du Roi de Sicile. La sentence définitive qui est du 7 avril 1442 montre bien que la décision est l'œuvre commune du lieutenant, juge

L'intervention judiciaire du conseil se rencontre encore dans des cas où le parlement était saisi de l'affaire. Cette intervention paraît au premier abord se restreindre à des incidents de procédure ayant principalement pour but de fixer la situation des parties au point de vue de la possession du droit litigieux. On sait quelle était autrefois l'importance de la possession, et il pouvait arriver que le résultat des mesures ordonnées par le conseil eût une influence décisive sur la solution des procès portés devant le Parlement. Dans les divers cas que j'ai pu rencontrer l'une des parties en cause était le Roi de Sicile, plus directement engagé que quand il s'agissait simplement du paiement de rentes même demandé par son procureur, aussi je suis disposé à croire que cette

---

des eaux et forêts et du conseil..... « Savoir faisons que le rapport ainsi par nous fait, veues par ledit conseil les demandes dudit procureur...... Nous, par l'advis et deliberacion des conseillers dessus nommez, en leur presence, et aussi en la presence dudit procureur, avons dit et decleré..... ...... Donné à Angiers oudit conseil ouquel estoient presens lesdiz conseillers dessus nommez sobz nostre seel et signées par leur commandement.... » ; Arch. Nat. P 329 nº LIII ancien classement, lettres et vidimus de l'abbé du Loroux du 21 mai 1442.

D. Procès fait par le procureur de Saumur à un boucher, et complainte des bouchers de Saumur contre un autre boucher. Après les premières procédures le procureur des bouchers, se faisant fort pour eux, consent prendre droit en cette matière pardevant messieurs du conseil du Roi de Sicile. Le conseil accepte et décide le 26 septembre 1454 que les parties cesseront de procéder devant les juges où les complaintes ont été portées ; nomination de commissaires, renvoi à un jour fixe pour qu'ils fassent leur rapport, auquel jour sentence sera donnée ; provisoirement les bouchers défendeurs useront du métier de boucherie à Saumur nonobstant les complaintes, et sans préjudice d'icelles ni des droits de l'une et de l'autre partie ; P 1334³, fº 119 vº.

intervention de la juridiction contentieuse du conseil, agissant parallèlement à la juridiction du Roi de France qui était déjà saisie, ne pouvait avoir lieu qu'autant qu'elle était couverte par l'autorité du Roi de Sicile (1).

_____

(1) Les deux premiers exemples que je cite se rencontrent dans les interminables procédures auxquelles donnèrent lieu, au milieu du xv° siècle, les arrestations de clercs toujours contestées par l'évêque d'Angers, et l'administration du prieuré de Cunault.

A. A la suite d'arrestations de clercs par l'évêque d'Angers, le procureur du Roi de Sicile avait obtenu des lettres de complainte en cas de saisine et de nouvelleté. Le conseil ordonne le 17 octobre 1452 qu'il sera sursis à l'exécution desd. lettres jusqu'au jour de la Purification prochaine ; pendant ce temps enquête sera faite par Jean Trepigné (c'était le juge des exempts par appel du duché d'Anjou) et un adjoint non suspect. L'enquête terminée, rapport sera fait par Trepigne devant quatre commissaires, deux pour le Roi de Sicile, dont l'un est le juge ordinaire, et deux pour l'évêque ; ces commissaires feront leur rapport au conseil du Roi, en sa présence s'il lui plaît y assister, et en la présence de l'évêque. Après quoi le conseil appointera et terminera l'affaire s'il le peut (probablement si on peut se mettre d'accord), sinon le procès sera envoyé en la cour de Parlement pour y être jugé. Quelques jours après, le 27, lettre du juge, de l'avocat et du procureur aux solliciteur et procureur en Parlement du Roi de Sicile, pour obtenir du Parlement une commission *à mémoire perpétuel* afin que Trepigne puisse procéder à ladite enquête ; P 1334³, ff. 34 v°, 35 v°, et 36 r°. Il ne faut pas perdre de vue que toutes les causes du duc d'Anjou étaient commises au Parlement de Paris.

B. Un nommé Jean de Valée, chevalier, prétendait avoir droit à l'hommage et au rachat pour quelques-unes des terres dépendant du prieuré de Cunault appartenant à l'évêque d'Angers. Bien que cette question fût pendante devant la cour des requêtes du Roi de France au Parlement (les requêtes du palais), de Valée demandait au conseil du Roi de Sicile que sans forme de procès, sommairement et de plain, la vérité fût sue, et que chacun informât de ses droits devant cette juridiction. Le 7 avril 145$\frac{3}{4}$ le conseil donna commission au juge

Dans d'autres affaires où le conseil statue au fond sans complication de procédures, il était saisi de demandes dans lesquelles c'est le domaine du duché d'Anjou

---

d'Anjou de parler de cette affaire aux officiers de Saumur à la prochaine assise, et faire ensuite sur l'avis des officiers un rapport pour ordonner ce qu'ils jugeraient convenable. A la suite probablement de cette information, la cour des requêtes renvoya les parties, c'est-à-dire Jean de Valée et le procureur du Roi de Sicile au ressort de Saumur devant le conseil du Roi de Sicile ; il fut convenu que les parties lui soumettraient la cause de complainte et celle du pétitoire pour être terminées ensemble par les gens du conseil ; jour est assigné, et les parties promettent de le tenir comme s'il avait été donné par la cour des requêtes. Le 20 juin 1455, le Roi présent, il fut convenu que les sujets des terres, juridictions et féages en contestation ne pourraient pas être traduits en justice à Loudun ni ailleurs, mais seulement au-dedans des ressorts d'Angers et de Saumur. Cet accord fut signé par le Roi de Sicile et Jean de Valée ; P 1334³, ff. 92 v°, 93 r°, 131 v°.

C. Procès entre Jean Le Bigot et le procureur général d'Anjou Jean Binel au sujet de l'office de segraier de Baugé. Par décision du conseil du 21 avril 1477 l'exécution de la complainte qui devait avoir lieu ce jour-là est renvoyée au premier samedi de juillet, sans préjudice de l'appellation portée en Parlement par Le Bigot, et des inhibitions et défenses sur ce faites ; P 1334¹⁰, f° 71 r°

D. Le Parlement paraît d'ailleurs avoir accordé assez facilement les autorisations nécessaires dans les cas où il avait été saisi, et ce renvoi devant le conseil paraît bien avoir eu pour but la suppression de la plupart des formalités de procédure. Procès entre le prévôt d'Angers et le seigneur du Plessis-Macé au sujet du droit de visitation de la foire de Saint-Barthélemy près La Poueze et de droits de prévosté, pendant devant le juge d'Anjou et la cour de Parlement ; appointé par le conseil, à la requête dudit seigneur du Plessis et o *le bon congié de la court de Parlement* qu'une enquête sera faite ; et le conseil fixe les formes de l'enquête ; les enquête et examen de témoins seront mis et rapportés par devers le juge d'Anjou pour qu'il donne appointement ou sentence ; *et led. appointe-*

qui était en canse ; l'une d'elles est postérieure à la
mort de René (1).

En dehors de ces divers cas, on trouve un assez grand
nombre d'enquêtes faites par les ordres ou sous la direction du conseil. Ce droit de faire des enquêtes est une
conséquence de ses pouvoirs judiciaires ou administra-
tifs, et elles ont lieu soit pour s'informer des droits du
souverain (2), soit à l'occasion de procès dont il se

---

*ment ou sentence par luy donnés o congié de lad. court de ce
faire,* led. seigneur du Plessis-Macé devra renoncer à son
appel en Parlement, et répondre ainsi que ses sujets devant le
juge d'Anjou et autres officiers du prince, 10 décembre 1458 ;
Arch. Nat. P 1335, n° 254.

E. Jean de la Rivière, créancier de Jacques Chabot, avait
fait saisir des biens dépendant de sa succession. Par suite
d'involutions de procédure inutiles à rappeler, l'affaire est
portée devant les requêtes du palais à Paris. Malgré cela il est
appointé le 13 décembre 1477 entre les gens du conseil du Roi
de Sicile et ledit de la Rivière qu'il sera congneu céans de son
affaire, « et consent ledict de la Riviere que sentence soit sur
ce donnée cyens tout ainsi qu'elle seroit par les gens tenans
les requestes du palais ».....; P 1334¹⁰, f° 114 v°.

(1) A. Rente prétendue par les doyen et chapitre d'Angers
sur une maison ; le conseil et le procureur d'Anjou sont d'opinion qu'ils se feront payer de lad. rente, 10 mai 1474 ; P 1334⁹,
f° 249 v°.

B. Les veuve et héritiers de Trepigne en procès devant le
conseil au sujet d'une métairie saisie pour payement d'une
mine d'avoine. Sursis au jugement jusqu'à ce que le procureur
de la cour ait fait son enquête et vérifié si la mine d'avoine est
dùe ; il est reconnu qu'elle ne l'est pas, délivrance est faite de
la métairie, 22 et 29 mars 147$\frac{8}{9}$; P 1334¹⁰, ff. 191 r° et 192 v°.

C. Sentence du conseil du Roi du 4 juin 1483 au sujet d'une
île appelée l'Ile-aux-Chiens près Saumur ; Arch. Nat. P 1336,
n° 351. Le conseil avait ordonné une enquête le 20 décembre
1480 ; P 1334¹¹, f° 16 r°.

(2) A. Enquête faite en 1378 au pays de Gorron du commandement de monseigneur le lieutenant touchant le prouffit de

trouvait saisi (1). Il pouvait même arriver que le conseil fût saisi par une autre juridiction telle que celle des plez de la réformation des cens d'Anjou pour faire une information au sujet de l'obéissance d'un fief (2).

Enfin lorsqu'on réclamait devant le conseil l'exécution de jugements de l'assise, et à plus forte raison sans doute de décisions qu'il avait rendues, il pouvait connaître de la validité des actes que l'on opposait à cette

---

monseigneur le duc, laquelle information est rapportée par-devers les gens du conseil et les gens tenant les grands jours à Angers ; Arch. Nat. KK 242, fᵒ 105 vᵒ.

B. Enquêtes à Mouliherne par ordre des gens du conseil et des comptes à l'occasion de droits de chasse dans la prévosté d'Anjou, de droits de cornaige et fromentaiges, baillées nouvellement faites en la forêt de Monnais, prétentions de Saint-Martin de Tours ; entreprise du comte d'Alençon pour chasse dans la forêt de Baugé, baillées nouvellement faites en la forêt de Chandelays, etc... Mandement pour payer les frais du 8 mai 1479 ; P 1334 ¹⁰, fᵒ 194 rᵒ.

(1) Plaintes nombreuses contre Cardinet des Plantes prieur de Méron à raison de ses vexations contre les hommes du prieuré et ses dilapidations ; 19 avril 1455, le conseil ordonne à l'enquêteur de Saumur de faire une enquête, le procureur de Saumur présent ; elle devra ensuite être envoyée au conseil pour y donner telle provision qu'il appartiendra ; P 1334⁵, ff. 126 vᵒ, 127 rᵒ, 129, 130, 136....

(2) Un sujet du prieuré de Saint-Gilles-du-Verger est traduit en obéissance de fief devant les plez de la réformation des cens d'Anjou. Il prétend que les saisies ont été faites sur lui contre les droits et franchises du prieuré. Appointé que lui ou autres pour lui tourneront à la chambre des comptes par devers messⁿ du conseil pour aller de part et d'autres aux enseignements. Sursis pendant un an au jugement du procès. Le conseil décide le 2 avril 14$\frac{60}{70}$ que si la question ne peut être appointée, le procureur viendra par voie de complainte et applègement ; P 1334⁹, fᵒ 59 vᵒ.

demande d'exécution et des circonstances dans lesquelles·
ils avaient été obtenus (1).

Quoi qu'il en soit d'ailleurs, ce n'est jamais qu'une
juridiction exceptionnelle, et le plus souvent lorsque le
conseil était saisi d'une affaire dans laquelle les intérêts
du duc d'Anjou n'étaient pas grandement engagés, lorsqu'il s'agissait d'affaires courantes comme les poursuites
contre les comptables, il renvoyait devant l'assise. C'est
ce que faisait aussi la chambre des comptes, et j'ai réuni tout ce que j'ai trouvé sur ces renvois dans le chapitre
où je parlerai de la chambre des comptes.

§ 11.

Affaires criminelles.

Ce n'est pas seulement en matière civile que le conseil
connaît directement de certaines affaires. Il a aussi une
compétence criminelle bien certaine, non-seulement

---

(1) L'abbé de Bellefontaine avait été condamné par l'assise
d'Angers à réparer les ponts de Chaudefons, et faute de les
avoir réparés son temporel avait été saisi et mis sous la main
du Roi de Sicile. L'abbé prétendant qu'il avait eu délivrance
de ses fruits à l'assise même d'Angers avait fait citer devant
le Parlement un des commissaires nommés par le Roi à cette
saisie. Le conseil lui écrit les 5 et 15 mars 14$\frac{50}{51}$ qu'il ait à faire
cesser les poursuites qu'il exerçait contre ce commissaire
sous prétexte de cette main-levée, et il ajoute que s'il l'a obte-
nue ça été sans le consentement du juge d'Anjou et du procureur du Roi de Sicile, qu'il sera su par quel moyen ledit acte
a été signé, accordé et expédié, et qu'il y sera pourvu par
raison et par justice ; P 1334 [3], f° 18.

dans des affaires qui peuvent toucher de près les droits du Roi de Sicile (1), mais encore quelquefois dans des affaires qui ne concernent guère que des particuliers (2).

---

(1) A. Un nommé Brionne commissaire du sergent général des eaux et forêts d'Anjou reconnaît avoir reçu pendant plusieurs années d'Yvonet-Thibaut sergent ordinaire desdites eaux à Angers et au ressort deux escus par an pour ne pas aller visiter son office au bailliage dudit Yvonet. Sur la poursuite du procureur d'Anjou, il a gaigé l'amende et a été condamné le 31 mai 1403 à rétablir à l'ordonnance du conseil ; P 1334⁴, fᵒ 67 vᵒ. La condamnation est prononcée en principe, sauf fixation du chiffre de l'amende qui est arbitraire et des restitutions.

Ce genre de délit ne paraît pas avoir été rare. Dans l'affaire des habitants de Vallée un grief contre plusieurs sergents est, après avoir ajourné à Paris plusieurs habitants de Vallée et du comté de Beaufort, d'avoir reçu de l'argent pour ne pas aller au jour que leur avait baillé le sergent ; P 1334⁵, fᵒ 97 rᵒ.

B. Poursuites exercées en 1470 contre Barrault demeurant au Port-Lignier pour avoir jeté des déblais et décombres (terriers et bourriers) sur la voie publique. Appointé au conseil le 14 août que le juge d'Anjou, etc. ... « verront la besongne et en feront leur rapport oudit conseil ; et s'il est trouvé que ledit Barrault ait besongné selon l'ordonnance des gens desdiz comptes il en sera envoyé, et aussi s'il avoit excedé et besongné de son autorité, il l'amendera ». Le conseil ordonnait en même temps la manière dont il devait disposer les terres qu'il jetait. Comme il ne s'était pas conformé à cette dernière partie des prescriptions du conseil les poursuites continuent ; le conseil lui défend sous peine de prison et d'amende arbitraire de ne plus jeter ni mettre de terriers ; et pour ne s'être pas conformé aux prescriptions de la sentence précédente « a esté dit que l'amende de ce seroit sourcise à tauxer jusques à la venue de monseigneur le gouverneur d'Anjou, 4 décembre 1470 ; P 1334⁹, fᵒ 93 vᵒ.

(2) Yvon de Caresseurre est détenu prisonnier en la chartre d'Angers pour excès fait à la personne de mᵉ Jean Guiot. Le 19 juin 1453 il est amené au conseil, a requis pardon audit Guiot et offert de gaiger l'amende à l'ordonnance de messⁿ du

Et pour nous la preuve de ce droit ne résulte pas seulement de jugements définitifs dont la décision nous a été conservée, elle résulte aussi de ce que dans un grand nombre de circonstances le conseil ordonnait des mesures d'instruction dans des conditions telles que l'on doit en conclure que la connaissance du fond de l'affaire était en définitive portée devant lui (1).

---

conseil. Guiot lui a pardonné le cas, et au regard de l'amende il la lui a remise et donnée ; P 1334³, f° 43 v°.

(1) A. Au commencement de l'année 1454 (n. s.), des habitants de plusieurs paroisses situées en Vallée se réunirent en grand nombre, armés, au son du tocsin, quelquefois même déguisés, commirent des rebellions et violences contre les officiers du Roi, et levèrent des contributions que l'on estimait à trois ou quatre mille livres. Ils se prétendaient exempts de payer des tailles et aides, et disaient que les sommes qu'ils avaient exigées étaient destinées aux frais d'un procès qu'ils avaient en Parlement ou à la cour des généraux des finances, leurs explications sur ce point ne sont pas plus précises. Le conseil les fit citer devant lui en vertu d'un mandement du 8 avril 145$\frac{3}{4}$ pour répondre au procureur « à telles fins et conclusions qu'il vouldra prendre et eslire contre les dessusdiz ... » Les défaillants seront ajournés à comparoir en personne et de main-mise. Les exoinés seront aussi ajournés ; le sergent commis devra s'informer si les exoines sont vraies. C'est dans ces termes que la procédure est suivie contre eux, sans qu'ils paraissent en avoir contesté la régularité non plus que la compétence du conseil ; P 1334³, ff. 95, 96, 97.

B. En 1455, plainte du procureur du Roi de Sicile contre les abbé et religieux de Chaloché pour délits de chasse et de pêche dans les forêts et les rivières du Roi et entreprise de toute espèce, excès et violence contre le sergent du bois de Bouldre. Cette plainte est faite en réponse à une demande des religieux en délivrance de leur temporel saisi en la main du Roi ; ils niaient d'ailleurs tous les faits délictueux qui leur étaient reprochés. Après enquête, remise leur est faite de leur temporel sous diverses conditions le 21 octobre 1455. Le con-

Le conseil pouvait se saisir de lui-même, surtout lorsqu'un incident de procédure amenait l'affaire devant lui (1).

On ne trouve pas souvent l'intervention du conseil lorsque les intérêts du Roi de Sicile ne sont pas immédiatement engagés ; dans ces cas son intervention se manifeste par une plainte ou dénonciation adressée au souverain (2).

Il n'en est pas de même quand il s'agit de faits qui le

---

seil ne paraît pas avoir statué sur la question des délits de toute nature, même pour ordonner une enquête ; en tout cas il n'en est pas question dans la décision ordonnant la délivrance du temporel, mais la demande du procureur du Roi est faite dans des termes qui admettent implicitement la compétence du conseil; P 1334⁵, ff. 145, 146, 147.

C. 18 avril 1478, ordre au greffier de Baugé, appelé avec lui un adjoint, de faire une enquête sur des excès et injures à plusieurs habitants de Beaufort, ladite enquête sera rapportée au conseil pour être fait et ordonné ce que de raison sera ; P 1334¹⁰, f° 135 r°.

(1) Le chastelain de Brissac était accusé de faux dans des lettres par lui obtenues de la chancellerie dont il se servait devant la juridiction de Saumur où il était accusé. Comme l'instruction ne pouvait se faire que par l'examen des registres de la chancellerie et l'audition de témoins qui se trouvaient tous à Angers, on le fit venir au château d'Angers pour l'examiner. Comme il était officier du Roi de Sicile il fut reçu à présenter caution, mis en liberté, et reçu à procès ordinaire malgré d'autres plaintes portées contre lui, et dont plusieurs étaient de la compétence du juge ecclésiastique ; une lettre des gens du conseil du 1ᵉʳ février 145 $\frac{6}{7}$ donne avis de ce résultat aux officiers du Roi à Saumur ; P 1334⁵, f° 197 r°.

(2) Le 20 septembre 1450 à l'occasion des excès commis par les gens de guerre, fait si fréquent à cette triste époque, le conseil se borne à écrire au Roi de Sicile pour les lui dénoncer et lui demander d'y mettre ordre ; P 1334⁵, f° 14 v°.

touchent de plus près et qui peuvent affecter directement
ses intérêts ; le conseil alors intervient activement, à chaque instant pour ainsi dire. Et, des instructions qu'il
donne au procureur d'Anjou et aux autres officiers du
Roi de Sicile, de la surveillance incessante qu'il exerce,
du soin qu'il met à se faire rendre compte de tous les
incidents, on doit conclure que c'est lui, au nom du Roi
de Sicile duc d'Anjou, qui a la suprême direction de toutes les affaires criminelles (1) : je mets dans cette catégorie toutes celles se terminant par des condamnations
à l'amende sur laquelle d'ailleurs une transaction était
possible.

Les entreprises sur les droits du duc d'Anjou sont une
cause fréquente de difficultés et donnent lieu à des conflits continuels, surtout lorsque les auteurs de ces entreprises sont les officiers du Roi de France. Cependant il
donnait, comme le Roi de Sicile le faisait de son côté,
des lettres pour empêcher leurs officiers de commettre
des abus les uns sur les autres, et le conseil faisait ses
efforts (2), que je crois avoir été souvent bien inutiles,

---

(1) En 1455 un nommé Foulon est arrêté, et son procès commencé pour violences commises contre le clerc du prévost de
Saumur recevant les droits de la prévosté pour le compte
dudit prévost. Foulon prétendait avoir été faussement dénoncé
par ses ennemis. Le 5 novembre le conseil mande au lieutenant de Saumur de par le Roi de Sicile d'entendre les témoins
que Foulon voudra faire entendre pour sa justification, « ap-
pellé avecques vous ung adjoinct non suspect, et en la presence du procureur dudit seigneur à Saumur, auquel nous
mandons estre à ce present si bon luy semble ... » P 1334³,
ff. 152 r°, 153 v°.

(2) M° Jean Bernard commissaire du Roy nostre sire demande obéissance de deux lettres royaux, l'une impétrée à la

pour en assurer l'exécution. Mais donner des instructions même répétées ne suffisait pas toujours, et d'ailleurs nous ne pouvons faire au conseil un bien grave reproche d'avoir dans une circonstance un peu difficile favorisé les intérêts de son souverain immédiat au préjudice de ceux du souverain plus éloigné (1).

---

requête du Roi d'une part, et du Roi de Sicile d'autre part, pour les abus que font les officiers du Roi de Sicile aux officiers du Roi, *et e converso*, conseil 26 septembre 1454; P 1334³, fᵒ 119 rᵒ. Tous sont d'opinion qu'on ne peut refuser audit Bernard ladite obéissance ...

(1) A. Etait-ce le même fait ou des faits semblables recevant toujours la même qualification générale d'entreprises, qui avaient 18 mois auparavant motivé l'arrestation de ce Foulon dont je viens de parler (p. 524, note 1). Quoiqu'il en soit le 20 mars $145\frac{3}{4}$, le conseil donne des ordres de l'arrêter très-secrètement, de manière qu'on ne sache en quel lieu il sera mis, ni ce qu'il sera devenu, pour avoir entrepris et empêché l'autorité du Roi de Sicile ; c'est au château de Beaufort qu'on devait le conduire; P 1334³, fᵒ 87 vᵒ.

B. Les faits reprochés aux habitants de Vallée dont j'ai déjà parlé (p. 522, note 1 A) avaient pour prétexte leur prétention d'être exemptés de la taille, et c'est pour cela qu'ils étaient en procès devant les généraux des aides à Paris. Un nommé Guerinet, l'un des généraux conseillers du Roi de France était venu disait-on sur la demande de plusieurs des opposants au payement avec trois ou quatre sergens au Parlement, pour faire une enquête au sujet de la taille dont ils se disaient exempts, et pour faire mettre en liberté un nommé Racoupeau détenu à Saumur pour dette envers le Roi de Sicile. Ces tailles lui appartenaient en vertu de donations anciennes faites par le Roi de France, et en outre d'une manière générale il avait le don et profit de toute la réformation du pays d'Anjou sur quelques personnes que ce soient, officiers royaux ou autres, et de quelques cas que ce soit. En conséquence, le conseil fait défense aux habitants de Vallée d'aller contre l'arrêt donné par le grand conseil du Roi (de France probablement) qui leur ordonnait de payer les tailles sans contradic-

Dans les divers cas que nous avons vus ci-dessus, c'est toujours au nom du Roi qu'il représente que nous voyons intervenir le conseil. Mais il arrive aussi que c'est devant le Roi lui-même en son conseil qu'une affaire est portée,

---

tion malgré le procès intenté, et indique un jour pour statuer à l'égard des parties ajournées devant lui. D'un autre côté, il donne aux officiers de Saumur des instructions pour surveiller attentivement les agissements de Guerinet et des sergens venus avec lui, et pour lui rendre un compte exact des incidents qui devaient se produire, de manière à sauvegarder les droits du Roi de Sicile.

Quant à Racoupeau qui était détenu, un des huissiers nommé Choysel avait tenté de le mettre de force en liberté; on lui reprochait de n'avoir pas demandé l'ouverture des prisons, « lesquelles il fut trouvé rompant à haches, cizeaux et marteaux où il fut longuement, fist tout son povoir de rompre l'uys et fut trouvé sur le fait ... » Le conseil donna commission à Guerinet de faire information; la fit-il? Je n'ai trouvé aucune indication précise à cet égard, mais ce qui me paraît bien établi par le registre du conseil, c'est que Choysel fut mis en prison par la justice du Roi de Sicile, qu'il gagea et paya l'amende de cent sols et qu'il fut mis en liberté. Racoupeau avait été mis en liberté par Guerinet; mais de leur côté les généraux (des finances) à Paris avaient à raison de l'arrestation de Choysel fait mettre en prison Pelet procureur de Saumur qui avait fait arrêter Choysel et suivi la procédure contre lui. Pelet avait appelé de Guerinet au Parlement suivant la procédure de cette époque qui permettait d'attaquer les actes d'exécution par voie d'appel devant la juridiction supérieure. Il fut sans doute conduit à Paris comme prisonnier, car c'est là que le conseil lui adressa une lettre pour l'encourager, l'engager à s'occuper des affaires du Roi, et lui annoncer un envoi d'argent; mais il se peut qu'il ait été mis en liberté, car à la fin de cette lettre il est question de son départ possible de Paris. Le conseil en même temps envoyait à Paris Pierre Richomme avec des lettres de créance pour conférer de cette affaire avec plusieurs personnes, entre autres le président de Landevy, et donnait des instructions à André Couraud procureur en Parlement pour le Roi de Sicile afin de

ce qui arrive notamment lorsque ceux de ses officiers dont l'autorité a été méconnue sont d'un rang élevé, et que ceux auxquels on reproche un pareil manquement sont eux-mêmes dans une situation considérable (1). C'est le Roi lui-même comme seigneur de fief qui décide en son conseil.

---

suivre avec soin cette affaire dans son intérêt. Tout cela s'est passé aux mois de juin et juillet 1454 ; je n'ai pas vu quel avait été le dénouement de ces affaires si embrouillées ; P 1334³, ff. 88, 94 v°, 108 v°, 111 et 112.

(1) A. L'abbé de Pont-Otron et ses religieux étaient en grand débat et procès entre eux, mais nous ne connaissons pas l'objet du litige. L'abbé de Begaz avait sans doute été délégué par l'abbé de Citeaux pour avec deux autres abbés du même ordre terminer ce différend, c'est ce qui résulte évidemment ce me semble de la qualité que lui donne le registre du conseil, « ministre de leur ordre pour l'abbé de Citeaux ». Les officiers du Roi de Sicile qui n'étaient pas moins que le chancelier (qui était l'évêque d'Angers), le juge, le lieutenant, le procureur d'Anjou et autres voulurent, sans doute par le commandement du Roi de Sicile, prendre connaissance des faits qui y avaient donné lieu, et se présentèrent pour entrer dans l'abbaye de Pont-Otron, mais l'entrée leur en fut refusée par les abbés de l'ordre de Citeaux qui étaient présents, et surtout par l'abbé et les religieux de Pont-Otron qui en dispute entre eux sur d'autres points se trouvèrent d'accord pour résister à ce qu'ils prétendaient toujours être des empiétements du pouvoir séculier. Tous furent cités devant le conseil, le Roi présent. Les religieux semblent n'avoir donné que des explications embarrassées ; ce fut l'abbé de Begaz qui les présenta et dit qu'ils s'offraient à réparer et amender lesdites rébellions à la volonté du Roi et de son conseil, et qu'ils n'avaient ainsi agi que par ignorance ; le 18 août 1452 le Roi confia cette mission à l'abbé de Begaz qui promit de s'en acquitter, et ensuite pour statuer sur le différend entre l'abbé de Pont-Otron et ses religieux, ledit abbé de Begaz fut commis avec le chancelier, le sénéchal d'Anjou et le sire de Loué pour les mettre d'accord ; P 1334³, f° 29 v°.

B. C'est également le Roi de Sicile en son conseil qui rend

C'est aussi le conseil qui me paraît généralement avoir statué sur les demandes de mise en liberté provisoire sous caution, et dans cette matière comme dans toutes les autres il se faisait rendre un compte exact de l'exécution de ses décisions (1).

---

les décisions dans une affaire qui paraît avoir été assez grave concernant un nommé Chacereau ou Chassereau qui avait été fermier d'impôts, et contre lequel des plaintes avaient été portées par des marchands pour excès et abus qu'il aurait commis envers eux. Une accusation avait été portée par le procureur, et les poursuites commencées en septembre 1454. Chacereau avait commencé par se mettre en franchise dans l'église des cordeliers d'Angers ; puis il avait demandé sa mise en liberté sous caution ; ses biens avaient été mis en la main du Roi, il demandait que la jouissance lui en fût rendue sous la main du Roi. Le conseil avait émis un avis favorable sur cette demande faite par requête adressée au Roi de Sicile, et elle avait été accordée par lettres patentes du 7 octobre 1454. La procédure et l'examen des plaintes portées continua pendant tout le cours de l'année suivante ; il est probable qu'il y eut des arrangements avec ceux qui à l'origine avaient porté plainte et qu'ils la retirèrent ; ce qui est certain c'est qu'à l'assise d'Angers, en la présence du procureur du Roi et de plusieurs personnes des divers ressorts du pays d'Anjou, le juge ordinaire avait annoncé que si quelqu'un voulait porter plainte contre Chacereau il y serait reçu et que justice lui serait faite ; Chacereau s'était plusieurs fois présenté à l'assise pour offrir de répondre à tous ceux qui se porteraient parties contre lui. Personne ne se présenta. En conséquence Chacereau fut renvoyé, sa mise en liberté maintenue, ses cautions déchargées, et suivant la forme fréquemment employée le Roi imposa sur ce silence à son procureur. Ce renvoi est prononcé par lettres patentes dont la rédaction avait été faite au conseil dans sa séance du 9 octobre 1455 ; P 1334³, ff. 119 r°, 120 r°, 121 v°, 122 v°, 143 v°.

(1) A. Lors de son arrestation, Foulon (v. ci-dessus p. 525, note 1, A) fut amené devant le conseil auquel il demanda sa mise en liberté sous caution. L'avis du Roi de Sicile qu'on avait

Le conseil surveillait aussi le transport des prisonniers et veillait à ce qu'il eût lieu aux moindres frais possibles (1) ; il prenait les mesures nécessaires pour assurer

---

pressenti était de l'accorder ; elle eut lieu le 5 novembre 1455, la caution fixée à mille livres, à condition qu'il ne quitterait pas la ville d'Angers, et qu'il comparaîtrait en personne aux jours qui lui seraient assignés, sous peine de voir la caution attribuée au Roi de Sicile ; P. 1334³, ff. 152 r° et 153 v°.

B. Saulin est arrêté le 1er août 1399 pour avoir chassé dans la garenne de Voudre (ou Bouldre). Il prétendait que le lieu où il avait été trouvé était la terre et seigneurie de Saint-Laud d'Angers, et que comme leur receveur il avait le droit d'y chasser ; le procureur de la Reine soutenait le contraire. Il fut renvoyé à l'assise d'Angers à un jour fixé d'accord avec lui, mais sans doute fut mis en liberté, car il est mentionné qu'en fin de compte il fut renvoyé sans jour sauf à le faire revenir toutes fois, etc... P 1334⁴, f° 29 r°.

C. Michau Deze, homme du chapitre d'Angers était détenu à Saumur par suite de difficultés avec le procureur de Saumur pour des droits dûs au Roi de Sicile. L'évêque avait excommunié le procureur et obtenu lettres du Roi de France ordonnant la mise en liberté de Deze. Le conseil saisi d'une demande en exécution de ces lettres décide le 18 août 1453 qu'on le mettra en liberté sous caution en lui donnant jour à la prochaine assise de Saumur. Le lieutenant de Saumur et le juge de la prévosté firent quelques objections fondées sur la crainte d'aggraver les conséquences de l'excommunication lancée contre le procureur ; mais le conseil renouvela le 22 août son ordre, et pour mieux en assurer l'exécution chargea Jean Muret auditeur des comptes d'aller porter ses lettres ; P 1334³, ff. 57 v°, 58 et 60 v°.

(1) La condamnation d'un nommé Loyseau prononcée à Saumur avait été confirmée par le Parlement ; le conseil avait demandé que cet individu fût exécuté à Paris, mais le Parlement avait décidé qu'il devait être exécuté là où le délit avait été commis. On fut donc obligé de l'envoyer chercher à la conciergerie à Paris. Il y avait en ce moment un autre individu détenu à Saumur qui devait être conduit à Paris pour y être jugé ; le conseil écrit en janvier 147$\frac{7}{8}$ aux officiers de Saumur

leur détention en lieu sûr (1), ou bien il allait jusqu'à ordonner d'office leur mise en liberté sous caution lorsque l'absence de la procédure ne permettait pas de vérifier les causes de la détention et de statuer sur la poursuite (2). Mais c'était le prisonnier qui devait faire l'avance des frais de transport (3).

---

pour le faire envoyer et faire en sorte à Paris que son affaire soit jugée le plus promptement possible, de manière à pouvoir ramener ensemble les deux détenus à Saumur. Il paraît que cela ne put pas avoir lieu, il n'est question dans le mandat de payement que du transport de Loyseau qui coûta 17 l. 10 s. t. pour un sergent et deux hommes; P 1334^{10}, ff. 118 v° et 154 v°.

(1) Des sergents du Roi de Sicile sont envoyés pour arrêter des malfaiteurs chargés de plusieurs crimes, dont l'incendie d'une église. Ils devaient les amener à Angers parce qu'à Baugé il y a d'autres prisonniers et que les prisons ne sont pas grandes ni fort sûres. Cette lettre du conseil adressée aux lieutenant et procureur à Baugé le 13 décembre 1451 annonce en même temps que l'affaire à raison de sa gravité sera probablement jugée à Angers, en présence du Roi si c'est nécessaire; les officiers de Baugé devront donner aide aux sergents et même venir à Angers s'il le faut; P 1334^3, f° 26 r°.

(2) Un prisonnier du pays de Provence est détenu à Baugé par suite d'une dénonciation d'un sieur de Castillon habitant de la Provence. Le lieutenant de Baugé (James Louet) n'ayant pas reçu le procès et l'information le 29 novembre 1471, le conseil fait mettre en liberté ledit prisonnier sous sa caution juratoire de se rendre à un jour qui lui sera assigné devant le gouverneur et sénéchal de Provence, sous peine de bannissement du comté de Provence; le lieutenant de Baugé enverra audit sénéchal les procès et informations s'il y en a; P 1334^9, f° 146 v°. Il semble résulter encore de cette décision qu'un prévenu pouvait être jugé là où il était arrêté.

(3) Demande des procureur et lieutenant de Beaufort d'être payés de 16 l. pour un prisonnier ramené de Paris. Appointé le 18 avril 1478 par le conseil que des premiers deniers des amendes de devant le lieutenant ils seront remboursés, pourvu que ledit prisonnier paye avant de partir ladite somme de 16 livres; P 1334^{10}, f° 135 r°.

Le droit de faire des enquêtes soit en matière civile, soit en matière criminelle entraînait le droit de prendre les mesures nécessaires pour assurer la comparution des témoins devant ceux qui faisaient les enquêtes ; le conseil décrétait au profit du duc d'Anjou une amende pour le cas de non comparution, et son droit, car il agissait ainsi au nom du duc d'Anjou, avait son origine dans les dispositions précises de la coûtume qui permettent au comte de faire bans, cris, proclamations, mettre et indire peines sur leurs sujets selon la qualité et la nécessité du cas. C'est ainsi que dans l'affaire de l'abbé et des religieux de Chaloché quelques témoins ayant refusé ou délayé de comparaître, le conseil mande de la part du Roi de Sicile aux fermiers de par le Roi des pernage et herbage de Bouldre (ce sont eux qui étaient en réalité les adversaires de Chaloché pour une grande partie des contestations) de contraindre les témoins refusants ou délayants de comparaître devant l'enquêteur, sous peine d'une amende de cinq cents livres tournois à appliquer au Roi de Sicile. Ce mandement comme tous ceux sans doute délivrés dans des cas semblables, ordonne à tous les justiciers et officiers du Roi de Sicile de leur obéir diligemment (1).

L'intervention du conseil, mais en la forme consultative, se rencontre encore quand il s'agit de savoir s'il y a lieu d'accorder ou non la rémission d'un crime. Dans un cas douteux (il s'agissait d'un infanticide) le Roi de Sicile avait chargé le sénéchal d'Anjou et le sire de Pressigny

---

(1) V. ci-dessus p. 522, note 1, B ; coûtume de 1411 §9; coûtume de 1463, § 13, (Coûtumes, etc... t. I, p. 390 ; t. III, p. 180). P 1334³, f° 151 r°.

d'examiner le cas : ceux-ci avec les gens du conseil, clercs et autres avaient trouvé que le cas était rémissible et la rémission avait été accordée (1).

Enfin, le conseil intervenait pour autoriser l'exécution des condamnations lorsque cette exécution ne pouvait pas avoir lieu d'une manière entièrement conforme aux prescriptions de la coûtume (2).

---

(1) Elle l'avait été sur l'avis du conseil par le Roi de Sicile usant de ses droits et prérogatives dont usent tous les pairs de France, lettre du conseil aux officiers de Saumur, 1er février $145\frac{6}{7}$; P 1334⁵, fº 197 rº.

Il s'agissait d'une femme condamnée par le sénéchal de Brochessac, elle avait appelé de la sentence de condamnation et avait été amenée à Angers. Les officiers de Saumur voyaient dans cet appel et dans la décision prise à l'égard de cette femme une atteinte portée à leurs droits. Le conseil leur répond qu'ils savaient bien qu'elle pouvait faire ledit appel, et que leurs droits n'en étaient en rien diminués.

(2) La justice de Fontaine-Guerin avait condamné à mort un malfaiteur, mais la carrie ou quarrie n'était à ce moment prête ni levée pour faire cette exécution. Permission demandée pour cette fois de faire faire ladite exécution à un arbre en la seigneurie de Fontaine-Guerin « pour le bien de justice et exemple des malfaiteurs ». Cette permission est accordée le 20 juillet 1471 « sans plus grand droit attribuer pour l'avenir à lad. seigneurie de Fontaine » ; P 1334⁹, fº 125 vº.

CHAPITRE XIV

CHAMBRE DES COMPTES.

§ 1.

Origine. — Chambre des comptes en général.

A côté du conseil qui représente ainsi la personne du souverain dans la plénitude de ses pouvoirs se trouvent les gens des comptes, devenus la chambre des comptes, qui ont une juridiction et remplissent des fonctions toutes spéciales. Qu'il y ait eu dès l'origne des fonctionnaires chargés d'examiner, vérifier et apurer les comptes de la recette et de la dépense, c'est ce qui ne saurait être mis en doute. Mais les documents sur leurs pouvoirs et la manière de procéder devant eux nous laissent dans une bien grande incertitude avant les comtes (puis ducs) de la maison de Valois.

Le mandement cité plus haut de Charles d'Anjou du 10 octobre 1277 (1) contient l'ordre donné au bailli

_____

(1) Arch. Nat. J 178, Anjou, n° 39.

d'Anjou : 1° de s'enquérir des conditions dans lesquelles le chapitre du Mans tient une maison édifiée sur un terrain auprès de la cour du Roi, *in solo nostro prope curiam nostram.*

La maison en question a été construite sur un sol dont le Roi de Sicile croit être propriétaire, *in solo nostro.* Le bailli devra faire à cet égard une information préalable dont le résultat doit déterminer ce qui reste à faire avec le chapitre.

Mais cette maison, en supposant que le terrain appartienne au comte est tenue par le chapitre *in nostre curie prejudicium et jacturam*, au préjudice et dommage de *notre cour.*

2° de faire rendre compte à Jean du Mans (1) de l'argent qu'il a reçu à raison du sceau de la cour, *pro sigillo curie nostre* ; il devra payer à notre cour tout ce dont il sera trouvé débiteur ; mais s'il se trouve que notre cour lui doive quelque chose, le bailli devra en rendre compte au Roi qui lui fera savoir ses ordres.... *id totum in quo inventus fuerit debitor solvere curie nostre compellas ; si vero curia nostra eidem in aliquo teneatur illud nobis significes, et nos tibi exinde nostrum bene placitum rescribennus.*

3° En cas de mort de Robertus Tortus de prendre en la main de notre cour *ad manus curie nostre capias* une maison que le comte lui avait permis de construire sur un terrain à lui appartenant à charge de retour au domaine après sa mort, de telle sorte que nul ne pût en devenir propriétaire.

_____

(1) Il est bien vraisemblable qu'il faisait les fonctions de chancelier.

4° de faire revenir aux mains de la cour une maison avec ses dépendances sises en Vallée et concédée à Pierre Cappacoli de son vivant, et pour qu'elle ne soit pas affectée aux legs que celui-ci peut avoir faits..... *domum ipsam ad manus nostre curie revocare procures.* Puis si après délibération avec le conseil il trouve que pour ce délit il y ait lieu de faire revenir d'autres biens entre les mains de la cour, il devra le faire.... *si visum fuerit.... alia bona predicta debeatur ob delictum hujusmodi ad nostram curiam revocari, illa similiter capere ac revocare procures.*

Si j'insiste sur ce mandement de 1277, c'est que nous y trouvons complétement formulé le principe de la compétence du conseil et de la chambre des comptes pour tout ce qui est de l'administration du domaine. Il est bien probable que cette cour, sorte d'être de raison qui représente le domaine, qui, si l'on peut s'exprimer ainsi, *sustinet personam comitis* en tant que seigneur du domaine, n'était autre à cette époque que la cour du comte dans laquelle étaient réunis tous les pouvoirs qui depuis ont été séparés.

Ce domaine était assez étendu pour que la comptabilité à laquelle il donnait lieu fût tenue par des clercs spécialement chargés de ce service. C'est ainsi qu'en novembre 1312 et janvier $131\frac{3}{4}$ les baillis Guillaume de Noe et Pierre Honnoré (1) commissaires établis de par le comte pour lever et recevoir en Anjou et au Maine les

---

(1) Extraits des titres de l'abbaye de Champagne au Maine, coll. Gaignières, vol. 194, p. 23, Bibl. Nat. Cartulaire de Perseigne, p. 81, coll. Gaignières, Bibl. Nat. Lat. 5474.

finances des acquéremens et francs-fiefs de personnes non-nobles, et pour finer avec les églises et universités de tous leurs acqueremens etc ..., sont tous les deux pour faire ces recouvrements assistés de Pierre de Saint-Léger, clerc du comte.

Peu de temps après, le 31 mars $13\frac{19}{20}$, Philippe fils aîné de Charles comte de Valois et du Maine donne à l'abbaye de Champagne au Maine pour des acquisitions de rentes quittance de 8 livres (1) somme à laquelle les religieux ont finé avec Guillaume de Prez, bailli, et Jean de Vienne. Gaignières a supprimé dans son extrait la qualité de ce dernier ; mais en rapprochant cet acte des deux précédents il est permis d'affirmer que ce Jean de Vienne est comme Pierre de Saint-Léger un clerc du comte. Je crois même pouvoir aller plus loin et voir en eux de véritables clercs des comptes qui commençaient ainsi d'une manière modeste et sous la dépendance du bailli les fonctions qui furent plus tard celles de la chambre des comptes d'Anjou et du Maine.

La première mention certaine de l'intervention de la chambre des comptes que j'aye constatée est de juin 1368 (2). Le duc Louis avait reçu du chapitre de Saint-Laud d'Angers mille moutons d'or, et lui avait donné en payement une croix d'or et la vicomté de Blazon avec la prévosté de Cormie en Touraine. Les gens de la chambre des comptes d'Angers s'opposèrent à cette aliénation en se fondant sur ce que des ordonnances royales avaient révoqué toutes donations faites depuis le temps du Roi

---

(1) Gaignières, vol. 194, p. 24.
(2) Arch. Nat. P 329, n° XXVI, ancien classement.

Philippe, et ils saisirent les choses données pour les remettre en la main du duc. Sur la réclamation du chapitre le duc leur manda de confirmer ladite donation (c'était bien plutôt une dation en payement), et leur ôta ainsi qu'à tous autres officiers toute connaissance dudit fait etc...; ainsi, en même temps que la chambre nous paraît pour la première fois avec ses pouvoirs domaniaux les plus incontestables, nous trouvons l'usage incontesté aussi du pouvoir souverain de ne pas s'arrêter à ses observations sur les aliénations du domaine.

Nous avons des comptes remontant jusqu'aux années 1376 et 1378, par conséquent antérieurs au règlement du 31 mai 1400, qui sont rendus et clos *en la chambre des comptes, in camera compotorum*, des mentions d'ajournement pour venir compter, des approbations de dépenses (1); des pertes de comptes remontant à 1365 donnent lieu à des lettres du duc d'Anjou du 16 avril 1376 adressées aux gens de ses comptes, aux termes desquelles le maître de la chambre aux deniers de la duchesse Marie de Bretagne sera cru par son serment ou autrement à défaut de pouvoir représenter ses comptes péris par cas fortuit (2).

Le dernier compte de Nicolas Mauregart receveur général du duc d'Anjou est clos le 20 août 1381 au moment où il est remplacé par Etienne Langlès *(Steph. Anglicus)*,

---

(1) Trésorerie du duc d'Anjou, Arch. Nat. KK 242, ff. 33 v°, 34 v°, 59 v°.

(2) Comptes de l'Hôtel de la duchesse d'Anjou, Arch. Nat., KK 241.

par une réunion de plusieurs gens des comptes en tête
desquels nous lisons le nom de Jean Haucepié trésorier
de l'église d'Angers. Quelques années plus tard, en 1385,
le chancelier Jean Lefèvre nomme pour ouïr ses comptes
une commission composée de trois des quatre membres
qui avaient apuré les comptes de son prédécesseur (1).

Il est probable que quand c'était le chancelier qui avait
désigné ceux devant lesquels le compte serait rendu,
la présidence appartenait à celui qui était désigné le
premier.

---

(1) Trésorerie du duc d'Anjou, Arch. Nat. KK 242, f° 109 v°.
Journal de J. Lefèvre, Ed. Moranvillé, p. 54; *Id.*, Bibl. Nat. Fr.
5015, ff. 86 v° et 92 r°. Lefèvre était évêque de Chartres.
Il semble résulter des décisions rendues sur le premier
compte de Nicolas de Mauregart que la présidence de la
chambre aurait appartenu à l'abbé du Loroux, c'est lui qui est
mentionné le premier dans l'approbation donnée par la chambre le 20 décembre 1376 aux « parties tant des voyages du
trésorier comme du change de monnaie ». Il l'est aussi dans
la clôture du compte qui est du 8 janvier suivant. Mais la
mention d'approbation de certaines dépenses constate après
lui la présence de G. Pointeau. Ce personnage est sans aucun
doute le même que J. Lefèvre (pag. 2) appelle Guillaume Poin-
tel, son prédécesseur comme chancelier du duc d'Anjou, et
qui périt assassiné à Montpellier en 1380. D'après la mention
que je viens de rappeler, il n'aurait pris rang dans le conseil
et la chambre des comptes qu'après l'abbé du Loroux. Je ne
sais pas s'il appartenait à l'église.
Les conseillers qui ont approuvé le dernier compte de Mauregart sont, J. Haucepié, trésorier de l'église d'Angers (Journal de J. Lefèvre, p. 54), J. Begut, P. Bonhomme et J. Descharbeye doyen de l'église d'Angers : ce sont les mêmes qui
sont désignés par J. Lefèvre en 1385 pour ouïr les comptes de
Langlès.
Lefèvre a été chancelier de 1380 à 1389 époque de sa mort.
Il a été remplacé par l'évêque d'Angers, Hardouin de Bueil
mort le 18 janvier 1439 (n. s.).

Les choses restèrent dans cette incertitude jusqu'au règlement ou ordonnance du 31 mai 1400 (1). Cette ordonnance qui est relative à l'administration des revenus du duc d'Anjou, Roi de Sicile, contient dans son dernier article un premier essai d'organisation de la chambre des comptes d'Angers, car c'est toujours sous ce nom que la réunion des gens des comptes est désignée. Mais il faut observer d'abord que tous ceux qui sont désignés comme faisant partie de cette chambre, « ordonnez et instituez pour le fait et gouvernement de nostredicte chambre et des circonstances et deppendances », sont appelés conseillers du Roi de Sicile, *nos bien amez conseillers, nosdiz conseillers*. Ensuite qu'il résulte de l'ordre dans lequel sont inscrits leurs noms que cette chambre avait un président qui était l'évêque d'Angers chancelier, et que certainement celui-ci était remplacé dans la présidence par l'abbé de Saint-Aubin ; c'est dans cet ordre que leurs noms sont mentionnés non seulement dans cette ordonnance, mais encore dans les comptes-rendus des séances de messieurs ou messeigneurs du conseil et des comptes dans le registre P 1334⁴ qui s'étend de 1397 à 1425. La chambre des comptes fait donc partie du conseil ; l'ordonnance du 8 mai 1453 (2) paraît bien l'exclure par prétérition en ne désignant que son président ; mais si telle était l'intention de cette ordonnance, il faut reconnaître qu'elle n'a pas été exécutée, car le registre du conseil (P 1334⁵) et ceux de

_____

(1) Arch. Nat. P 1334⁴, au commencement. Lecoy de la Marche, Le Roi René, t. II, p. 209.

(2) Arch. Nat. P 1334⁵, f° 177 r°. Lecoy de la Marche, *op. c.*, t. II, p. 269.

la chambre des comptes (P 1334 $^{5 \text{ à } 11}$) mentionnent constamment la présence des membres de la chambre des
comptes dans le conseil, souvent même ils le composaient
en majorité (1). Je reviendrai plus loin sur la situation
respective du conseil et de la chambre des comptes.

L'état de choses créé par l'ordonnance de 1400 dura
en ce qui concerne la présidence jusqu'en 1442. En
1437 lorsque le Roi René était venu pour la première
fois en Anjou pour en prendre possession, il avait réduit
à trois le nombre des conseillers de la chambre des
comptes. En 1442 il créa un office de président qu'il
donna à Alain Lequeu archidiacre d'Angers et qui en
1434 et 1435 était secrétaire de la Reine (2). A sa mort,
des lettres de René du 4 juin 1450 nommèrent pour le
remplacer Guillaume Gauquelin dit Sablé conseiller et
auditeur des comptes, et que nous trouvons en mai 1437
fermier du tabellionnage de Saumur, et en mars $143\frac{7}{8}$
secrétaire de la Reine (3)

Il y avait eu sans doute dès ce moment des réclamations sur l'augmentation du personnel de la chambre
des comptes et sur l'augmentation de dépense qui en

---

(1) Des lettres du Roi René du 18 octobre 1468 relatives à
une réclamation des doyen et chapitre de l'église Saint-Pierre
d'Angers portent cette mention : ... « Ainsi signé, par le Roy
à la relacion du conseil auquel Vous (le chancelier), les gens
de ses comptes, juge, advocat, procureur d'Anjou estoient
presens » ; Arch. Nat. P. 1334^8, f° 231 v°.

(2) 20 juin 1464, réclamation de la chambre des comptes
contre la nomination d'un nouveau président, P 1334^8, f° 61 v°.
Lecoy de la Marche, op. c., t. II, p. 298; Comptes de l'hôtel de
la duchesse d'Anjou, Arch. Nat. KK 244, f° 5 v°.

(3) Arch. Nat. P 1334^5, ff. 1 et 2. KK 244, ff. 18 r°, 22 v°.

résultait, car il fut expressément convenu que dans le cas où l'office de président serait supprimé Gauquelin reprendrait ses fonctions de conseiller, mais conserverait « le plus anxien lieu et premier de touz les auditeurs qui aujourd'hui sont en la chambre. »

Gauquelin mourut le 18 juin 1464. Les réclamations dont je viens de parler furent couronnées de succès, l'office de président fut supprimé et les fonctions en furent faites par le plus ancien des conseillers et auditeurs. Mais trois ans après, par lettres patentes du 2 novembre 1467 cet office fut rétabli en faveur de Jean de la Vignollé, doyen de l'église d'Angers, qui venait d'être fait président des Grands Jours d'Anjou, place créée en sa faveur par autres lettres patentes du 30 octobre précédent (1). De la Vignolle conserva ses fonctions jusqu'à sa mort arrivée en 1477 : le 8 août de cette année, il fut remplacé par James Louet qui ne conserva ses fonctions que deux années. Après lui vient Legay qui mourut sans avoir été installlé, et enfin le 19 septembre 1479, ces fonctions furent confiées à Pierre Guiot le dernier des magistrats de ce nom qui ait rempli celles de lieutenant du sénéchal à Angers, et qui fut autorisé à les conserver.

Pendant toute la durée du règne de René, et sauf l'interruption de 1464 à 1467, la chambre des comptes fut composée de un président, trois conseillers et auditeurs, deux clercs des comptes et un huissier. Pendant une partie de ce règne, il y eut en outre un quatrième office de conseiller qualifié d'extraordinaire, qui devait tou-

(1) Arch. Nat. P 1334ᵇ, fᵒ 192. Lecoy de la Marche, *op. c.*, t. II, p. 323.

jours être supprimé et ne le fut jamais, et qui d'ailleurs quant aux fonctions ne différait en rien des autres.

Gauquelin lorsqu'il fut nommé président prêta serment entre les mains du juge ordinaire d'Anjou qui était alors Gilles de la Reauté ; il fut installé dans ses fonctions par les conseillers et auditeurs de la chambre. Les choses se passèrent avec beaucoup plus de solennité pour Jean de la Vignolle ; c'est en présence du Roi de Sicile, du sire de Loué, des membres de la chambre et autres, qu'il prêta serment et fut installé dans ses fonctions.

Les membres de la chambre prêtaient serment devant la chambre et étaient installés par elle (1) ; du moins c'est ainsi que les choses se sont passées le plus souvent, car en 1399 Lucas Lefèvre conseiller et auditeur prêta serment au conseil entre les mains du chancelier qui l'institua le jour même dans ses fonctions (2).

Les fonctions de ces deux juridictions étaient unies de bien près.

J'ai dit ci-dessus en parlant de la juridiction du conseil sur les comptables (3), que dans le cas d'insolvabilité constatée l'attribution des biens meubles et immeubles de l'insolvable était faite par le conseil. La mise à exécution de cette mesure avait lieu par les soins de

---

(1) Arch. Nat. P 1334⁵, f⁰ 22 v⁰, 16 octobre 1450, réception de Guillaume Bernard à l'office de conseiller et maître auditeur en la chambre des comptes ; présents : Guillaume Gauquelin président, Robert Jarry, Jean Alardeau, Thibaut Lambert conseillers et auditeurs, et moy G. Rayneau.

(2) P 1334⁵, f⁰ 27 r⁰.

(3) V. ci-dessus page 500.

l'une ou de l'autre des deux juridictions sans qu'on puisse bien apprécier les motifs de la différence. Ainsi quand il s'agit de la révocation de Person Muguet en 1452, la notification de la décision du conseil fut faite aux juge, avocat et procureur, puis aux divers receveurs qui versaient leurs fonds audit Person Muguet dans la chambre des comptes ; et en ce qui concerne ces derniers, le registre P. 1334⁵, fᵒ 116 vᵒ ne mentionne la présence que de Robert Jarry, Thibaut Lambert et Rayneau, deux conseillers des comptes et le secrétaire. La prise de possession par Alardeau des fonctions de receveur ordinaire d'Anjou eut lieu en la chambre des comptes, ce qui se faisait d'ailleurs pour toutes les fonctions de receveurs des finances.

Antérieurement au mois d'août 1464 un procès criminel avait été suivi sur la plainte de Jean Prieur et sa femme de Loudun, le procureur du prince joint avec eux, contre Louis Nau également domicilié dans la juridiction de Loudun pour crimes commis par lui envers Prieur et sa femme. Le Parlement saisi de l'affaire ordonna que la fille de Nau serait aussi ajournée et conduite à Paris aux frais du Roi de Sicile. Dans ces circonstances les juge et procureur de Loudun écrivirent à la chambre des comptes pour lui rendre compte de cet incident et pour lui demander de donner des ordres au receveur de fournir les fonds nécessaires (1). La chambre des comptes envoye un mandement au receveur en recommandant de faire le moins de dépense qu'il se pourra. Ce mandement est fait par le conseil le 9 août

------

(1) Arch. Nat. P 1334⁸, fᵒ 68.

1464 dans les mêmes termes que la réponse de la chambre des comptes ; il mentionne la présence des juge ordinaire, lieutenant et procureur d'Anjou qui faisaient partie du conseil, mais non de la chambre des comptes, et de Jarry, Tourneville, Bernard et Muret membres de la chambre des comptes : « Mandement du conseil au receveur..... Au conseil où estoient les juge etc..... » et il est signé : « du commandement de messeigneurs des comptes. J. Delommeau. »

Il me semble bien difficile d'admettre une séparation absolue de deux juridictions qui procèdent ainsi ; chacune trouvait dans l'autre et dans les éléments dont elle était composée la force dont elle avait besoin pour donner toute autorité à ses décisions.

Il faut enfin observer que le conseil n'avait pas d'autre secrétaire que Guillaume Rayneau qui était en même temps clerc des comptes et qui signe la plupart des délibérations inscrites sur les registres, que ce soient des délibérations du conseil ou de la chambre des comptes. Le règlement du 8 mai 1453 avait bien nommé secrétaire du conseil Jean Alardeau, receveur d'Anjou qui devait faire comme secrétaire du Roi les signatures et expéditions conclues et délibérées audit conseil, autres que celles qui toucheront le fait des recettes de finances dont Alardeau était receveur. Le règlement maintient ensuite expressément Rayneau dans ses fonctions : « et pareillement Guillaume Rayneau clerc de nosd. comptes qui de nous a lectres de secretaire de nostred. conseil expediées par avant la date de ces presentes... » La signature d'Alardeau figure beaucoup plus rarement, et d'ailleurs il est certain d'après les registres qu'à partir de cette époque il a passé une grande partie de son temps en Provence auprès du Roi René, tandis que Rayneau ne paraît pas avoir quitté l'Anjou.

Une dernière considération à laquelle on ne doit cependant pas attacher plus d'importance qu'il ne faut, c'est que le conseil n'avait pas de local qui lui appartînt en propre pour tenir ses séances. Le plus habituellement il les tenait dans la chambre des comptes, et ce n'est qu'exceptionnellement qu'on le voit siéger ailleurs, par exemple aux halles d'Angers dans l'auditoire, à Launay, ou dans telle autre résidence du Roi de Sicile, chez le chancelier, chez le juge, chez le procureur, à la cathédrale ou au réfectoire de Saint-Maurice. Il y avait d'ailleurs une bonne raison pour lui faire partager le local de la chambre des comptes, c'est que ce local était situé dans le château d'Angers, et il ne s'éloignait pas ainsi de la personne du Roi de Sicile, duc d'Anjou.

Malgré cette union qui peut permettre jusqu'à un certain point de regarder la chambre des comptes comme une section du conseil, puisque le conseil comme nous l'avons vu agissait seul dans un grand nombre de cas qui peuvent paraître de la compétence exclusive de la chambre des comptes, il faut reconnaître aussi que la chambre même pour des actes relatifs à ses fonctions ordinaires, et à plus forte raison quand il s'agissait de matières touchant à l'administration du duché d'Anjou, était un pouvoir subordonné à celui du conseil, ou plutôt du Roi de Sicile, duc d'Anjou en son conseil ou représenté par son conseil.

J'ai parlé ci-dessus de l'ordonnance du 31 mai 1400 et du règlement qu'elle contient sur la chambre des comptes. Cette ordonnance est intervenue à la suite de

réclamations faites par des seigneurs de l'Anjou et du
Maine et leurs gens contre les maux et inconvénients
causés par les fermiers, sergents et commissaires ordon-
nés sur le fait des aides. Ils se présentèrent le 11 décembre 1398 à la chambre des comptes où se trouvaient
le doyen d'Angers (Jean d'Escherbeye), J. Lebègue,
Denis Dubreuil et Etienne Buynart..... « Lesquelx du
conseil (cette désignation est à remarquer) leur firent
response par la bouche dud. mons^r le doyen que en
ladicte chambre ilz n'estoient à celle heure assemblez
fors pour oyr les comptes du receveur ordinaire du
Maine, et que sans la presence de monseigneur l'evesque
d'Angiers, chancelier, de l'abbé de Saint-Aubin, Guillaume Aygnen, le tresorier, et autres du conseil de
madicte dame qui estoient absens, aucune deliberacion
ne provision n'y povoit par eulx estre mise, ne aucune
response certaine ne leur povaient faire » (1).

Dans une autre circonstance, pour fixer définitivement
la finance d'un rachat, ce qui paraît avoir été presqne
dans les attributions exclusives du conseil (2), la chambre renvoie au lendemain parce que le président des
comptes et le procureur d'Anjou ne sont pas présents (3).

D'autres fois ce sont des avant-faire-droit, des vérifications ordonnées par le conseil qui se font par les soins de

---

(1) Arch. Nat. P 1334⁴, f⁰ 24 r⁰.

(2) 3 et 16 juin 1399, compositions pour le rachat de plusieurs
seigneuries; P 1334⁴, f⁰ 27 v⁰.

(3) Rachat du prieuré de Cunault concédé à Richard Olivier
chanoine et archidiacre à Rouen par le cardinal d'Estouteville
en récompense de sa renonciation à ses prétentions sur l'archevêché de Rouen; fixé à 300 écus d'or le 11 août 1453;
P 1334⁵, f⁰ 55.

la chambre des comptes, mais sur lesquelles elle ne
statue pas, la décision définitive étant réservée au conseil ou au Roi en son conseil (1).

Ce sont des mandements adressés à des comptables
pour venir sous certaines peines compter devant la
chambre, ou en cas de retard déduire les causes de leur
retard (2).

---

(1) A. Demande au conseil par Jean de Clermont ancien fermier des pavages de la ville d'Angers en remise de 400 l. qu'il
restait devoir; vérifier en la chambre des comptes ce qui a été
payé, si la caution est solvable, et en sera fait rapport au Roi
de Sicile pour y pourveoir au surplus à son bon plaisir, 29
octobre 1455; *Eod.*, f° 152 v°.

B. Demande faite au conseil par le célerier de Saint-Nicolas
de le faire jouir d'une dime qu'il prétend lui appartenir; il apporte ses titres dont il offre les copies; collation en sera faite
en la chambre des comptes avec les originaux, et jour fixé au
lendemain 30 octobre 1455 pour la faire; *Eod.* f° 153 v°.

C. Pommier demande à raison de pertes qu'il a éprouvées
une diminution sur le fermage du moulin du Pont de Sée.
Le conseil décide le 19 avril 1455 que les gens des comptes
informeront, examineront les témoins fournis par Pommier
et feront leur rapport au Roi ou à son conseil pour y donner
tel appointement qu'il appartiendra; *Eod.*, f° 127 r°; P 1334⁶,
ff. 97 et 98. La chambre des comptes se transporte sur les
lieux, et à la suite de son rapport la remise demandée par
Pommier est accordée le 9 mai.

(2) A. 27 avril 1407, mandement de par messⁿ du conseil à
Giroyme receveur du Maine de venir compter en la chambre
des comptes à peine de 500 l. t. d'amende; P 1334⁴, f° 87 r°.

B. Mandement donné le 6 décembre 1461 par les gens du
conseil et des comptes de par le Roi de Sicile *et nous*, d'a-
journer les commis du fermier de l'imposition foraine, sous
certaines grosses peines à appliquer au Roi, devant la chambre des comptes pour déclarer les causes du refus fait par eux
de donner leurs états, et les apporter au jour indiqué, P 1334⁷,
f° 212 v°.

Ce sont des avis que le conseil demande, notamment pour savoir si remise doit être faite à un comptable d'une somme qu'il a laissé perdre par sa négligence et qu'il ne peut plus payer, sinon avec beaucoup de difficulté (1). Enfin les lettres-patentes de Louis XI du 10 août 1483 maintenant la chambre du conseil d'Anjou reconnaissent positivement que la chambre des comptes fait partie du conseil. J'y reviendrai en parlant du juge ordinaire (2).

§ 2.

Archives.

De même qu'on peut tout dire en un mot sur les pouvoirs du conseil en disant qu'il a l'administration du duché d'Anjou et de toutes les possessions des ducs d'Anjou Rois de Sicile en France, de même on peut définir d'un seul mot les pouvoirs de la chambre des comptes en disant que c'est à elle qu'appartient l'administration du domaine des Rois de Sicile, le soin de prévenir toutes les diminutions qu'il pourrait éprouver par des atteintes portées par des tiers ou par des engagements inconsi-

---

(1) Un sergent de la forêt de Monnais fait au conseil une demande en remise de 50 l. pour des amendes qu'il aurait dû recevoir et dont il n'a pas tenu compte. Le conseil le 1er juin 1454 renvoie à la chambre des comptes pour qu'elle donne son opinion ; P 1334⁶, f° 15 v°.

(2) P 1334¹¹, f° 190. Lecoy de la Marche, le Roi René, t. II, p. 398. V. en outre ci-après, p. 555, note 3.

dérés pris par le souverain, et la surveillance de tous ses revenus et de l'emploi qui pouvait en être fait.

Je n'ai pas l'intention d'exposer le système compliqué des finances au XVᵉ siècle ; ce système d'ailleurs, pour l'Anjou et le Maine, ne diffère pas beaucoup de celui des finances du Roi de France ; mais la chambre des comptes avait des fonctions judiciaires, une compétence assez bien déterminée, et après avoir exposé son organisation, je dois exposer quelle était cette compétence d'après les nombreux documents qu'elle a conservés dans ses archives, et dont une grande partie est parvenue jusqu'à nous.

Le Roi de Sicile et le conseil n'avaient pas d'archives particulières ; tout était déposé à la chambre des comptes, dans des caisses ou boîtes qui sont indiquées avec soin dans les mentions de dépôt inscrites dans les mémoriaux de la chambre. C'est notamment dans le coffre fermant à trois clefs que fut déposé l'original de la coûtume d'Anjou et du Maine rédigée en 1463 (1).

Ces archives étaient parfaitement tenues, et elles étaient sans aucun doute redevables de cet ordre à deux des clercs et secrétaires du conseil et des comptes qui se

---

(1) Aujourd'hui xxıᵉ jour de juin l'an mil CCCCLXXIII a esté apporté en ceste chambre des comptes à Angiers par monsᵣ le chancelier d'Anjou ung livre coustumier qui fut arresté aux grans jours d'Anjou derrains tenus en ceste ville d'Angiers, pour icelui estre gardé en cested. chambre, ès presences de maistres Jeh. de la Vignolle president, Robert Jarry, Guillaume Tourneville et Jehan Muret, conseillers et audicteurs, etc...
En marge est écrit : Le livre des coustumes d'Anjou mis au coffre fermant à trois clefs ; Arch. Nat. P 1334⁹, fᵒ 205 rᵒ.
Les grands jours ne se tenaient pas souvent.

sont succédé dans le cours du quinzième siècle, Gilet Buynart (1) et Guillaume Rayneau (2). Les mémoriaux de la chambre des comptes qui sauf les deux premiers et le dernier ont été tenus sous la direction de Rayneau témoignent d'un grand esprit d'ordre et d'intelligence, les deux qnalités essentielles en pareille matière. Il est inutile au point de vue qui m'occupe d'entrer dans aucun détail à cet égard; je m'en rapporte au témoignage d'un grand administrateur, le Roi Louis XI qui, s'il faut lui reprocher les embarras immérités qu'il causa au gouvernement intérieur de son oncle le roi Réné, ne put s'empêcher d'y rendre pleine justice lorsqu'au mois de janvier $148\frac{1}{2}$ il se rendit à Angers pour prendre possession du duché..... « et entre autres choses, dit-il, ayans entendu et cogneu pour vray effect le grant prouffit qui peut avenir de l'entretient de la chambre des comptes dudict lieu pour plusieurs bonnes causes et raisons, et mesmement que les ducs d'Anjou..... ont traicté grans et haulx affaires tant en nostre royaume que autre part, lesquels comme dignes de memoire ont esté bien redigés et escripts de ladicte chambre, qui nous est chose moult plaisant et prouffitable et pour riens d'autres éscripts, et ne nous seroit prouffict ne agreable chose d'en faire mutacion; car en ladicte chambre promptement se tiennent et pourront à toute

---

(1) Il fut nommé par la chambre des comptes le 13 septembre 1399 provisoirement en attendant la venue de la Reine ; P 1334⁴, f° 29 v°. Je n'ai pas trouvé la date de la cessation de ses fonctions.

(2) Il était en fonctions en 1450. Mort le 12 mai 1478, remplacé le 31 par Guillaume Chevalier installé dans ses fonctions le 10 juillet suivant ; P 1334¹⁰, ff. 141 v° et 148 v°.

heure estre trouvées plusieurs lettres, chartres, escriptures, et beaux faiz par les gens des comptes redigés
par escript comme dict est, et mis en tres bon ordre et
à nous moult prouffitables par la grant et bonne conduite
qui y a esté mise et gardée par les gens d'iceulx comptes qui ès temps passés en ont eu la charge, et que de-
sirons estre bien continuée sans y faire rompture... » (1).

Bien souvent lorsqu'il s'agit de savoir si dés redevances de quelque nature qu'elles soient, des droits de
prévosté ou autres sont dûs, le conseil et la chambre
des comptes renvoient aux comptes, papiers, quaternes
et livres anciens de la chambre des comptes (2).

Il est souvent question dans les registres de remises
faites au receveur d'Anjou ou à d'autres receveurs de
livres des cens et papiers nécessaires pour le recouvrement des droits ; la chambre mentionne exactement
cette remise, et quelquefois même fait signer un reçu
sur son registre (3).

---

(1) Lettres de Louis XI du 29 janvier 148$\frac{1}{2}$ maintenant la
chambre des comptes d'Anjou ; P 1334^{11}, f° 93.

Le seul registre du conseil qui nous soit parvenu est le registre P 1334^5 qui va de 1450 à 1457. Les mémoriaux de la chambre des comptes sont les registres P 1334^4 à ^{11} ; le premier va
de 1397 à 1423 ; il y a une lacune de 1423 à 1450. Les autres P
1334^5 à ^{11} vont sans interruption de 1450 à 1483. Le vol. 11 a été
commencé aussitôt après la mort de René. Les vol. 5 à 10 ont
été rédigés sous la direction et bien souvent avec l'intervention personnelle de Rayneau.

(2) A. Droits de prévosté réclamés aux marchands demeurant
à l'Ile des Ponts de Sée, conseil 14 octobre 1455 ; P 1334^5, f° 144 v°.

B. Feurres dûs par les habitants de l'Anjou, lettres de René
du 16 novembre 1470 ; P 1334^{10}, f° 182 r°.

C. Droits de prévosté réclamés aux boulangers d'Angers,
10 décembre 1482 ; P 1334^{11}, f° 141 r°.

(3) P 1334^4, ff 88 r°, 105 v° ; reçu signé par un receveur de
Beaufort le 24 février 142$\frac{1}{2}$, f° 144 r°.

Le conseil saisi d'une question relative à l'acquit des ponts de Sée cite un passage des caternes et livres de la chambre des comptes (1).

Le Roi Louis XI étant à Poitiers demande le 8 janvier $148\frac{0}{1}$ à la chambre des comptes de lui envoyer un livre là où sont les inventaires des lettres des droits sur le Roussillon (2).

Jusque dans les dernières années de son existence, la chambre des comptes tient la main à ce que les documents relatifs au domaine soient en bon ordre (3).

§ 3.

Représentation du duc d'Anjou.

Nous verrons en parlant du procureur d'Anjou que c'est lui qui représente le duc d'Anjou toutes les fois qu'il s'agit du domaine, soit en demandant, soit en défendant. Cette représentation n'appartient pas à la chambre des comptes. Il semble cependant qu'il en a été autrement

---

(1) Conseil, 14 octobre 1455 ; P 1334⁵, fᵒ 144 vᵒ.

(2) P 1334¹¹, fᵒ 18 vᵒ ; la chambre en fait faire une copie qu'elle lui enverra dans deux jours.

(3) Réclamations à Damours procureur de Baugé des enseignements concernant les seigneuries de Vendôme et Baugé, mars et décembre 1481, P 1334¹¹, ff. 27 rᵒ et 84 vᵒ. Pareille demande le 18 janvier $148\frac{1}{2}$ aux juge, avocat, procureur et greffier de Loudun pour la seigneurie de Loudun, *Eod.*, fᵒ 91 vᵒ ; et aux procureur et receveur de Beaufort le 4 novembre 1482 pour la seigneurie de Beaufort, *Eod.*, fᵒ 133 vᵒ.

dans une circonstance solennelle, celle du procès du duc d'Alençon où le Roi de Sicile fut ajourné en sa qualité de pair de France pour prendre part au jugement du duc. Il était en Provence lors que le porteur du mandement du Roi de France se présenta à Angers ; l'ajournement et les lettres du Roi de France furent lues le 3 mai 1458, devant la chambre des comptes, le lieutenant du sené-chal, le procureur d'Anjou et l'avocat fiscal qui répondi-rent que le Roi de Sicile était en Provence, et qu'ils le lui feraient connaître (1). Il est certain que cet ajournement était régulier comme donné aux officiers du duc d'Anjou chargés de le lui faire savoir ; mais on peut dire aussi que dans une certaine limite le duc était dans cette circonstance représenté par la chambre des comptes.

§ 4.

Serments reçus par la chambre des comptes.

La chambre des comptes recevait le serment d'un grand nombre de personnes, exerçant des fonctions publiques, ou qui étaient astreintes à un serment spécial.

Jusqu'en 1442, c'est la chambre des comptes qui a reçu le serment des notaires. Ceux-ci écrivaient eux-mêmes sur le registre leur prestation de serment et y faisaient le dépôt de leur signature. A partir de 1442 le serment dut être prêté devant le juge (2) le notaire ins-

---

(1) P 1334⁶, ff. 242 v°, 243 r°.

(2) Coûtumes d'Anjou et du Maine, t. IV, p. 481 et suiv. Arch. Nat. P 1334⁶, f° 241 v° et 1334⁷, f° 44 v°, serment et dépôt de si-

crivait son serment sur le registre de la chambre des comptes. Plus tard on est revenu à l'ancien usage, et le serment a été prêté devant la chambre des comptes (1).

Les officiers de la prévosté d'Angers, juge, greffier et sergens prêtaient serment devant la chambre des comptes. Ils étaient présentés par le fermier de la prévosté au moment de son entrée en fonctions (2).

Les chastellains et receveurs des seigneuries appartenant au duc d'Anjou étaient installés par la chambre des comptes qui recevait leur serment (3); les segraiers prêtaient aussi serment en la chambre des comptes (4).

La police et la surveillance des métiers appartenaient.

---

gnature de Lefèvre en 1458 et de Delommeau en 1459. Ce sont presque uniquement les notaires d'Angers dont les signatures se trouvent sur les registres de la chambre des comptes. Les notaires des chastellenies prêtaient serment à l'assise de la chastellenie ; serments de notaire de la chastellenie de Chastéauceaux en 1473 et 1476, Arch. Nat. P 1339, n° 444.

(1) P 1334^{11} feuille intercalaire entre les ff. 25 et 26, serment de Poullain du 23 février 148$\frac{0}{1}$. Autre du 2 mars suivant, *Eod.* f° 26.

(2) Serment de sergents, injonction par la chambre de présenter les autres sergents, le juge (de la prévosté) et le greffier, pour prendre d'eux le serment ainsi qu'il est acoustumé faire les années passées, P 1334^{11}, f° 194 r°.

(3) Chastellain et receveur de Saint-Laurent-des-Mortiers, 28 mars 140$\frac{2}{3}$; chastellain de Dieux-Aye, 9 août 1409, P 1334^{a} ff. 65 v° et 101 v°. Receveur de Loudun, 24 octobre 1470; P 1334^{9}, f° 79. Procureur de Mirebeau, 14 février 147$\frac{3}{4}$, *Eod.*, f° 237 r°. Lyon Guerinet nommé le 21 novembre 1473 chastelain de Mirebeau en remplacement de son père décédé prêta serment le 4 janvier suivant entre les mains de Jean de Blavou sénéchal de Mirebeau ; P 1334^{9}, f° 237 v°.

(4) Segraier de Baugé et Chandelays, 14 juillet 1459; P 1334^{7}, f° 57 v°.

à la chambre des comptes qui recevait les serments lorsqu'il y avait lieu à prestation de serment(1), et avait le droit de mander les jurés des divers métiers pour vérifier s'ils se conformaient aux statuts, et s'ils n'y commettaient pas des abus au préjudice de la chose publique ou de ceux desdits métiers (2). C'est à la chambre des comptes que se faisait le dépôt des marques des métiers qui étaient soumis à l'obligation de marquer leurs œuvres (3).

La surveillance des poids et mesures dans l'Anjou et le Maine appartenait à un fonctionnaire qui portait le titre de « sergent et général visiteur des poids, balances, aulnes, crochets et laines de texiers desdits pays ». Il était sous la surveillance du procureur d'Anjou et de la chambre des comptes, c'est devant la chambre qu'il prêtait serment (4). Il pouvait avoir des commissaires parmi

<hr>

(1) Serments de bouchers aux Ponts de Sée, 28 mars 146$\frac{5}{6}$ et 28 juin 1477 ; P 1334⁸, f° 134 r° et 1334¹⁰, f° 82 v°. Serment de Richard Boesseau, esquerdeur natif de Tancarville pour joïr et soy ayder des priviléges donnés et octroyés aux Normands ouvriers de draperie venant de nouvel travailler en ceste ville d'Angers, 12 octobre 1450 ; P 1334⁵, f° 21 v°.

(2) P 1334⁵, f° 161 r; d'après la place qu'il occupe, le mandement de la chambre des comptes est du 1ᵉʳ au 7 septembre 1453.

(3) 27 juin 1460, apport par Jean Briend, tanneur, du « merc dont il doit mercher ses cuirs pour le temps à venir, et promet d'en user bien et loïaument »…. P 1334⁵, feuille de garde non numérotée après. le f° 204. 15 octobre 1466, les orfèvres jurés d'Angers apportent à la chambre des comptes un petit tableau de cuivre plat où sont leurs noms et marques de toute la vaisselle d'argent qu'ils font ; P 1334⁸, f° 156 v°.

(4) Serment de Jean Souhenne après la mort de René, le 26 janvier 148$\frac{0}{1}$; il était malade, deux membres du conseil députés par messʳˢ du conseil et des comptes vont recevoir son serment en la présence de Jean Binel procureur général du Roi au duché d'Anjou ; P 1334¹¹, f° 21 v°.

les pays et bailliages ; ils prêtaient serment devant les juges ou lieutenants, le procureur de la cour présent (1).

A la mort du sergent, ses héritiers devaient apporter les poids et mesures dont il s'était servi pour ses vérifications avec son journal et les amendes qui auraient été baillées à lever, ainsi que la marque dont il s'était servi. Cette marque demeurait à la cour qui en délivrait au nouveau sergent une autre qui devait présenter quelque différence avec la précédente (2).

§ 5.

Juridiction sur les comptables.

Les fonctions principales de la chambre des comptes étaient l'examen des comptes présentés par les comptables, leur apurement, et le recouvrement des sommes

---

(1) Ancien règlement, P 1334⁴, au commencement. Copie délivrée le 26 août 1462 à Jean Souhenne probablement quand il entra en fonctions, mais ce règlement est beaucoup plus ancien. Il est antérieur à 1440, car il s'applique à l'Anjou et au Maine, et constate par deux fois que les droits à payer sont au Maine le double de ce qu'ils sont en Anjou. Je crois ce règlement contemporain de ceux faits pour les sergents, pour la chambre des comptes, pour la poissonnerie d'Angers. Ce règlement concernant les sergents des poids et mesures est extrait d'une « Instruction comment chascun officier doit procéder en son office ». Je n'ai pas trouvé cette instruction générale.

(2) Après la mort de René on changea la marque (aujourd'hui le poinçon) de vérification ; les *mercs nouveaux* furent remis à Souhenne empreints sur une tablette d'étain ; il dut en faire une plus grande sur laquelle devaient être empreints lesdits mercs et noms de tous ses commis avant la prochaine assise d'Angers.

dont ils se trouvaient en résumé débiteurs. Les registres sont remplis par les nombreuses difficultés de toute nature qu'elle éprouvait dans l'exercice de cette partie de ses fonctions.

La compétence de la chambre des comptes était absolue, c'était la juridiction ordinaire en cette matière. Jeanne veuve de Regnault Saugier avait été traduite devant la chambre pour rendre compte d'argent que son mari aurait dû employer à des travaux au château d'Angers, et de divers « joyaux, pierreries, vesselles, images et orfevrerie d'or et d'argent, robes, linges, tapisseries et autres choses » dont elle et son mari avaient eu la garde et dont ils n'avaient jamais rendu compte; elle soutint que si elle était tenue d'en rendre compte elle devait « estre traictée et mise en cause en son ordinaire, c'est assavoir ès assises du Mans dont elle est subgite ».

Ce fut sur le déclinatoire ainsi proposé que la chambre des comptes posa en ces termes le 22 décembre 1397, le principe de la juridiction à l'égard des comptables «... que à decliner de la juridiction de la chambre des comptes elle ne fait à recevoir, car elle est pure ordinaire sur fait d'administration de chevance et de rendre comptes » (1).

L'initiative des poursuites appartenait à la chambre des comptes aussi bien qu'au conseil. C'est elle qui donnait un mandement d'ajourner les comptables pour rendre compte devant elle, le procureur d'Anjou était partie jointe, mais il pouvait aussi se faire que la demande fût intentée par lui. Le mandement de la chambre des

---

(1) Arch. Nat. P 1334⁴, fᵒ 18 vᵒ.

comptes était adressé à son huissier ou au premier sergent du duc d'Anjou sur ce requis. L'ajournement en général était donné à la requête du procureur d'Anjou ; il contenait sommation de payer et à défaut ajournement devant la chambre, la main du Roi suffisamment garnie, pour répondre et fournir aux charges et *queritus* qui seraient fournis contre la partie, et statuer sur la cause (1).

La présence du procureur ne paraît pas d'ailleurs avoir été nécessaire à tous les actes de la poursuite ; bien souvent il n'en est pas question dans les procédures relatives aux mauvais comptables, surtout lorsqu'il s'agissait de l'examen des comptes, ou de remises à des époques ultérieures.

La poursuite pouvait aussi être faite par une injonction donnée au comptable par un des membres du conseil, le procureur général joint avec lui ; s'il y avait défaut, mandément était donné à l'huissier de la chambre pour assigner sur le défaut (2). Semblable ajournement pou-

---

(1) A. Mandement du 25 octobre 1468 pour ajourner les héritiers de feu Nicolle Muret en son vivant trésorier de la feue Reine Isabelle ; Muret avait en outre été conseiller de la chambre des comptes ; P 1334^8, f° 222 v°.

B. Mandement semblable du 27 octobre 1468 (*Eod.*, f° 223 r°) pour contraindre les héritiers de feu Guillaume Delaplanche au payement d'un reliquat de compte.

C. Autre du 11 novembre 1480 pour ajourner les fermiers de la prévosté de Saumur ; relation de Jean de Charnacé qui a donné l'ajournement ; P 1334^{11}, ff. 8 v° et 9 r°.

(2) Le receveur de Mirebeau est poursuivi par messire Bertrand de Beauvau sire de Précigny, le procureur général du Roi de Sicile joint avec lui ; c'est sur son défaut que la chambre ordonne de l'ajourner terme o jugement : elle lui donne avis en même temps que mons' de Précigny veut le poursuivre rigoureusement, 26 mars 147$\frac{0}{1}$; P 1334^9, f° 112.

vait être donné par un des membres de la chambre des comptes (1).

Quant aux sommes dont le compte pouvait être demandé, ce n'était pas seulement celles que les comptables auraient reçues à titre de payement d'impôts, mais celles qu'ils auraient pu recevoir par suite d'administration de parties du domaine, telles que saisie pour ventes non payées (2), ou mise de biens en la main du Roi comme vacants pour aubenage (3).

J'ai dit que l'ajournement se donnait le plus souvent en garnissant la main du Roi ; pour assurer d'avance le recouvrement de la créance, la chambre interdisait quelquefois aux receveurs de verser le montant de leurs

---

(1) Jean Bernard, conseiller du Roi et auditeur en sa chambre des comptes ajourne Pierre Leboucher demeurant à La Flèche pour présenter son compte en la chambre des comptes le 4 juillet 1481 ; P 1334^{11}, f° 46 r°. C'est la chambre des comptes telle qu'elle avait été maintenue par Louis XI.

(2) La terre du Franc-Aleu est mise par Edelin sergent au bailliage de Château-Gontier en la main du Roi pour ventes non payées, le 30 mars 148$\frac{0}{1}$; elle avait été autrefois vendue par Jean Leverrier à Pierre de Quatrebarbes. Au mois d'octobre suivant, la chambre des comptes fait ajourner de Quatrebarbes, Edelin, les commissaires qu'il a mis au gouvernement de cette terre et seigneurie, Leverrier et autres devant elle pour rendre compte de leur recette, et en outre Leverrier et Quatrebarbes à tout ce que le procureur leur voudra demander ; P 1334^{11}, ff. 40 v°, 74 v°.

(3) 4 octobre 1482, mandement de la chambre des comptes pour ajourner Thibaut Pignart et autres qui ont levé les fruits des héritages donnés à Fouquet par le Roi de Sicile en 1465 ; c'étaient des biens échus par aubenage. L'ajournement donné à la requête de Longuet et du procureur général adjoint à ce est... pour répondre à iceux Longuet et procureur à tout ce qu'ils voudront demander contre eux... ; P 1334^{11}, f° 129 r°.

recettes à la caisse où ils auraient dû les verser (1); souvent aussi au lieu de garnir la main du Roi, c'est-à-dire de procéder à une saisie conservatoire, on faisait donner ajournement sous peine de payer une somme souvent très-forte applicable au Roi en cas de défaut (2).

Il arrivait aussi que dans des circonstances graves, lorsque dès le commencement il apparaissait que le comptable avait commis des malversations, la chambre donnait l'ordre de le prendre au corps et de l'amener prisonnier à Angers, indépendamment de la saisie en la main du Roi de ses biens meubles et héritages, à la requête du procureur général (3).

La manière de procéder était à peu près la même lorsqu'il s'agissait d'exécuter sur les biens du comptable pour le payement des sommes dont il était en fin de compte trouvé débiteur (4). De même aussi pour le re-

---

(1) Octobre 1459, défense au grenetier de Château-Gontier de faire des versements à Delaplanche ; P 1334[7], f° 69 r°.

(2) A. Arch. Nat. P 1334[5], f° 64 v°, ajournement du 21 avril 145$\frac{0}{1}$ à la veuve de Jean Trochet pour rendre ses comptes, à peine de 100 l. t. en cas de défaut.

B. *Eod.* f° 162 r°, ajournement à Guillaume Delaplanche du 9 octobre 1453, avec injonction d'apporter ses comptes et ceux d'André Davy dont il est héritier à cause de sa femme, à peine de 30 livres t. en cas de défaut.

C. P 1334[8], f° 222 r°, mandement du 24 octobre 1468 pour ajourner Thomas du Vergier comme héritier de son père en son vivant maître des barrages et pavages d'Anjou, à peine de 200 l.t.

(3) Ordre d'arrêter Jean Payn receveur de Mirebeau envoyé le 14 janvier 146$\frac{5}{6}$ par la chambre des comptes aux sénéchal, chastelain et procureur de Mirebeau ; P 1334[8], ff. 126 v° et 131 v°. Cet ordre était d'ailleurs accompagné de lettres patentes du Roi ordonnant cette arrestation.

(4) 26 août 1471, mandement au procureur de Saumur pour poursuivre un receveur de Loudun débiteur de 150 l. ; P 1334[9], f° 132 v°.

couvrement des amendes (1). Les poursuites de saisies dans ces cas avaient lieu à la requête du procureur général en vertu de mandements de la chambre des comptes.

Les saisies faites dans ces divers cas entraînaient pour la chambre des comptes compétence pour statuer sur les incidents auxquels elles pouvaient donner lieu, et notamment sur les demandes en main-levée totale ou partielle. Et cette compétence ne s'appliquait pas seulement au cas où la saisie avait été faite sur les biens du comptable qui se trouvait ainsi de prime abord constitué débiteur du Roi (2), elle existait aussi lorsqu'il s'agissait de débiteurs de censives ou de feurres, ou autres redevances semblables dont les meubles étaient préalablement mis en main de cour et dont ils devaient demander la délivrance (3). Quant aux incidents dont la chambre pouvait ainsi connaître, sa compétence me paraît avoir été bien étendue, car elle ne connaiseait pas seulement de la régularité d'une procuration en vertu de laquelle on se présentait devant elle (4), mais elle connaissait aussi des incidents relatifs aux successions, au moins lorsque ces

---

(1) 7 novembre 1482, mandement pour des recouvrements d'amendes taxées, P 1334¹¹, f⁰ 135 r⁰.

(2) 2 avril 145 $\frac{0}{1}$, demande faite par Philibert Augier au nom de Johanneaux ; Arch. Nat. P 1334⁵, f⁰ 61 v⁰.

(3) 5 avril 145 $\frac{0}{1}$, saisies par le receveur d'Anjou de bœufs sur Pierre Guiot lieutenant d'Angers et sur Jehan Leclerc pour feurres dûs depuis plusieurs années. La délivrance demandée par chacun d'eux est accordée par la chambre des comptes. Celle accordée à Pierre Guiot l'est sous la condition qu'il consignera et baillera à Guillaume Tourneville secrétaire de la chambre des comptes trois vieux moutons d'or; *Eod.* f⁰ 64 r⁰.

(4) Arch. Nat. P 1334⁵, f⁰ 61 v⁰.

incidents résultaient de faits qui pouvaient affecter la qualité d'héritiers, et diminuer ou même faire disparaître la responsabilité de ceux-ci à l'égard de la chambre des comptes.

C'est ainsi que quand celui qui était ajourné comme héritier d'un comptable déclarait devant elle qu'il renonçait à la succession de son auteur, elle le renvoyait de la demande (1).

De même, et cette décision est en matière de dettes de feurres, et sans doute aussi de toutes espèces de censives, la chambre des comptes connaissait de toutes les questions héréditaires, surtout lorsque de leur solution dépendait la question de savoir de quelle manière et dans quelles limites l'héritier pouvait en être tenu (2).

_____

(1) Arch. Nat. P 1334⁵, fᵒ 64 vᵒ, décision du 21 avril 145$\frac{0}{1}$ sur la demande en reddition de compte faite contre les héritiers de Jean Trochet comptable comme ayant été receveur d'une aide mise sur la ville et élection de Saumur. Le neveu de Trochet appelé en sa qualité d'héritier ..... « a desclairé qu'il n'a eu, tenu, ni possidé, tient ne posside aucuns des biens dudit feu Jehan Trochet, et ne s'est advoué ne porté pour son heritier ; et a renuncié et renunce à toute la succession dudit feu tant de meubles que de heritaiges, dont il a esté jugé, et par tant moïennant ladite renunciation l'en avons envoyé sans jour en ladite demande »....

(2) Les héritiers d'un nommé Jean Manceau étaient poursuivis pour payement d'une mine et demie d'avoine sur une maison ayant appartenu audit Manceau. Le sergent des feurres du Roi de Sicile qui poursuivait l'exécution déclare qu'il les en croira sur leur serment. Ils prêtent serment en la chambre des comptes de dire vérité et sont interrogés et examinés, et il en résulte que « onques ne firent poscession ne saisine de lad. mine de feurres d'avoine, ne aussi leurs predicesseurs dont ilz ayent eu congnoissance »... En conséquence lesdits héritiers sont condamnés le 14 octobre 1452 mais pour l'avenir seulement et sans être tenus de donner caution (sans plege

Lorsque le comptable avait comparu devant la chambre il arrivait encore ou qu'elle lui donnait de nouvelles injonctions ou qu'elle prononçait une condamnation au payement du reliquat, mais sans main-mise sur les biens du comptable (sans plege en prendre), lorsque celui-ci y consentait ; mais il avait un délai, quelquefois assez long, pour répondre à toutes les observations et réclamations (charges et *queritus*) qui lui étaient faites. Dans ce dernier cas le résultat immédiat pour le comptable était le même, mais pour le Roi de Sicile, le seigneur, suivant l'expression souvent employée par la chambre des comptes, cette manière de procéder garantissait mieux ses droits puisque c'était un jugement définitif quant au principe, et qui ne pouvait être modifié que quant au chiffre de la condamnation.

C'est à la suite des condamnations définitives constatant l'insolvabilité lorsqu'elle n'était pas établie auparavant par l'aveu du comptable lui même que la prise de possession avait lieu le plus ordinairement par la chambre des comptes, quelquefois aussi par le conseil (1). Les biens du comptable étaient alors acquis au domaine du seigneur.

La procédure suivie devant la chambre des comptes était d'ailleurs en général la même que celle qui était suivie dans les procès ordinaires. Lorsqu'il y avait lieu de prononcer des amendes, tantôt c'était elle qui les pro-

en prendre), au payement de ladite mine et demie d'avoine ; P 1334⁵, f° 127 r°.

(1) V. ci-dessus : Chap. XIII § 7, p. 500, Juridiction du conseil sur les comptables ; Chap. XIV § 1ᵉʳ, p. 533, Chambre des comptes en général.

nonçait, mais il me semble que malgré l'étendue de ses pouvoirs elle condamnait rarement pour fautes de procédure ; tantôt c'était le conseil ou le juge qui prononçait la condamnation aux amendes et qui les taxait s'il y avait lieu (1).

§ 6.

Compétence.

La chambre des comptes connaissait des litiges entre les comptables et les particuliers, lorsque le litige prenait son origine dans les actes du comptable en sa qualité. Jacques Chabot, argentier du Roi de Sicile avait baillé à Guillaume Delaplanche (2) marchand à Angers

---

(1) Poursuites contre Etienne Aulbin commis d'Alardeau à la recette de Beaufort pour détournements de sommes à lui versées et pour s'être fait payer des sommes qui n'étaient pas dues. Le 3 février 145$\frac{7}{8}$ il « a gaigé l'amende en la main de mons' le juge d'Anjou à la voulenté de messeigneurs du conseil et dudit juge » ; en outre il est condamné à la fois par le juge et par le président des comptes à tenir compte à Alardeau de toutes les sommes par lui reçues et dont il n'aurait pas tenu compte ; il est condamné de son consentement et promet obéir sans jamais aller au contraire ; P 1334⁶, f' 227 r°.

(2) Arch. Nat. P 1334⁶, fº 244 v° ; il s'agit probablement d'un payement fait par Chabot au moyen d'une délégation de 3000 l. faite à Delaplanche sur les revenus des greniers à sel d'Anjou. Par des motifs qui nous sont inconnus il retire cette délégation, et c'est sur ce retrait qu'il appelle la chambre des comptes à statuer.... « s'oppose à une quittance signée de lui de 3000 l. qu'il a autrefois baillée à G. Delaplanche »....

une quittance de 3000 l., payable sur les greniers d'Anjou de cette présente année 1458 (n. s.). Il fait opposition à cette quittance, et fait assigner jour à Delaplanche pour qu'il comparaisse devant la chambre à l'effet de soutenir le contenu dans sa cédule. En la forme Chabot se présentait comme demandeur puisque c'est lui qui saisissait la chambre, et il pouvait articuler en se portant demandeur tous les motifs qui pouvaient le dispenser de payer, tels que la nullité ou l'irrégularité du titre, un payement ou une compensation qui auraient rendu le titre inutile entre les mains de Delaplanche. Mais en réalité ce dernier était porteur d'un titre apparent qui le faisait créancier de Chabot, il est probable que la jurisprudence de la chambre des comptes permettait de le faire comparaître devant elle pour qu'il eût à prendre position comme demandeur et le faire s'expliquer en cette qualité.

Nous avons vu ci-dessus (§ 5) que la chambre des comptes avait dès une époque ancienne affirmé sa compétence exclusive comme juridiction ordinaire en matière *de chevances et de rendre comptes*. Il n'est presque pas de procès parmi tous ceux contre les comptables dont les registres de la chambre nous a conservé le souvenir qui ne se rattache à cette compétence ainsi définie.

En premier lieu il faut mettre le payement des gages des officiers. Cette compétence peut au premier abord paraître une anomalie ; mais elle n'est qu'apparente. D'après les règles de la comptabilité suivies à cette époque, les dépenses du souverain étaient assignées, non sur l'ensemble des recettes, mais sur celles que devait opérer tel ou tel receveur. Il en résultait que dans le compte en recette et en depense présenté par celui-ci devaient se trouver les payements faits pour gages d'officiers lorsqu'il était chargé d'en faire : le receveur ainsi chargé du payement devait rendre compte de sa recette et de tout ce qui en peut dépendre devant la chambre des comptes, et comme tous les deux étaient sujets et officiers ordinaires de la seigneurie, il en résultait que l'officier qui n'avait pas été payé avait devant la chambre des comptes une action contre ce comptable en payement de ses gages (1).

---

(1) A. Le 23 novembre 1409 la veuve et les héritiers de Thibergeau maître des eaux et forêts de la baronnie de Château-du-Loir réclament au receveur de cette baronnie 70 l. dues à Thibergeau pour ses gages et que le receveur avait rayées sur ses comptes ; P 1334⁴, f° 103 r°.

B. Le 10 juillet 1456, sur le refus de Pain receveur de Mirebeau de payer à André Brunet procureur audit lieu ses gages de deux années de son office de procureur, il est reconnu par la chambre que cette matière dépend de fait de ses gages, que lesd. parties sont officiers dud. seigneur, et mesmement en lad. chambre ils pourraient estre appoinctés sommièrement et sans figure de long procès ; P 1334⁶, f° 114 v°. En conséquence mandement est donné à Jamet Thibaut huissier de la chambre des comptes de faire commandement à Pain de payer les gages de Brunet, et à défaut de l'ajourner envers ledit Brunet à comparaitre en la chambre pour dire les causes de son opposition au refus et procéder, etc....

C. Sur ce point cependant nous voyons encore que la question pouvait être portée devant le conseil ; le 18 juin 1451 le conseil saisi d'une difficulté entre les habitants de Loudun et le lieutenant du capitaine dudit lieu au sujet de ses gages ordonne qu'ils lui seront payés à l'avenir tout le temps qu'il exercera ses fonctions et qu'on lui payera immédiatement ce qui lui est dû jusqu'à ce jour ; P 1334⁵, f° 20.

D. Et un transport ne pouvait avoir pour effet de distraire le receveur de sa justice et juridiction ordinaire. Le receveur de Mirebeau est ajourné devant les requêtes du palais à Paris pour le payement de gages dûs au chastelain, que celui-ci avait transportés à son fils. Il lui est enjoint par la chambre

Je crois d'ailleurs qu'on peut dire d'une manière générale que la chambre des comptes était compétente toutes les fois qu'il s'agissait des dettes du duc d'Anjou (1).

§ 7.

Domaine et surveillance. — Revenus des prévostés.
Amendes.

La chambre des comptes exerçait une certaine surveillance sur l'emploi des deniers provenant des recettes faites par les divers receveurs des revenus du duc d'Anjou. Cette surveillance résultait surtout de l'examen des comptes que les divers comptables venaient lui rendre de leur gestion. Il arrivait cependant parfois qu'elle

---

des comptes de demander son renvoi devant elle, où la chose sera traitée plus promptement et sommairement à moindres peines, et en effet c'est là que se trouvaient tous enseignements permettant de mieux connaître la cause que partout ailleurs ; lettre du 21 mars 145$\frac{4}{5}$; P 1334^6, f° 51 r°.

(1) Un menuisier réclamait à Souhenne fermier de la prévosté d'Angers le payement de travaux pour un échafaud fait pour le Roi René lors de la représentation du « Mystère de la vie de monseigneur Saint-Vincent » vers 1471. Cette réclamation fut portée d'abord devant le maire et les échevins, qui sur la demande de Souhenne la renvoyèrent devant la chambre des comptes « pour ce que la matiere touchait ledit seigneur Roi de Sicile ». Souhenne prétendait que le demandeur en construisant cet échafaud en avait fait son affaire personnelle ; il fut établi qu'il avait travaillé par les ordres du fermier qui fut condamné au payement des travaux le 24 octobre 1474 ; mais comme il était établi en même temps que ce travail avait été fait pour le compte du Roi de Sicile, Souhenne fut autorisé à retenir le montant de la condamnation sur sa ferme ; P 1334^{10}, f° 9 r°.

intervenait d'une manière plus directe par des injonctions que dans des circonstances déterminées elle adressait aux comptables (1).

En dehors de la surveillance des comptables et de la rentrée des impôts, une des principales occupations de la chambre des comptes était la surveillance du domaine et le maintien des revenus du duc d'Anjou.

Cette surveillance s'étendait aux atteintes qui pouvaient être portées au domaine éminent du prince, témoin les nombreuses difficultés qu'elle faisait pour donner expédition à ses lettres portant autorisation de construire des maisons fortes. Les réserves portaient le plus habituellement sur les droits de guet et garde dûs au souverain ou aux autres seigneurs, et dont la conservation pendant les guerres contre les Anglais, et dans les années qui les suivirent étaient de la plus haute importance pour la sécurité publique (2).

Mais ce sont surtout les diminutions du domaine utile qui sont l'objet des préoccupations de la chambre. A chaque instant on en trouve la preuve dans ses registres.

---

(1) 10 juillet 1478 défenses par la chambre des comptes aux receveurs ordinaires de Saumur et de Baugé présents en la chambre, de rien payer sur les deniers de leurs recettes avant que les gages d'officiers et autres charges ordinaires ne soient payées et acquittées ; cette défense porte la signature autographe de tous les membres de la chambre ; P 1334[10], f° 158 r°.

(2) A. Maison forte de La Bigeotière, lettres de René du 10 novembre 1442, transcrites seulement le 20 juin 1469 ; autres lettres du 12 mars 146$\frac{8}{9}$; P 1334[9], ff. 32, 33, 34.

B. Maison forte de La Bourgoignière, lettres des 7 novembre 1460 et 6 juin 1465, auxquelles expédition est donnée seulement le 30 juin 1469 ; P 1334[9], ff. 34 v°, 35, 36.

Nous trouvons d'abord des remises ou réductions de rentes et cens que le duc d'Anjou accordait en reconnaissance de services, et principalemeut de services pécuniaires qui lui avaient été rendus (1).

Puis ce sont les aliénations de nombreuses parcelles de terrains domaniaux qui ne pouvaient avoir de valeur que quand elles étaient occupées par des particuliers, et que leur petitesse exposait si facilement aux usurpations. Les registres de la chambre contiennent de nombreuses aliénations de ces terrains faites après publications; elle était constamment à la recherche des parcelles qui pouvaient être aliénées, et les usurpateurs qui s'étaient ensaisinés sans autorisation étaient poursuivis et condamnés à l'amende (2). Ce n'étaient pas, d'ailleurs, des ventes pures et simples qui étaient consenties, il y avait toujours un cens, quelquefois assez considérable, stipulé en faveur du duc d'Anjou.

La chambre des comptes donnait des autorisations de faire des travaux avançant sur la voie publique, cette autorisation ne devenait définitive que quand il y avait des lettres du souverain (3). Mais quand cette autorisa-

---

(1) Réduction d'une rente due par Jacques et Gervais Camus qui avaient cautionné les engagements pris par le Roi René avec le vicomte et la vicomtesse de Turenne au sujet de Beaufort, février et mars 146$\frac{8}{9}$; P 1334⁹, ff. 9 à 12.

(2) Poursuites contre Jean Ferré terminées le 3 juin 1467 par un arrangement ; P 1334⁸, f° 182 r°.

(3) Autorisation accordée en 1476 aux carmes d'Angers de faire en avance sur la voie publique des piliers pour consolider leur chapelle de N. D. de Recouvrance ; P 1334¹⁰, f° 235 r°. La chambre des comptes avait autorisé provisoirement avant les lettres du Roi ; son consentement définitif est du 7 juin 1480.

tion n'avait pas été accordée, il y avait lieu à une amende pour la répression des entreprises ainsi faites sur le domaine (1).

Les étaux des diverses boucheries faisaient partie du domaine et étaient donnés à bail par les soins de la chambre, et c'est elle qui donnait les ordres nécessaires pour mettre en possession ceux auxquels ils avaient été adjugés ou avaient été concédés par le Roi (2).

Les biens qui se trouvaient échoir au domaine du seigneur y étaient réunis effectivement par ses soins. Les biens d'un nommé Odieau mort sans héritiers furent signalés par le procureur d'Anjou comme devant à titre d'aubenage appartenir au Roi de Sicile. Jarry conseiller et Alardeau receveur du comté de Beaufort où ces biens paraissent avoir été situés furent chargés de les saisir; ceux-ci donnèrent des ordres en conséquence au procureur du comté de Beaufort le 7 septembre 1454 (3).

Un nommé Guillaume Grignon, autre comptable des plus insolvables (4) avait fait au Roi de Sicile cession de

---

(1) Condamnation le 19 novembre 1409 à x s. d'amende de deux individus qui avaient acheminé (c'est-à-dire traversé sans droit) une pièce de pré défensable appartenant au Roi de Sicile; P 1334⁴, f⁰ 103 v⁰.

(2) Cette mise en possession devait être faite par le receveur ordinaire d'Anjou, ou en son absence par le prévost fermier; les lettres du Roi n'avaient pu être expédiées à temps; ordre donné le 29 janvier $145\frac{5}{6}$ avant la baillée des étaux (il s'agissait de ceux de Saumur) qui devait avoir lieu le dimanche suivant; P 1334⁶, f⁰ 100 r⁰.

(3) P 1334⁵, ff. 25 et 26.

(4) C'est lui dont la chambre des comptes disait : ..... « En effect, Sire, le cas de Grignon est ung apocalice en quoy à paine jamais se pourra trouver fin »..... 31 août 1460; P 1334⁷, f⁰ 125 v⁰.

tous ses biens, parmi lesquels une maison provenant d'un nommé Jean Jouye. Possession de cette maison est prise le 10 avril $147\frac{0}{1}$ par le procureur d'Anjou qui s'y transporte avec les président et conseillers composant la chambre et un notaire des contrats d'Angers qui dresse instrument à la requête du procureur et de la veuve de Jean Jouye (1).

Une conséquence de cette surveillance était l'obligation où se trouvaient la chambre des comptes et le conseil, soit de leur propre mouvement, soit sur l'invitation du duc d'Anjou, de maintenir en bon état et au courant tous les documents pouvant servir à établir les revenus du duc d'Anjou. Les désordres causés par les guerres contre les Anglais avaient amené de grandes diminutions dans le produit des feurres et des cens. Des lettres de René datées de Tarascon 16 novembre 1470 mandent aux conseillers de la chambre des comptes, aux procureur et receveur de faire une enquête sur la diminution des feurres, sur les causes de cette diminution, et de les ramener à leur véritable valeur ; il devra en « être fait papier et registre bon et authentique qui sera mis en la chambre des comptes pour l'avenir. » Peu d'années après, la chambre ordonne le 28 février $14\frac{79}{80}$ au greffier des cens, eaux et forêts d'Anjou, de refaire la remembrance du censif d'Anjou conjointement avec le sergent desdits cens et le clerc du receveur d'Anjou. Ce travail devait être fait dedans les prochains plez desdits cens (2).

---

(1) P 1334⁹, f° 104 r°.
(2) P 1334¹⁰, ff. 182 r°, 218 v°.

Les contraventions en matière de péages étaient aussi portées devant la chambre des comptes ; elle prononçait les amendes et recevait les pleges ou cautions pour en garantir le payement(1). D'ailleurs ces poursuites étaient aussi portées devant le conseil.

Elle connaissait aussi des poursuites pour contraventions à l'acquittement des droits de prevostés (2), ce qui entraînait pour elle compétence sur la question de savoir si les droits étaient dûs, et le droit de faire des règlements pour en assurer à l'avenir le recouvrement exact (3).

Les coûtumes d'Anjou et du Maine posent en principe l'obligation d'acquitter les péages à tous ceux qui sont en droit de les réclamer ; elles posent également le principe des droits de moyenne et basse justice dûs au seigneur, mais elles n'entrent et ne peuvent entrer dans aucun détail sur le nombre infini des objets qui peuvent donner lieu à des perceptions. Même quand il s'agit des

---

(1) Amende prononcée le 15 décembre 1451 contre Hobereau pour n'avoir pas acquitté le péage de Chasteauceaux ; P 1334⁵, fᵒ 89 vᵒ. Ce Hobereau fut condamné quelques années après, le 14 novembre 1457 par le conseil tenu en la chambre des comptes pour contravention aux droits de la prévosté d'Angers ; P 1334⁶, fᵒ 213 rᵒ.

(2) Amende de 10 l. pour contravention au droit de lampreyage dù au prévost d'Angers, et pour injures dites aux officiers du Roi de Sicile, le 20 février 145$\frac{3}{4}$; P 1334⁵, fᵒ 184 vᵒ. L'action contre le prévost en restitution du droit est réservée.

(3) Droit réclamé des boulangers d'Angers par le prévost d'Angers et le procureur d'Anjou. La chambre le 10 décembre 1482 ordonne aux boulangers de s'inscrire sur le papier de la prévosté et de payer un droit de 1 ob. par semaine pour droits d'étalage ; P 1334¹¹, fᵒ 141 rᵒ.

droits du duc d'Anjou, les tarifs ne sont pas partout les mêmes, les actes qui les ont établis sont très-différents entre eux, et dans cette matière les précédents sur l'inter-prétation donnée à tel ou tel article du tarif, les décisions de la chambre des comptes ou des autres juridictions (car elle n'était pas seule compétente) appelées à statuer sur les questions de perceptions, constituaient la législa-tion.

Pour arriver à obtenir la régularité indispensable en cette matière, la chambre des comptes avait posé en principe que chaque prévost fermier en sortant de charge devait faire une déclaration particulière des choses sur lesquelles il avait levé et recueilli les droits du seigneur tout le temps qu'avait duré la ferme de sa prévosté, et quand il arrivait à un fermier sortant d'oublier de faire ce dépôt, elle lui envoyait une lettre de rappel pour le lui réclamer(1). Quant aux droits en eux-mêmes ce n'est pas dans un travail relatif à l'organisation judiciaire qu'il y a lieu de s'en occuper.

---

(1) Lettre envoyée à Thomin Buschart naguères prévost de Saumur, 5 août 1452 ; P 1334⁵, f° 119 r°. La chambre des comp-tes semble dire que c'est une obligation imposée seulement aux prévosts de Saumur ; je crois qu'elle est plus générale et s'applique à tous. Voy. P 1334¹⁰, f° 111 r°. La manière de lever l'acquit de la bastille de Saumur, dépôt fait le 2 décembre 1477 par Jean Lebreton lieutenant de ladite bastille depuis l'an 1459. Deux anciennes adjudications des prévostés d'Angers et de Saumur en 1400 et 1401 (P 1334⁴, ff. 32 v° et 54 r°) donnent par le nombre des choses exceptées de l'adjudication une idée de l'étendue des droits compris sous la dénomination générale de *droits de prévosté*.

Les amendes étaient une des sources importantes des revenus du duc d'Anjou. C'était un des produits de justice dans le sens que ce mot avait alors; car elles n'étaient pas prononcées seulement pour tous les faits que nous appelons délits et contraventions, elles l'étaient à chaque instant dans la procédure soit pour des défauts, soit lorsque l'on succombait sur certaines demandes, soit même pour certaines fautes de procédure (1).

Un assez grand nombre de ces amendes était fixé par la coûtume, mais dans un très grand nombre de cas elles étaient arbitraires ; enfin on peut considérer comme amendes indéterminées certaines confiscations, par exemples celles des marchandises de celui qui avait voulu se soustraire à des péages, et qui la plupart du temps étaient fixées par une transanction avec le contrevenant.

Même quand il s'agissait d'amendes dont le taux était fixé d'avance par la coûtume, il ne me paraît pas que le juge qui était saisi du litige ait en prononçant l'amende déterminé le chiffre de cette amende. Il prononçait en termes généraux une condamnation à l'amende, *mis en amende* est l'expression qu'on retrouve à chaque instant dans les registres de remembrances d'assises qui nous ont été conservés. Mais à la suite de l'assise ces amendes étaient taxées par les magistrats auxquels en général les receveurs des finances venaient se joindre (2); et il en était

---

(1) V. Coûtumes et institutions de l'Anjou et du Maine, t. IV, Table générale, vᵒ Amende.

(2) En décembre 1452 le greffier du lieutenant d Angers s'excuse de ne pouvoir représenter à la chambre des comptes le papier des amendes parce que les amendes du temps de pré-

ainsi pour les amendes prononcées soit à l'assise ordinaire, soit à celle des eaux et forêts (1). Et on comprend cette taxation alors même qu'il s'agit d'amendes fixées d'avance, car il fallait toujours vérifier à quelle catégorie appartenait l'amende qui avait été prononcée.

Une fois le rôle arrêté, il était mis en recouvrement par les soins du receveur d'Anjou auquel il devait être remis par le greffier de la juridiction qui avait prononcé les amendes (2). Le rôle pouvait aussi être mis en recette par une ordonnance du juge ordinaire (3). Dans tous les cas le compte de cette recette devait toujours être rendu à la chambre des comptes.

Lorsqu'ensuite il s'agissait d'arriver à l'exécution forcée sur ceux qui ne payaient pas (executer reaulment et de fait), c'était la chambre des comptes qui prenait l'initiative des poursuites d'exécution, et qui connaissait de tous les incidents auxquels pouvaient donner lieu ces poursuites (4).

---

sent sont encore à tauxer pour l'absence du receveur d'Anjou ; P 1334⁵, f° 136 v°.

(1) Novembre 1406, amendes de l'assise des eaux d'Angers tenue au Pont de Sée ; la taxe en a été faite à Baugé ; P 1334⁵, f° 87 v°.

(2) P 1334⁵, f° 79 r°.

(3) Chambre des comptes 8 avril 145$\frac{3}{4}$; P 1334⁵, f° 197 r°.

(4) A. Guillaume de Prez avait été condamné et tauxé ès assises du Mans de *Jubilate* (dimanche 26 avril) 1366, 1° à 100 l. d'amende pour défaut de terme jugé d'office en applègement de refus de plège ; 2° à 50 l. d'amende pour finance de défaut de se rendre (en cour) et plusieurs autres peines commises. La cour y mit de la patience, car ce n'est qu'en 1397 qu'elle exécute contre son fils Olivier de Prez ....« en la demande que nous faisions à Olivier de Prez » .... Celui-ci contesta la com-

Le recouvrement des amendes prononcées par les assises des eaux et forêts se faisait par les sergents de la segraierie où demeuraient les débiteurs. En cas de négligence du sergent, la perte qui en résultait tombait sur le segraier qui en demeurait responsable, car à chaque assise il pouvait le mettre en demeure de payer, ou charger un autre de faire le recouvrement. Le segraier avait son recours contre le sergent en chef, mais en tout cas la perte ne pouvait tomber sur le domaine du duc d'Anjou (1).

Le droit de percevoir les amendes était considéré comme un accessoire des droits appartenant au duc d'Anjou, soit de son chef, soit par suite de concessions qui lui avaient été faites par le Roi de France. Tel était le cas de l'impôt sur le sel ; le produit des greniers à sel d'Anjou avait été donné au duc d'Anjou par le Roi de France. Des abus commis dans leur administration, vers le milieu du XVe siècle, donnèrent lieu à des amendes

---

pétence de la chambre des comptes qui le 7 novembre lui donna jour pour comparaître devant elle au quatrième jour de la prochaine assise d'Angers. L'affaire subit plusieurs remises à divers jours de l'assise d'Angers jusqu'au 12 septembre 1398, jour où ledit Olivier de Prez, sur le bon rapport fait sur son compte, est admis à se libérer pour 30 écus d'or (ce qui faisait à peu près 42 livres) P 1334³, ff. 16 *bis*, 17 v°, 20 v°, 23 r°.

B. 7 novembre 1482, mandement de la chambre au premier sergent sur ce requis de, à la requête du procureur général exécuter deux individus condamnés à des amendes ...contraignez lesd. parties comme pour les propres dettes dud. seigneur.... Si n'y faictes faulte sur les peines qui y appartiennent...; P 1334¹¹, f° 135 r°.

(1) Chambre des comptes, 1er juin 1454 ; P 1334⁶, f° 15 v°.

qui furent prononcées par les juridictions de Paris. Le conseil insista auprès du Roi de Sicile pour l'engager à demander le profit de ces amendes pour la conservation de ses droits et afin qu'il pût les réclamer à l'avenir. L'amende était considérée comme une dépendance de la souveraineté (1).

Une partie de l'amende pouvait être allouée au prévost pour ses peines et diligences et pour son droit d'amende, mais il me semble qu'il fallait pour cela une décision du conseil ou de la chambre des comptes (2).

Il arrivait aussi quelquefois que pour dédommager des adjudicataires de coupes de bois de pertes probables qu'ils devaient éprouver, on leur faisait abandon de la moitié du produit des forfaitures et amendes prononcées sur leurs poursuites (3).

Une surveillance très active comme le démontre la connaissance même sommaire des registres, et portant sur des intérêts aussi multiples que ceux dans la gestion desquels la chambre des comptes intervenait à chaque instant, devait amener des conflits fréquents, d'autant plus aigres que ceux entre lesquels ils surgissaient étaient plus en contact les uns avec les autres. Lorsque le Roi de Sicile était à Angers sa présence suffisait sans aucun doute pour adoucir ce que les rapports pouvaient avoir de difficile, et il pouvait trancher immédiatement et surtout prévenir les conflits.

---

(1) Conseil, 19 avril 1457 ; P 1334⁵, ff. 207 v° et 208 r°.

(2) Conseil et chambre des comptes, 11 novembre 1457 ; P 1334⁶, f° 213 r°.

(3) Ventes de coupes de bois du 8 mars 140$\frac{2}{3}$ et 23 mai 1403, P 1334⁴, ff. 65 r° et 66 v°.

Mais il n'en était pas de même lors de ses séjours en Provence, et notamment pendant celui qu'il fit d'avril 1457 à février 1462. Ce furent d'abord en 1459 des difficultés avec le seigneur de Loué maître des eaux et forêts d'Anjou au sujet du serment et de l'installation des segraiers ; comme ils étaient comptables de deniers dont ils opéraient la recette, la chambre prétendait qu'ils ne relevaient que d'elle sous ce rapport, le seigneur de Loué comme maître des eaux et forêts prétendait que sous ce double rapport ils ne dépendaient que de lui. Ce point fut renvoyé devant le sénéchal pour statuer comme chef de la justice ; mais en même temps la chambre envoyait au Roi René un mémoire dans lequel elle élevait au sujet de l'administration forestière, de nombreuses réclamations dont je n'ai pas retrouvé la solution (1).

C'est à cette époque que se placent de très nombreuses difficultés au sujet des greffes d'Anjou qui étaient une source importante de revenus que la chambre voulait conserver au Roi René en en faisant périodiquement l'adjudication sans s'arrêter aux concessions que le Roi avait pu en faire.

C'était encore des comptes de receveurs qui comme Alardeau et Legay approchaient de plus près la personne du souverain. et qui en profitaient pour se relâcher beaucoup de la régularité nécessaire à leur gestion ou pour se faire allouer des dépenses sur des fonds qui auraient pu être employés d'une manière préférable à celle des chevaux de l'argentier de la Reine. Ce fut à cette

---

(1) P 1334⁷, ff. 50 r°, 53 r°, 60.

occasion que le 23 juillet 1461 la chambre des comptes écrivait au Roi une lettre ferme et respectueuse dont il est intéressant de reproduire ici le principal passage :

..... « Sire tousjours nous recommandons à vostre bonne grace envers laquelle a esté et est nostre esperance et reffuge contre noz hayneux et malveillans : à touz les rappors desquelx respondrons s'il vous plaist par deca ou par dela en vostre presence au autrement, par maniere que leurs parolles seront tenues et trouvées autres que veritables et procedens de hayne et envie de longuement compceuz et pour voz droiz garder. Et plust à Dieu Sire que vous sceussiez les ligues et bandes dont nous sommes assailliz pour vous servir loiaument comme faire le devons ; car vous y congnoistriez des choses bien largement dont quant vous plaira serez informé à bouche des noms et des fins à quoy ils tendent. Et pour toutes leurs trafficques et brouillys ne cesserons de faire noz devoirs ..... » (1).

§ 8.

Adjudication des fermes.

Le recouvrement des impôts se faisait en Anjou, comme par toute la France, au moyen d'adjudications à des fermiers ; ces adjudications en Anjou étaient faites généralement pour trois ans qui commançaient à la Toussaints.

---

(1) P 1334⁷, f° 197 v°.

Le fermier devait se faire cautionner par quelqu'un de solvable, et c'était la chambre des comptes qui connaissait de toutes les difficultés relatives aux plèges ou cautions qui lui étaient présentés. Non seulement la chambre les recevait (1), mais lorsqu'ils ne lui paraissaient pas suffisants elle examinait d'abord si ceux qui lui avaient été présentés offraient des garanties suffisantes de solvabilité, et fixait un délai pour en présenter de nouveaux qui étaient discutés comme les premiers jusqu'à ce que les garanties proposées par le fermier eussent été trouvées suffisantes (2).

Un grand nombre de fonctionnaires étaient appelés à raison de leurs fonctions à faire des recettes de diverses natures ; tels étaient les prévosts, les segraiers etc.....
Ils donnaient caution de bien administrer et de rendre bon et loyal compte et reliqua (3).

La déclaration que la caution était suffisante ne devait pas être nécessairement faite par un jugement de la chambre des comptes, une déclaration faite par le sénéchal d'Anjou en présence de la chambre des comptes était considérée comme suffisante ; une déclaration de

---

(1) Arch. Nat. P 1334⁸, f° 228 r°, caution donnée le 14 novembre 1468 à Jean Souhenne adjudicataire de la ferme des sceaux des contrats d'Angers et de la prévosté d'Angers.

(2) Arch. Nat. P 1334⁵, ff. 163 v° et 166 r°, adjudication à Souhenne de la ferme de la prévosté d'Angers, caution présentée le 2 novembre 1453.

(3) Le 17 avril 1478 après Pasques, devant la chambre des comptes, Michel de Sesmaisons lieutenant de la comté de Beaufort, se porte plège et caution de Jean Lebigot segraier des forêts de Baugé et Chandelays pour la somme de 300 l. t. Arch. Nat. P 1334¹⁰, f° 131 r°.

cette nature fut faite par Buynard fermier de la cloison d'Angers et du pont de Sée (1). Il avait applégé la ferme devant le président des comptes et autres de la chambre; malgré cela le lieutenant d'Angers l'avait fait ajourner devant la chambre pour appléger ladite ferme, et c'est sur cet ajournement que le sénéchal déclara qu'il était satisfait de la caution donnée, et qu'il ne voulait pas que le lieutenant donnât aucun empêchement audit Buynard.

Toutes les difficultés auxquelles pouvaient donner naissance ces adjudications étaient portées devant la chambre des comptes; elle statuait notamment sur la validité des enchères, soit qu'il s'agit des enchères ordinaires, soit qu'il s'agit des enchères connues sous les noms de tiercoyement et de doublement (2), soit qu'il s'agit des enchères irrégulières de sommes arbitrairement fixées par ceux qui les mettaient et qui étaient désignées sous le nom de folles enchères.

Ces discussions sur la validité des enchères amenaient souvent des arrangements entre les parties; son président intervenait aussi pour amener ces arrangements (3).

---

(1) Arch. Nat. P 1334⁵, f° 127 r°.

(2) Le *tiercoyement* consistait à augmenter de moitié la mise à prix; cette enchère était ainsi en réalité le tiers du nouveau prix. Le *doublement* comme l'indique ce mot consistait à doubler la mise à prix originaire.

(3) Arrangements en septembre et octobre 1453 au sujet de l'imposition foraine et du trespas de Loire, P 1334⁵, ff. 168 v° et 198 v°.

Revenus du duc d'Anjou.

Je reproduis ici d'après le registre P 1334⁵, ff. 3 à 17
l'état à peu près complet des revenus du Roi de Sicile
duc d'Anjou vers l'an 1450. Ce sont les revenus dont la
chambre des comptes avait la surveillance.

ff. 3 à 12.

*Extrait des fermes d'Anjou à bailler par les gens des comptes,
les uns chascun an, les autres de 3 ans en 3 ans.*

ANGERS.

La prévosté d'Angers.

Seaux et escriptures.

Merc des registres d'Angers, Saumur et Baugé.

Les entrées des foires du buffetage, de la coustume du pain
et de l'escorcherie.

Foires d'Angers à Saint-Nicolas d'hiver. { se baillent au plus offrant.

            mi-caresme. { Soit sceu le nombre des es-

            angevine. taux des halles.

Poids des halles à l'Ascension.

Minage d'Angers.

Les trois seynes.

Les maisons des halles.

Les pavaiges.

LE PONT DE SÉE.

La coustume et aquit.

Les pescheries.

Le forestaige de l'ardoise.....

(Revenus divers d'Angers et forests de Bellepoule, Monnoys
et bois segréaux).

Jundres de la forest de Monnoys.

f° 7. — SAUMUR.

La prévosté de Saumur.

Les banchaiges des bouchiers.

Les nomblaiges.

La prevosté de Saint-Generoux.

L'herbe des Prez-le-Comte.

La foire de may, les drapiers pour les estaux des halles.

Les changeurs.....

Les estallages desd. foires qui payent à me-aoust et Saint-Ladre de la grant foyre pour ung an ; la coustume et autres choses.

Les voyes des moulins.

Seaulx et escriptures....

Les saulles de l'Ille Merdière....

BAUGÉ.

La prévosté.

Le minage.

Les moulins de Baugé.

La prévosté de Moliherne.

Les feurres de Noyens, — de Genestail.

Les fours à ban de Baugé.

Seaulx et escriptures.

La vente des blez et feurres.

Le greffe baillé avec Angiers et Saumur....

Boys segreaux.

Petits bois où le sgr. prend le tiers des premiers deniers avec toutes les encheres, et Robin de Monplacé les deux pars....

f° 6 r° (suite).

Le charnaige des porcs qui se paye de 7 ans en 7 ans. Et prent le seigneur de chascune porcherie où il a 5 porcs et au-dessus un porc le meilleur et neant au dessoubz.

..... de vin vendu en detail ès exemples de lad. forest (de Monnoys) de chascune pippe 1 d., qui se baille à ferme.

Du miel et de la cire des deux sergens de Courleon et de Marcon qui se baille à ferme,

Id,, sergenterie du Jart.

Sergenterie de Generie.

f° 8 v°.

Les jundres de la parroisse de Ponthigné qui se payent en avoyne..... c'est ass. pour chascun qui va en lad. forest o charrecte à 4 bœufs paye XII b. d'avoyne, à deux beufz VI b. dont les parties se rendent etc.

Les jundres de la parr. de Bocé qui se payent en avoine..... c'est assavoir chascun qui va comme dessus.....

Les jundres de la parr. de Ponthigné en froment venant avec les avoines.... c'est assavoir chascun qui va en lad. forest de Chandelays et y mettent leurs bestes en pasture hors les talleys et deffays, poyent chascun deux b. de froment, en oultre deux den. dont les parties se rendent.

Les jundres de la parr. de Bocé en moulture venans avec les avoines, c'est assavoir pour ceulx qui vont au boys à coul en lad. forest de Chandelays paient deux b. de moulture, en oultre II d. dont lesd. parties se rendent.

Les jundres de la parr. de Lassé qui se paient en deniers.... c'est assavoir pour chascun qui va au boys mort et sec en lad. forest de Chandelays pour son chauffaige o charrecte à IIII beufs paie II s., et à some XVIII d., et à coul XII d. Lesquelx jundres de leur droit pevent mectre leurs bestes en pasture en lad. forest en toutes saisons hors les talleys et deffays ; dont les parties se rendent *ut suprà*.

Les jundres de la paroisse du Gué Deniau.... pour chascun qui va au bois mort et sec en lad. forest de Chandelays pour son chauffaige o charrecte à IIII beufz paie II s., et à somme XVIII d.... (comme le § précédent).

Les jundres à eufz desd. parr. de Bocé et de Ponthigné venans avec lesd. blez, c'est assavoir chascune personne III eufz poiables au jour de Pasques fleuries.

f° 9. — LOUDUN.

La prévosté. — Le greffe d'icelle. — Les menus cens ....
Poys et ballances..... Seaulx et escriptures. — Greffe des
assises.

MIREBEAU.

La prevosté.

Le merc des registres.

Seaulx et escriptures, etc., etc.

BEAUFORT.

Devoir nobles.....

Autres rentes muables.

La prevosté de Beaufort.

Le port et sayne de Sorges.

Le port Saint-R

Le port du Gué Daujant — de Trèves — du pont de Maze.

Seaulx et escriptures.

Tabellionnage et merc du registre des assises et plaiz de
Beaufort.

Ventes de bois.... pastures, prés.

Le menu herbaige des bestes pasturans et herbagens aud.
conté entre le jour Saint-George et l'Engevine; c'est assavoir
pour chascune beste aumaille beufx, tors ou vaches portant
veaulx, deux d. ......

La recerche des bestes non acquictées pour led. herbaige.

Le pasnaige de la forest.....

f° 14.

*Les comptes ordinaires à rendre chascun an en la chambre
des comptes à Angiers.*

Le trésorier d'Anjou.

Le segraier de Bellepoule.

Le — de Monnays.

Le — de Baugé et Chandelays.

Le — des boys segréaulx.

Le receveur d'Anjou.

Le — de Baugé.

Le — de Mirebeau.

Le — de Lodun.

La chambre aux deniers du Roy.

L'argenterie du Roy.

Le trésorier de la Royne.

La cloaison d'Angiers.

Les euvres du Chastel.

Les euvres de Launay et la recepte ordinaire dud. Launay et le Paliz.

Chasteauceaulx.

Beaufort.

Les quinctes et l'ordonnance des gens et chevaulx, etc.

Les euvres du Pont de Sée.

Les euvres de la sépulture.

Montfaucon pour la haulte justice.

Les pavaiges et barraiges.

Chayly et Longemeau.

La Roche-sur-Yon quant aux tailles.

Le compte des rachatz quant ilz escherront.

Des devoirs de Beaufort en noblesse, etc., de les faire payer telz comme ilz sont deuz.

Des hommaiges et adveuz.

Des tailles de Saumur, Baugé et Beaufort de ii ans en ii ans.

Mémoire aussi pour ventes, reliefz de terre, rachatz, forfaitures, aubenaiges, ventes de blez, avoynes et toutes autres choses que ne s'i face aucun appoinctement, composicion ne vente, ne autres choses, etc., que les gens des comptes n'y soient presens.

f° 15.

Chapitres des receptes du trésorier d'Anjou.

Du receveur ordinaire d'Angiers et de Saumur.

Du receveur de Baugé.

Du — de Lodun.

Du receveur ordinaire de Mirebeau.

Du — — de Saint-Laurent-des-Mortiers.

De la conté de Beaufort.

Du receveur ordinaire de La Roche-au-Duc.

Du — de Chantoceaux et les fiez anciens.

Dieux aye.

Montfaulcon et les fiez anciens.

Du receveur ordinaire de la Roche-sur-Yon.

Chailli et Longjumeau.

La conté de Guyse.

Raymes et Aymeris.

Sablé.

Le prouffit du seel de la justice au receveur ordinaire d'Anjou.

Le trespas de Loyre est de la recepte du receveur ordinaire d'Anjou.

Des coffres de la seigneurie.

Des restes de l'année precedent.

Des composicions ou appoinctemens faiz par la seigneurie.

Du receveur ordinaire de la conté du Maine.

Chasteau-du-Loir.

Maïenne-la-Juhés.

La Ferté-Bernard.

Du receveur general de France.

Du changeur du Tresor.

f° 16.

Greniers dont les estaz sont à veoir chascun an en la chambre des comptes à Angiers.

Le grenetier d'Angiers.

Le grenetier de Saumur — Lodun — Laflesche — Chateaugontier — Vendosme — Le Mans — Lavalguion — Maïenne-la-Juhés — La Ferté-Bernard.

Les quatre chambres à sel de Therasse.

De l'imposicion foraine de xii d. pour livre, etc.

La traicte des vins d'Anjou.

Du prouffit des monnoys.

Les receptes des aydes ordonnez pour la guerre.

A Angiers — Saumur — Lodun.
La vicomté de Beaumont.— Vendosme, etc.
L'eslection du Mans.

f° 17.

Les tailles ou porcions d'icelles ès eleccions dessusd.

f° 17.

*Les tailles mises sur en la frontière d'Anjou oultre
l'avitaillement des gens d'armes.*

Des quintes.
Des restes des ordonnances de la frontiere.
Des   —   de l'avitaillement des gens d'armes.
Des tailles ou doms de Chasteauceaux.
Des   —   —   de La Roche-sur-Yon.
Des   —   de la marche d'Anjou et de Poitou.
De la taille en lad. marche pour l'avitaillement des gens d'armes.
Des sourcrois mis sus pour le Roy nostre sire.
Des tailles, aydes ou sourcrois mis sur de l'auctorité du Roy de Sicile ou que ce soit.
De la taille mise sur à Mirebeau de m. R. pour racheter Mirebeau du sg' de Bueil en l'an 1447.
Les x^{mes}.
Les franfiez.
Les refformacions.
Les tailles des exemps.
Les empruns.

§ 9.

Dépôts faits à la chambre des comptes.

La chambre des comptes recevait en dépôt l'argent des comptables, et celui dont il devait être rendu compte, en attendant que le comptable vint; cette consignation paraît avoir dû être autorisée ou ordonnée par le juge d'Anjou et par le conseil (1). C'est ainsi que le 7 juin 1407, Pierre Lebigot en vertu de l'ordonnance et mandement du juge d'Anjou et d'autres de messeigneurs du conseil à ce présents baille en dépôt à la chambre des comptes la somme de 60 s. t. pour une amende gagée par son père aux grands jours de 1395. Cet argent fut mis au coffret du seel avec l'argent de l'émolument du seel « pour estre baillé à Jean Marquis premier qui vendra en lad. chambre »; Il est probable que ce Marquis était le receveur des droits de sceau, et qu'il devait compter de toutes les recettes dont il vient d'être question.

---

(1) Arch. Nat. P 1334⁴, f° 86 r°.

TABLE DES MATIÈRES

	Pages.
CHAPITRE PREMIER. — Actes du comte ayant le caractère d'intérêt général	1
CHAPITRE II. — Des actes du comte, et des conditions de leur validité en général. — Si l'écriture est indispensable	15
CHAPITRE III. — De la signature et du sceau	23
CHAPITRE IV. — De la publicité des actes du comte.	31
CHAPITRE V. — De l'intervention des témoins aux actes du comte	39
§ 1er. — Des actes passés dans la curie au VIIe siècle	39
§ 2. Témoins des actes des comtes indépendants. — Témoins en général	51
Approbation donnée aux actes par les témoins. — Formules *teste me ipso, testes mecum*	58
Quelles personnes peuvent être témoins	66
CHAPITRE VI. — De la cour du comte	75
§ 1er. — Introduction des instances	75
§ 2. — Par qui sont notifiés les mandements du comte	80

Pages.

§ 3. — Qui siège dans la cour du comte. — Barons. — Bourgeois...................... 82

§ 4. — Présence des gens d'église dans la cour du comte. — Intervention du comte dans les affaires portées devant la cour ecclésiastique............................... 92

§ 5. — Les décisions sont rendues par la cour.. 109

§ 6. — Justicé sommaire du comte............. 115

§ 7. — Réclamations élevées par les agents du comte................................. 127

§ 8. — Rédaction des chartes constatant les jugements prononcés par la cour du comte. 132

Forme des sentences...................... 140

§ 9. — De l'exécution des jugements........... 142

§ 10. — Garanties particulières de l'exécution des jugements........................... 153

CHAPITRE VII. — Par qui était tenue la cour du comte................................. 158

CHAPITRE VIII. — Du sénéchal d'Anjou et du Maine. 169

§ 1er. — Territoire sur lequel s'étendait sa juridiction............................... 169

§ 2. — Des droits de sénéchaussée............ 173

§ 3. — Le sénéchal représente le comte........ 179

§ 4. — Le sénéchal est le chef de la justice..... 189

§ 5. — Cour du Roi tenue par le sénéchal. — Cour du sénéchal...................... 200

§ 6. — Sceau du sénéchal.................... 209

CHAPITRE IX. — Chanceliers du comte d'Anjou.... 214

CHAPITRE X. — Sénéchaux d'Anjou et du Maine.... 229

1. Lisois d'Amboise..................... 231

2. Balmus............................. 234

3. Isembardus Thoarciaci dominus. — *Isembert de Thouarcé*..................... 235

4. Girogius, Girorius, Girois............. 237

Pages.

5. Gaufridus Fulchradi...................... 239

6. Paganus de Maugeio. — *Payen de Mauges.* 245

7. Petrus Rubiscallus........................ 246

8. Archaloius, Archoloius, Arquolosius, Archilosius.................................. 249

9. Harduinus de Sancto-Medardo. — *Hardouin
de Saint-Mards*........................ 250

10. Stephanus Baucan, Balcan, Blaccanus..... 251

11. Robertus Reinaldi filius. — *Robert fils de
Reinaud* 254

12. Goslenus ou Joslenus de Turono. — *Goslin, Goslin ou Jouslin de Tours*......... 256

13. Stephanus de Marchaio, de Marceio, de Mar-
ciaco, de Turonibus. — *Etienne de Marsai
ou de Tours*........................... 260

14. Paganus de Rupeforti. — *Payen ou Pean
de Rochefort*.......................... 280

15. Robertus de Turneham. — *Robert de Turnham*.................................. 282

16. Guillelmus, Guillermus, Willelmus de Rupibus, *quelquefois mais rarement* de Rupe.
— *Guillaume des Roches*............... 286

Sénéchaux héréditaires d'Anjou et du Maine. 337

17. Amaury Ier de Craon..................... 337

18. Maurice IV de Craon. — Jeanne des Roches
sénéchale............................. 341

19. Amaury II de Craon. — Isabelle... sénéchale. 343

20. Maurice V de Craon...................... 345

21. Maurice VI de Craon..................... 347

22. Amaury III de Craon..................... 349

CHAPITRE XI. — Baillis d'Anjou et du Maine....... 355

§ 1er. — Notices sur les baillis 355

§ 2. — Fonctions des baillis. — Justice......... 389

Domaine du comte........................ 393

CHAPITRE XII. — Conseil du comte — du duc — du
Roi de Sicile........................... 415

Pages.

§ 1ᵉʳ. — Conseil des comtes indépendants. — Qui
en faisait partie...................... 415

§ 2. — Conseil du Roi de Sicile. — Sa composition............................ 439

CHAPITRE XIII. — Fonctions du conseil du Roi de
Sicile 452
§ 1ᵉʳ. — Administration.................. 452
§ 2. — Domaine.................... 467
§ 3. — Revenus. — Impôts. — Adjudications. —
Péages 475
§ 4. — Hommages. — Devoirs féodaux........ 483
§ 5. — Règlements de juridiction. — Revendication de causes.................... 488
§ 6. — Conflits avec la juridiction ecclésiastique. 495
§ 7. — Juridiction sur les comptables.......... 500
§ 8. — Travaux. — Payements................. 505
§ 9. — Frais de justice..................... 509
§ 10. — Juridiction civile. — Enquêtes 511
§ 11. — Affaires criminelles................... 520

CHAPITRE XIV. — Chambre des comptes 533
§ 1ᵉʳ. — Origine. — Chambre des comptes en général............................. 533
§ 2. — Archives 548
§ 3. — Représentation du duc d'Anjou.......... 552
§ 4. — Serments reçus par la chambre des comptes........................... 553
§ 5. — Juridiction sur les comptables 556
§ 6. — Compétence..................... 564
§ 7. — Domaine et surveillance. — Revenus des
prévostés. — Amendes.............. 567
§ 8. — Adjudication des fermes.............. 579
Etat des revenus du Roi de Sicile vers 1450. 582
§ 9. — Dépôts faits à la chambre des comptes.. 589
Table des matières.................... 591

Chaumont. — Typographie et Lithographie